INTERNATIONAL MACROECONOMICS & FINANCE

[개정판]

현대국제금융론

곽태운 저

박영사

INTERNATIONAL MACROECONOMICS & FINANCE

현대국제금융론

*머리말

본 서는 지난 20년간 저자의 국제금융론 강의안을 집약한 것이며 개방경제의 거시경제현상을 다루는 데 초점을 맞춘 것이다. 균형산출량, 환율, 국제수지, 개방거시경제변수, 자본이동, 외환 · 금융위기, 국제통화체제, 개방거시경제정책 등이 핵심 분석대상이다. 따라서 본 서에서의 선물, 옵션, 스왑 등 소위 파생금융상품 및 국제금융시장에 대한 분석은 국제금융현상을 이해하는 데 필요한 기초적 개념의 설명에 국한하기로 한다.

본 서의 주요 특징은 다음과 같다.

첫째, 개방경제의 거시경제현상을 광범위하게 다루고 있다. 즉 개방거시경제의 균형과 경제안정화정책, 환율결정, 국제수지, 국제자본이동, 외채문제, 외환 · 금융위기, 국제통화체제, 국제금융시장 등을 주요 토픽으로 다루고 있다.

둘째, 이론모형의 설명과 함께 실증분석을 다루고 있다. 특히 국제금융현상에서 나타나고 있는 정형화된 사실(예, 구매력평가 수수께끼)들을 집중적으로 다루고 있다.

셋째, 사전적 또는 도식적 설명을 지양하고 경제학의 원리에 입각한 논리적 및 직관적 설명을 강조하고 있다. 예를 들면 곡선의 기울기가 왜 양(+) 또는 음(−)인가, 곡선의 이동은 무엇을 의미하는가 등에 대해 그 이론적 배경을 충분히 설명하고자 노력하였다. 이러한 시도는 경제학을 단순히 암기하거나 도식적으로 이해하는 것에서 벗어나 기본원리를 이해할 수 있게 함으로써 경제현상을 해석하는 능력을 제고하는 데 크게 도움을 줄 수 있을 것이다.

넷째, 개방거시경제이론의 최신모형을 소개함으로써 그동안 빠르게 발전해 온 국제금융론의 최신 이슈들을 최대한 이해할 수 있도록 노력하였다. 예를 들면 구매력평가 수수께끼, 펠트스타인-호리오카 수수께끼(Feldstein-Horioka Puzzle) 등을 포함한 각종 국제금융 수수께끼, 환율변동의 가격전가이론, 외환 · 금융위기이론모형, 신개방거시경제학 등이다.

마지막으로, 본 서는 이론모형의 설명에 그치는 것이 아니라 정책적 시사점을 다루고 있다. 따라서 본 서는 전문 이론가뿐만 아니라 정책 담당자들에게도 정책입안을 하는 데 좋은 지침서가 될 수 있을 것이다.

본 서가 나오기까지 많은 분들의 도움을 받았다. 그런 점에서 부채가 매우 크다. 먼저 한국외환은행을 들지 않을 수 없다. 1970년대 초 대학을 졸업한 후 처음으로 입사한 곳이 한국외환은행이다. 저자는 한국외환은행의 학술연수프로그램으로 미국 오하이오 주립대학교에서 처음으로 학문의 길에 발을 들여놓게 되었다. 한국외환은행은 저자의 젊은 시절 국제금융현상에 대한 식견과 안목을 싹트게 해 준 직장이었을 뿐만 아니라 해외유학의 재정지원을 해 준 기관으로 늘 감사한 마음을 지니고 있다. 특히 당시 저자를 학문의 길로 이끌어 준 박태하 교수, 유동길 교수, 이수신 부행장 등 조사부 선배님들께 심심한 사의를 표한다. 또한 Robert Driskill, Nelson Mark, Steven MaCaferty 등 저자의 박사학위 논문 지도교수들께도 감사의 뜻을 전한다. 이 분들의 엄격한 논문지도는 저자의 국제금융론에 대한 학술적 탐구역량을 배양하는 데 지대한 영향을 미쳤다. 또한 서울시립대학교 경제학부 교수님들께도 깊은 감사의 뜻을 전한다. 일일이 거명은 할 수 없지만 특히 이근식 교수, 안철원 교수, 신봉호 교수, 세 분께 깊은 감사를 드린다. 이 분들과의 지적 교류는 저자의 경제학에 대한 안목을 키우는 데 많은 도움을 주었을 뿐만 아니라 저자가 본 서를 집필하는 데 크나큰 용기를 준 분들이다. 다음으로 본서의 출판에 도움을 준 분들께 감사드린다. 먼저 문헌정리, 원고정리, 교정 등을 도와 준 서울시립대학교 대학원생 정인섭 군과 여 휘 군, 최수진, 강지은 양 등에게도 감사드린다. 그리고 본 서의 출간을 허락해 준 박영사의 안종만 회장님과 편집부의 우석진 부장님, 영업부의 박광서 대리님께 깊은 감사를 드린다. 그리고 항상 시간을 자유롭게 쓸 수 있도록 양보해 온 아내 정영선과 수영, 수정, 두 딸에게도 깊은 감사의 뜻을 표한다. 마지막으로 "본 서는 2009년도 서울시립대학교 연구년 교수 연구지원에 의하여 연구되었음"을 밝혀 둔다.

2013년 8월

곽 태 운

차 례

제 I 부 국제금융론 기초

제 II 부 환율결정이론

제 III 부 개방거시경제론

제 IV 부 국제수지론

제 V 부 국제자본이동론 · 외채론

제 VII 부 환율제도론 · 국제통화체제론 · 국제금융시장론

INTERNATIONAL MACROECONOMICS & FINANCE

현대국제금융론

제 I 부에서는 국제금융론을 이해하는 데 필요한 기초개념을 정리한다. 즉 국제금융론의 개요, 국제수지, 환율과 외환시장의 기초개념, 국제금리재정거래의 원리 등을 정리한다. 이러한 기초개념들은 본 서의 전 과정에 걸쳐서 등장하는 개념들로 본 서의 내용을 이해하는 데 필수적인 요소들이다.

I 국제금융론 기초

01 국제금융론 개요

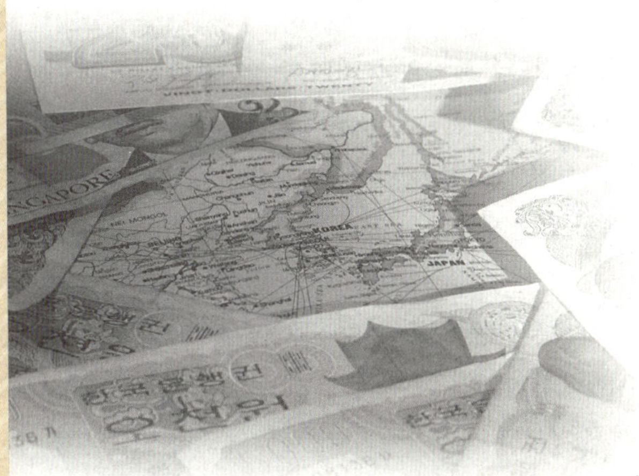

제1절 국제금융론의 의의

제2절 본 서의 구성

제3절 이해를 위한 가이드

제1절 >> 국제금융론의 의의

제2차 세계대전 후 국제금융환경은 3가지의 주요 특징적인 양상을 보여 왔다고 할 수 있다.

첫째, 브레튼우즈체제의 고정환율제도의 붕괴와 변동환율제도로의 이행이다. 즉 1973년 주요 선진국은 고정환율제도를 포기하고 변동환율제도로 이행하였으며 그 후 주요 선진국은 물론 한국 등 주요 신흥경제국들도 변동환율제도를 채택하여 변동환율제도가 보편적인 환율제도로 자리매김하였다.

둘째, 세계화의 진전으로 자본이동의 증대 및 국제금융시장의 통합화가 크게 증가하였다. 즉 1980년대 이후 급속한 금융시장의 개방으로 국제적인 자본의 이동성은 크게 증가하였으며 이에 따라 각국의 금융시장의 동시적 및 동조적 변동성이 크게 증가하였다.

마지막으로 외환 · 금융위기의 빈도가 크게 증가하고 국제적으로 급속하게 전파되는 양상을 보였다. 특히 멕시코, 브라질, 아르헨티나 등 남미 국가들과 태국, 한국 등 동아시아, 러시아 등 개도국들의 위기가 두드러진 양상을 나타내었다. 더욱이 2007~2008년 미국 서브프라임 위기에서 촉발된 글로벌 금융위기는 1930년대 대공황 이후 세계최대의 위기로 개도국은 물론 선진국에 큰 타격을 가하였다.

이러한 국제금융환경의 변화에 따라 국제금융론도 급속한 발전을 보였다. 그 주요 특징을 요약하면 다음과 같다.

첫째, 국제수지의 분석에서 환율의 분석으로 분석의 초점이 이동하였다. 즉 고정환율제도에서 변동환율제도로 이행함에 따라 종래의 국제수지불균형에 대한 분석기법이 균형환율의 결정이론에 원용되었다. 예를 들면 국제수지의 불균형에 대한 통화론적 접근은 환율결정이론에 그대로 원용되었다.

둘째, 자본의 국제적 이동성에 대한 분석이 강조되었다. 즉 외환 · 금융위기의 모형은 종래의 외환위기의 원인을 경상수지의 불균형에서 찾던 데서 벗어나 자본의 국제적 이동, 즉 자본수지의 불균형에서 찾는 것으로 발전하였다.

마지막으로 신개방거시경제학(new open economy macroeconomics)의 등장이다. 신개방거시경제학은 미시경제이론에 바탕을 둔 최적화원리를 도입하여 개방거시경제현상을 분석하는 것으로 기존의 특정가정(ad hoc assumptions)에 입각한 먼델-플레밍(Mundell-Fleming)분석모형과는 완전히 구분되는 접근방식이다.

국제금융론은 개방경제의 거시경제현상을 다루는 학문이다. 개방경제의 거시경제현상으로는 개방경제의 균형 및 정책의 문제, 환율의 문제, 국제수지의 문제, 자본이동과 외채의 문제, 외환 · 금융위기의 문제, 환율제도의 문제, 국제통화제도의 문제, 국제금융시장의 문제 등을 들 수 있다. 따라서 국제금융론에서 다루는 주요 키워드는 환율, 국제수지, 자본의 이동성, 대내외균형달성의 문제, 경제안정화정책의 유효성, 외환 · 금융위기 등을 들 수 있다.

본 서의 구성 << 제2절

본 서는 모두 7부 26장으로 구성되어 있다.

제 1 부는 국제금융론의 기초를 다룬다. 즉 국제수지, 환율, 외환시장, 국제금리재정 거래 등 국제금융론에서 다루는 개방거시경제현상의 가장 기초적인 현상을 설명한다.

제 2 부에서는 환율결정이론을 다룬다. 환율결정이론은 외환시장의 수급모형에서 출발하여 거시경제모형인 자산시장모형을 소개하고 뉴스 · 거품모형을 추가로 설명한다. 이론모형의 설명에 그치지 않고 실증분석도 아울러 소개한다.

제 3 부는 개방경제거시경제학을 다룬다. 즉 자본이동의 유무, 이동의 정도 그리고 환율제도에 따라 통화정책, 재정정책 등 경제안정화정책의 유

효성을 집중적으로 분석한다. 제3부는 임금 · 물가의 경직성을 도입한 먼델-플레밍모형이다.

제4부는 국제수지현상을 다룬다. 즉 국제수지의 불균형조정론, 환율변동과 경상수지의 관계 등을 설명한다. 여기서는 기간간(intertemporal) 분석모형도 소개하고 글로벌 불균형(global imbalances)의 문제도 다룬다. 그리고 환율변동의 가격전가이론을 소개한다.

제5부는 국제자본이동과 외채문제를 다룬다. 제2차 세계대전 후 국제자본의 이동성이 증대되면서 자본유입이 특히 개도국의 경우 환율의 급격한 변동 등 경제위기의 주요 원인이 되어 왔던 점에 비추어 최근 이에 대한 분석의 중요성은 크게 증대되었다. 외채문제는 개도국의 중요한 현안과제 중의 하나이다.

제6부는 외환 · 금융위기를 다룬다. 즉 외환 · 금융위기의 이론적 모형과 실제 위기의 사례, 교훈 등을 집중분석한다.

마지막으로 제7부에서는 환율제도론, 국제통화체제론 및 국제금융시장론을 다룬다. 단 국제금융시장론은 이론보다는 실무적 분석이므로 개괄적으로 설명하는 데 그치고자 한다.

제3절 >> 이해를 위한 가이드

본 서의 국제금융론은 주로 이론을 설명하고 가능하면 실증분석을 소개하고 있다. 그것은 국제금융현상에 대한 이론모형이 현실데이터를 사용하여 이론모형의 예측을 검증하여 보면 이론의 예측과는 달리 나타나는 경우가 허다하기 때문이다. 이를 특히 국제금융론에서는 정형화된 사실(stylized facts)이라 부른다. 그러나 실증분석은 계량경제학에 대한 이해를 요하기 때문에 계량경제학의 기초가 부족한 경우에는 이해가 어렵다. 따라서 본 서는 계량경제학에 대한 기초지식이 충분하지 않더라도 이해할 수 있도록 분석기법 등 계량경제학과 관련된 논의는 최소한으로 줄이고 분석결과를 소개하는 데 그치고 있다. 그러나 필요한 경우 이해를 돕기 위해 부록 또는 사례 Box를 사용하여 설명을 추가하였다.

본 서의 내용은 다루는 주제에 따라 난이도에 상당한 차이가 있다. 예를 들면 환율결정이론 중에서 제 8 장의 뉴스 · 거품모형은 시계열분석기법에 대한 상당한 지식을 요구하고 있다. 난해한 주제들은 독자에 따라서는 생략하는 것도 한 방법이 될 수 있다.

본 서의 설명은 많은 경우 수식을 사용하고 있으나 그것도 최소한으로 줄이도록 노력하였다. 그리고 이해를 돕기 위해 가급적 많은 그림을 사용하였다.

본 서의 내용은 많은 경우 논문 등 기존의 연구에 의존하고 있다. 인용한 기존연구물은 최대한 참고문헌으로 각 장에 목록으로 첨부하였다. 마지막으로 이해력을 테스트하기 위해 연습문제를 각 장별로 추가하였으며 각 장의 내용을 요약하였다.

02 국제수지의 기초

본 장은 국제수지의 개념, 국제수지표의 작성원리, 국제수지표의 주요 계정, 경상수지, 자본수지 및 대외지급준비와의 관계 등을 설명하고 국제수지 불균형에 대한 해석, 국제수지표의 작성 예, 국제수지와 통화량과의 관계, 우리나라의 국제수지 등을 소개한다.

제 1 절 >> 국제수지의 개념

국제수지(balance of payments)란 한 나라의 '일정한 기간 동안에 거주자와 비거주자 사이에 발생한 모든 경제적 거래를 체계적으로 기록' 한 것을 말한다.

첫째로 '일정기간 동안' 이란 말은 국제수지는 일정시점 사이에 발생한 거래를 집계한 유량(flow)개념이다. 따라서 어느 한 시점에서의 대차상황을 기록한 저량(stock)개념인 국제간의 채권 · 채무관계를 나타내는 국제 부채(international indebtedness)와는 구별된다. 일반적으로 국제수지통계는 월, 분기, 반기, 연 단위 등으로 작성하며 우리나라의 경우는 한국은행이 국제수지 통계를 작성한다.

둘째로 '거주자와 비거주자 사이' 란 말은 경제활동을 영위하는 주 소재지가 국민경제 영역 내에 있는 경제주체, 즉 거주자와 국민경제 영역 밖에 있는 경제주체, 즉 비거주자와의 사이를 의미한다. 이때 거주자와 비거주자의 구분은 국적이 어디냐 하는 지리적 영역이나 법률상의 국적보다는 경제활동에 있어 이익의 중심(a center of economic interest)이 어디에 있느냐를 기준으로 하고 있다. 통상적으로 경제주체가 1년 이상 어떤 나라에서 경제활동을 수행하거나 그런 의도를 가지고 있는 경우 이익의 중심이 그 나라에 있다고 본다. 예를 들면 개인의 경우, 국적이 외국인이라 하더라도 1년 이상 국내에 거주하여 경제활동에 종사할 경우 이익의 중심이 국내에 있으므로 거주자로 취급하고 반대로 국적은 내국인이더라도 해외에 1년 이상 장기거주하면 비거주자로 취급된다. 그러나 거주성은 각국의 규정에 따라 판정되며 나라마다 다르다. 여기서 거주성의 문제는 자연인뿐만 아니라 중앙 및 지방정부, 모든 기업체, 비영리단체 등의 기관에 대해서도 똑같이 적용된다. 그러나 해외주둔 정부기관(외국정부의 대사관, 영사관, 군사시설 등), 국제정치기구, 국제행정기관, 국제금융기구 등 국제기관(UN, IMF, IBRD 등)은 예외로 그것이 위치하고 있는 나라의 거주자에서 제외되어 하나의 치외법권 지역으로 취급된다.

셋째로 '모든 경제적 거래'란 말은 상품의 소유권 이전, 서비스의 공여, 화폐 및 기타자산(모든 금융청구권이 포함됨)의 이전 등 모든 유상 및 무상의 거래를 총망라한 것을 의미한다. 경제적 거래는 쌍방거래와 일방거래의 두 가지로 나눌 수 있다. 전자는 상품, 용역 또는 화폐 및 기타 자산의 상호교환이 있는 경우, 즉 유상거래이고, 후자는 상품, 용역 또는 화폐 및 기타 자산이 한 나라로부터 다른 나라로 일방적인 이동만 일어나는 무상거래이다. 후자의 예로는 친지송금, 종교단체의 해외기부 등과 같은 이전거래를 들 수 있다. 국제수지에서 다루는 경제적 거래는 그것이 쌍방거래인가 아니면 일방거래인가를 불문하고 모든 형태의 국제거래를 다 포함하는 거래이다. 이렇게 볼 때 국제수지는 외환결제가 수반되는 거래뿐만 아니라 물물교환과 같은 외환결제가 없는 거래도 모두 포함한다.

이런 점에서 국제수지통계는 외환수급통계와 구별된다. 즉 외환수급통계는 한국은행이 일정기간 중에 발생한 외환의 수입 및 지급을 수반하는 대외거래를 외국환은행으로부터 보고를 받아 작성한다. 외환수급통계에는 외환의 수급이 수반되는 거래만 포함되므로 물물교환, 물자차관, 무환수출입 등 외환수급이 수반되지 않는 거래는 제외된다.

마지막으로 '체계적으로 기록'한다는 말은 복식부기의 원리에 따라 모든 거래를 차변과 대변에 동시적으로 그리고 동일금액으로 기록하는 것을 의미한다. 그러므로 국제수지의 차변의 합계와 대변의 합계액은 항상 일치한다. 특히 이전거래와 같은 일방적 거래인 경우에는 별도항목을 설정하여 차변과 대변이 균형이 되도록 해야 한다.[1)]

국제수지의 계상 << 제2절

국제수지는 하나의 표로 작성되며 그것을 국제수지표라 부른다. 국제수지표는 복식부기의 원리에 따라 국제거래에서 국제수지 작성국으로 자

1) 국제수지 개념은 주로 한국은행(2006), 『알기쉬운 경제지표해설』, 261-275쪽 "국제수지표"를 주로 참조하였음.

금이 유입되는 성질의 것이면 대변에, 반대로 자금이 유출되는 성질의 것이면 차변에 기입된다. 예를 들면 우리나라가 상품을 해외로 수출한 경우 그것은 상품이 해외로 유출되는 대신 그 수출대금은 국내로 유입되므로 대변에 기장된다. 상품의 수입은 반대로 차변에 기장된다. 또한 외국인이 우리나라에 공장을 건설하는 등 직접투자를 하거나 우리나라의 증권을 매입하면 해외로부터 우리나라로 자본이 유입되므로 대변에 기장하고 반대로 우리나라의 기업(또는 개인)이 해외에 공장을 짓는 등 직접투자를 하거나 외국의 증권을 매입하면 자본이 해외로 유출되므로 차변에 기장된다.

국제수지의 거래항목은 차변과 대변에 차이가 생기게 되는데 그것을 '수지' 라 부른다. 대변의 금액이 차변의 금액보다 크면 '흑자' 라 하고, 반대로 차변의 금액이 대변의 금액보다 크면 '적자' 라 부른다.

그리고 국제수지표는 나라마다 다를 수 있으므로 국제적으로 일관성 있게 체계적으로 작성하기 위해 계상시점, 기록방법, 평가가격 등 작성방법에 관한 원칙이 필요하다. IMF는 국제수지 매뉴얼(Balance of Payments Manual)을 만들어 국제수지 작성의 원칙과 기준을 정하고 회원국들이 이 매뉴얼에 따라 국제수지표를 작성하도록 권장하고 있다.[2)]

복식부기원리에 의한 국제거래의 국제수지 계상방법을 이해하기 위해 몇 가지 예를 들어 보기로 하자.

사례 | 국 | 제 | 금 | 융 | 론 |

복식부기원리에 의한 국제수지 계상방법의 예

【예 1】 우리나라 자동차회사가 자동차 1000만달러를 현금으로 수출하다.

차변(지급)		대변(수취)	
현금	1,000만달러	상품수출	1,000만달러

• 자동차수출은 실물자산의 감소이므로 대변에, 수출대금 현금은 대외자산의 증가이므로 차변에 각각 기장.

2) 국제수지표 작성원칙에 상론은 한국은행(2006), 『알기쉬운 경제지표해설』, 261-275쪽 "국제수지표" 참조.

【예 2】 우리나라 정유사가 원유 500만달러를 3개월 후에 대금을 지급하는 조건으로 외상수입하다.

	차변(지급)		대변(수취)
상품수입	500만달러	무역신용도입	500만달러

- 원유는 실물자산의 증가이므로 차변에, 무역신용은 부채의 증가이므로 대변에 각각 기장.

【예 3】 국내해운사가 화물운송대금으로 외국회사로부터 100만달러를 현금으로 받다.

	차변(지급)		대변(수취)
현금	100만달러	용역수출	100만달러

- 화물운송서비스 수출은 실물자산의 감소이므로 대변에, 운송대금 현금은 대외자산의 증가이므로 차변에 각각 기장.

【예 4】 우리나라의 어떤 종교단체가 외국의 지진피해 복구지원비로 200만달러를 송금하다.

	차변(지급)		대변(수취)
경상이전	200만달러	현금	200만달러

- 해외로의 송금은 대외자산의 감소이므로 대변에 기장하고 이는 일방적 거래이므로 그 대응거래인 경상이전거래 지출로 차변에 기장.

【예 5】 외국기업이 2,000만달러를 국내에 투자하여 공장을 건설하다.

	차변(지급)		대변(수취)
현금	2,000만달러	직접투자	2,000만달러

- 외국인의 국내직접투자는 자본의 유입이므로 대변에, 투자대금 현금은 대외자산의 증가이므로 차변에 각각 기장.

【예 6】 우리나라 기업이 해외에서 외화채권 100만달러를 발행하여 차입에 성공하다.

	차변(지급)		대변(수취)
현금	100만달러	증권투자	100만달러

• 해외에서의 증권발행에 의한 차입은 대외부채의 증가이므로 대변에, 그 차입대금은 대외자산의 증가이므로 차변에 각각 기장.

[예 7] 한국은행이 환율안정을 위해 외환시장에서 50만달러를 매입하다.

차변(지급)		대변(수취)	
준비자산 증가	50만달러	현금	50만달러

• 한국은행의 외환보유고(대외자산) 증가이므로 차변에, 금융기관의 대외자산보유고 감소이므로 대변에 각각 기장.

이러한 원리를 요약하면 〈표 2-1〉과 같다.

표 2-1 국제수지표의 차변과 대변 주요 항목

	차변(지급)	대변(수취)
경상계정	상품수입 용역(여행, 운송, 보험, 특허 등)수입 해외에 대한 소득, 이자, 배당금 등 지급 해외에 대한 이전지출	상품수출 용역(여행, 운송, 보험, 특허 등)수출 해외로부터의 소득, 이자, 배당금 등 수취 해외로부터의 이전수입
자본계정	해외직접투자 해외증권투자 금융기관해외대출	외국인에 의한 국내 직접투자 외국인에 의한 국내증권투자 금융기관 해외차입
준비자산증감	준비자산 증가	준비자산 감소

앞에 든 국제거래의 7가지 예를 국제수지표로 작성해 보면 다음 〈표 2-2〉와 같다.

표 2-2 국제수지표 작성 예*

(단위: 만달러)

			차변(-)	대변(+)	수지(대변-차변)
경상수지	상품수지		500[2]	1000[1]	500
	서비스수지			100[3]	100
	소득수지		–	–	–
	경상이전수지		200[4]		-200
	소계		700	1100	400(A)
자본수지	투자수지	직접투자		200[5]	200
		증권투자		200[6]	200
		기타투자	1000[1] 100[3] 200[5] 200[6]	500[2] 200[4] 50[7]	-750
	기타자본수지		–	–	–
	소계		1500	1150	-350(B)
준비자산증감(증가는 '-'로 표시)			50[7]		-50(C)

주: *) 숫자의 위첨자는 거래 예의 번호임. 경상수지(A)+자본수지(B)+준비자산증감(C)=0이 됨.

국제수지표의 주요 계정 《 제3절

국제수지표는 경상계정(current account), 자본계정(capital and financial account), 준비자산증감계정(changes in international reserves account) 그리고 오차 및 누락계정(errors and omissions account)으로 구성된다. 경상계정에는 상품의 수출입, 서비스의 수출입, 소득수취 및 소득지급, 이전거래 등을 계상하며 자본계정에는 자본의 국내외 유출입을 계상한다. 준비자산증감계정은 대외지급준비(international reserves)의 증감을 계상한다. 각 계정의 대변에서 차변, 즉 수취액에서 지급액을 뺀 차액을 수지라고 하며 그것이 플러스이면 흑자, 마이너스이면 적자라 부르고 차액이 영(0)이면 균형이라 부른다. 즉 경상계정의 차액은 경상수지, 자본계정의

그림 2-1 국제수지의 구성체계

차액은 자본수지라고 각각 부른다.

경상수지는 상품수지, 서비스수지, 소득수지 및 경상이전수지의 4가지로 구성된다.

상품수지는 상품의 수출과 수입의 차액을 말하며 수출이 수입을 초과하면 '상품수지 흑자', 반대로 수입이 수출을 초과하면 '상품수지 적자'라 부른다. 국제수지표상의 수출입통계와 관세청에서 발표하는 통관통계의 수출입통계는 차이가 있다. 통관통계는 관세청이 일정기간 동안 관세선(세관)을 통과한 실물자산에 대하여 관세목적상 총괄집계한 수출입통계이다. 따라서 통관통계는 소유권의 이전 없이 관세선을 통과한 상품도 포함하고 있다. 국제수지표상의 수출입통계는 상품의 소유권이 이전되어야 수출입으로 계상하기 때문에 양자는 차이가 난다. 그러나 통관통계가 대부분의 수출입통계를 포괄하고 있고 매월 말 기준으로 빠르게 발표되기 때문에 국제수지표상의 수출입통계의 선행지표로 활용될 수 있다.

서비스수지는 선박이나 항공기의 운송서비스, 보험, 여행, 무역대리점의 수출입 알선수수료 등 서비스의 수출과 수입의 차액을 말한다. 예를 들어 외국기업이 우리나라 선박을 이용하여 화물을 운송하는 경우에는 운송서비스를 수출한 것이 되고 반대로 우리나라 기업이 국내선박이 아니고 외국선박을 이용하여 화물을 운송하면 운송서비스를 수입한 것이 된다. 서비스수출이 수입을 초과하면 '서비스수지 흑자', 반대로 수입이 수출을 초과하면 '서비스수지 적자'라 부른다.

소득수지는 급료 및 임금수지와 투자소득수지로 구성되는데 전자는 거주자가 외국에서 노동으로 벌어들인 소득과 비거주자가 국내에서 노동으로 벌어들인 것과의 차이를 말한다. 후자는 거주자가 외국에 투자하여 벌어들인 배당금 및 이자와 비거주자가 국내에 투자하여 벌어들인 배당금 및 이자의 차이를 말한다. 거주자의 소득이 비거주자의 소득보다 많은 경우를 '소득수지 흑자', 반대로 거주자의 소득이 비거주자의 소득보다 적은 경우를 '소득수지 적자'라 부른다.

경상이전수지는 거주자와 비거주자 사이에 아무런 대가의 지불 없이 일방적으로 이전되는 금액의 차이를 말한다. 비거주자의 거주자에 대한 이전지급이 거주자의 비거주자에 대한 이전지급을 초과하면 '경상이전수지 흑자' 라 하고, 반대로 거주자의 비거주자에 대한 이전지급이 비거주자의 거주자에 대한 이전지급을 초과하면 '경상이전수지 적자' 라고 부른다.

자본수지는 해외로부터 국내로 유입되는 자본과 반대로 국내로부터 해외로 유출되는 자본과의 차액을 말한다. 자본유입이 자본유출을 초과하면 '자본수지 흑자' 라 하고 반대로 자본유출이 자본유입을 초과하면 '자본수지 적자' 라 한다. 자본수지는 투자수지와 기타자본수지로 나누어지고 투자수지는 다시 직접투자, 증권투자 및 기타투자로 나누어진다.

직접투자는 외국의 생산시설이나 기존의 기업을 인수하거나 또는 해외에 신규로 투자하여 생산시설을 건설하는 경우를 말하는데 증권투자와 달리 장기적인 경우가 많다. 특히 새로이 해외에 공장을 건설하는 경우를 그린필드형(green field) 투자라 부른다. 증권투자는 주식 또는 채권에 대한 투자를 말하는데 비거주자가 국내주식이나 채권에 투자하면 자본의 유입이 되고 반대로 거주자가 외국의 주식이나 채권에 투자하면 자본의 유출이 된다. 기타투자는 직접투자와 증권투자에 포함되지 않는 모든 거주자와 비거주자 간의 금융거래를 말한다. 기타투자에는 금융기관의 대출 및 차입, 외상무역거래의 무역신용, 현금 및 예금거래 등이 포함된다.

기타자본수지는 자본이전과 비금융자산의 취득 및 처분이 포함된다. 자본이전은 현금 또는 현물로 이루어지는데 전자에는 고정자산의 취득과 처분에 관련된 투자보조금, 해외이주비 등이 포함되며, 후자에는 고정자산의 소유권이전, 채권자와 채무자 간의 계약에 의한 채무면제 등이 포함된다. 그리고 비금융자산의 취득과 처분에는 토지, 지하자원 등의 유형자산과 특허권, 저작권, 상표권, 독점판매권, 임차권 또는 양도 가능한 계약과 같은 무형자산의 취득과 처분이 포함된다.

준비자산의 증감은 일국의 통화당국(중앙은행)이 일정시점에 있어서 국제유동성수단으로 보유하고 있는 대외지급준비자산(international reserves: IR)의 증감을 말한다. 앞에 설명한 경상수지와 자본수지는 모두 민간에 의한 국제거래의 수지를 말하는 데 반해서 준비자산의 증감은 민간이 아니라 공적기관인 통화당국의 거래를 나타낸다는 점에서 큰 차이가 있다. 대외지급준비자산은 외환보유고(foreign exchange), SDR, 금, IMF포지션(position) 등 4가지로 구성된다. 외환보유고는 통화당국이 보유하고 있는 외국통화, 외화수표 등의 대외지급수단을 말하며 대외지급준비자산의 대부분을 차지하고 있다. SDR은 1971년 IMF가 국제유동성(국제지급결제수단)의 부족문제를 해소하기 위하여 인위적으로 창출하여 회원국에 배분한 것을 말한다. SDR은 실체는 없고 회계단위에 불과한 국제지급결제수단이다. 금은 통화당국이 국제지급수단으로 보유하고 있는 금을 말한다. IMF포지션은 IMF회원국이 출자액을 바탕으로 일정한도까지(일반적으로 출자액의 200%까지) 조건 없이 인출해서 사용할 수 있는 금액을 말한다. 이와 같이 이들 4가지는 한 나라가 국제지급결제수단으로 사용할 수 있는 국제유동성인데 이 가운데서 SDR, 금, IMF포지션 등은 거의 변동하지 않고 일정하며 외환보유고만 수시로 변동한다. 따라서 많은 경우에 외환보유고를 대외지급준비자산으로 병용하기도 한다.

대외지급준비자산은 순대외자산(Net Foreign Assets: NFA)과 구별된다. 순대외자산이란 일국의 대외자산에서 대외부채를 차감한 것을 말한다. 대외지급준비자산은 통화당국(중앙은행)이 대외지급준비를 위해 국제유동성으로 보유하는 외환자산인 데 반하여 순대외자산은 통화당국을 포함한 통화금융기관이 보유하고 있는 순대외자산을 나타낸다. 따라서 대외지급준비자산은 대외부채의 조달에 의해서도 증가가 가능한 반면 순대외자산은 반드시 대외채무를 수반하지 않는 대외자산의 취득에 의해서만 그 증가가 가능하다. 예를 들어 중앙은행이 해외로부터 1,000만달러의 외화차입을 한 경우 외환보유액이 1,000만달러 증가하여 대외지급준비자산이 증가하지만 다른 한편 대외부채도 1,000만달러 증가하므로 순대외자산은 변동이 없게 된다.

오차 및 누락계정은 실제로 국제수지표를 작성하는 데 있어서 통계상의 불일치를 조정해 주기 위해서 사후적으로 기장해 주는 항목이다. 즉 국제수지표는 복식부기원리에 따라 기장을 하기 때문에 차변의 합계액과 대변의 합계액이 일치해야 하지만 실제 통계집계시에 양자가 일치하지 않는 경우가 대부분이다(다음에 다시 상론함). 그러므로 양자를 일치시키기 위해 오차 및 누락계정을 설정해 둔다.

제4절 >> 국제수지표 주요 계정의 관계

국제수지는 복식부기의 원리에 따라 기장을 하므로 차변의 각 항목은 반드시 대변에 동일금액의 그것에 대응하는 항목을 가지고 있으며 따라서 차변의 합계와 대변의 합계는 항상 일치하게 된다. 이 말은 국제수지표의 경상수지, 자본수지 및 준비자산증감의 합계액은 영(0)이 된다는 것을 의미한다. 즉 경상수지를 CA, 자본수지를 KA, 준비자산의 증감을 ΔIR이라 하면 다음 (2-1)식이 항상 성립한다.

$$CA+KA+\Delta IR \equiv 0 \qquad (2\text{-}1)$$

(Δ는 증감(단 증가는 '−'로 표시함)을, ≡는 항등식을 의미함)

이제 경상수지와 자본수지를 합한 것을 종합수지(BP)라 하고 (2-1)식을 다시 쓰면 (2-2)식이 된다.

$$CA+KA \equiv BP \equiv -\Delta IR \qquad (2\text{-}2)$$

(2-2)식은 다음과 같은 경제학적인 중요한 의미를 갖는다.

첫째, 경상수지와 자본수지의 합계, 즉 종합수지가 흑자이면($BP>0$) 준비자산은 증가한다(즉 증가인 경우 '−'로 표시하므로 $\Delta IR<0$임). 역으로 경상수지와 자본수지의 합계, 즉 종합수지가 적자이면($BP<0$) 준비자산은 감소한다(즉 감소인 경우 '+'로 표시하므로 $\Delta IR>0$임). 이와 같이 경상수지와 자본수지의 합계는 준비자산의 변동을 초래한다.

둘째, 경상수지는 한 나라의 총지출이 총공급을 초과하느냐 여부를 나타낸다. 즉 경상수지가 흑자이면 총공급이 총지출보다 더 크고 초과공급은 해외로 빌려주어 해소된다는 것을 의미한다. 따라서 이 경우 순대외자산(대외자산－대외채무)은 증가하게 된다. 반대로 경상수지가 적자이면 총지출이 총공급보다 더 크고 초과지출(즉 공급부족분)은 해외로부터 차입하여 충당된다는 것을 의미한다. 따라서 이 경우 순대외자산(대외자산 − 대외채무)은 감소하게 된다. 이와 같이 경상수지는 항상 순대외자산의 변동과 일치한다.

셋째, 경상수지 흑자국은 외국인에 대한 채권이 증가하여 순대외자산이 증가한다. 이때 증가한 대외자산을 국내의 민간이 보유하게 되면 그것은 바로 자본유출이 되고 동일한 금액만큼 자본수지는 적자가 된다. 따라서 이 경우에는 준비자산은 전혀 변동하지 않는다. 즉 (2−2)식을 사용하면 $CA+KA=0$, 즉 $CA=-KA$, $-\Delta IR=0$이 된다. 그러나 이와는 반대로 늘어난 순대외자산을 민간이 보유하지 않으면 이는 반드시 중앙은행이 보유하게 된다. 이 경우에는 자본수지는 변동이 없고, 경상수지의 흑자는 바로 준비자산의 증가로 나타나게 된다. 즉 (2−2)식에서 $KA=0$이고 $CA=-\Delta IR>0$가 된다.[3)]

이해를 돕기 위해 앞에서 든 국제거래 〈예 1〉을 가지고 설명해 보자. 〈예 1〉은 우리나라 자동차회사가 자동차 1,000만달러를 현금으로 수출한 경우이다. 여기서 수입이나 다른 자본거래가 일체 없다고 가정하면 경상수지(=상품수지)는 1,000만달러 흑자(CA=1,000만달러)가 된다. 이때 수출대금으로 받은 1,000만달러를 민간의 상업은행이 매입하면 상업은행의 대외자산은 1,000만달러 증가하게 된다. 그리고 상업은행의 이 1,000만달러 대외자산은 해외의 어떤 은행에 예치되어 있을 것이므로 자본계정에서는 1,000만달러의 자본유출이 되고 따라서 자본수지는 1,000만달러 적자(KA=−1,000만달러)로 나타나게 된다. 이 경우에는 자동차수출로 얻은 외화자산이 전액 그대로 민간의 대외자산이 되었기 때문에 중앙은행의 준비자산은 전혀 변동하지 않는다($\Delta IR=0$). 반대로 자동차 수출대금 1,000만달러를 중앙은행이 매입한 경우에는 중앙은행의 준비자산은 1,000만달러 증가하고(ΔIR=−1,000만달러: IR 증가) 자본수지는 전혀 변동이 없다($KA=0$). 물론 중앙은행이 1,000만달러를 매입한 경우에도 그것이 해외의 어떤 은행에 예치되어 있지만 이 경우도 중앙은행의 준비자산보유고가 증가한 것이며 자본유출이 아니다. 따라서 후자의 경우는 자본수지와 아무런 관련이 없다.

---

3) 경상수지가 적자인 경우에는 순대외자산은 감소한다. 경상수지 적자가 민간자본의 유입으로 충당되면 준비자산은 변동하지 않고 민간자본의 유입이 없으면 준비자산이 감소한다.

이와 같이 중앙은행의 외환매매가 없는 경우에는 경상수지는 전액 자본수지에 의해서 보전된다. 즉 경상수지 흑자는 자본수지 적자, 즉 순자본 유출로, 반대로 경상수지 적자는 자본수지 흑자, 즉 순자본 유입으로 각각 충당된다. 이런 점에서 자본이동이 자유롭고 중앙은행의 외환시장 개입이 줄어든 자유변동환율제도하에서는 경상수지가 바로 자본이동을 나타내는 척도로도 사용된다.

넷째, 이렇게 볼 때 경상수지와 자본수지의 합계, 즉 종합수지(BP)는 외국통화의 순공급(net supply)을 나타낸다. 다시 말해서 이는 국내통화에 대한 순수요(net demand)를 나타낸다. 즉 종합수지가 흑자($BP>0$)이면 준비자산이 증가($-\Delta IR>0$)하는데 이는 중앙은행이 외환보유고를 늘리고 동시에 국내통화의 공급을 늘리는 것을 의미한다. 그리고 민간은 외환 대신에 국내통화에 대한 수요를 증가시킨 것을 의미한다. 반대로 종합수지가 적자($BP<0$)이면 준비자산이 감소($-\Delta IR<0$)하는데 이는 중앙은행이 외환보유고를 줄이고 동시에 국내통화의 공급을 줄이는 것을 의미한다. 그리고 민간은 외국통화에 대한 수요를 늘리고 대신에 국내통화에 대한 수요를 줄인 것을 의미한다.[4)]

그러나 실제에 있어서는 국제수지 전체의 순수지가 영이 되지 않는다. 그것은 현실적으로 국제수지를 작성하는 통계의 수집에 어려움이 있기 때문이다. 즉 국제수지 통계작성자는 거래마다 모두 차변과 대변 측면 모두를 들여다 볼 수는 없기 때문에 오차가 발생할 수 있다. 또한 동일 거래에 대해 차변과 대변의 평가액이 달라서 차변과 대변의 금액이 일치하지 않을 수도 있고 또 차변과 대변 중에서 어느 하나가 완전히 누락될 수도 있다.[5)] 또한 우리나라의 경우 국제수지표가 통관통계, 외환수급통계 등 여러 기관에서 각기 다른 목적으로 작성된 기초통계들을 이용하여 작성되기 때문에 오류나 누락이 발생할 수 있다. 따라서 국제수지의 차변과 대변의 불일치를 조정해 주는 별도의 항목이 하나 더 필요한데 그것이 '오차 및 누락계정'이다. 오차 및 누락계정을 EA라 하면 이제 (2-1)식은 다음 (2-3)식으로 바뀐다.

---

4) Caves, Richard, Jeffrey A. Frankel, and Ronald W. Jones(2002), 291-292쪽 참조.
5) Caves, Richard, Jeffrey A. Frankel, and Ronald W. Jones(2002), 295쪽 참조.

$$CA + KA + EA + \Delta IR \equiv 0 \qquad (2\text{-}3)$$

국제수지 불균형에 대한 해석 << 제5절

이상에서 살펴본 바와 같이 국제수지는 상품수지, 서비스수지, 소득수지, 이전수지, 경상수지, 자본수지 등 여러 가지 계정의 수지로 구성되어 있다. 이들 모두 각각 중요한 의미를 갖지만 이 중에서도 상품수지, 경상수지, 자본수지 등은 특히 중요하다. 이들 수지가 흑자인 것이 과연 좋은 것인가? 다른 말로 이들 수지가 적자인 것이 과연 나쁜 것인가 하는 문제를 분석해 볼 필요가 있다.

일반적으로 상품수지가 흑자인 것을 선호하는 경향이 있다. 그것은 상품수지가 흑자이면 수출이 수입을 초과하여 우리나라에서 생산된 상품이 세계시장에서 팔린 금액이 외국에서 생산되어 국내시장에서 팔린 금액보다 많다는 것을 의미한다. 이는 우리나라의 상품의 국제경쟁력이 상대적으로 높다는 것을 나타낸다는 점에서 환영할 만한 일이다.

그러나 우리나라의 상품의 국제경쟁력이 상대적으로 높다는 것은 환영할 일이지만 반드시 상품수지의 흑자가 좋은 것은 아니다. 우선 상품수지의 흑자는 상대국의 적자를 의미하므로 그것이 과도할 경우 상대국의 무역보복을 유발할 수 있다. 그리고 상품수지의 흑자가 국내경기의 어떠한 상태에서 나타나고 있는가에 따라 다르다. 국내경제가 불황에 직면하여 소비, 투자 등 국내의 지출이 줄어들어 수입이 감소하여 상품수지가 흑자를 보인다면 이는 축소균형으로 이행하고 있는 것을 나타내는 만큼 좋은 일이 아니다.

반대로 상품수지가 적자를 보이고 있다 하더라도 기계설비 등 투자재의 수입이 증가하여 적자를 나타내고 있다고 한다면 이는 오히려 좋은 현상으로 볼 수 있다. 즉 기계 등 투자설비의 수입 증가는 당장에는 상품수지의 적자를 일으키지만 그러한 투자설비가 자본스톡의 증가 및 생산시설의 확충을 가져와 국민경제의 잠재적 성장여력을 늘리는 데 기여한다고 하면 이러한 수입 증가는 미래의 성장을 담보하는 것이므로 오히려 좋은 일이라고 할 수 있다. 그러므로 상품수지의 흑자 또는 적자 중 어느 것이 좋은 것인가는 일의적으로 판단할 수 없으며 어떠한 상황에서 흑자 또는 적자가 나타나고 있는가를 분석하는 것이 중요하다.

제6절 >> 국제수지와 통화량

1 통화승수

개방경제에서는 통화량은 중앙은행의 통화정책뿐만 아니라 국제수지에 의해서도 영향을 받는다. 국제수지가 통화량에 미치는 효과를 이해하기 위해서는 개방경제의 화폐공급 메커니즘을 이해해야 한다. 이를 위해 본원통화와 통화량 및 통화승수의 개념을 살펴보기로 하자.

H를 본원통화량, C_p를 민간의 현금보유액, R을 상업은행의 지불준비금(시재금+중앙은행예치금)이라고 하면 본원통화량은 다음 (2-4)식과 같이 민간의 현금보유고와 상업은행의 지불준비금의 합계와 같다. 본원통화량은 통화베이스(monetary base)라고 부르기도 한다.

$$H = C_p + R \qquad (2\text{-}4)$$

시중의 통화량(M^s)은 (2-5)식과 같이 민간의 현금보유액(C_p)과 요구불예금액(DD), 두 가지 항목으로 구성된다고 가정하자.[6)]

6) 이렇게 정의한 통화의 개념은 "비수익성 자산"으로 지불수단 또는 교환의 매개수단의 화폐기능만을 가진 협의의 통화개념이다. 현실적으로는 지불수단 또는 교환의 매개수단 등 화폐의 기능을 하는 예금통화는 요구불예금 이외에도 자유저축예금, 가계당좌예금 등 매우 다양하게 존재한다. 그러나 여기서는 논의를 단순화하기 위해 요구불예금 이외의 예금통화는 존재하지 않는다고 가정하기로 한다.

$$M^s = C_p + DD \tag{2-5}$$

(2−5)식을 (2−4)식으로 나누어 주면 (2−6)식을 얻는다.

$$\frac{M^s}{H} = \frac{C_p + DD}{C_p + R} \tag{2-6}$$

(2−6)식의 우변의 분모와 분자를 DD로 나누어 주면 (2−7)식을 얻는다.

$$\frac{M^s}{H} = \frac{(C_p/DD) + (DD/DD)}{(C_p/DD) + (R/DD)} = \frac{cd+1}{cd+rd} = \mu \tag{2-7}$$

(2−7)식의 μ는 통화승수이며 민간의 현금보유성향($cd=\frac{C_p}{DD}$)과 상업은행의 지불준비금 보유비율($rd=\frac{R}{DD}$)에 의해 그 크기가 결정된다. 그리고 $0<cd<1$, $0<rd<1$ 이므로 μ의 값은 1보다 크다. (2−7)식에서 통화량변동과 본원통화의 변동과의 관계를 구하면 (2−8)식을 얻는다.

$$\frac{\Delta M^s}{\Delta H} = \mu,\ \Delta M^s = \mu \Delta H \tag{2-8}$$

따라서 (2−8)식에서 중앙은행이 본원통화를 늘리면(줄이면) 시중의 통화량은 그 몇 배의 크기로 증가(감소)한다는 것을 알 수 있다. 이런 의미에서 본원통화를 고성능화폐(high-powered money)라고 부르기도 한다.

2 국제수지와 통화량

이상의 통화승수의 개념을 이용하여 국제수지와 통화량과의 관계를 살펴보자. 〈표 2−3〉은 중앙은행의 재무상태표(구 대차대조표)를 나타낸다.

즉 개방경제하에서는 본원통화는 국내여신(DC)과 대외지급준비(IR), 두 가지 요인에 의해서 그 크기가 결정된다. 즉 〈표 2−3〉에 의하면 (2−9)식이 성립한다.

표 2-3 중앙은행 재무상태표(구 대차대조표)

자 산	부 채
국내여신(DC)	화폐민간보유액(C_p)
	상업은행지불준비금(R)
대외지급준비(IR)	시재금
	중앙은행예치금
합계($H=DC+IR$)	합계($H=C_p+R$)

$$IR+DC=C_p+R=H \tag{2-9}$$

(2−9)식에서 (2−10)식을 얻는다.

$$\Delta H=\Delta IR+\Delta DC \tag{2-10}$$

즉 (2−10)식에서 본원통화의 변동(ΔH)은 국내여신의 변동(ΔDC) 또는 대외지급준비의 변동(ΔIR)을 통해서 일어남을 알 수 있다(Δ: 증감표시). 이제 (2−8)식과 (2−10)식을 결합하면 (2−11)식이 된다.

$$\Delta M^s=\mu\Delta H=\mu(\Delta IR+\Delta DC) \tag{2-11}$$

(2−11)식에서 보는 바와 같이 만일 봉쇄경제라면 $\Delta IR=0$이므로 통화량의 변동은 오로지 중앙은행의 국내여신의 변동(ΔDC)을 통해서만 일어난다. 그러나 개방경제인 경우에는 통화량은 국내여신 이외에 대외지급준비의 변동(ΔIR)에 의해서도 변동한다. 대외지급준비는 국제수지가 불균형일 때 변동하므로 개방경제인 경우 국제수지는 통화량에 영향을 미치게 된다.

그러면 국제수지가 통화량에 영향을 미치는 경로를 살펴보자. 먼저 국제수지가 흑자인 경우를 보자.

국제수지가 흑자이면 변동환율제도인 경우에는 환율이 하락하여 국제수지 흑자가 줄어들어 국제수지의 균형이 자동적으로 회복된다. 그러나 고정환율제도인 경우에는 환율이 변동하지 않기 때문에 국제수지의 균형이

자동적으로 회복되지 않는다. 국제수지가 흑자이면 외환시장에서 환율은 하락압박을 받게 되는데 중앙은행은 환율을 일정수준에 유지해야 하므로 그것을 방치할 수가 없다. 이 경우 중앙은행은 환율하락을 막기 위해 외환의 매입개입을 하게 되고 그에 따라 중앙은행의 외환보유고, 즉 대외지급준비는 늘어난다. 대신 본원통화의 공급은 증가하여 통화량공급은 (2-11)식에 따라 확대된다.

반대로 국제수지가 적자이면 변동환율제도인 경우에는 환율이 상승하여 국제수지 적자가 줄어들어 국제수지의 균형이 자동적으로 회복된다. 고정환율제도인 경우에는 중앙은행이 환율상승을 막기 위해 외환의 매각개입을 하게 되고 이에 따라 중앙은행의 외환보유고, 즉 대외지급준비는 감소한다. 따라서 본원통화의 공급은 감소하여 통화량공급은 (2-11)식에 따라 줄어든다. 이와 같이 고정환율제도인 경우에는 국제수지의 불균형이 있으면 중앙은행의 환율안정을 위한 외환시장개입 때문에 본원통화가 변동하고 그에 따라 통화량은 변동하게 된다. 물론 변동환율제도인 경우에도 중앙은행이 환율의 과도한 변동을 막기 위해 외환시장에 개입하는 경우가 많은데 이러한 외환시장개입은 본원통화의 변동과 함께 통화량의 변동을 가져오게 된다.

따라서 고정환율제도이든 변동환율제도이든 중앙은행이 외환시장에 개입을 하면 반드시 시중의 통화량은 변동하게 된다. 다만 고정환율제도의 경우에는 중앙은행은 환율을 일정수준으로 유지해야 하는 책무를 지고 있기 때문에 국제수지가 불균형인 경우에 의무적으로 환율안정을 위해 외환시장에 개입하게 되는 데 반해서 변동환율제도인 경우에는 외환시장개입은 정책당국의 재량적 판단에 의해서 이루어진다는 점에서 근본적으로 차이가 있다.

우리나라의 국제수지 << 제7절

우리나라의 국제수지는 〈표 2-4〉에 요약된 바와 같다. 즉 우리나라의

표 2-4 우리나라 국제수지 추이(단위: 백만달러)

	2000	2005	2006	2007	2008	2009
경상수지	12,250.8	14,980.9	5,385.2	5,876.0	−5,776.3	42,667.6
상품수지	16,953.6	32,683.1	27,905.1	28,168.0	5,669.1	56,127.6
서비스수지	−2,847.8	−13,658.2	−18,960.7	−19,767.6	−16,671.5	−17,202.7
소득수지	−2,421.3	−1,562.5	533.7	1,002.7	5,900.0	4,553.6
경상이전수지	566.3	−2,481.5	−4,092.9	−3,527.1	−673.9	−810.9
자본수지	12,110.0	4,757.0	17,971.7	7,128.1	−50,083.6	26,447.9
투자수지	12,725.2	7,097.4	21,097.8	9,515.6	−50,192.9	25,260.6
직접투자	4,284.5	2,010.9	−4,540.7	−13,835.9	−15,632.6	−9,065.8
증권투자	12,176.7	−3,518.1	−23,230.0	−26,057.8	−2,405.6	50,681.6
파생금융상품	−179.2	1,789.9	484.4	5,444.8	−14,769.9	−5,538.1
기타투자	−3,556.8	6,814.7	48,384.1	43,964.5	−17,384.8	−10,817.1
기타자본수지	−615.2	−2,340.4	−3,126.1	−2,387.5	109.3	1,187.3
오차 및 누락	−589.6	67.9	−1,244.0	2,124.3	−586.1	−54.4
준비자산증(−)감	−23,771.2	−19,805.8	−22,112.9	−15,128.4	56,446.0	−69,061.1
대외지급준비	96,198.1	210,390.7	238,956.1	262,224.1	201,223.4	269,994.7

자료: 한국은행, 경제통계시스템(ECOS).

경상수지는 2000년 중에 122억달러의 흑자를 보인 후 2005년 중에 149억 8,000만달러의 흑자를 기록하였으나 2006년부터 흑자폭이 크게 줄어들었으며 2008년 중에는 57억 7,630만달러의 적자를 나타내어 크게 악화되었다. 그러나 2009년 중에는 426억 6,760만달러의 흑자로 대폭 개선되는 추이를 보였다.

한편 자본수지는 2000년 중에 121억달러의 흑자를 기록한 후 2006년에 179억 7,170만달러의 흑자로 크게 증가하였으나 2007년에 71억 2,810만달러의 흑자로 다시 줄어들었으며 2008년에는 500억 8,360만달러의 엄청난 적자를 기록하였다. 그러나 2009년에는 다시 264억 4,790만달러의 흑자로 반전되었다. 이와 같이 자본수지는 상당히 큰 폭의 변동을 보이는 것이 특징이다. 자본수지 가운데 직접투자는 2006년 이후 2009년까지 계속 적자를

그림 2-2 우리나라 경상수지 및 자본수지의 추이

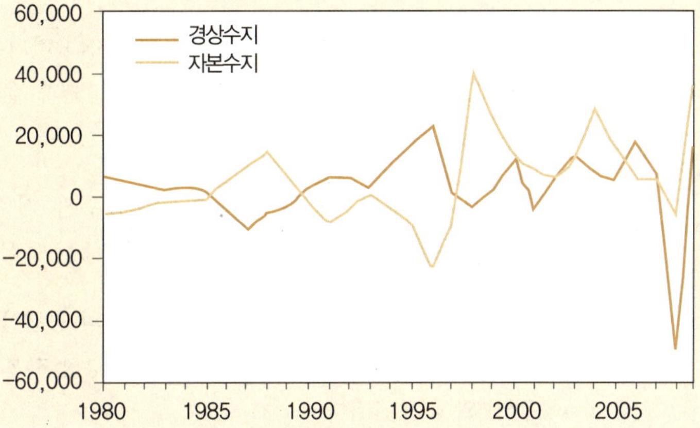

나타내고 있으며 증권투자는 2005년부터 2008년까지 적자를 기록한 후 2009년에는 506억 8,160만달러의 흑자로 반전되었다. 이와 같이 증권투자도 변동성이 매우 강한 특징을 나타내고 있다.

자본수지의 이러한 흑자는 경상수지의 흑자지속과 함께 대외지급준비의 지속적인 증가를 초래하였다. 즉 대외지급준비는 2000년 말에 961억 9,810만달러에 불과하였으나 2005년 말에 2,103억 9,070만달러로 증가한 후 지속적으로 증가하여 2009년 말 현재 2,699억 9,470만달러를 기록하고 있다.

한편 [그림 2-2]는 1980년~2009년 중의 우리나라의 경상수지와 자본수지의 변동추이를 나타내고 있는데 대부분의 경우 경상수지와 자본수지는 반대방향으로 움직이고 있어 경상수지는 자본수지에 의해 보전되고 있음을 알 수 있다. 그러나 2008년에는 경상수지와 자본수지가 모두 악화되고 2009년에는 경상수지와 자본수지가 모두 개선되는 양상을 보이고 있다. 이에 따라 2008년 중에는 대외지급준비가 크게 감소하고 반대로 2009년 중에는 대외지급준비가 크게 증가하는 추이를 보였다.

요 약

요약
Summary

1. 국제수지는 일정기간 동안에 일어난 거주자와 비거주자 간의 모든 경제거래를 체계적으로 기록한 것이다. 즉 물물교환과 같이 외환거래가 수반되지 않더라도 국제수지에는 포함된다.

2. 국제수지표의 주요 계정은 경상수지(상품수지, 서비스수지, 소득수지, 이전수지), 자본수지, 오차 및 누락, 준비자산증감 등이 있다.

3. 경상수지를 CA, 자본수지를 KA, 준비자산의 증감을, ΔIR이라 하면 $CA+KA+\Delta IR\equiv 0$이 성립한다. 즉 경상수지는 항상 자본수지 또는 준비자산의 증감에 의해 보전된다.

4. 준비자산은 대외지급준비를 나타내는데 외환보유고, 금, SDR, IMF포지션 등으로 구성된다.

5. 경상수지는 순대외자산의 변동을 가져온다. 즉 경상수지가 흑자이면 순대외자산은 증가하고 경상수지가 적자이면 순대외자산은 감소한다.

6. 국제수지가 적자인 것은 나쁘고 반대로 흑자인 것이 좋은 것인가는 일의적으로 단정할 수 없으며 경제상황에 따라서 판단할 문제이다.

7. 본원통화량은 민간의 현금보유고와 상업은행의 지불준비금의 합계와 같으며 통화베이스(monetary base), 또는 고성능화폐(high-powered money)라고 부르기도 한다. 시중의 통화량은 민간의 현금보유액과 요구불예금액의 합계와 같다. 시중의 통화량을 본원통화량으로 나눈 값을 통화승수라 부르며 이는 민간의 현금보유성향과 상업은행의 지불준비금보유비율에 의해 결정된다.

8. 고정환율제도하에서는 통화량은 국제수지에 의해 영향을 받는다. 즉 국제수지가 흑자이면 통화량이 증가하고 적자이면 통화량은 감소한다.

연습문제

1. 다음의 국제거래를 복식부기의 원리에 따라 국제수지 계상원리를 설명하시오.
   (1) 반도체 100만 달러를 현금으로 수출
   (2) PC 50만 달러를 6개월 후에 대금을 받는 조건으로 외상수출
   (3) 석탄 90만 달러를 현금으로 수입
   (4) 국내항공사가 수출화물 운임대가로 외국수입업자로부터 30만달러를 받음
   (5) 외국여행사에 해외여행경비 20만 달러 지급
   (6) 뉴욕 소재 외국은행에 외채이자 10만 달러 지급
   (7) 외국기업이 현금 100만 달러를 국내기업의 시설확장에 투자
   (8) 국내기업이 뉴욕시장에서 50만 달러 채권발행

2. 다음의 가상적인 국제수지표 자료를 사용하여 경상수지와 자본수지를 각각 계산하시오.

   상품수지: +40, 서비스수지: +10, 소득수지: −15, 이전수지: −5,
   준비자산: 10 증가(단 오차 및 누락은 없음)

3. 다음의 정보를 사용하여 물음에 답하시오.

   민간의 현금보유고: 100
   상업은행 요구불예금: 200
   상업은행 지불준비금: 50

   (1) 본원통화량은 얼마인가? (2) 시중의 통화량은 얼마인가?
   (3) 통화승수의 크기를 구하시오.

4. 고정환율제도하에서 국제수지불균형이 통화량에 영향을 미치는 경로를 설명하시오.

5. 순대외자산의 개념을 설명하고 경상수지와 어떤 관계에 있는지 설명하시오.

6. 어떤 한 해에 경상수지가 크게 흑자를 나타내었다고 하자. 경상수지의 흑자가 과연 좋은 것인지 그 여부를 논증해 보시오.

참고문헌

이환호(2007), 『글로벌시대의 외환론: 이론과 실제』, 제 1 장, 3-22쪽.

한국은행(2006), 『알기쉬운 경제지표해설』(http://ecos.bok.or.kr), 8월.

Caves, Richard E., Jeffrey A. Frankel and Ronald W. Jones(2002), *World Trade and Payments: An Introduction*, Addison Wesley, New York, Chapter 15, pp. 281-298.

Gandolfo, Giancarlo(2002), *International Finance and Open-Economy Macroeconomics*, Springer, New York, August, Chapter 5, pp. 53-68.

03 환율 및 외환시장의 기초

본 장은 환율과 외환시장의 기초적 개념을 정리한다. 이러한 기초개념은 본서를 이해하는 데 중요한 기초를 제공한다. 즉 환율의 정의, 환율변동의 의미, 크로스레이트 · 재정환율 · 실질환율 · 실효환율 등 환율의 종류를 설명하고 외환시장의 경우에는 외환의 개념, 외환시장의 참여자, 환재정 거래, 현물환시장, 선물환시장, 통화선물, 통화옵션, 헤징, 환위험, 환투기 등의 개념을 정리한다. 또한 효율적 외환시장가설을 설명하고 국제 및 우리나라 외환시장의 거래 현황을 분석한다. 그리고 환율제도의 기초개념을 설명한다.

제1절 >> 환율의 기초

1 환율의 개념

환율(exchange rate)은 두 나라 이종통화 간의 교환비율이다. 따라서 환율도 재화의 가격과 마찬가지로 하나의 가격이다. 예를 들면 구두 1켤레의 가격이 50,000원이면 구두 1켤레와 원화 간의 교환비율은 1:50,000이 된다. 이 경우 구두 판매자는 구두 1켤레를 팔고 원화 50,000단위를 사는 셈이 된다. 그리고 구두 판매자 입장에서 보면 1원은 구두 1켤레의 $\frac{1}{50,000}$만큼의 가치를 가지고 있다. 구두와 같이 일반 재화의 경우에는 가격을 통화(원화)단위로 표시하는 것이 일반적이고 1원당 재화의 수량으로 표시하는 일은 드물다. 그러나 환율의 경우는 두 가지 방법을 다 쓰고 있다. 예를 들어 1달러=1,000원으로 표시하기도 하고 1원=0.001달러로 표시할 수도 있다. 이와 같이 환율은 어느 통화의 수량으로 표시하느냐에 따라 두 가지 방법이 있다. 외국통화 1단위에 대해 국내통화의 수량으로 표시하는 경우를 국내통화 표시방법이라 하고 국내통화 1단위에 대해 외국통화의 수량으로 표시하는 경우를 외국통화 표시방법이라 부른다. 또 전자를 유럽식 표시방법(European Term), 후자를 미국식 표시방법(American Term)이라고 부르기도 한다. 그 표시방법은 분석의 편의에 따라서 결정되며 어느 방법이 더 나은 것이라고 말할 수는 없다. 그러나 일반적으로 외국통화 1단위당 국내통화의 수량으로 표시하는 방법을 많이 사용하고 있는데 그것은 환율이 바로 외국통화의 가격을 나타내 주어 편리하기 때문이다. 본 서는 별도의 언급이 없는 한 환율은 국내통화 표시방법을 사용하여 외국통화의 가격을 나타내는 것으로 정의한다.

그러나 환율은 물가, 실업, 국제수지, 산출량 등과 같이 개방경제하에서 한 나라의 중요한 거시경제변수의 하나이다. 또 환율은 외국통화의 가격을 나타내기도 하지만 외국통화는 증권, 채권 등과 마찬가지로 하나의 자산으로서의 기능을 가지고 있다. 다시 말해서 외국통화는 대외자산이므로 그 가격인 환율은 바로 자산의 가격을 나타내며 따라서 증권 등의 다른 자산의 가격에 적용되는 원리가 그대로 적용된다. 그러면 그 원리는 무엇인가? 자산의 가장 특징적인 내용은 그것이 부의 한 형태로서 현재의 구매력을 미래로 이전시키는 수단이라는 데 있다. 따라서 오늘 형성된 자산의 가격은 구매자가 미래에 그 자산의 가격이 재화와 용역을 구매할 수 있을 것으로 예상하는 예상구매력과 직접적으로 연결되어 있다.

예를 들어 현재 달러의 환율이 1,000원이라고 하자. 그러면 현재 달러의 가격, 1,000원은 앞으로 그 달러의 가격(즉 환율)이 어떻게 전개될 것이라는 예상을 근거로 하여 형성된 것이다. 그러므로 미래의 달러환율에 대한 예상이 달라지면 현재의 달러환율은 직접적으로 영향을 받게 된다. 그것은 주식시장에서 어떤 회사의 주식가격이 앞으로 그 회사에 대한 예상을 근거로 형성이 되는데 그 예상이 달라지면 이 회사의 현재 주식가격은 직접적으로 영향을 받는 것과 같은 이치이다.

이와 같이 외국통화는 하나의 자산으로서 환율은 자산의 가격이라는 시각이 환율이론에 있어서 자산시장 접근방식의 핵심적인 내용으로 되어 있다.

환율을 외국통화의 가격으로 정의할 때 환율이 오르면(예를 들면 1달러=1,000원에서 1달러=1,100원으로) 외국통화(달러)의 가치가 상대적으로 오르고 국내통화(원)의 가치가 상대적으로 하락한다. 이와 같은 경우를 환율절하(depreciation)라 부른다. 반대로 환율이 내리면(예를 들면 1달러=1,000원에서 1달러=990원으로) 외국통화(달러)의 가치가 상대적으로 떨어지고 국내통화(원)의 가치가 상대적으로 오른다. 이와 같은 경우를 환율절상(appreciation)이라 부른다. 이러한 환율절하 또는 환율절상은 외환시장(외국통화거래 시장)에서 외국통화의 수요와 공급에 의해 자율적으로 결정되는 변동환율제도에서 사용되는 개념이다. 이와는 달리 외환당국이 환율을 일정 수준에 유지하기로 하는 고정환율제도하에서는 그 고정된 환율 수준을 정책적으로 인상 또는 인하하는 경우가 있는데 환율 수준을 인상하는 경우를 평가절하(devaluation)라 하고 반대로 환율 수준을 인하하는 경우를 평가절상(upvaluation)이라 부른다.[1] 환율절하와 평가절하는 환율이 오르는 점에서 성격이 같고 환율절상과 평가절상은 환율이 내리는 점에서 성격이 같으며 다만 환율제도가 변동환율제도인가 아니면 고정환율제도인가에 따라 용어가 달라진다.

환율을 알게 되면 우리는 두 나라 상품의 가격을 비교할 수 있게 된다. 예를 들어 지금 현재 환율이 달러당 1,000원이고 미국산 사과 1개의 가격이 1달러라면 사과의 원화표시가격은 1,000원이 된다. 그리고 환율이 달러당 1,000원에서 1,100원으로 오르면 사과의 원화표시가격은 1,000원에서 1,100원으로 상승하게 된다. 이와 같이 환율이 바뀌면 외국상품의 국내가격도 변동하게 된다. 이는 미국사람의 입장에서도 마찬가지다. 예를 들어 한국산 신발 1켤레의 가격이 50,000원이고 환율이 달러당 1,000원이면 신발 1켤레의 달러표시 가격은 50달러가 된다. 그리고 환율이 달러당 1,000원에서 1,250원으로 상승하면 신발 1켤레의 달러표시 가격은 50달러에서 40달러로 떨어지게 된다. 이와 같이 환율이 주어지면 미국인이나 우리나라 사람이나 모두 마찬가지로 두 나라 상품의 가격을 비교할 수 있게 되며 환율의 변동은 다시 두 나라 상품의 상대가격의 변동을 가져오게 된다. 따라서 환율은 두 나라 상품의 가격을 비교할 수 있게 하여 국제교역에 있어서 중요한 기능을 한다.

환율의 변동은 상품의 가격뿐만 아니라 대외자산과 대외부채의 크기에도 영향을 미친다. 예를 들어 10,000달러의 대외자산을 가지고 있는 경우 환율이 달러당 1,000원에서 1,200원으로 상승하면 대외자산은 2,000,000원 증가한다. 반대로 10,000달러의 대외부채를 가지고 있는 경우에는 대외부채의 부담이 2,000,000원 증가하게 된다. 이와 같이 환율의 변동은 상품가격의 변동, 대외자산 및 부채의 변동 등 국민경제에 미치는 영향이 크기 때문에 개방거시경제학에서 매우 중요한 변수로 취급된다.

---

1) 평가절하란 상품화폐, 금에 대한 통화가치의 하락을 의미하며 반대로 평가절상이란 금에 대한 통화의 가치 상승을 의미한다. 예를 들면 전자는 금 1온스당 35달러에서 40달러로 달러가치가 하락하는 경우를 말하고, 후자는 금 1온스당 35달러에서 30달러로 달러가치가 상승하는 경우를 말한다. 그러나 달러와 금과의 가치연결이 폐지된 1971년 이후부터는 엄밀한 의미에서의 평가절하 또는 평가절상의 개념은 없어졌다고 할 수 있다.

2 환율의 종류

크로스레이트, 재정환율

외환시장에서는 미국달러, 영국파운드, 유로, 일본엔 등 다양한 외국통화들이 거래된다. 따라서 이들 다양한 통화들 간에 각각의 다양한 환율이 존재하게 된다. 크로스레이트(cross rate)란 자국통화가 개입되지 않은 환율을 말한다. 예를 들면 미국뉴욕 외환시장의 경우 영국파운드 대 유로화환율, 영국파운드 대 일본엔화환율 등을 말한다. 우리나라 외환시장의 경우 미달러 대 엔화환율, 미달러 대 영국파운드화환율 등을 말한다.

재정환율(arbitrated exchange rate)이란 일본엔이나 EU의 유로와 같이 외환시장에서 직접 거래되지 않는 통화의 환율을 결정할 때 우리나라 외환시장에서 결정된 원 대 달러환율과 국제금융시장에서 결정된 엔-달러환율 또는 유로-달러환율을 이용하여 산출한 환율을 말한다. 다음의 예를 보면 원-엔재정환율은 ￥1=₩10이다.

① 우리나라 외환시장 원-달러환율: US$1=₩1,000
② 미국 뉴욕외환시장 엔-달러환율: US$1=₩100
③ 원-엔재정환율: ￥1=₩10

표 3-1 실제환율의 예(2009년 7월 31일)

	원(A)	미국달러(B)	일본엔(C)	유로(D)	영국파운드(E)	중국위안(F)
원*	1	0.081	7.698	0.057	0.049	0.551
미국달러	1240.50	1	95.497	0.711	0.606	6.832
일 본 엔	12.99	0.010	1	0.007	0.072	0.072
유 로	1745.88	1.407	134.402	1	0.853	9.615
영국파운드	2046.51	1.650	157.545	1.172	1	11.271
중국위안	181.57	0.146	13.978	0.104	0.089	1

주: *) 100원당 미국달러, 일본엔, 유로, 영국파운드, 중국위안임.
자료: 한국은행, Ecosystem의 환율데이터에서 산출.

한편 〈표 3-1〉은 2009년 7월 31일자 우리나라 외환시장에서 거래된 실제환율의 예이다. 〈표 3-1〉에서 (A)란은 우리나라 원화의 미국달러, 일본엔, 유로 및 중국파운드에 대한 환율을 각각 나타낸다. 즉 원화의 미달러환율은 1,240.50원, 일본엔환율은 12.99원, 등이다. (B), (C), (D), (E) 및 (F)란은 미달러, 일본엔, 유로, 영국파운드 및 중국위안화의 각 통화에 대한 환율을 나타낸다. 〈표 3-1〉에는 6개의 통화가 있고 총환율의 수는 자체통화환율 1과 역수를 제외한 15개이다.[2] 그러나 외환시장에서 실제로 필요한 환율의 수는 이렇게 많을 필요가 없다. 이 6개 통화 중에서 어느 한 통화, 일반적으로 미국달러를 매개통화(numeraire)로 사용하면 달러환율 5개만 있으면 나머지 환율은 자동으로 구해진다.

예를 들면 〈표 3-1〉에서 원-달러환율은 1,240.50원이고 엔-달러환율은 95.497엔이다. 따라서 이 두 환율을 사용하여 원-엔환율을 구하면 US$1=₩1,240.50=¥95.497에서 ¥1=₩12.99가 된다. 다른 통화의 환율도 같은 방법으로 구할 수 있다. 이러한 원리를 이용하면 통화의 수가 n개인 경우 그중 하나(미국달러)를 매개통화로 사용하면 $n-1$개의 환율만 있으면 되고 이 경우 구해지는 환율의 수는 $\frac{n(n-1)}{2}$개가 된다. 2차 대전 후 오늘에 이르기까지 미국달러화가 매개통화역할을 하고 있으며 이런 역할을 하는 통화를 기축통화(vehicle currency)라 부른다.

매입가격, 매도가격

외환시장에서 외국통화의 거래는 일반적으로 중개인, 즉 딜러(dealer)의

표 3-2 매입-매도가격 사례(2009년 8월 11일) (단위: 원)

	달러	엔(100엔당)	유로	위안
매입가격(A)	1,239.10	1,284.43	1,756.36	181.04
매도가격(B)	1,239.40	1,295.03	1,756.89	181.58
스프레드(B-A)	0.30	0.60	0.53	0.54

자료: 한국경제신문, 한경닷컴 2009년 8월 11일자.

2) 1을 기준으로 대각선을 그었을 때 대각선의 위쪽과 아래쪽은 역수임.

매매중개에 의해서 이루어진다. 매입가격(bid rate)이란 딜러가 사고자 하는 가격을 말하고, 매도가격(offer(ask) rate)이란 반대로 딜러가 팔고자 하는 가격을 말한다. 매입가격과 매도가격의 차이를 스프레드(spread)라 부른다. 딜러는 외환의 매입가격과 매도가격의 차이를 이익으로 가져간다. 매입-매도가격의 실제 사례는 〈표 3-2〉와 같다.

실질환율, 실효환율

일반적으로 재화의 가격은 통화단위로 표시되는데 이러한 가격을 명목가격이라 부른다. 예를 들면 구두 1켤레는 50,000원이라고 할 때 이 가격은 명목가격(nominal price)이다. 이와는 달리 구두의 가격을 실물의 수량으로 표시할 수 있다. 예를 들면 구두 1켤레의 가격을 사과 50개로 표시할 수 있다. 이와 같이 재화의 가격을 실물의 수량으로 표시한 것을 실질가격(real price)이라 한다. 즉 명목가격은 재화와 화폐 간의 교환비율을 나타나는 데 반해서 실질가격은 재화와 재화 간의 교환비율을 나타내는 것이다.

외국통화의 가격인 환율도 같은 방법으로 나타낼 수 있다. 즉 지금까지 사용한 예를 들면 1달러는 1,000원이라는 환율은 미국달러의 가격을 우리나라 통화의 수량으로 표시한 명목환율이다. 이와는 달리 실질환율(real exchange rate)은 외국에서 생산된 상품과 국산품과의 교환비율을 나타낸다. 그 산식은 다음과 같다.

$$q = \frac{EP^*}{P}$$

여기서 q는 실질환율, E는 명목환율, P^*는 외국의 물가수준, P는 국내 물가수준을 각각 나타낸다. 명목환율 E는 외국통화 1단위당 국내통화의 수량으로 표시한 환율을 나타내고, P^*는 외국통화로 표시한 외국의 물가수준이므로 EP^*는 국내통화로 환산한 외국의 물가수준을 나타낸다. P는 국내통화의 수량으로 표시한 국내물가수준이므로 EP^*를 P로 나눈 q는 바로 외국에서 생산된 상품의 가격을 국내상품의 수량으로 표시한 가격이 된다. 즉 q는 외국상품과 국산품과의 교환비율을 나타내는 것이다. 이해를 돕기 위해 예를 들어보자. 명목환율은 달러당 1,000원이고 국산 TV 1대의 가격은 50만원, 미국산 TV 1대는 1,000달러라 하자. 이제 미국산 TV 1대의 가격을 원화로 환산하면 1,000원×US$1,000=100만원이 된다. 따라서 미국산 TV 1대의 가격을 국산 TV의 수량으로 표시하면 $q=\frac{1{,}000\text{원}\times US\$1{,}000}{500{,}000\text{원}}=\frac{1{,}000{,}000\text{원}}{500{,}000\text{원}}$ =2.0대가 된다. 즉 미국산 TV 1대의 가격은 국산 TV 2대이다. 이제 TV라는 한 상품에 한정하지 않고 이 개념을 모든 상품에 대해 적용하면 실질환율은 국산품과 외국상품의 교환비율을 나타낸다.

실질환율(q)이 상승하면 외국산 상품이 국산품에 비해 상대적으로 비싸진다는 것을 의미하고 역으로 국산품의 가치가 외국상품에 대해 상대적으로 떨어진다는 것을 의미한다. 이를 실질절하(real depreciation)라 부른다. 위의 TV예의 경우 환율이 달러당 1,000원에서 1,200원으로 오르면 실질환율은 2.4대($q=\frac{1{,}200\text{원}\times US\$1{,}000}{500{,}000\text{원}}=\frac{1{,}200{,}000\text{원}}{500{,}000\text{원}}$)로 증가한다. 따라서 미국산 TV 1대의 가격은 국산 TV 2.4대로 상승하여 국산 TV의 가치가 상대적으로 떨어지게 된다. 반대로 실질환율이 하락하면 외국산 상품이 국산품에 비해 상대적으로 싸진다는 것을 의미하고 역으로 국산품의 가치가 외국상품에 대해 상대적으로 올라간다는 것을 의미한다. 이를 실질절상(real appreciation)이라 부른다.[3] 즉 실질절하인 경우는 국산품의 국제적 가격경쟁력이 올라가고 반대로 실질절상인 경우는 국산품의 국제적 가격경쟁력이 하락한다. 명목환율의 상승, 외국물가수준의 상승, 국내물가수준의 하락 등은 실질절하를 가져오고 명목환율의 하락, 외국물가수준의 하락, 국내물가수준의 상승 등은 실질절상을 가져온다.

이와 같이 실질환율은 명목환율(E), 외국물가수준(P^*), 국내물가수준(P) 등 3가지 요인에 의해서 영향을 받는다. 위에 든 예에서는 모든 상품이 교역재인 경우를 예로 들었으나 교역재와 비교역재가 모두 존재하는 경우 실질환율은 두 나라의 소비바스켓(consumption basket)의 비율이라는 점에 유의해야 한다. 그것은 국내물가수준(P)과 외국물가수준(P^*)이 모두 교역재와 비교역재의 소비바스켓으로 구성되어 있기 때문이다. 그리고 실질

3) 예를 들어 환율이 달러당 1,000원에서 800원으로 하락한 경우의 미국산 TV 1대의 가격은 국산 TV 1.6대로 떨어져 국산 TV의 가치가 상대적으로 올라가게 된다.

환율은 교역조건(terms of trade)과 반드시 일치하는 것은 아니다. 교역조건이란 수출품과 수입품 간의 교환의 비율을 말한다. P_x를 국내통화표시 수출품의 가격이라 하고 P_m*를 외국통화표시 수입품의 가격이라 하면 교역조건(TOT)은 다음 식으로 표현된다.

$$TOT = \frac{EP_m^*}{P_x}$$

이와 같이 교역조건은 수입품 한 단위에 대해 수출품 몇 단위를 지급해야 하는가를 나타내는데 여기에는 수출입 상품, 즉 교역재만 해당이 된다. 그러나 실질환율은 소비바스켓의 비교이기 때문에 교역재 외에 비교역재도 포함되는 것이다. 왜냐하면 실질환율의 산식 $q = \frac{EP^*}{P}$의 P와 P^*는 모두 교역재와 비교역재의 가격을 포함하고 있기 때문이다. 만일 재화가 모두 교역재만 존재한다고 하면 소비바스켓은 모두 교역재로 구성될 것이므로 실질환율은 교역조건과 일치한다. 그렇지 않고 교역재와 비교역재가 모두 존재하는 경우에는 실질환율과 교역조건은 일치하지 않는다. 마지막으로 실질환율은 두 나라의 소비바스켓의 비율로도 나타내지만 교역재의 가격(P_T)과 비교역재가격(P_N)의 비율($\frac{P_T}{P_N}$)로 나타내기도 한다. 교역재와 비교역재가격의 비율로 표시한 실질환율은 다음에 다시 설명하기로 한다.

실효환율(effective exchange rate)이란 환율의 개념을 2국간(bilateral)에서 다국간(multilateral)으로 확대한 개념이다. 즉 지금까지의 환율은 예를 들면 우리나라 원화와 미국달러, 또는 우리나라 원화와 일본엔 등 두 나라 간의 환율에 국한하여 설명을 했는데 실질적으로 우리나라와 교역하는 나라들은 미국, 일본, 중국, 영국, 유럽연합(EU) 등 여러 나라가 있다. 실효환율이란 이와 같이 현실적으로 여러 나라와 교역을 할 경우 이들 나라들의 전체에 대한 환율을 나타내는 것이다. 실효환율은 명목실효환율과 실질실효환율 두 가지가 있는데 전자는 물가수준을 고려하지 않고 명목환율만을 고려한 것이고 후자는 물가수준을 고려한 것이다. 명목실효환율(NEER)과 실질실효환율(REER)의 산식은 다음과 같다.

$$NEER = \sum_{j=1}^{n} a_j E_j$$

여기서 a_j는 j국과의 교역비중, E_j는 j국통화의 명목환율을 각각 나타낸다.

$$\text{REER} = \sum_{j=1}^{n} a_j \frac{E_j P_j^*}{P}$$

여기서 $\frac{E_j P_j^*}{P}$는 j국과의 실질환율을 나타낸다.

이와 같이 실효환율은 교역상대국과의 교역비중(일반적으로 무역비중)을 가중치로 사용하여 구한 가중평균환율이다. 따라서 실효환율의 변동은 그 나라의 교역상대국 전체에 대한 평균적인 환율의 변동을 나타낸다.

예를 들어 대달러 명목환율이 1,000원에서 1,200원으로 상승한 경우 원화가 미국달러에 대해서는 가치가 하락했지만 일본엔, 중국위안, 유로 등 여타 통화에 대해서는 어떻게 가치가 변동했는지는 알 수가 없다. 다시 말해서 원화가 미달러화에 대해서는 가치가 떨어졌지만 일본엔화나, 중국위안화 또는 유로화에 대해서는 환율이 하락하여 상대적으로 원화가치가 올라갈 수도 있다. 이런 경우에는 우리나라 원화가치가 대외적으로 하락했다고 말할 수가 없다. 그러나 명목실효환율이 상승한 경우는 우리나라 원화의 가치가 교역상대국 전체에 대해 하락하여 원화의 대외가치가 떨어진 것을 나타낸다.[4)]

실질환율의 경우도 마찬가지이다. 단순히 대미 달러 실질환율이 상승한 경우는 우리나라 상품의 가치가 미국상품에 대해 상대적으로 하락했다는 것을 나타낼 뿐이고 일본, 중국, EU 등의 교역상대국의 상품에 대해서는 가치변동을 알 수가 없는 것이다. 실질실효환율이 상승했을 경우에는 우리나라의 상품의 가치가 이들 교역상대국의 상품에 대해 상대적으로 하락한 것을 나타낸다.

일반물가수준은 소비자물가지수, 생산자물가지수 등과 같이 기준년도를 정해서 지수로 표시하고 있다. 마찬가지로 실효환율도 기준년도를 정해서 지수로 나타내는 것이 일반적이다. 일반물가수준을 나타내는 지수의 값

4) 이는 마치 여타의 가격은 일정한데 사과가격만 상승한 경우에는 상대가격의 변동을 의미하지만 사과뿐만 아니라 모든 재화의 가격이 함께 상승한 경우에는 사과의 실질가치(즉 상대가격)는 변동이 없고 화폐의 가치(구매력)가 하락한 것을 의미하는 논리와 같다.

그림 3-1 주요 통화의 실질실효환율($\frac{P}{EP^*}$)지수 추이*

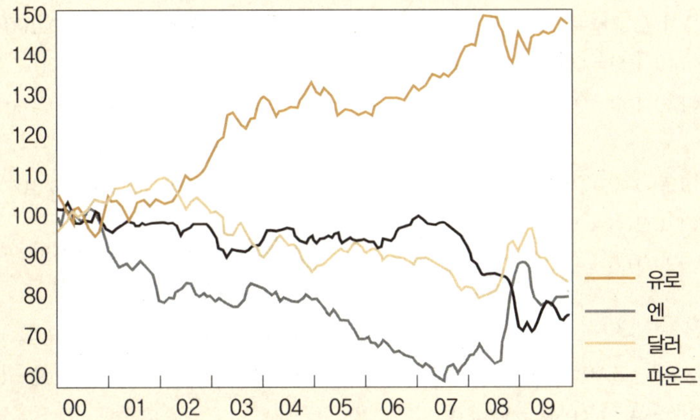

주: *) 상승은 실질절상을 의미함.
자료: BIS, Statistics(http://www.bis.org/statistics/eer/index.htm)

자체는 아무런 의미가 없는 것과 마찬가지로 실효환율의 경우도 지수의 값 자체는 의미가 없다.

다만 그것이 기준년도에 비해서 어떤 변동을 보였는가를 나타내 주는 데 의미가 있다. [그림 3-1]은 1980년부터 2007년까지의 분기별 주요 선진국의 실질실효환율지수(2000년=100) 추이를 나타낸 것이다.

사례

실질환율 및 실효환율 산출 예

표 B3-1 실질환율 및 실효환율 산출 예*

	명목환율		물가수준		
	미국달러	일본엔	한국	미국	일본
2005	1,000원	5.00원	100	100	100
2006	900원	4.50원	100	110	110
2007	800원	4.00원	100	120	120

*) 명목환율 및 물가수준은 모두 가상적인 수치임. 한국과의 교역비중은 미국 60%, 일본 40%로 각각 가정함.

(1) 실질환율(RER)

① 대미 달러:

2005: 1,000×100/100=1,000

2006: 900×110/100=990

2007: 800×120/100=960

② 대일본 엔:

2005: 5.00×100/100=5.00

2006: 4.50×110/100=4.95

2007: 4.00×120/100=4.80

(2) 명목실효환율(NEER)

2005: 1,000×0.6+5.00×0.4 =602.00

2006: 900×0.6+4.50×0.4 =541.80

2007: 800×0.6+4.00×0.4 =481.6

(3) 실질실효환율(REER)

2005: 1,000×0.6×100/100
+5.00×0.4×100/100=602.00

2006: 900×0.6×110/100
+4.50×0.4×110/100=595.98

2007: 800×0.6×120/100
+4.00×0.4×120/100=577.92

(4) 명목실효환율지수(2005=100)

2005: 100

2006: 541.80/602.00×100=90.00

2007: 481.60/602.00×100=80.00

(5) 실질실효환율지수(2005=100)

2005: 100

2006: 595.98/602.00×100=99.00

2007: 577.92/602.00×100=96.00

제2절 >> 외환시장의 기초

1 외환시장의 의의

외환시장이란 외환거래가 일어나는 시장을 말한다. 외환이란 외국의 통화여행자수표(T/C), 외화수표 등 모든 대외지급수단을 말한다. 외환시장에서의 주요 거래자들은 상업은행, 일반기업, 비은행금융기관, 중앙은행 등 대부분 기관 거래자들이다. 물론 해외여행 등을 위한 개인거래도 있지만 비중은 크지 않다.

상업은행은 고객의 요청이나 자체의 외환잔고 조작에 의한 수익성 재고를 목적으로 시장에 적극 참여하고 있다. 상업은행의 외환거래는 일반적으로 은행상호 간의 국제적인 거래가 주종을 이룬다. 일반기업의 경우는 수출입, 해외투자, 국제적인 사업의 확장 등의 필요에 의해 시장에 참여하게 되는데 특히 다국적기업의 참여가 활발하다. 비은행금융기관은 금융회사, 보험회사, 외환달러 등 은행 이외의 다양한 기관들을 의미하는데 세계적인 금융규제 완화추세 및 자본이동의 증가세와 더불어 이들 금융회사들의 중요성이 크게 증가하였다.

중앙은행의 외환시장 참여는 다른 시장참여자와 목적과 기능이 다르다. 즉 다른 기관들은 이윤추구를 목표로 시장에 참여하는 데 반해서 중앙은행은 정책적 목적으로 참여한다. 즉 중앙은행은 외환시장의 안정 또는 적정환율 수준의 유지 등을 목적으로 외환시장에 개입하고 있다. 특히 변동환율제도하에서 환율의 과도한 변동을 억제하고 외환시장을 안정화시키기 위한 중앙은행의 외환시장 개입의 필요성은 더욱더 증대되었다.

외환시장은 런던, 뉴욕, 동경, 프랑크푸르트, 싱가포르, 취리히 등 세계 주요 금융시장에 널리 퍼져 있으며 통신시설의 발달로 서로 통합된 상태로 움직이고 있다. 즉 외환시장은 마치 하나의 시장인 것처럼 한 시장에서 일어난 충격은 순식간에 전세계적으로 전파 또는 확산된다.

2 외환시장 참여자의 기능적 구분

외환시장의 거래자들은 그 기능에 따라 상업적 무역업자, 투기자, 재정거래자 또는 차익거래자(arbitrageurs) 등 3가지로 나눌 수 있다.

상업적 무역업자는 수출입거래업자들로 수출입거래에 수반하여 외환을 매매하는 자들을 말한다. 수출자들은 외환의 공급자 기능을 하고 수입자들은 외환에 대한 수요자 기능을 한다.

투기자들은 미래의 예상환율을 기준으로 하여 외환의 매매거래를 함으로써 이윤을 얻고자 하는 자들을 말한다. 투기자들은 의도적으로 외환잔고를 조절하는 특징을 지니고 있다. 예를 들어 어떤 투기자가 3개월 후의 달러환율이 1,100원이 될 것이라고 예상한다고 해 보자. 만일 현재의 달러환율이

1,000원이면 이 투기자는 앞으로 환율이 상승할 것으로 예상할 것이므로 당장 달러를 매입하여 달러의 매입잔고를 증가시킬 것이다. 반대로 현재 달러 환율이 1,200원이면 앞으로 환율이 떨어질 것으로 예상할 것이므로 달러를 매각하여 달러잔고를 축소할 것이다. 이와 같이 투기자의 외환에 대한 투기거래에는 예상환율이 중요한 역할을 한다. 즉 투기거래를 통해 이득을 볼 것인가 아니면 손실을 볼 것인가는 투기자가 미래의 환율을 얼마나 정확하게 예측하느냐에 달려 있다.

재정거래자는 동일 시점에 두 지역 간에 환율의 격차가 있을 때 그 격차를 이용하여 외환거래를 함으로써 이윤을 얻고자 하는 자를 말하는데 차익거래자로 부르기도 한다. 재정거래의 경우는 투기거래와 달리 의도적인 외환잔고의 보유는 없다.

3 외환시장의 분류

외환시장은 거래 당사자에 따라 은행간시장과 대고객시장으로 나누어진다. 은행간시장은 좁은 의미에서의 외환시장을 의미하며 브로커를 경유하는 경우와 브로커를 경유하지 않는 은행간 직접거래(OTC: over-the-counter)로 나눌 수 있다. 대고객시장은 은행과 개인 및 기업 등 고객 간에 외환거래가 이루어지는 시장을 의미한다. 대고객시장의 거래는 은행의 포지션에 영향을 미치므로 은행간시장과 서로 연결되어 있다.

4 외환거래의 형태별 분류

외환시장에서의 거래형태는 외환매매상품에 따라 전통적 외환거래와 파생금융거래로 나누어진다. 전자에는 현물환거래(spot transaction), 선물환거래(forward transaction) 및 외환스왑(exchange swap)이 있으며 후자에는 통화선물(currency futures), 통화스왑(currency swap) 및 통화옵션(currency option)

등이 있다.

전통적 외환거래

현물환거래란 계약체결 후 2영업일 이내에 외환의 인수, 인도 및 결제가 이루어지는 거래인 데 반해 선물환거래는 계약체결 후 2영업일을 경과한 특정일에 외환의 인수, 인도 및 결제가 이루어지는 거래이다. 선물환거래의 특수한 형태인 차액결제선물환(NDF: non-deliverable forward)은 일반선물환(outright forward)과는 달리 만기에 차액[5]만을 정산하는 것으로, 주로 비거주자들이 교환성이 없는 통화를 대상으로 환위험을 헤징하거나 환투기를 할 목적으로 이용한다. 우리나라의 경우 1999년 4월 이후 비거주자와 국내 외국환은행간의 NDF거래가 허용된 이후 그 규모는 계속 확대되고 있다.

현물환이 거래되는 시장을 현물환시장이라 하고 선물환이 거래되는 시장을 선물환시장이라 부른다. 그리고 현물환시장의 환율을 현물환율(spot exchange rate) 또는 현물환시세라 하고 선물환시장의 환율을 선물환율(forward exchange rate) 또는 선물환시세라 부른다.[6] 선물환의 기간은 1개월, 2개월, 3개월, 6개월, 1년 등 여러 가지가 있다. 선물만기일에 적용되는 환율은 선물계약의 체결당시에 계약한 선물환율이 적용된다.

예를 들어 어떤 거래자가 오늘 3개월 만기 10,000달러를 1,100원의 환율로 매입했다고 하자. 그러면 3개월 선물환율은 이때 1,100원이 되며 3개월 후의 선물만기 당일에 현물환율이 1,100원보다 높든 낮든 상관없이 반드시 달러당 1,100원을 지급해야 한다. 만약 3개월 후의 선물만기 당일에 현물환율이 이미 계약한 선물환율, 1,100원보다 높으면(예를 들어 1,150원) 이 거래자는 선물로 미리 매입한 것이 이득이 되고 반대로 선물만기 당일의 현물환율이 이미 계약한 선물환율, 1,100원보다 낮으면(예를 들어 1,050원) 선물로 비싸게 매입한 결과가 되므로 손실을 보게 된다. 이와 같이 선

5) 차액결제선물환거래의 만기시 차액정산은 선물환 계약금액×(계약된 선물환율－만기시 현물환율)로 산정하여 주로 미달러화로 수수하게 된다.
6) 원유, 곡물, 금속 등 일반상품의 경우에도 현물시장과 선물시장으로 나누어진다.

물환계약의 경우에는 미래의 환율에 대한 예상을 얼마나 정확하게 하느냐에 따라 이득을 보느냐 아니면 손해를 보느냐가 결정된다. 일반적으로 선물환율은 현재의 현물환율과 비교하여 선물환율이 현물환율보다 더 높으면 프리미엄(premium)이라 하고 반대로 선물환율이 현물환율보다 더 낮으면 디스카운트(discount)라 부르며 그 식은 다음과 같다.

$$FP(FD) = \frac{F(M) - E}{E} \times \frac{12}{M} \times 100$$

여기서 $FP(FD)$는 선물프리미엄(선물디스카운트)을, E는 현물환율, $F(M)$는 M개월 만기선물환율을 각각 나타낸다. 이 식에서 보는 바와 같이 선물환 디스카운트 또는 프리미엄은 $\frac{12}{M}$를 곱하여 연율(%)로 나타내고 있다. 그러면 영국파운드를 예로 들어보자.

(i) 현물환율이 파운드당 2달러이고, 3개월 선물환율이 파운드당 1.98달러인 경우:

$$FD = \frac{1.98 - 2.00}{2.00} \times \frac{12}{3} \times 100 = -4.0\%$$

즉 이 경우 영국파운드화의 3개월 선물은 연 4% 디스카운트이다.

(ii) 현물환율이 파운드당 2달러이고, 3개월 선물환율이 파운드당 2.02달러인 경우:

$$FP = \frac{2.02 - 2.00}{2.00} \times \frac{12}{3} \times 100 = +4.0\%$$

즉 이 경우 영국파운드화의 3개월 선물은 연 4% 프리미엄이다.

선물환거래는 미래의 환율변동에 대한 위험, 즉 환위험(exchange risk)을 사전에 예방하는 수단으로 사용된다. 예를 들어 우리나라의 어떤 수입업자가 3개월 후에 100만달러를 미국에 지급해야 할 채무를 지고 있다고 하자. 3개월 동안에 환율이 하락하면 원화로 표시한 100만달러의 채무는 줄어들기 때문에 이 수입업자는 득을 보지만 만일 반대로 환율이 상승하면 원화로 표시한 100만달러의 채무는 증가하기 때문에 손실을 보게 될 위험을 안고 있다. 따라서 이 수업업자는 지금 당장 3개월 만기 100만달러를 선물로 매입해 두면 3개월 후 채무결제일에 환율이 상승하더라도 손실을 보지 않는다.

선물환시장은 이와 같이 환위험을 제거시키는 데도 사용되지만 외환시장의 투기에도 사용될 수 있다. 예를 들어 3개월 후에 달러의 환율이 오를 것으로 예상하면 지금 당장 3개월 선물로 달러를 매입계약을 해 두고 예상이 맞아 떨어져서 3개월 후에 가서 실제로 달러환율이 올라가면 즉시 현물로 더 높은 가격에 팔아 버림으로써 이득을 볼 수 있는 것이다. 이 경우 선물환시장에서 투기거래를 함으로써 3개월 동안 아무런 자금상의 부담을 갖지 않는 이점도 있다.

외환스왑(foreign exchange swap)거래는 현물환매입/선물환매도(또는 현물환매도/선물환매입)가 동시에 이루어지는 거래이다. 외환스왑거래는 보통 두 통화 간의 자금조정을 위해 이루어진다. 예를 들어 어떤 회사가 원화자금은 풍부하나 외화자금이 부족한 경우 외환스왑거래를 통해 외화를 현물환으로 매입하고 동시에 선물환으로 매도하면 환리스크나 외환포지션의 변동이 없이 자금과부족을 해결할 수 있다.

파생적 외환거래

파생적 외환거래는 주로 환위험을 회피하기 위한 수단으로 활용되며 통화선물, 통화옵션, 통화스왑 등의 거래가 있다. 통화선물계약은 선물환과 마찬가지로 매매계약은 지금 체결하고 일정 계약기간이 지난 특정일에 그 매매계약을 이행한다는 점에서는 동일한 선물환시장이지만 통화선물거래는 거래통화, 거래단위, 거래일자 등이 엄격하게 제한되어 있는 제도화된 거래이다. 반면 선물환거래는 거래통화, 거래규모, 거래일자, 환율변동폭, 거래장소 등에 대한 아무런 제한이 없는 완전히 비규격화된 거래이다. 통화선물시장의 효시는 1972년에 설립된 미국 시카고의 국제통화시장(International Monetary Market: IMM)이다. IMM에서의 거래통화는 유로, 영국파운드, 캐나다달러, 일본엔, 스위스프랑 등이며 거래규모도 유로 1,000,000유로, 영국파운드 62,500파운드, 캐나다달러 100,000달러, 일본엔 12,500,000엔, 스위스프랑 125,000프랑 등으로 규격화되어 있다. 거래일은

3, 6, 9, 12월이며 인도일은 선물만기 해당월의 셋째 수요일로 고정되어 있다. 또 다른 예로는 Eurex(1998), LIFFE(London International Financial Futures Exchange: 1982) 등을 들 수 있으며 우리나라에는 한국거래소(Korea Exchange: 2005)가 있다.

통화옵션은 미래의 특정 시점에 미달러화를 미리 약정한 가격(행사가격)으로 사거나 팔 수 있는 권리를 매매하는 것으로 기업의 주요 환리스크 헤지수단으로 사용된다. 옵션(Option)이란 문자 그대로 선택권을 말한다. 이는 권리일 뿐 의무는 아니다. 옵션의 대상은 통화, 금리 등 다양하다. 매입선택권을 콜옵션(call option)이라 하고 매도선택권을 풋옵션(put option)이라 부른다. 통화옵션을 예를 들어보자. 예를 들어 3개월 후에 100,000달러를 지급해야 할 채무자가 있다고 하자. 이 채무자는 3개월 후 환율상승에 대한 환위험을 안고 있다. 환위험에 대비하여 이 채무자는 100,000달러를 매입할 수 있는 옵션을 오늘 행사가격, 달러당 1,100원으로 매입해 둔다고 하자. 물론 이 경우 옵션에 대한 가격을 지불해야 하는데 이것이 옵션의 비용이며 옵션프리미엄이라 부른다. 이제 3개월 후에 만기가 되었을 때 외환시장에서 달러의 가격, 즉 현물환율이 달러당 1,150원이 되었다고 하자. 이 경우에는 이 채무자가 달러당 1,100원에 매입할 수 있는 권리를 확보해 두었으므로 당연히 옵션을 행사하여 달러당 1,100원에 100,000달러를 매입할 것이다. 이와는 달리 달러현물환율이 1,050원이 되었다고 하자. 이 경우 이 채무자는 달러를 매입할 수 있는 권리를 3개월 전에 행사가격 1,100원에 매입해 두었지만 그 권리를 포기하고(행사하지 않고) 시장에서 100,000달러를 달러당 1,050원에 매입할 수 있다.

이와 같이 만기일의 달러현물가격이 행사가격보다 낮으면 행사가격으로 매입하는 것보다 현물가격으로 매입하는 것이 유리하므로 매입옵션을 행사하지 않고 포기하게 되는데 이 경우 이미 지급한 옵션가격, 즉 옵션프리미엄은 전액 손실이 된다. 만일 현물가격이 행사가격보다 높으면 매입옵션을 행사하는 것이 유리하다. 이 경우 옵션행사에 따른 이익은 {현물가격－행사가격－옵션프리미엄}이 된다. 이렇게 볼 때 옵션매입 때 지불한 옵션의 가격은 보험료와 유사하다. 즉 보험의 경우 사고가 나면 혜택을 받지만 사고가 나지 않으면 혜택이 없고 비용(프리미엄)만 지불한 것이 되는 것과 마찬가지로 옵션도 행사하면 혜택을 누리지만 행사하지 않으면 비용(프리미엄)만 나가는 셈이 된다.

풋옵션은 매입선택권이 아니라 매도선택권을 매입하는 것이므로 선택권의 대상만 달라질 뿐이며 기본원리는 차이가 없다. 즉 위의 예에서 3개월 후에 100,000달러를 받을 채권을 가진 어떤 채권자가 행사가격 달러당 1,100원에 풋옵션을 매입했다고 하자. 3개월 후에 현물환율이 달러당 1,050원이 되었다고 하면 이 채권자는 풋옵션을 행사하여 달러당 1,100원에 100,000달러를 매도할 것이다. 이 경우 풋옵션매입자의 풋옵션행사에 따른 이익은 {행사가격－현물가격－옵션프리미엄}이 된다.

만일 달러 현물환율이 1,150원이 되었다면 풋옵션을 행사하지 않고 포기할 것이다. 이 경우 풋옵션을 행사하지 않으면 시장에서 달러당 50원을 더 받을 수 있다. 이 경우 풋옵션매입 프리미엄은 전액 손실이 된다.

통화스왑(currency swap)은 거래당사자가 보유하고 있는 이종통화를 서로 바꾸어 사용하고 만기일에 원금을 다시 교환하는 거래이다. 계약기간 중 이자에 대해서도 계약조건에 따라 일정기간마다 서로 교환하게 되므로 만기시에는 원금을 계약당시 약정된 환율로 반대거래를 함으로써 환위험에 노출되지 않게 된다. 통화스왑은 이종통화를 서로 교환한 후 만기에 다시 원금을 교환함으로써 환리스크 헤지뿐만 아니라 차입비용 절감과 자금관리의 효율성을 높여주는 수단으로 이용된다는 점에서 외환스왑과 유사하나 주로 1년 이상의 장기거래에 이용되고 이에 따라 원금뿐만 아니라 이자도 교환된다는 점에서 차이가 있다.

5 환재정

환재정(exchange arbitrage)이란 동일시점에서 외환시장 간에 환율의 격차가 있을 때 환율의 차이에서 이윤을 얻고자 하는 외환거래를 말한다.[7)]

---

7) 재정거래는 외환뿐만 아니라 원유, 곡물 등 상품에 대해서도 일어날 수 있으며 금리 등 금

이해를 돕기 위해 뉴욕 외환시장과 동경 외환시장에서의 달러－엔환율에 다음과 같은 격차가 있는 경우의 예를 들어보자.

뉴욕 외환시장 US$1.00＝￥100
동경 외환시장 US$1.00＝￥120

이 경우 뉴욕 외환시장에서 100엔을 주고 1달러를 매입하여 동경 외환시장에서 팔면 120엔을 받는다. 이때 20엔의 이익을 얻는다. 따라서 뉴욕 외환시장에서는 달러수요가 증가하고 대신 엔화공급은 늘어나서 달러－엔환율은 상승할 것이며 반대로 동경 외환시장에서는 달러공급이 증가하여 달러－엔환율은 하락하게 될 것이다. 이와 같은 과정은 뉴욕 외환시장과 동경 외환시장에서의 달러-엔환율이 같아질 때까지 계속될 것이다.

다음에는 뉴욕, 동경, 서울 등의 3개 외환시장에서 우리나라 원화의 거래가 이루어진다는 것을 가정하고 원, 달러, 엔 등 3개통화의 재정거래의 예를 들어보자.

뉴욕 외환시장 US$1.00＝₩900
동경 외환시장 US$1.00＝￥110
서울 외환시장 ￥1.00＝₩12

첫째, 뉴욕 외환시장에서 900원을 주고 1달러를 매입하고, 둘째, 이 1달러를 동경 외환시장에서 팔고 대신 110엔을 매입한 다음 마지막으로 서울 외환시장에서 110엔을 팔면 1,320원을 받는다. 처음에 900원을 투자하여 1,320원을 받았으므로 420원의 이윤이 생긴다. 각 외환시장에서는 다음과 같은 수급변동으로 환율이 변동하게 된다.

융상품에 대해서도 일어날 수 있다. 예를 들어 강남의 쌀 1가마 시세와 강북의 쌀 1가마 시세 간에 차이가 있으며 일단 교통비 등 거래비용을 제외하면 강남북 간의 쌀시세 차익을 노린 수요자와 공급자의 이동을 통해 두 시장의 쌀값 격차는 순식간에 소멸되고 쌀가격은 하나의 가격으로 통일될 것이다. 이 경우의 재정거래는 쌀재정거래가 된다. 금리의 경우도 마찬가지다. 금리차이를 노린 자금의 이동을 금리재정이라 부른다. 이와 같이 재정거래는 모든 상품에 대해 적용될 수 있다.

뉴욕 외환시장: 달러수요 증가, 원화공급 증가, 달러－원환율 상승
동경 외환시장: 달러공급 증가, 엔화수요 증가, 달러－엔환율 하락
서울 외환시장: 엔화공급 증가, 원화수요 증가, 엔－원환율 하락

예를 들면 각 외환시장에서 다음의 환율로 균형이 될 수 있다.

뉴욕 외환시장　US$1.00＝₩1000
동경 외환시장　US$1.00＝¥100
서울 외환시장　¥1.00＝₩10

달러－엔－원, 3개통화의 재정거래는 여기서 달러를 출발점으로 하지만 엔화나 원화 어느 통화를 출발점으로 하더라도 관계가 없다. 이와 같은 재정거래의 결과로 각 외환시장의 모든 환율은 같아지게 되고 더 이상의 재정거래에 의한 이윤기회는 없어진다.

재정거래는 4개, 5개 등 *n*개의 통화로 늘어나더라도 일어날 수 있다. 그러나 이 경우에는 반드시 한 통화는 매개통화(numeraire)로 사용되는데 달러가 주로 사용된다. 외환거래는 달러 이외의 통화를 교환하는 경우에도 달러를 매개로 해서 거래가 이루어지는 것이 대부분이다.

예를 들어 어떤 은행이 엔을 팔고 파운드를 매입하고자 한다고 하자. 이때 실제거래는 엔을 팔되 그 대가는 달러로 결제를 받고 그 달러를 사용하여 파운드를 매입하는 과정을 밟는다. 다시 말해서 엔을 팔고 파운드를 매입하는 데 달러화가 매개통화로 사용되는 것이다. 이 경우 엔과 파운드간의 환율은 엔－달러환율과 파운드－달러환율을 사용해서 구해지는데 그 환율이 크로스레이트(cross rate)이다. 그러면 왜 하필이면 달러 이외의 통화를 거래하는 경우에 달러화를 매개로 해서 외환거래가 이루어지는가? 그것은 달러의 공급이 여타 통화에 비해 압도적으로 풍부하여 거래가 훨씬 쉽게 이루어지기 때문이다. 반면 달러 이외의 통화의 경우에는 그 공급량이 제한되어 있어서 직접거래가 쉽게 이루어지지 못하며 따라서 기타통화의 거래에 있어서는 달러를 매개로 하여 거래된다. 이러한 달러의 기능을 **기축통화(vehicle currency)**라 부르는데 기축통화란 이와 같이 통화거래의

교환의 매개수단, 또는 지급수단의 기능을 하는 것을 말한다. 외환시장에서 미국달러 이외의 통화 간의 거래 예를 들면 영국파운드와 일본엔 간의 거래에서 직접적으로 파운드와 엔이 거래되는 것이 아니라 파운드와 달러, 엔과 달러의 거래를 통해서 이루어지는데 이 경우 미국달러는 교환의 매개수단의 기능을 하는 것이다.

재정거래의 결과는 반드시 모든 시장의 가격은 하나의 가격으로 통일이 된다는 것이다. 즉 시장 간에 가격의 차이가 존재하면 반드시 그 차이를 노린 재정거래가 일어나고 그러한 재정거래는 차이가 없어질 때까지 계속될 것이다. 그러므로 재정거래의 최종적인 결과는 반드시 가격이 하나의 가격으로 통일이 되어 가격차이에 의한 이윤기회는 소멸된다. 환재정의 경우도 마찬가지로 최종적인 결과는 반드시 모든 시장의 환율이 하나의 동일한 환율로 통일이 되는 것이다. 이와 같이 가격이 하나로 통일되는 것을 일물일가의 법칙(Law of One Price: LOP)이라 부른다.

6 환위험, 헤징, 환투기

환위험

환위험(exchange risk)이란 환율변동으로 인한 개인, 기업 등 경제주체의 경제적 손실 위험을 말한다. 이해를 돕기 위해 먼저 몇 가지 예를 들어보기로 하자.

어떤 수입업자가 3개월 후에 100,000달러의 수입대금을 결제해야 할 채무를 가지고 있다고 하자. 만일 환율이 3개월 후에 올라가면 이 수입업자의 수입대금 결제부담은 증가하게 된다. 즉 달러당 1원만 올라도 결제부담은 100,000원 증가하는 것이다. 이와 같이 수입업자는 3개월 후의 환율상승에 대한 위험을 가지고 있다.

이번에는 어떤 수출업자가 3개월 후에 100,000달러의 수출대금을 받을 채권을 가지고 있다고 하자. 만일 환율이 3개월 후에 내려가면 이 수출업자의 수출대금 수취액은 감소하게 된다. 즉 달러당 1원만 내려도 수출대금은

100,000원 감소한다. 이와 같이 이 수출업자는 3개월 후의 환율하락에 대한 위험을 가지고 있다.

또 어떤 차입자가 3개월 후에 만기가 도래하는 100,000달러의 해외채무를 가지고 있다고 하자. 이 차입자의 경우도 위에 예를 든 수입업자와 마찬가지로 환율상승에 대한 위험을 안고 있다.

마지막으로 어떤 투자자가 3개월 후에 만기가 도래하는 100,000달러의 해외채권을 보유하고 있다고 하자. 이 투자자의 경우는 위에 예를 든 수출업자의 경우와 마찬가지로 환율하락에 대한 위험을 안고 있다. 이와 같이 환위험이란 환율의 상승 또는 하락으로 외화로 표시된 대외자산 또는 부채가 국내통화로 표시했을 때 변동하는 것을 말한다.

환위험은 결국 외환의 보유잔고가 얼마인가에 의해서 결정된다. 외환의 보유잔고를 외환포지션(foreign exchange position)이라고 부른다. 외환의 매입액과 매도액이 같은 경우를 스퀘어포지션(square position)이라 하고, 매입액과 매도액이 일치하지 않은 경우를 오픈포지션(open position)이라 부른다. 오픈포지션은 롱포지션(long position) 또는 매입초과포지션(over-bought position)과 쇼트포지션(short position) 또는 매도초과포지션(over-sold position)으로 나누어진다. 전자는 외환의 매입액이 매도액보다 많은 경우이고, 후자는 외환의 매입액이 매도액보다 적은 경우이다. 따라서 스퀘어포지션인 경우에는 환율이 변동하더라도 외환의 매입액의 변동액과 외환의 매도액의 변동액이 일치하기 때문에 환위험은 없다. 오픈포지션인 경우에는 환율이 변동하면 외환의 매입액의 변동액과 외환의 매도액의 변동액이 일치하지 않기 때문에 환위험이 존재한다. 예를 들어 롱포지션인 경우는 환율이 상승하면 국내통화표시 환산액이 증가하여 이득을 보지만, 환율이 하락하면 국내통화표시 환산액이 감소하여 손실을 본다. 쇼트포지션인 경우는 그 반대이다.

환위험은 환노출(exchange exposure)과 관련이 있다. 환노출이란 경제주체의 대외자산 및 부채의 가치가 환율변동에 얼마나 많은 영향을 받도록 노출되어 있는가를 말한다. 환노출은 크게 거래적 노출(transaction exposure), 환산 또는 회계적 환노출(translation or accounting exposure), 경제적 또는 영업적 노출(economic or operating exposure) 등 3가지로 나누어진다. 거래적 노출이란 앞에서 예를 든 수출입, 투자자, 차입자의 예와 같이 계약시점과 결제시점 간의 환율의 차이에 의해서 외화로 표시된 지급액과 수취액이 달라지는 것을 말한다. 환산 또는 회계적 환노출이란 기업의 해외자산 또는 부채를 국내통화로 환산하여 재무제표를 작성할 때 발생하는 가치의 변동을 말한다. 마지막으로 경제적 또는 영업적 노출이란 환율변동으로 물가, 성장 등 경제 또는 영업환경의 변화로 미래에 기업의 매출, 비용 등 영업성과가 달라지는 것을 말한다.[8)]

그러면 환위험의 크기는 무엇에 의해 결정되는가? 먼저 환위험은 통화금융정책, 해외여건의 변동 등 거시경제의 흐름에 의해서 결정되는 환율의 변동성에 영향을 받는다. 또한 환위험은 개인, 기업 등 경제주체의 대외자산 및 부채의 환노출 정도가 어느 정도인가에 따라 달라진다. 즉 환율의 변동성이 클수록 그리고 환율변동에 노출된 정도가 클수록 환위험은 더 커진다.

헤 징

헤징(hedging)이란 환위험을 회피하는 행위를 말한다. 환위험 회피를 위한 헤징은 현물환시장, 선물환시장, 옵션시장 등을 이용할 수 있다.

앞에서 예를 든 수입업자와 수출업자의 예를 가지고 설명해 보기로 하자. 먼저 수입업자는 3개월 후에 지급해야 할 100,000달러를 지금 현재의 현물환율, 달러당 1,000원에 1억원(US$100,000 × ₩1,000)을 지급하고 현물환시장에서 매입하여 3개월간 은행에 예치해 둘 수 있다. 이렇게 해 두면 수입업자는 3개월 후에 은행에 예치해 둔 100,000달러를 인출하여 수입대금을 결제하면 되므로 3개월 후 결제당일의 현물환율이 달러당 1,000원보다 더 높은 수준으로 오르더라도 아무런 문제가 없으며 따라서 환위험은 피할 수 있게 된다. 다만 이 경우 수입업자에게는 100,000달러를 매입한 원화대금(1억원)에 대한 3개월 동안의 이자와 은행예치금, 100,000달러에 대한 3개월간의 이자와의 차액이 헤징비용이 된다. 수출업자의 경우도 이와 유사한

---

8) 본 서의 환노출은 거래적 노출에 국한하기로 한다. 환노출에 관한 상론은 이환호(2007), 『글로벌시대의 외환론[이론과 실제]』, 경문사, 제 8 장 및 제 9 장 참조.

방법으로 헤징을 하여 환위험을 회피할 수 있다. 즉 수출업자가 3개월 후에 수출대금 100,000달러를 받을 채권이 있는 경우 미리 은행으로부터 100,000달러를 현재의 현물환율, 달러당 1,000원으로 차입을 하여 원화로 환전한 수출대금 1억원(US$100,000 × ₩1,000)을 3개월간 은행에 예치해 두었다가 3개월 후에 결제받은 수출대금 100,000달러를 가지고 은행으로부터 빌린 100,000달러를 다시 상환하면 된다. 물론 이 경우에도 수출업자가 부담하는 헤징의 비용은 3개월 동안의 은행의 차입금리와 예금금리와의 차액이다. 이러한 현물시장을 이용한 헤징은 수출업자뿐만 아니라 해외투자자 또는 금융차입자도 똑같이 사용할 수 있다.

그러나 현물시장을 이용한 헤징은 중대한 결점을 가지고 있다. 즉 수출입업자나 투자자들은 이 경우 반드시 외화표시 채권 또는 채무액과 동일한 금액의 외화를 확보하기 위해 3개월간 자기자신의 자금을 묶어 두거나 아니면 차입을 해야 하는 단점이 있다. 위의 예에서 수입업자의 경우 100,000달러를 현물시장에서 매입하는데 1억원의 자금이 3개월간 묶이게 되었으며 수출업자의 경우도 100,000달러를 미리 차입하는데 3개월간 1억원의 자금이 동결되게 되었다.

선물환시장을 이용하면 이러한 단점을 피할 수 있다. 즉 위의 수입업자의 경우 선물시장에서 현재의 선물환율로 3개월 만기의 선물 100,000달러를 미리 매입해 두면 된다. 예를 들어 현재 3개월 선물환율이 달러당 1,000원이라고 하면 3개월 후에 100,000달러를 인수받을 때 1억원만 지급하면 된다. 그렇게 되면 3개월 후에 환율이 1,000원보다 더 높은 수준으로 오르더라도 환율상승에 대한 위험은 없다. 뿐만 아니라 이 경우 현물시장을 이용한 경우처럼 자기자금이 묶이는 비용도 수반되지 않는다. 수출업자의 경우는 반대로 현재의 3개월 만기의 현재 선물환율로 미리 선물환을 매각해 두면 된다.

헤징은 현물환시장이나 선물환시장 외에 옵션시장도 이용할 수 있다. 위의 수입업자의 예를 들어 설명해 보기로 하자. 즉 이 수입업자는 3개월 후에 100,000 달러를 지급해야 되는데 이 100,000달러에 대해 3개월 후 달러당 행사가격 1,000원으로 살 수 있는 옵션을 매입해 두면 된다. 이때 수입업자가 지급한 옵션의 매입비용은 100,000달러의 1%, 즉 1,000달러에 해당하는 100만원(US$100,000×1%×₩1,000)이라 하자. 이제 3개월 후에 현물환율이 달러당 980원으로 하락했다고 하자. 이 수입업자는 옵션을 행사하면 100,000달러에 대해 옵션행사가격이 달러당 1,000원이므로 1억원을 지급해야 한다. 옵션을 행사하지 않고(즉 달러 매입권리를 포기하면) 100,000달러를 달러당 980원에 현물시장에서 매입하면 9,800만원(US$100,000×₩980)만 지급하면 된다. 이를 옵션을 행사했을 때와 비교하면 옵션을 행사하지 않는 것이 200만원 이득이다. 그러나 이 경우 3개월 전에 옵션을 매입할 때 이미 옵션매입비용으로 100만원을 지급했기 때문에 실제 이득은 100만원이 된다. 따라서 수입업자는 이 경우 옵션을 행사하는 것보다 포기하고 결제당일 현물환율(980원)로 100,000달러를 매입하는 것이 더 유리하다. 이와 같이 옵션시장을 이용하면 우선 차입을 한다거나 자기자금이 묶인다거나 하는 등의 불편도 없을 뿐만 아니라 미래의 환율변동에 대해 유리하게 대응할 수 있는 이점이 있다. 물론 옵션을 행사하지 않을 경우에 이미 지급한 옵션 프리미엄은 손실을 보게 된다.

이와 같이 헤징을 하는 방법은 여러 가지가 있으며 그것은 상황에 따라서 유리한 방법을 선택하면 된다. 그리고 환율변동이 심하고 그에 따른 환위험이 매우 높은 오늘날에 와서 헤징은 국제자본이동을 촉진하는 데 중요한 역할을 해 왔다.

환투기

환투기(exchange speculation)는 헤징의 정반대이다. 헤징은 환위험을 회피하는 것인 데 반해서 환투기는 환율변동에 따른 이익을 얻기 위해 의도적으로 환위험을 떠맡는 것을 말한다. 따라서 환투기자의 경우 미래의 환율예상이 잘 맞으면 이익을 남기게 되고 반대로 환율예상이 빗나가게 되면 손해를 보게 된다. 헤징의 경우와 마찬가지로 환투기도 현물시장, 선물시장, 옵션시장 등 어느 것이든 이용할 수 있다.

먼저 현물시장에서의 환투기를 보기로 하자. 예를 들어 어떤 환투기자가 달러의 현물환율이 3개월 후에 현재의 달러당 1,000원에서 달러당 1,100원으로 오를 것으로 예상한다고 하자. 환투기금액은 100,000달러라 하자.

그러면 환투기자는 이 예상환율을 근거로 100,000달러를 현물시장에서 달러당 1,000원으로 매입하여 3개월 후에 다시 팔기 위하여 3개월간 은행에 예치해 둘 것이다. 이때 원화 투자원금은 1억원(US$100,000×₩1000)이다. 만일 그 예상이 적중하여 환율이 오르게 되면 이익을 볼 것이다. 예를 들어 3개월 후에 현물환율이 달러당 1,100원으로 상승하면 총 1,000만원(US$100,000×(₩1,100−₩1000))의 이익을 얻을 수 있다. 그러나 3개월 후에 현물환율이 달러당 1,000원 이하로 떨어지면 이 투기자는 손실을 보게 된다.

이번에는 이 환투기자가 반대로 3개월 후에 현물환율이 현재의 달러당 1,000원에서 900원으로 떨어질 것으로 예상한다고 하자. 마찬가지로 환투기금액은 100,000달러라고 하자. 그러면 이 투기자는 100,000달러를 은행으로부터 차입한 다음 그것을 즉시 현재의 현물환율, 달러당 1,000원으로 원화로 교환하여 그 대금 1억원을 은행에 3개월간 예치해 둘 것이다. 이 경우 3개월 후에 현물환율이 예상대로 900원으로 떨어지면 이익을 보게 된다. 즉 3개월 후에 이 투기자는 100,000달러를 은행에 상환해야 하는데 현물환율이 달러당 900원이므로 100,000달러를 매입하는데 9,000만원만 있으면 된다. 3개월 전에 빌린 100,000달러의 원화대금 1억원 중에서 9,000만원만 지급하면 되므로 1,000만원의 이익이 생긴다. 물론 3개월간 은행에 예치해 둔 1억원에 대한 이자도 수입이 된다. 그러나 당초 예상과는 달리 3개월 후에 현물환율이 떨어지는 것이 아니라 달러당 1,000원보다 더 높은 수준으로 상승하면 이 투기자는 손실을 보게 된다.

이와 같이 환투기도 현물시장에서 일어날 수 있지만 헤징의 경우와 마찬가지로 투기자 자신의 자금을 묶어두거나 아니면 차입을 해야 하는 단점이 있다.

선물환시장을 이용하면 이런 단점은 없어진다. 이제 위의 환투기자가 현물시장이 아니라 선물환시장을 이용하는 경우를 예로 들어보자. 먼저 환투기자가 3개월 후에 달러의 현물환율이 오늘 현재 선물시장에서 형성된 3개월 만기 선물환율보다 더 높을 것으로 예상한다고 해 보자. 예를 들어 지금 현재 3개월 만기 선물환율이 달러당 1,100원인데 이 환투기자는 3개월 후에 달러의 현물환율이 달러당 1,100원보다 높은 1,200원이 될 것이라고 예상한다고 해 보자. 그러면 이 환투기자는 오늘 당장 달러당 1,100원으로 3개월 만기 선물을 매입할 것이다. 만일 3개월 후에 이 환투기자의 예상대로 그 달러의 현물환율이 오늘 매입한 3개월 선물환율, 즉 달러당 1,100원보다 더 높으면(예를 들면 달러당 1,150원) 그 통화를 미리 더 낮은 가격으로 매입한 것이 되므로 이익(달러당 50원)을 보게 되고 예상과는 달리 현물환율이 달러당 1,100원보다 낮으면 손해를 보게 된다.

반대로 먼저 환투기자가 3개월 후에 달러의 현물환율이 오늘 현재 선물시장에서 형성된 3개월 만기 선물환율보다 더 낮을 것으로 예상한다고 해 보자. 예를 들어 지금 현재 3개월 만기 선물환율이 달러당 1,100원인데 이 환투기자는 3개월 후에 달러의 현물환율이 달러당 1,100원보다 낮은 1,000원이 될 것이라고 예상한다고 해 보자. 그러면 이 환투기자는 오늘 당장 달러당 1,100원으로 3개월 만기선물을 매각할 것이다. 만일 3개월 후에 이 환투기자의 예상대로 그 달러의 현물환율이 오늘 매각한 3개월 선물환율, 즉 달러당 1,000원보다 더 낮으면(예를 들면 달러당 950원) 그 통화를 미리 더 높은 가격으로 매각한 것이 되므로 이익(달러당 50원)을 보게 되고 예상과는 달리 현물환율이 달러당 1,000원보다 높으면 손해를 보게 된다.

환투기는 옵션시장을 이용할 수도 있다. 예를 들어 환투기자가 3개월 후에 달러현물환율이 상승할 것으로 예상하고 달러당 1,100원의 행사가격으로 달러매입옵션, 즉 콜옵션을 매입해 둔다고 하자. 이 경우 3개월 후에 달러 현물환율이 1,100원보다 높으면 매입옵션을 행사할 것이고 1,100원보다 낮으면 옵션프리미엄을 고려하여 매입옵션을 행사하지 않을 수 있다. 반대로 환투기자가 3개월 후에 달러현물환율이 하락할 것으로 예상하고 달러당 950원의 행사가격으로 달러매도옵션, 즉 풋옵션을 매입해 둔다고 하자. 이 경우 3개월 후에 달러 현물환율이 950원보다 낮으면 매도옵션을 행사할 것이고 950원보다 높으면 옵션프리미엄을 고려하여 매도옵션을 행사하지 않을 수 있다.

이상에서 살펴본 바와 같이 환투기는 현물환시장, 선물환시장, 옵션시장 등 어느 시장에서나 일어날 수 있다. 선물환시장이나 옵션을 이용한 환투기의 경우는 현물환시장을 이용한 환투기처럼 자금을 차입해야 하거나 일정기간 자기자금을 묶어두어야 하는 등의 불편한 점이 없다는 장점은 있지만 대신 비용이 따른다. 옵션시장의 경우에는 옵션을 행사하지 않을 경우 옵션매입비용, 즉 옵션프리미엄의 손실이 있다. 그리고 선물환시장의 경우에는 아무리 조건이 나쁘더라도 이미 계약한 선물계약은 반드시 이행해야 하기 때문에 예상이 틀리면 큰 손실을 초래할 수 있다. 또한 환투기로 이득을 볼 것인가 아니면 손해를 볼 것인가는 환투기자의 미래 환율에 대한 예측이 얼마나 정확한가에 달려 있다.

그리고 환투기는 외환시장을 안정화시키느냐 반대로 그것을 불안정하게 하느냐에 따라 안정적 투기(stabilizing speculation)와 불안정적 투기(destabilizing speculation)로 나누어진다. 안정적 투기는 환율이 떨어지거나 낮을 때 그것이 다시 오를 것으로 예상하고 외환을 매입하여 환율하락을 완화시키거나 또는 환율이 오르거나 높을 때 그것이 다시 내릴 것으로 예상하고 외환을 매각하여 환율상승을 억제하여 균형환율수준을 회복하고 외환시장이 다시 안정을 찾는 경우를 말한다. 이에 반해서 불안정적 투기는 환율이 떨어지거나 낮을 때 그것이 앞으로 더 떨어질 것을 예상하여 외환을 매각하여 환율하락을 더욱더 가속화시키거나 반대로 환율이 오르거나 높을 때 그것이 앞으로 더 오를 것으로 예상하여 외환을 매입하여 환율상승을 더욱더 가속화시키는 투기를 말한다. 이 경우 환율은 균형수준을 회복하지 못하고 오히려 균형수준으로부터 점점 더 이탈하여 외환시장의 불안정성은 더욱더 증폭된다. 현실적으로 환투기가 과연 외환시장을 안정화시키는가 아니면 불안정하게 하는 것인가 하는 것은 논란의 여지가 많은 문제이지만 일반적으로 환투기자들의 투기행위도 하나의 합리적인 경제행위인 점을 감안하면 투기도 합리적으로 이루어질 것이며 따라서 환투기가 외환시장의 붕괴를 가져올 수 있을 만큼 외환시장을 불안정하게 할 것이라고 보기는 어렵다.

7 외환시장의 효율성

시장이 효율적(efficient)이라는 말은 그 시장의 가격이 모든 가능한 정보를 반영하고 있는 경우를 말한다.[9] 이 조건이 충족되면 투자자들은 가용정보를 이용해서 정상이윤 이상의 초과이윤을 얻을 수 있는 기회가 소멸된다. 만일 초과이윤을 얻을 수 있는 기회가 존재한다면 시장이 효율적인 경우 시장참가자들이 그것을 이용하여 초과이윤을 얻으려고 할 것이고 그러한 노력은 초과이윤이 소멸될 때까지 지속될 것이므로 반드시 그러한 기회는 소멸되게 된다. 그렇게 되면 시장의 가격은 균형가격이 될 것이고 균형가격은 시장의 정보를 효율적으로 반영하여 그 가격을 근거로 이루어진 자원배분은 효율적인 자원배분이 된다. 이제 자산 j의 예상균형가격(또는 수익률)을 $E_t(r_{j,\ t+1} \mid \Omega_t)$($\Omega_t$: t기의 모든 가용정보), 초과이윤을 $z_{j,\ t+1}$, 실제가격(또는 수익률)을 $r_{j,\ t+1}$라 하면 자산 j의 초과이윤은 (3-1)식과 같이 나타낼 수 있다.

$$z_{j,\ t+1} = r_{j,\ t+1} - E_t(r_{j,\ t+1} \mid \Omega_t) \tag{3-1}$$

외환시장에서는 환율이 가격이다. 따라서 효율적 외환시장이란 환율이 시장의 모든 정보를 반영하여 어떠한 새로운 정보에 대해서도 환율이 조정을 보이고 그 결과 시장참가자들이 새로운 정보를 이용하여 정상이윤을 넘어선 초과이윤을 얻는 일이 없는 상태를 말한다. 이를 달리 표현하면 비효율적인 외환시장에서는 시장참가자들이 외환거래를 통해서 정상이윤을 넘어선 초과이윤을 얻을 수 있는 기회가 존재한다. 즉 비효율적인 외환시장에서는 시장참가자들이 미래환율의 예측에 관한 거래규칙이나 통계적 기법을 이용하여 초과이윤을 얻을 수 있는 기회가 소멸되지 않고 존재한다. 그러나 시장이 효율적이면 모든 시장참가자들이 시장의 모든 정보를 활용할 수 있기 때문에 개별적으로 또는 특정집단만이 초과이윤을 얻는 일은 있을 수 없다. 비효율적인 시장에서는 어떤 특정집단이 예를 들면 미래환

9) 자산시장의 효율성이론은 Fama(1970)에 의해 처음 개발되었음. Fama(1970), pp. 383-417.

율의 움직임에 대한 특정정보 또는 내부정보를 독점하여 외환거래의 초과 이윤을 얻을 수 있지만 효율적인 시장에서는 시장정보는 모두 공유되고 독점되는 일은 있을 수 없다. 또한 효율적인 외환시장에서는 환율이 시장 정보를 모두 반영해 주기 때문에 환율은 효율적 가격이 될 것이며 자원의 배분도 효율적으로 이루어질 것이다. 따라서 이러한 효율적 외환시장에서는 환율이 왜곡되지 않고 환율조정을 위한 정부의 외환시장개입은 최소화된다.

외환시장이 효율적이면 선물환율은 미래현물환율의 최상의 추정치(best estimator)이다. 이를 수식으로 표시하면 다음 (3-2)식과 같다.

$$F_t^{t+1} = E_t(S_{t+1} \mid \Omega_t) \tag{3-2}$$

F_t^{t+1}: t기에 형성된 $t+1$기 선물환율
E_t : t기에 형성된 $t+1$기 현물환율에 대한 예상
Ω_t : t기에 얻을 수 있는 모든 정보
S_{t+1} : $t+1$기 현물환율

(3-2)식은 (3-3)식과 같이 선물환율의 디스카운트(또는 프리미엄)를 미래현물환율의 예상상승률로도 나타낼 수 있다.[10)]

$$\Delta FD_t^{t+1} = \left(\frac{F_t^{t+1} - S_t}{S_t}\right) = E_t\left(\frac{S_{t+1} - S_t}{S_t}\right) \tag{3-3}$$

또한 위 (3-3)식의 외환시장의 효율성은 합리적 예상가설(rational expectation hypothesis)과 불편추정치가설(unbiased estimator hypothesis) 두 가지 가설의 결합가설(joint hypothesis)로 되어 있다. 합리적 예상이란 시장참가자들이 주어진 모든 정보를 활용해서 미래의 환율을 예상하는 것을 말한다. 이 가설에 의하면 미래의 현물환율에 대한 예상치는 미래의 실제 현물환율과 항상 동일한 것은 아니지만 평균적으로는 동일하다. 실제환율과 예상환율의 차이를 예측오차(forecast error)라고 부르는데 이 예측오차 자체는 반드시 영이 되는 것은 아니지만 예측오차의 평균은 영이

10) 동일한 내용이지만 여기서는 (3-2)식만 사용함.

된다는 가설이다. 만일 실제환율과 예상환율이 일치하면 예측오차는 항상 영이 되는데 이 경우의 예상은 완전예상(perfect foresight)이라 부른다. 합리적 예상이 아니면(예를 들어 적응적 예상) 예측오차가 지속적으로 일어나고 그 예측오차가 다음기의 예상에 영향을 미치게 되어 예측오차의 평균이 영이 될 수가 없다. 그렇게 되면 예상환율과 실제환율의 격차는 지속적으로 일어나고 시장참가자들은 그러한 지속적인 예측오차를 이용해서 초과이윤을 지속적으로 누릴 수 있는 기회가 존재하게 된다. 이 경우에는 초과이윤의 기회가 소멸되지 않는다. 따라서 합리적 예상이 아니면 외환시장은 효율적일 수가 없다. 이제 합리적 예상을 수식으로 표시하면 (3-4)식과 같다.

$$S_{t+1} = E_t(S_{t+1} \mid \Omega_t) + \varepsilon_{t+1} \tag{3-4}$$

ε_{t+1}은 평균(mean)이 영이고($E(\varepsilon_{t+1})=0$) 분산(variance)이 일정한 백색잡음(white noise)을 나타낸다. 이는 실제환율과 예상환율 간의 격차가 예측오차이므로 (3-4)식에서 $\varepsilon_{t+1}(=S_{t+1}-E(S_{t+1} \mid \Omega_t))$은 바로 예측오차를 나타낸다. $E(\varepsilon_{t+1})=E(S_{t+1}-E(S_{t+1} \mid \Omega_t))=0$이므로 (3-4)식은 외환시장의 모든 정보를 활용하고 예측오차는 영이 아니나 예측오차의 평균은 영이 되는 합리적 예상메커니즘을 나타낸다.

두 번째로 불편추정치 가설이란 선물환율은 미래현물환율과 항상 일치하는 것은 아니지만 평균적으로는 일치한다는 말이다.[11)] 오늘 시점에서 형성된 예를 들면 3개월물 선물환율은 3개월이 지난 후 선물만기일 현물환율보다 높을 수도 있고 낮을 수도 있지만 3개월물 선물환율의 경우의 수를 아주 많이 늘려서 데이터를 구해보면 평균적으로는 같다는 것을 의미한다.

외환시장의 효율성에 대한 실증검증의 경우 예상환율은 실제데이터가 없으므로 일반적으로 선물환율을 대리변수(proxy variable)로 사용하고 있다. 외환시장의 효율성에 대한 결합가설은 (3-5)식으로 나타낼 수 있다.

$$S_{t+1} = \alpha + \beta F_t^{t+1} + \varepsilon_{t+1} \tag{3-5}$$

11) 불편추정치란 표본에서 구한 값이 모집단의 모수와 반드시 일치하지는 않지만 평균적으로 일치한다는 말이다.

(3−5)식에서 결합가설의 귀무가설은, $\alpha=0$, $\beta=1$이다.

(3−5)식은 다시 (3−6)식으로 바꿀 수 있다. 즉 (3−6)식은 실제 현물환율의 상승률을 선물환율의 디스카운트(또는 프리미엄)에 대해 테스트 한 것이다.

$$\Delta S_{t+1}=\frac{S_{t+1}-S_t}{S_t}=\alpha+\beta FD_t^{t+1}+\varepsilon_{t+1}=\alpha+\beta\left(\frac{F_{t+1}-S_t}{S_t}\right)+\varepsilon_{t+1} \quad (3\text{-}6)$$

외환시장의 효율성에 대한 실증검증결과는 일반적으로 외환시장의 효율성이 성립하지 않는 것으로 나타나고 있다. 즉 선물환율의 미래의 현물환율에 대한 불편추정치의 역할을 하지 못하고 있는 것으로 나타나고 있다. 이는 현실적으로 선물환율과 미래현물환율에 대한 예상환율 간의 격차가 평균적으로 영(0)이 되지 않는다는 것을 의미한다.

외환시장의 효율성 가설이 기각되는 이유는 여러 가지가 거론된다.

첫째, 환위험프리미엄(foreign exchange risk premium)의 존재이다. 선물환율이 미래현물환율의 불편추정치라는 가설은 외환시장 참가자들이 환위험에 대해 중립적(risk neutral)이라는 묵시적 가정을 전제로 하고 있다. 그러나 실제에 있어서는 외환시장 참가자들은 환위험을 싫어하는(risk averse) 경향을 보이는 것이 일반적이다. 그렇다면 이들이 외환시장에 참여하도록 유인하기 위해서는 환위험에 대한 프리미엄을 보상으로 제공해 주어야 한다. 이러한 환위험프리미엄의 존재를 고려하면 선물환율은 미래현물환율의 예상치와 평균적으로 일치할 수 없다. 이를 수식으로 표시하면 (3−7)식과 같다.

$$E_t(S_{+1} \mid \Omega_t)=F_t^{t+1}+rp \quad (3\text{-}7)$$

(3−7)식에서 rp는 환위험프리미엄을 나타낸다. 따라서 환위험에 대한 프리미엄의 존재를 고려하면 선물환율은 미래현물환율의 불편추정치가 될 수 없으며 위험프리미엄만큼의 오차가 발생한다. 뿐만 아니라 리스크프리

미엄이 (3–7)식과 같이 항상 일정한 것이 아니라 시간이 지남에 따라 변동할 수도 있다. 이런 경우에는 (3–7)식의 rp는 rp_t로 바뀌게 되며 이를 시간변동형 위험프리미엄(time varing risk premium)이라 부른다.

두 번째로 시장예측자들이 체계적으로 예측오류를 범하는 경우이다. 즉 현실적으로는 경제구조가 수시로 변동하는데 시장참가자들은 그러한 경제상황의 변동을 정확하게 인지하지 못하고 기존의 경제구조에 기초해서 예측을 하기 때문에 연속적인 예측오류를 일으킬 수 있다. 이런 경우의 대표적인 예는 페소화문제(Peso problem)이다. 페소화는 1954년 이후 미달러화에 고정되어 있었는데 1970년대 초 멕시코금리가 미국금리에 비해 더 높은 상태가 지속되고 있어서 두 나라 간의 금리격차가 해소되지 않고 있었다. 이러한 상황에서는 미국에서 달러화를 빌려서 고정된 환율로 멕시코 페소화로 바꾸어서 멕시코에 예금을 해 두었다가 만기일에 그것을 인출하여 역시 고정되어 있는 페소화환율로 달러로 환전하여 빌린 미국달러를 상환하면 금리차익을 얻을 수 있는 상태가 된 것이다. 당시 시장참가자들은 20년이 넘는 오랜 기간 동안 멕시코 정부가 지탱해 온 페소화의 고정환율이 지속되지 못하고 평가절하될 것이라는 예상을 가지고 있었기 때문에 페소화의 대미달러 선물환율은 프리미엄상태가 유지된 것이다. 이제 i_t를 멕시코 국내금리, i_t^*를 미국국내금리라고 하자. $i_t > i_t^*$, $F_t^{t+1} > S_t$이므로 이러한 관계를 수식으로 나타내면 (3–8)식과 같다.

$$i_t - i_t^* = \frac{F_t^{t+1} - S_t}{S_t} > 0 \qquad (3\text{-}8)$$

(3–8)식은 미국달러화의 선물환율에 프리미엄이 붙어 있는 것을 의미한다. 이제 S_0를 현재의 고정환율이라 하고, p를 평가절하 확률, S_1을 평가절하 후의 환율이라 하면 $t+1$기의 예상환율은 (3–9)식과 같다.

$$E_t(S_{t+1}) = pS_1 + (1-p)S_0 \qquad (3\text{-}9)$$

(3–9)식을 이용하여 예상오차를 구해 보면 $p>0$, $S_1 > S_0$이므로 예상오차는 (3–10)식과 같이 음(–)이 된다.

$$S_0 - E_t(S_{t+1}) = S_0 - pS_1 - (1-p)S_0 = p(S_0 - S_1) < 0 \quad (3\text{-}10)$$

멕시코 페소화가 평가절하되지 않으면 계속해서 이런 관계가 지속될 것이고 이는 누적적인 환율예상의 오차를 일으키게 된다. 그러나 1976년 8월 멕시코 페소화는 46%나 평가절하되었다.

페소화문제의 또 다른 예로는 체제의 변동을 들 수 있다. 예를 들면 현재의 집권 여당이 선거에서 승리하여 계속 집권을 할 것으로 예상했는데 예상과는 달리 야당이 승리하여 경제정책이 달라지는 경우를 들 수 있다. 종전의 여당은 팽창정책을 취해 온 데 반해 새로 집권한 야당은 긴축정책을 선호한다고 하면 일반 투자자들은 현 집권여당이 승리하여 팽창정책이 지속될 것으로 예상하여 투자전략을 세웠지만 집권당이 바뀌어 긴축정책으로 전환되면 투자자들의 전략은 차질을 빚게 되고 이는 예상오차를 가져올 것이다. 페소화의 예상오차는 페소화가 평가절하될 것으로 예상했는데 실제로는 평가절하가 되지 않아서 생긴 것이고 선거에 의한 체제변동은 집권여당이 계속 집권할 것으로 예상했는데 예상과는 달리 패배하여 예상오차가 발생한 것이다. 양자는 현실은 모두 예상과는 달리 나타나서 예상오차를 일으켰다는 점에서 동일하며 페소화문제란 이러한 예상오차를 지칭하는 말이다.

합리적 예상은 주어진 시장의 정보(소비, 투자, 생산함수, 교역 등등 경제구조에 관한 모든 정보)를 모두 활용하지만 과거의 데이터를 사용하기 때문에 미래에 일어날지도 모를 상황의 변동은 고려되지 않는다. 예를 들면 미래의 통화정책의 변동(예를 들면 긴축에서 팽창으로), 환율체제의 변동(예를 들면 고정환율제도에서 변동환율제도로), 정권교체에 따른 경제정책의 기조변화(예를 들면 긴축에서 팽창정책으로) 등과 같은 경제상황의 변동은 반영되지 않는데 만일 예측기간 중에 이러한 상황변동이 생기면 바로 예측치와 실제치는 달라지게 되어 예측오차가 일어나게 된다. 이러한 경우에는 비록 시장참가자들이 합리적으로 행동한다 하더라도 예측오차는 연속적으로 나타날 수 있으며 선물환율은 미래현물환율의 불편추정치가 될 수 없다.

마지막으로 시장참가자들이 비합리적인 경우이다. 비합리적인 시장참가자들을 "비합리적 거래자(noise traders)"라 부른다. 이들은 유사신호(pseudo-signals)와 뉴스(news)를 분간하지 못한다. 따라서 이들은 주식이나 외환 등 금융자산을 펀더멘탈(fundamentals)에 대한 분석을 근거로 투자하지 못한다. 이러한 거래자들이 존재하면 다른 모든 거래자들이 합리적이라 하더라도 예상오차가 발생하여 실제환율은 예상환율과 괴리가 있다.

지금까지 외환시장의 효율성은 선물환율과 미래현물환율과의 관계에 국한하여 설명하였다. 그러나 실제에 있어서는 외환시장의 효율성은 국제자본이동과 관련이 있다. 즉 외환시장 간에 환율의 차이가 있을 때 환재정이 일어나는 것과 마찬가지로 국내금리와 해외금리 간에 차이가 있는 경우에 금리에 대한 재정거래가 일어나는데 이를 국제금리재정거래라 부른다. 외환시장의 효율성문제는 국제금리재정거래(제4장) 및 구매력평가설(제5장)과 깊은 관계가 있다.

8 국제외환시장 현황

〈표 3-3〉은 국제외환시장의 전통적 외환거래의 규모를 나타낸다. 즉 국제외환시장의 전통적 외환거래량은 1995년에 1조 1,900억달러에서 계속 증가하여 2007년에는 3조 2,100억달러로 크게 증가하였다. 거래상품별 비중을 보면 현물환거래가 1995년에 41.5%를 차지하였으나 점점 줄어들어

표 3-3 국제외환 시장 전통적 외환거래량 추이*1)

(단위: 십억 달러)

	1995	1998	2001	2004	2007
현물환	494	568	387	631	1,005
선물환	97	128	131	209	362
외환스왑	546	734	656	954	1,714
누락*2)	53	60	36	106	129
합계	1,190	1,490	1,210	1,900	3,210

주: *1) 매년 4월 1일자 일일평균거래량임.
*2) 비보고국 간의 거래가 존재하고 또 일부 보고국의 경우 포괄범위가 100%가 되지 않기 때문에 발생하는 누락분(gaps)을 추정한 수치임.

자료: BIS(2007), "Foreign Exchange and Derivatives Market Activity in 2007," Triennial Central Bank Survey, December.

표 3-4 통화별 국제외환거래량 비중 (단위: %)

	2001	2004	2007
미국달러	90.3	88.7	86.3
유로	37.6	36.9	37.0
일본엔	22.7	20.2	16.5
영국파운드	13.2	16.9	15.0
스위스프랑	6.1	6.0	6.8
기타	30.1	31.3	38.4
합계*	200.0	200.0	200.0

주: *) 외환거래 2개 통화의 거래이므로 총합계는 100%가 아니라 200%가 됨.
자료: BIS(2007), "Foreign Exchange and Derivatives Market Activity in 2007," Triennial Central Bank Survey, December.

2007년에는 31.3%까지 감소하였다. 이에 반해 외환스왑거래는 1995년에 45.9%였으나 2007년에 53.4%로 증가하였으며 선물환거래도 1995년의 8.1%에서 2007년에 11.3%로 확대되었다.

〈표 3-4〉는 통화별 국제외환거래량 비중을 나타낸다. 즉 국제외환시장에서의 외환거래는 미국달러화가 2001년의 90.3%(200% 중)에서 2007년에 86.3%로 줄어들었으나 가장 높은 비중을 차지하고 있으며 유로화가 2007년 중에 37.0%로 그 다음을 차지하고 있고 일본엔화 16.5%, 영국파운드화 15.0%, 스위스프랑화 6.8%를 각각 기록하고 있다.

〈표 3-5〉는 주요 국제외환시장의 거래량 비중을 나타낸 것인데 2007년 중에 영국이 34.1%로 계속 가장 높은 비중을 차지하고 있다. 미국은 1998년의 17.9%에서 2007년에 16.6%로 줄어들었으며 스위스는 2007년에

표 3-5 주요 국제외환시장 거래량 비중 (단위: %)

	1998	2001	2004	2007
영국	32.5	31.2	31.0	34.1
미국	17.9	15.7	19.2	16.6
스위스	4.2	4.4	3.3	6.1
싱가포르	7.1	6.2	5.2	5.8
기타	38.3	42.5	41.3	37.4
합계	100.0	100.0	100.0	100.0

자료: BIS(2007), "Foreign Exchange and Derivatives Market Activity in 2007," Triennial Central Bank Survey, December.

6.1%로 비중이 약간 증가하였다. 반면 싱가포르는 2007년에 5.8%로 1998년의 7.1%에 비해 줄어들었다.

9 우리나라 외환시장

〈표 3-6〉은 우리나라의 외환시장 거래량 추이를 나타낸다.

우리나라의 외환시장의 거래량(일평균)은 1998년 중 외환위기의 여파로 40억달러 수준까지 크게 감소한 바 있으나 그 후 위기극복과 함께 외환시장이 안정되면서 다시 증가하기 시작하여 2000년 중에는 88.6억달러를 기록하여 외환위기 이전 수준을 넘어섰으며 2003년 2/4분기 중에는 108.8억달러로 확대되었다. 그러나 국제외환시장에서 우리나라 외환시장이 차지하는 비중은 경제규모에 비해 여전히 미흡한 수준이다. 국제결제은행의 조사결과에 의하면 우리나라의 일평균 외환거래량은 2001년 4월중 100억달러로 GDP대비 2.2%, 연간 무역규모대비 3.8%로 선진국 평균치(각각 10.7% 및 16.4%)를 크게 밑돌고 있으며 전세계에서 차지하는 우리나라의 외환상품 거래 비중은 0.6%(48개 BIS 조사 참가국 중 17위)에 불과한 것으로 나타났

표 3-6 우리나라의 상품별 외환거래량 추이 (단위: %)

	1998	1999	2000	2001	2002	2003	
						1/4	2/4
현 물 환	70.1	62.9	61.9	57.9	55.1	46.3	48.7
선 물 환	7.4	8.8	11.7	12.3	13.6	16.7	14.6
외 환 스 왑	18.3	23.9	20.6	21.2	21.3	23.7	23.5
전통적상품(A)	95.8	95.6	94.3	91.5	90.1	86.7	86.8
외환파생상품(B)	4.2	4.4	5.7	8.5	9.9	13.3	13.2
합 계(A+B)*	100.0 (40.2)	100.0 (68.8)	100.0 (88.6)	100.0 (91.8)	100.0 (91.9)	100.0 (106.3)	100.0 (108.8)

주: *) ( )안은 전체 외환거래 규모(억달러).
자료: 한국은행, "우리나라의 외환제도와 외환시장," 2007. 9.(http://www.bok.or.kr/index.jsp)

다.[12)]

외환거래의 거래형태별 비중을 보면 전통적 거래가 1998년의 95.8%에서 2003년 2/4분기 중에 86.8%로 상당히 줄어든 반면 파생적 거래가 같은 기간 중에 4.2%에서 13.2%로 증가하여 전통적 거래에 비해 파생적 거래의 비중이 증가하는 추세를 보여주고 있다. 그러나 아직 그 수준은 매우 낮은 수준이라 할 수 있다. 전통적 거래 중에서 2003년 2/4분기 중 현물환거래는 48.7%, 외환스왑거래는 23.5%, 선물환거래는 14.6%를 각각 차지하여 아직 현물환거래의 비중이 가장 큰 비중을 나타내고 있다. 한편 외환파생상품 거래비중은 빠른 속도로 증가하고 있으나 10%를 조금 상회하는 수준에 그치고 있다.

환율제도의 기초 << 제3절

환율제도는 크게 나누어 고정환율제도와 변동환율제도로 나누어진다. 전자는 환율이 일정수준에 고정되어 있고 외환당국은 일정한 수준을 유지할 것을 대내외적으로 확약한 것이다.

우리나라가 원화환율을 예를 들어 미국달러에 달러당 1,000원으로 고정시켜 고정환율제도를 채택하고 있다고 한다면 환율수준이 달러당 1,000원을 벗어나면 언제든지 외환시장에 개입하여 환율이 1,000원이 유지될 수 있도록 하는 책무를 지게 된다. 이 경우 만일 환율이 달러당 900원이라고 하면 우리나라 중앙은행(한국은행)은 외환시장에서 보유달러를 매입하여 환율이 1,000원으로 상승하도록 개입하게 되는데 이를 외환의 매입개입이라 부른다. 이 경우 한국은행의 외환보유고는 증가하고 시중의 통화량은 증가하게 된다. 반대로 환율이 1,100원이라고 해 보자. 이 경우 한국은행은 외환시장에서 달러를 매각하여 환율이 1,000원으로 하락하도록 개입하게 되는데 이를 외환의 매각개입이라 부른다. 이 경우 한국은행의 외환보유고

12) 한국은행(2007), 〈표 3-2〉, p.147 참조.

는 감소하고 시중의 통화량은 줄어들게 된다.

이와 같이 중앙은행의 외환시장개입은 시중의 통화량에 영향을 미치게 되는데 이와 같은 외환시장개입을 태화개입(non-sterilized intervention)이라 부른다. 그런데 중앙은행은 외환시장개입을 하더라도 통화량에 영향을 미치지 않게 할 수 있는데 이를 불태화개입(sterilized intervention)이라 부른다. 예를 들면 위의 경우 한국은행의 외환매입으로 시중의 통화량이 100억원이 증가했다고 해 보자. 이때 한국은행이 100억원의 국채를 매각하면 시중의 통화량은 100억원만큼 감소하게 된다. 따라서 외환매입으로 통화량이 100억원 증가했지만 한국은행의 국채매각으로 100억원이 환수되었기 때문에 시중의 통화량의 총량은 변동이 없게 된다.

고정환율제도하에서는 환율의 자유로운 변동이 허용되지 않기 때문에 외환시장의 수요와 공급이 일치하기 어려우며 따라서 국제수지의 불균형은 해소되지 않는다. 이러한 국제수지의 불균형은 외환시장에서 환율변동에 대한 압박요인으로 작용하고 이는 중앙은행의 환율안정을 위한 외환시장의 개입을 일으키게 된다. 중앙은행의 외환시장개입은 시중의 통화량에 영향을 미치므로 고정환율제도하에서 통화량은 대외부문(즉 국제수지) 때문에 내생적으로 변동하며 따라서 통화정책은 독립성을 잃게 된다.

변동환율제도란 외환시장의 수요와 공급에 의해 환율이 결정된다. 따라서 중앙은행은 환율이 변동하더라도 시장에 개입할 의무는 없다. 그러므로 변동환율제도인 경우에는 환율이 외환의 수요와 공급에 의해 결정되므로 항상 외환의 수요와 공급은 일치하게 되고 국제수지는 균형을 이룬다. 예를 들어 국제수지가 흑자이면 외환시장에 초과공급이 발생하므로 환율은 하락하고 반대로 국제수지가 적자이면 외환시장에 초과수요가 발생하므로 환율은 상승하여 항상 국제수지는 균형을 이룬다. 그러므로 변동환율제도하에서는 국제수지의 불균형문제는 존재하지 않는다. 즉 변동환율제도하에서는 대외부문(즉 국제수지) 때문에 통화량이 영향을 받는 일은 없으며 따라서 통화정책은 독립성을 가진다.

그러나 변동환율제도인 경우에도 중앙은행의 외환시장개입은 있을 수 있다. 이 경우의 외환시장개입은 환율을 일정수준에 유지하기 위한 책무에서 이루어지는 것이 아니고 환율의 과도한 변동을 억제하여 환율을 가급적 안정화시키고자 하는 재량적 판단에 의한 것이라는 점에서 큰 차이가 있다. 물론 이러한 재량적인 외환시장개입이라 하더라도 일단 중앙은행이 외환시장에 개입하면 통화량에 영향을 미칠 수 있는 것은 고정환율제도하에서의 외환시장개입의 경우와 마찬가지이다. 다만 태화개입이냐 아니면 불태화개입이냐 여부에 따라 외환시장개입으로 통화량이 변동하느냐의 여부가 결정될 뿐이다.

외환당국이 외환시장개입에 어떠한 자세를 취하느냐에 따라 순풍정책(benign neglect)과 역풍정책(leaning against wind)으로 나눌 수 있다. 순풍정책이란 환율변동을 의도적으로 방치해 두는 것을 말하는데 완전한 자유변동환율제도가 여기에 해당하며 이를 클린플로팅(clean floating)이라 부른다. 역풍정책이란 환율의 움직임과는 반대 방향으로 환율이 움직이도록 유도하는 정책을 말한다. 즉 환율이 상승하면 하락하도록 외환을 매각하고 반대로 환율이 하락하면 상승하도록 외환을 매입하여 외환시장에 개입하는 정책이다. 이는 환율의 과도한 변동을 막아 환율이 안정적으로 움직이도록 유도하는 정책이다.

고정환율제도와 변동환율제도는 둘 다 서로 정반대되는 극단적인 제도이다. 현실적으로는 고정환율제도라 하더라도 고정된 환율수준을 기준으로 상하 일정폭의 변동폭을 허용하는 것이 일반적이며, 변동환율제도라 하더라도 완전히 환율을 시장의 수요와 공급에 위임하는 것이 아니라 수시로 외환시장에 개입하여 관리변동환율제도(managed floating 또는 dirty floating)를 채택하는 경우가 많다. 즉 고정환율제도와 변동환율제도, 양극단의 환율제도 사이에 얼마나 큰 폭의 환율변동을 허용하느냐에 따라 수많은 형태의 환율제도가 존재할 수 있다. 환율제도에 대한 상론은 제26장에서 다시 다루기로 한다.

요 약

요약
Summary

1. 환율이란 두 나라 이종통화 간의 교환비율을 말한다. 따라서 환율의 변동은 각 나라의 통화가치의 변동을 나타낸다.

2. 환율을 외국통화 1단위당 자국통화의 수량으로 표시했을 때 depreciation은 환율의 상승을, appreciation은 환율의 하락을 각각 의미한다. 그리고 devaluation은 평가절하를, revaluation은 평가절상을 각각 의미한다. 즉 depreciation과 devaluation은 자국통화가치의 하락을, appreciation과 upvaluation은 자국통화가치의 상승을 의미한다.

3. 실질환율은 국내소비바스켓과 외국소비바스켓의 교환비율을 나타낸다. 실질환율의 상승은 실질절하(real depreciation), 하락은 실질절상(real appreciation)이라 각각 부른다. 실질절하는 국내상품의 가치가 외국상품에 비해 하락하는 것을 의미하고 실질절상은 국내상품의 가치가 외국상품에 비해 상승하는 것을 의미한다.

4. 실효환율(effective exchange rate)이란 환율의 개념을 2국간(bilateral)에서 다국간(multilateral)으로 확대한 개념으로 교역상대국 전체에 대한 환율을 나타낸다. 물가수준을 고려하느냐 여부에 따라 명목실효환율과 실질실효환율로 나누어진다.

5. 환재정거래란 동일시점에서 환시세의 차이가 있을 때 그 차익을 노려서 거래가 이루어지는 것을 말하는데 차익거래라 부르기도 한다. 환재정거래는 일물일가의 법칙이 성립하게 한다.

6. 외환시장은 현물환시장(spot market)과 선물환시장(forward market)으로 구분된다. 전자는 계약과 동시에 대금결제와 외환의 인수도가 동시에 이루어지는 시장을 말하며, 후자는 계약한 다음 일정기간이 경과한 후의 약정일에 대금결제와 외환의 인수도가 이루어지는 시장을 말한다.

7. 선물환(forward exchange)거래와 통화선물(exchange futures)거래는 모두 선물거래이지만 통화선물거래는 거래통화, 거래단위, 거래일자 등이 엄격하게 제한되어 있는 제도화된 거래소의 개념인 데 반해서 선물환거래는

아무런 제한이 없는 완전히 비규격화된 거래이다.

요약
Summary

8. 통화옵션(foreign exchange option)이란 통화매입자에게 그 통화를 특정일(on a stated date) 또는 특정일 이전에 특정가격(stated price)으로 사거나 팔 수 있는 권한을 부여한 거래를 말한다. 통화의 매입옵션을 콜옵션(call option), 통화의 매각옵션을 풋옵션(put option)이라 부른다.

9. 헤징(hedging)이란 환위험을 회피하는 행위를 말한다. 헤징은 현물, 선물환시장, 옵션시장 등 여러 가지를 사용할 수 있다. 환투기는 이익을 얻기 위해 의도적으로 환위험을 떠맡는 것을 말한다. 환투기도 헤징의 경우와 마찬가지로 현물시장, 선물시장, 옵션시장 등 어디서나 이루어질 수 있다. 환투기는 외환시장의 안정화 여부에 따라 안정적 투기와 불안정적 투기로 나누어진다.

10. 우리나라의 외환시장거래는 외환위기 이후 크게 증가했으나 세계외환시장에 비하면 아직 미흡한 점이 많다. 그리고 파생적 거래의 비중은 증가하고는 있으나 10% 수준을 약간 상회한 수준에 그치고 있으며 현물거래, 선물거래 등 전통적 거래가 대부분이다.

11. 효율적 외환시장이란 환율이 시장의 모든 정보를 반영하여 어떠한 새로운 정보에 대해서도 환율이 조정을 보이고 그 결과 시장참가자들이 새로운 정보를 이용하여 정상이윤을 넘어선 초과이윤을 얻는 일이 없는 상태를 말한다. 이를 달리 표현하면 비효율적인 외환시장에서는 시장참가자들이 외환거래를 통해서 정상이윤을 넘어선 초과이윤을 얻을 수 있는 기회가 존재한다.

12. 효율적 외환시장가설은 합리적 예상가설과 선물환율의 미래예상환율의 불편추정치 가설 양자의 결합가설이다. 효율적 외환시장가설은 일반적으로 기각되는데 그 이유로는 위험프리미엄의 존재, 시장예측자들의 체계적 예측오류(페소화문제), 비합리적 거래자의 존재 등을 들 수 있다.

13. 환율제도는 고정환율제도와 변동환율제도로 대별된다. 고정환율제도하에서는 통화량은 대외부분, 즉 국제수지의 불균형에 의해 영향을 받으므로 통화정책의 독립성이 없다. 반면 변동환율제도하에서는 환율변동에 의해 국제수지의 불균형은 항상 조정되므로 통화량은 대외부문의 영향을 받지

요약
Summary

않으며 따라서 통화정책의 독립성을 갖는다.

14. 중앙은행의 외환시장개입은 통화량에 영향을 미친다. 불태화개입정책을 취하면 외환시장에 개입하더라도 통화량은 영향을 받지 않는다. 그러나 태화개입정책을 취하면 외환시장개입은 통화량에 영향을 미친다.

연습문제

1. 다음의 자료를 사용하여 2005년과 2009년의 실질환율을 각각 구하고 2005년과 2009년 사이에 실질절상이 일어나고 있는지 아니면 실질절하가 일어나고 있는지 설명하시오.

(1) 명목환율

	2005년	2009년
미국 달러	1,000원	1,200원

(2) 물가수준

	2005년	2009년
한국	100	120
미국	100	115

2. 뉴욕, 런던 및 동경 외환시장의 환율이 각각 다음과 같이 주어져 있다고 할 경우 3각 재정거래가 일어날 수 있는지 설명해 보시오.

뉴욕: 1파운드=2달러
런던: 1파운드=420엔
동경: 1달러=200엔

3. 현물환율과 선물환율이 각각 다음과 같이 주어졌을 때 선물환 프리미엄 또는 디스카운트를 구하시오.

(1) 현물환율: 1달러=1,000원, 선물환율(3개월 만기): 1달러=1,010원
(2) 현물환율: 1달러=1,000원, 선물환율(3개월 만기): 1달러=990원

4. 현물환율이 달러당 1,000원, 3개월 만기 선물환율이 달러당 1,050원이라고 하자. 만일 어떤 수입업자가 3개월 후에 10,000달러를 지급해야 한다고 한다면 이 수입업자는 어떻게 하면 환위험을 헤징할 수 있는가?

5. 위 4번 문제에서 만일 어떤 수출업자가 3개월 후에 10,000달러의 수출대금

을 결제받을 것이 있다고 한다면 이 수출업자는 환위험을 어떻게 헤징할 수 있는가?

6. 어떤 수입업자가 달러당 1,100원의 행사가격으로 10,000달러 콜옵션을 매입해 두었다고 하자. 3개월 후에 달러의 현물가격이 각각 다음과 같이 된 경우에 옵션을 행사하는 것이 나은지 아니면 포기하는 것이 나은지 설명해 보시오.

(1) 현물가격: 1달러 = 1,150원
(2) 현물가격: 1달러 = 1,050원

7. 어떤 수출업자가 달러당 1,100원의 행사가격으로 10,000달러 풋옵션을 매입해 두었다고 하자. 3개월 후에 달러의 현물가격이 각각 다음과 같이 된 경우에 옵션을 행사하는 것이 나은지 아니면 포기하는 것이 나은지 설명해 보시오.

(1) 현물가격: 1달러 = 1,150원
(2) 현물가격: 1달러 = 1,050원

8. 외환시장의 효율적 외환시장 가설을 설명하고 그것이 기각되는 이유를 세 가지만 들어보시오.

9. 페소화문제(Peso problem)를 설명하고 이 문제가 일어날 수 있는 경우를 두 가지만 들어 보시오.

10. 다음 각 용어를 비교 설명하시오.
(1) 실질환율과 실효환율
(2) 실질환율과 교역조건
(3) 통화선물과 선물환
(4) long position과 short position
(5) 태화개입과 불태화개입

참고문헌

국제금융연구회(2008), 『글로벌시대의 국제금융론』, 제 4 판, 경문사, 제 2 장, 35-80쪽.

김인준 · 이영섭(2004), 『국제금융론』, 율곡출판사, 제 3 장, 36-67쪽, 제 12 장, 316-343쪽.

이환호(2007), 『글로벌시대의 외환론[이론과 실제]』, 제 2 장, 23-54, 제 6 장, 145-150쪽.

한국은행(2007), 『우리나라의 외환제도와 외환시장』, 9월.

BIS(2007), "Foreign Exchange and Derivatives Market Activity in 2007," Triennial Central Bank Survey, December.

Caves, Richard E., Jeffrey A. Frankel and Ronald W. Jones(2002), *World Trade and Payments: An Introduction*, Addison Wesley, New York, Chapter 16, pp. 299-314.

Chacholiades, Militiades(1978), *International Monetary Theory and Policy*, McGraw-Hill, Inc., New York, Chapter 1, pp. 3-35.

Fama, Eugene. F.(1970), "Efficient Capital Markets: A Review of Theory and Empirical Work," *Journal of Finance*, No. 25, pp. 383-417.

Gandolfo, Giancarlo(2002), *International Finance and Open-Economy Macroeconomics*, Springer, New York, August, Chapter 2, pp. 7-42.

Salvatore, Dominick(2010), *International Economics: Trade and Finance*, Tenth Edition, John Wiley & Sons, Inc., Hoboken, NJ, Chapter 14, pp. 461-500.

04 국제금리재정거래

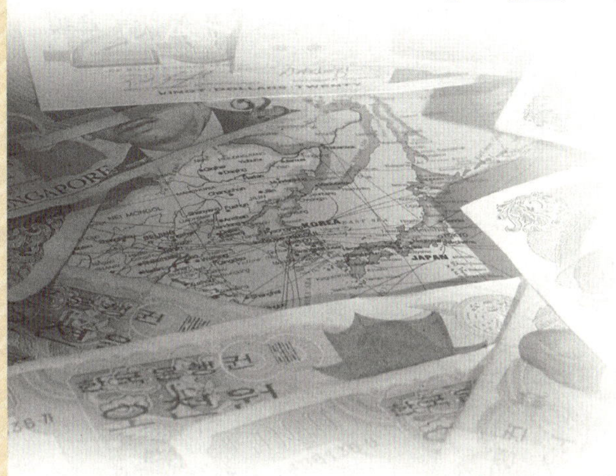

본 장은 국제적으로 금리격차가 있을 때 국제금리재정거래에 의해 금리격차가 소멸되고 국제금리가 균등화되는 과정을 설명한다. 즉 국제금리재정거래에 의한 국제적인 자금이동은 일물일가의 법칙을 성립하게 한다. 국제금리재정거래는 환위험을 커버하느냐 하지 않느냐에 따라 커버된 국제금리재정거래와 커버되지 않은 국제금리재정거래로 나누어진다.

제1절 >> 국제금리재정거래의 의의

재정거래란 시장 간에 가격의 차이가 있을 때 가격차이를 이용해서 이윤을 얻는 거래를 말한다. 그것은 대상에 따라 여러 가지 종류가 있을 수 있다. 예를 들어 곡물 또는 석유 등과 같이 상품이 대상이면 상품재정거래이고 외환이 대상이면 환재정거래이다.

금리재정거래(interest arbitrage transaction)란 시장 간에 금리에 차이가 날 때 금리격차를 이용해서 이윤을 얻고자 하는 거래이다. 금리재정은 국내에서도 일어날 수 있다. 그러나 이 경우는 국내에서의 자금이동이 손쉽게 이루어지고 또 동일통화를 사용하여 환위험이 없기 때문에 단순하다. 예를 들어 지방의 금리가 연 3%인 데 반해 서울의 금리가 연 5%라면 지방에서 차입을 하여 서울에서 빌려주면 연 2%포인트만큼의 이윤을 얻을 수 있으므로 차입수요는 서울에서 지방으로 이동할 것이고 대출공급은 지방에서 서울로 이동할 것이다. 이와 같은 과정은 지방과 서울 두 지역의 금리가 같아질 때까지 계속될 것이다.

국내에서의 금리재정은 이와 같이 단순하지만 국제적인 금리재정은 훨씬 더 복잡하다. 그 이유는 서로 다른 통화를 사용하는 국제투자인 경우에는 환위험이 있기 때문이다. 예를 들어 미국 뉴욕시장의 금리가 연 8%인 데 반해서 서울의 금리는 연 5%에 지나지 않는다고 할 때 금리수준만 비교한다면 자금이 서울에서 뉴욕으로 이동할 것이지만 반드시 그런 것은 아니다. 이 경우에는 투자기간 동안의 환율변동에 대한 위험이 존재한다. 즉 한국의 투자자가 미국뉴욕에 투자할 때에는 먼저 원화투자원금을 달러로 바꾸어 달러자산에 투자하고 만기일에 달러표시 투자원리금을 다시 원화로 환전을 해야 하는데 투자시점과 만기일 간의 기간에 만일 환율이 하락하면 만기일에 회수한 원화표시 투자원리금이 투자원금(원화)에도 미치지 못할 위험성이 있다. 따라서 국제금리재정인 경우에는 금리수준 이외에 환위험을 함께 고려해야 한다. 금리재정에는 이와 같은 환위험을 어떻게 처리하느냐가 중요한데 여기에는 두 가지 방법이 있다. 그 하나는 환위험을 사전적으로 봉쇄하는 경우이고 다른 하나는 환위험을 그대로 내버려 두는 경우이다. 전자는 선물환거래를 통해 환위험을 제거시키는 방법인데 이를 커버된 금리재정(covered interest arbitrage: CIP)이라 부른다. 후자는 환위험을 제거시키기 위한 선물거래를 하지 않는 경우인데 이를 커버되지 않은 금리재정(uncovered interest arbitrage: UIP)이라 부른다. 금리재정거래를 설명하기 위해 먼저 다음과 같은 가정을 하고자 한다.

첫째, 국제자본이동은 완전하다. 즉 모든 국제적 자본이동은 아무런 제한이 없이 자유롭게 이루어지며 이윤을 얻을 수 있는 기회가 있으면 순식간에 대량의 자본이 이동한다.

둘째, 투자대상은 채권만 존재하며 국내채권과 외국채권은 모두 완전한 대체재(perfect substitutes)이다. 즉 국내채권과 외국채권의 위험에는 차이가 없으며 따라서 채권의 선택은 오로지 수익률에 의해서만 결정된다.

셋째, 모든 투자자는 위험중립적(risk neutral)이다. 즉 투자자가 위험혐오자(risk averter) 또는 위험선호자(risk lover)인 경우는 없다.

넷째, 수수료, 세금 등 거래비용은 없다.

마지막으로 투자대상국은 국내와 외국 두 나라만 존재한다.

커버된 국제금리재정 << 제2절

1 국제금리재정거래의 예

이해를 돕기 위해 금리재정거래의 예를 들어 보기로 하자. 한국의 어떤 투자자가 3개월간 100만원을 투자할 수 있는 여유자금을 가지고 있는데 국내에 투자할 것인지 아니면 미국에 투자할 것인지를 결정해야 한다고 하자. 국내금리가 3개월에 5%, 미국뉴욕의 금리가 3개월에 8%라고 하고 달러 현물환율은 달러당 1,000원, 3개월 선물환율은 달러당 985원이라고 하자.

이때 이 투자자는 3개월간의 여유자금을 국내에 투자할 것인지 아니면 미국뉴욕에 투자할 것인지를 결정해야 한다. 이 경우 국내와 미국뉴욕의 투자수익률을 비교하면 된다. 국내에 투자하면 3개월간의 투자수익률은 5%이다. 미국뉴욕에 투자하면 3개월간의 투자수익률은 얼마가 될까?

미국에 투자하기 위해서는 먼저 100만원을 달러화로 바꾸어야 한다. 현물환율이 달러당 1,000원이므로 1,000달러를 투자할 수 있다. 즉 달러표시 투자원금은 1,000달러이다. 3개월 후의 원리금은 1,080달러(US$1,000 × 1.08)가 된다. 이 투자원리금은 3개월 후에 달러환율이 만일 하락하면 오히려 손실을 볼 수도 있다. 커버된 금리재정이란 투자자가 이러한 환위험을 사전에 제거하기 위해 투자원리금을 현재의 선물환율로 매각해 두는 것을 말한다. 이 투자자의 경우는 1,000달러 투자와 동시에 투자원리금 1,080달러 전액을 현재의 3개월 달러선물환율 985원에 매각해 두면 된다. 그러면 미국에 투자한 경우의 원화표시 투자원리금은 1,063,800원(US$1,080 × ₩985)이 되고 투자수익률은 6.38%이다. 미국투자수익률이 국내투자수익률(5%)에 비해서 더 높으므로 이 투자자는 국내에 투자하지 않고 미국에 투자할 것이다. 커버된 금리재정의 핵심은 예에서 본 바와 같이 투자기간 동안의 환율변동에 따른 손실위험, 즉 환위험을 선물환 거래를 통해서 사전에 제거하는 것이다.

2 커버된 국제금리재정거래의 일반화

이제 이를 일반화해 보기로 하자. 먼저 설명에 사용할 부호들은 다음과 같다.

E : 국내통화로 표시한 외국통화 현물환율

F : 국내통화로 표시한 외국통화 선물환율(n일물)

i : 국내금리(n일간)

i^* : 외국금리(n일간)

$$d \equiv \frac{F-E}{E} \quad (4\text{-}1)$$

설명의 편의를 위해 여기서도 한국과 미국이라 하자. 이제 한국의 투자자가 n일간 E원만큼의 여유자금을 가지고 있다고 하자. 이 투자자는 이 자금을 한국에 투자할지 미국에 투자할지를 결정해야 한다. 그것은 수익률을 비교하면 된다. 한국의 채권에 투자할 경우 n일 후 만기에 $E(1+i)$원의 원리금을 받을 수 있고 투자수익률은 바로 i가 된다. 미국의 채권에 투자하면 지금 현물환율이 달러당 E원이므로 1달러만큼 투자할 수 있다. n일 후 만기일의 달러표시 원리금은 $(1+i^*)$달러(=US\$1.00 · $(1+i^*)$)가 되는데 이 투자자는 n일 동안의 환위험을 사전에 제거하기 위해 이 원리금을 오늘 n일 만기선물환율, 달러당 F원에 매각해버린다. 그러면 n일 후 만기일의 원화표시 원리금은 $F(1+i^*)$원(=US\$$(1+i^*)$ · F)이 된다. 미국의 채권에 투자한 경우의 이 원화표시 원리금의 수익률(R^*)을 구하면 다음과 같다.

$$R^* = \frac{F(1+i^*)-E}{E} = (\frac{F}{E})(1+i^*)-1 \quad (4\text{-}2)$$

(4−1)식의 선물프리미엄 정의에서 $d \equiv \frac{F-E}{E} \equiv \frac{F}{E} - 1$이므로 $\frac{F}{E} = 1+d$이다. (4−2)식의 $\frac{F}{E}$ 대신에 $1+d$를 대입하여 정리하면 (4−2)식의 R^*는 (4−3)식과 같다.

$$R^* = (1+d)(1+i^*)-1 = i^* + d + (i^*)(d) \quad (4\text{-}3)$$

(4−3)식에서 $(i^*)(d) \cong 0$이므로 이 항을 무시하면 R^*는 (4−4)식과 같다.

$$R^* = i^* + d \quad (4\text{-}4)$$

즉 (4−4)식에 의하면 미국채권에 투자할 경우의 수익률(R^*)은 미국의 금리(i^*)와 선물환프리미엄(d)의 합계와 같다. 지금까지 한국의 투자자(원화자금보유자) 입장에서 설명을 했지만 미국의 투자자(달러자금보유자) 입장

에서도 똑같은 원리가 적용된다.

이상에서 살펴본 바와 같이 국내채권에 투자할 경우의 수익률은 i이고 외국에 투자할 경우의 수익률은 R^*이다. 어디에 투자할 것인가는 수익률의 비교에 의해 결정될 것이다.

(가) $i>R^*(=i^*+d)$이면 즉 $i>i^*+d$ 또는 $i-i^*>d$이면, 국내수익률이 외국의 수익률보다 더 높으므로 국내채권에 대한 투자가 외국채권에 대한 투자보다 유리하다. 이 경우에는 외국으로부터 국내로 자본이 유입된다.

(나) $i<R^*(=i^*+d)$이면 즉 $i<i^*+d$ 또는 $i-i^*<d$이면, 국내수익률이 외국의 수익률보다 더 낮으므로 외국채권에 대한 투자가 국내채권에 대한 투자보다 유리하다. 이 경우에는 국내로부터 외국으로 자본이 유출된다.

(다) $i=R^*(=i^*+d)$이면 즉 $i=i^*+d$ 또는 $i-i^*=d$이면, 국내수익률과 외국의 수익률이 같으므로 국가 간의 수익률의 차이에 의한 이윤을 얻을 수 있는 금리재정의 기회가 없다. 따라서 이런 경우는 더 이상의 자본 유출입이 일어나지 않으며 균형상태가 된다. 이를 커버된 국제금리평형조건(covered international interest arbitrage parity condition: CIP)이라 부른다.

3 균형달성과정

국내수익률과 외국수익률에 차이가 있으면 국제금리재정거래가 일어나고 결국 국내수익률과 외국수익률은 일치하여 균형을 이루게 된다. 즉 일물일가의 법칙이 성립하게 된다. 그러면 국내수익률과 외국수익률이 일치하지 않으면 어떠한 경로를 거쳐서 균형을 이루게 되는가?

미국수익률이 국내수익률보다 더 높은 경우(위 (나))의 예를 가지고 설명해 보자. 이 경우에는 $i<R^*$, 즉 $i<i^*+d$ 또는 $i-i^*<d$이고 자본이 국내에서 미국으로 유출된다. 그 조정과정은 외환시장과 채권시장으로 나누어

설명할 수 있다. 먼저 외환시장을 보면 현물환시장과 선물환시장에서 조정이 이루어진다. 자본이 국내에서 미국으로 유출됨에 따라 현물환시장에서 달러에 대한 수요가 증가하여 현물환율이 상승하게 된다. 즉 현물환율 E의 값이 커진다. 또한 미국채권에 대한 투자가 증가함에 따라 동시에 환위험 제거를 위한 선물환시장에서의 커버거래가 늘어나게 되는데 이는 선물환 매각공급의 증가를 가져올 것이고 선물환율은 하락할 것이다. 즉 F는 작아진다. 선물환프리미엄, $d \equiv \frac{F-E}{E} \equiv \frac{F}{E}-1$이므로 E는 상승하고 F는 하락함에 따라 d는 작아진다. d의 감소는 미국채권의 수익률 R^*의 감소를 가져올 것이다.

다음 채권시장의 조정과정을 살펴보자. 국내채권은 수익률이 미국채권에 비해 낮으므로 상대적으로 수요가 감소할 것이고 따라서 국내채권의 가격은 하락할 것이다. 그러나 가격의 하락은 수익률의 상승을 의미하므로 국내채권의 수익률, 즉 i는 커진다. 반대로 미국채권의 경우는 수익률이 상대적으로 더 높으므로 수요가 증가할 것이고 미국채권의 가격은 상승할 것이다. 즉 미국채권의 수익률 i^*는 감소할 것이다. 이에 따라 미국채권의 수익률 $R^*(=i^*+d)$는 하락할 것이다.

이와 같이 외환시장에서는 선물환프리미엄 d가 떨어져서 R^*가 하락하고, 채권시장에서는 국내채권의 수익률 i가 상승하는 반면, 미국채권의 수익률 i^*가 하락하여 R^*가 떨어지게 된다. 이와 같은 과정은 국내수익률과 미국의 수익률이 일치할 때까지 계속될 것이며 최종적으로는 양자의 수익률이 일치하여 균형을 이루게 된다. 즉 국제금리 평형조건(CIP), 즉 $i=R^*=i^*+d$ 또는 $i-i^*=d$이 성립하게 된다.

반대로 국내수익률이 미국수익률보다 더 높은 경우(위 (가))를 보자. 이 경우에는 $i>R^*$, 즉 $i>i^*+d$ 또는 $i-i^*>d$인 상태로 자본이 미국에서 국내로 유입된다. 달러의 공급이 증가하여 현물환율은 떨어져 E는 하락한다. 선물환시장에서는 만기일의 원화로 표시된 원리금을 미리 매각하고 달러를 선물로 매입하고자 하는 수요가 증가할 것이므로 달러화의 선물환율 F는 상승한다. E의 하락과 F의 상승은 d의 상승을 가져오고 이는 미국수익률 R^*의 증가를 가져온다.

채권시장에서는 국내채권에 대한 수요의 증가로 국내채권의 가격이 상승하고, 미국채권의 가격은 하락한다. 즉 국내채권의 수익률 i는 하락하고, 미국채권의 수익률 i^*는 상승하여 미국수익률 R^*는 증가한다. 이와 같은 조정은 국내수익률과 미국수익률이 같아질 때까지 계속될 것이며 결국은 두 나라의 수익률은 같아지고 국제금리평형조건이 성립하게 된다.

제3절 >> 커버되지 않은 국제금리재정

1 커버되지 않은 국제금리재정의 예

이번에는 커버거래를 하지 않는 경우를 살펴보자. 국제금리재정거래에서 환율변동에 따른 손실위험이 존재하지만 투자와 동시에 만기일의 원리금(달러표시)을 현재의 선물환율로 매각하여 커버거래를 하면 만기일에 받을 수 있는 원리금(원화표시)은 만기일의 현물환율과 관계없이 고정된다. 예를 들어 선물환율이 달러당 985원인데 만기일의 현물환율이 달러당 1,010원이 되었다고 하면 이 투자자는 커버거래를 하지 않고 그냥 내버려 두었더라면 달러당 25원을 더 받을 수 있었는데 그것이 사라진 것이다. 그러나 만기일의 현물환율이 투자당시의 시장에 형성된 선물환율보다 높을지 낮을지 알 수가 없다.

위 커버거래의 예를 가지고 설명해 보자. 지금 현재 3개월 만기 선물환율은 달러당 985원이다. 만일 이 투자자가 3개월 후의 현물환율이 달러당 985원보다 더 높을 것으로 예상한다면 만기일에 투자원리금을 985원보다 더 높은 가격에 팔 수 있을 것이므로 선물로 매각하지 않고 투자 원리금을 그대로 만기일까지 보유하여 만기일에 현물시장에서 매각할 것이다.

예를 들어 이 투자자가 3개월 만기일 당일 현물환율이 달러당 1,010원이 될 것이라고 예상한다면 커버거래를 하지 않고 만기일에 투자원리금 1,080달러(=US$1,000×(1+0.08))를 달러당 1,010원에 매각하여 1,090,800

원(=US$1,080×₩1,010)을 받을 수 있을 것으로 예상할 것이다. 이 경우의 수익률은 9.08%($=\frac{1,090,800-1,000,000}{1,000,000}$)×100)이다. 그러나 만기일의 이 원화표시 원리금은 커버거래를 한 경우처럼 확정된 금액이 아니고 오로지 예상원리금일 뿐이며 수익률 9.08%는 예상수익률이다. 3개월 후 만기일에 실제로 현물환율이 달러당 1,010원이 될지 아니면 이보다 높을지 낮을지는 알 수 없다. 그러므로 커버거래를 하지 않은 국제금리재정거래는 환율변동에 따른 환위험을 투자자가 의도적으로 감수하는 것이다.

2 커버되지 않은 국제금리재정거래의 일반화

이제 아래의 부호를 사용하여 커버되지 않은 국제금리재정거래를 일반화해 보자.

E : 국내통화로 표시한 외국통화 현물환율

E^e : 국내통화로 표시한 외국통화 n일 후 예상현물환율

i : 국내금리(n일간)

i^* : 외국금리(n일간)

$$d^e \equiv \frac{E^e - E}{E} \tag{4-5}$$

(4−5)식의 (d^e)는 예상현물환율(E^e)과 현재의 현물환율(E)과의 차이를 현물환율(E)로 나누어준 것이므로 미래 현물환율의 예상상승률을 나타낸다. 위 부호에서 현물환율(E), 금리(i, i^*) 등은 앞의 커버된 국제금리재정거래의 경우와 같고 선물환율(F) 대신에 예상현물환율(E^e)을, 선물프리미엄(d) 대신에 예상환율상승률($d^e \equiv \frac{E^e - E}{E}$)을 사용한 것이 다르다.

커버된 경우와 마찬가지로 여기서도 한국과 미국이라 하고 한국의 투자자가 n일간 E원만큼의 여유자금을 가지고 있다고 하자. 이 투자자가 한국의 채권에 투자할 경우 n일 후 만기에 $E(1+i)$원의 원리금을 받을 수 있고 투자수익률은 바로 i가 된다. 미국의 채권에 투자하면 지금 현물환율이

달러당 E원이므로 1달러만큼 투자할 수 있다. n일 후 만기일의 달러표시 원리금은 $(1+i^*)$달러$(=US\$1.00 \cdot (1+i^*))$가 된다. 커버된 경우와 달리 이번에는 이 투자원리금을 만기일까지 그대로 보유하고 있는데 만기일에 원화로 환산한 예상원리금은 $E^e(1+i^*)$원$(=U\$(1+i^*)\times E^e)$이 된다. 이 경우의 예상수익률 R^{*e}는 다음 (4–6)식과 같다.

$$R^{*e}=\frac{E^e(1+i^*)-E}{E}=(\frac{E^e}{E})(1+i^*)-1 \quad (4\text{-}6)$$

(4–5)식의 예상현물환율상승률에 대한 정의에서 $d^e \equiv \frac{E^e-E}{E} \equiv \frac{E^e}{E}-1$이므로 $\frac{E^e}{E}=1+d^e$이다. (4–6)식의 $\frac{E^e}{E}$ 대신에 $1+d^e$를 대입하여 정리하면 (4–6)식의 R^{*e}는 (4–7)식과 같다.

$$R^{*e}=(1+d^e)(1+i^*)-1=i^*+d^e+(i^*)(d^e) \quad (4\text{-}7)$$

(4–7)식에서 $(i^*)(d^e)\cong 0$이므로 이 항을 무시하면 R^{*e}는 (4–8)식과 같다.

$$R^{*e}=i^*+d^e \quad (4\text{-}8)$$

즉 (4–8)식에 의하면 미국채권에 투자할 경우의 예상수익률(R^{*e})은 미국의 금리(i^*)와 예상현물환율상승률(d^e)의 합계와 같다. 지금까지 한국의 투자자(원화자금보유자) 입장에서 설명을 했지만 미국의 투자자(달러자금보유자) 입장에서도 똑같은 원리가 적용된다.

이상에서 살펴본 바와 같이 국내채권에 투자할 경우의 수익률은 i이고 외국에 투자할 경우의 예상수익률은 R^{*e}이다. 어디에 투자할 것인가는 수익률의 비교에 의해 결정될 것이다.

(라) $i>R^{*e}(=i^*+d^e)$이면 즉 $i>i^*+d^e$ 또는 $i-i^*>d^e$이면, 국내수익률이 외국의 수익률보다 더 높으므로 국내채권에 대한 투자가 외국채권에 대한 투자보다 유리하다. 이 경우에는 외국으로부터 국내로 자본이 유입된다.

(마) $i < R^{*e}(=i^* + d^e)$이면 즉 $i < i^* + d^e$ 또는 $i - i^* < d^e$이면, 국내수익률이 외국의 수익률보다 더 낮으므로 외국채권에 대한 투자가 국내채권에 대한 투자보다 유리하다. 이 경우에는 국내로부터 외국으로 자본이 유출된다.

(바) $i = R^{*e}(=i^* + d^e)$이면 즉 $i = i^* + d^e$ 또는 $i - i^* = d^e$이면, 국내수익률과 외국의 수익률과 같으므로 국가 간의 수익률의 차이에 의한 이윤을 얻을 수 있는 금리재정의 기회가 없다. 따라서 이런 경우는 더 이상의 자본 유출입이 일어나지 않으며 균형상태가 된다. 이를 커버되지 않은 국제금리평형조건(uncovered international interest arbitrage parity condition: UIP)이라 부른다.

3 균형달성과정

커버된 경우와 마찬가지로 커버되지 않은 경우도 국내수익률과 외국수익률에 차이가 있으면 국제금리재정거래가 일어나고 결국 국내수익률과 외국수익률은 일치하여 균형을 이루게 된다. 즉 일물일가의 법칙이 성립하게 된다. 그러면 국내수익률과 외국수익률이 일치하지 않으면 어떠한 경로를 거쳐서 균형을 이루게 되는가?

미국수익률이 국내수익률보다 더 높은 경우(위 (마))의 예를 가지고 설명해 보자. 이 경우에는 $i < R^{*e}$, 즉 $i < i^* + d^e$ 또는 $i - i^* < d^e$이고 자본이 국내에서 미국으로 유출된다. 그 조정과정은 외환시장과 채권시장으로 나누어 설명할 수 있다.

먼저 외환시장을 보면 커버된 경우에는 선물환매각이 있기 때문에 선물환율의 조정이 있었지만 커버되지 않은 경우에는 선물환시장에서의 조정은 없고 현물환시장에서의 조정만 있다. 자본이 국내에서 미국으로 유출됨에 따라 현물환시장에서 달러에 대한 수요가 증가하여 현물환율이 상승하게 된다. 즉 현물환율 E의 값이 커진다. 또한 미국채권에 대한 투자가 증가함에 따라 달러투자자산이 증가하게 되고 만기일에 원화로 환전해야 할 달러금액이 증가하게 된다. 즉 만기일에 현물환시장에는 달러의 매각공급이 증가할 것이고 이에 따라 만기일의 달러현물환율은 하락할 것으로 예상된다. 즉 달러의 예상현물환율 E^e의 값은 작아진다. 그런데 예상현물환율 상승률 $d^e \equiv \frac{E^e - E}{E} \equiv \frac{E^e}{E} - 1$이므로 E는 상승하고 E^e는 하락함에 따라 d^e는 작아진다. d^e의 감소는 미국채권의 예상수익률 R^{*e}의 감소를 가져올 것이다.

다음 채권시장의 조정과정은 커버된 경우와 같다. 이 경우 자본이 국내에서 미국으로 유출됨에 따라 국내채권의 가격은 하락하고 반대로 미국채권의 가격은 상승할 것이다. 즉 국내채권의 수익률 i는 커지고 미국채권의 수익률 i^*는 작아진다. 이에 따라 미국채권의 예상수익률 $R^{*e}(=i^* + d^e)$는 하락할 것이다.

이와 같이 외환시장에서는 예상환율상승률 d^e가 떨어져서 R^{*e}가 하락하고, 채권시장에서는 국내채권의 수익률 i가 상승하는 반면, 미국채권의 수익률 i^*가 하락하여 R^{*e}가 떨어지게 된다. 이와 같은 과정은 국내수익률과 미국의 수익률이 일치할 때까지 계속될 것이며 최종적으로는 양자의 수익률이 일치하여 균형을 이루게 된다. 즉 커버되지 않은 국제금리평형조건(UIP) $i = R^{*e} = i^* + d^e$ 또는 $i - i^* = d^e$이 성립하게 된다.

반대로 국내수익률이 미국수익률보다 더 높은 경우(위 (라))를 보자. 이 경우에는 $i > R^{*e}$, 즉 $i > i^* + d^e$ 또는 $i - i^* > d^e$인 상태로 자본이 미국에서 국내로 유입된다. 달러의 공급이 증가하여 현물환율은 떨어져 E는 하락한다. 자본유입이 늘어남에 따라 원화표시 자산이 증가하여 만기일에 달러화로 환전해야 할 잔고가 증가할 것이다. 따라서 만기일에 달러화에 대한 매입수요가 증가할 것으로 예상되고 달러화의 예상현물환율 E^e는 상승할 것이다. E의 하락과 E^e의 상승은 d^e의 상승을 가져오고 이는 미국의 예상수익률 R^{*e}의 증가를 가져온다.

채권시장에서는 국내채권에 대한 수요의 증가로 국내채권의 수익률 i는 하락하고 미국채권의 수익률 i^*는 상승하여 미국의 예상수익률 R^{*e}는 증가한다. 이와 같은 조정은 국내수익률과 미국수익률이 같아질 때까지 계속될 것이며 결국은 두 나라의 수익률은 같아지고 커버되지 않은 국제금리평형조건(UIP)이 성립하게 된다.

그러나 실증분석에 의하면 커버되지 않은 국제금리평형조건(UIP)은 성립하지 않는 것으로 나타나 있다. 이를 UIP수수께끼(UIP puzzle)라 부른다. 이는 해외수익률과 국내수익률 간에 격차가 존재한다는 것을 의미하는데 제 3 장에서 다룬 외환시장의 효율성가설이 성립하지 않는 것과 같다. 즉 UIP가 성립하지 않는 이유는 외환시장의 효율성가설이 성립하지 않는 이유와 같다.

종 합 << 제4절

이상에서 설명한 바와 같이 커버된 국제금리재정거래는 미래의 환율변동에 따른 환위험을 투자와 동시에 선물로 매각하여 사전에 제거하기 때문에 환위험이 없다. 이런 의미에서 커버된 국제금리재정거래는 무위험 국제금리재정거래라 할 수 있다. 반면 커버되지 않은 국제금리재정거래는 투자자의 미래현물환율에 대한 예상을 근거로 투자자산을 만기일까지 매각하지 않고 그대로 보유하기 때문에 예상이 빗나갈 경우 손실을 볼 위험을 안고 있다. 이런 의미에서 커버되지 않은 국제금리재정거래는 위험 국제금리재정거래라 할 수 있다.

커버된 국제금리재정거래 평형조건과 커버되지 않은 국제금리재정거래 평형조건과의 관계는 다음과 같다.

국제금리는 환리스크에 대한 커버거래를 하든 하지 않든 재정거래에 의해 국제적으로 같아지게 된다. 먼저 커버된 국제금리재정거래의 경우 $i=\frac{F(1+i^*)-E}{E}=\frac{F(1+i^*)}{E}-1$이므로 (4−9)식이 성립한다.

$$\frac{1+i}{1+i^*}=\frac{F}{E} \tag{4-9}$$

(4−9)식의 양변에 자연대수를 취하여 정리하면 (4−9)′식이 된다.

$$\ln\left(\frac{1+i}{1+i^*}\right)=\ln\left(\frac{F}{E}\right) \quad (4\text{-}9)'$$

(4–9)′식에서 $\ln(1+i)\cong i$, $\ln(1+i^*)\cong i^*$라 할 수 있으므로 (4–9)′식은 (4–9)″식이 된다.

$$i-i^*=\ln\left(\frac{F}{E}\right)=\ln(F)-\ln(E) \quad (4\text{-}9)''$$

(4–9)″식에서 $\ln(F)=f$, $\ln(E)=e$라 하면 (4–9)″식은 (4–10)식이 된다.

$$i-i^*=f-e \quad (4\text{-}10)$$

다음 커버되지 않은 국제금리재정의 경우 $i=\frac{E^e(1+i^*)-E}{E}=\frac{E^e(1+i^*)}{E}-1$이므로, 마찬가지 방법에 의해 (4–11)식을 얻는다.

$$i-i^*=e^e-e,\ e^e=\ln(E^e) \quad (4\text{-}11)$$

만일 선물환율(F)이 미래현물환율(E)의 불편추정치이면 $f=e^e=E(E^e)$이 된다. (4–10)식의 선물환율, f 대신에 예상현물환율 e^e를 대입하면 (4–11)식이 된다. 따라서 선물환율(F)이 미래현물환율(E)의 불편추정치가 된다는 말은 커버되지 않은 국제금리평형조건(UIP)이 성립한다는 말과 같다.

요 약

요약
Summary

1. 국제금리재정거래란 국가 간에 금리격차가 있을 때 그 차익을 노려서 이동하는 자금거래를 말한다. 국제금리재정거래는 국제금리격차를 소멸시켜 국제금리의 균등화를 초래한다. 즉 일물일가의 법칙이 성립하게 한다.

2. 국제금리재정거래는 환위험을 제거하기 위한 커버된 국제금리재정거래와 환위험을 그대로 둔 커버되지 않은 국제금리재정거래로 나누어진다. 어느 경우든지 재정거래의 결과 국제금리는 균등화된다.

3. 해외수익률이 국내수익률보다 높으면 자본이 유출되고 반대로 해외수익률이 국내수익률보다 낮으면 자본이 유입되어 항상 국내수익률과 해외수익률은 일치하게 된다.

4. 만일 외환시장이 효율적이면 선물환율은 미래현물환율의 불편추정치가 된다. 즉 선물환율이 미래현물환율의 불편추정치이면 $f=e^e=E(E^e)$이 되므로 $i-i^*=f-e=e^e-e$가 성립한다. 그러므로 선물환율(F)이 미래현물환율(E)의 불편추정치가 된다는 말은 커버되지 않은 국제금리평형조건(UIP)이 성립한다는 말과 같다.

5. 실증분석에 의하면 커버되지 않은 국제금리평형조건(UIP)은 성립하지 않는 것으로 나타나 있는데 이를 UIP수수께끼(UIP puzzle)라 부른다. 이는 해외수익률과 국내수익률 간에 격차가 존재한다는 것을 의미한다. UIP수수께끼는 제 3 장에서 다룬 외환시장의 효율성가설이 기각되는 이유와 같다.

연습문제

1. 다음의 정보를 이용하여 커버된 국제금리재정거래(CIP)에 대한 다음 각 물음에 답하시오.

> (i) 미달러 현물환율: 1,000원
> (ii) 미달러 12개월 선물환율: 1,030원
> (iii) 12개월 한국금리: 4%
> (iv) 12개월 미국금리: 3%

(1) 한국과 미국시장에서의 투자수익률(12개월)(원화표시)을 각각 구하시오.
(2) 자금이 어느 나라로 이동할 것인지 설명하시오.
(3) 어떤 경로를 거쳐서 한국과 미국의 수익률이 같아지게 되는지 설명하시오.

2. 다음의 정보를 이용하여 커버되지 않은 국제금리재정거래(UIP)에 대한 다음 각 물음에 답하시오.

> (i) 미달러 현물환율: 1,000원
> (ii) 미달러 12개월 예상현물환율: 970원
> (iii) 12개월 한국금리: 4%
> (iv) 12개월 미국금리: 5%

(1) 한국과 미국시장에서의 투자수익률(12개월)(원화표시)을 각각 구하시오.
(2) 자금이 어느 나라로 이동할 것인지 설명하시오.
(3) 어떤 경로를 거쳐서 한국과 미국의 수익률이 같아지게 되는지 설명하시오.
(4) 만일 이 경우 한국에 투자 위험프리미엄이 3%라고 하면 자금은 어느 나라로 이동할 것인지 설명하시오.

3. 다음의 정보를 이용하여 커버되지 않은 국제금리재정거래(UIP)에 대한 다음 각 물음에 답하시오.

(i) 미달러 현물환율: 1,000원
(ii) 미달러 12개월 예상현물환율: 1,020원
(iii) 12개월 한국금리: 4%
(iv) 12개월 미국금리: 2%

(1) 한국과 미국시장에서의 투자수익률(12개월)(원화표시)을 각각 구하시오.
(2) 이 경우 UIP가 성립하는 이유를 설명하시오.
(3) 이제 미달러 12개월 예상현물환율이 1,030원으로 상승한다고 해 보자. 그러면 자금은 어느 나라로 이동하는지 설명하시오.

4. 선물환율이 미래현물환율의 불편추정치가 되면 UIP가 성립한다. 이 주장이 맞는지 틀리는지 논증하시오.

5. 다음 두 가지를 사용하여 UIP수수께끼(UIP puzzle)를 설명하시오.
(1) 위험프리미엄(risk premium)
(2) 페소화문제(Peso problem)

참고문헌

Copeland, Laurence S.(1994), *Exchange Rates and International Finance,* Second Edition, Addison Wesley, New York, Chapter 3, pp. 85-110.

Mark, Nelson C., *International Macroeconomics and Finance,* Blackwell Publishing, Maiden, MA, 2001, Chapter 6, pp. 127-162.

Salvatore, Dominick(2010), *International Economics: Trade and Finance,* Tenth Edition, John Wiley & Sons, Inc., Hoboken, NJ, Chapters 14, 15, pp. 461-549.

제 Ⅱ 부에서는 환율결정이론을 다룬다. 먼저 장기균형 환율결정이론으로 구매력평가이론을 설명하고 다음에 단기균형 환율 결정이론을 설명한다. 가장 단순한 플로우모형인 외환수급모형에서 출발하여 거시경제모형인 자산시장모형을 설명하고 뉴스,거품모형을 소개한다. 그리고 구매력평가이론과 거시경제모형에 대한 실증분석을 설명한다.

II 환율결정이론

05 구매력평가이론

본 장은 구매력평가이론을 설명한다. 구매력평가이론에 의하면 균형환율은 두 나라의 통화의 상대적인 구매력, 즉 물가수준에 의해 결정된다. 구매력평가의 개념, 성립 여부, 발라사-사뮤엘슨가설, 실질이자율 평가 등을 설명한다.

제1절 >> 구매력평가설의 의의[1)]

구매력평가설(purchasing-power parity theory: PPP)은 스웨덴의 경제학자 구스타프 카셀(Gustav Cassel, 1918)에 의해 도입된 물가수준과 환율 간의 장기적 관계를 설명하는 이론이다. 구매력평가설에 의하면 균형환율은 두 나라 통화의 구매력의 비율과 일치한다. 한 나라의 통화의 구매력은 그 나라의 물가수준에 반비례하므로 이는 결국 균형환율은 두 나라의 물가수준의 비율과 일치한다는 말이 된다.

구매력평가설은 한 나라의 일정량의 화폐는 다른 나라에서도 동등한 구매력(즉 구매력 평가)을 갖게 되고 따라서 동일한 상품의 양을 구매할 수 있어야 한다는 아주 단순한 아이디어에 바탕을 두고 있다. 예를 들면 미국의 달러화는 미국에서나 한국에서나 동일 상품에 대해서 동등한 구매력을 가져야 한다는 것이다. 즉 미국의 1달러로 미국에서 사과 1개를 구매할 수 있으면 한국에서도 그 1달러로 동일한 사과 1개를 구매할 수 있어야 한다는 것이다. 따라서 한국에서의 사과 1개의 값이 1,000원이면 환율은 당연히 1달러당 1,000원이 되어야 한다.

이제 P를 원화로 표시한 국내물가수준, P^*를 외국통화(예를 들면 미국달러)로 표시한 외국의 물가수준, E를 구매력평가환율, 즉 균형환율이라고 하고 국내물가와 외국물가의 관계를 수식으로 표시하면 (5-1)식과 같다.

$$P = EP^* \tag{5-1}$$

(5-1)식의 좌변은 원화로 표시한 국내물가수준을 나타내고 우변은 외국통화(예를 들면 미국달러)로 표시한 외국의 물가수준에 환율을 곱하여 원화로 환산한 외국의 물가수준을 나타낸다. 따라서 (5-1)식은 각국의 물가수준은 동일한 통화로 환산했을 때 같아진다는 것을 의미한다.

(5-1)식을 정리하면 구매력평가환율, 즉 균형환율은 (5-2)식과 같다.

1) 곽태운 · 김영용(1995), 제13장, 193-199쪽을 참조하였음.

$$E = \frac{P}{P^*} \tag{5-2}$$

즉 구매력평가설에 의하면 국내화폐의 구매력의 증가(즉 P의 감소)는 균형환율의 하락(즉 외환시장에서의 국내통화가치의 증가)을 가져오고 반대로 국내화폐의 구매력의 감소(즉 P의 상승)는 균형환율의 상승(즉 외환시장에서의 국내통화가치의 하락)을 가져오게 된다.

예를 들어 $E > \frac{P}{P^*}$이면 외국의 물가가 국내보다 더 높으므로($EP^* > P$) 외국상품에 대한 수요(따라서 외국통화에 대한 수요)는 감소하고, 국내상품에 대한 수요(따라서 국내통화에 대한 수요)는 증가하여 외국의 물가는 하락하고 국내물가는 상승하여 균형이 회복된다. 반대로 $E < \frac{P}{P^*}$이면 외국의 물가가 국내보다 더 낮으므로($EP^* < P$) 외국상품에 대한 수요(따라서 외국통화에 대한 수요)는 증가하고, 국내상품에 대한 수요(따라서 국내통화에 대한 수요)는 감소하여 외국의 물가(EP^*)는 상승하고 국내물가(P)는 하락하여 균형이 회복된다.

일물일가의 법칙과 구매력평가설 << 제2절

위에 설명한 구매력평가설은 일물일가의 법칙(the law of one price)과 깊은 관련을 가진다. 구매력평가설을 뒷받침하는 시장의 메커니즘을 이해하기 위해서는 일물일가의 법칙을 이해하는 것이 필수적이다. 양자는 깊은 관련을 가지고 있지만 엄격히 구별되는 개념이다.

일물일가의 법칙이란 수송비 등 일체의 거래비용이나 관세와 같은 무역장벽이 없이 완전한 자유무역이 이루어지는 경우, 동일한 상품은 어느 나라에서 판매되든지 상관없이 동일한 화폐로 가격을 환산할 때 동일한 가격으로 판매된다는 것을 말한다. 예를 들어 1달러당 환율이 1,000원일 때 미국의 사과 1개 가격이 1달러라면 한국에서의 그 동일한 사과의 가격은 반드시 1,000원이 된다는 것이다. 마찬가지로 한국의 노트 1권이 2,000원이라면 미국에서의 그 노트 가격은 반드시 2달러가 된다. 그러면 이와 같은 일물일가의 법칙이 성립하게 되는 배경은 무엇인가? 그것은 두 나라 사이에 동일상품의 가격에 괴리가 있으면 즉시 상품재정(commodity arbitrage)(즉 국제무역)이 일어나 가격의 균등화가 이루어지기 때문이다. 예를 들어 환율은 달러당 1,000원인데 사과 1개의 가격이 미국에서 1달러인 데 반해 한국에서는 1,200원이라고 하면, 한국의 사과가 미국의 사과에 비해 더 비싸기 때문에 사과는 미국에서 한국으로 수입될 것이다. 이에 따라 미국의 사과가격은 상승하고 한국의 사과가격은 하락할 것이다. 이러한 과정은 두 나라의 사과가격이 같아질 때까지 계속될 것이므로 결국 두 나라의 사과가격은 하나로 같아지게 된다. 이와 같이 수송비 등 거래비용이 없고 완전한 자유무역이 보장되는 경우에는 두 나라에서의 동일상품의 가격은 반드시 하나의 가격으로 균등화되는 일물일가의 법칙이 성립하게 될 것이다.

이와 같은 일물일가의 법칙은 무역이론에서 배운 자유무역의 결과 두 나라 사이에 두 상품의 상대가격의 균등화가 이루어지는 것을 재론한 것에 불과하다. 즉 무역이 자유롭고 거래비용이 없는 경우 동일상품은 어느 지역에서 생산되고 판매되든지 상관없이 반드시 동일한 상대가격으로 거래된다. 이제 P_j를 상품 j의 국내가격, P_j^*를 상품 j의 외국가격(외국통화표시), E를 환율이라 하면 일물일가의 법칙에 의해 (5-3)식이 성립한다.

$$P_j = EP_j^*,\ (j=1,\ 2,\ \cdots n) \tag{5-3}$$

경제 내의 n개의 모든 상품에 대해서 일물일가의 법칙이 성립한다고 하면 이를 일반물가수준으로 확대 적용할 수 있으므로 (5-3)식은 앞에서 설명한 (5-1)식이 된다.

$$P = EP^* \tag{5-1}$$

이와 같이 일물일가의 법칙은 구매력평가설의 이론적 기초가 된다. 그러나 두 가지 개념은 구별된다. 즉 일물일가의 법칙은 개별상품의 가격에 대해 적용되는 것인 데 반해 구매력평가설((5-1)식)은 개별상품의 가격을 모두 종합하여 지수화한 일반물가수준에 적용된다는 점에서 근본적으로 다르다.

절대적 구매력평가설과 상대적 구매력평가설 << 제3절

앞의 (5-1)식에 의하면 균형환율(E)은 두 나라의 절대물가수준의 비율에 의해 결정된다. 따라서 (5-1)식은 절대적 구매력평가설(absolute version of PPP)이라 부른다. 절대적 구매력평가설은 수송비 등의 거래비용이나 관세 등의 무역장벽이 전혀 없는 완전한 자유무역을 가정하고 있는데 현실적으로는 수송비 등의 거래비용이나 관세 등의 무역장벽이 존재하고 있다. 따라서 이러한 비용의 존재는 환율이 두 나라 통화의 구매력의 절대적인 비율에 의해 결정된다고 보기에는 많은 어려움이 따른다. 이러한 어려움을 극복하는 방법이 상대적 구매력평가설(relative version of PPP theory)이다.

상대적 구매력평가설에 의하면 일정기간 동안의 두 나라 통화 간의 환율 변동률은 그 기간 동안의 두 나라 물가수준의 변동률과 일치한다. 예를 들어 지난 일 년 동안의 한국의 물가상승률이 10%이고 미국의 물가상승률이 5%라면 원화의 대미 달러환율은 5% 상승해야 한다는 것이다.

그러면 상대적 구매력평가설에 의한 균형환율을 수식으로 표시해 보기로 하자. 수송비 등 거래비용과 관세 등 무역장벽 때문에 절대적 구매력평가의 괴리를 가져오는 모든 요소를 θ라 하자. 그러면 (5-1)식은 (5-4)식으로 바뀐다.

$$P=\theta EP^{*},\ \ \theta>0 \tag{5-4}$$

(5-4)식에서 양변에 대수(log)를 취하고 다시 전미분하면 (5-5)식의 상대적 구매력평가설에 의한 환율을 얻는다.[2)]

2) (5-4)식의 양변에 log를 취하면 $\log P=\log\theta+\log E+\log P^{*}$가 되고 이를 전미분하면

$$\hat{E}=\pi-\pi^{*} \tag{5-5}$$

(5-5)식에서 $\hat{E}$은 환율의 변동률($\hat{E}=\frac{E_t-E_{t-1}}{E_{t-1}}$)을, π는 국내인플레이션율($\pi=\frac{P_t-P_{t-1}}{P_{t-1}}$)을, π^*는 외국의 인플레이션율($\pi^*=\frac{P_t^*-P_{t-1}^*}{P_{t-1}^*}$)을 각각 나타낸다. 따라서 상대적 구매력평가설에 의하면 일정기간 동안의 균형환율의 변동률($\hat{E}$)은 국내인플레이션율과 외국의 인플레이션율의 격차와 같다. 예를 들어 한국의 통화량이 10% 증가하고 미국의 통화량은 변동이 없다고 하자. 그러면 완전고용하에서 생산성의 변동과 같은 아무런 구조적 변동이 없다고 할 때 국내물가는 10% 상승할 것이고 균형환율은 10% 상승한다는 것이다.

이와 같이 상대적 구매력평가설에 의하면 균형환율은 두 나라의 인플레이션율의 차이만큼 변동하기 때문에 두 나라 화폐의 구매력의 비율은 변동하지 않고 항상 같은 수준을 유지하게 된다. 위의 예에서 만일 환율이 10%보다 낮은 5%만 상승한다고 하면 우리나라 원화와 미국달러의 구매력의 비율이 달라지게 된다. 즉 우리나라 원화의 가치가 달러에 대해 10% 떨어져야 하는데 5%만 떨어졌기 때문에 원화와 달러의 구매력의 비율이 변동하게 된다.

절대적 구매력평가환율과 상대적 구매력평가환율의 산식은 다음과 같다.

① 절대적 구매력평가환율(E_p)의 산식

$$E_p=E_0\cdot\frac{P}{P^*}$$

E_0: 기준년도 환율

② 상대적 구매력평가환율(E_p)의 산식

$$E_p=E_0\cdot(1+\pi-\pi^*)$$

그러면 다음의 가상적인 예를 가지고 2009년도의 구매력평가환율을 산출해 보기로 하자.

$\frac{dP}{P}=\frac{d\theta}{\theta}+\frac{dE}{E}+\frac{dP^*}{P^*}$가 된다. 여기서 θ는 고정되어 있다고 볼 수 있으므로 $d\theta=0$이 되며 따라서 $\hat{E}=\pi-\pi^*$를 얻는다.

사례

구매력평가환율의 산출

	2000	2009
대미달러시장환율(E)	1,000원	1,200원
한국물가수준(P)	100	125
미국물가수준(P^*)	100	120

이 예에서 2000년도는 기준년도이다. 따라서 한국과 미국의 물가수준이 같다. 그리고 시장환율이란 2000년도와 2009년도에 실제로 거래된 대미달러 환율이다. 2000년도는 기준년도이므로 실제시장환율과 구매력평가환율은 달러당 1,000원으로 일치한다. 2009년도의 구매력평가환율(E_P)은 절대적 구매력평가환율과 상대적 구매력평가환율 두 가지 방법으로 구할 수있다.

① 절대적 구매력평가환율

$E_P = 1{,}000 \times \dfrac{125}{120} = 1{,}041.67$원. 즉 절대적 구매력평가환율은 달러당 1,041.67원이다. 시장의 환율은 달러당 1,200원이므로 이 경우 원화는 저평가되었다고 할 수 있다.

② 상대적 구매력평가환율

2000년과 2009년간의 한국과 미국의 인플레이션율은 각각 25%와 20%이다. 따라서 한국과 미국의 인플레이션율의 격차는 5%이다. 그러므로 상대적 구매력평가환율은 다음과 같이 구해진다.

$E_P = 1{,}000 \times (1 + 0.25 - 0.20) = 1{,}000 \times 1.05 = 1{,}050$원. 즉 상대적 구매력평가환율은 달러당 1,050원이다. 시장의 환율은 달러당 1,200원이므로 이 경우도 원화는 저평가되었다고 할 수 있다. 이와 같이 상대적 구매력평가환율과 절대적 구매력평가환율은 약간의 차이가 있다.

구매력평가설의 문제점 《 제4절

구매력평가설에 대한 실증분석은 현실의 환율과 물가 데이터가 이론대로 움직이고 있는지를 통계적으로 확인하는 것인데 그 분석결과는 매우 만족스럽지 못한 것으로 나타나 있다. 특히 구매력평가는 단기인 경우에는 성립하지 않는 것으로 나타나 있으며 장기인 경우에는 결과가 호전되지만 일단 균형수준을 이탈한 후에 다시 균형을 회복하는 데 기간이 매우 오래 걸리는 것으로 나타나 있다.

그러면 실증분석에서 구매력평가설이 성립하지 않는 것으로 나타나는 이유는 어디에 있는가?

첫째, 수송비 등 거래비용과 무역장벽의 존재이다. 이와 같은 장벽이 존재하면 그만큼 자유무역에 의한 가격의 균등화가 달성되기 어렵고 그것은 결국 구매력평가의 성립을 어렵게 한다. 예를 들어 어떤 상품의 외국시장가격이 1달러이고 환율이 1,000원이면 원화표시 수입가격은 1,000원이다. 이때 관세율이 10%이면 국내가격은 1,100원이 된다. 이 경우 가격의 10%만큼 국내가격과 외국가격의 차이가 발생한다.

둘째, 비교역재(nontradables)의 존재이다. 비교역재란 상품재정거래, 즉 국제무역이 일어날 수 없는 재화나 용역을 말하는데 그 이유는 현실적으로 수송비 등 거래비용이 너무 커서 국가간에 가격차이가 나더라도 국제무역이 일어날 수 없기 때문이다. 비교역재의 대표적인 예는 이발서비스이다. 이발료는 한국에 비해 미국이 훨씬 비싸지만 미국인이 이발서비스를 받기 위해 한국으로 오는 일은 현실적으로 없다. 그것은 이발서비스의 가격차이보다 항공료 등 여행경비가 너무 커서 이득이 없기 때문이다. 따라서 이발서비스는 교역이 되지 않으며 두 나라의 이발료의 가격은 일치할 수 없고 격차가 지속된다.

이와 같이 비교역재는 국제적으로 가격차이가 해소되지 않으며 또 교역이 되지 않기 때문에 환율수준과는 아무런 관계가 없다. 그러나 비교역재가격도 각국의 물가지수에는 포함되므로 물가지수에서 비교역재가격이 차지하는 비중만큼은 구매력평가로부터 환율이 괴리를 일으키게 하는 요인이 된다. 다시 말해서 모든 상품이 교역재만으로 구성되어 있는 경우에는 물가지수 역시 모두 교역재의 가격으로 구성되기 때문에 환율이 구매력평가에 의해 결정된다고 할 수 있다. 그러나 교역재뿐만 아니라 비교역재도 함께 존재하는 경우에 물가지수는 교역재의 가격과 비교역재의 가격, 두 가지 요소로 구성되기 때문에 환율수준과 아무런 관련이 없는 비교역재가격의 비중만큼은 구매력 평가환율을 왜곡시키게 된다. 이를 수식으로 나타내 보자. P_T를 교역재물가지수라 하고 P_N을 비교역재물가지수라 하자. 그러면 전체 물가지수는 (5-6)식으로 나타낼 수 있다.

$$P=\alpha P_T+(1-\alpha)P_N, \quad 0<\alpha<1 \tag{5-6}$$

즉 (5-6)식에서 보는 바와 같이 비교역재 물가지수, P_N은 교역이 되지 않기 때문에 환율수준과 관계가 없으며 따라서 구매력평가환율을 계산하는데 P_N을 포함한 P를 사용하는 것은 그만큼 구매력평가환율을 왜곡시키는 결과를 가져온다. 교역재의 경우는 일물일가의 법칙에 의해 $P_T=EP_T^*$가 성립하므로 $E=\frac{P_T}{P_T^*}$로 구매력평가환율을 구할 수 있겠으나 현실적으로 전체물가지수(P)는 구할 수 있어도 P_T와 P_N을 구분하여 구하기는 어렵다.

셋째, 불완전경쟁이다. 불완전경쟁시장에서는 기업이 시장지배력을 가지고 있으며 제품은 광고 등으로 차별화를 시도하게 된다. 특히 이러한 독과점시장의 존재는 경쟁을 제한하여 국제적 가격의 격차를 일으키고 일물일가의 법칙의 성립을 불가능하게 한다. 시장중시가격설정(pricing-to-market: PTM)이 좋은 예이다. 이는 독점기업의 경우 동일한 제품에 대해 시장에 따라 다른 가격을 설정하여 가격차별을 하는 것을 말하는데 이러한 시장중시가격설정은 일물일가의 법칙의 성립을 어렵게 한다.[3)]

넷째, 가격의 경직성이다. 가격이 경직적이면 환율변동에 대해 탄력적으로 가격이 변동하지 않는다. 단기적으로 가격이 경직적이면 환율변동에 대해 균형수준으로 돌아가는 데 시간이 걸리므로 특히 단기적으로 구매력평가가 성립하기 어렵다.

다섯째, 소비바스켓의 차이이다. 즉 물가수준은 물가지수(예를 들면 소비자물가지수)로 나타내는데 여기에 포함되는 상품구성이 나라마다 다르다. 물가지수의 상품구성 및 비중은 일반적으로 그 나라의 소비패턴에 의해서 결정되는데 그것이 나라에 따라 차이가 나기 때문에 동일한 물가지수의 변동이라 하더라도 내용은 같지 않다. 예를 들어 소비자물가지수를 보면 차량구입비의 경우 한국은 가중치가 2.2%에 불과한데 미국은 이보다 3배나 넘는 7%로 훨씬 더 큰 비중을 차지하고 있다. 이와 같이 물가지수 구성항목에 차이가 있으면 비록 거래비용이 없고 자유무역이 허용된다 하더라도 구매력평가가 성립할 수가 없다. 즉 각국의 물가지수 산정에 있어서 각 개별

3) 시장중시가격설정모형은 신개방거시경제학의 중요한 개념중의 하나이다.

사 례

빅맥지수

빅맥지수(Big Mac Index)란 1986년 런던 이코노미스트지의 경제편집장이었던 Pam Woodall이 창안한 것인데 세계각국의 특파원들이 빅맥의 현지가격을 미국의 빅맥가격과 대비하여 발표한 이래 지금까지 내려오고 있다. 이는 비즈니스맨이나 일반인들이 빅맥가격을 비교함으로써 그 나라의 환율이 적정수준인가의 여부를 판정하는 하나의 지표로 활용되고 있다. 빅맥지수의 산식은 다음 (B5-1)식과 같다.

빅맥지수(Big Mac Index)

$$=\frac{E_{\$/k}P_k^{BigMac}}{P_{us}^{BigMac}}-1 \quad \text{(B5-1)}$$

(B5-1)식에서 $E_{\$/k}$은 k국통화당 달러로 표시한 환율을, P_k^{BigMac}은 k국의 빅맥가격을 각각 나타낸다. 만일 빅맥지수가 0보다 크면 k국통화는 과소평가되어 있는 것을 나타내고 반대로 빅맥지수가 0보다 작으면 k국통화는 과대평가되어 있는 것을 나타낸다. 그러나 빅맥지수는 오로지 빅맥이라는 단일품목의 가격만 가지고 환율의 적정성 여부를 판정하고 있기 때문에 경제 내의 다양한 재화의 가격을 반영하지 못하고 있으므로 왜곡이 많다. 다만 일반인들이 환율에 대해 깊이 생각하지 않고 가벼운 마음으로 비교하는 정도에 그치는 환율정보에 불과하다. 〈표 B5-1〉은 2009년 2월 4일자 빅맥지수이다.

〈자료: The Economist (http://www.economist.com/markets/bigmac/)〉

표 B5-1 빅맥지수*1)2)

국 명	빅맥가격		구매력평가 환율(c)	시장환율(d)	대달러 저평가(−)/ 고평가(+), % (e)
	현지통화(a)	달러(b)			
미 국	3.54달러	3.54달러	–	–	–
한 국	3,300원	2.39달러	932원	1,380원	−32
영 국	2.29파운드	3.30달러	1.55달러*3)	1.44달러*3)	−7
중 국	12.5위안	1.83달러	3.53위안	6.84위안	−48
유로지역	3.42유로	4.38달러	1.04달러*4)	1.28달러*4)	+24
일 본	290엔	3.23달러	81.9엔	89.8엔	−9
멕 시 코	33.0페소	2.30달러	9.32페소	14.4페소	−35

주: *1) 2009년 1월 30일자 지표임.

*2) $b=\frac{a}{d}$, $c=\frac{a}{3.54}$, $e=\frac{b}{3.54}-1$.

*3) 파운드당 달러

*4) 유로당 달러

상품의 가중치가 다른 두 나라의 물가지수의 비율만 가지고 균형환율을 측정하는 것은 문제가 있다.

이와 같은 결점에도 불구하고 구매력평가는 아직 널리 활용되고 있다. 현재의 환율이 적정수준인가 아닌가를 판정하기 위해서는 비교대상이 되는 기준, 즉 균형환율이 있어야 하는데 현실적으로 그것은 쉬운 일이 아니다.[4] 그러나 구매력평가환율은 두 나라의 물가수준만 있으면 구할 수 있는데 물가통계는 매월 발표되기 때문에 매우 쉽게 계산할 수 있다.

예를 들어 지난 1년 동안 우리나라 원화가 미국 달러에 대해 5% 절상되었다고 하자. 만일 같은 기간 동안 우리나라의 인플레이션율은 8%인데 미국의 인플레이션율은 10%에 불과했다면 원화의 적정절상률(하락률)은 2%이다. 이 경우 원화는 3% 포인트만큼은 과도하게 절상되었다고 할 수 있다. 반대로 우리나라의 인플레이션율은 5%이고 미국의 인플레이션율은 12%였다면 원화의 적정절상률은 7%이다. 그러나 원화의 절상률이 5%밖에 되지 않았으므로 2% 포인트 더 절상되어야 한다는 것을 알 수 있다. 이와 같이 구매력평가설은 앞에서 지적한 대로 여러 가지 결함을 지니고 있지만 그래도 널리 사용되고 있다. 그것은 각국의 인플레이션율은 손쉽게 구할 수 있고 또 환율도 당장 구할 수 있는 이점을 지니고 있기 때문이다.

구매력평가의 응용 << 제5절

1 구매력평가와 실질GDP

실제환율은 구매력평가 환율과 일치하지 않는다는 사실은 GDP의 국가간 비교에 매우 중요한 의미를 지닌다. [그림 5-1]에 의하면 소득이 높을수록 물가수준도 더 높게 나타난다. P_j를 j국의 물가수준, P_{US}를 미국의 물가수준, y_j를 j국의 소득수준, y_{US}를 미국의 소득수준이라고 하고 이와 같은

4) 균형환율 산출에 관한 상론은 Gandolfo(2002), pp.244-246 및 Williamson(1994) 참조.

그림 5-1 소득수준(GDP)과 물가(P)와의 관계(2007년)*

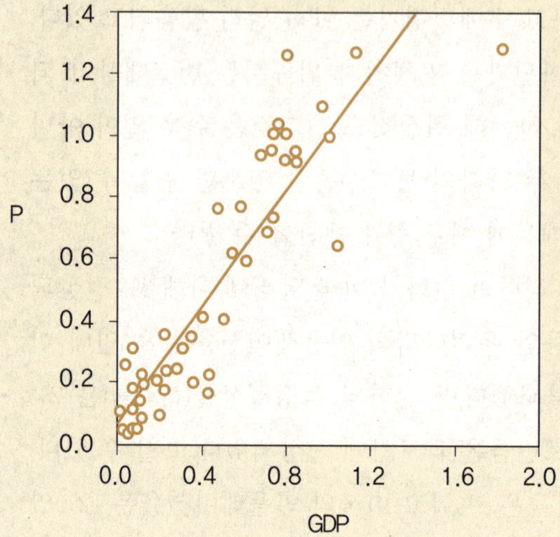

주: *) 각국(50개국)의 일인당 실질GDP 및 소비자물가수준을 미국의 실질GDP 및 소비자물가수준에 대한 비율로 나타나낸 것임.
자료: Penn World Table에 의거 작성.

관계를 수식으로 표시하면 (5-7)식과 같다.

$$\log(\frac{P_j}{P_{US}}) = \alpha + \beta\log(\frac{y_j}{y_{US}}) \tag{5-7}$$

(5-7)식에서 β의 값은 양(+)이다. 그 이유는 다음과 같다. 예를 들면 요리사 임금에 대한 TV의 상대가격(TV가격/요리사 임금)은 선진국에 비해 후진국이 더 낮다. TV는 교역재이기 때문에 일물일가의 법칙에 의해 국제적으로 가격이 같아질 수 있다. 그러나 요리사의 요리서비스는 비교역재이기 때문에 국제적으로 임금이 같아질 수 없다. 이와 같이 교역재는 일물일가의 법칙이 성립할 수 있는 반면에 비교역재는 일물일가의 법칙이 성립할 수 없다. 그러므로 물가수준은 선진국이 후진국에 비해 더 높게 나타난다. 이는 다음 후진국과 선진국의 물가수준 산식에서 확인할 수 있다.

후진국: $P=\alpha P_T+(1-\alpha)P_N, \quad 0<\alpha<1$ (5-8)

선진국: $P^*=\alpha^* P_T^*+(1-\alpha^*)P_N^*, \quad 0<\alpha^*<1$ (5-8)′

(5-8)식과 (5-8)′ 식에서 $P_T=EP_T^*$이고 $P_N<EP_N^*$이므로 $\alpha=\alpha^*$로 가정하면 $P<EP^*$이다. 이와 같이 선진국의 물가수준이 후진국의 물가수준보다 더 높다. 즉 소득수준이 높을수록 물가수준도 더 높아진다.

이러한 사실은 일인당 GDP의 국제비교에 매우 중요한 의미를 지닌다. 소득수준이 높을수록 물가수준이 높으므로 구매력평가환율은 선진국의 경우 더 높아지는 경향이 있고 반대로 후진국의 경우는 더 낮아지는 경향이 있다. 따라서 선진국의 경우에는 구매력평가환율로 환산한 달러표시 일인당 GDP가 시장환율로 환산한 달러표시 일인당 GDP보다 더 낮아지는 경향이 있고 후진국의 경우에는 반대로 구매력평가환율로 환산한 달러표시 일인당 GDP가 시장환율로 환산한 달러표시 일인당 GDP보다 더 높아지는 경향이 있다.

2 구매력평가와 실질환율

구매력평가가 성립하면 실질환율($q=\frac{EP^*}{P}$)은 변동하지 않는다. 이 경우 $P=EP^*$이므로 $q=\frac{EP^*}{P}=1$, 즉 실질환율은 일정한 값, 상수가 된다. 이는 상대적 구매력평가가 성립하는 것을 의미한다. 즉 명목환율의 변동은 두 나라의 인플레이션을 그대로 반영하면 실질환율은 변동하지 않고 일정한 상수의 값을 가진다.[5)] 따라서 구매력평가가 성립하지 않는다는 것은 실질환율이 변동한다는 것을 의미한다. 통계자료를 보면 실질환율은 명목환율과 거의 동시적으로 변동하고 있는 특징을 가지고 있다([그림 5-2, 5-3] 참조).

그러면 실질환율이 장기적으로 변동하는 이유는 어디에 있는가? 그 하나는 비교역재의 존재이다. 이제 구매력평가환율의 성립의 실패를 가져오

5) 실질환율 산식에 자연대수를 취하여 전미분을 하면 $\dot{q}=\dot{E}+\pi-\pi^*$, ($\dot{x}=\frac{dx}{x}(x=q, E)$). 여기서 상대적 구매력평가가 성립하면 $\dot{E}=\pi-\pi^*$이므로 $\dot{q}=0$가 됨.

그림 5-2 명목환율과 실질환율의 추이(한국)*

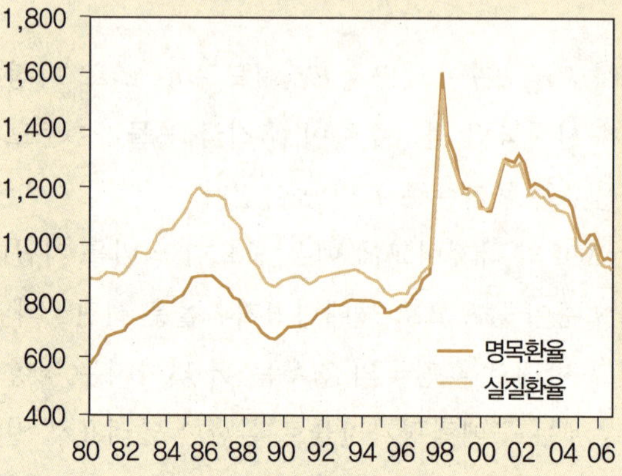

주: *) 대미달러 환율임. 실질환율은 미국과 한국의 물가만 고려한 것임.
자료: IMF, International Financial Statistics에 의거 작성.

그림 5-3 명목환율과 실질환율의 추이(일본)*

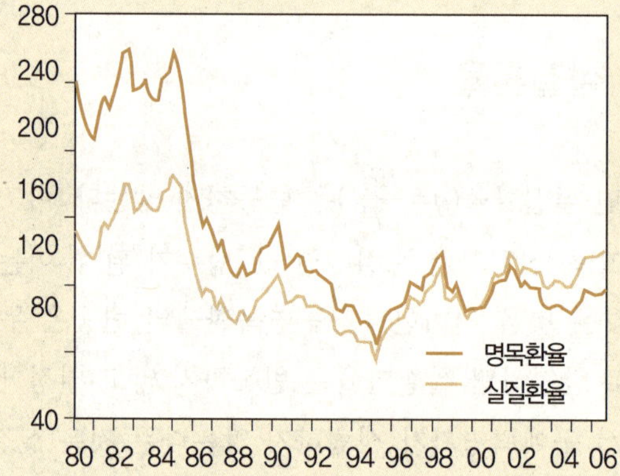

주: *) 대미달러 환율임. 실질환율은 미국과 일본의 물가만 고려한 것임.
자료: IMF, International Financial Statistics에 의거 작성

는 요인으로 관세, 수송비 등 다른 요인의 존재는 무시하고 오로지 비교역재만 존재한다고 가정하자. 본국과 외국의 소비자물가지수를 각각 (5-9)식과 (5-9)′ 식과 같이 정의하자.

$$\text{본국: } P = P_T^{\alpha} P_N^{1-\alpha}, \quad 0 < \alpha < 1 \tag{5-9}$$

$$\text{외국: } P^* = P_T^{*\alpha^*} P_N^* P_N^{1-\alpha^*}, \quad 0 < \alpha^* < 1 \tag{5-9'}$$

교역재는 일물일가의 법칙이 성립하므로 $P_T = EP_T^*$이다. 이를 이용하면 실질환율은 (5-10)식과 같다.

$$q = \frac{(P_N^*/P_T^*)^{1-\alpha^*}}{(P_N/P_T)^{1-\alpha}} \tag{5-10}$$

(5-10)식을 전미분하여 정리하면 (5-11)식이 된다.

$$\dot{q} = (1-\alpha^*)\dot{p}_n^* - (1-\alpha)\dot{p}_n, \quad (\dot{x} = \frac{dx}{x}, \ x = q, p_n, p_n^*) \tag{5-11}$$

(5-11)식에서 $\dot{x}\,(x = q,\ p_n,\ p_n^*)$은 증가율을 나타내며 $p_n(= \frac{P_N}{P_T})$과 $p_n^*(= \frac{P_N^*}{P_T^*})$는 각각 본국과 외국의 비교역재의 상대가격(교역재의 수량으로 표시한)을 나타낸다. (5-11)식에 의하면 실질환율은 각국의 비교역재의 상대가격 변동에 따라서 움직인다. 외국의 비교역재부문의 상대가격이 일정한 경우 본국의 비교역재의 상대가격이 상승하면(즉 $\dot{p}_n > 0$: 비교역재부문의 인플레이션율이 교역재부문의 인플레이션율보다 더 높으면) 실질환율은 지속적으로 하락한다($\dot{q} < 0$). 또한 본국과 외국의 비교역재가격의 상승률이 같다고 하더라도($\dot{p}_n = \dot{p}_n^* > 0$) 두 나라의 교역재와 비교역재에 대한 소비지출비중이 다르면($\alpha \neq \alpha^*$) 실질환율은 변동한다. 예를 들어 본국의 비교역재에 대한 소비지출비중이 외국에 비해 더 크면($\alpha > \alpha^*$) 이 경우 실질환율은 상승한다($\dot{q} > 0$).[6)]

3 발라사-사뮤엘슨(Balassa-Samuelson)가설[7)]

이미 설명한 바와 같이 소득이 높을수록 물가수준이 더 높다. 이는 부국의 물가가 빈국보다 더 높다는 것을 의미한다. 발라사-사뮤엘슨 가설은

6) 이 경우 $\dot{p}_n^* = \dot{p}_n > 0$, $\alpha > \alpha^*$이므로 $\dot{q} = (1-\alpha^*)\dot{p}_n^* - (1-\alpha)\dot{p}_n = (\alpha - \alpha^*)\dot{p}_n > 0$

7) Balassa(1964) 및 Samuelson(1964) 참조.

이러한 통계적 사실을 설명하고자 하는 가설이다. 이 가설에 의하면 교역재부문과 비교역재부문의 생산성 격차가 이러한 현상을 가져온 원인이다. 즉 교역재부문은 경쟁이 상대적으로 치열하고 따라서 생산성증가율이 비교역재부문보다 더 높다. 교역재부문의 생산성 증가는 교역재부문의 임금상승을 일으키고 이는 비교역재부문으로 전파되어 비교역재부문의 임금상승을 가져온다. 즉 교역재부문에서 출발한 임금상승은 비교역재부문으로 확산되어 경제전체의 임금상승을 초래하게 된다. 그러나 임금이 상승하더라도 교역재가격은 일물일가의 법칙이 성립하여 변동하지 않는다. 반면 비교역재는 일물일가의 법칙이 성립하지 않기 때문에 가격이 상승한다. 이는 비교역재의 상대가격($p_n=\dfrac{P_N}{P_T}$)의 상승을 일으킨다. 경제전체의 물가수준(CPI)은 교역재가격과 비교역재가격의 합성이므로 비교역재의 이러한 상대가격의 상승은 경제전체의 물가상승을 가져온다.

그런데 부국의 교역재부문의 노동생산성은 빈국의 교역재부문의 노동생산성보다 높다. 또한 부국은 교역재부문의 성장률이 아주 높고 이에 따라 경제성장률이 높다. 그러므로 부국의 경우 교역재부문의 노동생산성이 더 높기 때문에 물가수준이 빈국에 비해 더 높게 된다. 뿐만 아니라 높은 물가수준은 실질환율의 지속적인 하락을 가져오게 된다.

이와 같이 발라사-사뮤엘슨가설은 노동생산성의 국제적인 격차가 국제적인 물가수준의 격차를 가져오는 이유임을 증명하고 있다. 또한 이 가설은 실질환율의 지속적인 하락현상은 물가수준의 지속적인 상승에 기인하는 것으로 설명하고 있다.

이제 발라사-사뮤엘슨모형을 살펴보자. 이 모형에서 시장은 완전경쟁이며 모든 생산요소의 부문간 이동은 완전하다. 따라서 각 부문의 생산요소의 가격은 동일하다. 경제는 교역재부문(T)과 비교역재부문(N)으로 구성되어 있다. 생산함수는 일차동차생산함수이며 각 부문의 생산함수는 (5-12)식 및 (5-13)식과 같다.

$$y_T = A_T K_T^{1-\alpha} L_T^{\alpha} \tag{5-12}$$

$$y_N = A_N K_N^{1-\beta} L_N^{\beta} \tag{5-13}$$

A_i : 부문 i의 생산성,　$i=T, N$

K : 자본

L : 노동

$0<\alpha<1$,　$0<\beta<1$

각 부문의 기업의 비용함수는 (5−14)식 및 (5−15)식과 같다.

$$\text{교역재부문} : C(w, r, y_T)=\frac{1}{A_T}(r^{1-\alpha}w^{\alpha}y_T) \tag{5-14}$$

$$\text{비교역재부문} : C(w, r, y_N)=\frac{1}{A_N}(r^{1-\beta}w^{\beta}y_N) \tag{5-15}$$

w : 임금

r : 이자율

여기서 교역재가격을 $P_T=1$로 가정하자. 그러면 비교역재 상대가격(p_n)은 (5−16)식과 같다.

$$p_n=\frac{P_N}{P_T}=P_N \tag{5-16}$$

이제 이윤극대화원리를 적용하면 (5−17)식과 (5−18)식을 얻는다.

$$P_T=1=\frac{r^{1-\alpha}w^{\alpha}}{A_T} \tag{5-17}$$

$$P_N=\frac{r^{1-\beta}w^{\beta}}{A_N} \tag{5-18}$$

(5−17)식에서 r은 국제자본시장에서 결정되므로 그 값을 알 수 있다. 그러면 w값도 구해진다. r과 w를 (5−18)식에 대입하면 P_N값도 구해지고 이제 모든 변수의 해가 구해진다.

(5−17)식에서 임금상승률($\dot{w}$)을 구하면 (5−19)식과 같다.

$$\dot{w}=\frac{1}{\alpha}\dot{A}_T \tag{5-19}$$

(5-19)식을 이용하여 (5-18)식에서 비교역재의 상대가격의 상승률($\dot{p}_n$)을 구하면 (5-20)식이 된다.

$$\dot{p}_n = \frac{\beta}{\alpha}\dot{A}_T - \dot{A}_N \qquad (5\text{-}20)$$

(5-20)식에서 비교역재가격은 오로지 교역재부문과 비교역재부문의 생산성증가율의 격차에 의해서 결정됨을 알 수 있다. 교역재부문의 생산성증가율이 가장 높고($\dot{A}_T > \dot{A}_N$) 요소집약도가 비슷하면($\alpha \simeq \beta$) 비교역재의 상대가격은 지속적으로 상승하게 된다. 만일 이 나라가 교역상대국보다 더 빠른 성장을 하고 있다면 실질환율은 지속적으로 하락하게 된다. 이것이 발라사-사뮤엘슨가설의 핵심이다.

일반적으로 비교역재부문은 교역재부문에 비해 상대적으로 노동집약적이므로 $\alpha < \beta$이다. 그리고 부국의 경우 교역재부문의 성장이 더 빠르므로 $\dot{A}_T > \dot{A}_N$이다. 따라서 부국의 경우 $\dot{p}_n > 0$이고 이는 부국의 물가수준이 빈국에 비해 더 높은 결과를 초래하고 동시에 실질환율의 지속적인 하락을 가져온다.

발라사-사뮤엘슨가설에 대한 실증분석 결과는 만족스럽지 못하다. 즉 현실 통계자료는 이 가설을 충분히 지지하지 못하고 있는 것으로 나타나 있다.

발라사-사뮤엘슨가설은 부국과 빈국 간에 물가수준의 격차가 일어난 이유를 공급요인에서만 찾고 있다는 데 문제가 있다. 공급요인 외에 소득, 부, 정부지출 등과 같은 수요요인도 함께 고려할 필요가 있다. 드 그레고리오, 지오반니, 그리고 울프(De Gregorio, Giovannini and Wolf, 1994)의 실증분석에 의하면 소득, 부, 정부지출 등의 수요요인도 국제적인 물가수준의 격차를 가져오는 중요한 요인인 것으로 타나났다.

한편 바그와티, 크라비스 그리고 립지(Bhagwati, Kravis and Lipsey, 1983), 잭디쉬(Jagdish, 1984) 등은 생산성격차보다 부존자원의 차이에서 그 원인을 찾고자 하였다. 이들 모형에 의하면 부국(A)은 자본이 상대적으로 풍부한 반면 빈국(B)은 상대적으로 노동이 풍부하여($(\frac{K}{L})^A > (\frac{K}{L})^B$) 부국의 노동생산성이 빈국의 노동생산성보다 상대적으로 높고 따라서 부국의 임금이 빈국의 임금보다 상대적으로 더 높다. 그런데 비교역재는 주로 서비스부문으로 교역재에 비해 상대적으로 노동집약적($\frac{K_T}{L_T} > \frac{K_N}{L_N}$)이다. 따라서 임금이 낮은 요소를 집약적으로 사용하는 빈국의 비교역재의 가격이 부국에 비해 더 낮으며 그 결과 부국의 가격이 빈국의 가격보다 더 높은 현상이 나타나게 된다. 뿐만 아니라 물가수준이 높은 나라의 실질환율은 지속적으로 절상된다(하락한다).[8]

4 구매력평가와 실질이자율평가

여기서는 구매력평가와 이자율과의 관계를 설명하고자 한다. 먼저 국가간의 명목이자율의 차이를 설명하고 다음에 실질이자율의 차이를 설명기로 한다. 이를 위해서 제 4 장에서 설명한 국제금리평가이론을 원용할 것이다. 상대적 구매력평가가 성립하면 (5−21)식이 된다.

$$\frac{E^e - E}{E} = \pi^e - \pi^{*e} \quad (5\text{-}21)$$

커버되지 않은 국제금리평가(UIP)가 성립하면 (5−22)식이 된다.

$$i = i^* + \frac{E^e - E}{E} \quad (5\text{-}22)$$

피셔(Fisher)방정식에 의해 명목이자율(i)과 실질이자율(r)의 관계는 (5−23)식 및 (5−24)식과 같다.

$$\text{본국: } i = r + \pi^e \quad (5\text{-}23)$$

$$\text{외국: } i^* = r^* + \pi^{*e} \quad (5\text{-}24)$$

8) Krugman and Obstfeld(2003), pp. 410-411에서 재인용.

실질환율(q)은 $q=\dfrac{EP^*}{p}$이므로 실질환율의 예상상승률($\dot{q}^e$)은 (5-25)식과 같다.

$$\dot{q}^e=\frac{E^e-E}{E}-(\pi^e-\pi^{*e}) \tag{5-25}$$

(5-22)식에서 $i-i^*=\dfrac{E^e-E}{E}$이므로 (5-25)식의 $(\dfrac{E^e-E}{E})$ 대신에 $(i-i^*)$을 대입하여 정리하면 (5-26)식을 얻는다.

$$i-i^*=\dot{q}^e+(\pi^e-\pi^{*e}) \tag{5-26}$$

만일 구매력평가가 성립하면 $\dot{q}^e=\dot{E}+\pi^{*e}-\pi^e=0$이므로 (5-26)식은 $i-i^*=\pi^e-\pi^{*e}$이 된다.

만일 구매력평가가 성립하지 않으면, $\dot{q}^e\neq 0$이므로 (5-26)식이 성립한다. 예를 들어 한국과 미국의 예상인플레이션율이 각각 5%와 2%라고 해 보자. 구매력평가가 성립하면 한국과 미국의 명목이자율의 차이는 3%가 된다. 그러나 구매력평가가 성립하지 않으면 한국과 미국의 명목이자율의 차이는 3%에다 예상실질환율의 상승률을 더한 것이 된다. 예를 들어 예상실질환율 상승률이 1%이면 이 경우 한국과 미국의 명목이자율의 차이는 4%가 된다.

다음에는 구매력평가와 실질이자율의 관계를 살펴보자.

피셔방정식, (5-23)식에서 (5-24)식을 차감하여 정리하면 (5-27)식이 된다.

$$r-r^*=(i-i^*)-(\pi^e-\pi^{*e}) \tag{5-27}$$

(5-27)식의 우변은 (5-26)식에서 실질환율의 상승률을 나타낸다. 따라서 (5-27)식은 (5-28)식과 같다.

$$\begin{aligned} r-r^* &=(i-i^*)-(\pi^e-\pi^{*e}) \\ &=\dot{q}^e \end{aligned} \tag{5-28}$$

구매력평가가 성립하면 예상실질환율의 상승률은 영($\dot{q}^e=0$)이 되므로 (5-28)식에 의하면 실질이자율의 격차는 영(0)이 되고 두 나라의 실질이자율은 같아진다. 이를 실질이자율평가(real interest parity)라 부른다. 그러나 구매력평가가 성립하지 않으면 실질이자율의 격차는 예상실질환율의 상승률과 같다.

실질이자율평가의 분해

(5-28)식의 실질이자율 평가는 (5-29)식과 같이 분해할 수 있다.

$$r-r^*=(i-i^*-fd)+(fd-(\pi^e-\pi^{*e})) \qquad (5\text{-}29)$$

(5-29)식에서 fd는 선물환할인율을 나타낸다. (5-29)식의 우변의 첫째 항은 커버된 국제금리평가(CIP)로부터의 괴리를 나타낸다. 이는 채권발행국의 법적 · 제도적 조건, 세제, 거래비용, 정치적 요인 등 CIP의 성립을 저해하는 국가적 요소에 의해서 결정되는 것으로 프랑켈(Frankel, 1991)에 의하면 이를 국가프리미엄(country premium)이라 부른다. 두 번째 항은 선물환할인율에 국내인플레이션율을 빼고 외국의 인플레이션율을 더한 것으로 이는 국가요인보다는 표시통화에 의해 결정된다는 점에서 프랑켈(Frankel, 1991)은 이를 통화프리미엄(currency premium) 또는 실질선물환할인율(real forward discount)이라 부른다. 그런데 통화프리미엄은 예상현물환율상승률($\dot{e}^e$)을 가감하여 정리하면 (5-29)식은 (5-30)식과 같이 나타낼 수 있다.

$$r-r^*=(i-i^*-fd)+(fd-\dot{e}^e)+(\dot{e}^e-\pi^e+\pi^{*e}) \qquad (5\text{-}30)$$

(5-30)식의 우변의 두 번째 항은 선물환프리미엄과 예상현물환율의 상승률과의 격차이며 환위험프리미엄을 나타낸다. 마지막 항은 상대적 구매력평가로부터의 괴리를 나타낸다.

요 약

요약
Summary

1. 구매력평가설에 의하면 균형환율은 장기적으로 두 나라의 통화의 상대적인 구매력의 크기에 의해 결정된다. 따라서 물가가 높을수록 환율은 올라가고 물가가 낮을수록 환율은 하락한다.

2. 구매력평가설은 국제적 상품재정거래에 의한 일물일가의 법칙을 전제로 하고 있다. 구매력평가설은 절대적 구매력평가설과 상대적 구매력평가설로 나누어지는데 전자에 의하면 균형환율은 두 나라의 절대적 물가수준에 의해서 결정되고 후자에 의하면 균형환율은 두 나라의 인플레이션율의 격차에 의해서 결정된다.

3. 데이터에 의하면 구매력평가설은 특히 장기에는 성립하지 않는 것으로 나타나 있다. 그 주요 이유로는 거래비용의 존재, 무역장벽, 비교역재의 존재, 불완전경쟁, 가격의 경직성, 소비바스켓의 차이 등을 들 수 있다.

4. 빅맥지수는 비즈니스맨이나 일반인들이 빅맥가격을 비교함으로써 그 나라의 환율이 적정수준인가의 여부를 판정하는 하나의 지표이다.

5. 부국일수록 물가수준은 더 높다. 이는 부국의 비교역재의 가격이 빈국에 비해 더 높기 때문이다. 따라서 구매력평가환율로 GDP를 계산하면 부국의 GDP는 줄어들고 빈국의 GDP는 증가하는 경향이 있다.

6. 구매력평가가 성립하면 실질환율($q=\dfrac{EP^*}{p}$)은 변동하지 않는다. 따라서 구매력평가가 성립하지 않는다는 것은 실질환율이 변동한다는 것을 의미한다. 통계자료를 보면 실질환율은 명목환율과 거의 동시적으로 변동하고 있는 특징을 가지고 있다.

7. 발라사-사뮤엘슨가설은 교역재부문과 비교역재부문의 생산성 격차를 사용하여 부국의 물가가 빈국보다 더 높다는 사실을 설명하고자 하는 가설이다. 즉 교역재부문은 경쟁이 상대적으로 치열하고 따라서 생산성증가율이 비교역재부문보다 더 높다. 교역재부문의 생산성 증가는 교역재부문의 임금상승을 일으키고 이는 비교역재부문으로 전파되어 비교역재부문의 임금상승을 가져온다. 즉 교역재부문에서 출발한 임금상승은 비교역재부

문으로 확산되어 경제전체의 임금상승을 초래하게 된다.

8. 구매력평가가 성립하면 두 나라의 실질이자율의 격차는 영(0)이 되고 두 나라의 실질이자율은 같아지는데 이를 실질이자율평가(real interest parity)라 부른다.

9. 실질이자율평가는 국가프리미엄(country premium)과 통화프리미엄(currency premium) 또는 실질선물환할인율(real forward discount)로 나눌 수 있다.

요약
Summary

연습문제

1. 다음은 한국과 미국의 가상적인 물가수준과 환율자료이다. 이 자료를 사용하여 각 물음에 답하시오.

(1) 명목환율

	2005년	2009년
미국 달러	1,000원	1,100원

(2) 물가수준

	2005년	2009년
한국	100	110
미국	100	120

(1) 2009년도의 우리나라 원화의 대미달러 절대적 구매력평가환율을 구하시오.

(2) 2005~2009년간의 두 나라의 인플레이션율의 격차를 구하시오.

(3) 위 (2)번에서 구한 두 나라의 인플레이션율의 격차를 이용하여 2009년도의 우리나라 원화의 대미달러 상대적 구매력평가환율을 구하시오.

(4) 위 (1)번과 (3)번에서 구한 2009년도의 구매력평가환율과 실제 시장환율(즉 1,100원)을 비교하여 우리나라 원화의 고평가 또는 저평가 여부를 판정하시오.

2. 구매력평가는 현실적으로 특히 단기인 경우에는 잘 맞지 않는 것으로 알려져 있다. 그 이유를 세 가지만 들고 설명하시오.

3. 일물일가의 법칙이 성립하면 실질환율($q=\frac{EP^*}{p}$)은 일정하다. 그 이유를 설명하시오.

4. 통계자료에 의하면 후진국의 물가수준이 선진국의 물가수준에 비해 더 낮은 것으로 나타나 있다. 발라사-사뮤엘슨가설을 이용하여 그 이유를 설명하시오.

5. 자국통화표시 GDP를 달러표시 GDP로 환산할 때 시장환율을 적용할 수도 있고 구매력평가환율을 적용할 수도 있다. 시장환율을 적용한 경우의

달러표시 GDP와 구매력평가환율을 적용한 경우의 달러표시 GDP는 서로 다르게 나타나는데 선진국의 경우와 후진국의 경우로 나누어 어느 것이 더 큰지 설명하시오.

6. 한국과 미국의 예상인플레이션율이 각각 4%와 2%라고 하자. 이 정보를 이용하여 다음 물음에 답하시오.
   (1) 만일 이 경우 구매력평가가 성립하면 예상환율의 상승률은 얼마가 되는가? 그리고 이 경우 한국과 미국의 명목이자율의 차이는 얼마가 되는가?
   (2) 만일 이 경우 구매력평가가 성립하지 않는다고 하자. 그리고 예상실질환율 상승률이 1%라고 하자. 그러면 한국과 미국의 명목이자율의 차이는 얼마가 되는가?

7. 구매력평가가 성립하면 실질이자율평가(real interest parity)가 성립한다. 이를 증명하시오.

8. 다음의 각 조건이 성립한다고 가정하자.

CIP, UIP, 절대적 PPP, 상대적 PPP

그리고 다음 정보를 사용하여 각 물음에 답하시오.

(i) 한국 이자율(1년): 15%
(ii) 한국의 예상인플레이션율: 10%
(iii) 미국의 예상인플레이션율: 5%
(iv) 미달러 선물환율(1년): 1,050원/달러

(1) 실질환율의 값을 구하시오.
(2) 1년 후 예상현물환율을 구하시오.
(3) 현재 현물환율을 구하시오.

참고문헌

곽태운 · 김영용(1995), 『국제금융론』, 한국방송통신대학교출판부, 제13장, 193-199쪽.

Balassa, B.(1964), "The Purchasing Power Doctrine: A Reappraisal," *Journal of Political Economy*, Vol. 72, pp. 584-596.

Bhagwati, Jagdish N.(1984), "Why Are Services Cheaper in the Poor Countries?" *Economic Journal*, Vol. 94, June: 279-280.

De Gregorio, Jose, Alberto Giovannini, and Holger C. Wolf(1994), "International Evidence on Tradables and Nontradeables Inflation," *European Economic Review* 38, June: 1225-1244.

Frankel, Jeffrey A.(1991), "Quantifying International Capital Mobility in the 1980s," in B. Douglas Bernheim and John B. Shoven, eds., *National Saving and Economics Performance*, University of Chicago Press, Chicago, pp. 227-260.

Krugman, Paul and Maurice Obstfeld(2003), *International Economics: Theory and Policy*, Sixth Edition, Addison Wesley, New York, Chapter 15, pp. 388-432.

Kravis, Irving B. and Robert E. Lipsey(1983), *Toward an Explation of National Price Levels*, Princeton Studies in International Finance No. 52, International Finance Section, Department of Economics, Princeton University, November.

Samuelson, P.A.(1964), "Theoretical Notes on Trade Problems," *Review of Economics and Statistics*, Vol. 46, pp. 147-154.

Williamson, John(1994) ed., *Estimating Equilibrium Exchange Rates*, Institute for International Economics, Washington D.C.

06 외환수급모형

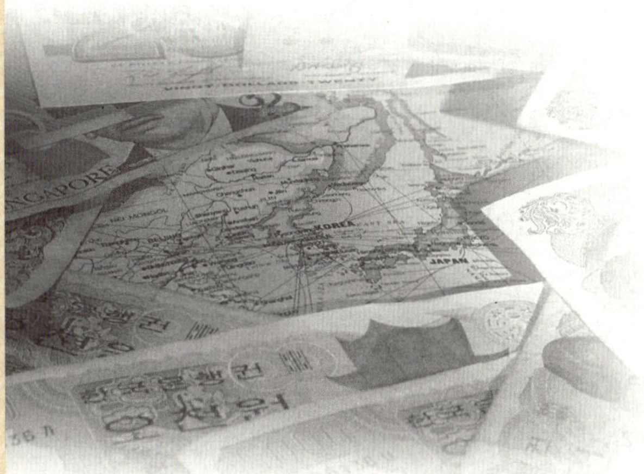

본 장은 환율결정의 외환수급모형을 설명한다. 외환수급모형은 균형환율은 외환시장의 수요와 공급의 균형에 의해서 결정된다는 가장 단순한 모형이다. 균형환율의 결정, 외환시장의 안정성 등을 다룬다.

제1절 >> 외환수급모형의 의의

외환수급모형은 외환시장에서의 외환에 대한 수요와 공급을 이용하여 균형환율이 어떻게 결정되는가를 분석하는 모형으로 비커다이크(Bickerdike, 1920), 로빈슨(Robinson, 1937), 매클럽(Machlup, 1939) 등에 의해 개발된 모형이다. 외환수급모형에서 외환은 오로지 대외지급수단의 기능만 가지고 있으며 따라서 자산으로서의 기능은 없다. 모든 국제거래는 상품무역만으로 이루어지는 것을 기본가정으로 하고 있다. 즉 국제자본이동은 없으며 따라서 국제수지는 무역수지만으로 구성된다. 그리고 외환시장은 상품의 수출입거래에서 파생된 시장으로 상품의 수출입시장과 1 : 1의 대응관계에 있다. 즉 외환의 공급은 상품의 수출공급에 의해서, 외환에 대한 수요는 상품의 수입수요에 의해서 각각 파생된 것이다. 이와 같은 외환시장의 외환의 공급과 수요는 유량(flow)이며 따라서 이 모형은 유량모형이다. 이는 외환을 단순한 대외지급수단보다는 주식, 채권 등과 같은 자산의 한 형태로 파악하여 환율결정과정을 분석하는 자산시장모형과는 구별된다. 자산시장모형은 스톡(stock)모형이다.

제2절 >> 외환시장의 균형

[그림 6-1]에서 D는 외환에 대한 수요곡선을, S는 외환의 공급곡선을 각각 나타낸다. 외환에 대한 수요곡선은 우하향하는 기울기를 갖는다. 즉 환율이 상승하면 외환에 대한 수요량은 줄어들고 반대로 환율이 하락하면 외환에 대한 수요량은 증가한다. 외환시장에서 외환을 사고자 하는 것은 상품을 수입하는 데 사용하고자 하는 것을 나타내므로 외환에 대한 수요곡선은 상품의 수입수요를 그대로 나타낸다. 예를 들면 환율이 E_1일 때의 외

그림 6-1 외환시장의 균형

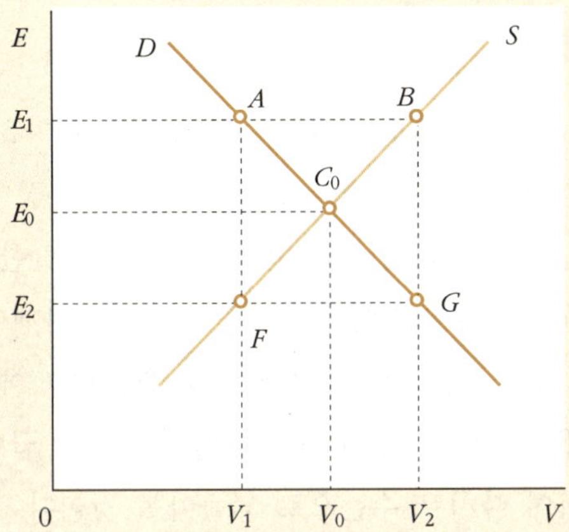

환에 대한 수요량 V_1은 바로 상품시장에서 환율이 E_1일 때의 수입액(외화표시)을 나타낸다.

한편 외환의 공급곡선은 우상향하는 기울기를 갖는다. 즉 환율이 상승하면 외환의 공급량은 증가하고 반대로 환율이 하락하면 외환의 공급량은 감소한다. 외환시장에서 외환을 팔고자 하는 것은 상품의 수출대금을 팔고자 하는 것을 나타내므로 외환의 공급곡선은 상품의 수출공급을 그대로 나타낸다. 예를 들면 환율이 E_1일 때의 외환의 공급량 V_2는 바로 상품시장에서 환율이 E_1일 때의 수출액(외화표시)을 나타낸다.

외환시장의 균형은 외환에 대한 수요곡선(D)과 공급곡선(S)이 서로 만나는 C_0점에서 이루어진다. 균형환율은 E_0이고 외환의 균형수급량은 V_0이다. 여기서 균형외환수량, V_0는 상품의 수출액(외화표시)과 수입액(외화표시)을 나타내며 따라서 외환시장이 균형이면 무역수지도 균형이다.

제 3 절 >> 외환시장의 안정성

외환시장의 안정성문제는 왕왕 주목받는 이슈이다. 외환시장은 투기적 공격을 받아 환율이 급격한 등락을 보이고 시장이 크게 교란되는 일이 흔하기 때문이다. 따라서 한번 균형수준에서 이탈한 환율이 원래의 균형수준으로 되돌아올 것인가 아닌가는 중요한 분석과제이다.

[그림 6-1]의 균형은 안정적이다. 환율이 E_0에서 E_1으로 상승한다고 해 보자. 환율이 E_1이면 $AB(=V_1V_2)$만큼의 초과공급이 발생한다. 따라서 환율은 하락하여 다시 E_0수준으로 되돌아올 것이다. 반대로 환율이 E_0에서 E_2로 하락한다고 해 보자. 그러면 $FG(=V_1V_2)$만큼의 초과수요가 발생한다. 따라서 환율은 상승하여 다시 E_0수준으로 되돌아올 것이다. 이와 같이 [그림 6-1]의 외환시장균형은 안정적인 균형이다.

[그림 6-2]는 외환시장의 복수균형의 예를 보여주고 있다. 외환공급곡선은 후방굴절하는 공급곡선이다. 즉 처음에는 정상적인 양(+)의 기울기를 가지다가 *A*점에서 음(−)의 기울기를 가지고 B점에서 다시 정상적인 양의 기울기를 갖는다. 외환의 공급곡선이 음의 기울기를 가지는 것은 환율이 어느 수준까지는(즉 *A*점) 상승함에 따라 수출액(외화표시)이 증가하지만 그 수준을 넘어서 상승하면 오히려 수출액이 감소하기 때문이다.[1)]

[그림 6-2]는 C_1, C_2, C_3 등 3개의 복수균형을 나타내고 있다. 균형환율수준은 E_1, E_2, E_3로 각각 나타나 있다. 그런데 C_1점과 C_3점은 안정적인 균형점인 반면 C_2점은 불안정적인 균형점이다. C_1점과 C_3점에서는 모두 환율이 균형수준을 넘어서면 초과공급이 생기고 균형수준보다 낮아지면 초과수요가 발생하여 다시 균형점으로 되돌아가는 힘이 있다. 그러나 C_2점에서는 환율이 균형수준 E_2보다 더 높으면 오히려 초과수요가 발생하여 환율은 더욱더 높은 수준으로 상승하고, 반대로 환율이 균형수준 E_2보다 더 낮으면 초과공급이 발생하여 환율은 더욱더 하락한다. 그러므로 일단 균형점

---

1) 수출금액은 상대수입국의 수입수요의 가격탄력성에 의해서 결정되는데 *A*점을 넘어서면 탄력성이 1보다 작은 것으로 바뀌기 때문이다.

그림 6-2 외환시장의 복수균형

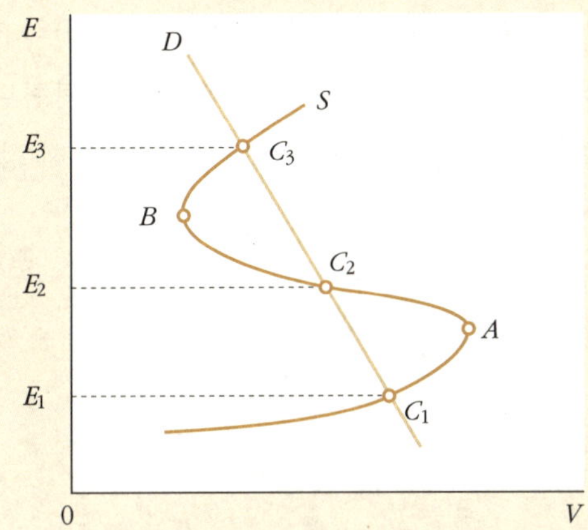

C_2를 벗어나면 C_2점으로 되돌아오는 복원력이 없다. 따라서 C_2점은 불안정적인 균형점이다. 만일 외환시장이 C_2점과 같은 상황에 있을 경우 환율이 일단 균형점을 벗어나면 계속 균형점으로부터 점점 더 멀리 벗어나게 되어 외환시장은 불안정한 양상을 띠게 된다. 즉 한번 외환시장이 어떤 요인으로 교란되어 환율이 균형수준을 이탈하면 더욱더 불안정해지고 그것이 경제안정을 해칠 수 있다. 따라서 외환시장의 안정성 여부를 진단하는 것은 경제의 안정성 문제와 함께 매우 중요한 문제가 된다.

외환시장의 안정조건을 마샬-러너(Marshall-Lerner)조건이라 부른다. 이 조건에 의하면 외환시장이 안정적인 경우는 두 나라의 외환에 대한 수요의 탄력성의 합계가 −1보다 작을 때이다. 즉 본국의 외환에 대한 수요의 탄력성을 e_d, 외국의 외환에 대한 수요의 탄력성을 e_d^*라고 하면 외환시장의 안정조건은 (6−1)식과 같다.

$$e_d + e_d^* < -1 \tag{6-1}$$

우리나라와 미국의 외환시장이라고 가정을 하면 e_d는 우리나라의 미국 달러화에 대한 수요의 탄력성을, e_d^*는 미국의 우리나라 원화에 대한 수요의 탄력성을 각각 나타낸다. (6-1)식에서 외환에 대한 수요의 탄력성은 음(-)의 값을 가지므로 그것을 절대치로 고치면 외환시장이 안정적인 경우는 두 나라의 외환에 대한 수요의 탄력성(절대치)의 합계가 1보다 클 때이다. (6-1)식의 도출과정은 부록 A6를 참조하기 바란다. 그리고 마샬-러너조건과 평가절하의 효과에 대해서는 제16~17장에서 상세하게 다루기로 한다.

마셜-러너조건의 도출 부록A6

마셜-러너조건을 도출하기에 앞서 외환에 대한 수요와 원화의 공급과의 관계를 먼저 살펴보자. 외환에 대한 수요는 (A6-1)식과 같다고 하자.

$$D=f(E),\quad f'<0 \tag{A6-1}$$

(A6-1)식에서 D는 우리나라의 외환에 대한 수요를 나타내며 이는 환율 E의 감소함수이다. 외환에 대한 수요는 그에 상응하는 우리나라 원화의 공급이 수반되므로 원화의 공급함수는 (A6-2)식과 같이 주어진다.

$$S\equiv g\left(\frac{1}{E}\right)\equiv Ef(E) \tag{A6-2}$$

(A6-2)식에서 원화의 공급함수는 E의 함수가 아니라 $\frac{1}{E}$의 함수로 되어 있음에 유의해야 한다. 여기서 E는 원화의 수량으로 표시한 외환 1단위당 환율이므로 $\frac{1}{E}$은 1원당 외국통화의 수량으로 표시한 환율이 된다. 이제

$$E^*\equiv\frac{1}{E} \tag{A6-3}$$

으로 놓으면,

$$E\equiv\frac{1}{E^*} \tag{A6-4}$$

(A6-4)식을 이용하여 (A6-2)식에서 대신 E^*로 치환하면 (A6-5)식을 얻는다.

$$S\equiv g(E^*)=\frac{1}{E^*}f\left(\frac{1}{E^*}\right) \tag{A6-5}$$

(A6-5)식은 원화의 공급량은 외환의 수량으로 표시한 원화의 가격의 함수로 표시됨을 보여주고 있다.

외환에 대한 수요의 탄력성을 e_d라 하면 탄력성의 정의상

$$e_d\equiv f'(E)\frac{E}{f(E)} \tag{A6-6}$$

가 된다. 그리고 원화의 공급탄력성을 e_s라 하면 정의상

$$e_s \equiv g'(E^*)\frac{E^*}{g(E^*)} \tag{A6-7}$$

가 된다. (A6-5)를 E^*에 대해 전미분하여 정리하면 (A6-8)식을 얻는다.

$$\begin{aligned} g'(E^*) &= (\frac{-1}{E^{*2}})f(\frac{1}{E^*}) - (\frac{1}{E^{*3}})f'(\frac{1}{E^*}) \\ &= -(\frac{1}{E^{*2}})[f(\frac{1}{E^*}) + (\frac{1}{E^*})f'(\frac{1}{E^*})] \end{aligned} \tag{A6-8}$$

(A6-8)을 (A6-7)식에 대입하고 (A6-2), (A6-3) 및 (A6-6)식을 이용하여 정리하면 (A6-9)식을 얻는다.

$$e_s = -Ef(E)\frac{1+E[\frac{f'(E)}{f(E)}]}{g(E^*)} = -1 - e_d \tag{A6-9}$$

(A6-9)식을 정리하면 (A6-10)식을 얻는다.

$$e_s + e_d = -1 \tag{A6-10}$$

(A6-10)식은 우리나라의 원화의 공급탄력성과 우리나라의 외환에 대한 수요의 탄력성을 합하면 -1이 된다는 것을 보여준다. 마찬가지로 외국의 경우에도 이와 같은 관계가 성립할 것이므로 (A6-11)식이 성립한다.

$$e^*_s + e^*_d = -1 \tag{A6-11}$$

여기서 e^*_s는 외국의 자국통화(우리나라의 외환)의 공급탄력성을, e^*_d는 외국의 외환(우리나라 원화)에 대한 수요탄력성을 각각 나타낸다. 이 (A6-10)식은 우리가 구하고자 하는 마샬-러너조건을 구하는 데 중요한 역할을 한다.

본문의 [그림 6-2]에서 균형점 C_1과 C_3는 모두 안정적다. 그런데 [그림 6-2]의 C_1과 C_3점에서는 모두 공급곡선의 기울기가 수요곡선의 기울기보다 더 크다. 따라서 외환시장의 안정을 위한 필요충분조건은 (A6-12)식과 같다.

$$\frac{dD}{dE} < \frac{dS}{dE} \tag{A6-12}$$

(A6−12)식에서는 D는 우리나라의 외환에 대한 수요, S는 우리나라의 외환공급을 각각 나타낸다. (A6−12)식의 양변에 $\frac{E}{D}$를 곱하면 (A6−13)식을 얻는다.

$$\frac{dD}{dE}\frac{E}{D} < \frac{dS}{dE}\frac{E}{D} \tag{A6-13}$$

그러나 균형점에서는 $D=S$이므로 (A6−13)식은 (A6−14)식이 된다.

$$\frac{dD}{dE}\frac{E}{D} < \frac{dS}{dE}\frac{E}{S} \tag{A6-14}$$

(A6−6)식과 (A6−7)식을 이용하여 (A6−14)식을 정리하면 (A6−15)식을 얻는다.

$$e_d < e_s \tag{A6-15}$$

(A6−11)식을 이용하여 (A6−15)식을 정리하면 (A6−16)식의 마샬−러너조건을 얻는다.

$$e_d + e^*_d < -1 \tag{A6-16}$$

요 약

요약
Summary

1. 외환수급모형은 외환시장에서의 외환에 대한 수요와 공급을 이용하여 균형환율이 어떻게 결정되는가를 고찰하는 모형이다. 외환수급모형에서 외환은 오로지 대외지급수단의 기능만 가지고 있으며 따라서 자산으로서의 기능은 없다.

2. 모든 국제거래는 상품무역만으로 이루어지는 것을 기본가정으로 하고 있다. 즉 국제자본이동은 없으며 따라서 국제수지는 무역수지만으로 구성된다.

3. 외환시장은 상품의 수출입거래에서 파생된 시장이다. 외환의 공급은 상품의 수출공급에 의해서, 외환에 대한 수요는 상품의 수입수요에 의해서 각각 파생된 것이다.

4. 외환수급모형은 유량모형이다. 이는 외환을 단순한 대외지급수단보다는 주식, 채권 등과 같은 자산의 한 형태로 파악하여 환율결정과정을 분석하는 자산시장모형, 즉 스톡(stock)모형과 구별된다.

5. 외환시장의 균형은 불안정한 균형이 될 수 있다. 불안정적인 균형점이면 한번 외환시장이 어떤 요인으로 교란되어 환율이 균형수준을 이탈하면 원래의 균형점으로 되돌아오지 않는다. 외환시장의 안정조건을 마샬-러너(Marshall-Lerner)조건이라 부른다. 이 조건에 의하면 외환시장이 안정적인 경우는 두 나라의 외환에 대한 수요의 탄력성(e_d, e^*_d)의 합계가 -1보다 작을 때이다. 즉 $e_d + e^*_d < -1$.

연습문제

1. 외환수급모형의 기본가정을 열거하시오.

2. 외환수급모형에서 외환의 공급곡선이 후방굴절하는 이유를 설명하시오.

3. 외환시장의 안정성을 설명하시오.

4. 다음 각각의 경우 균형환율에 미치는 영향을 설명하시오.

(1) 해외경기의 호전
(2) 수입관세율 인하
(3) 수출보조금 증대
(4) FTA체결

참고문헌

Bickerdike, Charles F.(1920), "The Instability of Foreign Exchange," *Economic Journal*, Vol. 30, March, pp. 118-122.

Chacholiaes, Mitiades(1978), *International Monetary Theory and Policy*, McGraw-Hill Book Company, New York, Chapters, 3, 4, 5, pp. 77-130.

Machlup, Fritz.(1939), "The Theory of Foreign Exchange," *Economica*, Vol. 6, November.

Robinson, Joan.(1937), "The Foreign Exchange," in Joan. Robinson, *Essays in the Theory of Employment*, MacMillan and Company, London.

Salvatore, Dominick(2010), *International Economics: Trade and Finance*, Tenth Edition, John Wiley & Sons, Inc., Hoboken, NJ, Chapter 14, pp. 461-472.

07 자산시장모형

본 장은 환율결정이론 가운데 자산시장모형을 소개한다. 자산시장모형은 외환을 단순한 지급수단이 아니라 자산의 일종으로 파악하고 있다. 따라서 환율도 주식 등과 마찬가지로 자산시장의 움직임과 같은 움직임을 보인다는 시각에서 환율결정원리를 설명한다. 뿐만 아니라 환율을 외환시장 하나만의 균형으로 파악하는 것이 아니라 산출량, 물가, 이자율 등 거시경제변수를 모두 고려한다는 점에서 거시경제모형이라 할 수 있다. 자산시장모형은 통화론적 접근방식(monetary approach)과 포트폴리오 밸런스 접근방식(portfolio-balance approach)으로 나눌 수 있으며 통화론적 접근방식은 탄력적 가격모형(통화주의자모형)과 경직적 가격모형(과잉반응모형: overshooting model) 두 가지 모형을 설명한다.

제 1 절 >> 자산시장모형의 의의[1)]

환율결정이론에 있어서 거시경제모형은 자산시장모형(asset market approach)을 중심으로 발전되어 왔는데 그것은 1970년대의 변동환율제도의 채택 이후 가장 큰 호소력을 지닌 현대 환율결정모형으로 크게 각광을 받아왔다. 자산시장모형이 오늘날 크게 주목을 받게 된 것은 그 모형의 제 가정들이 독특하고 실증분석상의 의미가 심오하여 이론적으로나 실증적으로나 양면에 모두 많은 호소력을 지니고 있기 때문이다.

이론적으로는 외환을 하나의 자산으로 취급하여 모든 자산시장이 거래비용, 자본통제 또는 여타 자본이동의 저해요소들이 전혀 존재하지 않아 국가 간의 자본이동이 완전히 자유롭다는 전제를 바탕으로 하고 있는 것이 큰 특징이다. 즉 이러한 가정은 자본의 완전한 이동(perfect capital mobility)을 의미하는 것으로 환율은 언제나 각국의 자산 스톡(stock)에 대한 수요를 일치시키도록 순식간에 변동하게 된다는 것이다. 이러한 가정은 근본적으로 외환을 하나의 자산으로 파악하여 외환에 대한 수요를 단순한 '플로우' 로서가 아니라 자산스톡에 대한 수요로 파악하고 있는 점이 종래의 접근방식과 궤를 완전히 달리한다. 즉 종래의 환율결정론은 외환에 대한 수요를 국가 간의 상품의 이동, 즉 '플로우' 로서의 수요로 파악했던 것이다.

자산시장접근방식의 실증적 의미는 변동환율제도하에서는 환율이 장기균형수준을 넘어서서 더 과도한 변동(variability)을 보일 수 있다는 것인데 만일 환율이 변동환율제도의 채택 이후 실제 균형수준을 넘어서서 과도한 변동을 보이는 것이 목격된다면 그것은 자산시장모형을 가지고 더 쉽게 설명할 수 있다는 의미가 된다.

자산시장모형은 크게 통화론적 접근방식(monetary approach)과 포트폴리오 밸런스 접근방식(portfolio-balance approach)으로 분류할 수 있다. 전자는 국내채권과 해외채권을 완전대체재로 가정하고, 후자는 국내채권

---

1) 자산시장모형은 곽태운 · 김영용(1995), 제14장, 215-217쪽을 참조하였음.

과 해외채권을 불완전대체재로 가정한다. 두 종류의 채권이 완전대체재이면 환위험 이외에는 아무런 위험이 없다. 따라서 환위험 이외의 위험프리미엄은 없다. 이에 반해서 채권이 불완전대체재이면 환위험을 제외한 다른 위험 예를 들면, 유동성위험, 조세위험, 부도위험, 정치적 위험 등이 존재한다. 따라서 이 경우에는 환위험 이외의 위험프리미엄이 존재한다.

통화론적 접근방식 << 제2절

통화론적 접근방식에 의하면 각국의 통화량이 중요한 환율결정요인이 되고 있는데 여기에는 국내채권(domestic bond)과 외국채권(foreign bond)은 완전대체재(perfect substitutes)임을 가정하고 있다. 국내채권과 외국채권이 완전대체재라 함은 자산보유자(즉 투자자)들은 국내채권이든 외국채권이든 두 채권의 예상수익률이 같은 한 전혀 차별을 하지 않는다는 것을 의미한다. 따라서 이 경우에는 국내자산과 외국자산의 예상수익률 간에 차이가 날 수 없으며 항상 커버되지 않은 금리평형(uncovered interest parity)조건이 성립하게 된다. 다시 말해서 국내채권과 외국채권이 완전대체재이면 두 채권의 위험은 동일하게 되고 따라서 위험에 대한 커버거래의 필요성은 없어지게 된다. 예를 들어 테니스 라켓 두 개가 있는데 그것이 품질, 성능 등 모든 면에서 동일하다고 할 때 가격이 같은 한, 어느 것을 갖든 아무런 관계가 없듯이 국내채권과 외국채권이 완전대체재라면 자산보유자들은 예상수익률만 같으면 어느 것을 보유하든 아무런 관계가 없다.

통화론적 접근방식은 물가, 산출량, 임금수준 등 여타 거시경제변수에 대한 가정에 따라 여러 가지 종류의 모형이 개발되었으나 여기서는 재화가격에 대한 가정을 기준으로 탄력적 가격모형(flexible-prices model) 또는 통화주의자모형(monetarist model)과 경직적 가격모형(sticky-prices model) 또는 과잉반응모형(overshooting model) 두 가지 모형을 설명하기로 한다. 탄력적 가격모형은 재화의 가격이 완전탄력적이라는 가정을 하고 있는 데 반해 경직적 가격모형은 재화의 가격이 장기적으로는 탄력적이지만 단기적으로는 경직적이라는 가정을 하고 있다.

1 탄력적 가격모형: 통화주의자모형

기본가정

탄력적 가격모형의 기본가정은 다음과 같다.

첫째, 재화시장은 완전하다. 재화의 가격은 완전탄력적이다. 즉 수급요인이 변동하면 재화시장은 가격의 변동에 의해 즉각적으로 균형이 이루어진다. 또한 상품의 국제교역에 수송비 또는 관세, 무역통제 등의 아무런 장벽이 존재하지 않는다. 따라서 완전한 자유무역이 이루어지고 있으며 재화시장은 국제적으로 완전히 통합되어 있다. 그리고 국내상품과 외국상품은 완전대체재이다. 국산품과 외국상품이 완전대체재이므로 본질적으로 이 세상에 한 가지 종류의 상품밖에 존재하지 않는다. 따라서 일물일가의 법칙과 구매력 평가가 성립한다.

둘째, 자산시장은 완전하다. 거래비용이나 국제자본 이동에 대한 통제 등 국제자본거래에 대한 장벽은 존재하지 않으며 따라서 국제자본시장은 하나로 통합되어 있다. 이 경우 국내채권과 외국채권의 수익률에 차이가 있으면 자본이동에 의해 즉각적으로 수익률이 같아진다. 그리고 두 채권은 완전대체재이다. 이는 본질적으로 채권이 이 세상에 단 한 가지 종류밖에 없다는 것을 의미한다. 따라서 이 경우 커버되지 않은 금리평형조건이 성립한다.

이와 같이 재화시장과 자산시장은 모두 완전하다. 즉 모든 시장의 가격은 탄력적이며 따라서 경제에 불균형은 존재하지 않는다. 그리고 이 모형에서 환율의 지배적인 결정요인은 통화량이다. 명목변수의 지배적인 결정요인을 통화량으로 보고 있는 것은 통화주의자의 특징이다. 이런 점에서 탄력적 가격모형은 “통화주의자모형”으로 불린다.

이와 같이 탄력적 가격모형은 국내채권과 외국채권의 완전대체재, 국내상품과 외국상품의 완전대체재를 모두 가정하여 국제금리평형조건과 구매력 평가의 두 가지가 동시에 성립하는 것을 그 핵심가정으로 하고 있다.

모형구축

이상의 논의를 바탕으로 이제 통화주의자모형을 구축해 보기로 하자. 모형에 사용될 각 부호의 의미는 다음과 같다. 이자율을 제외하고 소문자로 표시한 모든 변수는 자연대수(log)를 취한 값이며($x=\log(X)$) ＊표시는 외국변수를 나타낸다.

m, m^* : 통화공급량
p, p^* : 물가수준
y, y^* : 실질소득
e : 명목환율(외국통화 1단위당 국내통화의 수량으로 표시)
i, i^* : 명목이자율
k : 화폐수요의 소득탄력성($k>0$)
λ : 화폐수요의 준(semi)이자탄력성($\lambda>0$)

국내 및 외국의 화폐시장균형식은 (7-1)식 및 (7-2)식과 같다.

$$m=p+ky-\lambda i \tag{7-1}$$
$$m^*=p^*+ky^*-\lambda i^* \tag{7-2}$$

(7-1)식과 (7-2)식에서 화폐수요의 소득탄력성, k와 화폐수요의 준이자율탄력성, λ는 모두 동일한 것으로 가정하고 있다. (7-1)식에서 (7-2)식을 차감하여 정리하면 (7-3)식을 얻는다.

$$m-m^*=(p-p^*)+k(y-y^*)-\lambda(i-i^*) \tag{7-3}$$

가정에 의해 자산시장에서는 국내채권과 외국채권은 완전한 대체재이므로 (7-4)식의 커버되지 않은 국제금리평형조건이 성립한다.

$$i - i^{*} = \varDelta e^{e} \qquad (7\text{-}4)$$

(7–4)식에서 $\varDelta e^e$는 예상환율상승률, 즉 국내통화의 예상절하율을 나타낸다($\varDelta e^e$는 제4장의 d^e와 같다). (7–3)식의 $(i-i^*)$ 대신에 (7–4)식을 대입하면 (7–5)식이 된다.

$$m - m^{*} = (p - p^{*}) + k(y - y^{*}) - \lambda \varDelta e^{e} \qquad (7\text{-}5)$$

다음 구매력평가 가정에 의해 (7–6)식이 성립한다.

$$e = p - p^{*} \qquad (7\text{-}6)$$

(7–5)식의 $(p-p^*)$ 대신에 (7–6)식을 대입하여 정리하면 (7–7)식의 환율방정식을 얻는다.

$$e = (m - m^{*}) - k(y - y^{*}) + \lambda \varDelta e^{e} \qquad (7\text{-}7)$$

그런데 π^e와 π^{*e}를 각각 국내 및 외국의 예상인플레이션율이라고 하면 국내통화의 예상절하율, $\varDelta e^e$는 두 나라의 예상인플레이션율의 격차와 같다고 볼 수 있으므로 (7–8)식이 성립한다.

$$\varDelta e^{e} = \pi^{e} - \pi^{*e} \qquad (7\text{-}8)$$

(7–8)식을 (7–7)식의 $\varDelta e^e$ 대신에 (7–8)식을 대입하면 환율방정식은 (7–9)식이 된다.

$$e = (m - m^{*}) - k(y - y^{*}) + \lambda(\pi^{e} - \pi^{*e}) \qquad (7\text{-}9)$$

(7–9)식은 신축적 가격모형의 기본적인 환율결정이론모형이다. 즉 (7–9)식에 의하면 환율은 두 나라의 상대적인 통화공급량의 크기$(m-m^*)$, 두 나라의 상대적인 실질소득의 크기$(y-y^*)$, 두 나라의 예상인플레이션율의

격차($\pi^e - \pi^{*e}$) 등에 의해 결정된다.[2]

이제 (7–9)식을 단순화하기 위해서 통화량의 증가율은 영(0)이라고 가정하자. 그러면 통화량은 일정수준에서 변동하지 않으며 예상인플레이션율도 영(0)이 되고($\pi^e = \pi^{*e} = 0$) 따라서 (7–9)식은 (7–10)과 같이 더욱더 단순한 형태가 된다.[3]

$$e = (m - m^*) - k(y - y^*) \qquad (7\text{-}10)$$

(7–10)식에 의하면 국내통화공급량이 증가(감소)하면 환율은 상승(하락)하고 외국의 통화량이 증가(감소)하면 환율은 하락(상승)한다. 그리고 국내산출량이 증가(감소)하면 환율은 하락(상승)하고 외국의 산출량이 증가(감소)하면 환율은 상승(하락)한다.

통화량 변동의 효과

신축적 가격모형에서는 가격이 신축적이므로 모든 시장은 항상 균형상태에 있다. 따라서 (7–10)식에서 산출량은 완전고용수준으로 놓을 수 있다. 그러면 (7–10)식에서 $\dfrac{\Delta e}{\Delta m} = 1$, $\dfrac{\Delta e}{\Delta m^*} = -1$이므로 환율은 통화량과 정비례관계에 있다. 물론 이 경우 구매력평가가 성립하기 때문에 물가수준도 정비례관계에 있다. 이를 수식으로 정리하면 (7–11)식과 같다.

$$\frac{\Delta e}{\Delta m} = \frac{\Delta p}{\Delta m} = 1,\ \frac{\Delta e}{\Delta m^*} = -1,\ \left(\frac{\Delta p^*}{\Delta m^*} = 1\right) \qquad (7\text{-}11)$$

(7–11)식이 신축적 가격모형의 핵심내용이다. 예를 들어 국내통화량이 10% 증가하면 환율은 똑같은 비율인 10%만큼 상승한다. 반대로 외국의 통화량이 10% 증가하면 환율은 똑같은 비율인 10%만큼 하락한다. 이와 같은 환율과 통화량 간의 정비례관계는 장기와 단기 모두 적용된다. 이와 같이

---

2) m, m^*, y, y^* 등은 모두 대수를 취한 값이므로 $m - m^*$는 두 나라 통화량의 비율을 $y - y^*$는 두 나라의 실질소득의 비율을 각각 나타내는 것에 유의하기 바란다.

3) 현실적으로 통화량은 매년 증가하고 있으므로 예상인플레이션율은 영(0)이 아니다. 따라서 국내의 예상인플레이션율이 올라(내려)가면 환율은 상승(하락)하고, 외국의 예상인플레이션율이 올라(내려)가면 환율은 하락(상승)한다.

신축적 가격모형에서는 명목변수 간의 정비례관계가 성립하기 때문에 명목변수가 변동하더라도 산출량, 실질환율, 또는 교역조건 등과 같은 실질변수는 변동하지 않는다.

2 경직적 가격모형: 과잉반응모형

기본가정

경직적 가격모형은 돈부쉬(Dornbusch, 1976)에 의해 개발된 것으로 재화시장에서 재화의 가격은 단기적으로 경직적인 것으로 가정한다. 재화가격이 경직적인 이유는 장기계약, 불완전 정보, 메뉴비용(menu cost) 등 다양하다. 이는 시장의 수요와 공급의 변동에 대해 재화의 가격의 즉각적인 조정이 일어나지 못하고 점차 시간이 지남에 따라 조정된다는 것을 의미한다. 즉 재화의 가격은 단기적으로는 경직적이지만 장기적으로는 탄력적이다. 그러나 가격이 경직적이기 때문에 구매력평가는 성립하지 않는다.

재화시장에 대한 가정 외에는 경직적 가격모형은 탄력적 가격모형과 기본가정에 차이가 없다. 즉 경직적 가격모형도 자산시장은 완전하며 국내채권과 외국채권은 완전대체재인 것으로 가정한다. 이런 점에서 경직적 가격모형도 탄력적 가격모형과 마찬가지로 통화론적 접근방식을 취하는 모형으로 분류된다.

탄력적 가격모형에서는 환율은 통화량과 정비례관계를 가지고 있지만 경직적 가격모형에서는 단기적으로 환율은 통화량의 변동에 대해 균형수준을 넘어서서 "과잉반응(overshooting)"하는 모습을 보인다. 환율의 이러한 과잉반응이 경직적 가격모형의 핵심이론이다. 따라서 경직적 가격모형은 "과잉반응"모형이라 불린다.

모형구축

이상의 논의를 바탕으로 경직적 가격모형을 구축해 보기로 하자.

탄력적 가격모형에서는 국내변수와 외국변수들을 모두 고려했지만 여기서는 설명의 단순화를 위해 외국의 변수는 모두 일정하게 주어진 것으로 가정하고 국내경제변수만을 고려하기로 한다. 그리고 소문자로 표시한 모든 변수들은 자연대수를 취한 값을 나타낸다(이자율은 제외). 또한 각 변수 (x)의 장기균형 값은 "$(\bar{x})$"로 표시하기로 한다.

자산시장의 가정은 탄력적 가격모형과 같다. 즉 국내채권과 외국채권은 완전한 대체재이므로 커버되지 않은 국제금리평형조건이 성립한다. (7–12)식은 탄력적 가격모형의 (7–4)식을 다시 쓴 것이다.

$$i - i^{*} = \Delta e^{e} \qquad (7\text{-}12)$$

(7–12)식에서 Δe^{e}는 예상환율상승률을 나타낸다.

탄력적 가격모형의 (7–11)식이 의미하는 바는 자산시장은 시장교란요인이 있으면 언제나 즉각적으로 반응하여 연속적인 균형을 이루게 된다는 것이다. 이는 상품시장에 대한 가정과 큰 대조를 이룬다. 즉 상품시장에서는 물가가 단기적으로 경직적이며 시간이 지남에 따라 서서히 조정되어 간다고 가정하고 있는데 이는 상품시장의 조정속도가 자산시장의 그것에 비해 현저하게 느리다는 것을 의미한다. 이러한 상품시장과 자산시장에서의 조정속도에 대한 비대칭적인 가정이야말로 과잉반응모형의 핵심적인 내용을 이룬다.

(7–12)식의 예상환율상승률의 결정모형은 (7–13)식과 같다.

$$\Delta e^{e} = \theta(\bar{e} - e), \quad \theta > 0 \qquad (7\text{-}13)$$

(7–13)식에서 경제주체들은 장기균형환율$(\bar{e})$을 이미 알고 있는 것으로 가정한다. 따라서 (7–13)식은 경제주체들은 만일 현재의 환율(e)이 장기균형 환율수준$(\bar{e})$을 벗어나 있으면 예상환율을 조정해 나간다는 것을 의미하며 θ는 그 조정속도를 나타낸다. 예를 들어 현재의 환율수준이 장기균형수준보다 낮으면 경제주체들은 앞으로 환율이 더 상승할 것으로 예상할 것이다. 즉 이 경우 $\Delta e^{e} > 0$이 될 것이다. 반대로 현재의 환율수준이 장기균형

수준보다 높으면 경제주체들은 앞으로 환율이 하락할 것으로 예상할 것이다. 즉 이 경우 $\Delta e^e < 0$이 될 것이다. 이와 같이 예상환율변수는 경직적 가격모형에서 새로운 장기균형수준으로의 조정에 중요한 역할을 한다.

화폐시장의 균형조건은 (7−14)식과 같다.

$$m - p = -\lambda i + k\bar{y} \tag{7-14}$$

(7−14)식에서 산출량은 완전고용수준 $\bar{y}$로 고정되어 있는 것으로 가정되어 있다. (7−12), (7−13), (7−14)식을 모두 정리하면 (7−15)식이 된다.

$$m - p = -\lambda i^* - \lambda\theta(\bar{e} - e) + k\bar{y} \tag{7-15}$$

통화량변동의 효과

(7−15)식은 (7−12)식의 국제금리평형조건과 (7−13)식의 예상환율조정 메커니즘 및 (7−14)식의 화폐시장의 균형조건을 모두 반영한 것으로 바로 자산시장의 균형조건을 나타낸다.

그런데 통화량(m), 외국이자율(i^*), 산출량($\bar{y}$) 등이 일정하게 주어져 있는 경우 장기균형점에서의 환율은 장기균형환율과 같다. 즉 장기균형점에서는 $e = \bar{e}$이므로 (7−15)식은 (7−16)식이 된다.

$$m - \bar{p} = -\lambda i^* + k\bar{y} \tag{7-16}$$

(7−16)식에서 $\bar{p}$와 $\bar{y}$는 장기균형 물가수준과 산출량을 각각 나타낸다. (7−15)식에서 (7−16)식을 차감하여 정리하면 (7−17)식이 된다.

$$e = \bar{e} - \left(\frac{1}{\lambda\theta}\right)(p - \bar{p}) \tag{7-17}$$

이제 통화량이 증가할 때 단기적으로 환율수준이 어떻게 되는가를 살펴보자. 이를 위해 (7−17)식을 통화량 m에 대해 전미분을 하면 (7−18)식이 된다.

$$\frac{de}{dm}=\frac{d\bar{e}}{dm}-\frac{1}{\lambda\theta}(\frac{dp}{dm}-\frac{d\bar{p}}{dm}) \qquad (7\text{-}18)$$

장기적으로는 통화량(m), 환율($\bar{e}$), 물가($\bar{p}$) 간에는 1대1의 대응관계(정비례관계)에 있으므로 (7−19)식이 성립한다.

$$\frac{d\bar{e}}{dm}=\frac{d\bar{p}}{dm}=1 \qquad (7\text{-}19)$$

그러므로 (7−19)식을 (7−18)식에 대입하여 정리하면 (7−20)식이 된다.

$$\frac{de}{dm}=1+\frac{1}{\lambda\theta}-\frac{1}{\lambda\theta}(\frac{dp}{dm}) \qquad (7\text{-}20)$$

그러나 단기에 있어서는 가정에 의해 가격이 경직적이므로 p는 변동하지 않는다. 따라서 (7−20)식에서 $\frac{dp}{dm}=0$이 된다. 그러므로 (7−20)식은 단기에 있어서는 (7−21)식이 된다.

$$\frac{de}{dm}=(1+\frac{1}{\lambda\theta})>1, \quad (\lambda>0, \theta>0) \qquad (7\text{-}21)$$

(7−21)식이 경직적 가격모형, 즉 돈부쉬 과잉반응모형의 핵심결과이다. (7−21)식에서 λ와 θ는 모두 양(+)이므로 $\frac{de}{dm}$의 값은 1보다 크다. 이는 통화량변동보다 환율변동이 더 크다는 것을 의미한다. 장기적으로는 환율변동은 통화량변동에 정비례한다. 즉 장기적으로는 $\frac{de}{dm}$의 값은 1이다. 그런데 (7−21)식에서 $\frac{de}{dm}$의 값이 1보다 크다는 것은 단기에는 통화량변동보다 환율변동이 더 크다는 것을 의미한다. 예를 들어 통화량이 10% 증가한다고 해 보자. 이때 장기균형환율은 정비례해서 10% 상승할 것이다. 그러나 이 모형에서는 단기적으로는 환율이 10%보다 더 상승하여 장기균형환율보다 더 높은 수준이 된다. 반대로 통화량이 감소하는 경우에는 단기적으로 환율은 장기균형환율보다 더 낮은 수준으로 하락한다. 이와 같이 경직적 가격모형은 단기적으로 환율의 변동성이 통화량에 비해 더 높게 나타나는데 "과잉반응(overshooting)"이란 이와 같은 단기적인 환율의 과도한 변

동성을 지칭하는 말이다.[4)]

장단기 조정경로

통화량 증가에 대한 이와 같은 단기적인 환율의 과잉반응을 [그림 7-1]을 사용해서 설명해 보기로 하자.

[그림 7-1]에서 횡축은 환율수준을, 종축은 물가수준(p)를 각각 나타내며 OR선은 45° 선이다. OR선의 기울기는 1이다. 즉 환율과 물가의 변동률이 같다. 장기균형상태에서는 명목변수들의 변동률이 같으므로 기울기가 1인 OR선상의 모든 점들은 장기균형을 나타낸다. 즉 예를 들어 A점의 $\overline{p}_0$와 $\overline{e}_0$는 장기균형물가수준과 장기균형 환율수준을 각각 나타낸다. 그리고 OR선상의 모든 점은 장기균형상태이므로 자산시장도 균형이다. 따라서 OR선상의 모든 점에서 국내수익률(i)과 외국의 수익률($i^* + \Delta e^e$)은 일치하고 예상환율수준은 균형환율수준과 일치한다($e^e = \overline{e}$). 따라서 예상환율상승률은 영(0)이 된다.

그림 7-1 환율 과잉반응

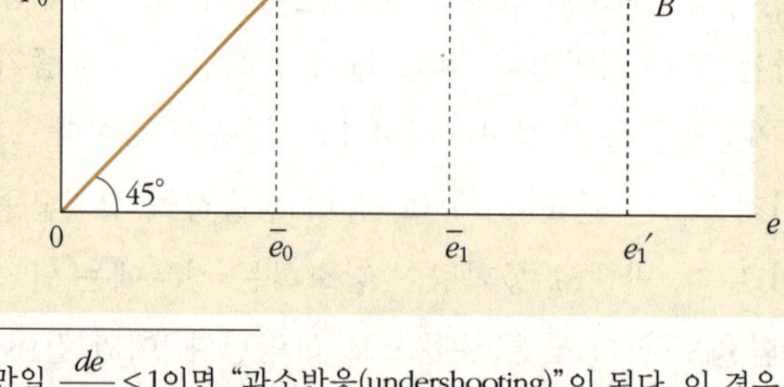

4) 만일 $\frac{de}{dm} < 1$이면 "과소반응(undershooting)"이 된다. 이 경우 단기환율은 상승하는 경우에는 장기균형수준보다 낮은 수준이 되고 하락하는 경우에는 장기균형수준보다 더 높은 수준이 된다.

현재 A점에서 경제가 장기균형상태에 있다고 하자. 이제 통화량이 증가했다고 해 보자. 통화량이 증가해도 단기적으로는 가정에 의해서 가격이 경직적이므로 물가수준은 계속 $\overline{p_0}$가 된다. 이 경우 장기균형 환율수준은 $\overline{e_1}$이다. 그러나 환율은 $\overline{e_1}$보다 더 높은 예를 들어 B점, 즉 e_1'까지 상승하여 과잉반응이 일어난다.

그러면 통화량이 증가할 때 어떠한 경로를 거쳐서 환율이 $\overline{e_0}$에서 장기균형환율 $\overline{e_1}$보다 더 높은 e_1'까지 상승하게 되는가? 통화량이 증가하면 주어진 물가수준($\overline{p_0}$)에서 실질 통화량이 증가하여 화폐시장에서 초과공급이 발생하게 되고 그 결과 국내이자율(i)이 하락한다. 그런데 국내이자율이 하락하면 국내채권의 수익률(i)이 외국채권의 수익률($i^* + \varDelta e^e$)보다 낮아진다. 따라서 자본은 즉각적으로 유출되며 그 결과 환율은 즉각적으로 상승하게 되는데 새로운 환율수준은 앞에서 설명한 바와 같이 장기균형 환율수준($\overline{e_1}$)보다 더 높은 e_1'까지 상승한다. 이와 같이 단기적으로는 통화량이 증가했는데도 불구하고 물가수준이 전혀 반응을 보이지 않는다. 다만 자산시장에서 외국자산과 국내자산 간의 수익률의 격차가 발생하고 이러한 수익률의 격차로 인해서 즉각적인 자본유출과 함께 환율의 과잉상승이 일어난다.

그러면 [그림 7-1]의 단기균형점 B점에서 장기균형점으로 이동하는 메커니즘을 살펴보자. 장기균형의 달성조건은 $\frac{d\overline{e}}{dm} = \frac{d\overline{p}}{dm} = 1$이다. 즉 새로운 장기균형은 [그림 7-1]에서 45° 선 OR선상의 한 점에서 이루어진다. C점이 새로운 장기균형점이라고 하자. 그러면 어떠한 메커니즘을 통해 장기적으로 B점에서 C점으로 균형점이 이동하게 되는지 살펴보자.

[그림 7-1]의 B점에서 두 가지 중요한 일이 일어난다. 하나는 국내물가가 상승하는 것이고 다른 하나는 환율이 다시 하락하는 것이다. 특히 환율의 조정에는 예상환율의 변수가 중요한 역할을 한다. 먼저 재화시장을 보자. 통화량이 증가했으므로 B점에서 국내이자율은 A점에 비해 낮은 상태이다. 따라서 투자지출이 증가한다. 뿐만 아니라 B점에서 환율이 A점에 비해 상승한 상태이므로 실질환율이 더 높다. 따라서 수출은 증가하고 수입은 줄어들어서 무역수지는 개선된다. 그러므로 B점에서 국내상품에 대한

총수요는 증가하고 따라서 국내물가는 상승한다.

물가의 장기조정과정을 수식으로 정리하면 다음과 같다. 즉 물가는 재화시장의 초과수요의 함수이므로 y^d와 y^s를 각각 총수요와 총공급이라고 하면 물가방정식은 (7-22)식으로 나타낼 수 있다.

$$p = \Phi(y^d - y^s), \quad \Phi > 0 \tag{7-22}$$

총공급을 완전고용수준 산출량 $\bar{y}$라고 하면 (7-22)식에서 $y^s = \bar{y}$가 된다. 총수요(y^d)는 (7-23)식과 같이 나타낼 수 있다.

$$y^d = \delta(e-p) - \sigma i + wz, \ \delta, \sigma, w > 0 \tag{7-23}$$

(7-23)식에서 $(e-p)$는 실질환율, 즉 외국상품의 상대가격(국산품의 수량으로 표시)을 나타낸다. 원래는 $(e+p^* - p)$이지만 가정에 의해 외국물가, p^*는 일정한 것으로 가정했기 때문에 생략된 것이다. 구매력평가가 성립하지 않는 것으로 가정했기 때문에 실질환율이 총수요의 결정요인으로 나타나는 것이며 이는 실질환율이 무역수지에 미치는 효과를 나타낸다. 즉 명목환율(e)이 상승하면 실질환율$(e-p)$의 상승에 따른 무역수지의 개선으로 국내상품에 대한 총수요는 증가한다. 그리고 i는 국내이자율을 나타내며 이자율이 상승하면 투자가 감소하여 총수요는 줄어든다. z는 소비지출, 정부지출, 외국의 소득 등 여타 총수요 증가요인들을 나타낸다.

이제 (7-23)식의 총수요를 (7-22)식에 대입하면 물가방정식은 (7-24)식과 같다.

$$p = \Phi[\delta(e-p) - \sigma i + wz - \bar{y}] \tag{7-24}$$

즉 (7-24)식에 의하면 국내이자율의 하락 및 실질환율의 상승은 모두 국내물가수준의 상승을 가져온다.

다른 한편 B점에서 이제 물가가 상승하면 주어진 통화량수준(새로이 증가한 통화량수준을 말함)에서 국내이자율은 다시 상승하게 되고 그에 따라 국내로의 자본유입이 일어나게 되어 환율은 다시 하락하게 된다. 뿐만 아니라 B점에서 환율수준 e_1'가 장기균형환율수준 $\overline{e}_1$보다 더 높기 때문에 자산투자자들은 앞으로 환율이 떨어질 것이라는 예상을 하게 된다. 이에 따라 (7-13)식의 $\Delta e^e = \theta(\overline{e} - e)$에서 예상환율상승률은 음(-)이 된다($\Delta e^e < 0$). 그러므로 국내채권의 수익률은 외국채권의 수익률보다 더 높아지고 ($i > i^* + \Delta e^e$) 자본은 외국에서 국내로 다시 유입된다. 이러한 자본유입 때문에 환율은 다시 하락하게 되며 그러한 과정은 환율수준이 e_1에서 장기균형환율수준 $\overline{e}_1$로 되돌아오고 물가수준이 $\overline{p}_0$에서 장기균형수준인 $\overline{p}_1$로 상승할 때까지 지속될 것이다.

따라서 장기균형점으로의 조정과정은 [그림 7-1]의 A점에서 B점으로 이어지는 화살표 방향이 된다. 즉 장기적으로 물가수준은 계속 상승하는 반면 환율은 계속 떨어지는 과정을 밟게 된다. 이와 같이 통화량이 증가했을 때 환율은 단기적으로는 장기균형수준보다도 높은 수준으로 상승하는 과잉반응현상을 보이고 장기적으로는 지속적으로 떨어져서 새로운 균형점으로 접근해 가는 것이 경직적 가격모형의 특징이다.

평 가

환율의 단기변동에 대한 경직적 가격모형의 이러한 결과는 앞에서 설명한 신축적 가격모형과 좋은 대조를 이룬다. 즉 신축적 가격모형의 경우는 통화량이 증가하면 즉각적으로 환율과 물가수준이 장기균형수준으로 상승하는 데 반해 경직적 가격모형의 경우는 단기적으로 물가는 반응을 보이지 않고 환율만이 상승하게 되는데 그 상승의 정도는 장기균형수준을 능가하는 과잉상승현상을 나타낸다. 이를 [그림 7-1]로 설명하면 신축적 가격모형의 경우는 통화량이 증가할 때 즉각적으로 균형점이 A점에서 OR선의 C점으로 이동한다.

이와 같은 차이가 발생하는 원인은 바로 자산시장과 상품시장의 조정속도에 대한 가정의 차이에 있다. 즉 신축적 가격모형의 경우는 자산시장이나 상품시장이나 모두 즉각적인 반응을 보여 두 시장의 조정속도에 아무런 차이가 없다. 그러나 경직적 가격모형의 경우에는 자산시장은 조정속도가 엄청나게 높은 데(거의 무한대의 크기임) 반해서 상품시장의 경우는 조정속도가 현저하게 낮다고 가정하고 있다. 즉 단기적인 환율의 과잉반응현상은 바로 자산시장과 상품시장의 조정속도에 대한 비대칭적인 가정에 기인한다.

돈부쉬의 과잉반응모형은 1970년대 초 변동환율제도가 일반화된 이후 각국 통화의 환율의 변동폭이 크게 증가하여 단기적으로 심한 변동을 보여왔는데 그러한 과도한 환율변동의 원인을 구명하고자 하는 시도로서 큰 각광을 받았다. 즉 변동환율제도하에서의 과도한 환율변동의 원인을 고도로 통합된 국제금융시장에서의 자본의 급속한 이동에서 찾으려고 했다는 점이 주목할 만한 것이다. 경직적 가격모형은 예상환율의 변수를 도입하여 환율의 과도한 변동성을 자본이동의 변동성에서 찾으려고 한 점에서 큰 의의가 있다. 그러나 경직적 가격모형의 문제점은 다음과 같다.

첫째, 장기균형점으로의 조정과정에 문제가 있다. 즉 이 모형은 자산시장에서 스톡조정(stock adjustment)만을 고려하고 자산의 흐름, 즉 '플로우(flow)'를 완전히 무시하고 있다. 어떠한 경우든 플로우의 변동이 있으면 스톡의 변동이 일어나게 마련이며 따라서 플로우의 변화는 완전 무시한 채 스톡의 조정만을 고려한 것은 논리상 모순이 일어나게 된다. 이 문제에 대한 이해를 돕기 위해 먼저 스톡균형(stock equilibrium)과 플로우균형(flow equilibrium)의 개념을 살펴보기로 하자.

자산시장 접근방식에서의 장기균형은 스톡균형을 의미한다. 스톡균형은 스톡에 대한 수요와 공급이 일치할 때 이루어진다. 이는 플로우에 대한 수요와 공급의 일치를 의미하는 플로우균형과 구별된다. 국제수지의 균형은 경상수지와 자본수지의 합이 영(0)이 될 때 이루어진다. 예를 들어 경상수지가 100달러 흑자이고 자본수지는 100달러 적자이면 이 경우 경상수지와 자본수지의 합이 영(0)이 되므로 국제수지는 균형이 된다. 그러나 이것은 일정기간 동안의 경상수지와 자본수지의 합계가 영(0)이므로 플로우균형에 불과하다. 스톡은 아직 균형이 아니다.

그 이유는 다음과 같다. 지금 자본수지가 100달러 적자를 나타내고 있다는 것은 일정기간 동안 대외순자산(net foreign assets: NFA)이 100달러 증가했다는 것을 의미한다. 만일 이와 같은 자본수지의 적자가 매기마다 계속 된다면 매기마다 대외순자산이 100달러씩 늘어나고 이는 순대외자산을 누적적으로 증대시킬 것이다. 그러나 대외자산에 대한 수요는 경제구조(자산에 대한 기호를 포함한)에 의해 결정될 것이므로 경제구조가 변동하지 않는 한 일정하다. 순대외자산에 대한 수요는 일정한데 순대외자산의 공급은 증가하고 있으므로 순대외자산(스톡)은 초과공급상태가 된다. 따라서 이러한 국제수지의 균형은 플로우의 균형은 되지만 스톡의 균형은 되지 않는다. 그러면 어떤 경우에 순대외자산의 균형이 될 것인가? 그것은 경상수지도 균형이고 자본수지도 균형일 때이다. 이 경우에는 경상수지와 자본수지를 합한 플로우는 균형이 된다. 또한 자본수지가 균형이기 때문에 순대외자산의 누적적인 증가가 없고 따라서 순대외자산의 규모는 변동하지 않으며 스톡은 공급과 수요가 같은 균형상태가 된다.

이제 [그림 7-2]를 이용해서 스톡균형의 문제점을 살펴보자.

[그림 7-2]에서 *OR*선상의 모든 점은 장기균형을 나타낸다. 따라서 *OR*선상의 모든 점은 스톡균형을 나타낸다. 뿐만 아니라 스톡이 균형이므로 플로우도 균형이다. 그러면 *OR*선을 벗어나면 어떻게 되는가? 예를 들어 *B*점을 보자. *B*점에서 환율은 같은 물가수준($\overline{p}_0$)에서 *A*점보다 높으므로 경상

그림 7-2 환율조정의 문제점

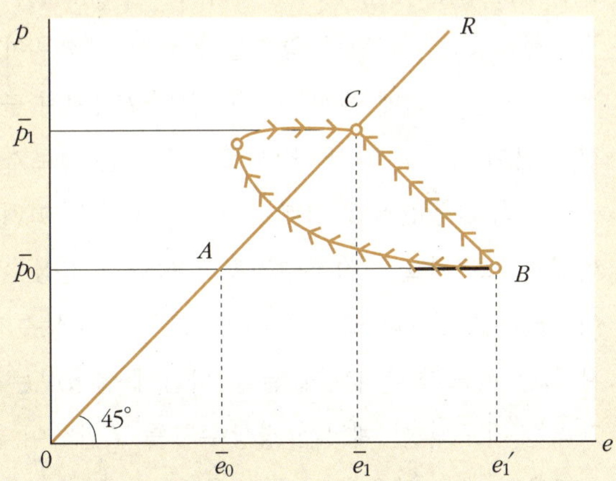

수지는 흑자가 된다. 이와 같이 *OR*선의 오른쪽은 모두 경상수지 흑자를 나타내고 반대로 *OR*선의 왼쪽은 모두 경상수지 적자를 나타나낸다. 따라서 *OR*선을 벗어난 모든 영역은 스톡의 불균형상태를 나타낸다.

이제 *B*점에서 장기균형점, *C*점으로 이동해 가는 과정에 어떤 문제가 발생하는지 살펴보자. 이미 설명한 대로 *OR*선의 오른 쪽은 경상수지 흑자이다. 따라서 매기마다 경상수지는 흑자이고 그에 상응해서 자본수지는 적자가 된다. 그 이유는 변동환율제도하에서 환율의 변동에 의해 국제수지는 매기마다 균형(즉 플로우 균형)을 이루기 때문이다. 그러면 *B*점에서 *C*점으로 이동해 가는 동안 매기마다 순대외자산이 누적적으로 증가하게 된다.

다만 매기마다 경상수지의 흑자폭이 점점 줄어들고 따라서 자본수지 적자폭도 줄어들어 순대외자산의 증가속도가 줄어들 뿐이다. 그러나 대외자산 스톡에 대한 수요는 경제구조의 변동이 없으므로 [그림 7-2]의 모든 영역에서 동일하다. 그러므로 이러한 과정은 순대외자산 스톡의 초과공급을 초래한다. 이는 *C*점이 스톡균형이 이루어지는 장기균형점이라는 말과 모순된다. 따라서 *B*점에서 *C*점으로 장기균형이 이루어지는 경로는 옳지 못하다.

그러면 어떠한 경로가 되어야 하는가? 그것은 적어도 매기마다 누적된 순대외자산이 다시 줄어들어서 원래의 장기균형점 *A*점에서의 순대외자산 수준으로 회복될 때이다. 이것이 가능한 경우는 *B*점에서 출발하여 *C*점에 도달하는 동안 경상수지가 적자가 되는 상태가 있는 경우이다. 그것은 조정과정이 *OR*선의 왼쪽 영역을 통과하는 경우이다. 따라서 올바른 조정과정은 [그림 7-2]에 예시한 바와 같이 *B*점에서 출발하여 적어도 한번은 *OR*선을 넘어선 다음 다시 *C*점으로 돌아오는 경로가 되어야 한다.

둘째, 환율결정에 자본이동을 강조한 나머지 경상수지의 역할이 없다. 현실적으로 환율은 자본수지뿐만 아니라 경상수지에도 큰 영향을 받는 것이 사실이다. 그러므로 환율결정모형에 경상수지를 명시적으로 도입하고자 하는 시도가 나타나게 된다. 다음에 설명하는 포트폴리오 밸런스모형은 그러한 시도의 한 예로서 경상수지를 도입하여 환율결정에 있어서 스톡과 플로우의 상호 작용을 함께 고려하는 모형이다.

포트폴리오 밸런스모형 << 제3절

포트폴리오 밸런스모형은 국내채권과 외국채권은 불완전 대체재로 가정한다. 이 점이 국내채권과 외국채권을 완전대체재로 가정하는 통화론적 접근방식과 근본적으로 다른 점이다. 그러나 두 모형 모두 자산시장모형에 해당한다.

국내자산과 외국자산이 불완전대체재인 이유는 유동성, 세제, 부도위험, 정치적 위험, 환위험 등 다양하다. 이와 같이 자산에 위험이 있으면 위험회피 투자자들은 위험자산을 보유하는 데 대한 보상, 즉 위험프리미엄을 요구하게 될 것이므로 커버되지 않은 국제금리평형조건은 성립하지 않는다. 이 경우 위험프리미엄을 ρ라고 하면 커버되지 않은 국제금리평형조건은 (7-25)식과 같이 수정된다.

$$i = i^* + \varDelta e^e + \rho \qquad (7\text{-}25)$$

만일 국내자산과 외국자산이 완전대체재이면 $\rho=0$이므로 (7-25)식은 바로 커버되지 않은 국제금리평형조건이 된다. 이는 통화론적 접근방식의 기본가정의 하나이다. (7-25)식에서 $\rho>0$이면 국내자산에 위험이 있는 경우이다. 이 경우 투자자들은 국내자산에 대해 외국자산의 수익률($i^* + \varDelta e^e$)보다 ρ만큼 더 보상을 요구할 것이다. 반대로 $\rho<0$이면 외국자산에 위험이 있는 경우이다. 이 경우 투자자들은 외국자산에 대해 외국자산의 수익률($i^* + \varDelta e^e$)보다 ρ만큼 더 보상을 요구할 것이다.

예를 들어 $i = i^* + \varDelta e^e = 10\%$라고 하자. 만일 위험프리미엄이 없으면 지금 균형이다. 이제 국내자산에 2%의 위험이 있다고 하자. 그러면 위험을 감안한 국내자산의 수익률은 10%에서 2%를 차감한 8%가 되어 균형이 되지 않는다. 따라서 국내자산에 대해 2%만큼의 위험프리미엄이 추가되어 전체 프리미엄이 12%가 되어야 균형이 된다. 반대로 외국자산에 2%의 위험이 있다고 하자. 그러면 위험을 감안한 외국자산의 수익률은 10%에서 2%를 차감한 8%가 되어 균형이 되지 않는다. 따라서 외국자산에 대해 2%만큼의 위험프리미엄이 추가되어 전체 프리미엄이 12%가 되어야 균형이 된다.

이 경우 투자자들은 위험을 분산시키기 위해 자산보유, 즉 포트폴리오를 다변화하는 전략을 취하게 된다. 만일 자산이 완전대체재이면 어느 자산을 보유하든 위험이 없으므로 수익률이 전적으로 투자자의 포트폴리오를 결정하는 요인이 된다. 그러나 두 자산이 불완전대체재이면, 즉 위험이 있으면 수익률(returns)과 위험(risk)의 최적배합에 의해 두 자산의 포트폴리오를 결정하게 된다.[5] 즉 이 경우 국내자산과 외국자산은 서로 대체재가 아니라 오히려 보완재이며 자산에 대한 수요의 이자율탄력성은 무한대보다 작다.

자산이 불완전대체재이면 투자자는 자산을 다변화(diversification)하게 되는데 그때 자산의 포트폴리오구성은 각 자산의 수익률과 위험을 고려하여 효용극대화 원리에 따라 결정하게 된다. 예를 들어 자산은 무위험자산 A와 위험자산 B 두 가지가 있다고 하자. A의 수익률은 i^A이고, B의 수익률은 i^B라고 하자. 위험회피 투자자이면 반드시 위험자산 B에 투자할 경우 위험프리미엄을 요구할 것이다. 그리고 이 경우 A나 B 중 어느 하나에 모두 투자하지는 않을 것이다. 이것은 계란을 몽땅 한 바구니에 넣어두지 않는 것과 같은 원리이다. 두 자산의 수익률을 비교하여 투자량을 결정하게 된다. 즉 위험프리미엄이 B와 A의 수익률 격차, 즉 $i^B - i^A$보다 커야만 B에 투자를 할 것이다. 그러면 이 경우 투자자는 B의 수익률과 프리미엄 및 A의 수익률을 고려하여 효용극대화원리에 따라 두 자산의 보유비율을 결정할 것이다. 즉 투자자산은 다변화될 것이다.

포트폴리오 밸런스모형에서는 환율결정에 경상수지가 중요한 역할을 한다. 변동환율제도하에서 국제수지는 환율의 변동에 의해 항상 균형이 되므로 경상수지와 자본수지의 합은 영(0)이 된다. 경상수지가 흑자이면 자본수지는 적자가 되므로 민간의 순대외자산 보유는 증가하게 된다. 반대로 경상수지가 적자이면 자본수지는 흑자가 되므로 민간의 순대외자산 보유

---

5) 수익률과 위험에 대한 투자자의 효용함수에 의해 두 자산의 포트폴리오가 결정되는데 그 결정원리는 환율결정론에 초점을 맞추기 위해 여기서는 생략한다.

는 감소하게 된다. 이와 같은 경상수지와 자본수지의 관계는 바로 순대외자산의 보유고에 영향을 미치고 그것은 환율에 영향을 미치게 된다. 즉 경상수지 흑자는 대외자산 보유고의 증대를 가져와 환율은 하락하고 반대로 경상수지 적자는 대외자산 보유고의 감소를 가져와 환율은 상승하게 된다. 여기서 외국채권은 순대외자산을 의미한다. 따라서 외국채권과 순대외자산은 같은 개념으로 사용하기로 한다.

이상의 논의를 바탕으로 포트폴리오 밸런스모형을 구축해 보기로 하자.

기본가정

먼저 기본가정을 정리하면 다음과 같다.

첫째, 자산의 종류는 국내채권과 외국채권, 두 가지이다. 국내채권은 국내통화로, 외국채권은 외국통화로 각각 표시되어 있다. 국내채권과 외국채권의 다른 위험요인은 동일하고 환위험만 존재한다. 이 환위험이 국내채권과 외국채권이 서로 불완전대체재인 이유이다. 서로 불완전대체재이므로 커버되지 않은 국제금리평형조건은 위 (7−25)식과 같이 수정된다.

둘째, 소국모형을 가정한다. 즉 본국은 소국이고 외국은 대국이다. 소국모형이므로 국내거주자는 국내채권과 외국채권을 모두 보유하지만 외국거주자는 국내채권을 보유하지 않는다. 여기서 채권은 모두 정부가 발행한 국채이다. 민간이 발행한 채권은 발행자와 투자자 간에 채권, 채무가 서로 상쇄되므로 민간의 순부의 크기는 변동하지 않는다. 그러므로 여기서는 민간이 발행한 채권은 논의대상에서 제외된다.

모형구축

모형을 수식으로 정리하면 (7−26)~(7−29)식과 같다.

$$W = B + EF \tag{7-26}$$

$$\frac{B}{W} = g(i - (i^* + \Delta e^e)), \quad g_1 > 0,\ g_2 < 0 \tag{7-27}$$

$$\frac{EF}{W} = h(i-(i^* + \varDelta e^e)), \quad h_1 < 0, h_2 > 0 \qquad (7\text{-}28)$$

$$F = TB(\frac{EP^*}{P}) + i^* F_{-1}, \quad TB_1 > 0 \qquad (7\text{-}29)$$

(7-26)식은 경제전체의 부(W)를 나타낸다. 즉 부는 국내채권(B)과 외국채권(EF)의 합과 같다.[6] (7-26)식에서 각 변수는 모두 국내통화로 표시된 명목변수이다.

(7-27)식과 (7-28)식은 국내채권시장과 외국채권시장의 균형조건을 각각 나타낸다. 각 시장에서 좌변은 자산의 공급을, 우변은 자산에 대한 수요를 각각 나타낸다. (7-27)식과 (7-28)식에서 편미분한 것은 채권의 수익률변동에 대한 수요의 변동을 나타낸다. 국내채권시장에서는 국내이자율(i)이 상승하면 수요가 증가할 것이며($g_1 > 0$) 반대로 외국채권의 수익률($i^* + \varDelta e^e$)이 상승하면 수요가 감소할 것이다($g_2 < 0$). 외국채권에 대한 수요는 국내이자율이 상승하면 감소할 것이고($h_1 < 0$) 외국채권의 수익률이 올라가면 수요가 증가할 것이다($h_2 > 0$). 그런데 국내채권과 외국채권은 서로 불완전대체재이므로 이들 편미분한 값들은 모두 무한대(∞)보다 작다.[7] 이와 같이 각 자산에 대한 수요는 자체수익률에 대해서는 정(+)의 관계를 가지고 다른 대체관계, 즉 경쟁관계에 있는 자산의 수익률에 대해서는 음(−)의 관계를 가진다. 그리고 (7-26)식의 조건에 의해 국내채권의 보유비율과 외국채권의 보유비율의 합은 1이 되므로 (7-27)과 (7-28)식에서 $g(\cdots) + h(\cdots) = 1$이 된다.

마지막으로 (7-29)식은 경상수지와 자본수지의 관계를 나타낸다. 즉 (7-29)식의 좌변은 외국채권의 보유, 즉 자본수지를 의미하고 우변은 무역수지와 전기의 채권보유(F_{-1})에서 얻는 이자소득의 합계로 된 경상수지를 나타내며 자본수지는 항상 경상수지와 일치하므로 (7-28)식의 외국채권보유는 바로 자본수지에서 나온 것이다. 이와 같이 포트폴리오모형에서는 경

6) 보다 일반적인 부의 구성은 화폐를 추가해야 하지만 화폐를 제외해도 질적인 내용의 차이는 없다. 따라서 여기서도 Frankel(1983)의 예를 따라 국내채권과 외국채권 두 가지만 포함하기로 한다. 화폐, 국내채권 및 외국채권을 모두 포함한 모형의 대표적인 예로는 Branson and Handerson(1985)을 들 수 있다.

7) 만일 국내채권과 외국채권이 완전대체재이면 g와 h의 값은 모두 무한대이다.

상수지가 외국채권의 보유, 즉 대외자산의 보유에 영향을 미치고 그것이 부의 크기에 영향을 미쳐서 환율에 영향을 미치는 경로를 명시적으로 도입하고 있다.

그러면 환율방정식을 도출해 보자. (7-28)식을 (7-27)식으로 나누어주면 (7-30)식이 된다.

$$\frac{B}{EF}=\frac{g(i-(i^*+\varDelta e^e))}{h(i-(i^*+\varDelta e^e))}=\varphi(i-(i^*+\varDelta e^e)) \qquad (7\text{-}30)$$

(7-30)식에서 환율방정식을 구하면 (7-31)식이 된다.

$$E=(\frac{B}{F})[\varphi(i-(i^*+\varDelta e^e))]^{-1} \qquad (7\text{-}31)$$

(7-31)식은 채권의 수익률격차가 일정한 경우, 환율은 국내채권과 외국채권의 보유비율($\frac{B}{F}$)에 의해서 결정된다는 것을 보여준다. 즉 외국채권의 비율이 증가하면 환율은 하락한다. $\varphi(i-(i^*+\varDelta e^e))$ $=\exp[\alpha+\beta(i-(i^*+\varDelta e^e))]$, $(\beta>0)$, $\varDelta e^e=0$ 라고 각각 가정하고 자연대수를 취하여 정리하면 (7-31)식의 환율방정식은 (7-32)식이 된다.[8)]

$$e=-\alpha-\beta(i-i^*)+b-f \qquad (7\text{-}32)$$

$$(e=\log(E),\ b=\log(B),\ f=\log(F))$$

(7-32)식에 나타난 환율방정식은 환율은 자산시장의 즉각적인 균형을 가져오는 변수임을 기본전제로 하고 있다. 예를 들어 다른 조건이 일정한 상태에서 외국채권의 공급이 증가한다고 해 보자. 외국채권의 공급증가는 채권시장의 초과공급을 유발할 것이며 초과공급은 환율이 하락할 경우에 한해서 해소될 수 있으므로 환율은 즉각적으로 하락한다. 여기서 중요한 조건은 자산시장의 장기균형점에서 국내통화로 환산한 외화채권의 수요액과 공급액은 항상 일치해야 한다는 것이다. 즉 $EF^d=EF^S$이 성립해야 한다.

8) 정태적 예상을 가정하면 $e^e_{t+1}=e_t$이므로 $\varDelta e^e=\varDelta e^e_{t+1}=\frac{e^e_{t+1}-e_t}{e_t}=\frac{e_t-e_t}{e_t}=0$.

다른 조건이 일정하면 (7–28)식의 외국채권에 대한 수요는 변동이 없다.

$$\frac{EF}{W}=h(i-(i^{*}+\Delta e^{e})),\quad h_1<0,\ h_2>0 \tag{7-28}$$

즉 (7–28)식에서 i, i^{*}, $\Delta e^{e}(=0)$, W 등이 모두 일정하면 수요, 즉 $h(\cdots)$가 일정하다. 외국채권의 공급증가는 F^{s}의 증가를 의미하므로 장기균형은 환율, 즉 E가 하락하여 $EF^{d}=EF^{S}$이 성립할 경우에 이루어진다.

경상수지와 자본수지의 상호 작용

이와 같은 관계를 나타낸 것이 [그림 7–3]의 (a)와 (b)이다. 먼저 [그림 7–3](a)는 환율과 경상수지의 관계를 나타낸다. 즉 환율이 상승하면 경상수지는 개선되고 하락하면 경상수지는 악화된다. 환율 $\bar{E}$는 외국채권시장의 장기균형을 나타낸다. [그림 7–3](b)는 외국채권시장의 장기균형상태에서의 환율과 외국채권의 보유량과의 관계를 나타낸다. 앞에서 설명한 바와 같이 장기균형점에서는 $F=F^{d}=F^{s}$이므로 $EF=EF^{d}=EF^{s}$이 성립한다. 따라서 [그림 7-3](b)의 FF선은 국내통화로 환산한 외국채권의 보유액이 같으므로 직각쌍곡선이 된다.

그림 7–3 환율과 경상수지의 관계

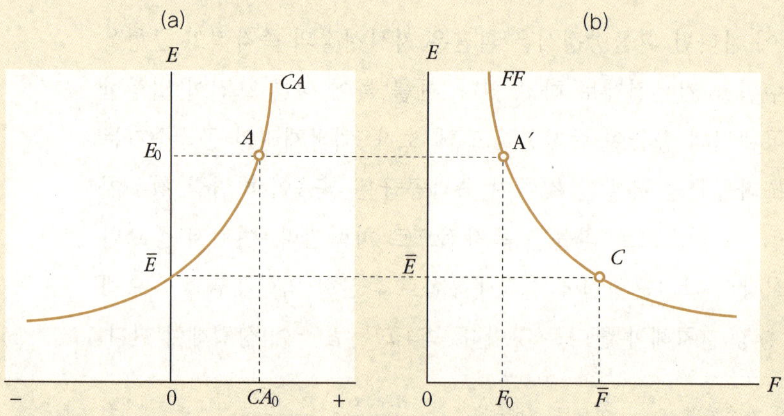

이제 [그림 7-3]을 이용하여 경상수지와 자본수지의 상호 작용에 의한 환율의 결정메커니즘을 살펴보자.

장기균형은 경상수지와 자본수지가 동시에 균형을 이룰 때이다. [그림 7-3]에서 장기균형환율은 $\bar{E}$이다. 이때 경상수지와 자본수지는 모두 균형이고 외국채권(순대외자산)의 보유고는 $\bar{F}$이다. 예를 들어 현재환율이 E_0라고 해 보자. 이 경우 경상수지는 CA_0만큼 흑자를 나타내고 대외자산(외국채권) 보유고는 F_0이다. 그런데 경상수지가 흑자이므로 자본수지는 적자이고, 순대외자산은 증가한다. 따라서 F의 값은 커지고 환율은 하락한다. 이와 같은 과정은 경상수지가 균형(자본수지도 균형)이 될 때까지 계속될 것이며 환율은 $\bar{E}$, 외국채권의 보유고는 장기균형수준인 $\bar{F}$일 때 장기균형이 이루어진다. 환율이 장기균형환율보다 낮은 경우에는 경상수지 적자, 자본수지 흑자, 대외채권 보유고 감소, 환율상승 등의 과정을 거쳐 장기균형이 이루어진다. 이와 같이 경상수지 흑자국의 환율은 하락하고 반면 적자국의 환율은 상승하게 된다. 이러한 환율변동은 (7-32)식의 환율방정식에서도 확인된다. 즉 외국채권의 보유(f)가 증가(감소)하면 환율은 하락(상승)한다.

포트폴리오 밸런스모형은 환율의 결정에 경상수지와 자본수지의 상호 작용을 명시적으로 도입한 것이 자본수지의 역할만 강조하고 경상수지의 역할이 제외되어 있는 통화론적 모형과 크게 대조를 이룬다. 그러나 이 모형도 단기적으로 자산시장의 즉각적인 조정을 가정하고 있다는 점을 유의해야 한다. 즉 위의 경상수지와 자본수지 간의 상호 작용에 의한 환율변동은 자산시장의 균형조건, 즉 $EF^d = EF^s = EF$이 성립하는 것을 전제로 하고 있다. 자산시장이 즉각적인 조정을 한다는 것은 기존의 자산시장접근모형과 같다. 포트폴리오 밸런스모형이 자산시장접근모형으로 불리는 이유가 여기에 있다.

요 약

요약
Summary

1. 자산시장모형은 외환을 주식과 같이 일종의 자산으로 보는 환율결정모형으로 통화론적 접근방식과 포트폴리오 접근으로 나누어진다. 전자는 국내채권과 외국채권은 서로 완전대체재인 것으로 가정하고, 후자는 불완전대체재로 가정한다.

2. 통화론적 접근방식은 탄력적 가격모형과 경직적 가격모형으로 나누어진다. 전자는 물가가 완전탄력적이라고 가정하는 데 반해서 후자는 물가가 단기적으로 경직적이라는 가정을 하고 있다. 탄력적 가격모형은 통화주의자모형이라 부르기도 하는데 언제나 이 모형에서는 각 시장이 즉각적으로 균형화(또는 청산)되며 통화량과 물가 및 환율수준은 장기와 단기 모두 비례적으로 움직인다. 예를 들어 통화량이 10% 증가하면 장기와 단기 구분없이 환율과 물가 모두 비례적으로 10% 상승한다.

3. 경직적 가격모형은 돈부쉬(Dornbusch)가 개발한 모형으로 단기에 있어서는 물가가 경직적이므로 통화량이 변동할 때 환율이 장기균형수준 이상으로 변동하여 과잉반응(overshooting)을 보이게 된다. 따라서 경직적 가격모형은 과잉반응모형이라 부르기도 한다. 예를 들어 통화량이 10% 증가하면 단기적으로 물가는 변동하지 않으며 환율만 10% 이상 상승한다. 그러나 장기에는 10% 상승한다.

4. 환율은 자본수지뿐만 아니라 경상수지에 의해서도 변동하는데 통화론적 접근방식은 환율결정에 있어서 경상수지의 역할을 완전히 무시하고 전적으로 자본이동, 즉 스톡의 조정역할만을 강조하고 있다는 점에 문제가 있다.

5. 포트폴리오 밸런스모형은 국내채권과 외국채권은 불완전대체재로 가정한다. 이 점이 국내채권과 외국채권을 완전대체재로 가정하는 통화론적 접근방식과 근본적으로 다르다. 그러므로 포트폴리오 밸런스모형에서는 커버되지 않은 국제금리평형조건이 성립하지 않는다.

6. 국내채권과 외국채권이 불완전대체재이므로 수익률(returns)과 위험(risk)의 최적배합에 의해 두 자산의 포트폴리오를 결정하게 된다. 이 경우 균형

조건은 $i=i^{*}+\Delta e^{e}+\rho$이 된다. 여기서 ρ는 위험프리미엄을 나타낸다.

7. 포트폴리오 밸런스모형 경상수지와 자본수지 간의 상호 작용을 중시한다. 즉 포트폴리오 밸런스모형에서 환율은 자산시장의 균형조건, 즉 $EF^{d}=EF^{s}=EF$이 성립하는 것을 전제로 변동한다. 즉 경상수지가 흑자이면 자본수지는 적자, 즉 자본유출이 일어날 것이다. 자본유출은 대외채권보유의 증가를 의미하므로 F의 값은 커지고 환율은 하락한다. 이와 같은 과정은 경상수지가 균형(자본수지도 균형)이 될 때까지 계속될 것이며 환율은 $\bar{E}$, 외국채권의 보유고는 장기균형수준인 $\bar{F}$일 때 장기균형이 이루어진다. 환율이 장기균형환율보다 낮으면 경상수지 적자, 자본수지 흑자, 대외채권 보유고 감소, 환율상승 등의 과정을 거쳐 장기균형이 이루어진다. 이와 같이 경상수지 흑자국의 환율은 하락하고 반면 적자국의 환율은 상승한다.

요약
Summary

연습문제

1. 통화주의자 환율결정모형과 경직적 가격 환율결정모형의 가정을 비교 설명하시오.

2. 통화량이 갑자기 증가한다고 해 보자. 통화주의자 환율결정모형의 경우 다음 각각의 변수들의 시간에 따른 변동을 장기와 단기로 나누어 그림으로 나타내 보시오.

   (1) 통화량(M^S)
   (2) 물가수준(P)
   (3) 명목환율(E)

3. 통화량이 갑자기 증가한다고 해 보자. 경직적 가격환율결정모형의 경우 다음 각각의 변수들의 시간에 따른 변동을 장기와 단기로 나누어 그림으로 나타내 보시오.

   (1) 통화량(M^S)
   (2) 물가수준(P)
   (3) 명목환율(E)

4. 포트폴리오 밸런스모형에서 경상수지가 흑자이면 환율이 하락하는 원리를 설명하시오.

5. 다음 각각의 경우 플로우균형과 스톡균형의 여부를 설명하시오.

   (1) 무역수지＝0
   (2) 자본수지＝0
   (3) 무역수지＋자본수지＝0

참고문헌

곽태운 · 김영용(1995), 『국제금융론』, 한국방송통신대학교출판부, 제14장, 215-217쪽.

Branson, William H. and Dale W. Henderson(1985), "The Specification and Influence of Asset Markets," in *Handbook of International Economics*, Volume 2, edited by Ronald W. Jones and Peter B. Kenen, North-Holand, New York, pp. 750-805.

Caves, Richard E., Jeffrey A. Frankel and Ronald W. Jones(2002), *World Trade and Payments: An Introduction*, Chapter 27, pp. 581-615, Addison Wesley, New York.

Copeland, Laurence S.(1994), *Exchange Rates and International Finance*, Second Edition, Chapters 5, 6, 7, 8, pp. 155-262, Addison Wesley, New York.

Dornbusch, Rudiger(1976), "Expectations and Exchange Rate Dynamics," *Journal of Political Economy*, Vol. 84, pp. 1161-1176.

Dornbusch, Rudiger(1983), "Exchange Rate Economics: Where Do We Stand?" in *Economic Interdependence and Flexible Exchange Rates*, edited by Bhandari, Jagdeep S. and Bluford H. Putnam, The MIT Press, Cambridge, MA.

Frankel, Jeffrey A.(1983), "Monetary and Portfolio Balance Models of Exchange Rate," in *Economic Interdependence and Flexible Exchange Rates*, edited by Bhandari, Jagdeep S. and Bluford H. Putnam, The MIT Press, Cambridge, MA.

Frenkel, Jacob(1976), "A Monetary Approach to the Exchange Rate: Doctrinal Aspects and Empirical Evidence," *Scandinavian Journal of Economics*, Vol. 78, pp. 200-224.

Gandolfo, Giancarlo(2002), *International Finance and Open-Economy Macroeconomics*, Chapter 15, pp. 223-248, Springer, New York, August.

Krugman, Paul and Maurice Obstfeld(2003), *International Economics: Theory and Policy*, Sixth Edition, Chapter 13, pp. 324-356, Addison Wesley, New York.

08

뉴스 · 거품모형*

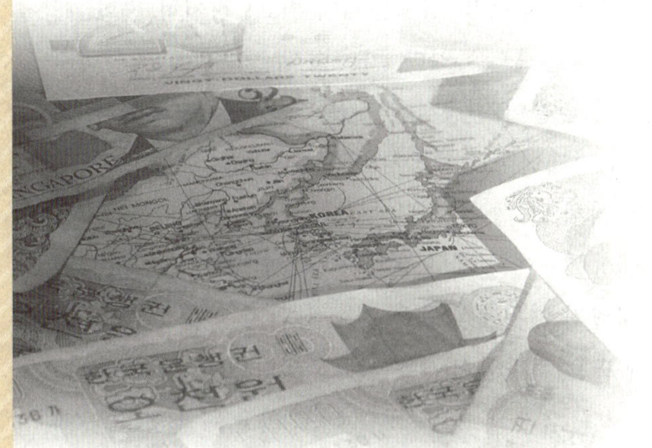

본 장은 뉴스모형(news model)과 거품모형(bubble model)을 설명한다. 뉴스란 통화량, 산출량, 이자율, 국제수지 등의 경제통계의 발표, 정치적 변화, 새로운 국제통화제도의 도입 등 예상하지 못한 새로운 정보를 말한다. 뉴스모형을 예시하고 이를 통화론적 접근방식의 환율모형에 적용하여 뉴스모형이 무엇인가를 설명한다. 그리고 뉴스모형의 실증분석의 문제를 설명하고 거품모형을 소개한다. 거품모형은 실제환율의 변동성이 기초경제의 변동성보다 더 커서 환율이 과도한 변동성을 보이고 있는 현상을 설명하고자 하는 모형이다.

*) 본 장의 내용은 주로 Copeland(1994)를 참고하였음. 뉴스모형에 대한 상론은 Frenkel (1983), Hoffman and Schlagenhauf(1985), Moosa(2002) 등을 참조.

제1절 >> 뉴스모형의 의의

뉴스(news)란 예상하지 못한 새로운 정보를 말한다. 구체적인 예로는 통화량, 산출량, 이자율, 국제수지 등의 경제통계의 발표, 정치적 변화, 새로운 국제통화제도의 도입 등을 들 수 있다. 따라서 뉴스모형은 예상하지 못한 새로운 정보에 의해서 환율이 변동하는 것을 설명하는 모형이다. 즉 환율은 경제변수 자체보다 경제변수와 예상치와의 차이, 즉 그것이 예상치보다 크냐 또는 작으냐에 의해 더 큰 영향을 받는다. 예를 들어 무역수지의 경우 균형이 될 것으로 예상했는데 실제로 통계가 균형인 것으로 발표되었다면 이는 예상과 같이 되었기 때문에 환율은 영향을 받지 않을 것이다. 그러나 균형이 아니고 흑자 또는 적자인 것으로 발표되었다면 이는 예상과는 다른 사건으로 뉴스, 즉 서프라이즈(surprise)가 되고 환율은 영향을 받게 될 것이다. 뉴스모형은 이와 같은 뉴스, 즉 예상하지 못한 새로운 정보가 환율변동의 중요한 결정요인임을 구명하고자 하는 시도이다. 그러므로 뉴스모형에서는 경제변수의 뉴스를 확인하는 것이 매우 중요하다.

제2절 >> 뉴스모형의 예시

거시경제모형에 의하면 환율은 통화량, 산출량, 이자율, 인플레이션율, 경상수지 등 기초경제변수들(fundamentals)에 의해 결정된다. 이를 수식으로 나타내면 (8-1)식과 같다.

$$e_t = \gamma z_t \tag{8-1}$$

(8-1)식에서 e_t는 t기의 명목환율을, γ는 계수를 그리고 z_t는 t기의 기초경제변수를 각각 나타낸다. 설명의 편의를 위해 합리적 예상을 가정하면 t

기의 예상환율은 다음 (2)식과 같이 구해진다(소문자로 표시한 각 변수는 log를 취한 것임).

$$E_{t-1}e_t = \gamma E_{t-1}z_t \quad (8\text{-}2)$$

(8−2)식은 미래의 예상환율은 미래의 기초경제변수들에 대한 예상에 의해서 구해진다는 것을 의미한다. 다음 (8−1)식에서 (8−2)식을 빼면 (8−3)식과 같이 예상오차를 구할 수 있다.

$$e_t - E_{t-1}e_t = \gamma(z_t - E_{t-1}z_t) \quad (8\text{-}3)$$

(8−3)식의 좌변은 예상하지 못한 환율, 즉 환율의 예상오차를 나타내고 우변은 기초경제변수의 예상오차, 즉 뉴스를 나타낸다. 예를 들어 2009년에 2010년에 대한 예상을 할 때 통화량이 5,000일 것으로 예상했는데 2010년의 통화량이 5,500이 되었다면 예상오차는 500이 되고 이는 통화량에 대한 "서프라이즈", 즉 뉴스가 된다. 여기서 500만큼의 예상오차는 2009년에 예상할 수 없었던 내용이다. 그러므로 (8-3)식의 우변 괄호 안의 것은 "확률변수(random)"이다. "확률변수"란 말은 어떤 형태의 패턴을 가지고 있지 않기 때문에 예측을 할 수 없다는 것을 의미한다. 만일 그것이 패턴을 가지고 있으면 그 패턴을 알 수 있기 때문에 예측이 가능하다. 그러면 (8−3)식의 괄호 안의 항은 더 이상 뉴스가 아니다. 왜냐하면 시장참여자는 이 경우 예측을 통해서 이윤기회를 확보할 수 있으므로 더 이상 서프라이즈가 될 수 없기 때문이다.

환율모형에의 적용 << 제3절

이상의 논의를 통화론적 접근방식의 가장 단순한 환율모형에 적용시켜 보자. (8−4)식은 통화론적 접근모형의 한 예이다. 환율은 통화량의 비율, 산출량의 비율, 이자율격차 등의 기초경제변수에 의해 결정된다.

$$e_t=(m_t-m_t^*)-\kappa(y_t-y_t^*)+\lambda(i_t-i_t^*) \qquad (8\text{-}4)$$

(8-4)식에서 κ와 λ는 모두 양의 값을 가지며 모든 변수는 자연대수로 나타낸 것이므로 $(m_t-m_t^*)$은 통화량의 비율, $(y_t-y_t^*)$은 산출량의 비율, $(i_t-i_t^*)$은 이자율격차를 각각 나타낸다. 이제 $\gamma z_t=(m_t-m_t^*)-\kappa(y_t-y_t^*)$라 하고 Δe^e를 예상환율상승률이라고 하면 커버되지 않은 국제금리평형조건에 의해 $i_t-i_t^*=\Delta e_t^e$이므로 (8-4)식은 (8-5)식으로 나타낼 수 있다.

$$\begin{aligned} e_t&=(m_t-m_t^*)-\kappa(y_t-y_t^*)+\lambda\Delta e_t^e \\ &=\gamma z_t+\lambda\Delta e_t^e \end{aligned} \qquad (8\text{-}5)$$

(8-5)식에 의하면 t기의 환율은 기초경제변수, z_t와 예상환율상승률, Δe_t^e, 두 가지 요인에 의해서 결정되며 또한 앞으로 환율이 오를 것으로 예상되면 환율은 상승하고 반대로 환율이 내릴 것으로 예상되면 환율은 떨어진다. 그런데 $\Delta e^e=E_te_{t+1}-e_t$이므로 (8-5)식은 (8-6)식으로 바꿀 수 있다.

$$e_t=\gamma z_t+\lambda\Delta e_t^e=\gamma z_t+\lambda(E_te_{t+1}-e_t) \qquad (8\text{-}6)$$

(8-6)식에서 환율방정식을 구하면 (8-7)식과 같다.

$$e_t=\gamma(1+\lambda)^{-1}z_t+\beta E_te_{t+1},\ \beta=\lambda(1+\lambda)^{-1} \qquad (8\text{-}7)$$

(8-7)식에서 $0<\beta=\lambda(1+\lambda)^{-1}<1$이다. $t+1$기의 환율방정식은 (8-8)식과 같다.

$$e_{t+1}=\gamma(1+\lambda)^{-1}z_{t+1}+\beta E_{t+1}e_{t+2} \qquad (8\text{-}8)$$

(8-8)식은 예상환율을 $t+3$, $t+4$, … 등으로 계속 치환해 나가면 (8-9)식의 환율방정식을 구할 수 있다(자세한 방법은 〈사례: 반복 예상의 법칙〉 참조).

$$e_t = \gamma(1+\lambda)^{-1}\sum_{j=0}^{N}\beta^j E_t z_{t+j} \tag{8-9}$$

이와 같이 현재의 환율은 현재의 기초경제변수와 미래의 전체 기간의 기초경제변수에 대한 예상에 의해서 결정된다는 것을 알 수 있다.[1)]

이제 (8–9)식을 이용하여 예상오차와 뉴스를 구해보자. 이를 위해 먼저 $t-1$ 기의 예상환율을 (8–9)식에서 구한 다음 서로 차감하면 (8–10)식이 된다.

$$e_t - E_{t-1}e_t = \gamma(1+\lambda)^{-1}\sum_{j=0}^{N}\beta^j(E_t z_{t+j} - E_{t-1}z_{t+j}) \tag{8-10}$$

(8–10)식의 좌변은 현재환율과 전기에 예측한 현재환율과의 차이, 즉 현재환율에 대한 예상오차를 나타낸다. 우변은 미래의 기초경제변수에 대한 뉴스를 나타낸다. 즉 우변의 괄호 안의 항은 $t-1$기에 예상한 $t+j$기의 기초경제변수와 t기에 예상한 $t+j$기의 기초경제변수와의 차이, 즉 뉴스를 나타내며 따라서 우변은 미래기초경제변수에 대한 예상을 수정한 것을 β의 가중치를 주어 합한 것을 말한다. 이해를 돕기 위해 N이 3인 경우의 예를 들어보자. 그러면 (8–10)식은 (8–10)′ 식으로 나타낼 수 있다.

$$\begin{aligned} e_t - E_{t-1}e_t &= \gamma(1+\lambda)^{-1}\sum_{j=0}^{3}\beta^j(E_t z_{t+j} - E_{t-1}e_{t+j}) \qquad (8\text{-}10)' \\ &= \gamma(1+\lambda)^{-1}[(E_t z_t - E_{t-1}z_t) + \beta(E_t z_{t+1} - E_{t-1}z_{t+1}) \\ &\quad + \beta^2(E_t z_{t+2} - E_{t-1}z_{t+2}) + \beta^3(E_t z_{t+3} - E_{t-1}z_{t+3})] \end{aligned}$$

(8–10)′ 식에서 $(E_{t-1}z_t,\ E_{t-1}z_{t+1},\ E_{t-1}z_{t+2},\ E_{t-1}z_{t+3})$은 모두 $t-1$기에 예상한 4년간의 $(z_t,\ z_{t+1},\ z_{t+2},\ z_{t+3})$에 대한 기초경제변수 예상치를 나타내고 $(E_t z_t,\ E_t z_{t+1},\ E_t z_{t+2},\ E_t z_{t+3})$은 모두 t기에 예상한 4년간의 $(z_t,\ z_{t+1},\ z_{t+2},\ z_{t+3})$에 대한 기초경제변수 예상치를 나타낸다. 즉 후자는 전기에 예

1) 여기서 β는 미래예상치에 대한 가중치이다. 그 값이 클(작을)수록 가중치가 크(작으)며 기초경제변수에 대한 예상이 현재환율에 미치는 영향이 커(작아)진다. 예를 들어 β의 값이 0.9인 경우와 0.1인 경우 어느 경우의 가중치가 빨리 영(0)에 접근하는가를 비교해 보라.

상한 것을 금기에 얻은 새로운 정보를 이용하여 다시 수정하여 예상한 것이다. 그러므로 t기의 예상치와 $t-1$기의 예상치의 차이는 바로 기초경제변수에 대한 뉴스이다. 따라서 (8-10)′ 식의 우변은 예상치를 수정한 것을 β의 가중치를 주어 합한 것을 나타낸다.

사례

| 국 | 제 | 금 | 융 | 론 |

예상오차의 예

이제 t기를 2010년이라 하고 통화량에 대한 예상을 다음과 같이 수정한 가상적인 경우를 예로 들어보자.

〈표 8-1〉은 2010년부터 2013년까지의 4년 동안의 통화량에 대한 예상을 먼저 2009년에 하고 그것을 2010년에 다시 수정하여 예상한 것을 나타낸다. 즉 2009년 예상과 2010년의 예상의 차이가 뉴스가 되고 그것에 대해 가중치를 준 것이 환율예상의 오차에 반영되는 것이다. 여기서 기초경제변수에 대한 예상오차 $(E_t z_{t+k} - E_{t-1} z_{t+k})$는 완전한 "확률변수"이다. 만일 그것이 아니면 예측이 가능하고 더 이상 뉴스가 되지 않으며 예상오차가 일어날 수가 없다. 여기 통화량예상의 예에서 만일 2009년도에 2010년도의 정보를 알고 있었다면 2009년도의 예상은 모두 2010년도의 예상과 같을 것이고 예상오차는 발생하지 않는다. 따라서 이 경우 환율예상오차도 없을 것이다.

표 B8-1 통화량 예상오차

	2010	2011	2012	2013
2009년 예상치(a)	5,000	5,100	5,200	5,300
2010년 예상치(b)	5,200	5,300	5,400	5,500
예상오차(뉴스)($c=b-a$)	200	200	200	200
beta=0.5 가중치(d)	0.5	0.25	0.125	0.0625
가중치×예상오차(=(d)×(c))	100	50	25	12.5

실증검증의 문제 << 제4절

뉴스모형의 실증검증에 있어서는 세 가지 문제에 부딪치게 된다.

첫째, 예상환율을 어떻게 측정할 것인가이다. 일반적으로 예상환율은 선물환율을 대리변수로 사용하고 있다. 그러나 리스크프리미엄이 존재하는 경우 선물환율만 사용하는 것은 문제가 있다.

둘째, 어떤 변수들을 기초경제변수로 할 것인가이다. 가장 많이 사용되는 것은 통화량지표이나 경상수지도 자주 사용되고 있다. 그러나 이들 외에 실제로 경제에 뉴스가 되는 많은 변수들이 있지만 계량화가 어렵기 때문에 사용되지 못하는 경우가 많다. 정권교체, 환율제도의 변경, 새로운 무역체제의 설정(FTA 등) 등이 계량화가 어려운 좋은 예들이다.

마지막으로 기초경제변수에 대한 예상치를 어떻게 구할 것인가이다. 시계열분석 기법, 서베이, 공표/사건효과, 금융변수 등 여러 가지 기법이 동원되고 있지만 환율에 영향을 미치는 순수한 뉴스만을 골라내기는 매우 어렵다. 따라서 기초경제변수의 변동 중에서 예상하지 못한 요소를 식별해내는 일이 뉴스모형에 대한 실증검증의 성공 여부를 결정짓는 중요한 요소이다.

그러면 이상의 논의를 바탕으로 실제 뉴스모형의 실증검증을 위한 방정식을 설정해보면 (8-11)식과 같다.

$$\begin{aligned} e_t - {}_{t-1}f_t = g[&(m_t - m_t^*) - E_{t-1}(m_t - m_t^*), \\ &(y_t - y_t^*) - E_{t-1}(y_t - y_t^*),\ (i_t - i_t^*) - E_{t-1}(i_t - i_t^*), \\ &(\pi_t - \pi_t^*) - E_{t-1}(\pi_t - \pi_t^*),\ (CA_t - E_{t-1}CA_t),\ (CA_t^* - E_{t-1}CA_t^*), \\ &(Fis_t - E_{t-1}Fis_t),\ (Fis_t^* - E_{t-1}Fis_t^*)] \end{aligned} \quad (8\text{-}11)$$

e : 명목현물환율

${}_{t-1}f_t$: $t-1$기에 형성된 t기 선물환율

m, m^* : 통화량공급량

y, y^* : 산출량

i, i^* : 이자율

π, π^* : 인플레이션율

CA, CA^* : 경상수지

Fis, Fis^* : 재정수지

E_{t-1} : $t-1$기에 형성된 예상

(8-11)식에서 소문자는 모두 자연대수를 취한 값을 나타내며 * 표시는 외국변수를 나타나낸다. (8-11)식의 모형은 기초경제변수에 대한 예상오차, 즉 뉴스를 환율변동(선물환율 프리미엄, 즉 환율 예상오차)의 결정요인으로 설정하고 있으며 경상수지와 재정수지를 포함시킨 것은 포트폴리오 밸런스모형을 함께 고려한 것을 나타낸다.

여기서 주목할 것은 뉴스모형은 거시경제 환율결정모형을 다시 변형한 것에 불과하다는 사실이다(특히 (8-10)식을 주목하라). 그러므로 뉴스모형은 환율은 기본적으로 기초거시경제변수에 의해서 결정된다는 거시경제모형과 차이가 없다. 다만 뉴스모형은 거시경제모형과 달리 환율의 변동에 예상하지 못한 기초경제변수의 변동이 중요한 역할을 한다는 것을 명시적으로 도입하고 있다는 점이 특징적이다.

또한 뉴스모형의 실증검증에 의하면 실제환율의 변동성이 기초경제의 변동성보다 더 커서 환율이 과도한 변동성을 보이고 있는 것으로 나타나 있다. 이론적으로는 환율이 기초경제변수에 대한 예상에 의해서 변동하기 때문에 환율의 변동성은 기초경제의 변동성보다 작아야 하는데 이와 같이 실제데이터에서는 반대로 환율의 변동성이 기초경제의 변동성보다 더 크게 나타난 것은 하나의 수수께끼로 되어 있다.[2] 만일 이것이 사실이라면 환율변동은 기초경제변수의 변동만 가지고 충분히 설명할 수 없다는 말이 된다. 이는 기초경제변수 이외의 다른 요인의 변동도 환율변동을 초래하고 있다는 것을 의미하므로 그것이 무엇인가를 규명해야 한다. 다음에 설명하는 거품모형은 이러한 시도의 한 예이다.

---

2) Copeland(1994), p. 365 참조.

거품모형 << 제5절

앞에서 설명한대로 거품모형(bubble model)은 환율변동은 기초경제변수만으로 설명할 수 없다는 논리에서 출발한다. 그러므로 거품모형은 근본적으로 거시경제모형에 대한 대안적 모형이다. 여기서 거품이란 기초경제변수가 설명하는 요소를 넘어선 환율변동부분을 말한다. 예를 들어 통화량, 산출량 등 기초경제변수로 볼 때 환율은 10%만 상승해야 하는데 실제로는 15%나 상승한다면 5%포인트는 거품이라는 말이다. 이러한 거품이론은 주식, 주택 등 자산가격에 적용되는 원리를 환율에 원용한 것이다.

거품은 일단 일어나면 스스로 시장의 균형으로부터 점점 더 이탈하게 하는 자기확인적(self-confirming) 움직임을 보이는 특성을 가지고 있다. 예를 들어 지금 환율수준이 과도하게 높다는 것을 알고 있으면서도 그것이 당장 떨어질 것으로는 아무도 예상하지 않는 경우가 그것이다. 그렇기 때문에 환율이 하락할 경우에 손실을 볼 위험이 있고 또 그것을 충분히 인지하고 있으면서도 외환을 매각하는 것이 아니라 오히려 더 매입하는 현상을 보이게 된다. 이런 경우 환율이 더 높을수록 그리고 거품이 붕괴할(환율이 하락반전할) 확률이 더 높을수록 환율은 더 빠른 속도로 상승하게 된다. 이는 환율하락위험을 의도적으로 선택한 투자자에게 보상을 해 주어야 하기 때문이다. 이러한 거품의 역사적인 예는 많다. 즉 네덜란드의 튤립거품(1636~1637), 일본의 부동산거품(1986~1991) 등을 들 수 있고 가장 최근에는 2008~2009년의 글로벌위기를 가져온 미국주택시장의 서브프라임거품을 들 수 있다.

이러한 움직임은 비합리적으로 보이는 것이 사실이지만 많은 연구에 의하면 거품의 존재가 합리적 예상과 공존할 수 있다는 것을 확인하고 있다.[3] 이런 경우의 거품을 합리적 거품(rational bubbles)이라 부른다.

이제 t기의 거품을 b_t라고 하면 (8-9)식의 환율방정식은 (8-12)식과 같

3) Copeland(1994), p. 360 참조.

이 나타낼 수 있다.

$$e_t = \gamma(1+\lambda)^{-1}\sum_{j=0}^{N}\beta^j E_t z_{t+j} + b_t \qquad (8\text{-}12)$$

(8−12)식의 거품, b_t는 뉴스모형이 설명하지 못한 환율의 과도한 변동성을 설명해 줄 수 있다.

그러나 거품모형은 왜 거품이 발생하고 또 거품이 어떻게 형성되는지에 대한 아무런 이론적 근거를 제시하지 못하고 있다. 따라서 거품이라는 변수가 환율의 변동성을 설명하는 데 중요하다는 것은 오직 연구자의 자의적 또는 주관적 판단에 근거한 것으로 객관성을 결여하고 있다. 뿐만 아니라 환율의 과도한 변동성이 과연 이러한 거품 때문에 나타난 것으로 결론을 내기는 어렵다. 예를 들어 시장거래자들이 합리적인 것이 아니라 반대로 비합리적이기 때문일 수도 있고 또 중요하면서도 아주 변동성이 강한 기초경제변수가 설명변수로 들어가지 않고 누락되었기 때문일 수도 있다.

또한 외환시장에 간혹 거품이 나타나 환율의 변동성이 지나치게 높아지는 경우가 있을 수 있지만 실제 경험으로는 이러한 거품은 결국 붕괴되어 외환시장은 다시 안정을 찾은 경우가 많으므로 외환시장이 거품에 의해 지배적인 영향을 받는다고 보기는 어렵다.[4)]

합리적 거품이론과는 달리 시장참여자가 비합리적인 경우에는 노이즈거래자(noise traders)라 부른다. 즉 현실 세계는 너무도 복잡다기하여 비합리적인 거래자들이 있을 수 있으며 이러한 노이즈거래자가 존재하면 환율은 기초경제변수가 허용하는 수준을 벗어나 과도한 변동성을 보일 수가 있다.[5)]

4) Mark(2001), p. 70 참조.

5) 노이즈거래에 대한 상론은 Mark(2001), pp. 152-158 참조.

사례

반복 예상의 법칙(Law of Iterated Expectation)

$$e_{t+1}=\gamma(1+\lambda)^{-1}z_{t+1}+\beta E_{t+1}e_{t+2} \quad \text{(B8-1)}$$

(B8-1)식에서 $t+1$기의 예상환율을 구하면 (B8-2)식과 같다.

$$E_te_{t+1}=\gamma(1+\lambda)^{-1}E_tz_{t+1}+\beta E_t(E_{t+1}e_{t+2}) \quad \text{(B8-2)}$$

(B8-2)식을 (B8-1)식에 대입하면 (B8-3)식이 된다.

$$e_t=\gamma(1+\lambda)^{-1}(z_t+\beta E_tz_{t+1})+\beta^2E_t(E_{t+1}e_{t+2}) \quad \text{(B8-3)}$$

$t+1$기의 정보는 t기의 정보를 이미 포함하고 있으므로 $E_t(E_{t+1}e_{t+2})=E_te_{t+2}$이다. 따라서 (B8-3)식은 (B8-4)식이 된다.

$$e_t=\gamma(1+\lambda)^{-1}(z_t+\beta E_tz_{t+1})+\beta^2E_te_{t+2}) \quad \text{(B8-4)}$$

(B8-4)식에 의하면 현재환율은 현재의 기초경제변수와 미래의 기초경제변수에 대한 예상과 미래예상환율에 의해 결정된다.

이제 이와 같은 방법으로 계속해서 반복예상의 법칙에 의해 예상환율 항을 치환해 나가면 (B8-4)식은 (B8-5)식으로 나타낼 수 있다.

$$e_t=\gamma(1+\lambda)^{-1}(z_t+\beta E_tz_{t+1}+\beta^2E_tz_{t+2}+\beta^3E_tz_{t+3}\cdots+\beta^NE_tz_{t+N})+\beta^{N+1}E_te_{t+N+1} \quad \text{(B8-5)}$$

(B8-5)식에서 β의 값은 1보다 작으므로 N이 커짐에 따라 β의 값은 점점 더 작아진다. 그러므로 마지막 항을 무시하면 (B8-5)식은 (B8-6)식이 된다.

$$e_t=\gamma(1+\lambda)^{-1}(z_t+\beta E_tz_{t+1}+\beta^2E_tz_{t+2}+\beta^3E_tz_{t+3}\cdots+\beta^NE_tz_{t+N}) =\gamma(1+\lambda)^{-1}\sum_{j=0}^{N}\beta^jE_tz_{t+j} \quad \text{(B8-6)}$$

요 약

요약
Summary

1. 뉴스(news)란 예상하지 못한 새로운 정보를 말한다. 구체적인 예로는 통화량, 산출량, 이자율, 국제수지 등의 경제통계의 발표, 정치적 변화, 새로운 국제통화제도의 도입 등을 들 수 있다. 따라서 환율결정의 뉴스모형은 예상하지 못한 새로운 정보에 의해서 환율이 변동하는 것을 설명하는 모형이다. 즉 환율은 경제변수 자체보다 경제변수와 예상치와의 차이, 즉 그것이 예상치보다 크냐 또는 작으냐에 의해 더 큰 영향을 받는다.

2. 뉴스모형에 의하면 미래의 예상환율은 미래의 기초경제변수들에 대한 예상에 의해서 구해지는데 환율의 변동은 기초경제변수들에 대한 예상오차 $[(z_t - E_{t-1}z_t)]$에 의해서 결정된다. 즉 $e_t - E_{t-1}e_t = \gamma(z_t - E_{t-1}z_t)$. 여기서 예상오차는 "확률변수(random)"이다. "확률변수(random)"란 말은 어떤 형태의 패턴을 가지고 있지 않기 때문에 예측을 할 수 없다는 것을 의미한다. 만일 그것이 패턴을 가지고 있으면 그 패턴을 알 수 있기 때문에 예측이 가능하다.

3. 뉴스모형을 통화론적 접근방식의 가장 단순한 환율모형에 적용시키면 $e_t = \gamma(1+\lambda)^{-1} \sum_{j=0}^{N} \beta^j E_t z_{t+j}$이 되는데 이는 현재의 환율은 현재의 기초경제변수와 미래의 전체 기간의 기초경제변수에 대한 예상에 의해서 결정된다는 것을 의미한다. 따라서 환율의 변동은 $e_t - E_{t-1}e_t = \gamma(1+\lambda)^{-1} \sum_{j=0}^{N} \beta^j (E_t z_{t+j} - E_{t-1} z_{t+j})$으로 나타낼 수 있으며 이는 환율의 예상오차는 미래의 기초경제변수에 대한 뉴스에 의해서 결정된다는 것을 보여준다.

4. 뉴스모형의 실증검증에 있어서는 예상환율의 측정, 기초경제변수의 선택, 기초경제변수에 대한 예상치, 즉 뉴스의 식별 등의 문제가 있다.

5. 뉴스모형의 실증검증에 의하면 실제환율의 변동성이 기초경제의 변동성보다 더 커서 환율이 과도한 변동성을 보이고 있는 것으로 나타나 있다. 이론적으로는 환율이 기초경제변수에 대한 예상에 의해서 변동하기 때문에 환율의 변동성은 기초경제의 변동성보다 작아야 하는데 이러한 현상은 하나의 수수께끼이다. 이는 기초경제변수 이외의 다른 요인의 변동도 환율변동을 초래하고 있다는 것을 의미한다. 거품모형은 이러한 요인을 규명하는 하나의 시도이다.

연습문제

1. 환율결정모형에서 “뉴스”의 의미를 설명하시오. 그리고 실제 뉴스의 예를 3가지만 들어 보시오.

2. $e_t - E_{t-1}e_t = \gamma(z_t - E_{t-1}z_t)$는 예상오차를 나타낸다. 이 예상오차가 “확률변수(random)”인 이유를 설명하시오.

3. 뉴스모형을 통화론적 접근방식의 가장 단순한 환율모형에 적용시키면 $e_t = \gamma(1+\lambda)^{-1}\sum_{j=0}^{N}\beta^j E_t z_{t+j}$이 된다. 증명하시오.

4. 뉴스모형의 실증검증의 문제점을 열거하시오.

5. 뉴스모형과 거품모형의 차이를 설명하시오.

연습
문제
Exercise

참고문헌

Copeland, Laurence S.(1994), *Exchange Rates and International Finance*, 2nd edition, Addison-Wesley Publishing Company, New York.

Frenkel, Jacob A.(1983), "Flexible Exchange Rates, Prices, and the Role of "News": Lessons from the 1970s," in Bhandari, Jagdeep S. and Bluford H. Putnam, eds. *Economic Interdependence and Flexible Exchange Rates*, The MIT Press, Massachusetts, pp. 3-41.

Hoffman, Dannis L. and Don E. Schlagenhauf(1985), "The Impact of News and Alternative Theories of Exchange Rate Determination," *Journal of Money, Credit and Banking*, Vol.17, No. 3, August, pp. 328-346.

Mark, Nelson C.(2001), *International Macroeconomics and Finance*, Blackwell Publishing, Maiden, MA, p. 70참조.

Moosa, Imad A.(2002), "A Test of the News Model of Exchange Rates," *Weltwirtschaftliches Archiv*, Vol. 138, No. 4, pp. 694-710.

09 환율결정모형의 실증분석

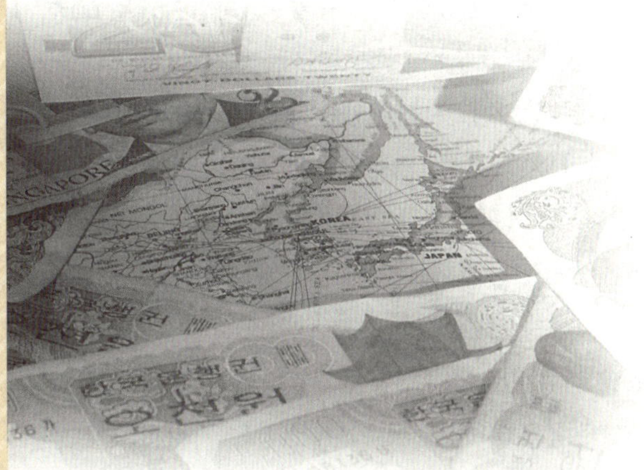

본 장은 환율결정모형에 대한 실증분석을 설명한다. 환율결정에 관한 이론모형이 얼마나 실제환율의 변동을 잘 설명하는가는 매우 중요하다. 실증분석에서 나타난 환율변동의 정형화된 사실을 소개하고 구매력평가의 성립 여부 및 거시경제 환율결정모형에 대한 실증분석의 결과를 설명한다. 아울러 환율결정모형의 새로운 접근을 소개한다.

제1절 >> 환율변동의 정형화된 사실

환율변동에 대한 많은 실증연구들은 몇 가지 정형화된 사실들(stylized facts)을 확인하고 있다. 첫째, 환율의 변동성이 매우 높다. 실질환율의 변동성이 산출량변동성의 4배에 달하는 것으로 나타났다. 둘째, 실질환율의 변동은 매우 지속성(persistence)이 강하다. 시계열상관계수(serial correlation)가 평균 0.8에 달하는 것으로 나타났다. 셋째, 명목환율과 실질환율의 변동은 매우 유사한 동행성을 보인다. 즉 상관계수가 거의 1에 가까운 것으로 나타나 있다. 마지막으로 1973년 변동환율제도로의 이행 이후 환율의 변동성이 크게 증가하였다.[1)]

이러한 정형화된 사실에 대한 가설은 두 가지가 있다. 하나는 명목교란요인 가설이고 다른 하나는 실질교란요인 가설이다. 전자는 가격의 경직성을 가정하여 통화량공급 또는 화폐수요와 같은 명목변수의 변동이 명목환율과 실질환율의 변동성을 가져온 원인으로 보는 것이다. 즉 실질환율의 정의식 $q=E\cdot(\frac{P^*}{P})$에 의하면 가격(P, P^*)이 고정되어 있는 경우 화폐공급이 증가하면 명목환율(E)이 상승하고 그것이 동시적으로 실질환율(q)의 상승을 가져오게 된다.[2)]

이에 반해서 실질교란요인 가설은 실질환율의 변동이 명목환율의 변동을 가져온 것으로 보고 있다. 실질환율의 정의식 $q=E\cdot(\frac{P^*}{P})$을 정리하면 $E=q\cdot(\frac{P}{P^*})$이 되는데 가격(P, P^*)이 경직적일 경우 실질환율(q)의 변동은 동시적인 명목환율의 변동을 가져오게 된다. 즉 생산성 또는 기호와 같은 실질교란요인의 변동은 실질환율의 변동을 가져오고 이는 다시 명목환율의 변동을 가져오게 된다.[3)] 생산성 변동은 지속성이 매우 강하므로 실질교란요인 가설은 실질환율의 지속성을 설명하는 데는 매우 적합하지만 브레튼우즈체제(명목환율 고정)의 붕괴 이후에 실질환율의 변동성이 명목환율과

1) Mussa(1986) 참조.
2) Mussa(1986) 참조.
3) Stockmann(1980) 참조.

함께 증가한 사실을 설명하는 데 문제가 있는 것으로 지적되고 있다.

이와 같이 두 가설은 모두 가격의 경직성을 가정하여 명목환율과 실질환율의 변동성 및 동행성을 설명하고 있는데 환율변동성의 요인을 명목요인으로 보느냐 아니면 실질요인으로 보느냐에 따라 설명이 달라진다.

환율결정모형의 실증분석 << 제2절

환율결정모형에 대한 실증분석은 구매력평가설에 대한 실증분석과 환율결정의 거시경제모형에 대한 실증분석으로 나눌 수 있다.

1 구매력평가설 실증분석

구매력평가이론에 대한 실증분석은 직접검증과 간접검증, 두 가지로 나누어진다. 전자는 구매력평가 방정식을 직접 검증하는 것이고, 후자는 일물일가의 법칙을 검증하여 구매력평가의 성립 여부를 간접적으로 검증하는 것이다. 직접검증은 절대적 구매력평가, 상대적 구매력평가, 실질환율의 변동 등에 대한 검증으로 나눌 수 있다. 즉 절대적 구매력평가설에 의하면 $E=\frac{P}{P^*}$ 이므로 명목환율과 국가 간의 물가수준을 비교하여 절대적 구매력평가설의 성립 여부를 검증한다. 또한 상대적 구매력평가설에 의하면 $\frac{\varDelta E}{E}=\frac{\varDelta P}{P}-\frac{\varDelta P^*}{P^*}$ 이므로 상대적 구매력평가설에 대한 검증은 명목환율의 변동과 국가 간의 인플레이션율의 격차와의 관계를 검증하는 것이다.

[그림 9-1]은 1975년부터 2006년까지의 미국과 영국의 소비자물가수준의 비율($\frac{P_{us}}{P_{uk}}$), 파운드화의 대미달러 명목환율 및 실질환율을 나타낸 것이다. 이 그림에 의하면 단기적으로는 명목환율과 물가수준에 괴리가 크다. 그러나 장기적으로는 움직이는 방향이 일치하고 있다. 이는 절대적 구매력평가가 단기적으로는 성립하지 않지만 장기적으로는 성립하는 것을 보여

그림 9-1 물가수준, 명목환율 및 실질환율 추이

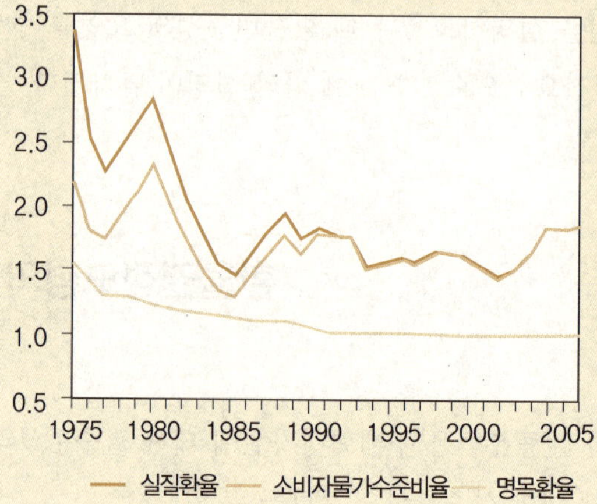

자료: IMF, International Financial Statistics.

주는 것이라 할 수 있다. 그리고 실질환율은 명목환율과 거의 동시적으로 변동하고 있으며 단기적으로 일정하지 않고 변동성이 크다. 즉 상대적 구매력평가가 성립하지 않고 있음을 알 수 있다.

구매력평가에 대한 대부분의 실증 연구는 절대적 구매력평가와 상대적 구매력평가, 모두 단기에는 성립하지 않으며 장기에는 성립하는 것으로 나타나 있다.

구매력평가가 성립하면 $P=EP^*$이므로 $q=\frac{EP^*}{P}=1$, 즉 실질환율은 일정한 값, 상수가 된다. 구매력평가가 성립하지 않으면 실질환율$(q=\frac{EP^*}{P})$은 일정하지 않다.

구매력평가가 성립하면 실질환율은 안정적인(stationary) 시계열(time series)이 된다. 이 경우 실질환율이 균형수준을 벗어나더라도 다시 균형수준으로 되돌아오게 된다. 따라서 구매력평가의 성립 여부에 대한 검증은 실질환율의 장기적 안정성에 대한 검증으로 초점이 맞추어지게 되었다.[4)]

실질환율의 안정성에 대한 실증 검증결과는 초기에는 불안정한 것으로

4) 즉 $q_t=\alpha_0+\alpha_1 t+\delta q_{t-1}+\varepsilon_t$로 설정할 경우, $|\delta|<1$이면 안정적, $|\delta|>1$이면 불안정적이다. 따라서 실증검증은 $|\delta|<1$ 여부를 검증하는 것임.

나타났지만[5] 데이터 기간을 대폭 장기화한 경우에 안정적인 것으로 나타났다. 그러나 이 경우에도 조정속도가 너무 느려서 장기균형으로의 회복기간이 아주 오래 걸리는 것으로 나타났다. 예를 들면 로디언과 테일러(Lothian and Taylor, 1996)는 200년간의 장기 파운드/달러환율(1791~1990) 및 프랑스프랑/파운드환율(1803-1990)에 대해 실증 검증을 한 결과 반감기(half life)가 각각 5.7년과 2.5년으로 아주 장기간으로 나타났다. 또한 프랑켈과 로즈(Frankel and Rose, 1996)의 150개국의 환율에 대한 연구도 반감기가 4년으로 장기적으로는 구매력평가가 성립하는 것으로 나타났다.

구매력평가에 대한 간접적인 실증검증은 개별상품에 대해 일물일가의 법칙을 검증하는 것이다. 즉 구매력평가이론은 상품시장의 재정거래에 의한 국제가격의 균등화이론에 근거를 두고 있으므로 일물일가의 법칙의 성립 여부가 바로 구매력평가의 성립 여부를 나타낸다. 이들 연구는 개별상품의 국제가격을 동일한 통화로 표시할 경우 가격이 일치하는지를 검증한 것이다. 일물일가의 법칙에 대한 대부분의 실증연구들은 그것이 성립하지 않는 것으로 나타났다. 특히 이들 연구에 의하면 재화의 상대가격(국내가격과 해외가격의 비율)의 변동, 즉 일물일가의 법칙으로부터의 괴리는 명목환율의 변동에 기인하는 것으로 나타났다.[6] 또한 엥겔과 로저스(Engel and Rogers, 1995)에 의하면 개별상품의 도시간 상대가격을 국내와 해외로 나누어 비교해 본 결과 도시 간의 거리를 감안하더라도 해외의 가격변동폭이 국내보다 더 큰 것으로 나타나 일물일가의 법칙이 성립하지 않는 것으로 확인되었다.[7] 또한 데이터의 기간을 장기로 확대할 경우에 일물일가의 법칙의 괴리현상은 별로 개선되지 않는 것으로 나타났다. 예를 들면 프루트, 김 그리고 로고프(Froot, Kim and Rogoff, 1995)는 14~20세기 간의 700년 동안의 영국과 네덜란드의 곡물과 유제품가격에 대해 일물일가의 법칙을 테스트하였는데 결과는 기대와는 달리 일물일가의 법칙의 괴리의 변동성이 크고 또 지속적인 것으로 나타났다.

이상을 요약하면 구매력평가이론은 단기적으로는 성립하지 않지만 장

5) Froot and Rogoff(1994), pp. 10-11 참조.
6) Rogoff(1996), p. 652 참조.
7) Rogoff(1996), pp. 652-653 참조.

기적으로는 성립하는 것으로 나타났다. 그러나 장기적으로 성립하더라도 조정속도가 너무 느려서 장기균형을 이탈한 경우 반감기가 3~5년으로 다시 균형으로 회복하는 기간이 아주 오래 걸리는 것으로 확인되었다. 다만 개별상품의 국제가격 균등화는 장단기를 불문하고 실증적으로 이론이 지지되지 못하는 것으로 나타났다.

2 거시경제 환율결정모형에 대한 실증분석

환율결정의 거시경제모형에 대한 실증분석 결과는 모형의 예측력이 매우 낮은 것으로 나타났다. 미스와 로고프(Mees and Rogoff, 1983)에 의하면 거시경제모형 중 어느 모형도 예측력(predictive accuracy)에 있어서 임의보행(random walk)모형을 능가하지 못하는 것으로 나타났다. 이들은 샘플 내(in-sample)에서의 모델예측력을 비교하는 것은 적합하지 않다고 보고 샘플 밖(out-of-sample)에서의 모델의 예측력을 비교하여 모델의 적합성 판정을 시도하였다. 즉 이들은 통화주의자 모형 등 거시경제모형의 샘플밖의 예측오차를 임의보행모형의 예측오차와 비교하여 모형의 예측력의 우월성 여부를 판정하였는데 어느 모형도 임의보행모형에 비해 예측오차가 낮은 경우가 없었다. 이들이 취한 모형 밖의 예측 오차비교에 의한 모형의 비교방식을 간략히 설명하면 다음과 같다.

다음의 탄력적 가격모형을 예로 들어보자.

$$e_t = m_t - m_t^* - \gamma(y_t - y_t^*) + \lambda(i_t - i_t^*) + \varepsilon_t$$

먼저 1973년 3월부터 1976년 12월까지의 월간데이터를 사용하여 이 모형의 패러메터 값$(\hat{\gamma}, \hat{\lambda})$을 추정한 다음 이 추정된 패러메터 값$(\hat{\gamma}, \hat{\lambda})$과 샘플 밖의 데이터인 1977년 1월의 실제데이터를 다음 식에 대입하여 1977년 1월의 환율예측치 $\widehat{e_{1/77}}$를 구한다. 샘플 밖 예측이란 바로 이와 같은 방식으로 구한 $\widehat{e_{1/77}}$를 의미한다.

$$\widehat{e_{1/77}} = m_{1/77} - m^*_{1/77} - \hat{\gamma}(y_{1/77} - y^*_{1/77}) + \hat{\lambda}(i_{1/77} - i^*_{1/77})$$

그러면 실제환율과 예측치의 차이($e_{1/77} - \widehat{e_{1/77}}$)는 1977년 1월의 예측오차를 나타낸다. 다음에 1977년 1월을 샘플기간에 포함시켜 데이터 기간을 1973년 3월–1977년 1월로 늘려서 위 모형을 다시 추정하고 같은 방식으로 추정된 파라미터 값과 1977년 2월의 실제데이터를 사용하여 1977년 2월의 환율예측치 $\widehat{e_{2/77}}$를 구한다. 그러면 1977년 2월의 예측오차는 ($e_{2/77} - \widehat{e_{2/77}}$)가 된다. 이와 같은 방법으로 샘플 밖 전기간에 대해 예측오차를 구할 수 있다. 이제 각 기의 오차를 제곱한 다음 평균을 구하고 다시 그 평균의 제곱근을 구하면 그것이 평균자승제곱근오차(root mean-squared-error: RMSE)이다. 즉 $RMSE = \sqrt[2]{\frac{1}{n}\sum_{j=1}^{n}(e_j - \hat{e}_j)^2}$. 그러므로 RMSE는 각모형의 예측력을 나타낸다. RMSE가 클수록 예측력이 낮아지고 작을수록 예측력은 커진다. 미스와 로고프(Mees and Rogoff, 1983)는 환율모형의 RMSE를 구하고 임의보행

표 9-1 거시경제 환율결정모형들의 예측오차(RMSE) 비교*1)

환 율	예측기간	임의보행 모 형	거시경제모형*2)		
			신축적 가격모형	경직적 가격모형	포트폴리오 밸런스모형
달러/마르크	1개월	3.72	3.17	3.65	3.50
	6개월	8.71	9.64	12.03	9.95
	12개월	12.98	16.12	18.87	15.69
달러/엔	1개월	3.68	4.11	4.40	4.20
	6개월	11.58	13.38	13.94	11.94
	12개월	18.31	18.55	20.41	19.20
달러/파운드	1개월	2.56	2.82	2.90	3.03
	6개월	6.45	8.90	8.88	9.08
	12개월	9.96	14.62	13.66	14.57
무역가중치 달러	1개월	1.99	2.40	2.50	2.74
	6개월	6.09	7.07	6.49	7.11
	12개월	8.65	11.40	9.86	10.35

주: *1) 각 수치들은 백분율(%)과 유사한 개념임.
*2) 신축적 가격모형은 Frenkel-Bilson모형을, 경직적 가격모형은 Dornbusch-Frankel모형을, 포트폴리오 밸런스모형은 Hooper-Morton모형을 각각 의미함.
자료: Meese and Rogoff(1983), p. 13.

(random walk)모형의 RMSE와 비교하여 모형의 예측력을 평가하였다. 이들 연구에 의하면 〈표 9-1〉에서 보는 바와 같이 환율결정모형의 RMSE는 모두 임의보행모형의 RMSE보다 더 높게 나타나 임의보행모형에 비해 예측력이 떨어지는 것으로 나타났다.

거시경제모형이 임의보행모형보다 예측력이 떨어진다는 것은 매우 놀라운 일이다. 그 이유는 임의보행이란 마치 만취한 사람이 앞으로 갈지 옆으로 갈지 넘어질지 어느 방향으로 갈지 전혀 예측할 수 없다는 것을 의미한다. 이는 미래에 대한 예측력이 전혀 없다는 말이다. 따라서 환율결정모형이 임의보행모형보다도 더 예측력이 낮다는 것은 이들 모형의 현실적용에 큰 문제가 있다는 것을 의미한다.

사례 | 국 | 제 | 금 | 융 | 론 |

임의보행모형(Random Walk Model)

시계열 X_t가 임의보행 행태를 취하면 X_t는 다음 (B9-1)식과 같이 나타낼 수 있다.

$$X_t = X_{t-1} + \varepsilon_t \text{ 또는} \quad \text{(B9-1)}$$
$$X_t - X_{t-1} = \Delta X_t = \varepsilon_t$$

여기서 X_t는 완전한 무작위 행태를 보인다. 즉 아무런 패턴이 없다. 만약 X_t가 드리프트(d)를 가지고 있으면 임의보행모형은 다음 (B9-2)식으로 수정된다.

$$X_t = X_{t-1} + d + \varepsilon_t \text{ 또는} \quad \text{(B9-2)}$$
$$X_t - X_{t-1} = \Delta X_t = d + \varepsilon_t$$

만일 $X_t = X_{t-1} + \varepsilon_t$ 또는 X_t가 환율이라면 (B9-3)식과 같이 나타낼 수 있다. 여기서 환율의 기호를 대문자 E가 아닌 소문자 e로 표시한 것은 예상기호와 구분하기 위해서이다.

$$e_t = e_{t-1} + d + \varepsilon_t \quad \text{(B9-3)}$$

(B9-3)식의 양변에 합리적 예상을 취하면 (B9-4)식이 된다.

$$\begin{aligned} E_{t-1}(e_t) &= E_{t-1}(e_{t-1} + d + \varepsilon_t) \quad \text{(B9-4)} \\ &= E_{t-1}(e_{t-1}) + E_{t-1}(d) + E_{t-1}(\varepsilon_t) \\ &= e_{t-1} + d \end{aligned}$$

그러므로 환율이 임의보행(Random Walk) 행태를 보이면 환율은 다음 (B9-5)식과 같이 나타낼 수 있다.

$$e_t = e_{t-1} + \varepsilon_t \quad \text{(B9-5)}$$

그러면 미래예상환율은 현재환율과 같다. 즉 현재의 환율이 다음 기에도 그대로 존속할 것으로 예상하는 것이다. t기를 $t+1$기로 바꾸면 (B9-5)식은 (B9-5)′ 식이 된다.

$$e_{t+1} = e_t + \varepsilon_{t+1} \qquad \text{(B9-5)}'$$

이제 $t+1$기의 환율에 대한 예상치를 구하면 (B9−6)식이 된다.

$$E_t(e_{t+1}) = E_t(e_t + \varepsilon_{t+1}) \qquad \text{(B9-6)}$$
$$= E_t(e_t) + E_t(\varepsilon_{t+1})$$

그런데 $E_t(e_t)$는 t기에 t기의 환율을 예상하는 것이므로 바로 t기 현재의 환율 e_t와 같다. 즉 $E_t(e_t) = e_t$이다. 그리고 ε_t는 완전한 무작위(random) 항이므로 $E_t(\varepsilon_t) = 0$이다. 그러므로 $E_t(e_{t+1}) = e_t$. 따라서 환율이 임의보행모형이면 현재환율이 바로 다음기의 예상환율이 된다.

환율결정모형의 새로운 접근 << 제3절

환율결정론은 크게 두 가지 방향에서 새로운 접근이 등장하게 되었다. 그 하나는 미시구조(microstructure of foreign exchange markets) 접근이고 다른 하나는 신개방거시경제학(new open economy macroeconomics: NOEM) 접근이다. 미시구조 접근은 외환시장의 거래량, 예상의 형성, 시장조성자의 역할 등의 실재적 시장상황을 명시적으로 고려하여 환율의 변동을 설명하고자 하는 시도로 환율의 변동요인을 외환시장의 구조에서 찾고 있다. 미시구조 접근은 개방거시경제학과 거리가 있으므로 본서에서는 제외한다.

신개방거시경제학 접근은 환율변동요인을 거시경제변수에서 찾고 있는데 기존의 거시경제 환율결정모형과는 달리 동태적 일반균형모형이다. 즉 신개방거시경제학은 불완전경쟁과 가격의 경직성을 동시에 가정하여 소비자, 생산자 등 모든 경제주체의 최적화 원리를 도입한 모형으로 미시경제이론에 기초를 두고 있다. 즉 소비자는 효용극대화를 추구하고 생산자는 이윤극대화를 각각 추구한다. 따라서 효용함수, 이윤함수, 예산제약식 등이 구체적으로 설정된다.

신개방거시경제학의 최초 환율결정모형은 옵스트펠트와 로고프

(Obstfeld and Rogoff, 1995)의 돌아온 환율동태이론모형(Exchange Rate Dynamics Redux)이다.[8] 이들 모형은 신개방거시경제학의 신기원을 이루는 모형이라 할 수 있는데 소비자 효용함수 등 미시경제이론에 입각한 모형으로 환율의 과도한 변동성, 통화정책 등 경제정책의 효과를 분석하고 있다. 다음으로 시장중시가격설정모형(Pricing-to-Market: PTM) 등을 들 수 있는데 시장중시가격설정이란 독점적 경쟁기업이 국내시장과 해외시장에서 동일한 상품에 대해 다른 가격을 설정하여 가격차별을 하는 것을 의미한다. 독점적 경쟁기업은 한계비용에 일정한 마크업률(이윤율)을 더하여 가격을 설정할 수 있으므로 국내시장과 해외시장이 완전히 분할되어 있다. 이러한 시장중시가격설정모형은 실질환율의 변동성이 증대된 요인을 독점적 경쟁기업의 가격설정관행에서 찾고자 하는 시도이다. 신개방거시경제학모형은 통화량, 환율, 산출량, 후생효과 등 다량의 거시경제변수들을 함께 고려하는 거대한 일반균형모형으로 난이도가 높기 때문에 본서에서 제외한다.

8) Redux란 Redone을 의미한다.

요 약

1. 환율변동에 대한 실증연구에서 밝혀진 정형화된 사실들을 요약하면 첫째, 환율의 변동성이 매우 높다(실질환율의 변동성 산출량변동성의 4배). 둘째, 실질환율의 변동은 매우 지속성(persistence)이 강하다(시계열상관계수가 평균 0.8). 셋째, 명목환율과 실질환율의 변동은 매우 유사한 동행성을 보인다(상관계수, 거의 1). 마지막으로 1973년 변동환율제도 이행 이후 환율의 변동성이 크게 증가하였다.

2. 정형화된 사실에 대한 가설은 명목교란요인 가설과 실질교란요인 가설, 두 가지가 있다. 전자는 가격의 경직성을 가정하여 통화량공급 또는 화폐수요와 같은 명목변수의 변동이 명목환율과 실질환율의 변동성을 가져온 원인으로 보는 반면 후자는 실질환율의 변동이 명목환율의 변동을 가져온 것으로 보고 있다.

3. 구매력평가이론에 대한 실증분석에 의하면 구매력평가는 단기적으로는 성립하지 않으나 장기적으로는 성립하는 것으로 나타나 있다. 구매력평가가 성립하지 않으면 실질환율($q=\frac{EP^*}{p}$)이 일정하지 않다. 따라서 구매력평가의 성립 여부에 대한 검증은 실질환율의 장기적 안정성에 대한 검증으로 초점이 맞추어지게 되었다. 실질환율의 안정성에 대한 실증 검증결과는 데이터 기간을 대폭 장기화한 경우에 안정적적인 것으로 나타났다. 그러나 이 경우에도 조정속도가 너무 느려서 장기균형으로의 회복기간이 아주 오래 걸리는 것으로 나타났다.

4. 구매력평가설에 대한 간접적인 실증검증은 개별상품에 대해 일물일가의 법칙을 검증하는 것이다. 일물일가의 법칙에 대한 대부분의 실증연구들은 그것이 성립하지 않는 것으로 나타났다.

5. 거시경제 환율결정모형에 대한 실증분석 결과는 모형의 예측력이 매우 낮은 것으로 나타났다. 미스와 로고프(Mees and Rogoff, 1983)에 의하면 거시경제모형 중 어느 모형도 예측력에 있어서 임의보행(random walk)모형을 능가하지 못하는 것으로 나타났다. 거시경제 환율결정모형이 임의보행모형보다 예측력이 떨어진다는 것은 매우 놀라운 일이다. 임의보행이란 마

치 만취한 사람이 앞으로 갈지 옆으로 갈지 넘어질지 어느 방향으로 갈지 전혀 예측할 수 없다는 것을 의미한다. 이는 미래에 대한 예측력이 전혀 없다는 말이다. 따라서 환율결정모형이 임의보행모형보다도 더 예측력이 낮다는 것은 이들 모형의 현실적용에 큰 문제가 있다는 것을 나타낸다.

요약
Summary

연습문제

1. 명목환율과 실질환율의 변동은 매우 유사한 동행성을 보인다. 즉 상관계수가 거의 1에 가까운 것으로 나타나 있다. 그 이유를 설명하시오.

2. 구매력평가는 단기적으로는 성립하지 않는 것으로 나타나 있다. 그 이유를 설명하시오.

3. 일물일가의 법칙의 성립 여부가 구매력평가의 성립 여부를 나타낸다. 그 이유를 설명하시오.

4. 시계열의 안정성(stationarity)에 대한 테스트가 무엇을 의미하는지 설명하시오.

5. 상대적 구매력평가의 성립 여부는 실질환율의 변동성을 가지고 검증할 수 있다. 그 이유를 설명하시오.

6. 환율결정의 거시경제모형에 대한 실증분석 결과는 모형의 예측력이 매우 낮은 것으로 나타나 있다. 이러한 결론을 도출하게 된 근거를 제시하시고 그 의미를 설명하시오.

7. 임의보행모형(random walk model)의 예측력을 설명하시오.

참고문헌

Bilson, John F. O.(1979), "The Deutsche Mark/Dollar Rate-A Monetary Analysis," in Karl Brunner and Allan H. Meltzer eds., *Policies for Employment, Prices and Exchange Rates*, Carnegie-Rochester Conference No. 11, North-Holland Publishing Company, Amsterdam.

Dornbusch, Rudiger(1976), "Expectations and Exchange Rate Dynamics," *Journal of Political Economy*, Vol. 84, pp. 1161~1176.

Engel, Charles and John Rogers(1995), "How Wide is the Border?" NBER Working Paper, No. 4829.

Frankel, Jeffrey A. (1979), "On the Mark: A Theory of Floating Exchange Rates Based on Real Interest Rate Differntials," *American Economic Review*, Vol. 69, pp. 610-622.

Frankel, Jeffrey A. and Andrew K. Rose(1996), "A Panel Project on Purchasing Power Parity: Mean Reversion Within and Between Countries," *Journal of International Economics*, Vol. 40, pp. 209-224.

Frenkel, Jacob A. (1976), "Monetary Approach to The Exchange Rate: Doctrinal Aspects and Empirical Evidence," *Scandinavian Journal of Economics*, Vol. 78, pp. 200-224.

Froot, Kenneth A., Michael Kim, and Kenneth Rogoff(1995), "The Law of One Price over 700 Years," NBER Working Paper, No. 5132.

Froot, Kenneth A. and Kenneth Rogoff(1994), "Perspectives on PPP and Long-Run Real Exchange Rates," NBER Working Paper, No. 4952.

Hooper, Perter and John E. Morton(1982), "Fluctuations in The Dollar: A Model of Nominal and Real Exchange Rate Determination," *Journal of International Money and Finance*, Vol. 1, pp. 39-56.

Lothian, James R. and Mark P. Taylor(1996), "Real Exchange Rate Behavior: The Recent Float from the Perspective of the Past Two Centuries," *Jorunal of Political Economy*, Vol. 104, No. 3, pp. 488-509.

Meese, Richard A. and Kenneth Rogoff(1983), "Empirical Exchange Rate Models of Seventies: Do They Fit Out of Sample?" *Journal of International Economics*, No. 14, pp. 3-24.

Mussa, Michael(1986), "Nominal Exchange Rate Regimes and The Behavior of Real Exchange Rates: Evidence and Implications," *Carnegie-Rochester Series on Public Policy*, No. 25, Autumn, pp. 117-214.

Obstfeld, Maurice and Kenneth Rogoff(1995), "Exchange Rate Dynamics Redux," *Journal of Political Economy*, Vol. 103, No. 3, June, pp. 624-660.

Rogoff, Kenneth(1996), "The Purchasing Power Parity Puzzle," *Journal of Economic Literature*, Vol. 34, June, pp. 647-668.

Stockman, Alan(1980), "A Theory of Exchange Rate Determination," *Journal of Political Economy*, No. 88, pp. 673-698.

제Ⅲ부에서는 개방경제의 거시경제를 다룬다. 즉 개방경제의 균형소득 수준의 결정원리 및 경제정책의 효과를 다룬다. 먼저 재화시장의 균형만을 분석하고 재화시장과 화폐시장의 동시균형을 다룬다. 이를 자본이동이 없는 경우와 자본이동이 완전한 경우 및 자본이동이 불완전한 경우 3가지로 나누어 고찰한다. 그리고 환율제도를 고정환율제도와 변동환율제도로 나누어 각 경제정책의 효과, 즉 경기안정화정책으로서의 유효성 등을 분석한다.

III 개방거시경제론

10 무역수지와 국민소득

본 장은 개방경제하에서 무역수지와 균형국민소득수준이 어떻게 결정되는가를 분석한다. 본 장의 모형은 재화시장의 균형만을 분석하는 단순 케인즈모형이다. 즉 자산시장의 분석은 제외된다. 임금과 물가는 고정되어 있는 것으로 가정한다. 따라서 총공급곡선은 수평선이며 산출량은 총수요의 크기에 의해 자동적으로 결정된다. 그리고 국제자본이동은 없다. 국제수지는 무역수지만으로 구성되며 경상수지와 같다. 이러한 단순모형을 이용하여 재정정책 등 국내경제의 교란요인과 수출변동 등 해외교란요인의 효과를 고정환율제도와 변동환율제도로 나누어 비교 설명한다. 먼저 소규모개방경제를 가정하고 다음에 대국경제, 즉 2국모형으로 확장하고자 한다. 마지막으로 이전지출문제를 다룬다.

제1절 >> 개방경제의 균형국민소득

1 국민소득 항등식

개방경제하에서 국민소득(y: GDP)은 (10−1)식과 같이 항등식으로 나타낼 수 있다.[1)]

$$y \equiv C+I+G+X-M \quad (10\text{-}1)$$

y : GDP

C : 소비지출

I : 투자지출

G : 정부지출

X : 수출

M : 수입

(10−1)식에서 모든 변수는 국내상품의 수량으로 표시한 실질변수이다. (10−1)식에서 $C+I+G \equiv A$라 하면 A는 우리나라의 국내거주자에 의한 총지출이 된다. 즉 A는 우리나라 국민이 국내에서 생산된 상품과 외국에서 생산된 상품에 대해 일정기간 동안에 지출한 총규모가 되는데 이를 국민총지출(domestic absorption)이라 부른다. 이를 이용하여 (10−1)식을 정리하면 무역수지($X-M$)는 (10−2)식과 같다.[2)]

$$X-M \equiv y-(C+I+G) \equiv y-A \quad (10\text{-}2)$$

즉 무역수지($TB=X-M$)는 국민소득(y)과 국민총지출(A)과의 차이와 같다. 서비스수지, 소득수지 및 이전지출수지가 모두 없다고 가정하면 무역

1) 본 서에서 별도의 언급이 없는 한 국민소득, 산출량 및 GDP는 모두 같은 의미로 사용하기로 한다.

2) 국제수지표상의 공식명칭은 상품수지이지만 관행에 따라 무역수지로 사용하기로 한다.

수지는 경상수지와 같다. 즉 경상수지는 (10-3)식과 같이 국민소득과 국민총지출과의 갭의 크기에 의해 결정된다.

$$CA \equiv X-M \equiv y-A \tag{10-3}$$

국민총지출이 국민소득수준보다 크면($A>y$) 경상수지는 적자($CA=X-M<0$), 반대로 국민총지출이 국민소득수준보다 작으면($A<y$) 경상수지는 흑자가 되고($CA=X-M>0$), 양자가 같으면($A=y$) 경상수지는 균형이 된다($CA=X-M=0$). 즉 경상수지의 불균형은 바로 국민소득수준과 국민총지출의 크기에 의해서 결정된다. 이는 경상수지의 불균형은 국민총지출의 크기를 조절함으로써 시정할 수 있다는 것을 의미한다. 경상수지에 대한 이러한 접근방법을 총지출접근방식(absorption approach)이라 한다.

2 저축-투자 갭

이제 국민소득 항등식을 국민소득 균형조건으로 바꾸면 (10-1)′식과 같다.

$$y=C+I+G+X-M \tag*{(10-1)′}$$

(10-1)′식을 정리하면 (10-2)′식의 균형조건을 얻는다.

$$X-M=y-(C+I+G)=y-A \tag*{(10-2)′}$$

즉 국민소득은 산출량-총지출의 갭과 무역수지가 일치할 때 균형이 된다.

이제 (10-2)′식의 우변을 저축과 투자의 관계로 나타내 보기로 하자. (10-2)′식에서 정부조세(T)를 빼주고 동시에 더해주면 (10-4)식을 얻는다.

$$y-(C+I+G)=(y-C-G)-I$$
$$=(y-T-C)-I+(T-G) \quad (10\text{-}4)$$

(10–4)식에서 $(y-T)$는 가처분소득을 나타내므로 $(y-T-C)$는 민간저축(S)이 되고 $(T-G)$는 정부저축, 즉 재정수지가 된다. 민간저축과 정부저축의 합계를 국민저축(national savings: $NS=S+T-G$)이라고 하면 (10–4)식은 (10–5)식이 된다.

$$y-(C+I+G)=(y-T-C)-I+(T-G)$$
$$=S+(T-G)-I=NS-I \quad (10\text{-}5)$$

(10–5)식에 의하면 산출량과 국민총지출과의 갭($y-A$)은 국민저축(NS)과 투자(I)와의 갭($NS-I$)과 같다. (10–5)식을 선형화하면 다음과 같다.

$NS=S+T-G$에서 $T=0$, s를 한계저축성향이라 하면 $S=s(y-T)=sy(0<s<1)$가 된다. 그리고 $\bar{A}=\bar{C}+\bar{I}+\bar{G}$, $C=\bar{C}+cy$라 하면 (10–5)식은 (10–6)식이 된다.

$$NS-I=-\bar{A}+sy \quad (10\text{-}6)$$

그림 10-1 *NS–I* 곡선

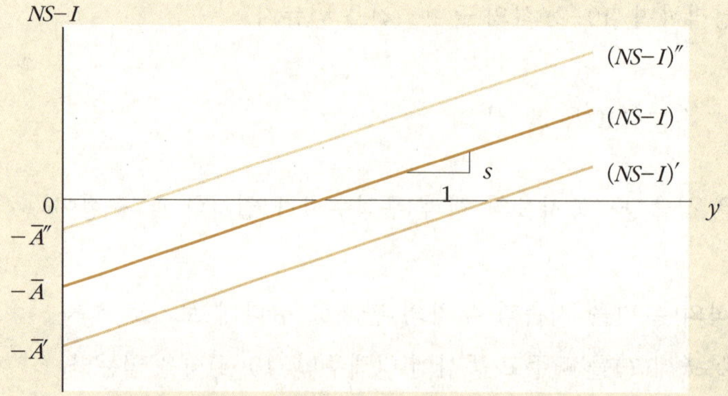

(10−6)식을 그래프로 나타내면 [그림 10−1]과 같다. 한계저축성향(s)은 영보다 크므로 $NS-I$곡선은 우상향하는 기울기를 갖는다. 정부지출(G)이 증가하면 국민총지출(A)이 증가하여 국민저축이 줄어들므로 $NS-I$곡선은 우하향 이동하고 반대로 정부지출(G)이 감소하면 국민총지출($\bar{A}$)이 감소하여 국민저축이 증가하므로 $NS-I$곡선은 좌상향 이동한다.

3 무역수지

금액으로 표시한 무역수지는 (10−7)식과 같이 나타낼 수 있다. P_x를 국내통화표시 수출재가격, X를 수출수량, E를 외국통화 1단위당 국내통화의 수량으로 표시한 명목환율,[3] p_m^*를 외국통화표시 수입재가격, M을 수입수량이라고 하면 국내통화로 표시한 무역수지금액(TB_n)은 (10−7)식과 같이 나타낼 수 있다.

$$TB_n = P_x X - EP_m^* M \tag{10-7}$$

(10−7)식의 양변을 국내통화로 표시한 수출재가격(P_x)으로 나누어주면 (10−8)식의 수출재의 수량으로 표시한 실질무역수지(TB)를 얻는다.

$$TB = \frac{T_n}{P_x} = X - \left(\frac{EP_m^*}{P_x}\right)M = X - qM \tag{10-8}$$

(10−8)식에서 $q = \dfrac{EP_m^*}{P_x}$이다. 즉 q는 외국상품의 가격을 국산품의 수량으로 표시한 실질환율을 나타낸다. 따라서 qM의 값은 수입재의 수량에다 수입재의 상대가격을 곱한 것이기 때문에 수입수량을 다시 수출재의 수량으로 환산한 것이 된다. 이와 같이 (10−8)식은 수출재의 수량으로 표시한 실질무역수지를 나타낸다.

(10−8)식에서 수출함수와 수입함수는 각각 (10−9)식 및 (10−10)식과

3) 본 서에서 별도의 언급이 없으면 명목환율은 외국통화 1단위당 국내통화의 수량으로 표시한 것임. 예 1달러=1,000원.

같다.

$$X = X(\overset{(+)}{\frac{EP_m^*}{P_x}}, \overset{(+)}{y^*}) = X(\overset{(+)}{q}, \overset{(+)}{y^*}) \qquad (10\text{-}9)$$

$$M = M(\overset{(+)}{y}, \overset{(-)}{\frac{EP_m^*}{P_x}}) = M(\overset{(+)}{y}, \overset{(-)}{q}) \qquad (10\text{-}10)$$

(10−9)식에서 y^*는 외국의 산출량을 나타낸다. 실질환율(q)이 상승하면 수출상품이 수입상품에 비해 상대적으로 더 싸지므로 수출은 증가한다. 그리고 외국의 산출량(y^*)이 증가하면 우리나라 상품에 대한 수입수요가 증가할 것이므로 수출은 증가한다. 따라서 수출량과 실질환율 및 외국의 산출량은 모두 양(+)의 관계를 갖는다.

(10−10)식에서 실질환율이 상승하면 수입상품이 수출상품에 비해 상대적으로 더 비싸지므로 수입은 감소한다. 그리고 우리나라의 산출량(y)이 증가하면 외국상품에 대한 수입수요가 증가할 것이므로 수입은 증가한다. 따라서 수입량과 실질환율은 음(−)의 관계를 갖고 수입량과 우리나라 산출량은 양(+)의 관계를 갖는다. (10−9)식과 (10−10)식에 따라 (10−8)식의 무역수지는 (10−11)식으로 다시 쓸 수 있다.

$$TB = X(\overset{(+)}{q}, \overset{(+)}{y^*}) - qM(\overset{(+)}{y}, \overset{(-)}{q}) = TB(\overset{(-)}{y}, \overset{(+)}{q}, \overset{(+)}{y^*}) \qquad (10\text{-}11)$$

이제 (10−11)식을 선형화해 보자. 여기서 국내물가와 외국물가는 모두 일정한 것으로 가정하자. 그러면 수출재의 가격과 수입재의 가격은 모두 일정하다. 이 경우 실질환율은 명목환율에 의해서 변동한다. 당분간 고정환율제를 가정하면 실질환율 q의 값은 일정하므로 $q=1$로 놓을 수 있다. 그러면 수출함수와 수입함수는 각각 (10−12)식과 (10−13)식으로 나타낼 수 있다.

$$X = \overline{X} \qquad (10\text{-}12)$$

(10−12)식에서 수출 $\overline{X}$는 일정한 값을 나타낸다. 그것은 실질환율과 외국의 산출량이 일정한 것으로 가정했기 때문이다.

$$M = \overline{M} + my \tag{10-13}$$

(10−13)식에서 수입, $\overline{M}$는 일정한 값을 나타낸다. 그것은 실질환율이 일정한 것으로 가정했기 때문이다. 그리고 m은 한계수입성향을 나타내며 $0 < m < 1$이다. 따라서 (10−12)식 및 (10−13)식에 따라 (10−11)식의 무역수지는 (10−14)식과 같이 선형으로 나타낼 수 있다.

$$TB = \overline{X} - \overline{M} - my = \overline{TB} - my \tag{10-14}$$

(10−14)식에서 $\overline{TB} = \overline{X} - \overline{M}$이며 따라서 $\overline{TB}$는 실질환율($q = \frac{EP^*}{P}$), 외국의 산출량(y^*) 등에 의해서 결정된다. 그리고 한계수입성향 m은 무역수지 함수의 기울기를 나타낸다. $0 < m < 1$이므로 [그림 10−2]와 같이 무역수지 곡선은 우하향하는 기울기를 갖는다. 그리고 명목환율(즉 실질환율)이 상승하거나 또는 외국의 산출량이 증가하면 수출이 증가하고 수입이 감소하여 무역수지가 개선될 것이므로 무역수지곡선은 우상향 이동하게 된다. 반대

그림 10−2 무역수지곡선

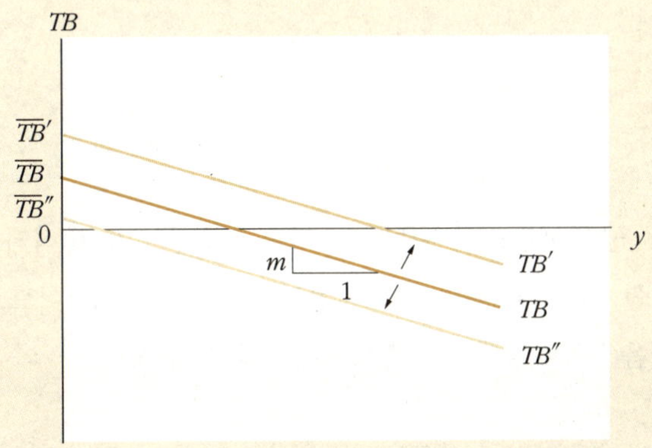

로 명목환율(즉 실질환율)이 하락하거나 또는 외국의 산출량이 감소하면 수출이 감소하고 수입이 증가하여 무역수지가 악화될 것이므로 무역수지곡선은 좌하향 이동하게 된다.

4 균형소득수준

재화시장의 균형은 국민총저축과 투자의 갭($NS-I$)과 무역수지(TB)가 일치할 때이다. 즉 [그림 10-3]에서 $NS-I$곡선과 TB곡선이 서로 만나는 점 C_0에서의 국민소득수준 y_0가 균형국민소득수준이다. 그리고 이 경우 균형소득수준에서의 무역수지는 TB_0만큼 흑자이다.

그림 10-3 균형국민소득

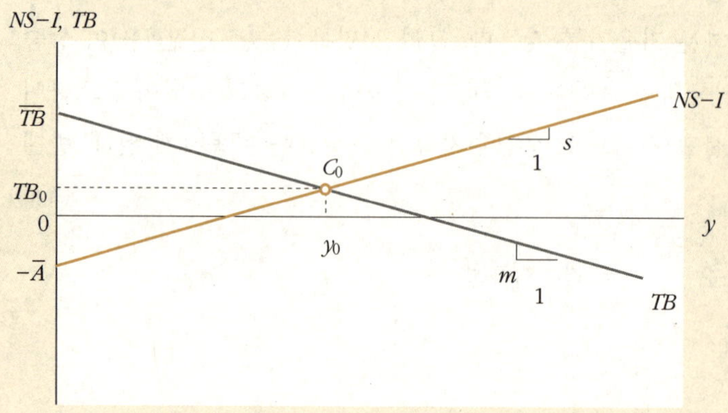

균형국민소득수준의 구체적인 값은 (10−6)식과 (10−14)식을 이용해서 구할 수 있다. 국민소득 균형조건은 $NS-I=TB$이므로 균형국민소득수준은 다음 (10−15)식을 충족시키는 y의 값이다.

$$-\overline{A}+sy=\overline{TB}-my \qquad (10\text{-}15)$$

(10−15)식에서 균형국민소득 y_0를 구하면 (10−16)식과 같다.

$$y_0 = \frac{1}{s+m}(\bar{A} + \overline{TB}) \tag{10-16}$$

그리고 균형점 C_0에서의 무역수지(TB_0)는 (10−17)식과 같다.

$$TB_0 = \frac{1}{s+m}(-m\bar{A} + s\overline{TB}) \tag{10-17}$$

5 승수효과

이제 승수효과를 분석해 보자. 승수효과는 정부지출의 변동에 따른 재정정책의 효과와 수출변동의 효과를 고정환율제도와 변동환율제도로 나누어 분석하고자 한다. 위 (10−16)식과 (10−17)식에서 국민소득수준과 무역수지에 대한 승수효과를 구하면 각각 (10−18)식과 (10−19)식이 된다.

$$\Delta y = \frac{1}{s+m}(\Delta\bar{A} + \Delta\overline{TB}) \tag{10-18}$$

$$\Delta TB = \frac{1}{s+m}(-m\Delta\bar{A} + s\Delta\overline{TB}) \tag{10-19}$$

(10−18)식에서 Δy는 국민소득의 변동, $\Delta\bar{A}$는 독립적 국민총지출의 변동(예를 들면 정부지출, ΔG), $\Delta\overline{TB}$는 독립적 무역수지의 변동(예를 들면 수출, ΔX)을 각각 나타낸다. 따라서 $\Delta\bar{A}$나 $\Delta\overline{TB}$의 변동이 있을 때 국민소득은 $\frac{1}{s+m}$배의 크기로 변동하게 된다. 예를 들어 $\Delta\bar{A} = \Delta G$, $\Delta\overline{TB} = \Delta X$이면 정부지출승수($\frac{\Delta y}{\Delta G}$)와 수출승수($\frac{\Delta y}{\Delta X}$)는 모두 $\frac{1}{s+m}$이다.

제2절 >> 경제정책의 효과

1 고정환율제도

재정정책의 효과

지금 경제는 [그림 10-4]의 $(NS-I)$곡선과 TB곡선이 서로 만나는 C_0점에서 균형을 이루고 있다. 균형국민소득수준은 y_0이고 무역수지는 균형(0)이다. 정부지출(G)이 증가하면 $NS-I(=y-C-G-I)$의 값이 작아지므로 [그림 10-4]에서 $(NS-I)$곡선은 $(NS-I)'$곡선으로 우하향 이동하고 새로운 균형은 $(NS-I)'$곡선과 TB곡선이 서로 만나는 C_1점에서 이루어진다. 새로운 균형국민소득수준은 y_0에서 y_1으로 증가하고 무역수지는 TB_1만큼의 적자를 나타낸다.

[그림 10-4]에서 소득수준의 증가($\Delta y = y_1 - y_0$)와 무역수지의 변동($\Delta TB = TB_1$)은 각각 (10-20), (10-21)식과 같다.

그림 10-4 정부지출증가의 효과

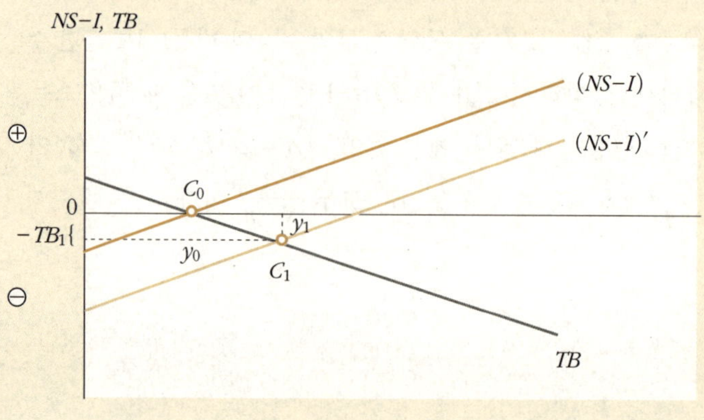

$$\Delta y = \frac{1}{s+m}(\Delta \overline{A}) = \frac{1}{s+m}(\Delta \overline{G}) \qquad (10\text{-}20)$$

$$\Delta TB = \frac{1}{s+m}(-m\Delta \overline{A}) = \frac{-m}{s+m}\Delta \overline{G} \qquad (10\text{-}21)$$

즉 정부지출 승수($\frac{\Delta y}{\Delta G}$)는 $\frac{1}{s+m}$이며 따라서 국민소득수준은 정부지출 증가의 $\frac{1}{s+m}$배만큼 증가한다. 이 경우 무역수지가 악화되는 것은 환율이나 해외 경기의 변동이 없기 때문에 수출($\overline{X}$)은 변동이 없는데 소득증가로 인하여 수입이 증가하기 때문이다.

수출의 증가

지금 경제는 [그림 10-5]의 $(NS-I)$곡선과 TB곡선이 서로 만나는 C_0점에서 균형을 이루고 있다. 균형국민소득수준은 y_0이고 무역수지는 균형이다. 해외경기의 회복으로 수출이 증가한다고 해 보자. 수출이 증가($\overline{X}$)하면 무역수지함수 $TB=\overline{X}-\overline{M}-my=\overline{TB}-my$에서 $\overline{X}$가 증가하므로 무역수지곡선은 TB'곡선으로 우상향 이동하여 새로운 균형은 $(NS-I)$곡선과 TB'곡선이 서로 만나는 C_1점에서 이루어진다. 새로운 균형국민소득수준은 y_0에서 y_1으로 증가하고 무역수지는 TB_1만큼의 흑자를 나타낸다.

그림 10-5 수출증가의 효과

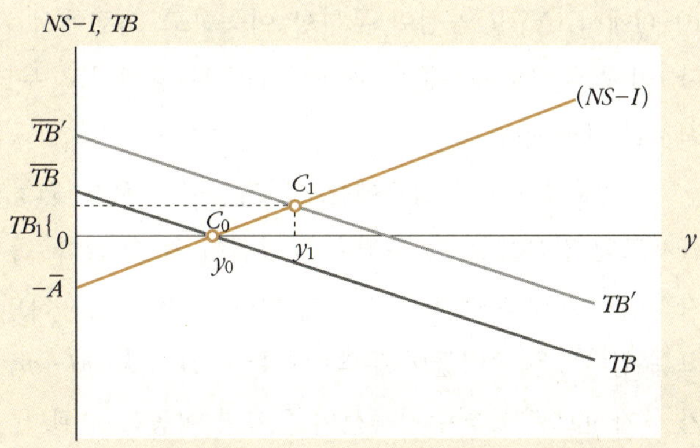

[그림 10-5]에서 소득수준의 증가와 무역수지의 변동은 각각 (10-22), (10-23)식과 같다.

$$\varDelta y = \frac{1}{s+m}(\varDelta \overline{TB}) = \frac{1}{s+m}(\varDelta \overline{X}) \tag{10-22}$$

$$\varDelta TB = \frac{1}{s+m}(s\varDelta \overline{TB}) = \frac{1}{s+m}(s\varDelta \overline{X}) \tag{10-23}$$

즉 수출승수($\frac{\varDelta y}{\varDelta X}$)는 $\frac{1}{s+m}$이며 정부지출승수($\frac{\varDelta y}{\varDelta G}$)의 크기와 같다. 따라서 국민소득수준은 수출증가의 $\frac{1}{s+m}$배만큼 증가한다. 정부지출이 증가한 경우와 달리 수출이 증가한 경우에는 무역수지가 개선된다. 그것은 수출증가로 인한 국민소득의 증가로 수입도 증가하지만 한계수입성향이 1보다 작으므로($0 < m < 1$) 수출증가보다 수입증가가 더 작기 때문이다.

2 변동환율제도

재정정책의 효과

지금 경제는 [그림 10-6]의 ($NS-I$)곡선과 TB곡선이 서로 만나는 C_0점에서 균형을 이루고 있다. 균형국민소득수준은 y_0이고 무역수지는 균형이다. 정부지출(G)이 증가하면 $NS-I(=y-C-G-I)$의 값이 작아지므로 [그림 10-6]에서 ($NS-I$)곡선이 우하향 이동하고 C_1점에서 TB곡선과 만나게 된다. 이때 국민소득수준은 y_0에서 y_1으로 증가하고 무역수지는 TB_1만큼의 적자를 나타낸다.

고정환율제도인 경우에는 이 C_1점이 새로운 균형점이 되지만 변동환율제도인 경우에는 이 C_1점은 균형점이 될 수 없다. 즉 C_1점에서 무역수지가 적자이므로 환율이 상승하게 된다. 환율이 상승하면 수출($\overline{X}$)은 증가하고 수입($\overline{M}$)은 줄어들어 무역수지함수 $TB = \overline{X} - \overline{M} - my = \overline{TB} - my$에서 $\overline{TB}$가 증가하므로 무역수지곡선이 우상향 이동하게 된다. 그리고 환율은 무역수지 적자가 해소될 때까지 상승할 것이고 그에 따라 무역수지곡선도 계속

그림 10-6 정부지출증가의 효과

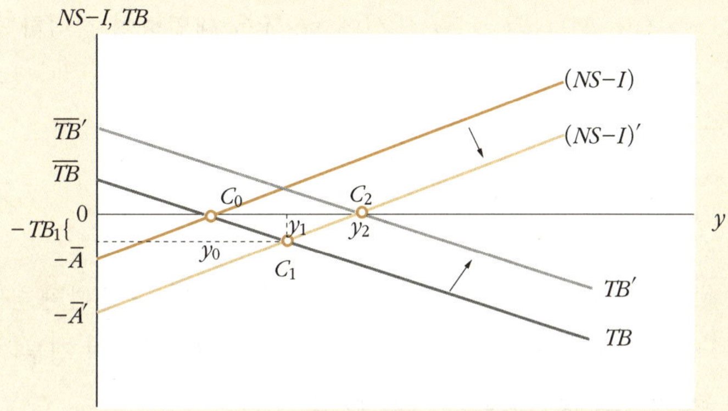

우상향 이동하게 된다.

따라서 최종균형은 $(NS-I)'$곡선과 무역수지곡선 TB'선이 서로 만나는 C_2점에서 이루어진다. 즉 C_2점에서 균형국민소득수준은 y_2가 되고 무역수지는 균형이 된다. 이와 같이 변동환율제도인 경우에는 정부지출이 증가할 경우 국민소득은 y_0에서 y_2까지 증가하여 고정환율제도인 경우보다 국민소득은 더 크게 증가한다($y_2 > y_1$). 그 이유는 변동환율제도의 경우에는 정부지출증가에 따른 소득증가효과가 일부라도 외국으로 빠져나가지 않고 모두 국내에서만 나타나기 때문이다.

이제 수식을 이용하여 변동환율제도하에서의 정부지출 승수를 구해 보면 다음과 같다. 즉 (10−18)식에서 $\Delta \overline{A} = \Delta \overline{G}$이므로 (10−18)식은 (10−24)식과 같다.

$$\Delta y = \frac{1}{s+m}(\Delta \overline{A} + \Delta \overline{TB}) = \frac{1}{s+m}(\Delta \overline{G} + \Delta \overline{TB}) \qquad (10\text{-}24)$$

변동환율제도하에서는 무역수지가 항상 균형($TB=0$)이므로 (10−14)식의 무역수지함수에서 이 조건을 부과하면 $TB = \overline{X} - \overline{M} - my = \overline{TB} - my = 0$이므로 (10−25)식을 얻는다.

$$\varDelta\overline{TB} = m\varDelta y \tag{10-25}$$

(10−24)식의 $\varDelta\overline{TB}$ 대신에 $m\varDelta y$를 대입하여 정리하면 (10−26)식을 얻는다.

$$\varDelta y = \frac{1}{s}\varDelta G \tag{10-26}$$

즉 변동환율제도하의 정부지출승수는 $\frac{1}{s}$로 고정환율제도하의 정부지출승수 $\frac{1}{s+m}$보다 더 크다. 뿐만 아니라 이 경우의 정부지출승수($\frac{1}{s}$)는 봉쇄경제의 정부지출승수의 크기와 같다.

수출의 증가

[그림 10−7]은 수출증가의 효과를 보여주고 있다. 원래의 균형국민소득수준은 y_0이고 무역수지는 균형이다. 예를 들어 해외경기의 회복으로 수출이 증가한다고 해 보자. 수출이 증가하면 무역수지 함수 $TB = \overline{X} - \overline{M} - my = \overline{TB} - my$에서 $\overline{X}$가 증가하므로 무역수지곡선은 TB'곡선으로 우상향 이동하여 새로운 균형은 $(NS-I)$곡선과 TB'곡선이 서로 만나는 C_1점에서 이루어

그림 10-7 수출증가의 효과

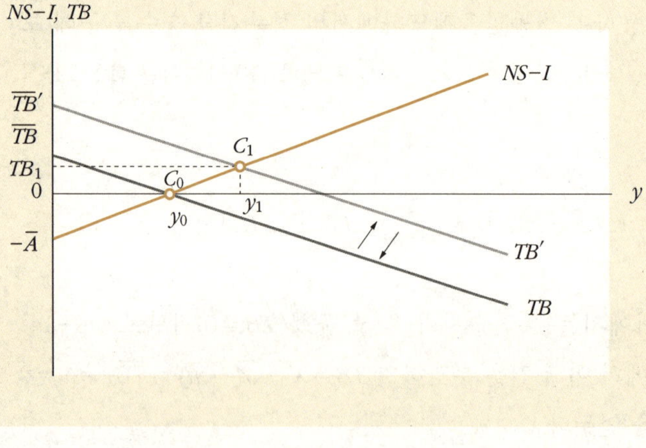

진다. 새로운 균형국민소득수준은 y_0에서 y_1으로 증가하고 무역수지는 TB_1 만큼의 흑자를 나타낸다. 여기까지는 고정환율제도의 경우와 같다. 그러나 변동환율제도인 경우에는 이 C_1점은 최종균형점이 될 수 없다. 즉 C_1점에서는 무역수지가 흑자이므로 환율이 하락하게 된다. 환율이 하락함에 따라 수출은 줄고 수입은 증가하여 무역수지곡선(TB')이 다시 좌하향 이동하게 된다. 이러한 이동은 무역수지 흑자가 완전히 해소될 때까지 계속될 것이다. 따라서 최종균형은 원래의 균형점 C_0에서 일어나게 되고 국민소득수준은 y_0수준에서 변동이 없다.

수출증가에 따른 국민소득의 변동효과를 수식으로 구해 보면 다음과 같다. 즉 (10−22)식에서 $\Delta y=\frac{1}{s+m}(\Delta\overline{X})$인데 처음에 수출이 $\Delta\overline{X}$만큼 증가하여 무역수지가 흑자가 되지만 무역수지 흑자로 인한 환율하락으로 수출이 감소하고 수입이 증가하여 무역수지가 다시 균형이 되기 때문에 초기의 수출증가로 인한 무역수지의 개선효과가 소멸되어 $\Delta y=0$이 된다.

이와 같이 변동환율제도인 경우에는 해외의 경기상승 등으로 수출이 증가하더라도 국내경기(즉 국민소득수준)는 영향을 받지 않는다. 그것은 해외의 경기가 상승하여 수출이 증가하더라도 환율이 하락하여 수출증가에 따른 무역수지의 개선효과가 모두 소멸되기 때문이다. 변동환율제도하에서 해외의 경제적 교란요인이 환율변동 때문에 국내경제에 영향을 미치지 못하게 되는 이러한 성질을 변동환율제도의 차단효과(insulation property)라 부른다. 즉 자본이동이 없고 무역수지만 있는 경우 변동환율제도의 개방거시경제모형은 해외의 경제적 교란요인으로부터 완전히 차단된다는 의미에서 봉쇄경제와 같다. 그러나 다음 장에서 다룰 자본이동이 있는 경우에는 변동환율제도의 차단효과는 소멸된다.

지금까지의 분석을 요약하면 자본이동이 없고 무역수지만 있는 소국모형에서 경제적 교란요인이 국내요인인가 해외요인인가에 따라서 그리고 환율제도가 고정환율제도인가 변동환율제도인가에 따라서 국민경제에 미치는 영향이 다르다. 즉 경제적 교란요인이 정부지출증가와 같이 국내요인인 경우에는 고정환율제도보다 변동환율제도일 때에 국민소득의 변동이 더 크고 해외의 경기확장 등과 같이 그것이 해외요인인 경우에는 반대로 변동환율제도보다 고정환율제도일 때에 국민소득의 변동이 더 큰 것으로 나타났다. 그러므로 경기변동에 미치는 영향만을 고려하여 경기변동의 폭을 최소화하는 것이 목적이라고 한다면 경제적 교란요인이 국내요인인 경우에는 고정환율제도가 더 유리하고 반대로 해외요인인 경우에는 변동환율제도가 더 유리하다고 할 수 있다.

제3절 >> 2국모형

지금까지 우리는 1국 경제, 또는 소국경제모형을 가정하여 해외경제의 변수는 국내경제에 영향을 주지만 국내에서 일어나는 경제변수의 변동은 해외경제에 영향을 주지 않는 것으로 가정하였다. 이제 이러한 소국경제 또는 1국경제 가정을 완화하여 대국경제 또는 2국모형을 가정하고자 한다. 2국모형이란 나라와 나라 간의 상호 의존적인 경제관계를 고려한 모형을 말한다. 즉 세계경제는 상호 의존적이어서 국내경제가 해외경제의 변동으로부터 영향을 받을 뿐만 아니라 국내경제의 변동도 해외경제에 영향을 미치게 된다.

예를 들어 국내의 경기상승으로 국민소득(y)이 증가하면 국내의 수입(M)이 증가할 것이다. 국내의 수입은 외국의 수출(X^*)을 의미하므로 이는 외국의 수출증가를 가져오고 이에 따라 외국의 국민소득(y^*)이 증가하게 된다. 외국의 국민소득이 증가함에 따라 외국의 수입(M^*)은 증가하게 되고 이는 국내의 수출증가(X)로 이어져 다시 국내의 국민소득이 증가하게 된다. 이와 같이 한 나라에서 일어난 경제적 교란은 다른 나라에 영향을 미치는 파급효과를 가지고 이는 다시 그 나라로 다시 되돌아오는 상호 작용을 일으키게 되는데 이러한 상호 작용을 반향효과(repercussion effects)라 부른다.

1 균형국민소득

2국모형은 본국과 외국, 두 나라로 구성된다. 여기서 외국이란 본국을 제외한 해외의 모든 나라들을 하나로 묶은 개념이다. 2국모형의 기본가정은 소국모형과 같다. 즉 임금과 물가는 고정되어 있으며 재화시장의 균형만을 분석하는 단순 케인즈모형이다. 물론 국제자본이동도 없다.

고정환율제도

이제 본국과 외국의 균형국민소득의 결정을 분석해 보자. 이하의 변수기호는 소국모형의 경우와 같으며 *표시 변수는 외국변수를 나타낸다. 환율제도는 환율이 일정수준에 고정되어 있는 고정환율제도이다. 본국의 국민소득 균형조건은 (10−27)식과 같다.

$$y = C + I + G + X - M = A + TB \tag{10-27}$$

(10−27)식의 $A(=C+I+G)$와 $TB(=X-M)$를 선형화하면 각각 (10−28), (10−29)식 같다.

$$A = \overline{A} + cy \tag{10-28}$$

$$\overline{A} = \overline{C} + \overline{I} + \overline{G}, \quad 0 < c < 1$$

$$TB = \overline{TB} - my + m^{*}y^{*} \tag{10-29}$$

$$\overline{TB} = \overline{X} - \overline{M}, \quad 0 < m < 1,\ 0 < m^{*} < 1$$

(10−29)식에서 m과 m^{*}는 각각 본국과 외국의 한계수입성향을 나타낸다. (10−29)식의 무역수지함수는 소국모형의 것과 비교해서 $m^{*}y^{*}$가 추가된 것이 근본적으로 다르다. $m^{*}y^{*}$는 외국의 국민소득(y^{*})변동에 따른 수입변동이 본국의 무역수지에 미치는 영향을 나타낸다. (10−28)식과 (10−29)식을 (10−27)식의 본국 국민소득균형식에 대입하여 정리하면 (10−30)식이 된다.

$$y^*=(\frac{s+m}{m^*})y-\frac{1}{m^*}(\bar{A}+\overline{TB}) \quad (10\text{-}30)$$

(10−30)식은 본국의 국민소득이 균형이 되는 본국의 국민소득(y)과 외국의 국민소득(y^*)과의 관계를 나타낸다.

마찬가지로 외국의 국민소득균형조건은 (10−31)식과 같다.

$$y^*=C^*+I^*+G^*+X^*-M^*=A^*+TB^* \quad (10\text{-}31)$$

본국의 경우와 마찬가지로 (10−31)식의 $A^*(=C^*+I^*+G^*)$를 선형화하면 (10−32)식과 같다.

$$A^*=\overline{A^*}+c^*y^* \quad (10\text{-}32)$$
$$\overline{A^*}=\overline{C^*}+\overline{I^*}+\overline{G^*},\quad 0<c^*<1$$

2국 모형에서는 본국의 무역수지 흑자(적자)는 외국의 무역수지 적자(흑자)와 동일하므로 외국의 무역수지함수는 (10−33)식과 같이 본국의 무역수지함수에 음(−)의 부호만 붙여주면 된다.

$$TB^*=-TB=-\overline{TB}+my-m^*y^* \quad (10\text{-}33)$$

(10−33)식의 my는 본국의 국민소득변동에 따른 수입변동이 외국의 무역수지에 영향을 주는 것을 나타내는데 이것이 소국모형과 근본적으로 다른 점이다. 즉 소국모형에서는 본국의 소득변동에 따른 수입변동이 외국의 무역수지에 전혀 영향을 미치지 않았는데 2국모형에서는 영향을 미치고 있다. 본국의 수입변동에 따른 이러한 외국의 무역수지의 변동은 외국의 국민소득균형식 (10−31)식을 통해 외국의 국민소득에 영향을 미치게 된다. 이와 같이 2국모형은 한 나라의 소득수준의 변동이 다른 나라의 소득수준에 영향을 미치는 반향효과를 반영한 모형이다. 이와 같이 한 나라에서 일어난 경제적 교란요인이 다른 나라로 전달되는 파급경로(transmission mechanism)는 무역수지이다.

(10−32)식과 (10−33)식을 (10−31)식의 외국의 국민소득균형식에 대입하여 정리하면 (10−34)식이 된다.

$$y^* = \left(\frac{m}{s^* + m^*}\right)y + \frac{1}{s^* + m^*}(\overline{A^*} - \overline{TB}) \qquad (10\text{-}34)$$

(10−34)식은 외국의 국민소득이 균형이 되는 본국의 국민소득(y)과 외국의 국민소득(y^*)과의 관계를 나타낸다.

마지막으로 (10−29)식의 본국의 무역수지 균형을 나타내는 본국의 국민소득(y)과 외국의 국민소득(y^*)과의 관계를 구해보자. 이 경우 $TB = \overline{TB} - my + m^* y^* = 0$이므로 본국의 무역수지가 균형이 되는 y와 y^*의 관계는 (10−35)식과 같다.

$$y^* = \left(\frac{m}{m^*}\right)y - \left(\frac{1}{m^*}\right)\overline{TB} \qquad (10\text{-}35)$$

[그림 10−8]은 (10−30), (10−34) 및 (10−35)식을 그림으로 나타낸 것이다.

[그림 10−8]의 yy선은 (10−30)식의 본국의 국민소득균형조건을 충족시

그림 10-8 2국모형 반향효과

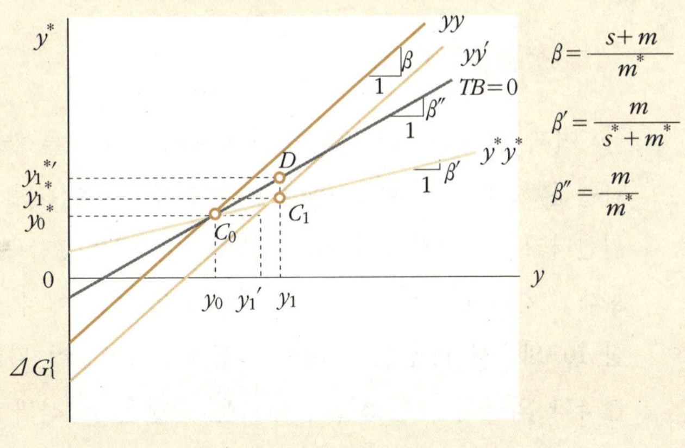

키는 y와 y^*의 조합을 나타내며 기울기는 $\frac{s+m}{m^*}>0$이고 절편은 $-\frac{1}{m^*}(\overline{A}+\overline{TB})$이다. y^*y^*선은 (10-34)식의 외국의 국민소득균형조건을 충족시키는 y와 y^*의 조합을 나타내며 기울기는 $\frac{m}{s^*+m^*}>0$이고 절편은 $\frac{1}{s^*+m^*}(\overline{A^*}-\overline{TB})$이다.

그리고 $TB=0$선은 (10-35)식의 무역수지균형조건을 충족시키는 y와 y^*의 조합을 나타내며 기울기는 $\frac{m}{m^*}>0$이고 절편은 $-(\frac{1}{m^*})\overline{TB}$이다. $\frac{s+m}{m^*}>\frac{m}{m^*}>\frac{m}{s^*+m^*}$이므로 yy선이 $TB=0$선보다 더 가파르고 y^*y^*선이 가장 덜 가파른 모습을 하고 있다.

[그림 10-8]에서 yy선과 y^*y^*선이 서로 교차하는 점 C_0에서 두 나라의 재화시장은 균형이 되고 그때의 균형국민소득수준은 y_0와 y^*_0이다. 그리고 이 점에서 무역수지는 균형이다. 본국과 외국의 균형국민소득수준은 (10-30)식과 (10-34)식을 이용하여 구할 수 있으며 y_0와 y^*_0의 값은 (10-36)식 및 (10-37)식과 같다.

$$y_0=\alpha[(s^*+m^*)\overline{A}+m^*\overline{A^*}+s^*\overline{TB}] \tag{10-36}$$

$$y^*_0=\alpha[(s+m)\overline{A^*}+m\overline{A}-s\overline{TB}],\ \alpha=\frac{1}{ss^*+sm^*+s^*m} \tag{10-37}$$

2 경제적 충격의 파급효과

고정환율제도

이제 한 나라에서 일어난 경제적 충격이 다른 나라에 영향을 미치는 효과를 분석해 보자. 예를 들어 본국이 정부지출(G)을 늘려 경기확장정책을 취한다고 하자. 본국의 정부지출증가는 국민총지출을 증가시킬 것이므로 $\overline{A}$가 증가하게 된다. $\overline{A}$가 증가하면 (10-30)식에서 절편이 증가하므로 [그림 10-8]에서 yy선은 우하향 이동하여 yy'선이 된다($\Delta\overline{A}=\Delta G$). 따라서 본국과 외국의 국민소득의 새로운 균형은 yy'선과 y^*y^*선이 서로 만나는 점 C_1에서 이루어진다. 그 결과 본국소득은 y_0에서 y_1으로, 외국소득은 y^*_0

에서 y_1^*으로 각각 증가한다.

이와 같이 2국모형에서는 본국의 정부지출 증가가 본국의 경제뿐만 아니라 외국의 소득도 동시에 증가시키게 된다. 이때 두 나라의 소득수준이 늘어나는 크기는 (10–38)식 및 (10–39)식과 같다.

$$\Delta y = y_1 - y_0 = \alpha(s^* + m^*)\Delta \bar{A} \qquad (10\text{-}38)$$

$$\Delta y^* = y_1^* - y_0^* = \alpha m \Delta \bar{A} \qquad (10\text{-}39)$$

$$\alpha = \frac{1}{ss^* + sm^* + s^* m}$$

이 경우 정부지출 증가에 대한 본국의 소득증가는 소국모형의 경우에 비해 더 크다. 그것은 2국모형의 경우에는 본국의 소득증가로 인한 수입증가가 외국의 소득을 증가시키고 이는 다시 본국에 대한 수입증가(즉 수출증가)를 가져와 다시 본국의 소득이 증가하는 승수효과가 추가로 더 작용하기 때문이다.[4] 즉 [그림 10–8]에서 소국모형의 경우는 외국의 소득수준이 y_0^*수준에서 변동이 없으므로 본국소득은 y_0에서 y_1'로 증가하는 데 그치지만 2국 모형의 경우는 y_1'보다 더 높은 y_1까지 증가하게 된다. 여기서 $y_1'y_1$은 외국의 소득증가로 인한 본국의 추가적인 소득증가이다.

그러면 국내의 정부지출증가가 무역수지에 미치는 효과는 무엇인가? [그림 10–8]의 새로운 균형점 G_1은 무역수지 균형선, $TB=0$선보다 아래에 위치하고 있다. 이제 새로운 본국소득, y_1수준에서 무역수지가 균형이 되는 외국의 소득수준은 D점의 $y_1^{*\prime}$이다. 새로운 균형점 G_1에서의 외국의 소득수준 y_1^*는 $y_1^{*\prime}$보다 더 낮으므로 외국의 수입(본국의 수출)은 D점보다 G_1점이 더 작다. 따라서 본국은 무역수지가 적자이고 외국은 무역수지가 흑자이다.

이는 수식을 통해서도 증명된다. 즉 (10–24)식에서 $\Delta TB = -m\Delta y + m^*\Delta y^*(\Delta \overline{TB}=0)$이므로 (10–38)식과 (10–39)식의 Δy와 Δy^*을 각각 대입하면 $\Delta TB = -(\frac{ms^*}{ss^* + sm^* + s^* m})\Delta \bar{A} < 0$가 된다.

외국이 정부지출의 확대 등으로 경기확장정책을 취하는 경우에는 yy선은 변동이 없고 y^*y^*선이 좌상향 이동하여 본국의 경기확장정책의 경우

4) 즉 소국모형의 정부지출승수$(\frac{1}{s+m})$ < 2국모형의 정부지출승수$(\frac{s^* + m^*}{ss^* + sm^* + s^* m})$임.

와 마찬가지로 외국의 국민소득 증가와 동시에 본국의 국민소득도 증가한다.

이와 같이 2국모형에서는 한 나라에서 일어나는 경제적 교란요인은 그 나라에만 영향을 미치는 것이 아니라 다른 나라에까지 파급되어 상호 작용을 일으키게 된다.

그러면 2국모형의 시사점은 무엇인가? 그것은 세계경제의 정책협조의 중요성을 강조한 데 있다. 즉 세계경제가 불황에 처해 있을 때 어느 한 나라가 불황타개책을 취하게 되면 그것은 그 나라뿐만 아니라 다른 나라의 불황을 타개하는 데도 도움을 줄 수 있다는 것이다. 역사적으로 이런 사례는 많다. 무엇보다도 1930년대의 대공황 때 한 나라의 경기불황이 전세계적으로 확산된 바 있으며 1977~1978년 불황 때 미국이 일본과 독일에 대해 경기확장정책을 실시할 것을 요구한 바 있다. 1983~1984년 세계경제 불황기에는 미국이 경기확장정책을 취하여 세계경제를 견인하는 기관차역할을 한 바 있다. 또한 2007~2009년의 글로벌 금융위기에는 미국, EU, 일본 등 선진국은 물론이고 한국을 포함한 신흥개발도상국을 포함한 소위 G-20국가그룹이 경기회복을 위한 국제적 경제정책의 공조에 합의하기도 하였다.

변동환율제도

2국모형의 경우에도 변동환율제도의 차단효과는 그대로 살아 있다. 즉 한 나라에서 일어난 경제적 교란요인은 다른 나라에 전파되지 않는다. 예를 들어 본국의 정부지출이 증가한 경우 본국의 소득은 증가할 것이다. 그러나 본국의 무역수지는 [그림 10-8]에서 분석한대로 적자가 될 것이다. 무역수지 적자로 본국의 환율은 상승(본국통화가치 하락)할 것이며 이에 따라 본국의 수출이 증가하여 본국의 소득은 더욱더 증가할 것이다. 즉 [그림 10-8]의 y_1보다 더 높은 수준으로 증가할 것이다. 외국에서는 이와 정반의 현상이 일어나게 된다. 즉 외국은 무역수지 흑자로 인하여 환율이 떨어질 것이고 무역수지 흑자는 다시 축소될 것이며 국민소득은 감소할 것이다. 따라서 최종균형은 반드시 무역수지가 균형일 때 달성된다. 그리고 최종균형점에서는 본국의 소득수준만 증가하고 외국의 국민소득 수준은 변동이 없다.

이와 같이 본국에서 일어난 정부지출 증가는 본국에만 영향을 미치고 환율변동 때문에 외국에는 영향을 미치지 않는 이른바 변동환율제도의 차단효과가 존재한다. 즉 소국모형의 경우와 마찬가지로 2국모형에서도 변동환율제도하에서는 국민소득수준은 반드시 국내수요에 의해서만 결정되고 해외요인으로부터 단절된다. 그것은 해외의 경제적 교란요인이 국내에 파급되는 경로가 무역수지인데 변동환율제도하에서는 환율변동으로 무역수지가 항상 균형을 이루어 해외와 국내를 연결하는 파급경로가 소멸되기 때문이다. 이런 점에서 변동환율제도의 개방경제모형은 봉쇄경제와 같다.

이전지출의 문제 << 제4절

이전지출은 선물, 융자, 전쟁배상금 등 여러 가지 형태로 이루어지는 국가 간의 구매력의 이전을 말하는데 이전지출을 하는 나라를 이전지출국(transferor), 이전지출을 수취하는 나라를 이전지출 수취국(recipient)이라 부른다. 이전지출은 직접적인 실물자원의 이동에 의해 이루어지기도 하지만 금융투자 등과 같이 간접적으로 이루어지기도 한다.

이전지출문제(transfer problem)란 이전지출이 이전지출국의 경제에 어떠한 영향을 미칠 것인가에 대한 문제를 말하는데 역사적으로 제 1 차 세계대전 후 독일의 연합국에 대한 전쟁배상금문제와 관련하여 처음 등장하였으며 또 다른 예로는 1970년대의 석유파동, 1991년 미국의 이라크전쟁수행에 대한 일본, 독일, 사우디아라비아, 쿠웨이트 등의 전쟁분담금 지급, 1997~1998년의 동아시아 위기 등을 들 수 있다.

이전지출의 경제적 효과는 소득효과와 교역조건효과 두 가지로 나누어진다. 소득효과란 이전지출 후 소득 및 경상수지의 변동으로 나타나는 효과를 말한다. 교역조건효과란 소득효과의 결과에 따라 경상수지의 조정에 필요한 교역조건의 변동을 말한다. 그러면 이전지출문제를 소득효과와 교역조건효과를 사용하여 분석해 보기로 하자.

먼저 소득효과의 메커니즘은 다음과 같다. 논의의 전개를 위해 이전지출 이전에 경상수지는 무역수지와 같고 균형상태에 있었다고 하자. 이제 이전지출을 하게 되면 이전지출국의 소득은 줄어들고 경상수지는 무역수지에서 이전지출을 뺀 것이므로 악화되는 반면 이전지출 수취국의 소득은 증가하고 경상수지는 역으로 개선된다. 그러나 이전지출국의 소득감소는 무역수지를 개선시킬 것이고 반대로 이전지출 수취국은 소득이 증가하여 수입(즉 이전지출국의 수출)이 증가할 것이므로 이전지출국의 경상수지는 다시 개선될 수 있다.

여기서 핵심적인 것은 이전지출국이 소득감소로 수입이 얼마나 줄어들고 다른 한편으로 이전지출 수취국은 소득의 증가로 수입이 얼마나 증가할 것인가이다. 그 이유는 이전지출로 실질자원의 이동이 일어나는 것은 오로지 이전지출국은 무역수지의 흑자를 내고 이전지출 수취국은 무역수지 적자를 낼 경우이기 때문이다. 즉 이전지출국의 경상수지가 궁극적으로 얼마나 악화될 것인가는 이전지출국과 이전지출 수취국의 한계수입성향의 크기에 의해 결정된다. 그런데 이러한 소득효과에 의해 이전지출국의 경상수지의 회복이 완전하지 못하면 교역조건이 변동하게 되는데 이것이 교역조건효과이다.

이제 이전지출국과 이전지출 수취국 두 나라로 구성된 세계를 가정하고 이전지출의 경제적 효과를 분석해 보기로 하자. 그리고 이전지출국의 한계수입성향을 m, 이전지출 수취국의 한계수입성향을 m^*이라 하자. 그러면 이전지출의 경제적 효과는 두 나라의 한계수입성향의 합계($m+m^*$)의 크기에 달려 있다.

첫째, 두 나라의 한계수입성향의 합계가 1인 경우, 즉 $m+m^*=1$인 경우에는 실질자원의 이전은 완전하게 이루어진다. 즉 이 경우에는 이전지출된 자원이 전액 이전지출국의 무역수지 개선으로 나타나게 되고 추가적인 조정이 필요하지 않으므로 교역조건은 변동하지 않는다. 이를 완전이전(complete transfer)이라고 부른다.

둘째, 두 나라의 한계수입성향의 합계가 1보다 작은 경우, 즉 $m+m^*$

<1인 경우에는 실질자원의 이전은 불완전완전하게 이루어진다. 이를 과소이전(under-effected)이라 부른다. 이 경우에는 이전지출국의 무역수지 개선은 이전지출된 자원보다 작고 무역수지는 적자이다. 이 경우 무역수지 균형을 회복하기 위해서는 교역조건의 변동이 필요하다. 즉 이전지출국의 교역조건은 악화되고 이전지출 수취국의 교역조건은 개선된다.

셋째, 두 나라의 한계수입성향의 합계가 1보다 큰 경우, 즉 $m+m^{*}>1$인 경우에는 실질자원의 이전은 원래의 이전지출보다 더 크다. 이를 과대이전(over-effected)이라 부른다. 이 경우에는 이전지출국의 무역수지 개선은 이전지출된 자원보다 크고 무역수지는 흑자이다. 이 경우 무역수지 균형을 회복하기 위해서는 교역조건의 변동이 필요하다. 즉 이전지출국의 교역조건은 개선되고 이전지출수취국의 교역조건은 악화된다.

예를 들어 보기로 하자. 100만 달러의 이전지출이 이루어진다고 하자. 그러면 이전지출국의 소득은 100만 달러 줄어들고 이전지출 수취국의 소득은 100만 달러 증가한다. 이제 위 세 가지 경우를 보자.

첫째 경우를 보자. 즉 $m=0.4$이고 $m^{*}=0.6$이라 하자. 그러면 이전지출국의 수입은 40만 달러 줄어들고 이전지출 수취국의 수입(즉 이전지출국의 수출)은 60만 달러 증가하여 이전지출국의 무역수지는 100만 달러 전액 개선된다. 이 경우 무역수지는 균형을 회복하였기 때문에 교역조건은 변동하지 않는다.

다음 두 번째 경우를 보자. 즉 $m=0.3$이고 $m^{*}=0.5$라 하자. 그러면 이전지출국의 수입은 30만 달러 줄어들고 이전지출 수취국의 수입(즉 이전지출국의 수출)은 50만 달러 증가하여 이전지출국의 무역수지는 80만 달러 개선된다. 이는 원래의 이전지출 100만 달러보다 20만 달러 부족하다. 즉 이전지출국의 무역수지는 20만 달러 적자이다. 따라서 이 경우 이전지출국의 교역조건은 악화되고 이전지출 수취국의 교역조건은 개선된다.

마지막으로 세 번째 경우를 보자. 즉 $m=0.5$이고 $m^{*}=0.7$이라 하자. 그러면 이전지출국의 수입은 50만 달러 줄어들고 이전지출 수취국의 수입(즉 이전지출국의 수출)은 70만 달러 증가하여 이전지출국의 무역수지는 120만 달러 개선된다. 이는 원래의 이전지출 100만 달러보다 20만 달러 더 많다.

즉 이전지출국의 무역수지는 20만 달러 흑자이다. 따라서 이 경우 이전지출국의 교역조건은 개선되고 이전지출 수취국의 교역조건은 악화된다.

이와 같이 이전지출이 일어난 경우 궁극적으로 이전지출을 한 나라의 경제가 어떻게 되는가는 이전지출의 소득효과와 교역조건효과에 달려 있다. 만일 소득효과가 완전하여 이전지출국의 무역수지가 완전히 이전지출 이전의 수준으로 균형을 회복하면 교역조건은 변동하지 않는다. 그러나 소득효과가 불완전하면 교역조건의 변동이 일어난다. 그러므로 이전지출의 문제는 이전지출이 있은 후에 소득조정과 교역조건의 조정이 어떻게 일어나느냐의 문제이다.

이러한 이전지출의 문제는 앞에서도 설명한 바와 같이 제 1 차 세계대전 후 독일의 전쟁배상금문제로 등장한 것이지만 최근에는 국제적인 자본이동의 문제 예를 들면 1997~1998년의 동아시아 위기의 문제도 이전지출의 문제의 예에 해당한다고 할 수 있다. 즉 동아시아 위기의 경우 자본유입이 급격하게 줄어들자 위기국들은 경상수지를 급격히 조정해야 하는 부담을 안게 되었는데 이는 실질환율의 급격한 상승을 수반하는 고통을 초래하였다.[5)]

그림 10-9 이전지출의 효과

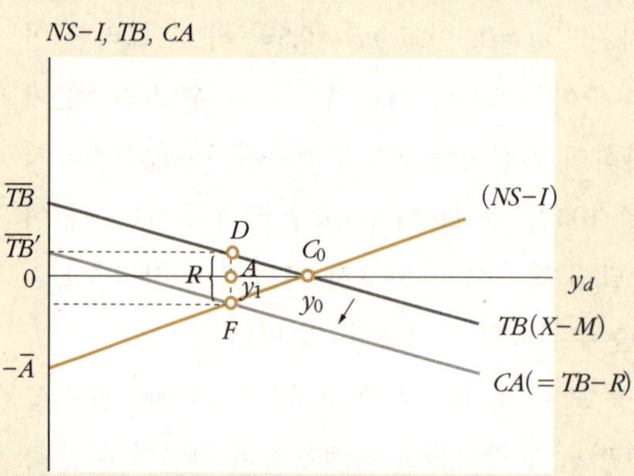

5) Krugman(1999), p. 464 참조.

이제 이전지출의 효과를 그림으로 설명해 보기로 하자. [그림 10-9]는 이전지출의 효과를 나타내고 있다. 이 그림은 케인즈의 소국개방경제모형에 입각한 것으로 제 1 절의 고정환율제도에 해당한다. 단 이전지출은 세금을 거두어 지출한 것으로 가정하여 국민소득수준은 가처분소득(y_d)을 나타낸다.

C_0점은 이전지출이 있기 전의 균형점이다. 즉 C_0점에서 무역수지는 경상수지와 같고 균형이다. 이제 R만큼 이전지출을 한다고 해 보자. 그러면 경상수지(CA)는 무역수지에서 R을 뺀 것이 된다. 즉 $CA = TB - R$. 따라서 경상수지선은 무역수지선보다 R만큼 하방으로 수직이동한다. 새로운 균형은 F점에서 이루어지고 산출량은 y_0에서 y_1으로 줄어든다. 그러나 이 경우 무역수지는 DA만큼 흑자를 내어 개선된다. 무역수지의 개선폭(즉 DA)은 원래의 이전지출보다 작으므로 이러한 이전지출은 과소이전(under-effected)에 해당한다.

요 약

요약
Summary

1. 단순 케인즈모형에서는 자산시장은 제외되며 재화시장의 균형만 분석한다. 그리고 임금, 물가는 고정되어 있으며 따라서 총공급곡선은 완전탄력적이다. 이런 경우에는 균형산출량은 총수요의 크기에 의해서만 결정된다. 즉 총수요의 크기가 바로 산출량의 크기를 결정한다.

2. 경상수지(무역수지)는 국민소득과 국민총지출과의 갭의 크기에 의해 결정된다. 즉 $CA \equiv X-M \equiv y-A$. 국민총지출이 국민소득수준보다 크면($A>y$) 경상수지는 적자($CA=X-M<0$), 반대로 국민총지출이 국민소득수준보다 작으면($A<y$) 경상수지는 흑자가 되고($CA \equiv X-M>0$), 양자가 같으면($A=y$) 경상수지는 균형이 된다($CA=X-M=0$).

3. 경상수지의 불균형은 바로 국민소득수준과 국민총지출의 크기에 의해서 결정된다. 이는 경상수지의 불균형은 국민총지출의 크기를 조절함으로써 시정할 수 있다는 것을 의미한다. 경상수지에 대한 이러한 접근방법을 총지출접근방식(absorption approach)이라 한다.

4. 국민소득은 국민총저축과 투자의 갭($NS-I$)과 무역수지(TB)가 일치할 때 균형이 된다. 개방경제하에서의 정부지출승수와 수출승수는 모두 $\frac{1}{s+m}$으로 같다.

5. 정부지출증가의 승수효과는 고정환율제도인 경우보다 변동환율제도인 경우가 더 크다. 그것은 변동환율제도하에서는 환율상승효과 때문이다. 그러나 수출증가의 승수효과는 고정환율제도인 경우가 변동환율제도인 경우보다 더 크다. 그것은 변동환율제도하에서는 수출이 증가하더라도 환율이 하락하여 무역수지개선효과가 소멸되기 때문이다.

6. 변동환율제도인 경우에는 차단효과(insulation property)에 의해 해외의 경기상승 등으로 수출이 증가하더라도 국내경기(즉 국민소득수준)는 영향을 받지 않는다. 따라서 자본이동이 없고 무역수지만 있는 경우 변동환율제도의 개방거시경제모형은 해외의 경제적 교란요인으로부터 완전히 차단된다는 의미에서 봉쇄경제와 같다.

7. 경제적 교란요인이 국내요인인 경우에는 고정환율제도보다 변동환율제도일 때에 국민소득의 변동이 더 크고 해외요인인 경우에는 반대로 변동환율제도보다 고정환율제도일 때에 국민소득의 변동이 더 큰 것으로 나타났다. 그러므로 경기변동의 폭을 최소화하는 것이 목적이라고 한다면 경제적 교란요인이 국내요인인 경우에는 고정환율제도가 더 유리하고 반대로 해외요인인 경우에는 변동환율제도가 더 유리하다고 할 수 있다.

요약
Summary

8. 2국모형에서는 국내경제의 경제적 충격이 외국에 파급되고 그것이 다시 국내경제에 영향을 미치게 되는 반향효과를 고려하고 있다. 이와 같이 상호 의존적인 세계경제구조에서 경제정책의 협조가 중요하다.

9. 이전지출의 효과는 두 나라의 한계수입성향의 합계($m+m^*$)의 크기에 달려 있다. 두 나라의 한계수입성향의 합계가 1인 경우에는 이전지출된 자원이 전액 이전지출국의 무역수지 개선으로 나타나게 되고 추가적인 조정이 필요하지 않으므로 교역조건은 변동하지 않는다. 두 나라의 한계수입성향의 합계가 1보다 작거나 큰 경우에는 교역조건의 변동이 필요하다.

10. 이전지출의 경우 경상수지의 변동이 충분하지 않으면 교역조건의 변동이 일어난다. 예를 들면 1997~1998년의 동아시아 위기의 경우 자본유입이 급격하게 줄어들자 위기국들은 경상수지를 급격히 조정해야 하는 부담을 안게 되었는데 이는 실질환율의 급격한 상승을 수반하는 고통을 초래하였다.

연습문제

1. 다음의 가상적 개방경제모형을 이용하여 물음에 답하시오(단 고정환율제도를 가정하시오).

$$A = 390 + 0.75y$$
$$TB = 10 - 0.15y$$

(1) 균형산출량결정 방정식을 구하시오.
(2) 국민저축－투자갭($NS - I$)의 방정식을 구하시오.
(3) 무역수지함수와 국민저축－투자갭($NS - I$)을 그래프로 나타내시오.
(4) 균형산출량수준과 무역수지를 구하시오.
(5) 정부지출과 수출이 각각 40만큼 증가할 경우 균형산출량과 무역수지의 변동을 구하시오.
(6) 만일 완전고용수준 산출량이 1,250이면 정부지출의 변동은 얼마가 되어야 하는가?

2. 본국과 외국으로 구성된 2국모형이 다음과 같다고 하고 물음에 답하시오.

본국: $A = 290 + 0.75y$
$TB = 10 - 0.25y + 0.10y^*$
외국: $A^* = 160 + 0.90y^*$

(1) 본국과 외국의 재화시장의 균형조건을 구하시오.
(2) 본국과 외국의 무역수지방정식을 구하시오.
(3) 위 (1)번과 (2)번의 답을 이용하여 본국과 외국의 재화시장의 균형을 나타내는 y와 y^*의 관계를 그래프로 나타내 보시오.
(4) 무역수지 균형선을 그래프로 나타내 보시오.
(5) 본국과 외국의 균형산출량 및 무역수지를 구하고 그것을 그래프에 표시하시오.

3. 소규모개방경제를 가정하고 다음의 경제적 충격이 산출량과 무역수지에 미칠 영향을 그래프를 이용하여 분석해 보시오.

(1) 정부지출 삭감
(2) 해외 경기 침체에 따른 수출감소

4. 1970년대의 OPEC의 석유달러가 왜 이전지출의 문제를 일으켰는지 설명해 보시오.

참고문헌

성범용(2002), 『국제금융의 이론과 정책』, 박영사, 180-185쪽.

Caves, Richard E., Jeffrey A. Frankel and Ronald W. Jones(2002), *World Trade and Payments: An Introduction*, Addison Wesley, New York, Chapter 17-18, pp. 315-361.

Krugman, Paul(1999), "Balance Sheets, the Transfer Problem, and Financial Crises," *International Tax and Finance*, No. 6, pp. 459-472.

Obstfeld, Maurice and Kenneth Rogoff(1996), *Foundations of International Macroeconomics*, The MIT Press, Cambridge, Massachusetts, pp. 255-256.

Salvatore, Dominick(2010), *International Economics: Trade and Finance*, Tenth Edition, John Wiley & Sons, Inc., Hoboken, NJ, Chapter 17, pp. 619-620.

11 개방경제 *IS–LM*모형

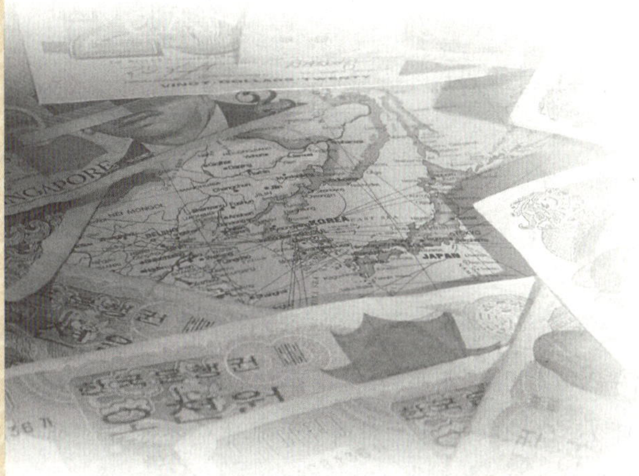

제1절 개방경제 *IS–LM*기본모형

제2절 경제정책의 효과

본 장은 화폐시장을 도입하여 재화시장, 화폐시장 및 무역수지의 동시균형을 분석한다. 이는 확대 케인즈모형으로 개방경제 *IS–LM*모형이다. 확대 케인즈모형에서도 단순 케인즈모형의 경우와 마찬가지로 여전히 임금 및 물가는 고정되어 있는 것으로 가정한다. 따라서 재화시장의 총공급곡선은 완전탄력적이며 산출량의 크기는 총수요의 크기에 의해 자동적으로 결정된다. 여기서도 국제자본이동은 없으며 따라서 국제수지는 무역수지(경상수지)만으로 구성된다. 재정정책, 금융정책, 환율정책 등 경제정책의 효과를 고정환율제도와 변동환율제도로 나누어 비교 분석한다. 아울러 대내균형과 대외균형의 달성을 분석한다.

제1절 >> 개방경제 *IS-LM* 기본모형

1 재화시장의 균형: *IS* 곡선

재화시장의 균형식은 (11-1)식과 같다.

$$y = C + I + G + X - M = A + TB \tag{11-1}$$
$$A = C + I + G,\ TB = X - M$$

(11-1)식의 좌변 y는 총공급(산출량 또는 국민소득수준)을 나타내고 우변은 국민총지출(A)과 무역수지(TB)의 합으로 국내에서 생산된 재화에 대한 총지출을 나타낸다. 그런데 *IS-LM*모형에서는 화폐시장에서 이자율이 외생적으로 주어진 것이 아니라 화폐에 대한 수요와 공급에 의해 내생적으로 결정되므로 내생변수(endogenous variable)이다. 그러므로 이자율의 영향을 받는 투자도 내생변수가 된다. 즉 $I = I(i)$가 된다. 따라서 국민총지출 A는 이제 이자율(i)에도 영향을 받게 되어, $A = C(y) + I(i) + G = A(y,\ i,\ G)$가 된다. 즉 A는 소득(y), 이자율(i) 및 정부지출(G)의 함수가 된다. 이자율은 투자지출의 비용을 나타내므로 이자율과 투자지출은 음(−)의 관계에 있다. 따라서 투자지출함수는 다음 (11-2)식과 같이 나타낼 수 있다.

$$I = I(i) = \bar{I} - bi, \quad b > 0 \tag{11-2}$$

(11-2)식에서 $\bar{I}$는 소득이나 이자율과는 독립적으로 이루어지는 독립투자(autonomous investment)이며 외생변수(exogenous variable)이다. b는 투자함수의 기울기를 나타낸다. 따라서 A는 (11-3)식과 같이 나타낼 수 있다.

$$A = A(y,\ i,\ G) = \bar{A} + cy - bi \tag{11-3}$$
$$\bar{A} = \bar{C} + \bar{I} + \bar{G}, \quad 0 < c < 1, \quad b > 0$$

무역수지 *TB*는 제11장의 단순모형과 차이가 없다. 즉 무역수지를 다시 쓰면 다음 (11–4)식과 같다.

$$TB = \overline{X} - \overline{M} - my = \overline{TB} - my \qquad (11\text{-}4)$$
$$\overline{TB} = \overline{X} - \overline{M}, \quad 0 < m < 1$$

(11–3)식과 (11–4)식을 재화시장의 균형조건 (11–1)식에 대입하여 정리하면 (11–5)식을 얻는다.

$$y = A(y,\ i,\ G) + TB(q,\ y) = \overline{A} + \overline{TB} + cy - bi - my \qquad (11\text{-}5)$$
$$q = \frac{EP^*}{P}$$

(11–5)식은 재화시장에서 총공급과 총지출이 일치하는 재화시장의 균형조건이다. 이 식을 정리하면 (11–6)식이 된다.

$$y = \frac{1}{1-c+m}(\overline{A} + \overline{TB}) - (\frac{b}{1-c+m})i \qquad (11\text{-}6)$$
$$= \frac{1}{s+m}(\overline{A} + \overline{TB}) - (\frac{b}{s+m})i, \quad 0 < s < 1$$

그림 11–1 재화시장의 균형선: *IS*곡선

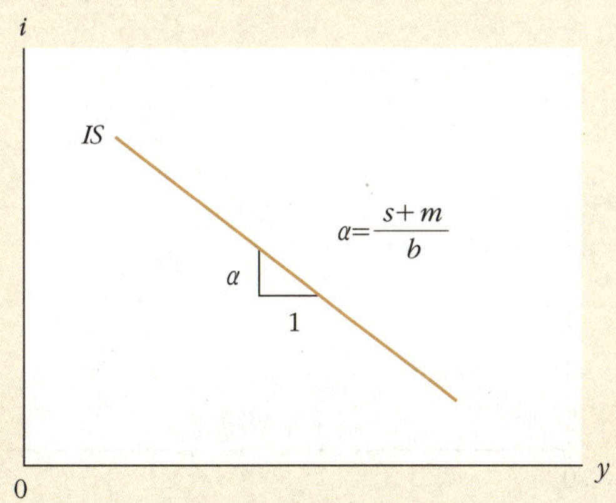

(11-6)식은 재화시장의 균형조건을 충족시키는 소득과 이자율의 조합을 나타내는 *IS*곡선의 식이며 기울기는 $-\frac{b}{s+m}<0$이고 절편은 $\frac{1}{s+m}(\bar{A}+\overline{TB})$이다. 이를 도시하면 [그림 11-1]과 같다.

2 화폐시장의 균형: *LM*곡선

화폐시장의 균형은 화폐의 공급과 화폐에 대한 수요가 일치할 때 이루어진다. 즉 화폐시장의 균형식은 (11-7)식과 같이 나타낼 수 있다.

$$\frac{M^s}{P}=L^D(y,\ i)=ky-hi,\quad k,h>0 \tag{11-7}$$

(11-7)식에서 M^s는 명목통화량, P는 물가수준, k와 h는 모두 양(+)의 파라미터(parameter)이다. ky는 거래적 동기에 의한 화폐수요를, hi는 투기적 동기에 의한 화폐수요를 각각 나타낸다. 통화량은 통화당국의 정책에 의해 외생적으로 결정되므로 통화공급량, M^s는 $\overline{M^s}$수준에 일정하게 놓을 수 있다. 이제 (11-7)식을 정리하면 (11-8)식이 된다.

그림 11-2 화폐시장의 균형선: *LM*곡선

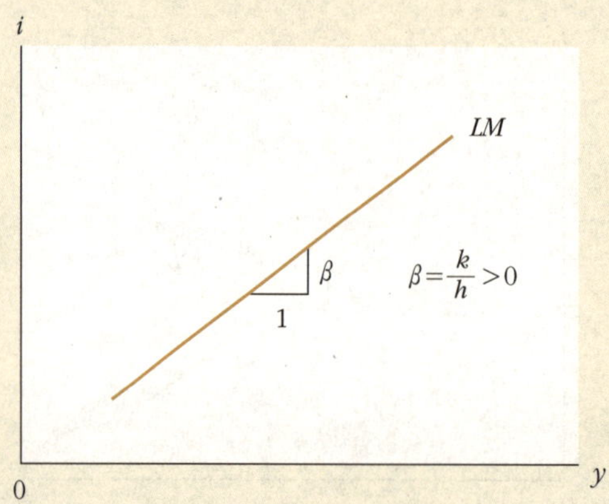

$$y=(\frac{h}{k})i+\frac{1}{k}(\frac{\overline{M^s}}{P}) \quad (11\text{-}8)$$

(11−8)식은 통화공급량이 $\overline{M^s}$일 때 화폐시장이 균형이 되는 이자율 i와 소득 y와의 조합을 나타내는 화폐시장의 균형선, 즉 *LM*곡선의 공식이다. 그 기울기는 $\frac{h}{k}>0$이고 절편은 $\frac{1}{k}(\frac{\overline{M^s}}{P})$이다. 이를 도시하면 [그림 11−2]와 같다.

3 재화시장과 화폐시장의 동시균형

이제 [그림 11−1]과 [그림 11−2]를 결합하면 재화시장과 화폐시장의 동시 균형을 구할 수 있다. 그것이 [그림 11−3]의 *IS*곡선과 *LM*곡선이 교차하는 C_0점이다. 즉 C_0점에서 두 시장이 동시에 균형이 되는 소득수준은 y_0이고 그 때의 이자율은 i_0이다. y_0와 i_0의 값은 (11−6)식의 *IS*곡선식과 (11−8)식의 *LM*곡선식을 이용해서 구할 수 있으며 다음 (11−9)식 및 (11−10)식과 같다.

$$y_0=\tilde{\alpha}\delta\frac{\overline{M^s}}{P}+\tilde{\alpha}(\bar{A}+\overline{TB}) \quad (11\text{-}9)$$

그림 11−3 재화시장과 화폐시장의 동시균형

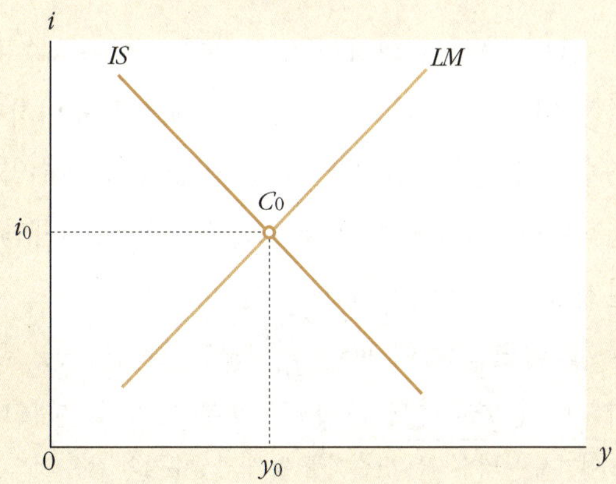

$$\tilde{\alpha}=\frac{b}{s+m+\delta k},\quad \delta=\frac{b}{h}$$

$$i_0=\frac{1}{h}(\tilde{\alpha}k\delta+1)(\frac{\overline{M^s}}{P})+\frac{k}{h}\tilde{\alpha}(\bar{A}+\overline{TB}) \tag{11-10}$$

4 무역수지 균형

봉쇄경제인 경우에는 재화시장과 화폐시장의 동시 균형만을 분석하면 되지만 개방경제인 경우에는 이것으로 충분하지 않다. 대외균형, 즉 국제수지균형을 분석해야 한다.[1] 여기서는 국제자본이동이 없으므로 국제수지는 바로 무역수지가 된다. 이제 무역수지균형조건을 충족시키는 이자율과 소득의 관계를 나타내는 곡선을 무역수지균형선, 즉 *TT*선이라 하자. 제11장의 무역수지함수를 다시 쓰면 (11-11)식과 같다.

$$TB=\overline{TB}-my \tag{11-11}$$

(11-11)식에서 무역수지 균형, 즉 $TB=0$를 충족시키는 y의 값, y_T를 구하면 (11-12)식과 같다.

$$y_T=\frac{\overline{TB}}{m} \tag{11-12}$$

(11-12)식에 의하면 무역수지는 이자율수준과는 관계가 없으며 소득이 y_T일 때 균형이 된다. 이를 그래프로 표시하면 [그림 11-4]와 같이 $y=y_T$수준에서 수직선이 된다. y_T의 값은 한계수입성향 m과 $\overline{TB}$의 값에 의해 결정된다. 예를 들어 $m=0.1$, $\overline{TB}=\bar{X}=500$이면 무역수지는 이자율수준과 관계없이 $y_T=5{,}000$일 때 균형이 된다.

그러면 소득이 $y_T(=\frac{\overline{TB}}{m})$보다 작거나 큰 경우에는 무역수지가 흑자일까 적자일까? 먼저 $y<y_T$인 경우 예를 들면 [그림 11-4]의 C_0점에서 수출

1) 여기서 무역수지는 단순화를 위해 경상수지와 같은 것으로 가정한다.

그림 11-4 무역수지균형선

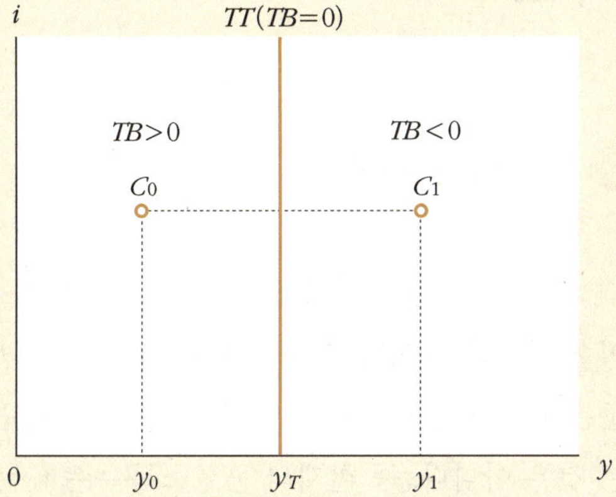

은 변동이 없는데(즉 $y=y_T$일 때와 같음) y_0는 y_T보다 작으므로 수입은 감소한다. 따라서 C_0점에서 무역수지는 흑자이다. 반대로 $y>y_T$인 경우 예를 들면 C_1점에서 수출은 변동이 없는데(즉 $y=y_T$일 때와 같음) y_1은 y_T보다 크므로 수입은 증가한다. 그러므로 C_1점에서 무역수지는 적자이다. 따라서 [그림 11-4]에서 *TT*선의 왼쪽 영역은 무역수지 흑자를, 오른쪽 영역은 무역수지 적자를 각각 나타낸다.

한편 무역수지균형선, *TT*선은 $\overline{TB}$의 값, 즉 수출($\bar{X}$)이 달라지면 이동한다. 그 이유는 수출의 크기가 달라지면 무역수지의 균형을 이루는 수입의 크기도 달라져야 하기 때문이다. 수출은 환율(E), 또는 외국의 소득(y^*)에 의해 영향을 받으므로 결국 환율 또는 외국의 소득이 변동할 때 *TT*선은 이동하게 된다. 예를 들어 환율이 상승하거나 외국의 경기가 좋아지면 $\bar{X}(=\overline{TB})$가 증가하여 $y_T(=\frac{\overline{TB}}{m})$가 증가하므로 *TT*선은 오른쪽으로 이동한다. 이 경우 수출이 증가하므로 무역수지 균형을 이루는 수입수준도 더 높을 것이다. 즉 수입은 소득의 증가함수이므로 소득이 더 높은 수준에서 수출과 수입이 같아져서 무역수지가 균형을 이루게 될 것이다. 반대로 환율이 하락하거나 외국의 경기가 나빠지면 *TT*선은 왼쪽으로 이동한다.

제2절 >> 경제정책의 효과

1 경제의 균형

[그림 11-5]는 경제의 균형을 나타낸다. 즉 C_0점에서 IS, LM곡선 및 TT선이 서로 교차하여 균형을 이루고 있으며 균형소득수준은 y_0, 균형이자율수준은 i_0이고 무역수지는 균형이다. 현재의 균형상태가 완전고용을 보장하는 것은 아니다. 즉 현재의 균형소득수준 y_0는 완전고용 소득수준 y_f보다 작을 수도 있고 반대로 클 수도 있다. 즉 C_0점에서의 균형은 무역수지 균형, 즉 대외균형은 달성하고 있지만 완전고용, 즉 대내균형은 아직 달성하지 못하고 있다. 만일 $y_0 < y_f$이면 경제는 현재 실업이 존재하는 불완전고용상태에 있다. 반대로 만일 $y_0 > y_f$이면 경제는 현재 산출량이 완전고용산출량 수준을 초과하여 경기과열상태에 있다.

그러면 재정정책, 금융정책, 환율정책 등 경제정책을 사용하여 대내균형과 대외균형을 동시에 달성할 수 있을까? 고정환율제도와 변동환율제도

그림 11-5 경제의 균형

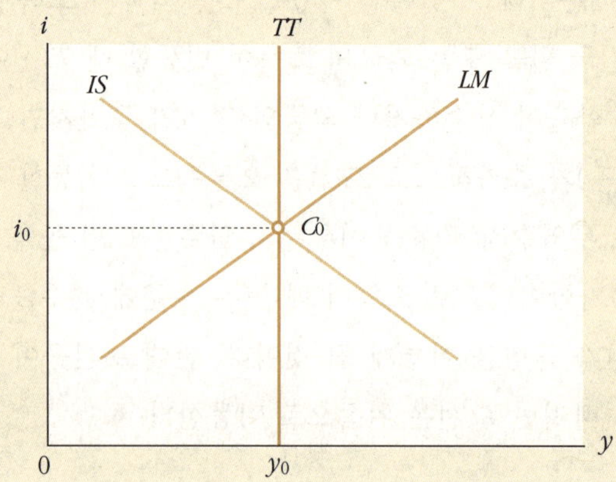

로 나누어 각 정책의 효과를 분석해 보기로 하자.

2 고정환율제도

금융정책

[그림 11-6]은 금융정책의 효과를 나타낸다. 현재 경제는 C_0점에서 균형을 이루어 균형소득수준은 y_0, 균형이자율수준은 i_0이고 무역수지는 균형이다. 그러나 현재의 균형소득수준 y_0는 완전고용소득수준 y_f보다 낮으므로 경제는 실업상태에 있다.

완전고용달성을 위해 중앙은행이 통화량을 증가시키는 경우를 살펴보자. 통화량이 증가하면 [그림 11-6]에서 *LM*곡선은 *LM'* 곡선으로 우하향 이동하여 C_1점에서 새로운 균형을 이루게 된다. 즉 이자율은 i_0에서 i_1으로 하락하고 소득은 y_0에서 y_f로 증가하여 완전고용이 달성된다. 그러나 C_1점에서 무역수지는 적자가 된다. 그것은 무역수지가 균형이 되는 소득수준이 y_f보다 낮은 y_0인데 소득이 y_f로 증가함에 따라 수입이 증가했기 때문이다. 무역수지가 적자이므로 외환시장에서는 외환에 대한 초과수요가 발생하고

그림 11-6 금융정책의 효과

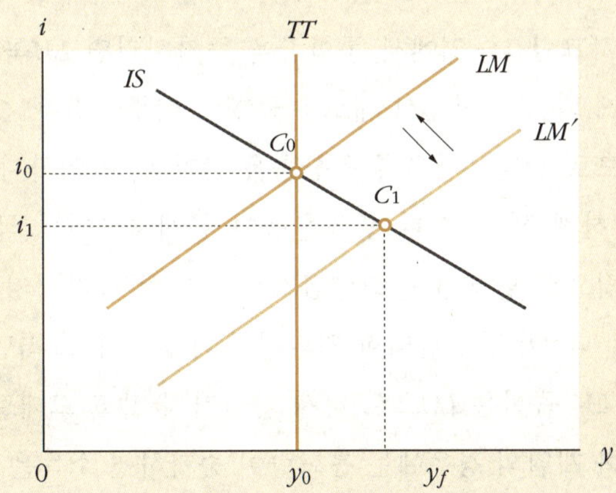

환율은 상승압박을 받게 된다.

고정환율제도인 경우에는 중앙은행이 환율을 일정수준에 유지해야 할 의무가 있으므로 환율상승을 막기 위해 보유하고 있는 외환을 매각하게 된다. 이를 외환매각 개입이라 부른다. 그러면 중앙은행의 외환보유고는 줄어들고 통화량은 감소하게 된다. 통화량이 감소함에 따라 *LM*′ 곡선은 원래의 *LM*곡선으로 되돌아가게 되고 최종균형은 *IS*, *LM* 및 *TT*선이 서로 만나는 원래의 균형점 C_0에서 이루어진다. 즉 이 경우 통화량의 증가는 이자율과 산출량에 아무런 영향을 미칠 수가 없으며 무역수지만 다시 균형을 이루게 된다. 이와 같이 금융정책은 대내균형과 대외균형을 동시에 달성하는 데 실패한다.

불태화정책

지금까지의 분석은 중앙은행이 통화량을 증가시킨 후 무역수지 적자에 따른 외환의 매각개입으로 통화량이 다시 줄어드는 경우이다. 즉 이 경우 외환시장 개입은 태화 개입(non-sterilized intervention)이다. 그러나 중앙은행이 외환시장에서 외환을 매각할 때 불태화 개입정책(sterilized intervention)을 취하면 금융정책도 소득수준에 영향을 미칠 수가 있다. 그 이유는 불태화 개입정책을 취하면 중앙은행이 외환을 매각하면서 동시에 국채를 매입하여 통화량은 변동하지 않고 원래 증가한 통화량이 그대로 유지되기 때문이다. 이를 그림으로 설명하면 [그림 11-7]과 같다.

[그림 11-7]에서 통화량을 증가시키면 *LM*곡선은 *LM*′ 로 우하향 이동하게 되고 C_1점에서 새로운 균형이 이루어진다. C_1점에서 무역수지가 적자이므로 중앙은행은 환율상승을 막기 위해 외환시장에서 외환의 매각 개입을 하게 된다. 이때 중앙은행이 공개시장에서 국채를 매입하여 외환매각 개입으로 발생한 통화량감소분을 다시 증가시켜 주면 통화량은 변동하지 않는다. 이것이 불태화 외환시장 개입이다. 그러면 외환시장에 개입하더라도 *LM*′ 곡선은 *LM*으로 다시 돌아가지 않고 그대로 머물게 된다. 따라서 불태화 개입의 경우에는 통화량이 증가하면 소득은 y_0보다 더 높은 y_1으로 증가할 수 있다. 그러나 위에서 설명한 바와 같이 반대로 태화 개입을 하면 통

그림 11-7 불태화 개입정책의 효과

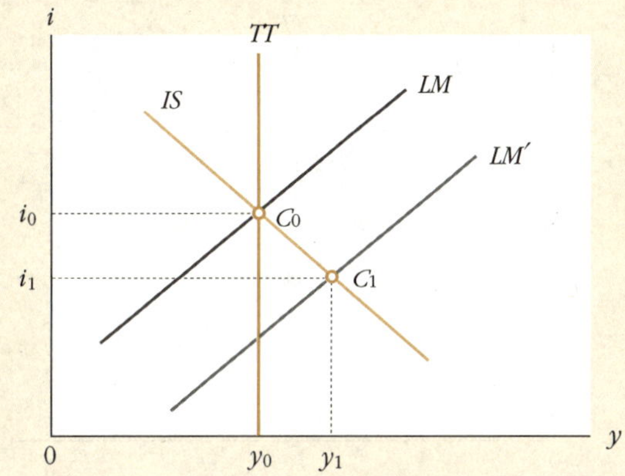

화량은 감소하여 LM'곡선은 원래의 LM으로 되돌아가게 되고 최종균형은 원래의 균형점 C_0점에서 이루어진다. 즉 태화 개입은 통화정책으로 산출량에 영향을 미칠 수가 없다.

그러나 불태화 개입정책에 문제가 없는 것은 아니다. 예를 들어 [그림 11-7]의 C_1점에서 중앙은행이 계속 불태화정책을 취하게 되면 국내통화량은 변동하지 않지만 국제수지(무역수지)는 계속 적자를 나타내게 되고 계속적인 외환매각으로 중앙은행의 외환보유고가 누적적으로 감소하게 된다. 이것이 장기화되면 결국 외환보유고가 고갈상태에 직면하게 되는 문제가 발생한다. 반대로 국제수지(무역수지)가 흑자인 경우에는 계속적인 외환매입으로 외환보유고가 필요 이상으로 과도하게 축적되는 부작용을 낳게 된다. 따라서 중앙은행의 불태화정책은 국제수지의 불균형이 지속적으로 나타날 경우에는 장기간에 걸쳐서 취할 수는 없다.

재정정책

[그림 11-8]은 재정정책의 효과를 나타낸다. 현재 경제는 C_0점에서 균형을 이루어 균형소득수준은 y_0, 균형이자율수준은 i_0이고 무역수지는 균형이다. 그러나 균형소득수준 y_0는 완전고용소득수준 y_f보다 낮으므로 경

그림 11-8 재정정책의 효과

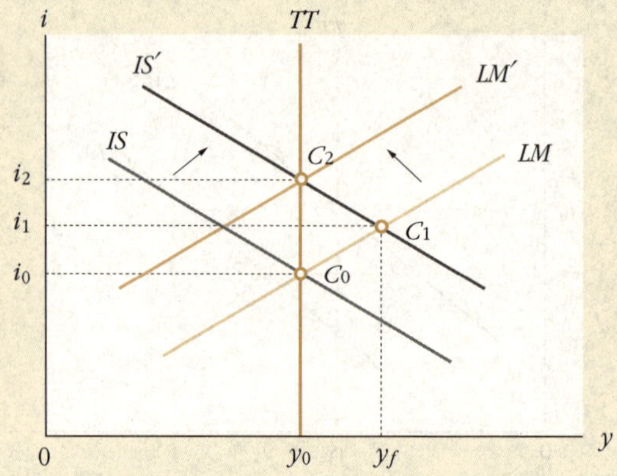

제는 실업상태에 있다.

완전고용달성을 위해 정부지출을 증가시켜 확장적 재정정책을 취한다고 해 보자. 그러면 [그림 11-8]에서 *IS*곡선은 *IS′* 곡선으로 우상향 이동하여 C_1점에서 새로운 균형을 이루게 된다. 즉 이자율은 i_0에서 i_1으로 상승하고 소득은 y_0에서 y_f로 증가하여 완전고용이 달성된다. 그러나 C_1점에서 무역수지는 적자가 된다. 그것은 무역수지가 균형이 되는 소득수준이 y_f보다 낮은 y_0인데 소득이 증가하여 수입이 증가했기 때문이다. 무역수지가 적자이므로 외환시장에서는 외환에 대한 초과수요가 발생하고 환율은 상승압박을 받게 된다.

고정환율제도인 경우에는 중앙은행이 환율을 일정수준에 유지해야 할 의무가 있으므로 환율상승을 막기 위해 보유하고 있는 외환을 매각하게 된다. 이를 외환매각 개입이라 부른다. 그러면 중앙은행의 외환보유고는 줄어들고 통화량은 감소하게 된다. 통화량이 감소함에 따라 *LM*곡선은 *LM′* 곡선으로 좌상향 이동하게 되고 최종균형은 *IS′*, *LM′* 및 *TT*선이 서로 만나는 C_2점에서 이루어진다. C_2점에서 이자율은 i_2가 되고 무역수지는 다시 균형을 이루게 된다. 그러나 소득은 원래의 수준 y_0가 되어 정부지출을 증가시킨 효과가 없으며 정부지출의 증가는 완전고용을 달성할 수가 없다. 이와 같이 재정정책도 금융정책과 마찬가지로 대내균형과 대외균형을 동시에 달성하는 데 실패한다.

재정정책이나 금융정책은 총지출의 크기에 영향을 미치는 정책으로 총지출조정정책(expenditure adjusting policies)이라고 부른다. 총지출조정정책은 통화량팽창, 정부지출의 확대, 세금의 축소 등의 총지출확대정책과 통화량축소, 정부지출의 축소, 세금의 증대 등의 총지출축소정책으로 나누어진다.

이상의 분석에서 이러한 총지출조정정책은 대내균형과 대외균형을 동시에 달성할 수가 없다는 것을 알 수 있다.

환율정책

환율정책은 대내균형과 대외균형을 동시에 달성할 수 있을까? 평가절하의 경우를 살펴보자. 평가절하를 하면 실질환율($\frac{EP^*}{P}$)이 상승하므로 무역수지가 개선된다. 무역수지의 개선은 IS곡선과 무역수지균형선 TT선의 이동을 가져온다. 그 이유는 다음과 같다. 먼저 재화시장의 균형조건을 보면, $y=A(y,\ i,\ G)+TB(y,\ \frac{EP^*}{P},\ y^*)$이므로 실질환율의 상승은 무역수지의 개선, 즉 TB의 증가를 가져와 재화시장의 총지출이 증가하게 되고 이는 IS곡선의 우상향 이동을 가져온다. 또한 무역수지균형식을 보면, $TB=\overline{TB}(\frac{EP^*}{P},\ y^*)-my=\bar{X}(\frac{EP^*}{P},\ y^*)-my=0$에서 $y_T=\frac{1}{m}\bar{X}(\frac{EP^*}{P})$이므로 실질환율의 상승은 무역수지가 균형이 되는 산출량 y_T값의 증가를 가져온다. 즉 평가절하를 하면 무역수지가 균형이 되는 소득수준은 증가하므로 TT선은 오른쪽으로 이동한다. 이러한 논의를 바탕으로 [그림 11-9]를 사용하여 평가절하의 효과를 분석해 보자.

[그림 11-9]는 평가절하의 효과를 나타낸다. 현재 균형점 C_0에서 균형이자율은 i_0이고 무역수지는 균형이다. 균형소득수준은 완전고용소득수준 y_f보다 낮은 y_0이다. 이제 평가절하를 한다고 해 보자. 이때 평가절하의 크기는 소득이 완전고용수준 y_f일 때 무역수지가 균형이 되는 수준이어야 한다(즉 $y_T=\frac{1}{m}\bar{X}=y_f$). 그러면 평가절하를 한 후의 새로운 무역수지 균형선은 완전고용소득 y_f수준으로 이동하여 TT' 선이 된다. 그리고 IS곡선도 IS'

그림 11-9 평가절하의 효과

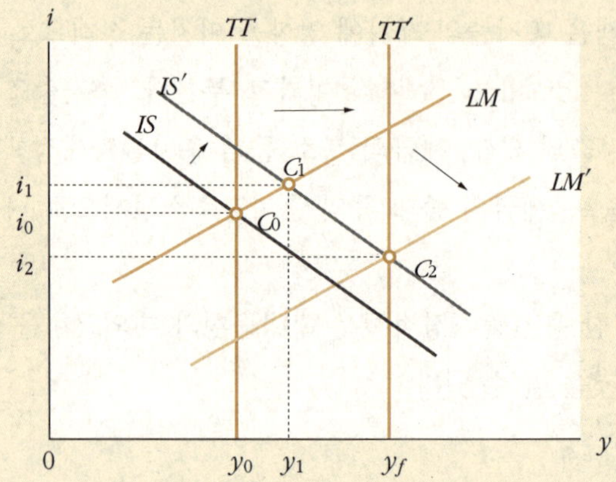

곡선으로 이동하여 C_1점에서 새로운 균형을 이루게 된다. 이자율은 i_1으로 상승하고 소득은 y_1으로 증가한다. 그러나 C_1점에서 무역수지는 흑자가 된다. 그것은 새로운 소득수준 y_1이 평가절하를 한 후의 무역수지균형을 이루는 소득수준 y_f보다 낮은 수준이기 때문이다. 그러므로 외환시장에서는 환율의 하락압박이 일어나고 이를 막기 위해 중앙은행은 외환의 매입 개입을 하게 된다. 이에 따라 통화량은 증가하고 LM곡선은 우하향 이동하여 C_2점에서 최종균형을 이루게 된다. 즉 최종균형점 C_2에서 이자율은 i_2가 되고 무역수지는 균형이 되며 소득은 완전고용수준이 된다. 이와 같이 평가절하 정책은 대내균형과 대외균형을 동시에 달성할 수 있다.

평가절하 또는 평가절상과 같은 환율정책은 총지출전환정책(expenditure switching policies)이라 부르는데 그것은 환율이 상승 또는 하락하면 국내 또는 외국의 수요자들의 지출의 방향이 달라지기 때문이다. 예를 들어 평가절하를 하면 국내수요자들은 수입재의 가격이 상승하므로 수입재에 대한 지출을 국산품에 대한 지출로 지출의 방향을 바꾸고 한편 외국의 수요자들은 우리나라 수출품의 가격이 하락하므로 자국상품에 대한 지출을 우리나라 상품에 대한 지출로 지출의 방향을 전환하게 된다. 환율정책 이외에 또 다른 총지출전환정책의 예로는 수입관세, 수출보조금, 수입에 대한 직접통제 등을 들 수 있다.

지금까지의 논의를 종합하면 고정환율제도하에서 국제적 자본이동이 없는 개방경제의 경우에는(즉 국제수지 = 무역수지인 경우에는) 환율정책 등과 같은 총지출전환정책 하나만 가지고도 대내균형과 대외균형을 동시에 달성할 수 있다. 그러나 재정정책이나 금융정책 또는 양자의 정책조합과 같은 총지출조정정책만 가지고는 대내균형과 대외균형을 동시에 달성할 수가 없으며 이를 위해서는 반드시 재정정책 또는 금융정책 등의 총지출조정정책 이외에 환율 또는 관세율 등과 같은 총지출전환정책을 병행해서 사용해야 한다.

이러한 원리는 소위 틴버겐 룰(Tinbergen's Rule)로 설명할 수 있다. 틴버겐 룰이란 정책목표가 n개이면 정책수단도 n개가 필요하다는 것을 말하는데 고정환율제도인 경우에는 환율이 고정되어 있어서 대외균형(무역수지 균형)이 자동적으로 달성되지 않으므로 정책목표는 대내균형과 대외균형, 2개의 목표가 존재한다. 그런데 재정정책과 금융정책은 모두 총지출의 크기에 영향을 미치는 정책이기 때문에 질적으로는 동일한 정책이다. 따라서 재정정책이나 금융정책과 같은 총지출조정정책을 사용할 경우에는 평가절하와 같은 총지출전환정책을 함께 사용해야만 목표를 달성할 수가 있다.

3 변동환율제도

금융정책

[그림 11-10]은 금융정책의 효과를 나타낸다. 현재 균형점 C_0에서 균형소득수준은 y_0이고 균형이자율은 i_0이다. 그리고 무역수지는 균형이다. 이제 중앙은행이 경기팽창을 위해 통화량을 증가시킨다고 해 보자. 그러면 LM곡선은 LM' 곡선으로 우하향 이동하게 되고 C_1점에서 새로운 균형이 이루어진다. 소득은 y_0에서 y_1으로 증가하고 이자율은 i_0에서 i_1으로 하락한다. 그러나 무역수지는 적자가 된다. 따라서 환율은 상승한다. 환율이 상승

그림 11-10 금융정책의 효과

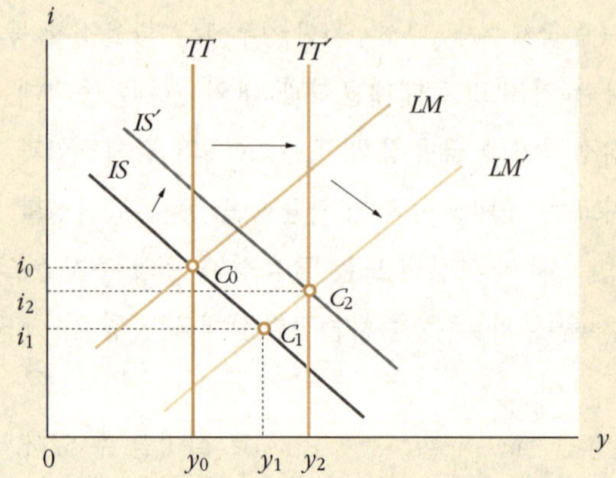

함에 따라 *IS*곡선은 *IS′* 곡선으로 우상향 이동하고 *TT*선은 *TT′* 선으로 오른쪽으로 이동한다. 그 결과 *IS′*곡선과 *LM′*곡선 그리고 *TT′* 선이 모두 교차하는 C_2점에서 최종균형이 이루어진다. 소득은 y_0에서 y_2로 증가하고 이자율은 i_0에서 i_2로 변동한다. 그리고 무역수지는 다시 균형을 이룬다. 이와 같이 변동환율제도하에서는 금융정책은 소득에 영향을 미칠 수 있으며 이는 금융정책이 경기안정화정책의 수단으로 사용될 수 있다는 것을 의미한다.

재정정책

[그림 11-11]은 재정정책의 효과를 나타낸다. 현재 균형점 C_0에서 균형소득수준은 y_0이고 균형이자율은 i_0이다. 그리고 무역수지는 균형이다. 이제 정부가 경기팽창을 위해 지출을 증가시킨다고 해 보자. 그러면 *IS*곡선은 *IS′* 곡선으로 우상향 이동하게 되고 C_1점에서 새로운 균형이 이루어진다. 소득은 y_0에서 y_1으로 증가하고 이자율은 i_0에서 i_1으로 상승한다. 그러나 C_1점에서 무역수지는 적자가 된다. 따라서 환율은 상승한다. 지금은 환율이 상승하더라도 변동환율제도이기 때문에 중앙은행의 외환시장 개입은 없다. 따라서 통화량은 변동하지 않으며 *LM*곡선은 이동하지 않는다. 환율이 상승함에 따라 *IS′* 곡선은 *IS″*곡선으로 우상향 이동하고 *TT*선은 *TT′* 선

그림 11-11 재정정책의 효과

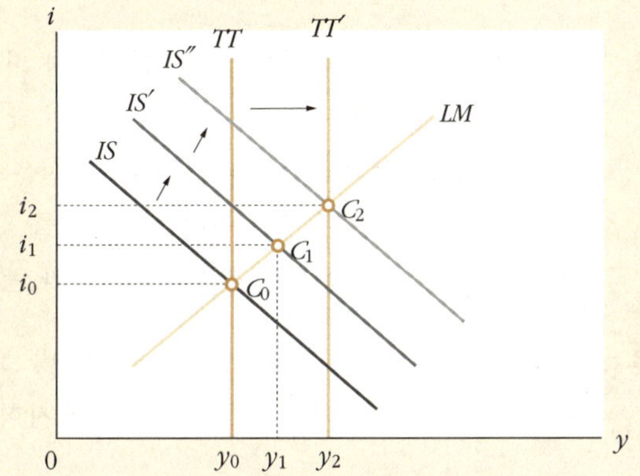

으로 오른쪽으로 이동한다. 그 결과 *IS″*곡선과 *LM*곡선 그리고 *TT′* 선이 모두 교차하는 C_2점에서 최종균형이 이루어진다. 즉 소득은 y_0에서 y_2로 증가하고 이자율은 i_0에서 i_2로 상승한다. 그리고 무역수지는 다시 균형을 이룬다. 이와 같이 변동환율제도하에서는 재정정책은 소득에 영향을 미칠 수 있으며 이는 재정정책이 경기안정화정책의 수단으로 사용될 수 있다는 것을 의미한다.

이상에서 분석한 바와 같이 변동환율제도인 경우에는 재정정책과 금융정책 모두 소득에 영향을 미칠 수가 있으며 이들 정책은 경기안정화정책의 수단으로 사용될 수 있다. 이는 총지출전환정책을 수반하지 않고 이들 총지출조정정책만 가지고도 대내균형과 대외균형을 동시에 달성할 수 있다는 것을 의미한다. 그것은 변동환율제도하에서는 환율변동에 의해 무역수지가 자동적으로 균형이 되므로 정부의 정책목표는 고정환율제도인 경우와 달리 대외균형목표는 사라지고 대내균형의 목표 하나만 남기 때문에 정책수단도 총지출정책수단 하나만 있으면 되기 때문이다. 즉 틴버겐 룰에 따르면 정책목표가 1개이므로 정책수단도 하나만 있으면 충분하다.

요 약

요약
Summary

1. 본 장은 *IS*-*LM*모형을 이용하여 재화시장과 화폐시장의 동시균형을 분석하고 있다. 자본이동이 없는 경우를 가정하여 대외균형은 무역수지균형을 의미한다. 재화시장의 균형을 나타내는 *IS*곡선은 우하향하고 화폐시장의 균형을 나타내는 *LM*곡선은 우상향하는 기울기를 갖는다. 그러나 무역수지의 균형을 나타내는 *TT*선은 무역수지가 이자율과 관계가 없으므로 수직선이다.

2. 경제의 단기균형은 재화시장, 화폐시장 및 무역수지의 균형이 이루어질 때에 달성된다. 즉 *IS*-*LM*-*TT*선이 모두 교차하는 점이 경제의 균형점이다.

3. 고정환율제도하에서 금융정책이나 재정정책은 무역수지의 불균형을 초래하여 통화량이 변동하기 때문에 소득수준에 영향을 미칠 수가 없다. 즉 이러한 총지출조정정책은 대내균형과 대외균형을 동시에 달성하는 데 실패한다. 그러나 평가절하 등 환율정책과 같은 총지출전환정책은 소득수준에 영향을 미칠 수가 있다. 이와 같이 고정환율제도하의 개방경제에서 자본이동이 없는 경우, 즉 국제수지가 무역수지만으로 구성되는 경우에는 총지출조정정책 하나만으로는 대내균형(완전고용)과 대외균형(무역수지균형)을 동시에 달성할 수가 없으며 환율정책과 같은 총지출전환정책이 동시에 채택되지 않으면 안 된다.

4. 단 금융정책의 경우 불태화 외환시장 개입정책을 취하면 소득수준에 영향을 미칠 수가 있다. 그러나 이 경우 무역수지의 지속적인 불균형이 나타나고 외환보유고의 고갈 또는 누적으로 문제가 발생할 수 있다.

5. 변동환율제도하에서는 금융정책과 재정정책은 모두 소득수준에 영향을 미칠 수 있다. 이는 변동환율제도하에서는 무역수지가 환율의 변동에 의해 자동적으로 균형을 이루기 때문에 무역수지의 불균형으로 인한 외환시장의 개입의 필요성이 없고 따라서 대외부문에 의한 통화량의 변동이 없기 때문이다. 즉 변동환율제도하에서는 총지출조정정책만으로도 대내균형의 달성이 가능하다.

연습문제

1. 자본이동이 없는 경우 왜 무역수지균형선(*TT*)이 수직선인지 설명하시오.

2. 자본이동이 없는 경제에서 다음과 같은 경우를 상정하자. *IS*-*LM*-*TT*모형을 사용하여 다음 물음에 답하시오.

> (i) 현재 균형소득수준은 7,000이다.
> (ii) 완전고용 소득수준은 8,000이다.
> (iii) 무역수지가 균형이 되는 소득수준은 6,000이다.

(1) 위 (i), (ii), (iii)에 주어진 상태를 그래프로 나타내 보시오.
(2) 지금 현재 무역수지가 흑자인지 적자인지 설명하시오.
(3) 앞으로 경제가 어떠한 조정을 거쳐서 균형이 될 것인지 고정환율제도와 변동환율제도로 나누어 설명하시오(단 외환시장의 개입은 태화개입을 가정하시오).

3. 자본이동이 없는 경제에서 정부지출의 증가가 소득에 미치는 효과를 다음 (1)과 (2) 중 어느 경우가 더 큰지 *IS*-*LM*-*TT*모형을 사용하여 설명하시오.
(1) 고정환율제도이다. 외환시장개입은 태화개입(non-sterilization intervention)이다.
(2) 변동환율제도이다.

4. 자본이동이 없는 경제에서 수입관세율을 인상할 경우 소득에 미치는 효과를 고정환율제도와 변동환율제도로 나누어 설명하시오(*IS*-*LM*-*TT*모형을 사용하시오).

5. 고정환율제도를 가정하고 다음 각각의 경우 무역수지균형선의 이동에 미치는 효과를 설명하시오.

> (i) 수입관세율 인상
> (ii) 수출보조금 증액
> (iii) 평가절상

참고문헌

Caves, Richard E., Jeffrey A. Frankel and Ronald W. Jones(2002), *World Trade and Payments: An Introduction*, Addison Wesley, New York, Chapter 22, pp. 457-500.

Rivera-Batiz, Fransisco L. and Luis Rivera-Batiz(1985), *International Finance and Open Economy Macroeconomics*, Macmillan Publishing Co., New York, Chapter 6, pp. 189-223.

Salvatore, Dominick(2010), *International Economics: Trade and Finance*, Tenth Edition, John Wiley & Sons, Inc., Hoboken, NJ, Chapter 18, pp. 625-668.

12

먼델-플레밍모형: 고정환율제도

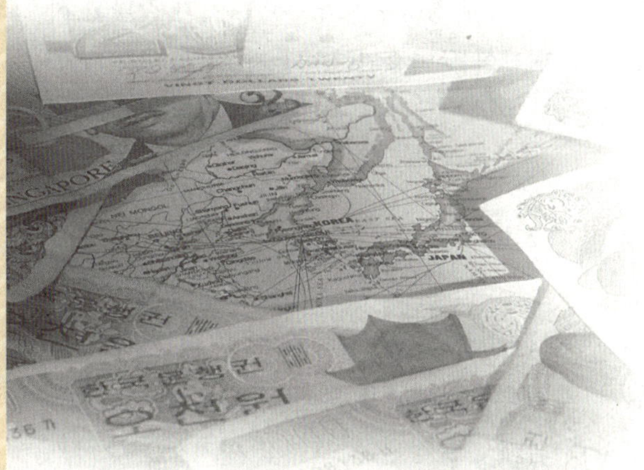

본 장과 다음 장은 먼델(Mundell)-플레밍(Fleming)모형*을 도입한다. 먼델-플레밍모형은 *IS-LM*모형을 국제자본이동이 있는 경우의 개방경제에 확대 적용한 모형이다. 따라서 먼델-플레밍모형은 재화시장과 화폐시장의 균형 및 대외균형을 함께 고려하는 모형으로 국제자본이동이 있는 것을 제외하고는 기본가정은 앞장의 가정과 같다. 본 장은 고정환율제도하에서 각 경제정책의 효과를 다루고 변동환율제도의 경우는 다음 장에서 다룬다.

*) Mundell(1963) and Fleming(1962).

제1절 >> 국제자본이동과 국제수지

국제자본이동이 있으면 국제수지는 경상수지와 자본수지 두 가지 요소로 구성된다. 논의를 단순화시키기 위해 경상수지와 무역수지가 같다고 하면[1] 국제수지(BOP)는 (12−1)식과 같이 무역수지(TB)와 자본수지(KA)의 합으로 나타낼 수 있다.

$$BOP = TB(\overset{(+)}{\frac{EP^*}{P}},\ \overset{(-)}{y},\ \overset{(+)}{y^*}) + KA(\overset{(+)}{i - i^*}) \qquad (12\text{-}1)$$

(12−1)식에서 무역수지는 실질환율($\frac{EP^*}{P}$), 국내소득(y) 및 외국의 소득(y^*)의 함수이다. 국내물가 및 해외물가수준은 모두 일정한 것으로 가정하므로 실질환율은 명목환율에 의해서 결정된다. 그리고 여기서는 소국모형을 가정하고 있으므로 외국의 소득과 해외이자율은 외생적으로 주어져 있다. 국내소득이 증가(감소)하면 무역수지는 악화(개선)되고 명목환율이 상승(하락)하거나 또는 해외소득이 증가(감소)하면 무역수지는 개선(악화)된다. 자본수지는 국내이자율(i)과 해외이자율(i^*)의 격차($i - i^*$)의 함수이다. 해외이자율이 일정하게 주어진 상태에서 국내이자율이 상승하면 국내이자율과 해외이자율 간의 격차가 확대되므로 국내로의 자본유입이 일어나 자본수지는 개선된다. 반대로 국내이자율이 떨어지면 국내이자율과 해외이자율 간의 격차가 축소되므로 국내에서 해외로의 자본유출이 일어나 자본수지는 악화된다.

이상의 논의를 바탕으로 이제 국제수지균형선을 도출해 보자. 국제수지균형선은 (12−2)식의 국제수지균형조건을 충족시키는 국내소득(y)과 국내이자율(i)의 조합을 나타낸다.

---

1) 경상수지 = 무역수지 + 서비스수지 + 소득수지 + 경상이전수지이므로 이 가정은 서비스수지, 소득수지 및 경상이전수지가 없다고 가정한 것임.

$$BOP = TB(\frac{EP^*}{P}, y, y^*) + KA(i - i^*) = 0 \quad (12\text{-}2)$$

국제수지균형선은 자본이동의 정도에 따라 그 모양이 달라진다. 자본이동의 정도는 (1) 자본이동이 없는 경우,[2] (2) 자본이동이 완전한(perfect capital mobility)경우, (3) 자본이동이 불완전한(imperfect capital mobility) 경우 등 3가지 형태로 나눌 수 있다.

1 자본이동이 없는 경우

이 중에서 첫 번째의 자본이동이 없는 경우는 국제수지는 자본수지가 없으므로 무역수지만으로 구성된다. 따라서 국제수지균형선은 이미 제12장에서 다룬 무역수지균형선(*TT*곡선)과 같다. 즉 [그림 12-1]에서 *TT*곡선은 이자율수준과는 독립적이고 수직선이다. 그 이유는 제12장에서 다루었으므로 여기서는 설명을 생략하기로 한다.

그림 12-1 무역수지균형선: 자본이동이 없는 경우

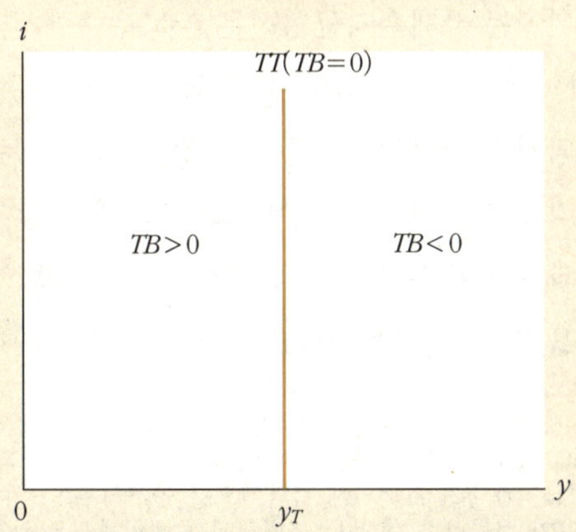

2) 즉 (12-2)식에서 $BOP = TB(\frac{EP^*}{P}, y, y^*) = 0$인 경우.

2 자본이동이 완전한 경우

자본이동이 완전한 경우에는 국제수지균형선은 [그림 12-2]의 *BB*곡선과 같이 국내이자율이 해외이자율(i^*)과 같은 수준, 즉 $i=i^*$에서 수평선이다. 자본이동이 완전한 경우란 국가 간 이자율에 조금이라도 격차가 생기면 순식간에 대량의 자본이 이동하여 두 나라 간의 이자율이 균등화되는 경우를 말한다. 즉 자본이동이 완전하면 제 4 장에서 분석한 바와 같이 국제금리재정거래에 의해 커버된 국제금리평형조건(*CIP*) 또는 커버되지 않은 국제금리평형조건(*UIP*)이 성립하게 된다.[3] 이들 조건을 다시 쓰면 (12-3)식 및 (12-4)식과 같다.

$$CIP: \ i=i^*+\frac{F-E}{E} \quad (12\text{-}3)$$

$$UIP: \ i=i^*+\frac{E^e-E}{E} \quad (12\text{-}4)$$

(12-3)식과 (12-4)식에서 균형상태에서는 선물환율(F)과 현물환율(E)은 일치하고 또 미래예상환율(E^e)도 현재환율과 일치할 것이므로 국내이자율(i)은 항상 해외이자율(i^*)과 일치하게 된다. 따라서 국제자본이동이 완전한 경우에는 국제수지균형선은 $i=i^*$수준에서 수평선이 된다.

여기서 한 가지 유의할 것은 국제수지는 무역수지와 자본수지의 합으로 구성되지만 국제자본이동이 완전한 경우에는 자본이동이 워낙 빠른 속도로 그리고 대량으로 이루어지기 때문에 항상 무역수지는 자본수지에 의해 압도되고 국제수지는 마치 자본수지 하나만으로 구성되어 있는 것과 같은 양상을 띠게 된다는 것이다. 이는 자본이동이 완전한 경우에는 환율변

3) 엄밀하게 말하면 자본이동이 완전한 경우와 국내외 자산이 완전대체성(perfect substitutabililty)을 가지는 경우는 구분된다. 전자는 국내외자산간의 수익률의 격차가 있으면 국제금리재정거래에 의해 즉각적으로 양자의 수익률이 같아지는 것을 말하고 이 경우에는 *CIP*가 성립한다. 후자는 국내채권과 해외채권은 완전대체재이기 때문에 환율변동위험 이외에 리스크 등과 같은 수익률의 격차를 초래할 어떠한 요인도 존재하지 않는다는 것을 의미한다. 따라서 후자의 경우에는 *UIP*가 성립한다. 그러나 본 서에서는 분석의 초점이 자본이동이 경제정책에 미치는 영향을 분석하는 데 두고 있기 때문에 양자를 구분하지 않고 동일하게 취급하기로 한다.

그림 12-2　국제수지균형선: 자본이동이 완전한 경우

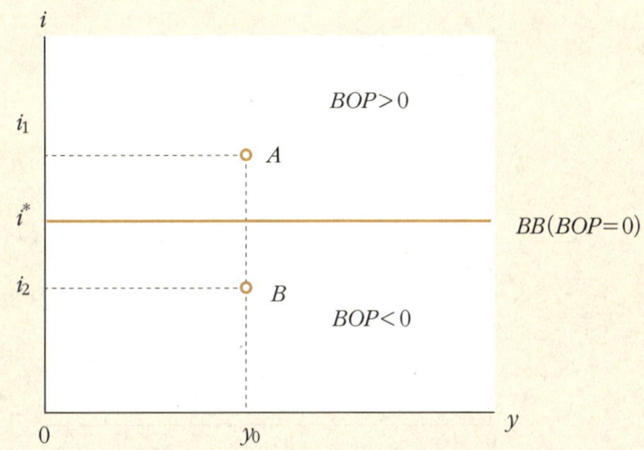

동이나 국내소득의 변동으로 인한 무역수지의 변동은 고려대상에서 제외된다는 것을 의미한다.

그러면 [그림 12-2]의 *BB*곡선의 위쪽과 아래쪽은 국제수지가 어떠한 상태인가? 먼저 *BB*곡선의 위쪽의 한 점 *A*를 보자. *A*점에서는 소득이 y_0이고 국내이자율이 i_1이다. 그런데 i_1은 해외이자율, i^*보다 높으므로 즉각적으로 대량의 자본이 국내로 유입된다. 따라서 자본수지는 개선되고 국제수지는 흑자이다. 이와 같이 *BB*곡선의 위쪽에서는 국제수지는 모두 흑자이다. 다음 *BB*곡선의 아래쪽의 한 점 *B*에서는 소득이 y_0이고 국내이자율이 i_2이다. i_2는 해외이자율, i^*보다 낮으므로 즉각적으로 대량의 자본이 해외로 유출된다. 따라서 자본수지는 악화되고 국제수지는 적자이다. 이와 같이 *BB*곡선의 아래쪽에서는 국제수지는 모두 적자이다.

다음에는 국제수지균형선 *BB*곡선의 이동에 대해서 알아보자. *BB*곡선은 수평선이므로 상하이동밖에 없다. 그것은 해외이자율이 변동하는 경우이다. [그림 12-3]은 *BB*곡선의 이동을 나타내고 있다.

먼저 해외이자율이 i_0^*에서 i_1^*로 상승하는 경우를 보자. 해외이자율이 상승했으므로 이제 원래의 국제수지곡선, 즉 *BB*곡선상의 모든 점들은 국제수지가 적자인 상태이다. 예를 들어 C_0점을 보면 소득은 y_0이고 국내이자

그림 12-3 국제수지균형선의 이동: 자본이동이 완전한 경우

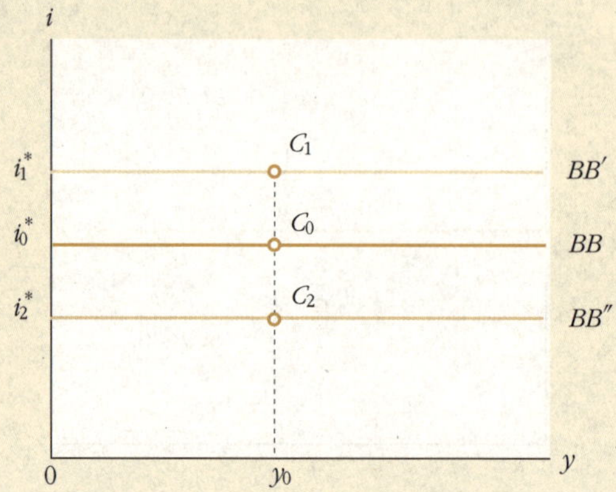

율은 i_0^*이다. 이제 해외이자율이 i_1^*로 상승했으므로 국내이자율이 해외이자율보다 낮다. 즉 $i=i_0^*<i_1^*$이다. 따라서 C_0점에서는 해외로 자본이 유출되어 자본수지는 악화되고 국제수지는 적자가 된다. 그러므로 소득이 y_0일 때 국제수지가 균형이 되는 점은 [그림 12-3]의 C_1과 같이 국내이자율이 새로운 해외이자율과 같을 때이다($i=i_1^*>i_0^*$). 이와 같은 논리는 모든 소득수준에서 적용되므로 해외이자율이 i_0^*에서 i_1^*로 상승한 경우의 *BB*곡선은 $i=i_1^*$수준에서 수평선인 *BB′*곡선이 된다. 즉 해외이자율이 상승하면 *BB*곡선은 *BB′*곡선과 같이 위쪽으로 이동한다.

해외이자율이 하락한 경우는 이와 정반대이다. 해외이자율이 i_0^*에서 i_2^*로 하락하는 경우를 보자. 해외이자율이 하락했으므로 이제 원래의 국제수지곡선, 즉 *BB*곡선상의 모든 점들은 국제수지가 흑자인 상태이다. 예를 들어 C_0점을 보면 소득은 y_0이고 국내이자율은 i_0^*이다. 해외이자율이 i_2^*로 하락했으므로 국내이자율이 해외이자율보다 높다. 즉 $i=i_0^*>i_2^*$이다. 따라서 C_0점에서는 국내로 자본이 유입되어 자본수지는 개선되고 국제수지는 흑자가 된다. 그러므로 소득이 y_0일 때 국제수지가 균형이 되는 점은 [그림 12-3]의 C_2와 같이 국내이자율이 새로운 해외이자율과 같을 때이다($i=i_2^*<i_0^*$). 이와 같은 논리는 모든 소득수준에서 적용되므로 해외이자율이 i_0^*에

서 i_2^*로 하락한 경우의 BB곡선은 $i=i_2^*$수준에서 수평선인 BB''곡선이 된다. 즉 해외이자율이 하락하면 BB곡선은 BB''곡선과 같이 아래쪽으로 이동한다.

3 자본이동이 불완전한 경우

그러나 국제자본이동이 전혀 없다거나 국제자본이동이 완전하다는 것은 현실적으로 아주 극단적인 경우라 하겠다. 따라서 국제자본이동이 있지만 그것이 완전하지는 않고 다만 불완전한(imperfect capital mobility) 경우를 이 양 극단의 사이에 상정할 수 있다. 국제자본이동이 불완전하다는 것은 국내이자율과 해외이자율 간에 괴리가 발생하더라도 자본이동이 순식간에 이루어지는 것이 아니라 그 조정속도가 완만하여 시간이 걸리는 경우를 지칭한다.

다시 말해서 이 경우에는 투자자들이 국내이자율과 해외이자율 간에 격차가 생기더라도 순식간에 자산을 재구성하여 자산구성의 균형을 회복하는 것이 아니고 시간이 경과하면서 서서히 새로운 자산구성의 균형을 회복하는 것이다. 따라서 자본이동이 불완전한 경우에는 국내이자율이 해외이자율과 반드시 일치하는 것은 아니다.

그러면 자본이동이 불완전한 경우의 국제수지균형선을 BP곡선이라 하고 먼저 그 기울기를 분석해 보자. [그림 12-4]의 A점에서 소득은 y_0이고 이자율은 i_0이다. A점에서 국제수지가 균형이 된다고 하자. 그러면 A점은 국제수지균형선, 즉 BP곡선상의 한 점이 된다. 이제 이자율은 i_0에서 변동이 없고 소득만 y_0에서 y_1으로 증가했다고 하고 이 점을 C라 하자. C점에서 이자율은 A점과 같은 i_0이므로 자본수지는 변동이 없다. 그러나 소득은 y_0에서 y_1으로 증가했으므로 무역수지는 C점에서 A점에 비해 악화되었다. 따라서 A점에서 국제수지가 균형이라면 C점에서는 국제수지가 적자이다. 그러므로 소득이 y_0보다 더 높은 y_1일 때 국제수지가 균형이 되는 이자율수준은 i_0가 될 수가 없다.

그림 12-4 국제수지균형선: 자본이동이 불완전한 경우

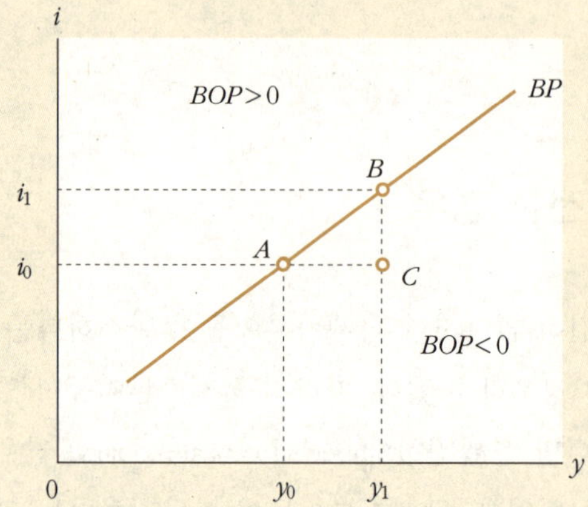

그러면 소득이 y_1일 때 국제수지가 균형이 되는 이자율수준은 i_0보다 더 높아야 되는가? 아니면 낮아야 되는가? 먼저 더 낮으면 어떻게 될까? [그림 12-4]의 C점에서(즉 $y=y_0$수준에서) 수직으로 내려가 보자. 그러면 이자율은 하락한다. 이자율이 하락하면 자본수지는 이제 악화될 것이다. 이미 C점에서 국제수지가 적자인데 자본수지가 악화되면 국제수지 적자가 더 커질 것이다. 따라서 소득이 y_1일 때 이자율이 i_0보다 더 낮아지면 국제수지는 균형이 될 수 없다.

이번에는 반대로 이자율이 i_0보다 더 높은 경우를 보자. 즉 [그림 12-4]의 C점에서(즉 $y=y_0$수준에서) 수직으로 올라가 보자. 그러면 이자율은 상승한다. 이자율이 상승하면 자본수지는 개선될 것이다. C점에서 국제수지가 적자였는데 C점에서 수직으로 올라감에 따라(즉 이자율이 상승함에 따라) 자본수지가 개선되므로 국제수지 적자는 줄어들 것이다. 따라서 소득이 y_1일 때 이자율은 i_0보다 더 높아져야 국제수지균형이 이루어질 수 있다. 즉 소득이 y_1일 때 국제수지가 균형이 되는 이자율은 i_0보다 높은, 예를 들면 B점의 i_1이 될 것이다.

이와 같이 소득이 증가하면 국제수지 균형을 이루는 이자율 수준은 상승하게 된다. 그러므로 자본이동이 불완전한 경우의 국제수지균형선, BP곡

선은 [그림 12-4]와 같이 우상향하는 기울기를 가진다.[4)]

그리고 위에 설명한 것과 같은 이유에서 [그림 12-4]의 *BP*곡선의 아래쪽은 모두 국제수지가 적자이고 반대로 위쪽은 모두 국제수지가 흑자인 것을 알 수 있다.

그러면 국제수지균형선 *BP*곡선의 이동에 대해서 알아보자. 이를 위해 (12-2)식의 국제수지균형조건을 살펴보자.

$$BOP = TB(\frac{EP^*}{P}, y, y^*) + KA(i - i^*) = 0 \quad (12\text{-}2)$$

(12-2)식에서 보는 바와 같이 BP곡선은 환율(E), 해외소득(y^*), 해외이자율(i^*) 등이 변동할 때 이동하게 된다. 즉 환율과 해외소득의 변동은 무역수지의 변동을 가져오고 해외이자율의 변동은 자본수지의 변동을 가져와 *BP*곡선의 이동을 가져오게 된다. 이제 [그림 12-5]의 *BP*곡선은 환율, 해외소득 및 해외이자율이 각각 E_0, y_0^* 및 i_0^*일 때의 국제수지균형선이라 하자.

먼저 환율이 예를 들어 E_0에서 E_1으로 상승한 경우를 보자. [그림 12-5]의 *A*점에서는 소득이 y_0이고 이자율이 i_0이다. 그리고 *A*점은 *BP*곡선상에

그림 12-5 국제수지균형선의 이동: 자본이동이 불완전한 경우

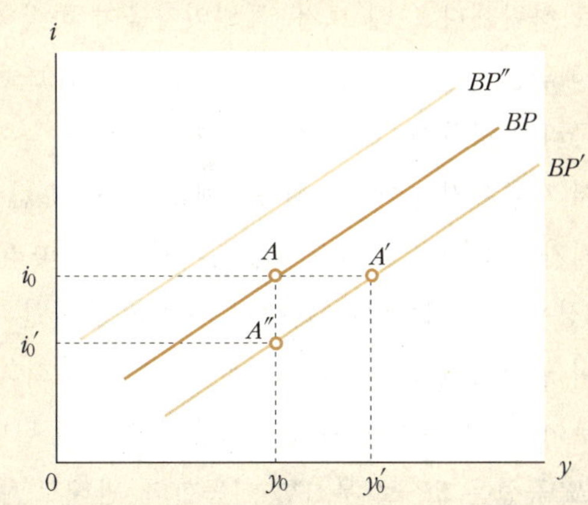

4) 이러한 논리로 *BP*곡선의 기울기를 찾는 것은 소득수준을 일정하게 놓고 이자율을 변경시켜서도 할 수 있다.

있으므로 환율이 E_0일 때 국제수지가 균형이다. 그러면 환율이 E_0보다 높은 E_1일 때 A점에서 국제수지는 어떠한 상태일까? 환율이 상승하면 무역수지는 개선되므로 A점에서 국제수지는 이제 더 이상 균형이 아니고 흑자가 된다. 그러므로 환율이 E_1으로 상승한 경우에 국제수지가 균형이 되려면 개선된 무역수지를 상쇄할 수 있는 일이 일어나야 된다. 그것은 무역수지가 악화되거나 자본수지가 악화되는 경우이다. 전자는 [그림 12-5]의 A' 점과 같이 소득이 증가하는 경우이고 후자는 [그림 12-5]의 A''점과 같이 이자율이 하락하는 경우이다. 따라서 환율이 상승하면 BP곡선은 [그림 12-5]의 BP' 곡선과 같이 우하향 이동한다.

반대로 환율이 하락하면 A점은 국제수지가 적자가 되고 새로운 BP곡선은 BP''로 좌상향 이동한다.

해외소득(y^*)이 증가한 경우는 환율이 상승한 경우와 같다. 즉 해외소득이 증가하면 환율이 상승한 경우와 마찬가지로 우리나라 상품에 대한 수입수요가 증가하여 수출이 증가하므로 무역수지가 개선된다. 따라서 [그림 12-5]의 A점에서 국제수지는 이제 흑자가 된다. 환율이 상승한 경우와 동일한 이유로 해외소득이 증가하면 BP곡선은 BP'로 우하향 이동하고 반대로 해외소득이 감소하면 BP''로 좌상향 이동한다.

그러면 해외이자율(i^*)이 하락하면 어떻게 될까? 해외이자율이 i_0^*에서 i_1^*로 하락했다고 해 보자. 해외이자율이 하락하면 $i_1^* < i_0^*$이므로 국내금리와 해외금리간의 격차가 $(i-i_0^*)$에서 $(i-i_1^*)$으로 확대된다. 국내금리와 해외금리의 격차가 확대되면 국내자본유입이 늘어나므로 모든 국내금리수준에서 자본수지가 개선된다. 즉 예를 들면 [그림 12-5]의 A점에서 이제 자본수지가 개선되어 국제수지는 흑자가 된다. 따라서 해외이자율이 i_1^*로 하락한 경우에 국제수지가 균형이 되려면 개선된 자본수지를 상쇄할 수 있는 일이 일어나야 된다. 그것은 무역수지가 악화되거나 자본수지가 악화되는 경우이다. 그 논리는 환율이 상승한 경우와 같다. 즉 해외이자율이 하락하면 BP곡선은 BP'로 우하향 이동한다. 반대로 해외이자율이 상승하면 BP곡선은 BP''로 좌상향 이동한다.

이상을 요약하면 환율상승, 해외소득의 증가, 해외이자율의 하락 등은

그림 12-6 자본이동의 정도와 국제수지균형선의 기울기

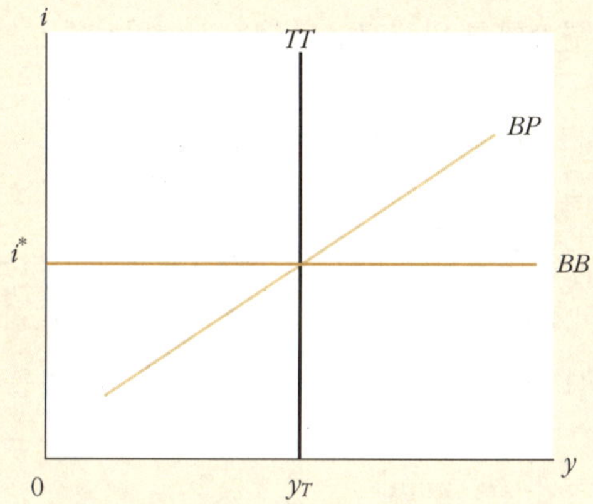

*BP*곡선의 우하향 이동을 가져오고 환율하락, 해외소득의 감소, 해외이자율의 상승 등은 *BP*곡선의 좌상향 이동을 가져온다.

이상에서 살펴본 바와 같이 자본이동의 정도에 따라 국제수지균형선의 기울기가 달라진다. [그림 12-6]이 그것을 보여준다. 즉 자본이동이 없는 경우에는 국제수지균형선, 즉 무역수지균형선(*TT*선)은 수직선이고, 자본이동이 완전한 경우에는 국제수지균형선(*BB*선)은 수평선이 된다. 그리고 자본이동이 불완전한 경우에는 국제수지균형선(*BP*선)은 우상향하는 기울기를 갖는다. 이와 같이 자본이동의 정도가 클수록 국제수지균형선은 점점 더 수평선에 가까워진다.

4 국제수지균형선의 수리적 해석

국제수지균형선에 대한 이상의 논의를 수리적으로 설명하면 다음과 같다.

(12-2)식의 국제수지균형조건을 다시 쓰면

$$BOP = TB(\frac{EP^*}{P}, y, y^*) + KA(i - i^*) = 0 \qquad (12\text{-}2)$$

단순화를 위해 (12−2)식을 선형화하면,

$$\overline{TB} - my + \delta(i - i^*) = 0 \qquad (12\text{-}5)$$

(12−5)식에서 m은 한계수입성향을 나타내며 $0 < m < 1$이다. δ는 국내외 이자율격차에 대한 자본이동의 민감도를 나타내며 $\delta > 0$이다.

(12−5)식에서 국제수지균형선의 기울기를 구하면,

$$\frac{\Delta i}{\Delta y} = \frac{m}{\delta} > 0 \qquad (12\text{-}6)$$

(12−6)식에서 국제수지균형선의 기울기는 양(+)임을 알 수 있다. 만일 자본이동이 없고 무역수지만 있으면 (12−6)식에서 $\delta = 0$가 되므로 국제수지균형선의 기울기는 무한대(∞)가 된다. 즉

$$\frac{\Delta i}{\Delta y} = \frac{m}{0} = \infty \qquad (12\text{-}7)$$

따라서 자본이동이 없는 경우의 국제수지(무역수지)균형선(*TT*선)은 수직선이 된다. 이와는 달리 자본이동이 완전한 경우에는 (12−6)식에서 $\delta \rightarrow \infty$이 되므로 국제수지균형선의 기울기는 영(0)이 된다. 즉

$$\frac{\Delta i}{\Delta y} = \frac{m}{\infty} = 0 \qquad (12\text{-}8)$$

따라서 자본이동이 완전한 경우의 국제수지균형선(*BB*선)은 수평선이 된다.

자본이동이 불완전한 경우에는 (12−6)식에서 $0 < \delta < \infty$이므로 국제수지균형선(*BP*)은 우상향하는 곡선이 된다. 즉

$$0 < \frac{\Delta i}{\Delta y} = \frac{m}{\delta} < \infty \tag{12-9}$$

이상의 논의를 바탕으로 경제정책의 효과를 분석해 보기로 하자. 여기서는 고정환율제도인 경우를 먼저 분석하고 변동환율제도인 경우는 다음 장(제13장)에서 다루기로 한다.

경제정책의 효과: 자본이동이 완전한 경우 << 제2절

1 경제의 균형

먼저 국제자본이동이 완전한 경우의 경제의 균형을 분석해 보자. 재화시장과 자산시장의 균형은 앞장에서 분석한 *IS*–*LM*모형과 같다. 즉 *IS* 및 *LM*식을 다시 쓰면 각각 (12–10)식 및 (12–11)식과 같다.

$$\begin{aligned} y &= \frac{1}{1-c+m}(\bar{A} + \overline{TB}) - (\frac{b}{1-c+m})i \\ &= \frac{1}{s+m}(\bar{A} + \overline{TB}) - (\frac{b}{s+m})i \end{aligned} \tag{12-10}$$

$$\frac{M^s}{P} = L^D(y,\ i) = ky - hi,\ k,\ h > 0 \tag{12-11}$$

다음 국제자본이동이 완전한 경우에는 위에서 분석한 바와 같이 국내이자율(i)은 항상 해외이자율(i^*)과 일치하게 된다. 즉 이 경우 (12–12)식이 성립하고 따라서 국제수지균형선, 즉 *BB*선은 수평선이다.

$$i = i^* \tag{12-12}$$

[그림 12–7]은 국제자본이동이 완전한 경우의 개방경제의 균형을 나타낸다. 즉 경제는 *IS*, *LM* 및 *BB*선이 모두 교차하는 C_0점에서 균형을 이루고

그림 12-7 경제의 균형: 자본이동이 완전한 경우

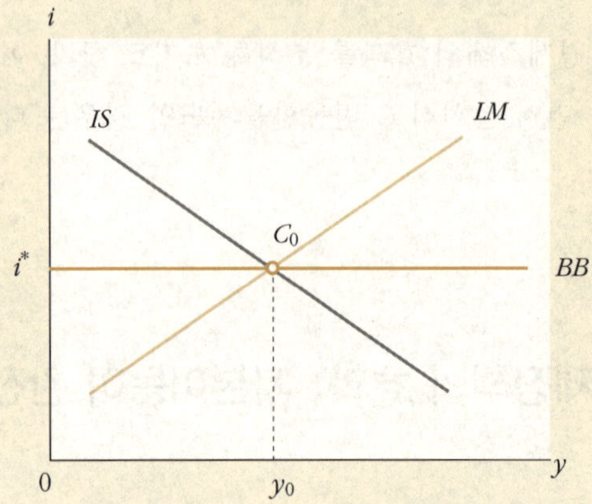

있다. 균형소득수준은 y_0이고 균형이자율은 해외이자율 i^*와 같다. 그리고 국제수지는 균형이다.

2 금융정책

[그림 12-8]에서 C_0는 현재의 균형점을 나타낸다. 중앙은행이 통화량을 증가시키는 경우를 살펴보자. 통화량이 증가하면 *LM*곡선은 *LM*′ 로 우하향 이동한다. 새로운 균형점은 *IS*곡선과 *LM*′ 곡선이 서로 만나는 C_1점에서 이루어진다. 소득은 y_0에서 y_1으로 증가하고, 이자율은 i^*에서 i_1으로 하락한다. 그러나 새로운 균형점 C_1에서 국내이자율(i_1)은 해외이자율(i^*) 보다 낮으므로 자본이동이 완전한 경우에는 순식간에 대량의 자본유출이 일어난다. 따라서 국제수지는 적자가 되고 환율은 상승압박을 받게 된다. 고정환율제도하에서는 환율을 일정수준으로 유지하기 위해 중앙은행은 외환시장에서 외환을 매각하게 된다. 이와 같은 과정은 국내이자율이 해외이자율수준으로 상승할 때까지 계속될 것이다. 이에 따라 통화량은 다시 중앙은행으로 흡수되어 줄어들게 된다. 즉 *LM*′ 곡선은 *LM*곡선으로 다시 돌아가게

그림 12-8 금융정책의 효과

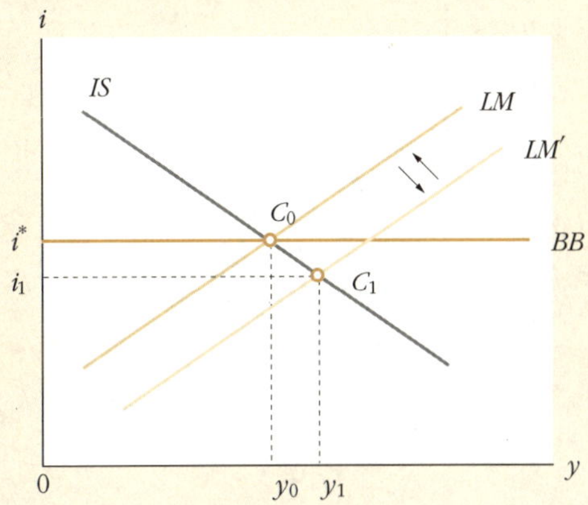

되고 균형점은 C_0로 복귀하여 균형이자율과 균형소득수준은 각각 i^*와 y_0의 원래의 수준에서 변동이 없다. 이와 같이 자본이동이 완전한 경우 고정환율제도하에서 금융정책은 소득에 영향을 미칠 수가 없다. 즉 이 경우 금융정책은 소득에 영향을 미칠 수 있는 유효한 경제정책수단이 될 수 없다.

3 재정정책

[그림 12-9]에서 C_0는 현재의 균형점을 나타낸다. 정부가 지출을 증가시키는 경우를 살펴보자. 정부지출이 증가하면 *IS*곡선은 *IS'* 로 우상향 이동한다. 새로운 균형은 *IS'* 곡선과 *LM*곡선이 서로 만나는 C_1점에서 이루어진다. 소득은 y_1에서 y_0로 증가하고, 이자율은 i^*에서 i_1으로 상승한다. 그러나 새로운 균형점 C_1에서 국내이자율(i_1)은 해외이자율(i^*)보다 높으므로 자본이동이 완전한 경우에는 순식간에 대량의 자본유입이 일어난다. 따라서 국제수지는 흑자가 되고 환율은 하락압박을 받게 된다. 고정환율제도하에서는 환율을 일정수준에 유지하기 위해 중앙은행은 외환시장에서 외환을 매입하게 된다. 이와 같은 과정은 국내이자율(i_1)이 해외이자율(i^*)수준으로

그림 12-9 재정정책의 효과

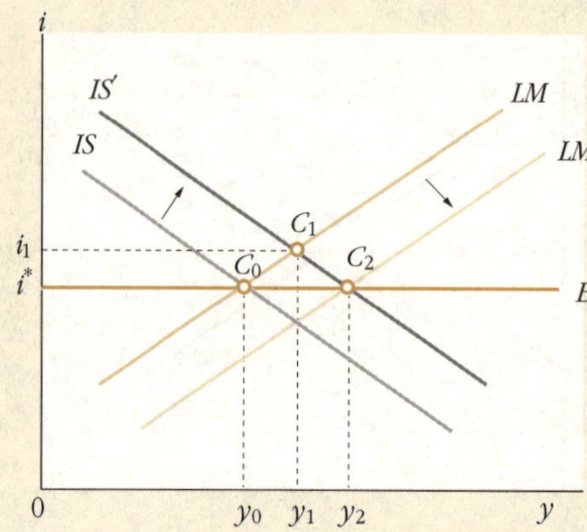

하락할 때까지 계속될 것이다. 이에 따라 통화량은 증가하게 되고 그 결과 *LM*곡선은 *LM′* 곡선으로 우하향 이동하게 된다. 따라서 최종균형은 *IS′* 곡선과 *LM′* 곡선 그리고 *BB*선이 서로 만나는 C_2점에서 이루어지고 균형소득수준은 y_1보다 더 높은 y_2가 된다. 균형이자율은 해외이자율과 같은 i^*가 된다. 이와 같이 자본이동이 완전한 경우 고정환율제도하에서 재정정책은 소득에 영향을 미칠 수가 있다. 즉 이 경우 재정정책은 소득에 영향을 미칠 수 있는 유효한 경제정책수단이 될 수 있다.

4 해외이자율의 변동

[그림 12-10]에서 C_0는 현재의 균형점을 나타낸다. 해외이자율이 i_0^*에서 i_1^*로 상승했다고 해 보자. 해외이자율이 상승하면 *BB*곡선은 *BB′* 로 상향 이동한다. 그러면 C_0점에서 국내이자율(i_0^*)은 해외이자율(i_1^*)보다 낮은 상태에 있으므로 순식간에 대량의 자본유출이 일어난다. 이에 따라 환율은 상승압박을 받게 되고 중앙은행은 환율상승을 막기 위해서 외환시장에서 외환을 매각하게 된다. 외환을 매각함에 따라 통화량은 감소하게 되고 *LM*

그림 12-10　해외이자율 변동의 효과

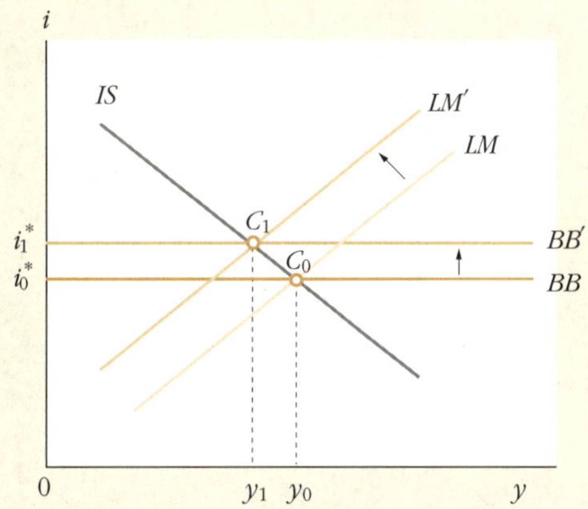

곡선은 좌상향 이동하게 된다. 새로운 균형은 IS곡선과 LM' 곡선 및 BB' 곡선이 서로 만나는 C_1점에서 이루어지고 균형소득수준은 y_0에서 y_1으로 줄어든다. 그리고 국내이자율은 i_0^*에서 i_1^*로 상승하여 해외이자율과 같아지게 된다. 이와 같이 고정환율제도하에서 해외이자율의 상승은 국내경기의 위축을 가져온다.

경제정책의 효과: 자본이동이 불완전한 경우 《 제3절

국제자본이동이 불완전한 경우에는 위에서 설명한 바와 같이 국제수지는 경상수지와 자본수지의 합계와 같다. 국제수지균형식을 다시 쓰면 (12-2)식과 같다.

$$BOP = TB(\frac{EP^*}{P}, y, y^*) + KA(i - i^*) = 0 \qquad (12\text{-}2)$$

자본이동이 불완전한 경우의 국제수지균형선을 BP곡선이라 하면 앞에

그림 12-11 경제의 균형: 자본이동이 불완전한 경우

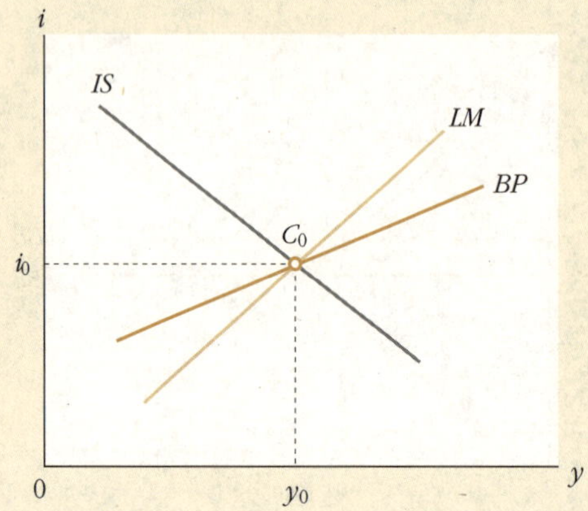

서 설명한 바와 같이 *BP*곡선은 우상향하는 기울기를 갖는다. [그림 12-11]은 자본이동이 불완전한 경우의 경제균형의 균형상태를 나타낸다. 즉 C_0점에서 *IS*, *LM* 및 *BP*곡선이 서로 교차하여 균형소득수준은 y_0이고 균형이자율은 i_0이다. 그리고 국제수지는 균형상태에 있다. [그림 12-11]에서 *LM*곡선과 *BP*곡선은 둘 다 우상향하는 기울기를 갖는데 어느 것이 더 큰 기울기를 갖느냐 하는 것은 경제의 구조에 의해서 결정된다. 다른 조건이 일정할 경우 자본이동이 더 클수록(즉 이자율 변동에 대해 자본의 이동이 더 민감할수록) *BP*곡선의 기울기는 더 작아지고 수평선에 가까워진다. 제 2 차 세계대전 후 지난 수십년 동안 각국은 자본시장의 개방을 확대해 왔으며 그에 따라 국제자본이동도 매우 활발하게 전개되어 왔다. 이러한 점을 고려하여 여기서는 BP곡선이 더 완만한 기울기를 갖고 *LM*곡선보다 더 작은 기울기를 갖는 것으로 가정하기로 한다.[5] 이제 고정환율제도인 경우의 경제정책의 효과를 분석해 보기로 하자.

5) *BP*곡선의 기울기가 *LM*곡선의 기울기보다 더 큰 경우도 조정경로는 달라지지만 새로운 균형에 도달하는 기본원리는 차이가 없다.

1 금융정책

[그림 12-12]에서 C_0는 현재의 균형점을 나타낸다. 중앙은행이 통화량을 증가시키는 경우를 살펴보자. 통화량이 증가하면 *LM*곡선은 *LM′* 로 우하향 이동한다. 새로운 균형은 *IS*곡선과 *LM′* 곡선이 서로 만나는 C_1점에서 이루어진다. 소득은 y_0에서 y_1으로 증가하고, 이자율은 i_0에서 i_1으로 하락하게 된다. 새로운 균형점 C_1은 *BP*곡선보다 아래에 있기 때문에 국제수지가 적자인 상태이고 따라서 환율은 상승압박을 받게 된다. 고정환율제도이므로 환율을 일정수준에 유지하기 위해 중앙은행은 외환시장에서 외환을 매각하게 된다. 그에 따라 통화량은 다시 줄어들고 *LM′* 곡선은 다시 원래의 *LM*곡선으로 되돌아가게 된다. 그러므로 이 경우 통화량이 증가해도 원래의 균형점 C_0에서 최종균형이 이루어지고 균형소득수준과 균형이자율은 변동하지 않는다. 즉 자본이동이 불완전한 경우 고정환율제도하에서 금융정책은 소득수준에 영향을 미칠 수가 없다.

여기서 유의할 것은 고정환율제도하에서 국제수지의 불균형은 일시적인 것이고 장기적으로는 통화량변동에 의해서 자동적으로 조정이 된다는 사실이다. 국제수지의 불균형으로 인한 통화량의 변동은 중앙은행의 통제

그림 12-12 금융정책의 효과

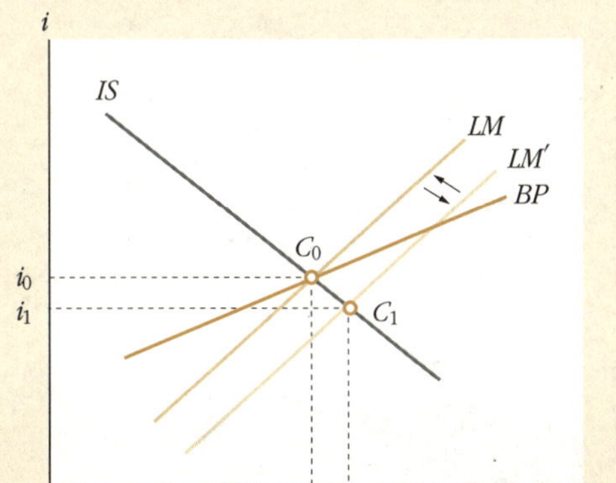

범위를 벗어나기 때문에 통화당국이 그만큼 금융정책을 수립 · 집행하는 데 하나의 제약요인이 된다. 이러한 문제는 국제자본이동이 완전한 경우이든 불완전한 경우이든 모두 똑같이 발생하는 문제이다. 물론 금융정책이 장기적으로 산출량에 아무런 영향을 미치지 못하고 효과가 없는 것에 대해 대응하는 방법이 없는 것은 아니다. 예를 들어 중앙은행이 국제수지의 불균형의 결과로 나타나는 통화량변동을 국내여신의 변동 또는 공개시장조작으로 완전히 상쇄시키는 이른바 불태화정책을 취하면 장기적으로도 금융정책의 효과를 얻을 수는 있다. 그러나 불태화정책은 제 12장에서 지적한 바와 같이 장기간 지속될 수 있는 성질의 것은 아니다. 왜냐하면 불태화정책을 장기간 지속할 경우 중앙은행의 대외지급준비가 과도하게 많아져 과잉이 되거나(국제수지 흑자의 경우) 또는 지속적으로 감소하여(국제수지 적자의 경우) 고갈상태에 직면하는 위기를 맞을 수가 있기 때문이다.

2 재정정책

[그림 12-13]은 재정정책의 효과를 나타낸다. 정부지출이 증가하는 경우를 살펴보자. 정부지출이 증가하면 *IS*곡선은 *IS′*로 우상향 이동한다. 새로

그림 12-13 재정정책의 효과

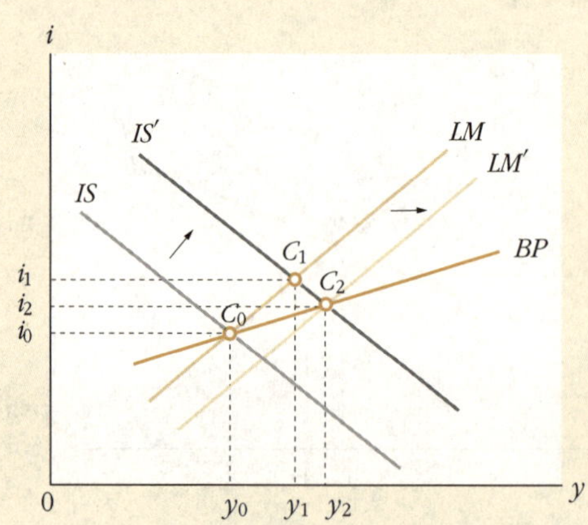

운 균형은 IS' 곡선과 LM곡선이 서로 만나는 C_1점에서 이루어진다. 소득은 y_0에서 y_1으로 증가하고, 이자율은 i_0에서 i_1으로 상승한다. 그러나 새로운 균형점 C_1은 국제수지균형선, BP곡선보다 위쪽에 있기 때문에 국제수지가 흑자인 상태를 나타낸다. 따라서 외환시장에서 환율은 하락압박을 받게 된다. 고정환율제도이므로 중앙은행은 환율하락을 막기 위해 외환을 매입하게 되고 그에 따라 통화량은 증가하게 된다. 통화량이 증가함에 따라 LM곡선은 우하향 이동하게 되고 최종적으로는 IS' 곡선과 LM' 곡선 그리고 BP곡선이 서로 만나는 C_2점에서 균형이 이루어지게 된다. 그 결과 새로운 균형소득 수준은 $y_2(y_2 > y_1 > y_0)$로 증가하고 균형이자율은 i_2가 된다. 그리고 C_2점에서 국제수지는 균형이다. 이와 같이 자본이동이 불완전한 경우 고정환율제도하에서 금융정책은 소득에 영향을 미칠 수가 없지만 재정정책은 소득에 영향을 미칠 수가 있는 것으로 나타났다. 즉 이 경우 재정정책은 소득에 영향을 미칠 수 있는 유효한 경기조정 정책수단이 될 수 있음을 알 수 있다.

자본이동의 정도와 재정정책의 효과

이와 같이 재정정책은 고정환율제도하에서 국제자본이동이 불완전한 경우 소득에 영향을 미칠 수가 있다. 이 점은 국제자본이동이 완전한 경우

그림 12-14 자본이동의 정도와 재정정책의 효과

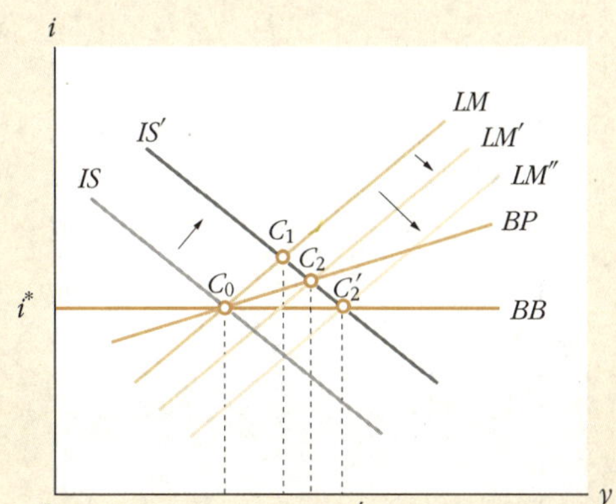

와 차이가 없다. 그러나 국제자본이동이 완전한 경우와 불완전한 경우 중 어느 경우에 재정정책이 소득에 미치는 효과가 더 크냐 하는 문제가 제기된다. 결론부터 말하면 국제자본이동이 완전성에 가까울수록 그 효과가 크다. [그림 12-14]를 보면 이 점은 쉽게 이해될 수 있다. 즉 [그림 12-14]는 국제자본이동이 완전한 경우와 불완전한 경우 두 가지 경우를 비교하고 있는데 동일한 *IS*곡선의 이동에 대해 자본이동이 불완전한 경우에는 최종균형이 C_2점에서 일어나 소득이 y_2까지 증가하는 데 반해 자본이동이 완전한 경우에는 최종균형이 C_2' 점에서 일어나 균형소득수준은 y_2보다 더 큰 y_2'까지 확대된다. 이와 같이 재정정책의 경우 자본이동의 정도가 크면 클수록 소득에 미치는 효과는 더 크다.

3 환율정책

[그림 12-15]는 평가절하의 효과를 나타낸다. 경제는 현재 C_0점에서 균형을 이루고 있다. 이제 평가절하를 하여 환율을 E_0에서 E_1으로 인상했다고 해 보자. 환율이 상승하면 *BP*곡선은 *BP'* 로 우하향 이동하고 *IS*곡선은 *IS'* 로 우상향 이동한다. 이에 따라 C_1점에서 새로운 균형이 이루어진다. 균

그림 12-15 평가절하의 효과

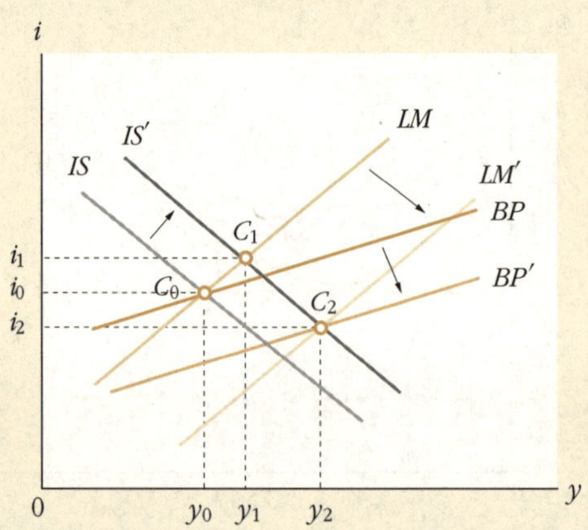

형소득은 y_0에서 y_1으로 증가하고 균형이자율은 i_0에서 i_1으로 상승한다. 그러나 C_1점은 새로운 국제수지곡선, BP'곡선의 위쪽에 있기 때문에 국제수지는 흑자인 상태가 되고 따라서 환율은 하락압박을 받게 된다. 환율하락을 막기 위해 중앙은행은 외환을 매입하게 되고 그에 따라 통화량은 증가한다. 그 결과 LM곡선은 우하향 이동하게 된다. 이러한 과정은 국제수지가 다시 균형이 될 때까지 계속될 것이며 최종균형은 IS'곡선과 LM'곡선 그리고 BP'곡선이 서로 만나는 C_2점에서 이루어진다. 균형소득은 y_1에서 y_2로 다시 증가하고 균형이자율은 i_2가 된다. 이리하여 균형소득은 증가하지만 균형이자율은 원래의 이자율수준보다 낮을 수도 있고 높을 수도 있다. 이와 같이 자본이동이 불완전한 경우 고정환율제도하에서 평가절하를 하면 국내경기는 팽창한다.

4 해외이자율의 변동

[그림 12-16]은 고정환율제도하에서 해외이자율의 변동효과를 나타낸다. 해외이자율이 상승하는 경우를 살펴보자. 해외이자율이 상승하면 국제수지균형선, BP곡선은 BP' 곡선으로 좌상향 이동한다. 그러면 원래의 균형

그림 12-16 해외이자율의 변동효과

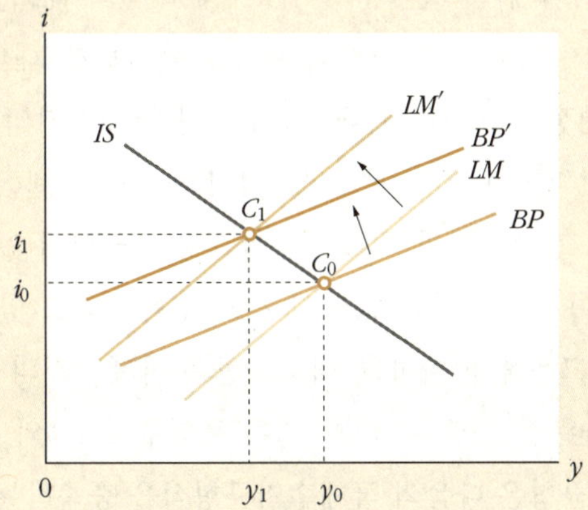

점 C_0는 새로운 국제수지곡선, BP' 곡선의 아래쪽에 있기 때문에 국제수지는 적자인 상태가 되고 따라서 환율은 상승압박을 받게 된다. 환율상승을 막기 위해 중앙은행은 외환을 매각하게 되고 그에 따라 통화량은 줄어든다. 그 결과 LM곡선은 좌상향 이동하게 된다. 이러한 과정은 국제수지가 다시 균형이 될 때까지 계속될 것이며 최종균형은 IS곡선과 LM' 곡선 그리고 BP' 곡선이 서로 만나는 C_1점에서 이루어진다. 균형소득은 y_0에서 y_1으로 줄어들고 균형이자율은 i_0에서 i_1으로 상승한다. 이와 같이 자본이동이 불완전한 경우 고정환율제도하에서 해외이자율이 상승하면 국내경기는 위축된다. 그것은 고정환율제도하에서 환율은 변동이 없고 따라서 환율상승에 따른 무역수지의 개선효과가 없는 상태에서 해외이자율상승으로 국내이자율만 상승하여 투자지출이 감소하기 때문이다. 해외이자율 상승이 국내경기를 위축시키는 이러한 결과는 자본이동이 완전한 경우와 차이가 없다.

제 4 절 ≫ 대내균형과 대외균형의 달성문제

1 재정 · 금융정책의 혼합

지금까지 자본이동이 불완전한 경우의 재정금융정책의 효과를 분석하였다. 이제 대내균형(internal balance)과 대외균형(external balance)을 달성하기 위한 이들 정책의 혼합을 살펴보자. 대내균형이란 완전고용과 물가의 안정을 의미하고 대외균형이란 국제수지의 균형을 의미한다. 대내균형과 대외균형이 동시에 이루어지는 것을 종합균형(overall balance)이라 부른다. 경제정책의 목표는 종합균형의 달성에 있다.

여기서 물가는 고정된 것으로 가정하고 있기 때문에 대내균형은 바로 완전고용을 의미하고 대외균형은 국제수지의 균형을 의미한다. 자본이동이 불완전한 경우 국제수지는 무역수지(TB)와 자본수지(KA)의 합계이므로 대외균형은 다음의 국제수지균형식을 충족하는 것을 의미한다.

그림 12-17 대내균형과 대외균형

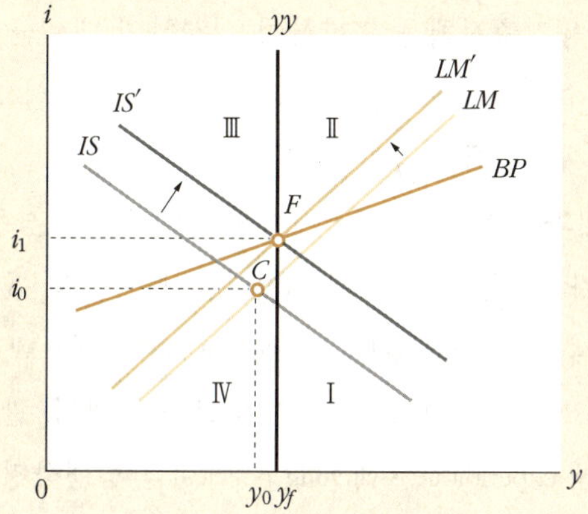

$$BOP = TB(\frac{EP^*}{P}, y, y^*) + KA(i - i^*) = 0$$

[그림 12-17]은 대내균형과 대외균형의 목표를 나타내고 있다. $y = y_f$ 수준에서의 수직선 yy선은 대내균형을 나타내고 우상향하는 BP선은 대외균형을 나타낸다. yy선과 BP선이 서로 만나는 F점이 대내균형과 대외균형을 동시에 달성하는 경제정책의 최종목표를 나타낸다. [그림 12-17]은 경제상황에 따라 Ⅰ, Ⅱ, Ⅲ, Ⅳ 등 4개의 영역으로 나누어진다.

Ⅰ: 과잉고용($y > y_f$), 즉 인플레이션 압력, 국제수지 적자
Ⅱ: 과잉고용($y > y_f$), 즉 인플레이션 압력, 국제수지 흑자
Ⅲ: 과소고용($y < y_f$), 즉 디플레이션 압력, 국제수지 흑자
Ⅳ: 과소고용($y < y_f$), 즉 디플레이션 압력, 국제수지 적자

경제정책의 최종목표는 종합균형, 즉 이 그림에서 F점을 달성하는 것이다. [그림 12-17]에서 경제상황에 따라서 재정 · 금융정책을 혼합하면 종합균형을 달성할 수 있음을 알 수 있다. 예를 들어 지금 현재 경제가 C점에 있다고 하자. 그러면 현재의 소득 y_0는 완전고용소득 y_f보다 낮아서 과소고

용, 즉 불완전고용상태이고 국제수지는 적자이다. 따라서 고용을 늘리고 국제수지 적자를 해소해야 하는 과제를 안고 있다. 이 경우 팽창적 재정정책과 금융긴축정책을 혼합하여 실시하면 대내균형과 대외균형을 동시에 달성할 수 있다. 즉 *F*점에서 *IS'* 곡선과 *LM'* 곡선 그리고 *BP*곡선이 서로 만나도록 재정정책과 금융정책을 혼합하면 된다.

이와 같은 결과는 국제자본이동이 없는 경우와 크게 대조를 이룬다. 즉 국제자본이동이 없는 경우(제11장)에는 재정 · 금융정책의 이른바 총지출조정정책(expenditure adjusting policies)만으로는 대내균형과 대외균형의 두 가지 목표를 동시에 달성할 수 없고 환율정책, 관세정책 등과 같은 총지출전환정책(expenditure switching policies)을 병행하지 않으면 안 되는 것으로 분석되었다. 그러나 국제자본이동이 있는 경우에는 위에서 분석한 바와 같이 총지출전환정책 없이 재정 · 금융정책의 총지출조정정책만으로도 대내균형 및 대외균형의 두 가지 목표를 달성할 수 있다.

2 정책배정

현실적으로 경제정책은 여러 기관이 수립 · 집행하는 것이 보통이다. 다수의 기관이 경제정책을 수립 · 집행할 경우 서로간의 의견조정과 협의가 필요하다. 그러나 이러한 정책조정은 쉽지 않다. 뿐만 아니라 각 기관의 정책이 독립적이지 못한 경우도 많다. 그러면 정책의 효율성도 떨어질 수 있다.

앞에서 설명한 정책조합은 금융정책당국과 재정정책당국 간의 긴밀한 협조를 필요로 한다. 즉 금융정책당국과 재정정책당국이 대내균형과 대외균형을 달성하는 정책적 수단에 대해 의견을 달리할 수가 있다. 위에서 든 예([그림 12-17]의 *C*점)에서 금융은 긴축정책이 필요하고 재정은 팽창정책이 필요한데 정부가 재정적자의 누적을 핑계로 팽창정책을 반대할 수도 있다. 이런 문제를 해결하는 하나의 방법이 **정책배정(policy assignment)**이다. 정책배정이란 대내균형과 대외균형의 두 가지 목표를 중앙은행과 정부, 두 개의 기관에 하나씩 책임을 맡겨서 나누어 달성하도록 하는 것을 말한다. 여기에는 반드시 분담하는 규칙을 정해야 하고 각 기관이 독립적으로 정책을 수립·집행하도록 해야 한다. 정책목표를 배정하는 방식은 두 가지가 있다.

하나는 대내균형은 정부에, 대외균형은 중앙은행에 각각 배정하는 방법이다. 다른 하나는 그 반대로 대내균형은 중앙은행에, 대외균형은 정부에 각각 배정하는 방법이다.

[그림 12-18]은 정책배정을 나타낸다. 먼저 종축의 i는 금융정책을, 횡축의 G는 재정정책을 각각 나타낸다. i가 낮을수록 팽창적 금융정책(금리인하, 또는 통화량 증가)을, G가 클수록 팽창적 재정정책(정부지출 확대 또는 조세삭감)을 각각 나타낸다. 여기서 금융정책수단을 통화량으로 하지 않고 이자율로 한 것은 금융정책에 따른 국제자본이동효과를 더 명시적으로 나타낼 수 있기 때문이다. 뿐만 아니라 금융혁신 등으로 통화와 비통화에 대한 구분이 모호해지고 통화량의 측정이 매우 어려워짐에 따라 1980년대 후반 이후 통화량 목표에서 금리목표로 금융정책의 목표가 전환된 것이 큰 이유 중의 하나이다.[6)]

yy선은 대내균형을, BP선은 대외균형을 나타내는 금융정책과 재정정책의 조합을 나타낸다. yy선과 BP선 모두 우상향하는 기울기를 가지고 있다. 그 이유는 다음과 같다. E점은 대내균형과 대외균형이 동시에 달성되는 점이다.

이제 동일한 이자율 수준에서 정부지출이 B점으로 증가하는 경우를 보자. 그러면 소득증가에 따른 수입증가로 무역수지는 악화될 것이다. 즉 B점에서 소득은 완전고용수준을 초과하여 인플레이션 압력을 받을 것이다. 따라서 B점에서 완전고용수준을 회복하기 위해서는 이자율이 상승해야 한다. 예를 들면 정부지출이 B점으로 증가한 경우 완전고용을 달성하는 이자율은 C점으로 상승해야 한다. 이와 같이 대내균형을 달성하는 G와 i의 조합, 즉 yy선은 우상향하는 기울기를 갖는다. 그리고 yy선의 아래쪽 또는 오른쪽은 소득이 완전고용수준보다 높기 때문에 인플레이션 압력이 있는 상

6) 이자율 대신 환율로도 나타낼 수 있다. 금융정책대신 환율정책으로 나타낸 대내외균형 그래프는 연습문제(3번)로 남긴다.

그림 12-18 정책배정

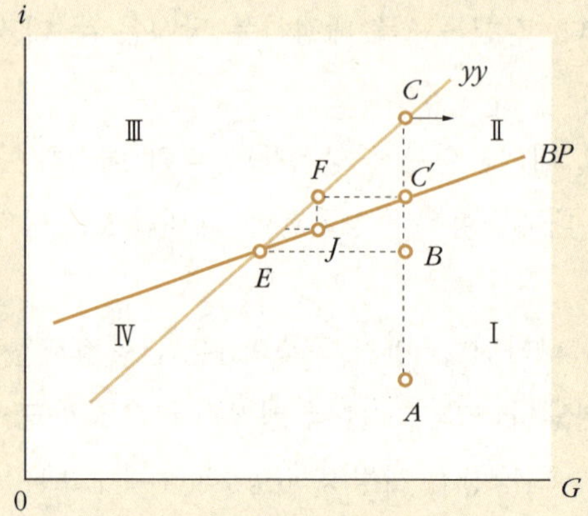

태이고 *yy*선의 위쪽 또는 왼쪽은 소득이 완전고용수준보다 낮기 때문에 디플레이션 압력이 있는 상태이다.

이번에는 대외균형을 나타내는 *BP*선을 보자. *B*점은 무역수지가 악화되었기 때문에 국제수지가 적자인 상태이다. 이제 정부지출이 *B*점으로 증가한 상태에서 국제수지가 균형이 되기 위해서는 자본수지가 개선되어야 한다. 자본수지가 개선되기 위해서는 국내이자율이 상승해야 한다. 예를 들면 *C′*점이 대외균형을 나타내는 점이다. 이와 같이 대외균형을 달성하는 *G*와 *i*의 조합, 즉 *BP*선은 우상향하는 기울기를 갖는다. 그리고 *BP*선의 아래쪽 또는 오른 쪽은 국제수지가 적자인 상태이고 *BP*선의 위쪽 또는 왼쪽은 국제수지가 흑자인 상태이다.

이와 같이 대내균형선과 대외균형선 둘 다 우상향하는 기울기를 가지는데 그러면 어느 선의 기울기가 더 클 것인가? 결론부터 말하면 *yy*선의 기울기가 *BP*선의 기울기보다 반드시 더 크다. 그 이유는 다음과 같다. [그림 12-18]의 *E*점에서 출발하여 *yy*선을 따라 *C*점으로 이동해 보자. *E*점은 *BP*선상에 있으므로 국제수지는 균형이다. 그러면 *C*점은 국제수지가 흑자인가 적자인가? 그런데 *E*점과 *C*점은 모두 *yy*선상에 있으므로 소득은 완전고용수준으로 같다. 소득수준이 같기 때문에 *E*점과 *C*점 모두 무역수지도 동일하다. 그러나 *C*점에서 이자율은 E점보다 더 높기 때문에 자본유입으로 자본수지는 *C*점이 *E*점에 비해서 더 개선된 상태이다. 그러므로 *C*점은 국제수지가 흑자인 점이다. 위에서 설명한 한 바와 같이 국제수지가 흑자인 영역은 *BP*선보다 위쪽 또는 왼쪽에 위치하고 있으므로 *BP*선은 *C*점의 아래쪽에 위치해야 한다. 따라서 대내균형선의 기울기가 대외균형선의 기울기보다 더 크다.

[그림 12-18]은 Ⅰ, Ⅱ, Ⅲ, Ⅳ 등 4개 영역으로 나눌 수 있다.

Ⅰ: 과잉고용과 인플레이션, 국제수지 적자
Ⅱ: 과잉고용과 인플레이션, 국제수지 흑자
Ⅲ: 과소고용과 디플레이션, 국제수지 흑자
Ⅳ: 과소고용과 디플레이션, 국제수지 적자

이제 [그림 12-18]을 이용하여 정책배정문제를 분석해 보자. 정책당국은 일단 정책배정을 받으면 상호간에 정책에 대한 협의나 조정을 거치지 않고 독립적으로 정책을 수립 · 집행하게 된다.

먼저 대내균형은 재정정책에, 대외균형은 금융정책에 배정하는 경우를 보자. 이 경우 실업이 있으면 정부는 팽창적 재정정책을 실시하고 반대로 소득이 완전고용수준을 넘어서 경기가 과열되어 있으면 긴축재정정책을 실시하도록 한다. 그리고 통화당국은 국제수지가 흑자이면 이자율을 내리고 적자이면 이자율을 올리도록 각각 정책을 배정하는 것이다. 예를 들어 지금 경제가 *A*점에 있다고 하자. 그러면 소득은 완전고용수준을 초과하여 경기는 과열상태이고 국제수지는 적자인 상태이다. 이제 금융정책당국이 국제수지 균형을 이루기 위해 이자율을 인상하여 C'점에 도달한다고 하자. 그 다음 완전고용을 달성하기 위해 정부지출을 줄이면 *F*점에 도달할 수 있다. 이제 국제수지 균형을 달성하기 위해 금융팽창으로 이자율을 인하하면 *J*점에 도달할 수 있다. 다시 재정지출을 줄이면 완전고용을 달성할 수 있다. 이와 같은 과정을 계속하면 대내균형과 대외균형을 동시에 달성하는 *E*점에 도달할 수 있다. 즉 대내균형은 재정정책에, 대외균형을 금융정책에 배정하는 방법은 유효한 정책배정이 될 수 있다.

이번에는 반대로 대내균형을 금융정책에, 대외균형을 재정정책에 배정하는 방법을 살펴보자. 마찬가지로 *A*점에서 출발해 보자. 먼저 금융당국이 완전고용을 달성하기 위해서 금융긴축을 실시하여 이자율을 인상하면 *C*점에 도달할 수 있다. *C*점은 국제수지가 흑자인 점이다. 따라서 국제수지 균형을 달상하기 위해 정부당국은 재정지출을 늘려야 한다. 그러면 대외균형을 달성하는 점은 *C*점에서 화살표 방향으로 오른쪽에 위치하게 된다. 이는 대내균형과 대외균형을 동시에 달성하는 점인 *E*점으로부터 점점 더 멀어진다는 것을 의미한다. 따라서 대내균형을 금융정책에, 대외균형을 재정정책에 배정하는 방식은 유효한 정책배정이 될 수 없다.

이와 같이 정책배정이 성공을 하기 위해서는 반드시 각 정책이 각 목표에 정확하게 배정되어야 한다. 정확한 정책배정의 원리는 각 정책이 상대적으로 각 목표에 더 큰 영향을 미치는 이른바 비교우위를 갖는 것에 배정하는 것이다.[7] 위의 예에서 금융정책은 대외균형의 달성에 상대적으로 비교우위를 갖는 반면 재정정책은 대내균형의 달성에 비교우위를 갖는 것을 보여주고 있다.

3 경제정책의 혼합 · 배정의 문제점[8]

경제정책의 혼합과 배정은 모형에서 가정하고 있는 것처럼 쉬운 일이 아니다. 정책당국자는 경제의 현재 상황에 대해 정확한 지식을 가지고 있는 것이 아니며 따라서 정책의 수립 및 집행에 장애요소가 많다. 뿐만 아니라 대내외균형의 목표 자체도 문제점을 안고 있다. 정책의 혼합 및 배정에 대한 일반적인 비판을 요약하면 다음과 같다.

첫째, 시차의 문제가 있다. 경제상황에 대한 인식, 정책결정, 정책의 효

7) 이를 먼델의 유효시장분류 원리(principle of effective market classification)라 부른다. Mundell(1968), pp. 152-176, 233-239 참조.

8) 본 내용은 Caves, Frankel and Jones(2001), pp. 471-472, Salvatore(2010), pp. 647-652 및 Rivera-Batiz and Rivera-Batiz(1985), pp. 247-250에서 발췌 인용한 것임.

과발생 등에 시차가 있어서 경제정책의 효과가 실제로 나타나기까지 오랜 시간이 걸리고 경우에 따라서는 경기변동을 더욱더 증폭시킬 수가 있다.

둘째, 불확실성의 문제가 있다. 즉 현재의 경제상황에 대한 불확실성, 미래의 충격에 대한 불확실성, 정확한 경제모형에 대한 불확실성 등의 문제가 있다. 이러한 불확실성 때문에 경제정책은 오차를 수반하게 되고 그 결과 기대했던 경제정책의 목표달성도 어려워지게 된다.

셋째, 민간의 예상문제이다. 특히 이 문제는 인플레이션의 경우 더 두드러진 문제이다. 즉 민간의 인플레이션에 대한 예상이 확산되어 점점 더 높은 인플레이션을 예상하는 경우(즉 필립스곡선이 연속적으로 우상향 이동하는 경우) 실업률과 인플레이션의 바람직한 선택을 위한 경제정책의 효과는 기대하기 어렵다.

넷째, 정치적 요소의 문제이다. 비록 경제정책에 대한 확신을 정책당국자가 가지고 있다고 하더라도 그것이 정치적 계산과 부합하지 않을 경우엔 정책의 집행이 어렵게 된다. 예를 들어 여당과 야당이 첨예하게 대립하고 있는 경우 정부의 경제정책은 국회의 동의를 얻는 데 큰 어려움을 겪게 되고 그것은 정책효과를 크게 감소시키는 결과를 초래할 수 있다.

다섯째, 모형에서는 국제자본이동이 국내이자율과 해외이자율의 격차에 민감하게 반응하는 것으로 가정하고 있으나 실제에 있어서는 그렇게 민감하지 않을 수 있다. 그리고 국제자본이동이 오히려 경제를 교란시키는 요인이 될 수도 있고 또한 모형이 가정하고 있는 것처럼 자본스톡의 조정이 매기마다 지속적으로 일어나는 것이 아니라 한 기의 조정으로 끝나버릴 수도 있다.

여섯째, 대외균형의 달성을 위한 통화정책은 단순히 단기적으로 국제수지의 적자를 보전하는 수단에 지나지 않을 수 있다. 예를 들어 경상수지가 적자일 경우 금융긴축으로 해외자본의 유입을 촉진하여 국제수지 전체의 균형을 달성하고자 하는 것은 단기적으로 경상수지의 적자보전에 그치게 된다. 이 경우 더 중요한 것은 환율 조정 등 장기적인 조정이 일어나도록 하는 것이다.

일곱째, 모형에서 대외균형은 국제수지의 구성과는 상관없이 언제나 국제수지의 균형자체를 달성하는 것만을 목표로 하고 있으나 실제에 있어서는 국제수지의 구성항목에 대해 신경을 쓰는 것이 일반적인 현상이다. 예를 들어 국제수지 전체(경상수지와 자본수지의 합계)의 균형보다는 경상수지의 일정수준(예를 들면 GDP의 몇 %)을 목표로 설정할 수도 있다. 또한 국제수지는 균형상태를 지속하고 있다고 해도 외국으로부터의 차관도입에 의한 자본수지의 흑자가 지속되고 있으면 그것은 대외채무의 증대를 가져오는 등 경제에 부정적인 영향을 미칠 우려가 있다.

여덟째, 재정 · 금융정책의 혼합에서는 총수요의 구성이 국민경제에 미치는 효과를 간과하고 있다. 그러나 정부지출의 증가에 의한 팽창적 재정정책은 정부부문의 확대로 민간부문의 상대적 위축을 초래하는 문제를 안고 있다.

마지막으로 정책의 혼합은 재정정책과 금융정책이 상호 독립적으로 수립 · 집행될 수 있다는 것을 전제로 하고 있으나 사실상 양 정책은 긴밀한 연관을 맺고 있어 독립적이지 못한 경우가 많다.

요 약

요약
Summary

1. 국제자본이동의 정도에 따라 국제수지균형선의 기울기가 달라진다. 자본이동이 없으면 국제수지는 무역수지만으로 구성되므로 무역수지균형선은 수직선이다. 자본이동이 완전한 경우는 국제수지균형선(*BB*곡선)은 수평선이다. 그러나 자본이동이 불완전하면 국제수지균형선은 우상향하는 기울기를 갖는다. 따라서 자본이동의 정도가 클수록 국제수지균형선은 수평선에 더 가까워진다.

2. 고정환율제도하에서 자본이동이 완전한 경우 금융정책은 소득수준에 영향을 미칠 수가 없다. 이에 반해 재정정책은 소득수준에 영향을 미칠 수가 있다. 따라서 고정환율제도하에서 자본이동이 완전한 경우 금융정책은 유효한 경기안정화정책의 수단이 될 수 없으나 재정정책은 유효한 경기안정화정책의 수단이 될 수 있다.

3. 고정환율제도하에서 자본이동이 완전한 경우라도 만일 불태화정책을 병행하면 금융정책도 유효한 경기안정화정책의 수단이 될 수는 있으나 중앙은행의 불태화정책은 외환보유고의 과도한 누적 또는 고갈상태의 문제 때문에 장기간 지속적으로 수행하기 어렵다.

4. 고정환율제도하에서 자본이동이 불완전한 경우에는 금융정책은 소득수준에 아무런 영향을 미칠 수가 없으며 따라서 경제의 안정화정책으로서는 유효한 수단이 되지 못한다. 반대로 이 경우 재정정책은 소득수준에 영향을 미치며 경제의 안정화정책으로서 유효한 수단이 된다.

5. 고정환율제도하에서 자본이동이 있는 경우에는 재정 · 금융정책의 적절한 혼합을 통해 대내균형(완전고용)과 대외균형(국제수지균형)을 동시에 달성할 수 있다. 즉 총지출전환정책을 사용하지 않고 총지출조정정책만으로도 대내균형과 대외균형을 동시에 달성할 수 있다. 이와 같은 결과는 국제자본이동이 없었던 경우에는 재정 · 금융정책의 총지출조정정책만으로는 대내균형과 대외균형의 두 가지 목표를 동시에 달성할 수 없고 환율정책, 관세정책 등과 같은 총지출전환정책을 병행하지 않으면 안 되는 것으로 분석되었던 것과는 대조를 이룬다.

요약
Summary

6. 다수의 기관이 경제정책을 수립 · 집행할 경우 서로간의 의견조정과 협의가 필요한데 이러한 정책조정은 쉽지 않으며 각 기관의 정책이 독립적이지 못한 경우도 많기 때문에 정책의 효율성이 떨어질 수 있다. 정책배정이란 대내균형과 대외균형, 두 가지 목표를 중앙은행과 정부, 두 개의 기관에 하나씩 책임을 맡겨서 나누어 달성하도록 하는 것을 말한다.

7. 정책목표를 배정하는 방식은 두 가지가 있다. 하나는 대내균형은 정부에, 대외균형은 중앙은행에 각각 배정하는 방법이다. 다른 하나는 그 반대로 대내균형은 중앙은행에, 대외균형은 정부에 각각 배정하는 방법이다. 전자의 배정방법은 유효한 정책배정이 될 수 있지만 후자의 배정방법은 유효한 정책배정이 될 수 없다.

8. 정책의 혼합 및 배정은 문제점도 많다. 즉 시차의 문제, 불확실성의 문제, 민간의 예상문제, 정치적 요소의 문제, 국제자본이동성의 문제, 대외균형의 경우 국제수지 구성의 문제, 대내균형의 경우 총수요구성의 문제, 정책기관간의 협조의 문제 등을 들 수 있다.

연습문제

1. 아래 그래프의 C점에서 $i=i_0$이고 $y=y_0$이다. 이 C점을 이용하여 다음의 각 물음에 답하시오.

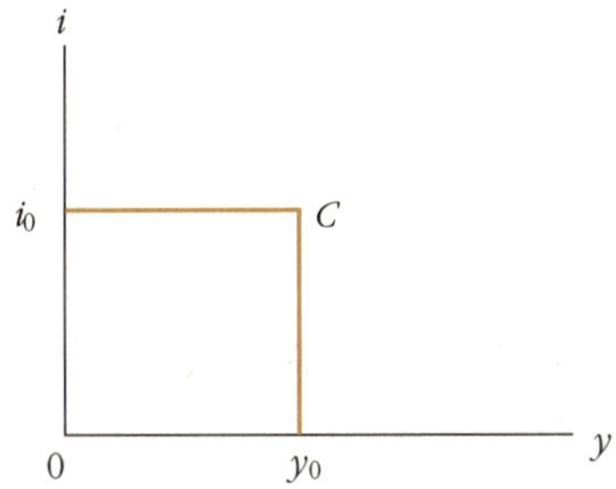

(1) C점이 IS곡선상의 한 점이라고 하자. 이 C점을 이용하여 IS곡선의 기울기를 설명하시오.

(2) C점이 LM곡선상의 한 점이라고 하자. 이 C점을 이용하여 LM곡선의 기울기를 설명하시오.

(3) C점이 국제수지균형선상의 한 점이라고 하자. 이 C점을 이용하여 다음 각각의 경우 국제수지균형선의 기울기를 설명하시오.

(i) 자본이동이 없는 경우
(ii) 자본이동이 완전한 경우
(iii) 자본이동이 불완전한 경우

2. 다음 그림에서 F점은 대내균형과 대외균형을 동시에 달성하는 점을 나타낸다. 그림의 C_1, C_2, C_3, C_4점에서 고용 및 국제수지의 상황을 각각 설명하고 대내균형과 대외균형을 동시에 달성하기 위해서 어떠한 재정 · 금융정책의 조합이 필요한지 설명하시오.

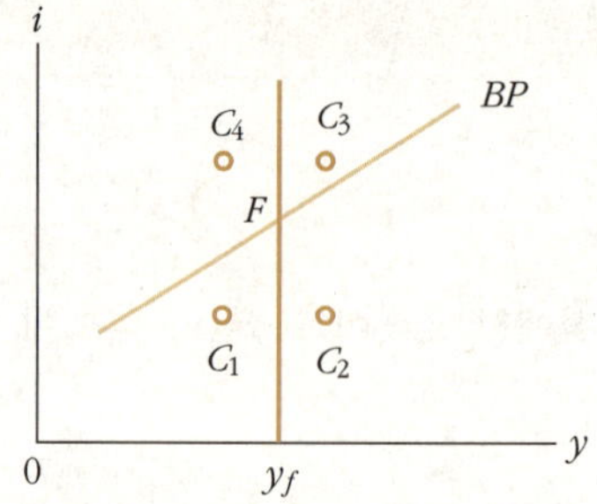

3. 대내균형과 대외균형에 대한 정책배정을 금융정책 대신 환율정책으로 대체하여 환율정책과 재정정책 두 가지를 사용하는 경우의 정책배정 그래프를 그려 보시오. 그리고 이 경우 환율정책과 재정정책을 대내균형과 대외균형 중 어디에 배정하는 것이 효율적인지 설명하시오(단 종축은 환율정책, 횡축은 재정정책을 각각 표시하시오).

연습문제 Exercise

4. 다음 그래프는 금융정책(이자율정책)과 재정정책의 대내균형과 대외균형에 대한 정책배정을 나타낸다. 다음 물음에 답하시오.

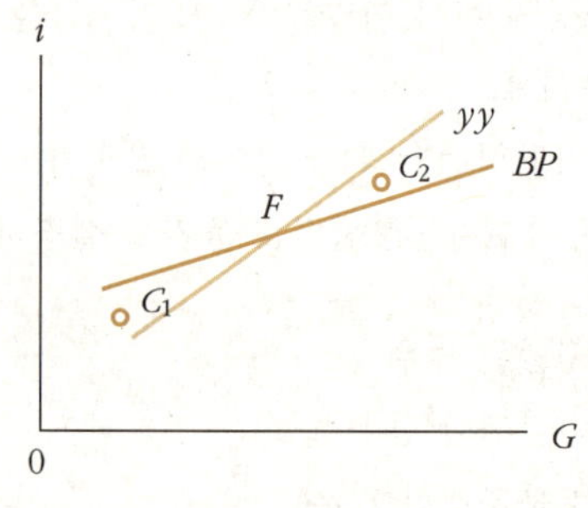

(1) C_1점과 C_2점에서 고용상태와 국제수지상태를 각각 설명하시오.

(2) 대내균형과 대외균형을 동시에 달성하기 위해서 정책배정을 어떻게 해야 하는지 설명하시오.

(3) 위 (2)에 배정된 정책에 따라 각 정책은 어떻게(팽창 또는 긴축) 추진해야 하는지 설명하시오.

5. 정책조합 및 정책배정의 문제점을 요약하시오.

참고문헌

국제금융연구회(2008), 『글로벌시대의 국제금융론』, 제 4 판, 경문사, 제 7 장, 271-273쪽.

김인준 · 이영섭(2004), 『국제금융론』, 율곡출판사, 제16장, 434-436쪽.

Caves, Richard E., Jeffrey A. Frankel and Ronald W. Jones(2002), *World Trade and Payments: An Introduction*, Ninth Edition, Addison Wesley, New York, Chapters 22-23, pp. 457-500.

Fleming, Marcus J.(1962), "Domestic Financial Policies under Fixed and under Floating Exchange Rates," *IMF Staff Papers*, Vol. 9, pp. 369-379.

Gandolfo, Giancarlo(2002), *International Finance and Open-Economy Macroeconomics*, Springer, New York, August, Chapters 10-11, pp. 133-168.

Mundell, Robert A.(1962), "The Appropriate Use of Monetary and fiscal Policy under Fixed and Flexible Exchange Rates," *IMF Staff Papers*, March, pp. 70-79.

__________________(1963), "Capital Mobility and Stabilization Policy under Fixed and Flexible Exchange Rates," *Canadian Journal of Economics and Political Science*, Vol. 29, pp. 475-485.

__________________(1968), *International Economics*, Macmillan Company, New York.

Rivera-Batiz, Fransisco L. and Luis Rivera-Batiz(1985), *International Finance and Open Economy Macroeconomics*, Macmillan Publishing Co., New York, Chapter 7, pp. 224-252.

Salvatore, Dominick(2010), *International Economics: Trade and Finance*, Tenth Edition, John Wiley & Sons, Inc., Hoboken, NJ, Chapter 18, pp. 625-668.

13 먼델-플레밍모형: 변동환율제도

본 장은 앞 장의 먼델(Mundell)-플레밍(Fleming)모형을 변동환율제도에 적용한 것이다. 따라서 기본 가정은 앞 장의 먼델-플레밍모형의 기본 가정과 같으며 *IS*-*LM*-*BB*(*BP*)분석틀을 그대로 사용한다. 즉 변동환율제도하에서 각 정책의 경기안정화정책으로서의 효과를 다룬다. 특히 불가능의 삼각정리를 강조하고 마지막으로 2국 모형을 소개한다.

제1절 >> 기본모형

본 장에서는 변동환율제도인 경우의 먼델-플레밍모형을 분석한다. 따라서 환율제도만 고정환율제도에서 변동환율제도로 바뀐 것을 제외하고는 모든 가정이 제12장의 경우와 같다. 즉 재화시장, 화폐시장 및 국제수지균형 조건은 모두 제12장의 고정환율제도의 경우와 같으며 따라서 제12장의 $IS-LM-BB(BP)$분석틀은 그대로 적용된다. 이들 각 균형조건을 다시 쓰면 (13−1), (13−2) 및 (13−3)식과 같다.

$$IS: \ y = \frac{1}{1-c+m}(\bar{A} + \overline{TB}) - (\frac{b}{1-c+m})i \qquad (13\text{-}1)$$

$$= \frac{1}{s+m}(\bar{A} + \overline{TB}) - (\frac{b}{s+m})i$$

$$LM: \ \frac{M^S}{P} = L^D(y, i) = ky - hi, \ k, h > 0 \qquad (13\text{-}2)$$

$$BB(BP): \ BOP = TB(\frac{EP^*}{P}, y, y^*) + KA(i - i^*) = 0 \qquad (13\text{-}3)$$

제2절 >> 경제정책의 효과: 자본이동이 완전한 경우

1 금융정책

[그림 13−1]은 금융정책의 효과를 나타낸다. 현재 경제는 G_0점에서 균형을 이루고 있다. 중앙은행이 통화량을 증가시키는 경우를 살펴보자. 통화량이 증가하면 LM곡선은 LM'로 우하향 이동한다. 새로운 균형은 IS곡선과 LM' 곡선이 서로 만나는 G_1점에서 이루어진다. 균형소득수준은 y_0에서 y_1으로 증가하고, 균형이자율은 i^*에서 i_1으로 하락한다. 새로운 균형점 G_1에서 국내이자율(i_1)은 해외이자율(i^*)보다 낮으므로 자본이동이 완전한 경우

그림 13-1 금융정책의 효과

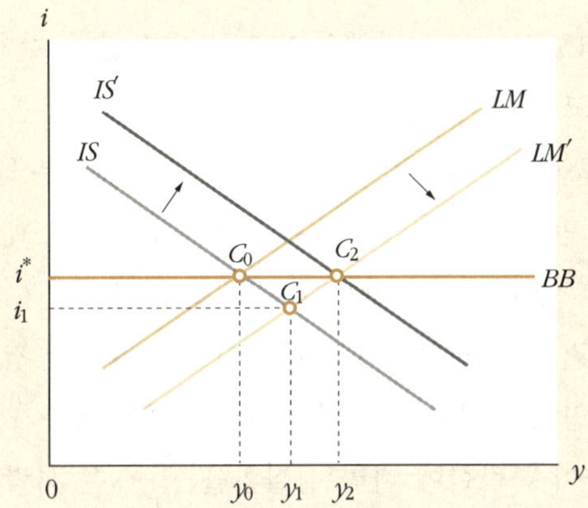

에는 순식간에 대량의 자본유출이 일어난다.

따라서 국제수지는 적자가 되고 환율은 상승하게 된다. 이 경우 고정환율제도인 경우에는 환율을 일정수준에 유지하기 위해 중앙은행은 외환시장에서 외환을 매각하게 되고 그에 따라 통화량은 다시 줄어든다. 그러나 변동환율제도하에서는 이러한 외환시장의 개입이 없고 따라서 통화량도 변동하지 않는다. 즉 환율은 자유로이 변동할 수 있고 이 경우 대량의 자본유출로 환율은 상승하게 된다. 환율이 상승함에 따라 실질환율($\frac{EP^*}{P}$)은 상승하게 되고 무역수지는 개선된다. 무역수지가 개선됨에 따라 *IS*곡선은 우상향 이동하게 된다. 이러한 과정은 국내이자율(i_1)이 해외이자율(i^*)과 같은 수준으로 상승할 때까지 계속될 것이며 따라서 최종균형은 *IS'* 곡선과 *LM'* 곡선 그리고 *BB*선이 서로 만나는 C_2점에서 이루어지고 균형소득수준은 y_1보다 더 높은 y_2가 된다. 균형이자율은 해외이자율과 같은 i^*가 된다.

이와 같이 자본이동이 완전한 경우 변동환율제도하에서 금융정책은 소득에 영향을 미칠 수가 있다. 즉 이 경우 금융정책은 소득에 영향을 미칠 수 있는 유효한 경제정책수단이 될 수 있음을 알 수 있다. 이는 고정환율제도하에서 자본이동이 완전한 경우 금융정책은 소득수준에 영향을 미칠 수가 없었던 것과 대조적이다.

2 재정정책

[그림 13-2]는 재정정책의 효과를 나타낸다. 현재 경제는 C_0점에서 균형을 이루고 있다. 정부가 지출을 증가시키는 경우를 살펴보자. 정부지출이 증가하면 IS곡선은 IS'로 우상향 이동한다. 새로운 균형은 IS' 곡선과 LM곡선이 서로 만나는 C_1점에서 이루어지고 산출량은 y_0에서 y_1으로 증가하고, 이자율은 i^*에서 i_1으로 상승한다. 새로운 균형점 C_1에서 국내이자율(i_1)은 해외이자율(i^*)보다 높으므로 자본이동이 완전한 경우에는 순식간에 대량의 자본유입이 일어난다. 따라서 국제수지는 흑자가 되고 환율은 하락하게 된다. 환율이 하락함에 따라 실질환율($\frac{EP^*}{P}$)은 하락하고 무역수지는 악화된다. 무역수지가 악화됨에 따라 IS' 곡선은 좌하향 이동하게 된다. 이러한 과정은 국내이자율(i_1)이 해외이자율(i^*)과 같은 수준으로 하락할 때까지 계속될 것이다. 즉 IS' 곡선은 IS곡선으로 다시 돌아가게 되고 균형점은 C_0점으로 복귀하여 균형이자율과 균형소득수준은 각각 i^*와 y_0의 원래의 수준에서 변동이 없다.

이와 같이 자본이동이 완전한 경우 변동환율제도하에서는 재정정책은 소득에 영향을 미칠 수가 없다. 즉 이 경우 재정정책은 소득에 영향을 미칠

그림 13-2 재정정책의 효과

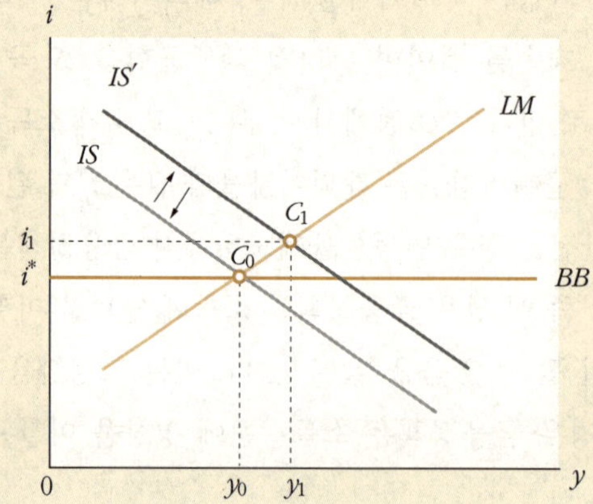

수 있는 유효한 경제정책수단이 될 수 없다. 이는 고정환율제도하에서 자본이동이 완전한 경우 재정정책은 소득수준에 영향을 미칠 수 있었던 것과 대조적이다.

이상에서 살펴본 바와 같이 자본이동이 완전한 경우 환율제도가 달라짐에 따라 금융정책과 재정정책의 효과가 크게 달라진다. 즉 고정환율제도인 경우에는 금융정책은 소득수준에 영향을 미칠 수 없지만 재정정책은 소득수준에 영향을 미칠 수 있는 유효한 경제안정화정책의 수단이 될 수 있는 것으로 분석되었다. 그러나 변동환율제도인 경우에는 반대로 재정정책은 소득수준에 영향을 미칠 수 없지만 금융정책은 소득수준에 영향을 미칠 수 있는 유효한 경제안정화정책의 수단이 될 수 있는 것으로 분석되었다.

3 해외이자율의 변동

[그림 13-3]에서 해외이자율이 i_0^*에서 i_1^*로 상승했다고 해 보자. 해외이자율이 i_0^*에서 i_1^*로 상승하면 BB곡선은 BB'로 상향 이동한다. 그러면 C_0점에서 국내이자율(i_0^*)은 해외이자율(i_1^*)보다 낮은 상태에 있으므로 순

그림 13-3 해외이자율 변동의 효과

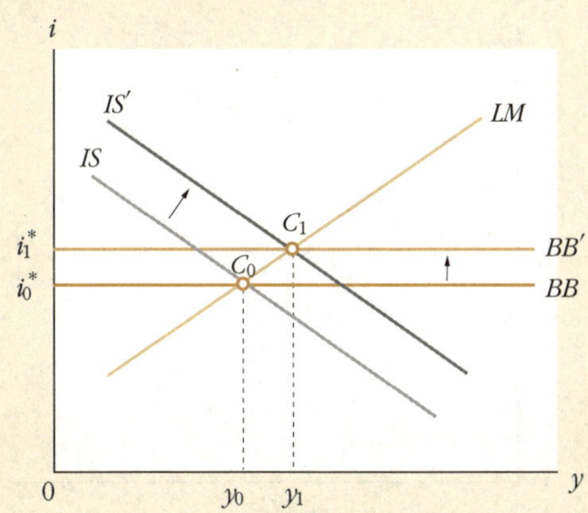

식간에 대량의 자본유출이 일어나고 환율은 상승하게 된다. 환율이 상승함에 따라 순수출은 증가하고 *IS*곡선은 우상향 이동하게 된다. 따라서 새로운 균형은 *IS'* 곡선과 *LM*곡선 그리고 *BB'* 곡선이 서로 만나는 C_1점에서 이루어진다. 균형소득수준은 y_0에서 y_1으로 증가하고 국내이자율은 i_0^*에서 i_1^*로 상승하여 해외이자율과 같아지게 된다. 이와 같이 변동환율제도하에서 해외이자율의 상승은 국내경기의 팽창을 가져온다. 이러한 결과는 고정환율제도인 경우 해외이자율의 상승은 국내경기의 위축을 가져오는 것과 대조적이다.

제3절 >> 경제정책의 효과: 자본이동이 불완전한 경우

1 금융정책

[그림 13-4]에서 C_0점은 원래의 균형점을 나타낸다. 중앙은행이 통화량을 증가시키는 경우를 살펴보자.

그림 13-4 금융정책의 효과

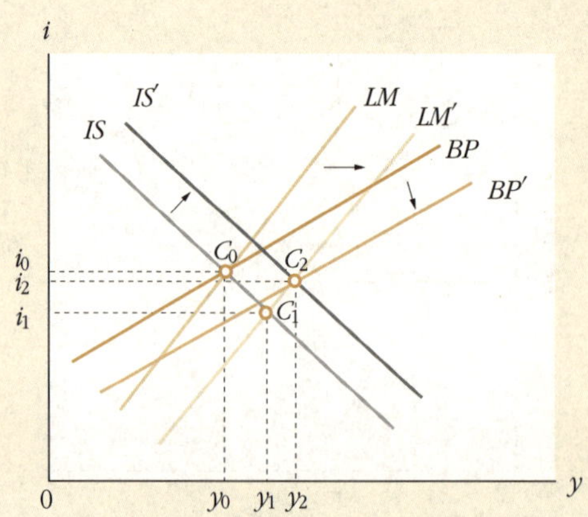

통화량이 증가하면 LM곡선은 LM'로 우하향 이동하고 새로운 균형은 IS곡선과 LM'곡선이 서로 만나는 C_1점에서 이루어진다. 균형소득수준은 y_0에서 y_1으로 증가하고, 이자율은 i_0에서 i_1으로 하락한다. 새로운 균형점 C_1은 국제수지균형선의 아래쪽에 있기 때문에 국제수지는 적자이고 환율은 상승하게 된다. 환율이 상승함에 따라 실질환율($\frac{EP^*}{P}$)은 상승하고 무역수지는 개선된다. 따라서 IS곡선은 우상향 이동한다. 또한 환율이 상승함에 따라 BP곡선은 우하향 이동한다. 이러한 과정은 국제수지가 균형이 될 때까지 계속될 것이다. 따라서 최종균형은 IS'곡선과 LM'곡선 그리고 BP'곡선이 서로 만나는 C_2점에서 이루어진다. 즉 균형소득수준은 $y_2(y_2 > y_1 > y_0)$로 증가하고 균형이자율은 i_2가 된다. 이와 같이 자본이동이 불완전한 경우 변동환율제도하에서 금융정책은 소득수준에 영향을 미칠 수 있다.

2 재정정책

[그림 13-5]는 재정정책의 효과를 나타낸다. 원래의 균형점은 C_0이다. 정부지출이 증가하는 경우를 살펴보자.

그림 13-5 재정정책의 효과

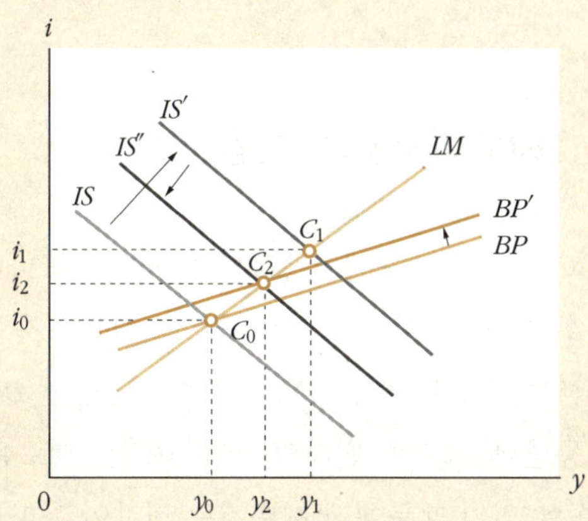

▌표 13-1 ▌경제정책이 소득수준에 미치는 효과 비교*

	자본이동이 완전한 경우		자본이동이 불완전한 경우	
	금융정책	재정정책	금융정책	재정정책
고정환율제도	X	O	X	O
변동환율제도	O	X	O	O

*) "O"는 소득에 영향을 미칠 수 있음을, "X"는 소득에 영향을 미칠 수 없음을 각각 의미함.

정부지출이 증가하면 *IS*곡선은 *IS*′로 우상향 이동하고 새로운 균형은 *IS*′곡선과 *LM*곡선이 서로 만나는 C_1점에서 이루어진다. 균형소득수준은 y_0에서 y_1으로 증가하고, 이자율은 i_0에서 i_1으로 상승한다. 새로운 균형점 C_1은 국제수지균형선의 위쪽에 있기 때문에 국제수지는 흑자이고 환율은 하락한다. 환율이 하락함에 따라 실질환율($\frac{EP^*}{P}$)은 떨어지고 무역수지는 악화된다. 따라서 *IS*′곡선은 좌하향 이동한다. 또한 환율이 하락함에 따라 *BP*곡선은 좌상향 이동한다. 이러한 과정은 국제수지가 균형이 될 때까지 계속될 것이다. 따라서 최종균형은 *IS*″곡선과 *LM*곡선 그리고 *BP*′곡선이 서로 만나는 C_2점에서 이루어지고 균형소득수준은 $y_2(y_0 < y_2 < y_1)$, 균형이자율은 $i_2(i_0 < i_2 < i_1)$가 된다.

이와 같이 자본이동이 불완전한 경우 변동환율제도하에서 재정정책은 소득에 영향을 미칠 수 있다. 이는 자본이동이 완전한 경우 변동환율제도하에서 재정정책이 소득수준에 영향을 미칠 수 없었던 것과는 대조적이다.

3 해외이자율의 변동

[그림 13-6]은 해외이자율의 변동효과를 나타낸다. C_0는 원래의 균형점이다. 해외이자율이 상승하는 경우를 살펴보자.

해외이자율이 상승하면 국제수지균형선 *BP*곡선은 *BP*′곡선으로 좌상향 이동한다. 그러면 원래의 균형점 C_0는 새로운 국제수지곡선 *BP*′곡선의 아래쪽에 있기 때문에 국제수지는 적자이고 따라서 환율은 상승한다. 환율

그림 13-6 해외이자율의 변동효과

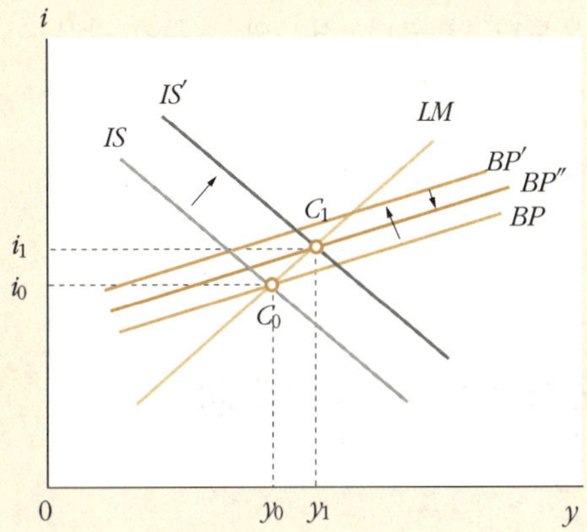

이 상승하면 무역수지가 개선되므로 *IS*곡선은 우상향 이동하고 *BP′* 곡선은 다시 우하향 이동한다. 이러한 과정은 국제수지가 다시 균형이 될 때까지 계속될 것이며 최종균형은 *IS′* 곡선과 *LM*곡선 그리고 *BP″* 곡선이 서로 만나는 C_1점에서 이루어진다. 균형소득수준은 y_0에서 y_1으로 증가하고 균형이자율은 i_0에서 i_1으로 상승한다.

이와 같이 자본이동이 불완전한 경우 변동환율제도하에서 해외이자율이 상승하면 국내경기는 팽창한다. 이는 고정환율제도의 경우 해외이자율 상승이 국내경기를 위축시키는 결과를 가져오는 것과 대조적이다. 그것은 해외이자율 상승에 따른 국내외금리격차$(i-i^*)$가 축소됨에 따라 자본수지가 악화되고 환율이 상승하여 무역수지가 개선되기 때문이다. 물론 이 경우 국내이자율이 상승하여 투자가 감소하지만 무역수지개선에 따른 수요증대효과가 더 크기 때문에 최종결과는 소득의 증가로 나타난 것이다. 그리고 해외이자율 상승이 국내경기를 팽창시키는 이러한 결과는 자본이동이 완전한 경우와 차이가 없다.

이상 살펴본 바와 같이 해외이자율의 변동이 국내소득수준에 미치는 효과는 자본이동이 완전한 경우나 불완전한 경우나 차이가 없다. 다만 효과의 크기만 달라질 뿐이다. 즉 해외이자율이 상승하면 고정환율제도인 경우에는 국내경기가 위축되고 변동환율제도인 경우에는 국내경기가 팽창하는 것으로 나타났으며 소득 변동의 크기는 자본이동이 완전한 경우가 불완전한 경우보다 더 크다. 전자의 경우에 같은 이자율변동에 대해 자본이동이 후자에 비해 더 민감하기 때문에 자본의 이동량이 더 많고 따라서 그에 대한 소득의 조정도 더 크기 때문이다.

제 4 절 >> 변동환율제도하에서의 정책배정

고정환율제도하에서는 대내균형과 대외균형의 달성 두 가지 목표가 있지만 변동환율제도하에서는 이론적으로 환율변동에 의해 국제수지가 항상 균형상태에 있으므로 대외균형의 문제는 발생하지 않으며 따라서 정책의 목표는 대내균형 하나만 남게 된다. 따라서 금융정책과 재정정책 중에서 하나만 사용하면 되고 다른 하나는 경제성장 등 다른 목표의 달성에 사용할 수 있다. 그러나 변동환율제도라고 하더라도 국제수지 전체의 균형이 아니라 경상수지를 목표로 삼을 수도 있다. 예를 들면 경상수지의 GDP 대비 비율을 일정수준으로 유지하는 것을 목표로 설정할 수 있다.

제 5 절 >> 먼델-플레밍모형의 정책적 시사점: 불가능의 삼각정리

먼델-플레밍모형의 중요한 정책적 시사점의 하나는 불가능의 삼각정리(impossible trinity or trilemma)이다.[1] 불가능의 삼각정리란 (1) 환율의 안정, (2) 통화정책의 독립성, (3) 자본이동의 자유화 등 개방경제의 3가지 목표는 동시에 모두 달성하는 것은 불가능하며 따라서 이 3가지 목표 중에서 적어도 어느 하나는 포기해야 하는 현상을 말한다.

1) 이 용어의 표현은 불가능성의 정리(imposibility theorem), 부정한 삼각정리(unholy trinity) 등 다양하다.

그림 13-7 불가능의 삼각정리

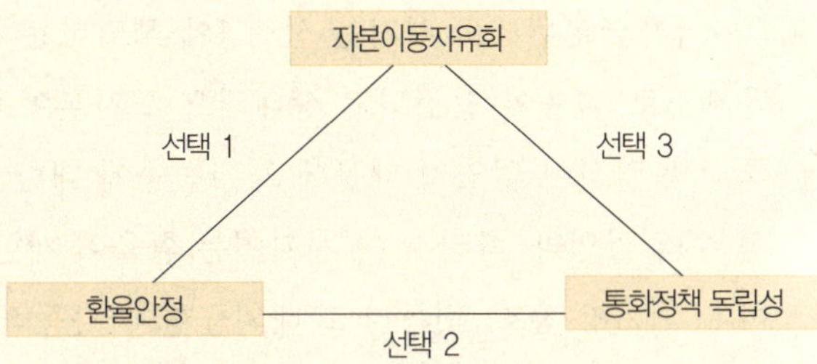

환율안정이란 무역과 성장을 안정시키기 위해 환율의 변동성을 줄이는 것을 말하고 통화정책의 독립성이란 대내목표(완전고용, 물가안정 등)를 달성하기 위해 탄력적으로 통화정책을 수행하는 것을 말한다. 자본이동의 자유화란 국제적인 자원배분의 효율성을 제고하기 위해 자본시장을 개방하는 것을 말한다.

이들 3가지 목표 중에서 2가지를 선택하고 하나를 포기하는 경우의 수는 다음 3가지로 나눌 수 있다. 이를 그림으로 표시하면 [그림 13-7]과 같다. 즉 [그림 13-7]에서 삼각형의 한 변을 선택하면 반대편에 있는 목표는 포기해야 한다는 것을 보여준다.

- 선택 1: 환율의 안정, 즉 고정환율제도의 채택 및 자본이동 자유화 허용, 통화정책의 독립성 포기
- 선택 2: 환율의 안정, 즉 고정환율제도의 채택 및 통화정책의 독립성 확보, 자본이동 자유화 포기
- 선택 3: 자본이동 자유화 및 통화정책의 독립성 확보, 환율안정, 즉 고정환율제도 포기, 변동환율제도의 채택

불가능의 삼각정리의 현상에 대한 경험은 역사적으로 국제통화체제가 변천하면서 3기로 나누어 살펴볼 수 있다. 즉 1870~1914년과 1919~1939년의 국제금본위제도 시기, 1945년 제 2 차 세계대전 후 1973년까지의 브레튼

우즈(Bretton Woods)체제의 고정환율제도시기, 1973년 이후 현재까지의 변동환율제도 시기 등이다.[2)]

국제금본위제도 시기는 선택 1에 해당하는 시기로 이 시기에는 고정환율제도로 환율이 안정되고 상대적으로 자본이동이 자유로운 반면 통화정책의 독립성이 없었기 때문에 경기변동에 대한 탄력적인 통화정책을 수행할 수가 없었다. 따라서 이 시기에는 환율이 제한된 범위 내에서(금수출입점 이내: 제27장 참조) 변동하고 대외균형이 자동적으로 달성되는 반면 고용, 경기변동 등 대내균형은 변동성이 커지는 등 희생을 강요당하게 되었다. 이러한 대내균형의 희생을 감내할 수 있었던 것은 그 당시만 해도 노조의 힘이 약하여 실업이 있더라도 실업해소 및 고용확대를 위한 통화정책의 수행을 요구하는 목소리가 높지 않았기 때문에 대내균형의 유지에 대한 정부의 부담이 상대적으로 적었던 데 기인하였다.

두 번째 시기는 제 2 차 세계대전 후 국제금본위제도로의 복귀가 실패하고 고정환율제도를 채택한 브레튼우즈체제 시기이다. 이 시기는 선택 2에 해당하는 것으로 환율의 안정과 통화정책의 독립성을 확보하는 대신에 자본이동을 통제하였다. 그러나 제 2 차 세계대전 후 1960년대에 이르러 선진국을 중심으로 점차 자본시장이 개방됨에 따라 자본이동이 급격히 확대되자 더 이상 선택 2는 지탱을 할 수가 없게 되고, 1973년 변동환율제도로 이행하여 선택 3의 시대가 도래하여 오늘에 이르고 있다. 즉 국제적인 자본이동이 자유로운 상태에서 고정환율제도에 의한 환율의 안정을 포기하고 대신 변동환율제도를 채택하여 통화정책의 독립성을 확보하게 되었다.

그러나 오늘날에는 변동환율제도하에서 각국의 환율의 변동성이 크게 증가하였고 국제적인 자본의 이동성이 크게 증가하여 오히려 외환시장에서의 투기적 공격이 활발해지는 등 외환위기를 빈번하게 일으키는 요인으로 작용하고 있는 점이 하나의 문제점으로 부각되고 있다.[3)]

불가능의 삼각정리의 존재 여부는 정책당국에 매우 중요한 문제이다. 만일 그것이 실제로 존재한다면 정책당국자는 3가지 목표 중에서 어느 것

---

2) 1914~1918년과 1939~1945년은 각각 제1차 및 2차 세계대전 기간이었음.
3) 1992~1993년 유럽외환위기 및 1997~1998년 동아시아 위기 등.

을 포기하고 어느 것을 선택할지를 결정해야 한다. 반대로 불가능의 삼각정리가 존재하지 않는다면 정책당국자는 선택의 딜레마에 빠지지 않으며 그만큼 정책결정이 용이해진다. 불가능의 삼각정리에 대한 실증연구는 연구자에 따라 그 결과가 다르게 나타나 있다. 예를 들면 로즈(Rose, 1996)는 불가능의 삼각정리가 존재하는 것에 대한 충분한 통계적 증거를 확인하지 못하고 있는 반면에 옵스트펠트, 샘바우 그리고 테일러(Obstfeld, Shambaugh and Taylor, 2005)는 불가능의 삼각정리의 존재를 확인하고 있다.

부록A13 먼델-플레밍모형: 2국모형

다음은 변동환율제도의 먼델-플레밍모형을 2국모형으로 확장한 것이다. 즉 세계는 본국과 외국 2개의 나라로 구성되어 있다. 2국모형에서는 한 나라에서 일어난 경제적 충격이 외국의 이자율에 영향을 미칠 수 있다. 이 점이 2국모형과 소국모형의 근본적인 차이이다.

소국모형에서와 마찬가지로 국제자본이동은 완전한 경우로 가정한다. 따라서 본국과 외국의 이자율은 균형상태에서 항상 일치한다. 즉 국제수지균형선은 $i=i^*$수준에서 수평선이다. 그리고 재화시장의 균형선, *IS*곡선과 화폐시장의 균형선, *LM*곡선은 소국모형과 같다. 마지막으로 환율제도는 변동환율제도를 가정한다.[4)]

이제 2국모형에서 금융정책과 재정정책의 효과를 분석해 보자.

[그림 13A-1]은 금융정책의 효과를 나타낸다. 즉 C_0점과 C_0^*점에서 본국과 외국은 각각 균형을 이루고 있다. 본국이 통화량을 증가시키면 본국의 *LM*곡선은 *LM*′로 우하향 이동하여 새로운 균형은 C_0' 점에서 이루어질 수 있다. C_0' 점

그림 13A-1 금융정책의 효과

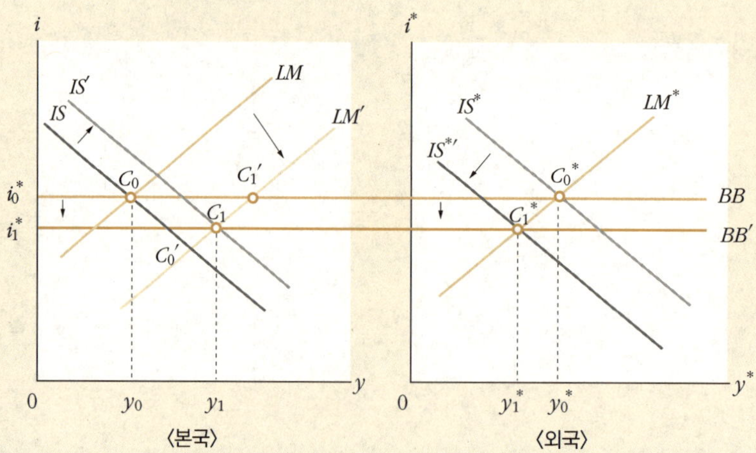

4) 고정환율제도인 경우에는 환율을 일정수준에 유지하기 위한 중앙은행의 외환시장개입으로 통화량이 변동한다. 그리고 환율이 변동하지 않는 점 등을 고려하면 경제정책의 효과를 쉽게 분석할 수 있다.

에서 본국의 이자율이 외국의 이자율보다 낮으므로 즉각적으로 대량의 자본이 본국에서 외국으로 유출된다. 자본이 유출됨에 따라 본국의 환율은 상승하게 되고 환율의 상승은 순수출의 증가를 가져오므로 *IS*곡선은 우상향 이동하게 된다. 본국의 환율상승은 외국통화가치의 상승을 의미하므로 외국의 경우는 순수출의 감소로 IS^*곡선이 좌하향 이동하게 된다. 따라서 최종균형은 본국의 경우는 IS' 곡선과 LM' 곡선 및 BB' 곡선이 서로 만나는 C_1점에서 이루어지고 외국의 경우는 $IS^{*\prime}$ 곡선과 LM^*곡선 및 BB' 곡선이 서로 만나는 C_1^*점에서 이루어진다. 그리하여 본국의 균형소득수준은 y_0에서 y_1으로 증가하고 외국의 균형소득수준은 y_0^*에서 y_1^*로 감소한다. 그러나 본국의 소득증가는 소국모형에 비해 작다. 즉 소국모형의 경우는 통화량증가로 환율이 상승하여 *IS*곡선이 C_1' 점까지 이동하므로 소득증가는 더 크다. 한편 균형이자율은 i_0^*에서 i_1^*로 하락한다.

이와 같이 2국모형의 경우 본국의 통화량의 증가는 본국의 경기는 확장시키지만 외국의 경기는 수축시키게 된다. 그리고 세계이자율은 i_0^*에서 i_1^*로 하락한다. 새로운 균형이자율수준에서 본국과 외국 두 나라의 국제수지도 균형이 되며 따라서 $i=i_1^*$수준에서 국제수지균형선은 새로운 수평선인 BB' 가 된다.

[그림 13A-2]는 재정정책효과를 나타낸다. 본국이 정부지출을 확대하면 본국의 *IS*곡선은 IS' 로 우상향 이동하여 새로운 균형은 C_0' 에서 이루어질 수 있다.

그림 13A-2 재정정책의 효과

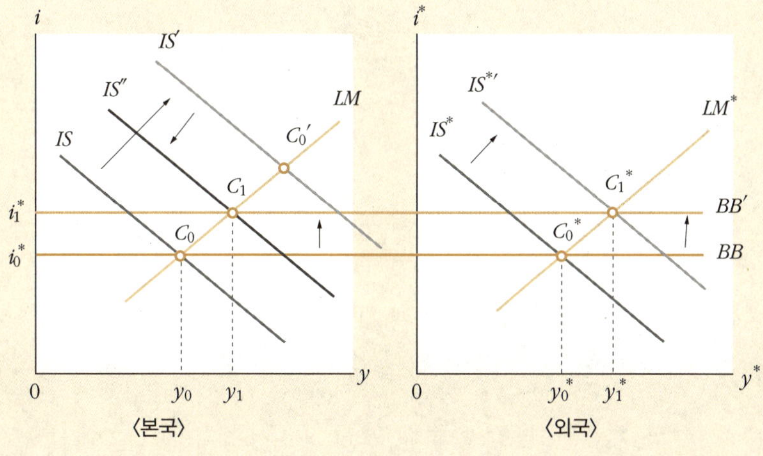

그러면 본국의 이자율이 외국의 이자율보다 높으므로 즉각적으로 대량의 자본이 외국에서 본국으로 유입된다. 자본이 유입됨에 따라 본국의 환율은 하락하게 되고 환율의 하락은 순수출의 감소를 가져오므로 IS' 곡선은 다시 좌하향 이동하게 된다. 본국의 환율하락은 외국통화가치의 하락을 의미하므로 외국의 경우는 순수출이 증가하여 IS^*곡선이 우상향 이동하게 된다. 따라서 최종균형은 본국의 경우는 IS''곡선과 LM곡선 및 BB' 곡선이 서로 만나는 C_1점에서 이루어지고 외국의 경우는 $IS^{*\prime}$ 곡선과 LM^*곡선 및 BB' 곡선이 서로 만나는 C_1^*점에서 이루어진다. 그리하여 본국의 균형소득수준은 y_0에서 y_1으로 증가하고 외국의 균형소득수준도 y_0^*에서 y_1^*로 증가한다. 균형이자율은 i_0^*에서 i_1^*로 상승한다.

이와 같이 2국모형의 경우 본국의 정부지출의 증가는 본국의 경기는 물론 외국의 경기도 팽창시키게 된다. 본국의 경우 이러한 결과는 소국모형에서 정부지출의 증가가 소득수준에 영향을 미칠 수 없었던 것과는 대조적이다. 그리고 세계이자율은 상승한다. 새로운 균형이자율수준에서 본국과 외국 두 나라의 국제수지도 균형이 되며 따라서 $i=i_1^*$수준에서 국제수지균형선은 새로운 수평선인 BB' 가 된다.

요 약

요약
Summary

1. 변동환율제도하에서는 고정환율제도인 경우와 달리 국제수지의 불균형으로 인한 통화량의 변동은 없다.

2. 자본이동이 완전한 경우 변동환율제도하에서 금융정책은 소득에 영향을 미칠 수가 있다. 이는 고정환율제도하에서 자본이동이 완전한 경우 금융정책은 소득수준에 영향을 미칠 수가 없었던 것과 대조적이다.

3. 자본이동이 완전한 경우 변동환율제도하에서 재정정책은 소득에 영향을 미칠 수가 없다. 이는 고정환율제도하에서 자본이동이 완전한 경우 재정정책은 소득수준에 영향을 미칠 수가 있었던 것과 대조적이다.

4. 자본이동이 완전한 경우 변동환율제도하에서 해외이자율의 상승은 국내경기의 팽창을 가져온다. 이러한 결과는 고정환율제도인 경우 해외이자율의 상승은 국내경기의 위축을 가져오는 것과 대조적이다.

5. 자본이동이 불완전한 경우 변동환율제도하에서 금융정책은 소득에 영향을 미칠 수 있다. 이 경우 재정정책도 소득에 영향을 미칠 수 있다. 이는 자본이동이 완전한 경우 변동환율제도하에서 재정정책이 소득에 영향을 미칠 수 없었던 것과는 대조적이다.

6. 자본이동이 불완전한 경우 변동환율제도하에서 해외이자율이 상승하면 국내경기는 팽창한다. 이는 고정환율제도의 경우 해외이자율 상승이 국내경기를 위축시키는 결과를 가져오는 것과 대조적이다. 즉 자본이동이 완전한 경우와 불완전한 경우 모두 해외이자율의 변동은 국내소득수준에 영향을 미칠 수 있다.

7. 먼델-플레밍모형의 중요한 정책적 시사점의 하나는 불가능의 삼각정리(impossible trinity or trilemma)이다. 불가능의 삼각정리란 (1) 환율의 안정, (2) 통화정책의 독립성, (3) 자본이동의 자유화 등의 개방경제의 3가지 목표를 동시에 모두 달성하는 것은 불가능하며 따라서 이 3가지 목표 중에서 적어도 어느 하나는 포기해야 하는 현상을 말한다.

8. 구체적으로 환율의 안정(즉 고정환율제도의 채택)과 자본이동의 자유화

요약
Summary

를 선택하면 통화정책의 독립성은 포기해야 하며 환율의 안정(즉 고정환율제도의 채택)과 통화정책의 독립성을 선택하면 자본이동의 자유화를 포기해야 하고 자본이동의 자유화와 통화정책의 독립성을 선택하면 환율의 안정(즉 고정환율제도의 채택)을 포기해야 하는 것을 의미한다.

9. 역사적으로 국제통화체제가 변천하면서 불가능의 삼각정리의 경험은 국제금본위제도 시기(1870~1914, 1919~1939), 브레튼 우즈체제의 고정환율제도 시기(1945~1973), 변동환율제도 시기(1973~현재) 등 3기로 나눌 수 있다. 즉 제2차 세계대전 후 브레튼 우즈체제하에서 고정환율제도를 채택하여 환율안정과 통화제도의 독립성을 확보하는 대신에 자본이동을 통제하였으나 자본시장개방으로 자본이동의 자유화가 이루어짐에 따라 1973년 변동환율제도를 채택하여 고정환율제도를 포기하는 대신 통화제도의 독립성을 확보하였다.

10. 2국모형의 경우에는 본국의 통화량의 증가는 본국의 경기는 확장시키지만 외국의 경기는 수축시키게 된다. 그러나 본국의 소득증가는 소국모형에 비해 작다. 본국의 정부지출의 증가는 본국의 경기는 물론 외국의 경기도 팽창시키게 된다. 본국의 경우 이러한 결과는 소국모형에서 정부지출의 증가가 소득수준에 영향을 미칠 수 없었던 것과는 대조적이다.

연습문제

1. 국제자본이동이 완전한 경우를 가정하고 먼델-플레밍모형을 사용하여 금융정책과 재정정책의 효과를 고정환율제도와 변동환율제도로 나누어 비교하시오.

2. 국제자본이동이 불완전한 경우를 가정하고 먼델-플레밍모형을 사용하여 금융정책과 재정정책의 효과를 고정환율제도와 변동환율제도로 나누어 비교하시오.

3. 국제자본이동이 완전한 경우를 가정하고 먼델-플레밍모형을 사용하여 해외이자율변동의 효과를 고정환율제도와 변동환율제도로 나누어 비교하시오.

4. 국제자본이동이 불완전한 경우를 가정하고 먼델-플레밍모형을 사용하여 해외이자율변동의 효과를 고정환율제도와 변동환율제도로 나누어 비교하시오.

5. 국제자본이동이 불완전한 경우를 가정하고 먼델-플레밍모형을 사용하여 평가절하의 효과를 설명하시오.

6. 불가능의 삼각정리(impossible trinity or trilemma)에 대한 다음 각 물음에 답하시오.
   (1) 불가능의 삼각정리의 개념을 설명하시오.
   (2) 국제금본위제도 시기(1870~1914, 1919~1939), 브레튼우즈체제의 고정환율제도 시기(1945~1973), 변동환율제도 시기(1973~현재) 등의 각 시기마다 어떤 정책을 선택하였는지 설명하시오.
   (3) 1973년 브레튼우즈체제가 붕괴하고 변동환율제도로 이행하게 된 이유를 불가능의 삼각정리의 개념을 사용하여 설명하시오.

참고문헌

국제금융연구회(2008), 『글로벌시대의 국제금융론』, 제 4 판, 경문사, 제 7 장, 271-273쪽.

김인준 · 이영섭(2004), 『국제금융론』, 율곡출판사, 제16장, 434-436쪽.

Caves, Richard E., Jeffrey A. Frankel and Ronald W. Jones(2002), *World Trade and Payments: An Introduction*, Ninth Edition, Addison Wesley, New York, Chapters 22-23, pp. 457-500.

Fleming, Marcus J.(1962), "Domestic Financial Policies under Fixed and under Floating Exchange Rates," *IMF Staff Papers*, Vol. 9, pp. 369-379.

Gandolfo, Giancarlo(2002), *International Finance and Open-Economy Macroeconomics*, Springer, New York, August, Chapters 10-11, pp. 133-168.

Mundell, Robert A.(1963), "Capital Mobility and Stabilization Policy under Fixed and Flexible Exchange Rates," *Canadian Journal of Economics and Political Science*, Vol. 29, pp. 475-485.

Obstfeld, Maurice, Jay C. Shambaugh and Alan M. Taylor(2005), "The Trilemma in History: Tradeoffs among Exchange Rates, Monetary Policies, and Capital Mobility," *The Review of Economics and Statistics*, Vol. 87, pp. 423-438.

Rivera-Batiz, Fransisco L. and Luis Rivera-Batiz(1985), *International Finance and Open Economy Macroeconomics*, Macmillan Publishing Co., New York, Chapter 7, pp. 224-252.

Rose, Andrew K.(1996), "Explaining Exchange Rate Volatility: An Empirical Analysis of 'the Holy Trinity' of Monetary Independence, Fixed Exchange Rate, and Capital Mobility," *Journal of International Money and Finance*, Vol. 15, pp. 925-945.

Salvatore, Dominick(2010), *International Economics: Trade and Finance*, Tenth Edition, John Wiley & Sons, Inc., Hoboken, NJ, Chapter 18, pp. 625-668.

14

소득-환율모형: *DD-AA*모형

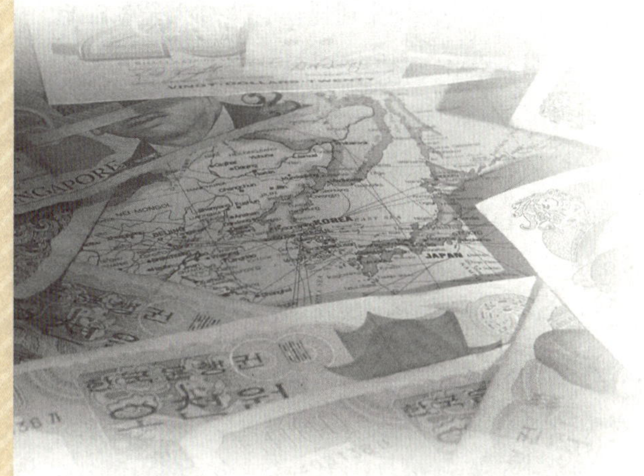

본 장은 소득(y)-이자율(i) 공간 대신에 소득(y)-환율(E) 공간을 사용하여 경제안정화정책을 분석하고자 한다. 이를 소득-환율모형($DD-AA$)모형이라 부르기로 한다. 즉 $DD-AA$모형은 $IS-LM$모형과 마찬가지로 재화시장과 자산시장의 동시균형을 다루는데 이자율 대신에 환율이 명시적으로 그래프상에 나타난다. $DD-AA$모형에서는 일시적 정책과 영구적 정책의 효과를 비교한다.

제1 절 >> 소득-환율모형의 의의

지금까지 우리는 소득(y)과 이자율(i)의 공간에서 도출한 힉스-한센(Hicks-Hansen)류의 *IS-LM*분석기법을 사용하여 대내균형과 대외균형의 달성을 위한 경제안정화정책을 분석하였다. 그러나 이러한 *IS-LM*분석은 소득과 이자율의 공간을 사용하기 때문에 개방거시경제의 중요한 변수인 환율이 그래프에 나타나지 않는다. 다시 말해서 *IS-LM*분석에서는 금융정책이나 재정정책을 사용할 경우 *IS-LM*그래프에서 소득이나 이자율의 변동은 파악할 수 있지만 환율은 그래프에 나타나지 않기 때문에 경제안정화정책을 취했을 때 환율의 반응은 알 수가 없다. 특히 오늘날과 같이 변동환율제도하에서 환율이 시시각각 변동하는 시대에 있어서는 경제정책의 변화에 대응하여 환율이 어떠한 반응을 보이는가를 파악하는 일은 매우 중요하다. 따라서 여기서는 지금까지 사용해온 *IS-LM*의 분석틀을 벗어나 소득(y)-이자율(i) 공간 대신에 소득(y)-환율(E) 공간을 사용하여 금융정책, 재정정책 등의 경제안정화정책의 효과를 분석해 보기로 한다. 이를 소득-환율모형(*DD-AA*모형)이라 부르기로 한다.

여기서도 *IS-LM*모형의 경우와 마찬가지로 재화시장의 균형과 자산시장의 균형을 각각 분석한다. 즉 재화시장의 균형조건과 자산시장의 균형조건을 충족시키는 소득과 환율의 조합을 각각 구하고 그것을 분석도구로 사용한다. 본 장에서 국제자본이동은 완전하고 따라서 국제금리평형조건이 성립하는 것으로 가정한다. 변동환율제도인 경우를 먼저 분석하고 다음에 고정환율제도인 경우를 분석하기로 한다.

재화시장의 균형 << 제2절

재화시장의 균형조건은 (14-1)식과 같다.

$$y = A(\overset{(+)}{y},\ \overset{(+)}{\bar{I}},\ \overset{(+)}{\bar{G}}) + TB(\overset{(+)}{\frac{EP^*}{P}},\ \overset{(-)}{y},\ \overset{(+)}{y^*}) \qquad (14\text{-}1)$$

(14-1)식에서 $A(y,\ \bar{I},\ \bar{G})$는 국민총지출을, TB는 무역수지(=경상수지)를 각각 나타낸다. 정부지출 $\bar{G}$는 외생변수이고 투자지출 $\bar{I}$는 단순화를 위해 이자율의 함수가 아닌 독립투자로 가정하기로 한다. 그리고 $\frac{EP^*}{P}$는 실질환율을 나타낸다. 즉 (14-1)식에서 좌변 y는 산출량의 총공급을 나타내고 우변은 국내산출량에 대한 총지출을 나타낸다. 따라서 (14-1)식은 재화시장의 균형조건이다. 여기서 $IS-LM$분석의 경우와 마찬가지로 국내물가수준(P)과 해외물가수준(P^*)은 단기적으로 모두 일정하다고 가정한다.

그러면 재화시장의 균형을 가져다주는 환율과 산출량(소득)과의 관계를 살펴보자. [그림 14-1]에서 C_0점이 재화시장의 균형을 나타내는 한 점이라고 하자. 그러면 환율이 E_0일 때 균형산출량은 y_0가 된다. 이제 환율은 E_0

그림 14-1 재화시장의 균형: DD곡선

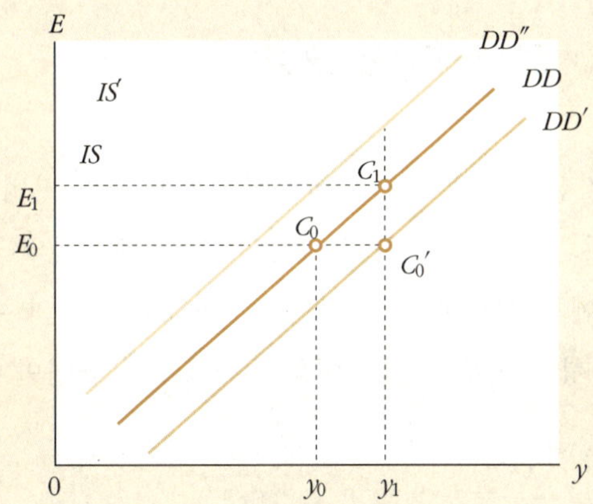

에서 변동이 없고 산출량이 y_1으로 증가한 경우, 즉 C_0'점을 보자. 산출량이 증가했기 때문에 C_0'점은 재화시장의 초과공급을 나타낸다. 따라서 산출량이 y_1일 때 재화시장이 균형이 되기 위해서는 지출이 증가해야 한다. 그것은 환율이 상승할 경우이다. 왜냐하면 환율이 상승하면 무역수지가 개선되어 지출이 증가하기 때문이다. 따라서 산출량이 y_1으로 증가한 수준에서 재화시장의 균형을 가져다주는 환율은 E_0보다 더 높다. 예를 들면 C_1점의 E_1이다. 이와 같이 재화시장의 균형을 가져다주는 환율과 산출량은 정(+)의 관계에 있다. 재화시장의 균형조건을 충족시키는 산출량과 환율의 관계를 나타내는 것이 [그림 14-1]의 우상향하는 기울기를 갖는 *DD*곡선이다. 즉 *DD*곡선은 재화시장의 균형을 나타내는 환율과 산출량의 모든 조합을 나타낸다. 따라서 *DD*곡선의 아래쪽 또는 오른쪽은 재화시장의 초과공급을, 반대로 *DD*곡선의 위쪽 또는 왼쪽은 재화시장의 초과수요를 각각 나타낸다.

그리고 정부지출 또는 투자지출의 크기가 달라지면 *DD*곡선 전체가 이동하게 된다. 정부지출 또는 투자지출이 증가하면 총지출이 증가하므로 *DD*곡선은 DD'로 우하향 이동하고, 반대로 정부지출 또는 투자지출이 감소하면 총지출이 감소하므로 *DD*곡선은 DD''로 좌상향 이동한다.

제3절 >> 자산시장의 균형

1 화폐시장의 균형

자산시장의 균형은 화폐시장의 균형과 커버되지 않은 국제금리평형조건, 두 가지를 포함하고 있다. 먼저 화폐시장의 균형은 이미 앞장의 *IS-LM* 모형에서 설명한 바와 같다. 즉 화폐의 공급과 수요가 일치할 때 화폐시장의 균형이 이루어진다. 이를 수식으로 나타내면 (14-2)식과 같다.

$$\frac{M^s}{P} = L(\overset{(+)}{y}, \overset{(-)}{i}) \tag{14-2}$$

그림 14–2 화폐시장의 균형

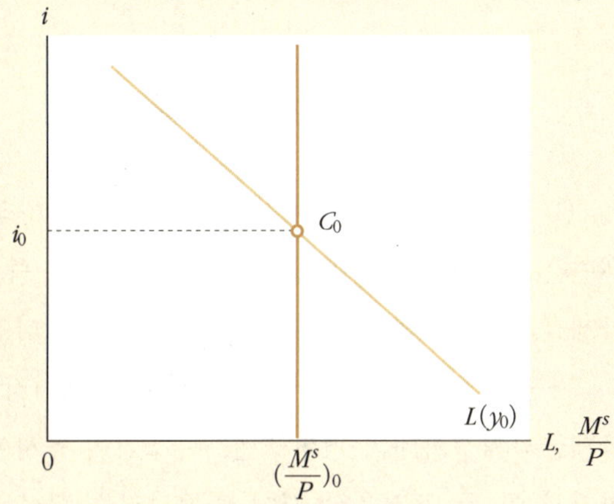

M^s : 명목화폐 공급량

P : 국내물가수준

L : 실질화폐수요량

(14–2)식의 좌변은 화폐의 실질공급($\frac{M^s}{P}$)을 나타내며 우변은 화폐에 대한 실질수요를 나타낸다. 화폐에 대한 실질수요(L)는 이자율(i)에 대해서는 감소함수이고, 소득(y)에 대해서는 증가함수이다. [그림 14–2]는 화폐시장의 균형을 나타낸다.[1] 통화량이나 소득이 변동하면 균형이자율은 달라진다. 즉 통화량이 증가(감소)하면 균형이자율은 하락(상승)하고 소득이 증가(감소)하면 균형이자율은 상승(하락)한다.

2 국제금리평형조건

이제 국제금리평형조건에 대해서 알아보자. 국제자본이동이 완전한 경우 또는 국내채권과 해외채권이 완전대체재인 경우에는 국제금리재정거래

1) 이하에서는 앞장의 경우와 일관성을 유지하기 위해 산출량 대신에 소득이라는 용어를 사용하기로 함.

에 의해 국내수익률(i)과 해외수익률(i^*)은 같아진다. 즉 이 경우 (14-3)식의 국제금리평형조건이 성립한다.

$$i = i^* + \frac{E^e - E}{E} \tag{14-3}$$

(14-3)식에서 E^e는 예상환율을 나타내며 좌변은 국내채권의 수익률, 우변은 해외채권의 수익률을 각각 나타낸다. 즉 (14-3)식은 커버되지 않은 국제금리재정거래의 평형조건(UIP)을 나타낸다(제 4 장 참조).

자산시장의 균형이란 (14-2)식의 화폐시장의 균형조건과 (14-3)식의 국제금리재정거래의 평형조건, 두 조건이 동시에 충족되는 것을 의미한다. 여기서 이 두 조건을 동시에 충족시키는 환율과 산출량의 조합을 찾고자 하는 것이다. 이를 위해 먼저 (14-3)식을 더 분석할 필요가 있다. (14-3)식의 우변을 $R^* = i^* + \frac{E^e - E}{E}$라고 하면 R^*는 국내통화로 표시한 해외채권의 예상수익률을 나타내며[2] 이 R^*의 값은 해외이자율(i^*)과 예상환율(E^e)이 일정할 때 환율수준(E)과 역(−)의 관계에 있다. 이를 그림으로 나타내면 [그림 14-3]과 같다. 즉 환율이 E_0에서 E_1으로 하락하면 해외수익률은 $R_0{}^*$에서

그림 14-3 해외수익률곡선

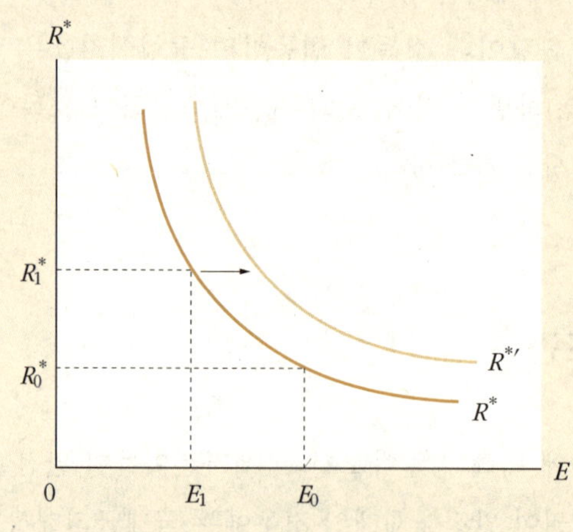

2) 이 경우의 수익률은 예상수익률이기 때문에 R^{*e}로 표시하여 커버된 국제금리재정거래의 수익률(R^*)과 구분하였으나 여기서는 단순히 R^*로 표시하기로 함.

R_1^*로 증가한다.

해외이자율(i^*)이나 예상환율(E^e)이 변동하면 [그림 14-3]의 해외수익률곡선은 이동한다. 즉 해외이자율이 상승하거나 예상환율이 올라가면 같은 환율수준에서 해외채권의 수익률이 증가하므로 해외수익률곡선은 우상향 이동하고 반대의 경우는 좌하향 이동한다.

3 자산시장균형선: *AA*곡선

이제 자산시장의 균형, 즉 화폐시장의 균형조건과 국제금리평형조건을 동시에 충족시키는 곡선을 *AA*곡선이라 하고 이를 도출해 보자.

[그림 14-4]는 [그림 14-2]와 [그림 14-3]을 한 곳에 모은 것이다. 즉 [그림 14-4]의 (a)는 화폐시장의 균형을 나타내고 (b)는 해외수익률 곡선을 나타낸다. 이제 이 두 그림을 이용해서 자산시장의 균형을 나타내는 곡선, 즉 *AA*곡선을 도출할 수 있다. 먼저 소득이 y_0인 경우를 보자. 이때 화폐에 대한 수요곡선은 $L(y_0)$가 되고 화폐시장의 균형은 C_0점에서 이루어진다. 그리고 균형이자율은 i_0이다. 그러면 이때 국제금리평형조건이 성립하는 환율

그림 14-4 *AA*곡선의 도출

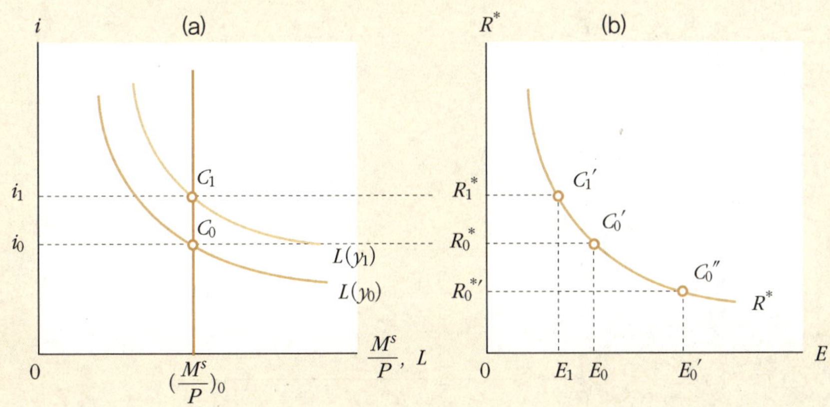

은 얼마인가? 그것을 보여주는 것이 그림 (b)이다. 국내이자율이 i_0이면 국제금리평형조건은 해외수익률과 국내이자율이 일치할 때이므로 그림 (b)에서 C_0'점이다. 즉 C_0'점에서 $i_0=R_0^*$이고 그때의 환율은 E_0이다. 이와 같이 소득이 y_0일 때 자산시장이 균형이 되는 환율은 E_0이다. 예를 들어 환율이 E_0보다 높은 E_0'라고 해 보자(즉 C_0''점). 그러면 해외수익률은 $R_0^{*\prime}$가 되어 국내이자율(i_0)보다 낮다. 따라서 이 경우 자본유입이 일어나 환율은 하락하게 된다. 이러한 과정은 국내이자율과 해외수익률이 같아질 때까지 계속될 것이므로 결국은 환율이 E_0일 때 균형을 이루게 된다. 반대로 환율이 E_0보다 더 낮으면 자본유출이 일어나고 그에 따라 환율은 상승하고 결국 $E=E_0$일 때 균형이 될 것이다.

이제 소득이 y_0에서 y_1으로 증가한다고 해 보자. 그러면 화폐에 대한 수요가 증가하여 그림 (a)에서 $L(y_0)$는 $L(y_1)$으로 우상향 이동할 것이다. 그에 따라 화폐시장은 C_1점에서 새로운 균형이 이루어지고 균형이자율은 i_0에서 i_1으로 상승한다. 국내이자율이 i_1으로 상승함에 따라 국제금리평형조건은 C_1'점에서 이루어지고 해외수익률은 R_0^*에서 R_1^*로 상승한다. 그리고 이때의 균형환율은 E_0에서 E_1으로 하락한다. 이와 같이 자산시장의 균형을 나타내는 소득과 환율은 역(-)의 관계에 있다. 이러한 관계를 그림으로 나

그림 14-5 자산시장의 균형: *AA*곡선

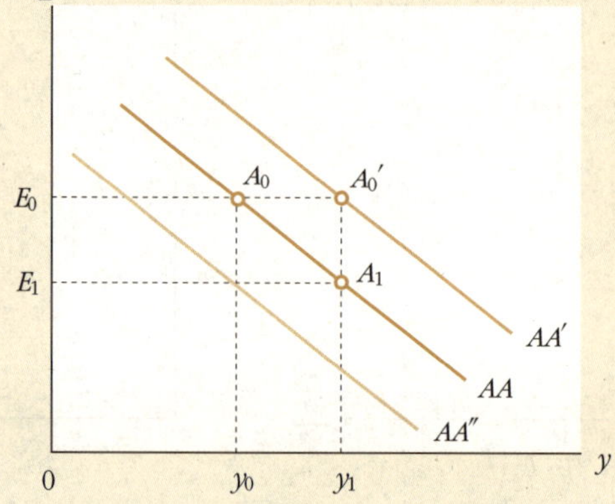

타낸 것이 [그림 14-5]의 우하향하는 *AA*곡선이다.

즉 [그림 14-5]의 *AA*곡선상의 A_0점은 소득이 y_0일 때 자산시장의 균형을 나타내는 환율수준, E_0를 나타내며, A_1점은 소득이 y_1일 때 자산시장의 균형을 나타내는 환율수준, E_1을 나타낸다. 즉 [그림 14-5]의 *AA*선상의 모든 점들은 자산시장의 균형을 나타내는 환율과 소득과의 모든 조합을 나타낸다.

지금까지 도식적으로 *AA*곡선을 도출했는데 이제는 경제학적 추론에 의해서 이를 도출해 보기로 하자. [그림 14-5]의 A_0점은 자산시장의 균형을 나타낸다. 즉 환율이 E_0일 때 소득이 y_0이면 자산시장은 균형이 된다. 그러므로 A_0점에서는 화폐의 공급과 수요가 일치하고 국내수익률과 해외수익률도 일치한다. 이제 A_0'점을 보자. A_0'점에서는 환율은 E_0에서 변동이 없는데 소득이 y_1으로 증가한 경우이다. 그러므로 A_0'점에서는 화폐수요가 증가하여 국내이자율이 상승하고 이는 해외수익률보다 높다. 따라서 소득이 y_1일 때에 자산시장이 균형이 되기 위해서는 해외수익률이 더 높아져야 한다. 이는 환율이 하락할 때에만 가능하다. 그러므로 소득이 $y_1(>y_0)$일 때에 자산시장이 균형이 되는 환율은 E_0보다 더 낮은, 예를 들면 E_1이 될 것이다. 이와 같이 자산시장의 균형을 나타내는 *AA*곡선은 우하향하는 기울기를 갖는다.

이러한 추론을 근거로 *AA*곡선의 위쪽 또는 오른쪽은 국내수익률이 해외수익률보다 더 높으며 따라서 자본이 국내로 유입되고 *AA*곡선의 아래쪽 또는 왼쪽은 국내수익률이 해외수익률보다 더 낮으며 따라서 자본이 해외로 유출되는 영역임을 알 수 있다.

그리고 통화량(M^s), 해외이자율(i^*) 또는 예상환율(E^e)이 변동하면 *AA*곡선은 이동한다.

먼저 통화량변동의 경우를 보자. 통화량이 증가하면 국내이자율은 하락하여 해외수익률보다 낮아진다. 따라서 자본유출이 일어나 환율은 상승하므로 *AA*곡선은 *AA'*로 우상향 이동한다. 반대로 통화량이 감소하면 국내이자율은 상승하여 해외수익률보다 높아진다. 따라서 자본유입이 일어나 환율은 하락하므로 *AA*곡선은 *AA''*로 좌하향 이동한다.

다음 해외이자율(또는 예상환율)의 경우를 보자. 해외이자율(또는 예상환율)이 상승하면 해외수익률은 증가하여 국내이자율보다 더 높아진다. 따라서 자본유출이 일어나 환율은 상승하므로 *AA*곡선은 *AA'*로 우상향 이동한다. 반대로 해외이자율(또는 예상환율)이 하락하면 해외수익률은 감소하여 국내이자율보다 더 낮아진다. 따라서 자본유입이 일어나 환율은 하락하므로 *AA*곡선은 *AA''*로 좌하향 이동한다.

제4절 >> 경제정책의 효과: 변동환율제도

1 경제의 균형

이제 재화시장의 균형선 *DD*곡선과 자산시장의 균형선 *AA*곡선을 이용하여 경제의 균형을 구할 수 있다. 경제의 균형은 재화시장과 자산시장이 동시에 균형을 이룰 때 달성된다. 즉 [그림 14-6]에서 *DD*곡선과 *AA*곡선이 서로 만나는 C_0점이 경제의 균형점이다. C_0점에서 균형소득수준은 y_0, 균

그림 14-6 경제의 균형

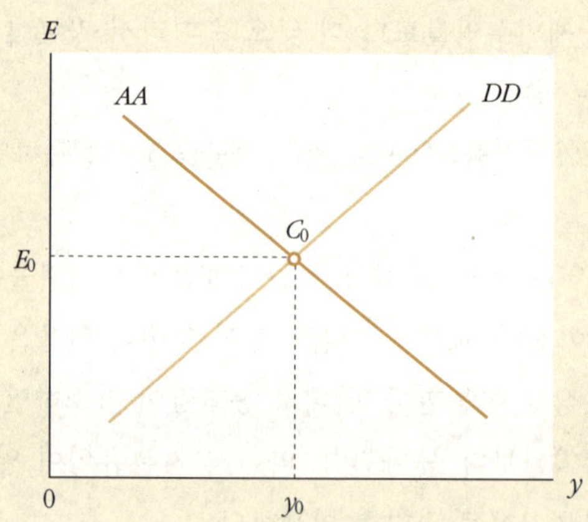

형환율은 E_0를 각각 나타내고 있다.

2 일시적 경제정책의 효과

이제 개방경제하에서 거시경제정책이 소득과 환율에 어떠한 영향을 미치는지를 분석할 수 있게 되었다. 그러면 거시경제정책들이 완전고용을 달성하는 데 어떻게 사용될 수 있을지를 분석해 보기로 하자. 여기서 동원될 거시경제정책은 금융정책과 재정정책에 국한하기로 한다.

경제정책은 일시적 정책과 영구적 정책으로 나누어진다. 일시적 정책이란 정책의 변화가 지속적인 것이 아니라 일시적인 것을 말한다. 예를 들면 일시적인 통화량의 증가는 다음 기에 가면 통화량이 원래의 수준으로 되돌아오게 된다. 반면에 영구적인 정책은 정책의 변화가 영구적인 것이어서 그 변화된 정책이 영구적으로 지속되는 것을 말한다. 통화량 증가의 경우를 예로 들면 한 번 증가한 통화량수준이 다음 기에 원래의 수준으로 되돌아 오는 것이 아니라 앞으로도 그 수준이 지속되는 것을 말한다. 정책의 변화가 일시적인 것인가 영구적인 것인가에 따라 민간의 미래에 대한 예상에 미치는 영향이 크게 달라진다. 일시적인 정책인 경우에는 그것이 일회성에 그치고 다음 기에 가면 원래의 수준으로 되돌아갈 것이기 때문에 민간의 예상은 달라지지 않는다. 반면에 영구적인 정책의 경우는 그 정책이 앞으로 영구적으로 지속될 것이기 때문에 민간의 예상이 달라진다.

일시적인 정책의 효과를 먼저 다루고 다음에 영구적인 정책의 효과를 분석하기로 한다. 여기서 국내물가, 해외물가, 해외이자율 등은 일정한 것으로 가정한다.

금융정책

이제 중앙은행이 일시적으로 통화량을 증가시킨 경우를 분석해 보자. 여기서 일시적으로 통화량을 증가시킨다는 말은 일정기간이 지나면 통화량이 증가하기 이전의 원래수준으로 되돌아온다는 것을 의미한다.

그림 14-7 일시적 통화팽창정책의 효과

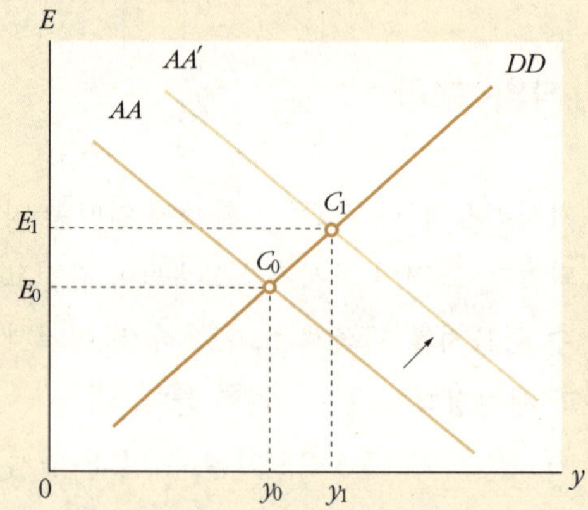

[그림 14-7]에서 원래의 균형점은 C_0이다. 균형소득수준은 y_0이고 균형환율은 E_0이다. 중앙은행이 통화량을 증가시킴에 따라 AA곡선은 AA' 곡선으로 우상향 이동하고 C_1점에서 새로운 균형이 이루어진다. 그 결과 균형소득수준은 y_0에서 y_1으로 증가하고 환율은 E_0에서 E_1으로 상승한다.

그러면 이 경우 왜 이와 같은 결과가 나타나게 되는가? 통화량이 증가함에 따라 화폐시장에서 국내이자율은 하락한다. 그러나 통화량증가가 일시적인 것이기 때문에 예상환율(E^e)은 변동하지 않는다. 국내이자율이 하락하여 국내자산에 대한 투자수익률은 외화자산에 대한 투자수익률보다 낮게 된다. 따라서 자본은 해외로 유출되고 환율은 상승한다. 환율의 상승은 실질환율의 상승을 가져오고 그에 따라 국내상품에 대한 수요는 증가한다. 또한 통화량 증가에 따른 국내이자율의 하락은 투자의 증대를 가져오게 된다. 즉 실질환율 상승효과와 이자율 하락효과로 총수요는 확대되고 산출량은 증가한다.

재정정책

이제 정부가 일시적으로 정부지출을 증가시킨 경우를 분석해 보자. 여기서 일시적으로 정부지출을 증가시킨다는 말은 일정기간이 지나면 정부

그림 14-8 일시적 재정팽창정책의 효과

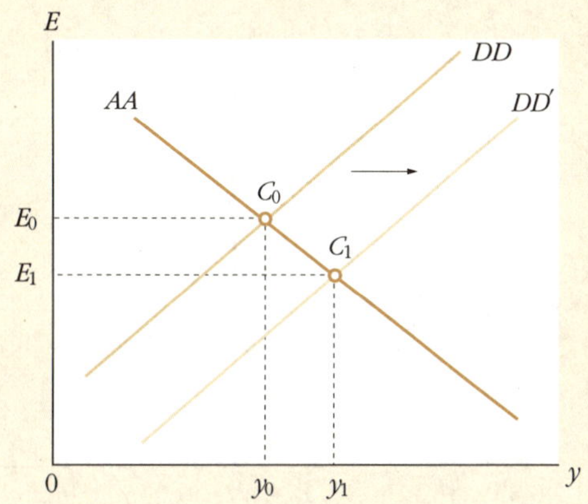

지출이 증가하기 이전의 원래수준으로 되돌아온다는 것을 의미한다.

[그림 14-8]에서 원래의 균형점은 C_0이다. 균형소득수준은 y_0이고 균형환율은 E_0이다. 정부지출이 증가함에 따라 *DD*곡선은 *DD*′ 곡선으로 우하향 이동하고 C_1점에서 새로운 균형이 이루어진다. 균형소득수준은 y_0에서 y_1으로 증가하고 균형환율은 E_0에서 E_1으로 하락한다.

그러면 이 경우 왜 이와 같은 결과가 나타나게 되는가? 정부지출의 증가로 인한 국내소득의 확대는 거래적 동기에 의한 화폐수요의 증가를 일으키고 일정한 통화량수준에서 그것은 국내이자율의 상승을 가져온다. 그러나 예상환율과 해외이자율이 일정한 상태에서 국내이자율이 상승함에 따라 국내자산에 대한 투자수익률이 외화자산에 대한 투자수익률보다 높게 된다. 따라서 해외로부터의 자본유입이 증가하여 환율은 하락한다.

완전고용유지정책

이와 같이 *DD*–*AA*모형에서 금융정책과 재정정책은 모두 소득에 영향을 미칠 수 있음을 알 수 있다. 이는 이들 정책이 경제안정화정책의 수단으로 사용될 수 있다는 것을 의미한다. 즉 금융정책이나 재정정책 모두 완전고용과 같은 대내균형을 달성하는 데 유효한 정책수단으로 사용할 수 있

그림 14-9 완전고용의 유지

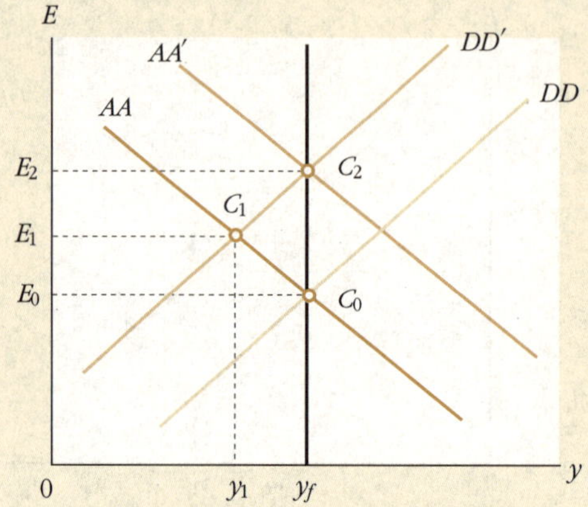

다. 예를 들어 경기침체를 가져올 일시적 교란요인이 있는 경우 일시적인 통화량의 팽창이나 정부지출의 확대로 대응함으로써 경기침체를 막을 수 있고 반대로 경기과열을 일으킬 일시적 교란요인에 대해서는 역으로 재정 금융긴축정책을 취하여 그것을 방지할 수 있다는 것을 의미한다.

그러면 그림을 이용하여 이것을 확인해 보도록 하자. [그림 14-9]에서 현재 경제는 C_0점에서 균형을 이루고 있다. 균형환율은 E_0이고 균형소득수준은 y_f로 완전고용상태를 나타내고 있다. 이제 어떤 요인에 의해 국내상품에 대한 수요가 감소하여 DD곡선이 DD' 곡선으로 이동했다고 하자. 그러면 새로운 균형은 C_1점에서 이루어진다. 균형환율은 E_0에서 E_1으로 상승하고 소득은 완전고용수준보다 낮은 y_1으로 떨어져 실업이 발생한다. 이 경우 완전고용을 회복하는 방법은 여러 가지가 있다. 금융정책이나 재정정책 또는 두 가지정책을 혼합해서 사용하면 된다.

먼저 금융정책의 경우를 보자. 이 경우 통화량을 일시적으로 증가시켜 AA곡선이 AA' 곡선으로 우상향 이동하여 C_2점에서 새로운 균형이 이루어지도록 하면 된다. 그러면 균형환율은 E_2로 다시 상승하는 대신 균형소득수준은 y_f로 증가하여 완전고용이 회복된다.

다음 재정정책을 사용하는 경우를 보자. 이 경우 정부지출을 일시적으로 증가시켜 DD' 곡선이 DD곡선으로 다시 되돌아오게 하면 된다. 그러면 C_0점에서 다시 균형을 이루어 균형환율은 E_0로 떨어지고 균형소득도 y_f로 증가하여 완전고용이 회복된다.

마지막으로 금융정책과 재정정책을 혼합하여 사용하는 경우에는 정부지출과 통화량을 동시에 팽창시킴으로써 소득을 완전고용수준인 y_f로 회복시킬 수 있으며 이 경우 환율수준은 E_0와 E_2 사이에서 결정된다.

3 영구적 경제정책의 효과

여기서는 영구적 경제정책의 효과를 분석한다. 영구적 정책이란 한번 변동한 그 정책이 일시적인 것에 그치는 것이 아니고 변동된 정책이 매기마다 계속 그대로 유지되는 것을 말한다. 예를 들어 정부지출을 20% 증가시켰다면 그 증가된 정부지출수준이 매년 그대로 지속되는 것을 말한다. 영구적 정책의 효과는 일시적 정책의 효과에 비해 현저하게 다르게 나타난다. 이 경우에는 민간은 정부정책이 영구적으로 변동한 것을 알게 되고 그것을 근거로 하여 미래에 대한 예측을 수정하게 된다. DD–AA모형에서는 예상변수는 예상환율(E^e), 하나가 있다. 따라서 영구적 정책은 예상환율의 변동을 가져오게 되고 거시경제에 미치는 영향은 일시적 정책의 변동의 경우와는 전혀 다르게 나타난다.

금융정책

[그림 14–10]에서 현재 경제는 완전고용을 나타내는 C_0점에서 균형을 이루고 있으며 균형소득수준은 y_f이고 균형환율은 E_0이다. 이제 중앙은행이 통화량을 영구적으로 증가시킨다고 해 보자. 통화량이 증가함에 따라 AA곡선은 AA' 곡선으로 우상향 이동하고 C_1점에서 새로운 균형이 이루어진다. 균형소득수준은 y_f에서 y_1으로 증가하고 환율은 E_0에서 E_1으로 상승한다. 그런데 이 경우 자산시장의 균형을 나타내는 AA곡선은 일시적 통화량의 증가의 경우보다 더 크게 이동한다. 통화량이 영구적으로 증가한 경

그림 14-10 영구적 금융팽창정책의 효과

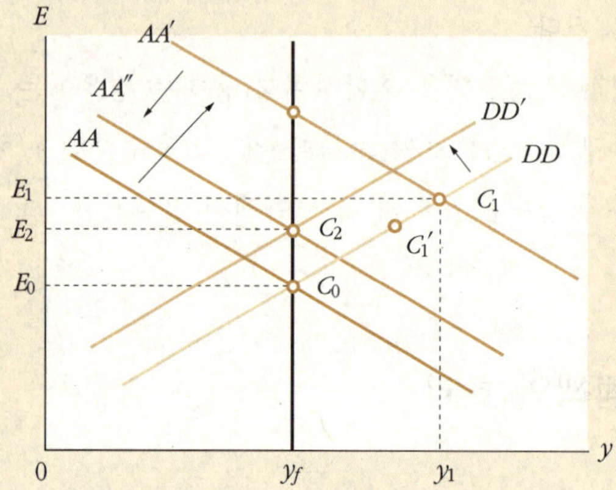

우에는 민간이 균형환율이 통화량의 증가율만큼(예를 들어 10%) 비례적으로 상승할 것이라는 것을 알고 있기 때문에 예상환율을 비례적으로(예를 들면 10%) 상향수정하게 되어 예상환율이 상승한다. 예상환율의 상승은 *AA*곡선의 우상향 이동을 가져온다. 따라서 영구적으로 통화량이 증가한 경우에는 통화량증가효과와 예상환율상승효과 두 가지를 합한 효과가 나타나기 때문에 *AA*곡선이 우상향으로 이동하는 폭이 일시적으로 통화량이 증가한 경우에 비해 더 크다. 즉 일시적으로 통화량이 증가한 경우에는 *AA*곡선의 이동이 작으므로 균형점은 *DD*곡선상의 C_0점과 C_1점 가운데의 어느 한 점, 예를 들면 C_1' 점이 될 것이다. 그것은 앞에서 설명한 바와 같이 일시적으로 통화량이 증가한 경우에는 예상환율이 변동하지 않기 때문이다.

[그림 14-10]에서 C_1은 최종 균형점이 될 수 없다. C_1점에서는 소득이 완전고용수준을 넘어서고 있기 때문에 시간이 지남에 따라 임금을 비롯한 생산비용이 상승하게 되고 경제는 인플레이션 압력을 받게 된다. 즉 시간이 지남에 따라 국내물가수준(P)은 상승하게 되고 그 결과 *DD*곡선과 *AA*곡선 둘 다 이동한다.

그 이유는 다음과 같다. 국내물가의 상승은 두 가지 효과를 가지고 있다. 하나는 실질환율($\frac{EP^*}{P}$) 효과이고 다른 하나는 실질잔고($\frac{M^s}{P}$) 효과이다.

그림 14-11 각 변수의 조정경로

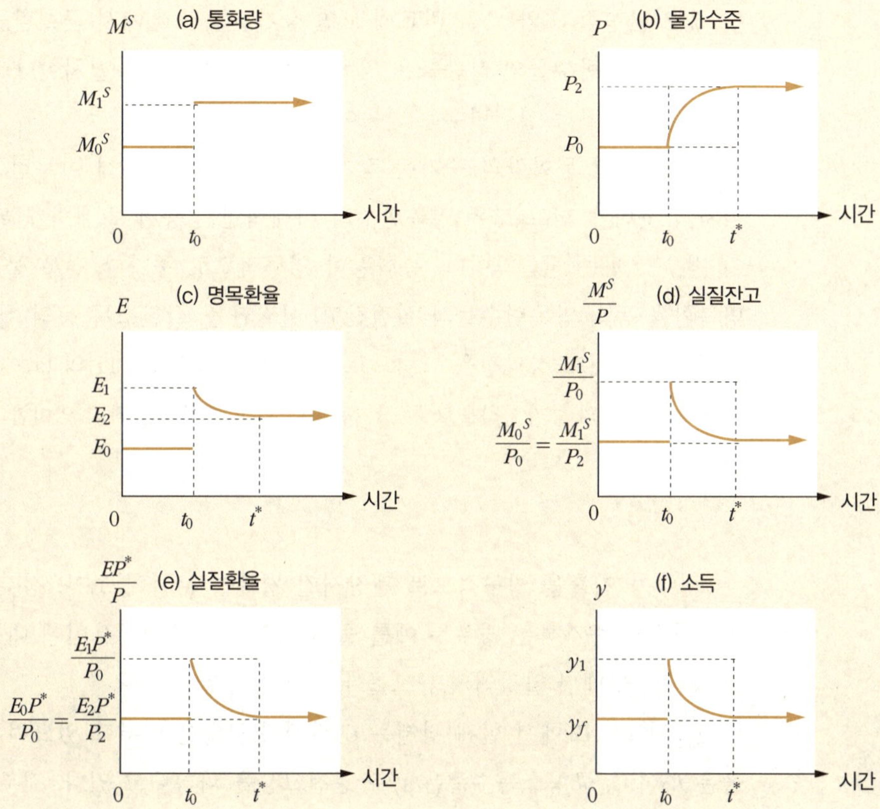

즉 국내물가수준이 상승하면 실질환율이 하락하고 이에 따라 국내상품에 대한 수요는 감소하고 그것은 무역수지의 악화를 초래한다. 이러한 무역수지의 악화는 *DD*곡선의 좌상향 이동을 가져온다. 다른 한편 국내물가수준의 상승은 자산시장에서 실질잔고의 감소를 초래하고 이에 따라 AA'곡선은 좌하향 이동한다. 이러한 *DD*곡선과 *AA*곡선의 이동은 소득이 완전고용수준으로 회복되어 더 이상 물가수준이 상승하지 않을 때까지 계속될 것이다. 이리하여 최종균형은 DD' 곡선과 AA''곡선이 서로 만나는 C_2점에서 이루어지고 소득은 완전고용수준인 y_f가 된다. 균형환율은 E_1에서 E_2로 하락하고 물가수준도 마찬가지로 상승한다. 이 경우 단기균형환율(E_1)은 장기

균형환율(E_2)보다 더 높은데 이를 환율의 과잉반응(overshooting)이라 부른다.[3)]

장기균형점 C_0와 C_2를 비교해 보면 장기균형점 C_2에서 균형환율, 물가수준 등 명목변수들의 상승률은 명목통화량의 증가율과 일치한다. 그러나 소득, 실질환율 등 실질변수는 변동이 없다.

이와 같이 통화량의 증가는 장기적으로는 실질변수에 아무런 영향을 미치지 못하게 되고 모든 명목변수의 비례적인 상승만 초래하게 된다. 즉 이 경우 화폐는 중립적이다. 통화량이 영구적으로 증가한 경우 물가수준, 명목환율 등의 명목변수들과 실질잔고, 실질환율, 실질소득 등의 실질변수들의 장기적인 조정과정을 그림으로 나타내면 [그림 14-11]의 (a)-(f)와 같다(t_0는 통화량의 증가시점을, t^*는 장기균형이 달성된 시점을 각각 의미함).

재정정책

정부가 지출을 영구적으로 팽창시킨 경우를 분석해 보자. 정부지출이 영구적으로 증가하는 경우는 예를 들면 정부가 우주개발사업에 대한 지출을 증가시켜 매년 일정액의 규모를 유지하는 경우가 된다.

[그림 14-12]에서 현재 경제는 C_0점에서 균형을 이루고 있으며 균형환율은 E_0이고, 균형소득수준은 y_f로 완전고용을 나타내고 있다. 정부지출이 증가함에 따라 DD곡선은 DD'곡선으로 우하향 이동한다. 그리고 이 경우 영구적으로 정부지출이 증가하기 때문에 예상환율이 변동하게 된다. 정부가 지출을 영구적으로 증가시킬 경우 그것은 실질지출이므로 민간은 소득의 확대를 예견하게 되고 앞으로 국내통화가치가 상승할 것을 예상하게 되어 예상환율은 하락한다. 따라서 AA곡선은 좌하향 이동하게 된다. 특히 이 경우에는 명목통화량이 변동하지 않기 때문에 예상물가수준과 실제물가수준은 변동하지 않는다. 따라서 정부지출이 영구적으로 증가한 경우에는 최종균형은 DD'곡선과 AA'곡선이 서로 만나는 C_1점에서 이루어진다. 그

3) 환율은 항상 과잉반응을 보이는 것은 아니다. [그림 14-10]은 환율의 과잉반응을 보여주는 경우일 뿐이다. 단기환율이 장기균형환율보다 낮을 수도 있는데 이는 환율의 과소반응(under-shooting)이라 부른다.

그림 14-12 영구적 재정팽창정책의 효과

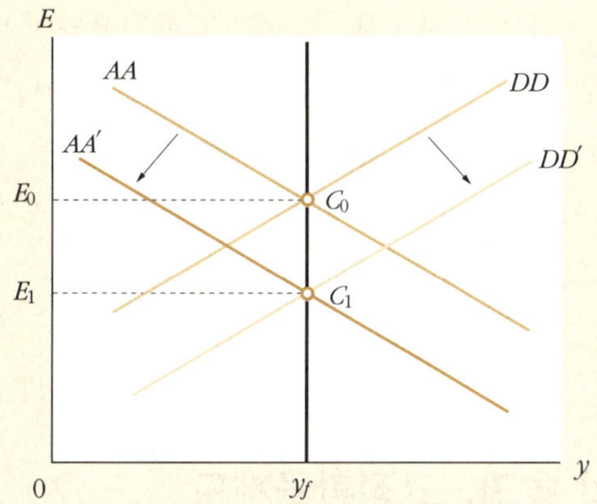

결과 균형소득은 완전고용수준인 y_f가 되고 균형환율만 E_0에서 E_1으로 하락한다.

경제의 영구적 교란요인과 완전고용정책

영구적 교란요인으로 인해 경제가 완전고용수준을 벗어난 경우에는 완전고용을 위한 대응책을 마련하기가 매우 어렵다. 그 이유는 영구적인 교란인 경우에는 대응정책도 영구적인 것이어야 하는데 영구적인 정책은 장기적으로 경제에 미치는 영향을 동시에 고려해야 하기 때문이다. 예를 들어 외국의 경기악화로 수출이 영구적으로 감소한 경우를 보자. 이 경우는 정부지출이 영구적으로 감소한 경우와 같이 소득은 감소하고 실업은 증가할 것이다. 그리고 환율은 상승할 것이다. 이 경우 그 대응책으로서 통화량을 팽창시키면 단기적으로는 실업을 방지할 수 있지만 장기적으로는 인플레이션을 우려하지 않을 수 없다. 또한 재정팽창정책을 동원할 수 있지만 그것은 장기적으로 재정적자가 확대되는 문제를 안고 있다.

만일 경제적 교란요인이 통화측면에서 발생한 경우에는 그 대응책이 상대적으로 용이하다. 예를 들어 화폐에 대한 수요가 증가한 경우의 대응책은 통화량을 증가시키는 것이다. 그러면 완전고용을 회복할 수 있다.

그러나 현실적으로 영구적 교란요인에 대한 합당한 경제정책수단을 찾아내는 것은 아주 복잡한 문제를 안고 있다. 즉 통화정책과 재정정책 가운데 어느 정책을 사용할 것인가? 또 교란요인이 일시적인 것인가, 아니면 영구적인 것인가? 그리고 화폐적 요인인가, 아니면 실질수요 또는 공급요인인가? 등에 대한 분석이 필요한데 그것은 쉬운 일이 아니며 설령 정확한 분석이 이루어졌다 하더라도 해당정책의 결정과 집행에 따른 시차의 문제도 안고 있어 더욱더 복잡하다.

제5절 >> 경제정책의 효과: 고정환율제도

이제 고정환율제도인 경우의 경제정책의 효과를 살펴보기로 하자. 고정환율제도이면 환율이 항상 일정수준에 고정되어 있기 때문에 예상환율은 실제환율과 항상 일치한다. 환율이 $\overline{E}$에 고정되어 있다고 해 보자. 그러면 예상환율(E^e)은 항상 고정된 환율수준, $\overline{E}$와 일치하게 된다. 즉 $E^e=\overline{E}$이므로 예상환율상승률($\frac{E^e-\overline{E}}{\overline{E}}$)은 영(0)이 된다. 그러므로 고정환율제도인 경우에는 국제금리평형조건에 의해 국내이자율(i)은 해외이자율(i^*)과 일치하게 된다. 이와 같이 고정환율제도인 경우에는 $E^e=\overline{E}$이므로 고정환율수준이 변동하지 않는 한 예상환율은 변동하지 않으므로 일시적 정책과 영구적 정책을 구분할 필요가 없다. 따라서 경제의 초기 균형은 완전고용이 아닌 단기균형을 전제로 하여 경제정책이 완전고용을 달성하는 데 어떠한 효과가 있는지를 분석하기로 한다.

1 금융정책

이제 중앙은행이 통화량을 증가시킨다고 해 보자. 통화량이 증가하면 [그림 14-13]에서 자산시장의 균형을 나타내는 AA곡선은 AA'곡선으로 우

그림 14-13　금융팽창정책의 효과

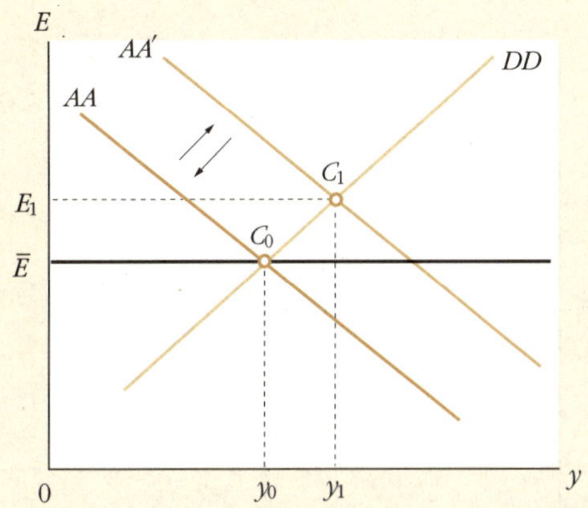

상향 이동하고 균형점은 C_0에서 C_1으로 이동한다. 균형소득수준은 y_0에서 y_1으로 증가하고 환율은 $\bar{E}$에서 E_1으로 상승한다. 그러나 C_1점에서의 환율 E_1은 고정환율수준 $\bar{E}$보다 더 높다. 중앙은행은 이러한 환율상승을 막고 원래의 $\bar{E}$수준에서 유지시키기 위해 외환시장에서 보유외화자산을 매각하게 될 것이다. 이 경우 통화량은 다시 줄어들게 되고 그에 따라 AA'곡선은 다시 AA로 좌하향 이동하여 결국 균형은 원래의 균형점 C_0로 되돌아오게 된다. 그러므로 이 경우 통화량을 증가시켜도 소득과 환율수준은 아무런 변동이 없게 된다. 이와 같이 고정환율제도인 경우에는 통화정책은 소득에 영향을 미칠 수 없으며 유효한 경제안정화정책이 될 수 없다. 이는 먼델-플레밍모형에서 확인한 바와 같다.

2 재정정책

이제 정부가 지출을 증가시킨다고 해 보자. 정부지출이 증가하면 [그림 14-14]에서 재화시장의 균형을 나타내는 DD곡선은 DD'곡선으로 우하향 이동하고 균형점은 C_0에서 C_1으로 이동한다. 균형소득수준은 y_0에서 y_1으

그림 14-14 재정팽창정책의 효과

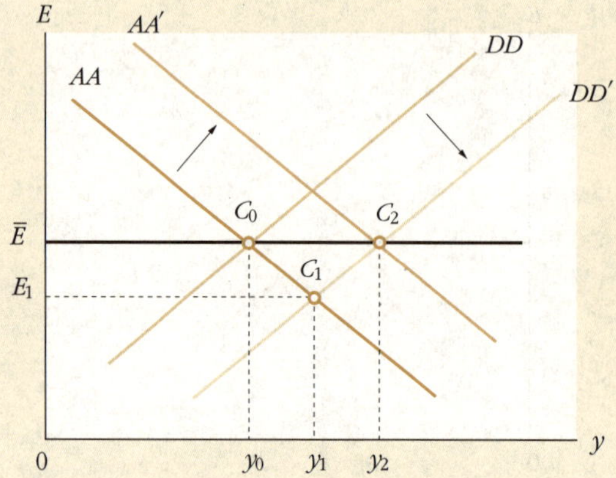

로 증가하고 환율은 $\bar{E}$에서 E_1으로 하락한다. 그러나 C_1점에서의 환율 E_1은 고정환율수준 $\bar{E}$보다 더 낮다. 중앙은행은 이러한 환율하락을 막고 원래의 $\bar{E}$수준에서 유지시키기 위해 외환시장에서 외화자산을 매입하게 될 것이다. 그렇게 되면 통화량은 증가하게 되고 그에 따라 AA곡선은 AA'곡선으로 우상향 이동하여 최종균형은 C_2점에서 이루어진다. 환율수준은 원래의 고정환율수준 $\bar{E}$로 회복되고 소득수준은 y_1에서 y_2로 다시 증가한다. 이와 같이 재정정책은 금융정책과는 달리 소득에 영향을 미칠 수 있으며 따라서 고정환율제도인 경우에는 재정정책은 경제안정화정책의 유효한 수단이 될 수 있다.

요 약

요약
Summary

1. *DD*-*AA*모형은 소득(y)-이자율(i) 공간 대신에 소득(y)-환율(E) 공간을 사용하여 경제안정화정책을 분석하는 모형이다. 즉 *DD*곡선은 재화시장의 균형을, *AA*곡선은 자산시장의 균형을 각각 나타낸다. *DD*곡선은 우상향하는 기울기를 갖고 *AA*곡선은 우하향하는 기울기를 갖는다.

2. *DD*-*AA*모형은 일시적 경제정책과 영구적 경제정책을 구분한다. 일시적 정책이란 정책의 변화가 지속적인 것이 아니라 일시적인 것을 말한다. 영구적인 정책은 정책의 변화가 영구적인 것이어서 그 변화된 정책이 영구적으로 지속되는 것을 말한다. 일시적인 경제정책인 경우에는 그것이 일회성에 그치고 다음 기에 가면 원래의 수준으로 되돌아 갈 것이기 때문에 민간의 예상은 달라지지 않는다. 반면에 영구적인 경제정책의 경우는 그 정책이 앞으로 영구적으로 지속될 것이기 때문에 민간의 예상이 달라진다.

3. 변동환율제도인 경우 일시적 금융정책이나 재정정책은 모두 소득수준에 영향을 미칠 수 있다. 그러나 영구적 경제정책인 경우에는 예상환율수준이 달라지기 때문에 경제에 미치는 영향이 일시적 경제정책인 경우에 비해 현저하게 다르게 나타난다.

4. 변동환율제도하에서 영구적인 통화팽창정책은 단기적으로 소득의 증가를 가져오지만 장기적으로 명목환율, 물가수준 등 명목변수의 비례적인 상승만 초래하고 소득, 고용 등 실질변수에는 영향을 미치지 않는다. 영구적인 재정팽창정책은 장기적으로 소득수준에는 영향을 미치지 않고 명목환율의 하락만 초래한다.

5. 경제의 교란요인이 영구적인 경우에는 거기에 대응한 정책도 영구적인 것이기 때문에 장기적 효과를 함께 고려해야 한다. 이 경우 관련되는 문제로는 금융정책과 재정정책의 선택문제, 교란요인에 대한 분석문제, 정책의 시차문제 등이 있다.

6. 고정환율제도인 경우에는 예상환율수준(E^e)은 항상 고정된 환율수준($\bar{E}$)과 같으므로 예상환율상승률($\frac{E^e - \bar{E}}{\bar{E}}$)은 영(0)이 된다. 따라서 이 경우 국

요약
Summary

제금리평형조건에 의해 국내이자율(i)은 해외이자율(i^*)과 같아진다.

7. *DD*−*AA*모형에서도 고정환율제도하에서 금융정책은 *IS*−*LM*모형의 경우와 마찬가지로 소득수준에 영향을 미칠 수가 없다. 즉 이 경우 금융정책은 경제안정화정책으로서 유효한 정책수단이 될 수 없다. 그러나 재정정책은 소득수준에 영향을 미치는 유효한 경제안정화정책의 수단이 될 수 있다.

연습문제

1. 다음 각각의 경우 *DD*곡선과 *AA*곡선의 이동방향(우상향, 우하향, 좌하향, 좌상향 등)을 설명하시오.
   (1) 정부지출 삭감
   (2) 소득세 인상
   (3) 화폐수요 감소
   (4) 예상환율 하락
   (5) 해외이자율 하락

2. *DD–AA*모형을 한국경제에 적용해 보자. 다음 각 물음에 답하시오(모든 초기균형점은 *A*로 표시하고 변동환율제도를 가정하시오).
   (1) 한국이 통화량을 영구적으로 10%감축한다고 해보자. 단기균형점을 *B*, 장기균형점을 *C*라 하고 그 효과를 *DD–AA*모형의 그래프로 표시해 보시오.
   (2) 단기균형점 *B*에서 다음 각 변수들이 초기균형점 A에 비해 어떻게 변동했는지(증가/감소/불변) 설명하시오.

   (i) 국내이자율　　(ii) 외국의 수익률
   (iii) 명목환율　　(iv) 물가수준
   (v) 실질잔고　　(vi) 실질환율
   (vii) 실질소득

   (3) 장기균형점 *C*에서 다음 각 변수들이 초기균형점 *A*에 비해 어떻게 변동했는지(증가/감소/불변) 설명하시오.

   (i) 국내이자율　　(ii) 외국의 수익률
   (iii) 명목환율　　(iv) 물가수준
   (v) 실질잔고　　(vi) 실질환율
   (vii) 실질소득

   (4) 위 (2)와 (3)의 분석을 사용하여 각 변수들이 시간이 지남에 따라 어떻게 달라지는지 그 경로를 그림으로 나타내 보시오.

연습
문제
Exercise

3. 한국에서 화폐에 대한 수요가 일시적으로 감소한다고 해 보자. 변동환율 제도를 가정하고 *DD*–*AA*모형을 사용하여 다음 각 물음에 답하시오(모든 초기균형점은 *A*로 표시하시오).

(1) 단기균형점을 *B*, 장기균형점을 *C*라 하고 그 효과를 *DD*–*AA*모형의 그래프로 표시해 보시오.

(2) 단기균형점 *B*와 장기균형점 *C*에서의 다음 각 변수들이 초기균형점과 비교하여 어떻게 변동했는지(증가/감소/불변) 설명하시오.

(i) 국내이자율	(ii) 외국의 수익률
(iii) 명목환율	(iv) 물가수준
(v) 실질잔고	(vi) 실질환율
(vii) 실질소득	

4. 한국에서 화폐에 대한 수요가 영구적으로 감소한다고 해 보자. 변동환율 제도를 가정하고 *DD*–*AA*모형을 사용하여 다음 각 물음에 답하시오. (모든 초기균형점은 *A*로 표시하시오.)

(1) 단기균형점을 *B*, 장기균형점을 *C*라 하고 그 효과를 *DD*–*AA*모형의 그래프로 표시해 보시오.

(2) 단기균형점 *B*에서 다음 각 변수들이 초기균형점 *A*에 비해 어떻게 변동했는지(증가/감소/불변) 설명하시오.

(i) 국내이자율	(ii) 외국의 수익률
(iii) 명목환율	(iv) 물가수준
(v) 실질잔고	(vi) 실질환율
(vii) 실질소득	

(3) 장기균형점 *C*에서 다음 각 변수들이 초기균형점 *A*에 비해 어떻게 변동했는지(증가/감소/불변) 설명하시오.

(i) 국내이자율	(ii) 외국의 수익률
(iii) 명목환율	(iv) 물가수준
(v) 실질잔고	(vi) 실질환율
(vii) 실질소득	

(4) 위 (2)와 (3)의 분석을 사용하여 각 변수들이 시간이 지남에 따라 어떻

게 달라지는지 그 경로를 그림으로 나타내 보시오.

5. 변동환율제도하에서 정부가 균형예산을 집행한다고 하자. 즉 항상 $\Delta G = \Delta T$가 성립한다고 하자. 만일 정부가 정부지출의 영구적인 증가와 함께 동액의 증세정책을 취할 경우 다음 물음에 답하시오.
   (1) 단기적으로 총지출은 어떻게 변동(증가/감소/불변)할 것인가?
   (2) $DD-AA$모형을 이용하여 환율과 소득의 장단기 변동을 설명하시오.

6. 변동환율제도하에서 경상수지의 균형을 달성하는 것이 하나의 목표라고 해보자. 경상수지가 균형이 되는 환율과 소득과의 관계를 나타내는 선을 CA^*선이라 하자. 다음 각 물음에 답하시오(단 초기 균형점을 A로 표시하시오).
   (1) $DD-AA$모형에서 CA^*선의 기울기가 양(+)인지 음(−)인지 설명하시오.
   (2) 현재 경제는 초기균형상태에서 재화시장과 자산시장이 모두 균형이고 경상수지목표도 달성하고 있다고 하자. 이 초기균형상태를 그래프로 나타내 보시오.
   (3) 만일 통화량을 일시적으로 증가시키면 균형점이 어떻게 달라지는지 그래프에 표시하시오. 이때 경상수지는 흑자인지 적자인지 설명하고 경상수지균형을 달성하기 위해서 재정정책은 팽창정책 또는 긴축정책을 써야 하는지 설명하시오.
   (4) 만일 정부지출을 일시적으로 증가시키면 균형점이 어떻게 달라지는지 그래프에 표시하시오. 이때 경상수지는 흑자인지 적자인지 설명하고 경상수지균형을 달성하기 위해서 재정정책은 팽창정책 또는 긴축정책을 써야 하는지 설명하시오.

참고문헌

김인준 · 이영섭(2004), 『국제금융론』, 율곡출판사, 제16장, 439-451쪽.

Bergin, Paul R.(2006), "Exchange Rates in the Short Run: The Asset Approach," *Lecture Notes*, Chapter 16. http://www.econ.ucdavis.edu/faculty/bergin/

Krugman, Paul and Maurice Obstfeld(2003), *International Economics: Theory and Policy*, Sixth Edition, Addison Wesley, New York, Chapters 16-17, pp. 433-530.

제Ⅳ부에서는 국제수지 불균형의 시정, 환율변동과 경상수지의 관계, 국제수지에 대한 기간간 접근이론, 글로벌 불균형문제를 다룬다. J곡선효과, 이력효과 등 평가절하 효과의 한계 및 개도국의 평가절하효과를 설명한다. 경상수지에 대한 기간간 접근이론은 기존의 1기분석의 틀에서 벗어나 기간을 확장함으로써 기간간 최적화원리에 의한 경상수지의 변동을 분석한다. 특히 일시적 소득의 변동과 영구적 소득의 변동이 경상수지에 미치는 효과를 비교한다. 글로벌 불균형문제는 원인과 지속성의 문제를 분석한다. 그리고 환율변동의 가격전가이론을 설명한다.

Ⅳ 국제수지론

15 국제수지 불균형론

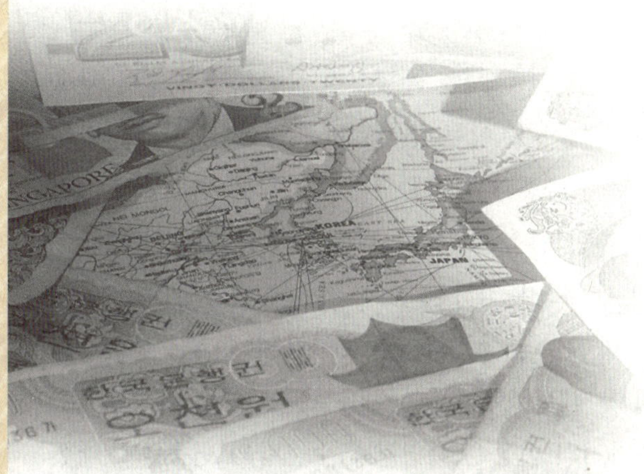

본 장은 국제수지 불균형 조정에 대한 탄력성 접근, 총지출 접근, 통화론적 접근 등 다양한 접근을 설명한다. 전통적 접근과는 달리 경상수지에 대한 기간간 접근방식(intertemporal approach)은 경상수지를 저축과 투자의 갭으로 보고 기간간 최적화원리를 도입하여 경상수지의 변동을 분석한다. 그리고 글로벌 불균형현상의 원인과 지속가능성을 분석한다.

제 1 절 >> 국제수지 불균형에 대한 접근[1]

1 탄력성 접근

탄력성 접근(elasticity approach)은 국제수지 불균형의 시정을 환율 변동에 의해 찾고자 하는 접근이다. 이는 평가절하(또는 평가절상)에 따른 환율상승(또는 환율하락)으로 수출품과 수입품의 상대가격이 변동함에 따라 수출수량과 수입수량이 어떠한 반응을 보이느냐에 초점을 맞추어 경상수지(=무역수지)의 불균형의 시정을 분석하는 것이다.

예를 들어 평가절하를 하면 수입상품의 국내통화표시 가격은 상승하고 수출상품의 외국통화표시 가격은 하락하는데 이는 수출입상품의 상대가격의 변동을 가져온다. 상대가격의 변동은 수입량과 수출량의 변동을 초래한다. 그런데 이 경우 수출액과 수입액의 변동은 각 상품의 수요와 공급의 가격탄력성의 크기에 따라 달라진다.

평가절하 후에 수출품의 외국통화표시 가격은 하락하여 수출수량은 증가할 것이나 외국통화표시 수출단가가 하락하였기 때문에 국내통화표시 수출금액이 과연 증가할지는 미지수이다. 또한 국내통화표시 수입가격은 상승하므로 수입수량은 감소할 것이나 수입단가가 상승하였으므로 수입금액이 얼마나 감소할지는 미지수이다.

평가절하 후에 국내통화로 표시한 경상수지가 개선될지 악화될지는 수출입금액이 어떻게 변동하느냐에 달려 있다. 즉 평가절하 후에 경상수지의 개선 여부는 수출입상품의 가격탄력성의 크기에 의해 결정된다. 평가절하 후 경상수지가 개선될 조건을 마샬-러너조건이라 부른다. 이는 (15-1)식과 같으며 바로 외환시장의 안정조건과 같다.

$$\varepsilon_x^* + \varepsilon_m < -1 \tag{15-1}$$

1) 본 내용은 곽태운 · 김영용(1995), 제16장, 227-244쪽을 참조하였음.

(15-1)식에서 ε_m과 ε_x^*는 본국과 외국의 수입상품에 대한 수입수요탄력성을 각각 나타낸다. 즉 평가절하 후에 경상수지가 개선되기 위해서는 두 나라의 수입수요의 탄력성(절대치)의 합이 "1"보다 커야 한다.

마샬-러너조건은 수출공급의 탄력성이 완전탄력적인 것을 전제로 하고 있다. 수출공급의 탄력성이 완전하다는 것은 경제에 막대한 실업이 존재하여 가격의 상승을 수반하지 않고도 수출공급량을 무한대로 증가시킬 수 있다는 것을 의미한다. 그러나 경제가 완전고용인 경우라도 비교역재부문이 존재하는 경우 교역재부문과 비교역재부문 간의 자원이동이 완전하면 수출공급은 완전탄력적일 수 있다. 이 경우에는 교역재부문이 팽창하여 생산요소에 대한 수요가 증가하더라도 비교역재로부터 생산요소가 방출되어 다시 교역재부문으로 이동할 수 있기 때문에 완전고용상태에서도 수출공급은 완전탄력적일 수 있다.

마샬-러너조건의 충족 여부, 환율변동과 경상수지의 관계 등에 대한 논의는 제16장에서 다루기로 한다.

2 총지출 접근

경상수지 불균형에 대한 총지출 접근(absorption approach)은 케인즈류의 개방경제균형소득결정모형에 기초하고 있다. 즉 개방경제의 국민소득균형식에 의하면 경상수지($CA=X-M$)는 (15-2)식과 같이 총산출량(y)과 국민총지출($A=C+I+G$)의 갭으로 나타낼 수 있다.

$$CA=X-M=y-A \qquad (15\text{-}2)$$

(15-2)식에 의하면 경상수지의 불균형이 일어나는 것은 총산출량과 국민총지출이 불균형을 나타내기 때문이다. 즉 산출량이 국민총지출보다 크면 경상수지는 흑자가 되고 반대로 산출량이 국민총지출보다 작으면 경상수지는 적자가 된다. 따라서 경상수지의 불균형을 시정하기 위해서는 산출

량과 국민총지출 간의 불균형을 해소해야 한다.

총지출접근모형에서는 산출량은 총지출의 크기에 의해 결정되므로 총지출의 크기를 조절하는 정책이 바로 경상수지의 불균형을 해소하는 정책이 된다. 예를 들어 경상수지가 적자이면, 즉 국민총지출이 총산출량보다 크면 긴축정책을 채택하여 총지출의 크기를 줄이고 반대로 경상수지가 흑자이면, 즉 국민총지출이 총산출량보다 작으면 팽창정책을 채택하여 총지출의 크기를 확대하는 정책을 취하면 된다. 총지출의 크기를 줄이거나 늘리는 이러한 정책을 총지출조정정책이라 부른다.

총지출조정정책 외에 환율정책을 취할 수도 있다. 즉 경상수지가 적자이면 평가절하정책을, 흑자이면 평가절상정책을 취할 수 있다. 이러한 환율정책은 총지출전환정책이라 부른다. 총지출 접근에서 환율변동에 대한 접근은 탄력성 접근과는 근본적으로 다르다. 즉 탄력성 접근에서는 평가절하의 수출입상품의 상대가격변동효과를 고려하는 데 비해서 총지출 접근에서는 평가절하가 생산량과 총지출에 어떠한 영향을 미치는가를 모두 고려하고 있으며 따라서 총지출 접근에서는 수출입상품의 가격탄력성이 중요한 역할을 하지 못한다. 그것은 탄력성 접근에서는 완전고용을 가정하여 환율변동이 산출량에 미치는 효과를 완전히 배제하고 있기 때문이다. 그러나 총지출 접근은 케인즈모형으로, 불완전고용을 전제로 하고 있다.[2)]

3 통화론적 접근

국제수지에 대한 통화론적 접근(monetary approach)은 1950~60년대에 개발된 것인데 명목GDP 등 거시경제변수의 결정요인으로 화폐적 요인을 강조하는 거시경제학의 통화론적 접근을 국제수지의 불균형분석에 원용한 것이다.[3)] 통화론적 접근의 핵심은 화폐가 거시경제변수의 지배적 결정요인(dominant determinant)이라는 것인데 국제수지의 불균형도 화폐적

2) 총지출 접근에서의 평가절하의 효과는 제12장 참조.
3) 통화론적 접근에 대한 상론은 Frenkel and Johnson(1976) 참조.

요인이 지배적 결정요인이라는 것이다. 즉 통화론적 접근은 근본적으로 국제수지는 화폐적 현상이며 따라서 국제수지의 불균형은 화폐시장의 불균형을 반영한 것으로 보고 있다. 여기서의 국제수지는 단순히 경상수지만을 지칭하는 것이 아니고 경상수지와 자본수지를 합한 종합수지를 말한다.

그러면 국제수지의 불균형이 화폐시장의 불균형을 반영한 것임을 이해하기 위해 화폐시장의 균형조건, 통화승수 등을 이용해서 설명해 보기로 하자. M^s를 명목통화량, P를 물가수준, L^d를 실질화폐수요라고 하면 화폐시장의 균형조건은 (15−3)식과 같다.

$$\frac{M^s}{P}=L^d \tag{15-3}$$

(15−3)식을 변형하면 (15−3)′식이 된다.

$$M^s=PL^d \tag*{(15-3)′}$$

μ를 통화승수, H를 통화베이스, DC를 국내여신, IR을 대외지급준비라고 하면 통화량과 통화베이스의 관계는 (15−4)식과 같다.

$$M^s=\mu H=\mu(DC+IR) \tag{15-4}$$

(15−3)′식과 (15−4)식을 이용하여 정리하면 (15−5)식을 얻는다.

$$IR=\frac{1}{\mu}(PL^d)-DC \tag{15-5}$$

그러므로 대외지급준비의 변동은 (15−6)식과 같다.

$$\varDelta IR=\frac{1}{\mu}[\varDelta(PL^d)]-\varDelta DC \tag{15-6}$$

(15−6)식의 우변의 첫째 항은 화폐수요의 변동을, 둘째 항은 국내여신에 의한 화폐공급의 변동을 각각 나타낸다. 따라서 (15−6)식에 의하면 대외

지급준비의 변동은 화폐수요의 변동이나 화폐공급의 변동에 의해서 일어나나다는 것이다.

예를 들어 화폐공급은 변동이 없는데, 즉 $\Delta DC=0$인데 화폐수요가 증가한다고 해 보자. 이 경우 $\Delta(PL^d)>0$이므로 대외지급준비는 증가한다. 즉 $\Delta IR>0$. 대외지급준비의 증가는 국제수지가 흑자임을 의미한다. 이 경우 국제수지 흑자의 원인은 화폐수요의 증가이다. 반대로 화폐수요가 감소하면 대외지급준비는 줄어들고 국제수지는 적자가 된다.

이번에는 화폐수요가 변동이 없는 경우, 즉 $\Delta(PL^d)=0$인 경우를 보자. 이제 만일 국내여신이 증가하면, 즉 $\Delta DC>0$이면 대외지급준비는 감소한다. 즉 $\Delta IR<0$. 따라서 국제수지는 적자이다. 이 경우 국제수지 적자의 원인은 국내여신의 증가, 즉 통화공급의 증가이다. 반대로 국내여신이 감소하면, 즉 $\Delta DC<0$이면 대외지급준비는 증가하고 국제수지는 흑자가 된다. 이와 같이 국제수지의 불균형의 원인은 화폐수요 또는 통화공급의 변동으로 인한 화폐시장의 불균형에 있다. 따라서 통화론적 접근에 의하면 화폐시장의 불균형을 해소하면 국제수지의 불균형을 해결할 수 있다는 것이다.

통화론적 접근에 의하면 평가절하의 경상수지개선 효과는 일시적이고 장기적으로는 효과가 소멸된다. 즉 평가절하 후에 경상수지가 개선되지만 장기적으로는 경상수지개선으로 인한 통화공급의 증가로 국내물가가 상승하여 경상수지의 개선효과는 완전히 소멸된다.

통화론적 접근의 특징을 요약하면 다음과 같다.

첫째, 통화론적 접근은 국제수지를 화폐적 현상으로 파악하고 국제수지 불균형의 조정을 화폐시장의 조정과정을 통해서 이해하려고 한다. 그러나 통화론적 접근이 바로 통화주의자(monetarist)를 의미하는 것은 아니다. 따라서 통화론적 접근은 통화관리의 잘못이 국제수지 불균형의 유일한 원인이라거나 또는 통화정책의 변화가 국제수지 문제를 해결하는 유일한 방법이라는 뜻은 아니며 화폐시장의 조정과정을 통해 국제수지 불균형의 조정이 가능하다는 것을 강조하고 있다.

둘째, 통화론적 접근에서 산출량은 완전고용수준에 고정되어 있고 물가는 완전탄력적이다. 따라서 통화론적 접근은 장기분석이다.

셋째, 통화론적 접근은 화폐수요의 안정성을 가정하고 있다. 화폐수요가 안정적이라는 말은 화폐수요에 대한 예측이 가능하다는 것을 의미한다. 만일 화폐수요가 불안정하다면 예를 들어 통화량이 증가할 때 이자율이 상승할지 하락할지 예측이 불가능하다. 그러면 평가절하 후에 경상수지, 물가 등 거시경제변수의 장기조정과정을 분석할 수가 없다.

넷째, 통화론적 접근은 평가절하가 총지출의 구성에 미치는 영향은 고려하지 않으며 일반물가수준에 미치는 효과를 분석한다. 그것을 통해 장기분석을 시도한다.

마지막으로 통화론적 접근은 세계시장이 하나의 시장으로 통합되어 있다는 것을 전제로 하고 있다. 즉 일물일가의 법칙, 구매력평가, 국제금리평형조건 등이 모두 성립하는 하나의 통합된 세계시장모형을 상정한다. 통화론적 접근에서 상정한 세계는 지리적으로는 떨어져 있으나 기능적으로는 하나로 통합된 시장으로 구성된 세계이다.

4 평 가

국제수지 불균형에 대한 탄력성 접근, 총지출 접근, 통화론적 접근 등 3가지 서로 다른 접근의 차이점과 유사점은 다음과 같다.

첫째, 탄력성 접근방식과 총지출 접근방식은 모두 정태적 분석이다. 따라서 평가절하가 경상수지에 미치는 동태적 조정과정에 대한 설명은 없다. 그러나 탄력성 접근은 완전고용을 가정한 데 반해 총지출 접근은 불완전고용을 전제로 한 것이다. 따라서 총지출 접근은 평가절하가 총지출의 증가를 가져오고 그것이 산출량의 증가를 초래하는 데 반해서 탄력성 접근은 완전고용을 가정하기 때문에 평가절하의 무역수지개선효과는 새로운 균형에 도달하는 과정의 일시적인 현상으로 이해해야 한다.[4)]

둘째, 총지출 접근과 통화론적 접근을 비교해 보면 전자의 경우는 불완전고용을 가정하여 산출량이 가변적이고 물가는 고정되어 있는 데 반해,

---

4) Niehans(1984), p. 73 참조.

후자의 경우는 완전고용을 가정하여 산출량은 불변이고 물가가 완전 탄력적이다. 그리고 통화론적 접근에서는 평가절하의 국제수지 개선효과는 일시적인 현상에 불과하여 장기적으로는 소멸된다.

셋째, 탄력성 접근과 통화론적 접근을 비교하면 전자는 정태적 분석이고, 후자는 평가절하의 장기적 효과를 분석한다는 점에서 동태적 분석이라고 할 수 있다.[5] 양자 모두 완전고용을 가정한 점에서는 공통점을 갖는다. 탄력성 접근은 평가절하의 효과를 가격탄력성에 기초하여 상대가격의 변화에 따른 총지출의 전환효과의 분석에만 국한하여 물가변동, 실질잔고의 변동 등과 같은 거시경제변수의 변동을 고려하지 않는 것은 통화론적 접근과 대조적이다.

이와 같은 각 접근방식의 차이가 있지만 궁극적으로는 각 접근방식이 그 분석대상에 따라 차이가 나는 것이며 따라서 어느 접근이 다른 것을 배제하기보다 서로 보완적이라 할 수 있다. 즉 정태적 분석인가, 동태적 분석인가 아니면 완전고용상태인가 또는 불완전고용상태인가에 따라 각 접근의 유용성이 결정될 것이다.

제2절 ›› 경상수지에 대한 기간간 접근[6]

경상수지에 대한 전통적인 분석은 무역수지의 분석에 초점을 맞추어 국제적인 상대가격, 즉 교역조건의 변동을 경상수지의 결정요인으로 보고 있다. 그러나 경상수지에 대한 기간간 접근방식(intertemporal approach)은 경상수지를 저축과 투자의 갭으로 보고 이들 두 가지 변수들을 결정하는 거시경제요인들을 분석하는 데 초점을 맞춘다. 즉 기간간 경상수지 접근법은 저축과 투자는 거시경제변수에 대한 미래의 예상에 의해 결정되기 때문에 기간간 의사결정이 내포되어 있다. 따라서 기간간 경상수지 접근법은 기간간 최적화원리를 도입하여 경상수지의 변동을 분석하는 것이다.

5) Niehans(1984), p. 80 참조.

6) 본 내용은 Obstfeld and Rogoff(1996), pp. 1–12 참조.

1 모형구축

그러면 단순한 모형을 이용하여 소비와 경상수지 간의 관계를 살펴보기로 하자. 모형의 가정은 다음과 같다.

첫째, 생산이 없는 소규모개방경제이다. 즉 생산함수는 없으며 소득은 주어진다. 그리고 세계이자율은 r로 주어져 있다.

둘째, 기간은 1기와 2기 두 기간으로 이루어져 있다. 즉 경제주체의 일생은 1기와 2기이며 2기 말에 모든 경제활동이 종료된다.

셋째, 경제주체는 소비자뿐이다. 즉 생산자, 투자자 및 정부는 없다.

C_j를 $j(j=1, 2)$기의 소비라고 하면 j기의 효용은 $u(C_j)$가 된다. 소비자의 생애효용(U)은 다음 (15−7)식과 같이 제 1 기 효용과 제 2 기 효용의 합계와 같다.

$$U=u(C_1)+\beta u(C_2),\ 0<\beta<1 \tag{15-7}$$

(15−7)식에서 β는 주관적인 시선호율(time preference)을 나타낸다. 즉 사람들은 일반적으로 현재를 미래보다 더 선호하므로 미래의 가치를 현재가치로 환산할 때에는 일정한 비율, 즉 여기서는 β로 할인을 해 주어야 한다. 예를 들면 오늘 받는 1,000원과 1년 후에 받는 1,000원의 가치는 같지 않다. 그것은 1년 후에 무슨 일이 일어날지 모르고 불확실하기 때문이다. 예를 들어 인플레이션이 일어나면 당장 1년 후의 1,000원은 오늘 시점에서 보면 1,000원보다 가치가 떨어진다. 그러므로 미래의 가치를 오늘시점의 가치로 환산할 때에는 반드시 일정한 비율로 할인을 해 주어야 한다. 여기서 할인율은 미래보다 현재를 얼마나 더 선호하느냐에 달려 있는데 현재를 미래보다 더 선호할수록 할인율은 더 커진다.

다음 (15−8)식은 예산제약식이다.

$$C_1+\frac{C_2}{1+r}=y_1+\frac{y_2}{1+r} \tag{15-8}$$

(15−8)식에서 r은 시장의 이자율이며 y_j는 $j(=1, 2)$기의 소득을 나타낸다. 좌변은 제 1 기와 제 2 기의 소비지출을 시장의 이자율을 적용하여 현재가치로 환산한 것이다. (15−8)식의 우변은 제 1 기와 제 2 기의 소득을 시장의 이자율을 적용하여 현재가치로 환산한 것이다.

(15−8)식의 예산제약식을 적용하여 (15−7)식의 효용극대화조건을 구하면 (15−9)식과 같다.

$$u'(C_1)=(1+r)\beta u'(C_2) \tag{15-9}$$

(15−9)식의 의미는 다음과 같다. 즉 제 1 기에 1단위 소비를 감축하면 효용이 $u'(C_1)$만큼 감소한다. 그러나 제 1 기에 감축한 소비 1단위는 제 2 기에 가면 $(1+r)$단위로 늘어나고 그에 따른 효용은 $(1+r)\beta u'(C_2)$만큼 증가하게 된다. 따라서 효용이 극대화되는 조건은(15−9)식의 양변이 같을 때이다. (15−9)식을 다시 쓰면 (15−10)식이 된다.

$$\frac{\beta u'(C_2)}{u'(C_1)}=\frac{1}{1+r} \tag{15-10}$$

(15−10)식의 좌변은 제 1 기 소비(현재소비)와 제 2 기 소비(미래소비)간의 한계대체율을 나타내고 우변은 현재소비의 수량으로 표시한 미래소비의 가격을 나타낸다.

이제 시선호율, 즉 주관적 할인율과 시장할인율이 같다고 하자. 즉 $\beta=\frac{1}{1+r}$. 그러면 (15−9)식은 (15−9)′식이 된다.

$$u'(C_1)=u'(C_2) \tag{15-9$'$}$$

그러므로 $C_1=C_2$, 즉 제 1기와 제 2 기의 소비는 같아진다. 다시 말해서 매기마다 소비수준(C^*)은 일정하며 그 값은 (15−11)식과 같다.

$$C^*(=C_1=C_2)=\frac{(1+r)y_1+y_2}{2+r} \tag{15-11}$$

2 경상수지

다음 소비와 경상수지의 관계를 살펴보자. CA를 경상수지, ΔNFA를 순대외자산의 변동이라고 하면 국제수지 통계상 (15−12)식과 같이 경상수지는 순대외자산의 변동과 같다.

$$CA = \Delta NFA \tag{15-12}$$

이제 B_{t+1}을 t기 말의 순대외자산이라고 하면 순대외자산의 변동은 (15−13)식과 같다.

$$\Delta NFA_t = B_{t+1} - B_t \tag{15-13}$$

따라서 경상수지는 (15−14)식과 같이 나타낼 수 있다.

$$CA_t = B_{t+1} - B_t = y_t + rB_t - C_t \tag{15-14}$$

(15−14)식에서 rB_t는 t기의 순대외자산보유에 대한 이자소득을 나타낸다. 따라서 t기의 경상수지는 t기의 소득(이자소득을 합한)과 소비지출의 차액과 같다. 이제 제 1 기의 순대외자산이 영($B_1=0$)이라고 가정하면 제 1 기의 경상수지는 (15−15)식과 같이 제 1 기의 소득과 소비의 차이와 같다.

$$CA_1 = y_1 - C_1 \tag{15-15}$$

그리고 현재 모형은 소비자가 제 1 기와 제 2 기만 생존하기 때문에 제 2 기 말의 순대외자산은 영($B_3=0$)이 된다. 그러므로 제 2 기의 경상수지는 (15−16)식과 같이 나타낼 수 있다.

$$\begin{aligned} CA_2 &= y_2 + rB_2 - C_2 = y_2 + r(y_1 - C_1) - C_2 \\ &= -(y_1 - C_1) = -B_2 = -CA_1 \end{aligned} \tag{15-16}$$

그림 15-1 기간간 소비와 경상수지

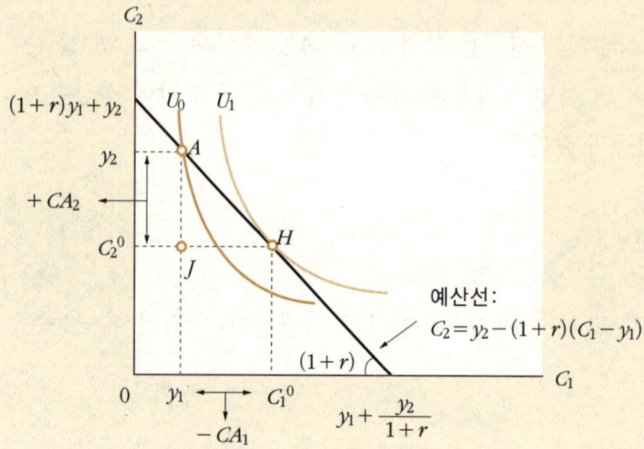

그러므로 제 1 기와 제 2 기의 경상수지의 합은 (15-17)식과 같이 영(0)이 된다.

$$CA_1+CA_2=0 \tag{15-17}$$

이상의 논의를 그림으로 설명해 보자. [그림 15-1]은 기간간 소비와 경상수지의 관계를 보여주고 있다. [그림 15-1]의 횡축은 제 1 기 소득과 소비를, 종축은 제 2 기 소득과 소비를 각각 나타낸다. A점은 소득의 부존량을 나타낸다. A점을 통과하는 AH선은 (15-8)식의 예산선이며 기울기는 $-(1+r)$이다.

A점에서 제 1 기 소득은 y_1, 제 2 기소득은 y_2이다. 만일 개방경제가 아니면 A점이 소비점이 된다. 이 경우 소득과 소비는 일치하고 저축은 영(0)이다. 즉 A점에서 $y_1=C_1$, $y_2=C_2$이고 그 때의 효용은 U_0이다. 이제 만일 개방경제가 되면 균형은 A점에서 H점으로 이동한다. 이 경우 제 1 기 소비는 C_1^0이고 이는 제 1 기 소득 y_1보다 많다. 따라서 제 1 기는 경상수지가 적자이다. 즉 $CA_1=C_1^0-y_1=JH$가 된다.

제 2 기 소비는 C_2^0이고 이는 제 2 기소득 y_2보다 작다. 따라서 제 2 기는 경상수지가 흑자이다. 즉 $CA_2 = y_2 - C_2^0 = AJ$가 된다. 그리고 봉쇄경제에서 개방경제로 이행함에 따라 효용은 U_0에서 U_1으로 증가한다. 이와 같이 제 1 기에 경상수지 적자를 내면서 소비를 증가시키고, 제 2 기에는 소비를 줄여서 경상수지 흑자로 다시 제 1 기의 경상수지 적자를 상환하여 후생은 증가한다.

3 소득 변동과 경상수지 변동

그러면 소득의 변동은 경상수지에 어떠한 영향을 미치는가? 그것은 소득의 변동이 일시적인 변동인가 영구적인 변동인가에 따라 달라진다.

먼저 일시적인 소득의 증가의 경우를 보자. [그림 15-2]에서 H_0는 초기 균형점을 나타낸다. 즉 매기의 소득과 소비는 일치하고 따라서 경상수지는 균형이며 효용은 U_0이다. 여기서 효용함수는 설명의 편의를 위해 동조적(homothetic) 효용함수로 가정한다. 이 경우 소비균형은 45° 선상에서 이루어진다. 이제 제 1 기의 소득만 y_1에서 y_1'로 증가하고 제 2기의 소득은 y_2수준에서 변동이 없다고 해 보자.

그림 15-2 소득 변동과 경상수지의 변동

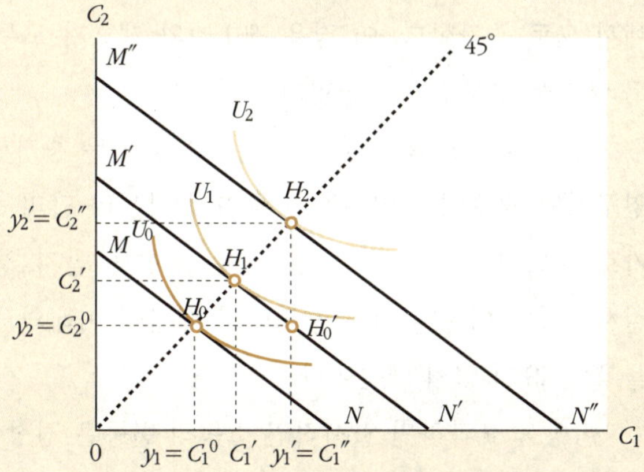

제 1 기만 소득이 증가하고 제 2기의 소득은 변동이 없으므로 이는 일시적인 소득의 증가에 해당한다. 이 경우 균형점은 H_0에서 H_1으로 이동한다. 즉 제 1 기 소비는 C_1^0에서 C_1'로, 제 2 기 소비는 C_2^0에서 C_2'로 각각 증가한다. 효용은 U_0에서 U_1으로 증가한다. 이 경우 제 1 기 소비는 소득보다 작다. 따라서 제 1 기는 경상수지가 흑자이다. 그러나 제 2 기 소비는 소득보다 더 크므로 제 2 기의 경상수지는 적자이다.

이와 같이 소득이 현재, 즉 제 1 기만 증가한 경우에는 미래, 즉 제 2 기에 소득증가가 없을 것이라는 것을 알기 때문에 현재에 증가한 소득을 모두 소비하는 것이 아니라 미래, 즉 제 2 기에 사용하기 위해 일부를 저축하는 것이다. 이는 소득의 변동이 있을 때 소비의 변동을 가급적 줄여서 기간간 소비수준을 일정수준에 유지하고자 하는 소비패턴을 나타내는 것으로 기간간 소비평활화(intertemporal consumption smoothing)라 부른다. 다시 말해서 호황시에 소득이 늘어나더라도 그것이 영구적인 것이 아니면 그대로 소비증가로 써버리는 것이 아니라 불황인 경우를 대비하여 일부를 저축해 두어 소비의 진폭을 줄이는 것을 말한다. 기간간 경상수지에 대한 접근은 이러한 소비평활화가 경상수지 변동의 핵심요소가 된다.

이번에는 소득이 제 1 기만 증가하는 것이 아니라 제 2 기에도 증가하는 경우를 보자. 제 1 기와 제 2 기 모두 소득이 증가하므로 이는 영구적인 소득의 증가에 해당한다. 이 경우 균형점은 H_0에서 H_2로 이동한다. 즉 제 1 기 소비는 C_1^0에서 C_1''로, 제 2 기 소비는 C_2^0에서 C_2''로 각각 증가한다. 효용은 U_0에서 U_2로 증가한다. 이 경우 제 1 기와 제 2 기 모두 소득과 소비가 일치하고 따라서 경상수지는 균형(0)이다.

이와 같이 소득이 제 1 기와 제 2 기 모두 증가한 경우, 즉 소득 증가가 영구적인 경우에는 일시적인 증가의 경우와 달리 소득증가는 모두 소비증가로 나타나고 따라서 경상수지는 영향을 받지 않는다. 이는 소득증가가 일시적인 것이 아니라 영구적이기 때문에 미래의 불경기를 예상하여 저축을 할 필요가 없기 때문이다.

이상을 요약하면 일시적인 소득의 변동은 경상수지에 영향을 미치지만 영구적인 소득의 변동은 경상수지에 영향을 미치지 않는다. 그것은 기간간 소비평활화 원리 때문이다.

이 모형은 투자와 정부를 포함한 모형으로 확장할 수 있으며 기간도 2기가 아니라 다기간($t \geq 2$)으로 확장할 수 있다. 그리고 불확실성모형을 적용할 수도 있다.

기간간 경상수지 모형에 대한 실증분석은 미래의 지출의 흐름을 현재가치로 환산한 소위 현재가치모형(present value model)을 사용하는데 실증분석의 결과는 이론의 예측과 달라서 대부분 만족스럽지 못하다.[7)]

글로벌 불균형론 << 제3절

글로벌 불균형(global imbalances)이란 1990년대 이후 미국의 경상수지가 지속적으로 적자를 보인 반면 일본, 독일 등 여타 선진국과 중국 및 신흥경제국들의 경상수지는 지속적으로 흑자를 보여 세계적으로 불균형이 확산되는 양상을 말한다.

1 현 황

글로벌 불균형은 〈표 15-1〉과 [그림 15-3]에 잘 나타나 있다. 즉 〈표 15-1〉을 보면 미국의 경상수지 적자는 세계GDP대비 1996년의 −0.41%에

표 15-1 글로벌 경상수지

(GDP비율, %)

	1996	2000	2005	2006	2007	2008	2009
미국	−0.41	−1.3	−1.65	−1.63	−1.31	−1.15	−0.72
독일+일본	0.17	0.27	0.68	0.71	0.83	0.64	0.52
중국+신흥경제국	−0.08	0.26	0.56	0.79	0.98	0.90	0.85

자료: IMF, World Economic Outlook, April 2010.

7) 기간간 경상수지모형의 확장 및 실증분석에 대한 상론은 Obstfeld and Rogoff(1996), Sheffrin and Woo(1990), Nason, and Rogers(2006), 등을 참조.

그림 15-3 세계 경상수지 추이 (세계 전체 GDP 비중, %)

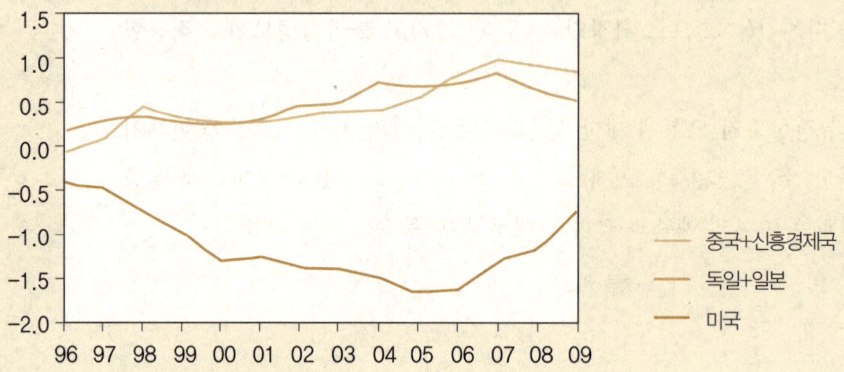

자료: IMF, Wold Economic Outlook, April 2010.

서 지속적으로 증가하여 2005년에 −1.65%까지 확대되었으며 그 후 점점 개선되어 2009년에는 −0.72%까지 축소되었다. 이에 반해 중국을 포함한 신흥경제국들의 경상수지의 세계GDP 비율은 지속적으로 증가하여 2007년에 0.98%까지 상승하였으며 2009년에는 0.85%수준으로 하락하였다. 독일과 일본 양국의 세계GDP에 대한 경상수지의 비율도 계속 증가하여 2007년에 0.83%까지 상승한 후 2009년에는 0.52%수준으로 떨어졌다.[8)]

2 원 인

이와 같은 글로벌 불균형현상을 가져온 원인은 미국 국내요인과 해외요인, 두 가지로 나누어진다. 미국 국내요인으로는 미국의 전통적으로 낮은 저축률에 따른 저축-투자 갭을 들 수 있다. 예를 들면 미국의 GDP에 대한

8) 이러한 미국의 경상수지 적자에 의한 글로벌 불균형에 대한 반론도 있다. 즉 Hausman and Sturzenegger(2005)에 의하면 미국은 직접투자 등 해외투자자산이 많기 때문에 이들 투자자산으로부터 얻을 수 있는 소득이 있는데 이러한 소득은 공식적인 통계로 나타나기는 어렵다. 따라서 이를 우주물리학의 암흑물질(dark matter: 우주에서 관측할 수 있는 물질을 제외한 물질)에 비유한다. 해외투자자산에서 얻을 수 있는 소득을 모두 포함하면 미국의 경상수지는 적자가 아니라 오히려 흑자라는 것이다.

저축률은 1985년 18%, 1995년 16%, 2004년 14%를 각각 기록하였다. 특히 그동안 주식가격의 상승으로 재화와 용역에 대한 미국소비자들의 지출이 증가하고 이는 수입을 증가시킨 반면 달러의 강세로 미국수출품의 국제경쟁력이 떨어져 수출은 둔화됨으로써 미국의 무역수지는 악화되었다. 또한 저금리시대의 지속으로 미국경기의 회복에 따른 기대투자수익률이 증가하여 자본재 투자는 증가하고 가계의 부의 증가 및 미래 예상소득의 증가로 저축에 대한 동기가 감소하였는데 이에 따라 미국의 경상수지 적자폭은 확대되는 추이를 보였다.

다른 하나는 미국의 재정적자, 즉 쌍둥이 적자(twin deficits)를 들 수 있다. 쌍둥이 적자란 경상수지와 재정수지 두 가지가 모두 동시에 적자를 나타내는 것을 말하는데 재정적자는 경상수지 적자의 한 요인이 될 수 있다. 그러나 1998~2001년 중 재정수지는 흑자였는데도 경상수지 적자가 약 3,000억 달러 확대된 사실을 설명할 수 없으며 재정수지 적자(GDP비율)가 미국의 것과 거의 비슷한 일본과 독일이 경상수지 흑자를 기록한 사실을 설명하지 못한다. 따라서 재정수지의 변동을 가지고 미국의 경상수지의 행태를 모두 설명하기는 어렵다.[9)]

해외요인으로는 세계적인 저축과잉현상(global saving glut)이 글로벌 불균형의 원인이라는 것이다.[10)] 즉 일본 등 주요 선진국들의 경우 노령인구의 급격한 증가로 저축이 크게 증가하였는데 국내투자가 저조하여 경상수지는 흑자를 기록하였다. 그 결과 이들 국가들의 미국에 대한 투자는 증가하고 이러한 투자는 미국의 경상수지 적자를 보전하는데 기여하였다.

뿐만 아니라 중국을 포함한 신흥개도국들의 저축의 증가가 세계적인 저축과잉을 가져오는 데 중요한 역할을 하였다. 한국, 멕시코 등 경제위기를 겪은 국가들은 급격한 자본유출, 환율급등, 국내자산가격의 급락, 은행시스템의 붕괴, 경제불황 등을 초래하는 또 다른 경제위기의 재발을 막기 위해 환율과 자본이동의 불안정성에 대비하여 대외준비자산을 지속적으로 축적해 왔다. 경제위기를 겪지 않은 중국은 수출주도형 성장전략의 추구로

9) Bernanke, Ben S.(2005).
10) Bernanke, Ben S.(2005).

막대한 경상수지 흑자를 기록하고 대외준비자산을 축적해 왔다. 이러한 대외준비자산은 일종의 전쟁대비 자산(war chest: 중세시대 전쟁발발시 사용하기 위해 미리 준비해 둔 자금)으로 환율의 급등, 자본유출 등 경제위기를 대비한 것으로 글로벌 저축과잉을 일으킨 주요 원인의 하나로 지적된다.

이와 같이 축적된 글로벌 저축과잉은 보다 나은 투자처를 찾아야 되는데 특히 중국 등 개도국의 경우 미국이 그 역할을 하게 된 것이다. 즉 재무성 증권(Treasury Bills) 등 미국의 증권은 다른 나라의 자산에 비해 안전자산으로 간주되어 선호하는 투자대상이 되었고 그것이 경상수지의 적자를 보전해 주는 경로가 되었던 것으로 풀이된다. 그 이유는 미국의 금융시장이 다른 나라들에 비해 상대적으로 더 잘 발달되어 있어서 안전한 투자가능기회를 제공해 줄 수 있었기 때문이다.

이와 같이 글로벌 불균형현상을 "미국제(made in USA)"로 보느냐 아니면 미국 이외의 요인에 의해 만들어진 것으로 보느냐로 나누어지는데 그 어느 하나로 모든 것을 설명할 수는 없으며 두 가지 요인의 복합적 작용에 의한 결과로 보아야 할 것이다.

3 지속가능성

그러나 이러한 글로벌 불균형이 장기간 지속될 수 있는가가 문제이다. 이는 미국의 경상수지 적자가 지속가능한 것이냐의 문제로 귀착되는데 어느 나라든 경상수지 적자는 지속가능한 것이 아니며 언젠가는 조정이 되어야 할 문제이다. 그러면 원인이 미국 국내의 것이라면 미국 국내요인을 시정해야 하고 그렇지 않으면 해외요인을 해결해야 한다. 즉 미국 국내요인으로는 낮은 저축률을 높이는 문제가 대두되고 해외요인으로는 글로벌 저축과잉문제를 해결해야 한다.

그런데 미국의 경상수지 조정은 필요하지만 그것이 너무 급속하게 이루어지면 미국경제의 과도한 경기둔화가 있을 것이고 이에 따라 세계경기가 너무 급격하게 위축될 것이므로 점진적인 조정이 이루어지도록 해야 할 것이다. 옵스펠트와 로고프(Obstfeld and Rogoff(2004))에 의하면 미국의 경상수지 적자를 시정하는 데 달러화는 최소 20%, 최대 40% 절하되어야 하는 것으로 나타나 있다. 이러한 대폭적인 절하는 세계경제에 큰 충격을 줄 수 있을 것이다. 아울러 중국 등 주요 개도국의 경상수지 흑자도 함께 조정될 수 있도록 정책의 협조가 필요하다.

요 약

요약
Summary

1. 탄력성 접근은 국제수지 불균형의 시정을 환율변동으로 인한 수출품과 수입품의 상대가격의 변동에 대해 수출수량과 수입수량이 어떠한 반응을 보이느냐에 초점을 맞추어 경상수지(=무역수지)의 불균형의 시정을 분석하는 것이다. 평가절하 후에 경상수지의 개선 여부는 수출입상품의 가격탄력성의 크기에 의해 결정된다. 평가절하 후 경상수지가 개선될 경우는 마샬-러너조건이 충족될 경우이다.

2. 총지출 접근은 케인즈류의 개방경제균형소득결정모형에 기초하고 있는 것으로 경상수지($CA=X-M$)는 총산출량(y)과 국민총지출($A=C+I+G$)의 갭과 같다. 따라서 경상수지의 불균형을 시정하기 위해서는 산출량과 국민총지출 간의 불균형을 해소해야 한다. 즉 총지출의 크기를 조절하는 정책이 바로 경상수지의 불균형을 해소하는 정책이 된다.

3. 통화론적 접근은 근본적으로 국제수지는 화폐적 현상이며 따라서 국제수지의 불균형은 화폐시장의 불균형을 반영한 것으로 보고 있다. 여기서의 국제수지는 단순히 경상수지만을 지칭하는 것이 아니고 경상수지와 자본수지를 합한 종합수지를 말한다.

4. 탄력성 접근방식과 총지출 접근방식은 모두 정태적 분석이다. 따라서 평가절하가 경상수지에 미치는 동태적 조정과정에 대한 설명은 없다. 그러나 탄력성 접근은 완전고용을 가정한 데 반해 총지출 접근은 불완전고용을 전제로 한 것이다. 총지출 접근은 불완전고용을 가정하여 산출량이 가변적이고 물가는 고정되어 있는 데 반해 통화론적 접근은 완전고용을 가정하여 산출량은 불변이고 물가가 완전탄력적이다. 탄력성 접근은 정태적 분석이고 통화론적 접근은 동태적 분석이다. 탄력성접근은 평가절하 후 상대가격의 변화에 따른 총지출의 전환효과의 분석에만 국한하는 데 반해 통화론적 접근은 물가변동, 실질잔고의 변동 등과 같은 거시경제변수의 변동을 고려하는 장기분석이다.

5. 경상수지에 대한 전통적인 분석은 무역수지의 분석에 초점을 맞추어 국제적인 상대가격, 즉 교역조건의 변동을 경상수지의 결정요인으로 보고 있

는 데 반해 경상수지에 대한 기간간 접근방식은 경상수지를 저축과 투자의 갭으로 보고 기간간 최적화원리를 도입하여 경상수지의 변동을 분석하는 것이다. 일시적인 소득의 변동은 경상수지에 영향을 미치지만 영구적인 소득의 변동은 경상수지에 영향을 미치지 않는다. 그것은 기간간 소비평활화 원리 때문이다.

6. 글로벌 불균형이란 1990년대 이후 미국의 경상수지가 지속적으로 적자를 보인 반면 일본, 독일 등 여타 선진국과 중국 및 신흥경제국들의 경상수지는 지속적으로 흑자를 보여 세계적으로 불균형이 확산되는 양상을 말한다.

7. 글로벌 불균형현상을 가져온 원인은 미국 국내요인과 해외요인, 두 가지로 나누어진다. 미국 국내요인으로는 미국의 전통적으로 낮은 저축률에 따른 저축투자 갭을 들 수 있으며 해외요인으로는 세계적인 저축과잉현상을 들 수 있다. 일본 등 주요 선진국들의 저축 증가, 중국 한국 등의 막대한 대외준비자산의 축적 등이 글로벌 불균형의 원인으로 지적되고 있다.

8. 글로벌 불균형은 장기간 지속될 수 있는가가 문제이다. 이는 미국의 경상수지 적자가 지속가능한 것이냐의 문제로 귀착되는데 원인이 미국 국내의 것이라면 미국 국내요인을 시정해야 하고 그렇지 않으면 해외요인을 해결해야 한다. 미국 국내요인으로는 낮은 저축률을 높이는 문제가 대두되고, 해외요인으로는 글로벌 저축과잉문제를 해결해야 한다. 미국의 경상수지 조정이 너무 급속하게 이루어지면 미국경제의 과도한 경기둔화가 있을 것이고 이에 따라 세계경기가 너무 급격하게 위축될 것이므로 점진적인 조정이 필요할 것이다.

연습문제

1. 마샬-러너조건은 평가절하 후에 경상수지가 개선될 조건이면서 다른 한편으로 외환시장의 안정조건이기도 하다. 그 이유를 설명하시오.

2. 마샬-러너조건의 기본전제조건 두 가지만 제시하시오.

3. 총지출 접근에 의하면 경상수지의 불균형은 산출량과 총지출의 갭과 같다. 순민간저축($S-I$)과 순정부저축($T-G$)의 개념을 사용하여 경상수지($X-M$)의 불균형을 설명해 보시오(힌트: 국민소득 균형조건을 이용하시오).

4. 현재 국제수지가 균형이라 하자. 통화론적 접근에 의하면 다음 각각의 경우 대외지급준비가 어떻게 변동할지 설명하시오(증가/감소/불변). (단 고정환율제도를 가정하시오).

   (1) 화폐수요의 증가
   (2) 국내여신의 증가

5. 경상수지에 대한 기간간 접근모형을 이용하여 다음 각각의 경우 경상수지에 미치는 효과를 그래프로 설명하시오(단, 1기와 2기를 가정하시오).

   (1) 일시적 소득의 감소
   (2) 영구적 소득의 감소

6. 글로벌 불균형과 관련하여 다음 용어를 간략히 설명하시오.

   (1) global saving glut
   (2) dark matter

참고문헌

곽태운 · 김영용(1995), 『국제금융론』, 한국방송통신대학교 출판부, 제16장, 227-244쪽.

Bernanke, Ben S.(2005), "Global Saving Glut and US CA Deficit," Speech at the Sandridge Lecture, Virginia Association of Economics, Richmond, Virginia, March.

Caves, Richard E., Jeffrey A. Frankel and Ronald W. Jones(2002), *World Trade and Payments: An Introduction,* Addison Wesley, New York, Chapter 19, pp. 383-400.

Frenkel, Jacob A. and Harry G. Johnson(1976), *The Monetary Approach to the Balance of Payments,* London, George Allen and Unwin.

Gandolfo, Giancarlo(2002), *International Finance and Open-Economy Macroeconomics,* Springer, New York, August, Chapters 7 and 12, pp. 81-86, 171-184.

Hausman, Ricardo and Federico Sturzenegger(2005), "US and Global Imbalances: Can Dark Matter Prevent a Big Bang?", mimeo, Harvard University.

Krugman, Paul and Maurice Obstfeld(2003), *International Economics: Theory and Policy,* Sixth Edition, Addison Wesley, New York, Chapter 17, pp. 525-526.

Nason, James M. and John H. Rogers(2006), "The Present-Value Model of the Current Account Has Been Rejected: Round up the Usual Suspects", *Journal of International Economics,* Vol. 68, pp. 159-187.

Niehans, Jurg(1984), *International Monetary Economics,* The Johns Hopkins University Press, Baltimore, Maryland.

Obstfeld, Maurice and Kenneth Rogoff(2004), "Unsustainable US CA," NBER Working Paper, No. 10869.

________(1996), *Foundations of International Macroeconomics,* The MIT Press, Cambridge, Massachusetts, 1996.

Sheffrin Steven M. and Wing T. Woo(1990), "Present Value Tests of an Intertemporal Model of the Current Account," *Journal of International Economics,* Vol. 29, pp. 237-253.

16 환율변동과 경상수지

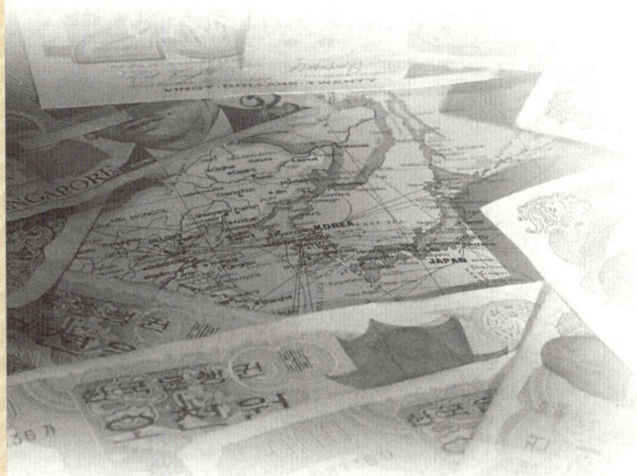

본 장은 환율변동과 경상수지의 관계를 분석한다. 즉 평가절하가 과연 경상수지를 개선시키고 경기를 확장시키는 효과를 가지고 있는가를 설명한다. 그러나 평가절하에 대한 현실적인 경상수지의 반응은 이론과는 다르게 나타난다. 이와 관련하여 탄력성 비관론, J곡선효과, 이력효과 등을 설명한다. 그리고 개도국의 경우 평가절하의 경기수축적 효과에 대한 실증연구를 소개한다.

제1절 >> 탄력성 비관론

마샬-러너조건에 의하면 평가절하 후에 경상수지가 개선되는 경우는 두 나라의 수입수요의 탄력성(절대치)의 합이 1보다 클 경우이다. 이는 평가절하 또는 평가절상과 같은 환율조정에 의해 한 나라의 국제수지의 불균형을 조정하기 위해서는 외환에 대한 수요와 공급이 모두 충분히 탄력적이어야 한다는 것을 의미한다. 즉 두 나라의 수입수요의 탄력성(절대치)의 합이 단순히 1보다 큰 것이 아니라 1보다 훨씬 더 커야 한다는 말이다.

제2차 세계대전 전에는 외환에 대한 수요의 탄력성과 외환의 공급탄력성이 매우 높은 것으로 알려졌다. 그러나 1940년대에 들어와 많은 경제학자들은 이것이 겨우 1을 넘는 수준에 불과하여 외환시장은 안정적이기는 하나 외환에 대한 수요와 공급은 매우 비탄력적인 사실을 확인하였다. 이러한 결과는 환율조정을 국제수지 불균형조정의 유효한 수단으로 보는 데 회의를 일으키게 되었으며 이러한 회의를 탄력성 비관론(elasticity pessimism)이라 부른다.

그러나 1950년대에 들어와 많은 경제학자들이 탄력성 비관론이 나오게 된 1940년대의 탄력성 추정방법의 문제점을 보완하여 추정한 결과 외환의 수요와 공급의 탄력성은 장기적으로 매우 높게 나타났다. 예를 들면 미국의 경우 수출의 단기 탄력성과 장기탄력성은 0.48과 1.67로 각각 나타났으며 수입은 장단기 모두 1.06으로 나타났다. 일본의 경우는 수출의 단기탄력성과 장기탄력성은 1.01과 1.61로 각각 나타났으며 수입의 단기 탄력성과 장기탄력성은 0.72와 0.97로 각각 나타났다.[1)]

특히 윤즈와 롬버그(Junz and Rhomberg, 1973)에 의하면 장기로 갈수록 탄력성이 커지는 이유로는 인식시차(recognition lag), 의사결정시차(decision lag), 인도시차(delivery lag), 대체시차(replacement lag), 생산시차(production lag) 등의 5가지가 있다.[2)]

1) Artus and Knight(1984), Table 4, p. 26.
2) Salvatore(2010), p. 566.

인식시차란 수출입당사자들이 환율변동이 일어난 다음 그것을 명백한 현실로 인식하는 데 걸리는 시간을 말하며, 의사결정시차란 환율변동을 인식한 후에 거기에 대한 대응방법을 찾는 데 걸리는 시간을 말한다. 인도시차란 환율이 변동한 후에 새로이 주문을 받은 수출입물량을 인도하는 데 걸리는 시간을 말하며, 대체시차란 환율이 바뀐 후에 신규주문을 받기 전에 기존의 재고를 완전히 소진하는 데 걸리는 시간을 말한다. 마지막으로 생산시차란 환율이 변동한 다음 새로운 환율에 맞추어 생산물의 구성을 어떻게 할 것인가를 결정하는 데 걸리는 시간을 말한다. 이와 같이 환율이 변동한 다음 수출입물량이 새로운 환율에 대해 완전히 반응을 보이기까지는 상당한 시간이 걸리게 되어 있으며 이러한 시차 때문에 환율변동에 대한 외환의 수요와 공급의 장단기 탄력성이 달라진다.

J곡선효과 « 제2절

J곡선효과(J-curve effect)란 [그림 16-1]과 같이 평가절하를 하고 나면 경상수지는 개선되는 것이 아니라 악화된 후 일정시간이 지난 다음에

그림 16-1 J곡선효과

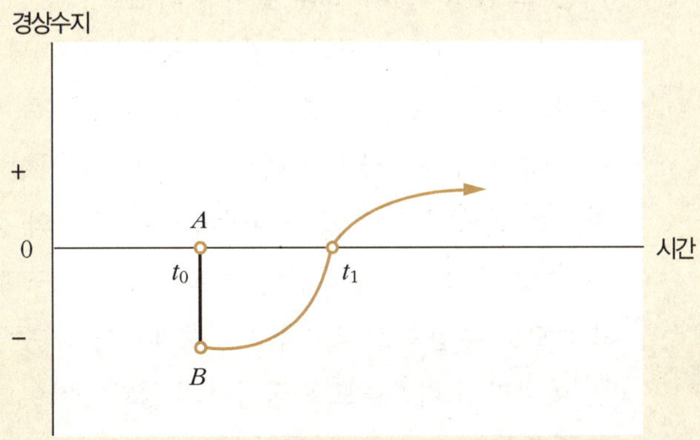

개선되는 현상을 말한다. 즉 t_0시점에 경상수지는 균형인데 평가절하를 하면 경상수지는 즉시 AB만큼의 적자를 보이고 점차 개선되어 t_1시점에서 J곡선이 종료되고 그 이후부터 경상수지가 흑자로 돌아서는 모습을 보이고 있다. 이와 같은 J곡선효과가 나타나는 이유는 평가절하 후에 수출수량과 수입수량은 환율상승에 즉각적으로 반응을 하는 것이 아니라 어느 정도 시간이 지난 다음에 반응을 보이기 때문이다. 먼저 평가절하 후에 즉시 경상수지가 악화되는 이유를 살펴보자. 그 이유는 다음 (16–1)식의 경상수지(=무역수지)를 보면 알 수 있다.

$$TB = X(\frac{EP^*}{P}) - \frac{EP^*}{P}M(y, \frac{EP^*}{P}) = X(q) - qM(y, q) \qquad (16\text{-}1)$$

(16–1)식에서 $q(=\frac{EP^*}{P})$는 실질환율이며 TB는 국산품의 수량으로 표시한 실질경상수지를 나타낸다. 이제 환율(E)이 상승하면 즉시 q의 값이 커진다. 이는 국산품의 수량으로 표시한 수입품의 가격이 상승하는 것을 의미하고 따라서 국산품의 수량으로 환산한 수입량이 증가한다는 것을 의미한다. 수출수량(X)과 수입수량(M)은 평가절하를 하기 이전(즉 t_0 이전)에 이미 주문을 받은 것들이기 때문에 평가절하로 환율이 상승해도 즉시 변동하지 않는다. 그러므로 (16–1)식에서 평가절하로 인한 실질환율, 즉 q의 상승은 국산품의 수량으로 환산한 수입수량의 증가를 가져와 그대로 경상수지의 적자로 나타난다. 이러한 이유로 평가절하와 동시에 즉각적으로 경상수지는 [그림 16–1]의 AB와 같이 악화된다.

그러나 시간이 지남에 따라 평가절하 후 새로운 환율수준에 대해 수출수량과 수입수량은 조정을 하게 될 것이다. 즉 수출의 경우 환율이 상승했기 때문에 수출공급을 확대하기 위해 기존시설을 확장하거나 또는 새로운 시설을 건설할 수도 있을 것이며 이는 수출의 증가를 가져올 것이다. 원자재 수입의 경우도 평가절하 후에 수입가격(국내통화표시)이 상대적으로 상승하므로 수입품을 국산품으로 대체하는 등 수입수량이 줄어들 것이다. 뿐만 아니라 소비자들도 외국상품의 상대가격이 상승함에 따라 수입품 대신 국산품으로 소비를 대체할 것이므로 수입은 줄어들게 될 것이다. 이와 같이 평가절하 후에 시간이 지남에 따라 점진적으로 수출수량은 증가하고 수입수량은 줄어들어 경상수지는 점차 개선될 것이다. 즉 경상수지는 t_1 시점에 균형수준으로 개선되고 그 이후에는 흑자로 전환되는 과정으로 나타낼 수 있다.

이와 같이 J곡선효과는 환율변동으로 인한 수출품과 수입품의 상대가격의 변동에 대한 수출수량과 수입수량의 반응이 시차(time lag)를 두고 나타나는 현상이다. 그리고 J곡선효과는 마샬-러너조건이 충족되는 경우에도 일어날 수 있다는 점에 유의해야 한다. 그것은 마샬-러너조건은 시간개념이 없는 정태적 개념인 데 반해서 J곡선효과는 시간개념을 둔 동태적 개념이기 때문이다. 실증연구에 의하면 선진국의 경우 J곡선효과는 6개월을 넘어서지만 1년을 넘지 않는 것으로 나타나 있다.[3)]

그러면 J곡선효과의 존재가 경제정책에 주는 정책적 시사점은 무엇인가? 예를 들어 통화팽창정책을 취한다고 해 보자. 이 경우 명목환율은 상승할 것이다. 그러나 J곡선효과로 인해 경상수지는 악화될 것이므로 총지출은 줄어든다. 시간이 지남에 따라 경상수지가 점차 개선되면 총지출은 증가하게 된다. 따라서 J곡선효과가 있으면 통화팽창정책의 효과는 시간이 지난 다음에, 즉 J곡선효과가 완전히 소멸되고 난 다음(즉 t_1 이후)에 나타나게 된다.

이력효과와 경상수지 << 제3절

[그림 16-2]는 환율 변동과 경상수지 변동과의 관계를 나타낸다. [그림 16-2]에 의하면 환율이 상승할 때와 하락할 때 경상수지의 경로가 다르다. 환율이 E_1일 때 경상수지는 균형이다. 이제 환율이 E_1에서 점점 상승하면 경상수지는 개선될 것이다. 만일 환율이 E_2까지 상승한다고 하면 경상수지는 OA의 경로를 따라 개선된다. 그런데 환율이 다시 하락한다고 해 보자. 그러면 경상수지는 악화될 것이다. 전통적인 이론에 의하면 경상수지는

3) Krugman(2003), pp. 465.

그림 16-2 이력효과와 경상수지

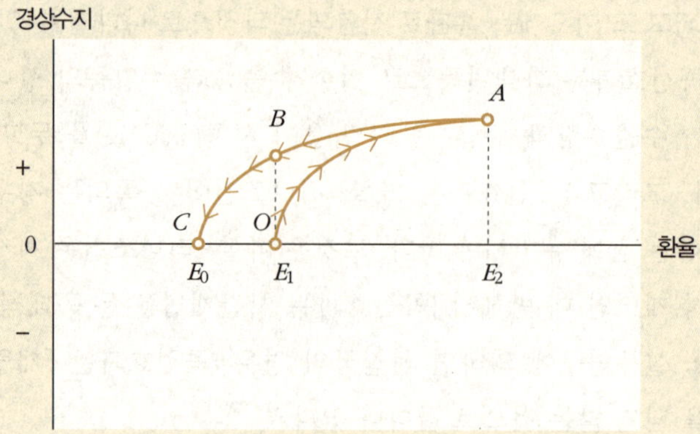

*AO*의 경로를 따라 다시 악화되어야 한다. 즉 환율이 상승할 때나 하락할 때나 경상수지의 반응은 대칭적이어야 한다. 그러나 실제 경상수지의 변동은 전통적인 설명과는 달리 대칭적인 것이 아니라 비대칭적이다. 즉 환율이 E_2에서 하락함에 따라 경상수지는 [그림 16-2]의 *AO*의 경로가 아니라 *ABC*의 경로를 따라 악화된다. 그리고 환율이 E_2에서 원래의 수준, E_1으로 하락하더라도 경상수지는 균형이 되지 않고 여전히 *OB*만큼 흑자를 나타내고 있으며 환율이 E_0로 하락하면 경상수지가 균형이 된다.

경상수지가 이와 같이 환율이 상승할 때와 하락할 때 서로 다른 반응을 보이는 이유로 이력효과(hysteresis effect)를 들 수 있다. 이력효과를 이해하기 위해 우리나라 기업이 미국시장에 진출하는 경우를 예로 들어보기로 하자. 우리나라 기업(예, 자동차 기업)이 미국시장에 진입하기 위해서는 유통서비스망 구축, 초기광고비, 연구개발비, 미국시장 안전 및 건강규제 준수 등 초기진입비용을 지불해야 한다. 그런데 이러한 초기진입비용은 일단 지불하고 나면 미국시장에서 나중에 다시 퇴출하더라도 회수불가능한 함몰비용(sunk cost)이 된다. 그러므로 이러한 함몰비용을 감안하면 환율수준이 너무 낮으면 아예 미국시장의 진입은 이루어지지 않을 것이다. 즉 환율수준이 이윤을 보장하는 최소한의 환율수준을 넘어서야 미국시장에 진입할 것이다.

예를 들어 [그림 16-2]에서 E_1이 바로 미국시장의 진입을 가능하게 하는 최저 환율수준이라 하자. 즉 환율수준이 E_1을 넘어서면 이제 미국시장으로 진출이 일어나 수출이 일어나고 경상수지는 개선이 된다. 그런데 환율이 E_2까지 상승했다가 다시 하락한다고 해보자. 그러면 미국에 진출한 우리나라 기업의 수익성은 떨어질 것이고 그에 따라 경상수지는 악화될 것이다. 즉 경상수지의 흑자폭이 줄어들 것이다.

이제 환율이 E_1까지 하락했다고 해 보자. 그러면 미국에 진출한 기업이 미국시장을 바로 포기하고 퇴출할 것인가? 그것이 아니다. 그 이유는 다음과 같다. 일단 미국시장에 진입을 하고 나면 광고비 등 시장의 유지관리비용이 든다. 그리고 이러한 유지관리비는 가변비용에 해당한다. 즉 이미 미국시장에 진출한 기업은 가변비용만 회수가 되면 환율이 하락하여 수익성이 악화되더라도 시장을 떠나지 않고 미국시장에 계속 잔류하게 된다. 그러므로 환율이 E_1까지 하락하더라도 계속 미국시장에 남아 있을 것이며 따라서 경상수지는 아직 흑자(OB)가 될 것이다. 그러나 환율이 더욱더 하락하여 E_0가 되면 더 이상 미국시장에 남아 있지 않고 퇴출할 것이다. 그 이유는 환율이 E_0이면 더 이상 가변비용을 충당할 수 없기 때문이다. 그러므로 환율이 E_0일 때 경상수지는 균형이 된다.

이와 같이 미국시장에 처음 진입하는 기업인가 아니면 미국시장에 이미 진입해 있는 기업인가에 따라 환율변동에 대한 의사결정이 달라진다. 즉 과거의 기업이 어떠한 상태에 있었던가, 즉 과거의 역사에 따라 의사결정이 영향을 받는다. 따라서 과거의 환율이 기업의 의사결정에 영향을 미치고 이것이 경상수지에 지속적으로 반영되어 환율이 상승할 때와 하락할 때에 경상수지의 반응은 달라지는 것이다. 이러한 의미에서 경상수지는 경로의존적(path dependence)이다. 환율이 E_2로 상승했다가 다시 초기 환율수준인 E_1으로 하락하더라도 그 효과가 완전히 소멸되지 않고(경상수지가 균형이 되지 않고) 계속 남아 있는데(즉 OB만큼 경상수지가 계속 흑자인데) 이력효과란 과거의 흔적이 지속적으로 남아있는 이러한 현상을 말한다.[4] 그

4) 이력효과란 물리학 용어인데 예를 들어 자기장을 연속적으로 증가시킬 경우 자기장의 양

리고 이력효과는 환율변동이 대폭적인 경우에 나타나는 현상이다.

이러한 이력효과는 환율이 하락할 경우에도 적용된다. 예를 들어 우리나라의 환율이 하락하면, 즉 원화가 달러에 대해 강세를 보이면 우리나라 수출기업들의 채산성이 악화되므로 해외로 이전하게 된다. 그러나 나중에 다시 환율이 상승하여 원래수준으로 회복하더라도 우리나라를 떠난 기업은 다시 돌아오지 않으며 환율이 훨씬 더 높은 수준으로 올라가야만 되돌아온다.[5] 그것은 해외로 진입할 당시 진입비용을 지불했기 때문이다.

여기서 한 가지 유의할 것은 이력효과는 시차효과(time lag)와는 다르다는 점이다. 즉 후자는 금기에 일어난 환율변동이 금기에 나타나지 않고 일정시간이 지난 다음에 나타나는 것을 말하는데 이력효과란 금기에 일어난 환율변동이 지속적으로 미래에 영향을 미치는 것을 말한다. 만일 시차효과라면 경상수지가 일정시간이 지난 후에 환율이 E_1이 될 때 결국 초기수준(즉 균형)으로 회복되지만 이력효과는 환율이 E_1일 때 OB만큼의 흑자를 기록하여 영원히 초기수준으로 되돌아오지 않는다.

지금까지 설명한 이력효과는 그 원인이 함몰비용에 있는 경우를 예로 든 것이며 함몰비용의 존재 및 유지비용의 존재가 기업의 진입과 진출에 영향을 미치는 것을 교두보효과(beachhead effect)라 부른다.[6] 즉 기업의 시장진입에는 유통망구축, 광고비를 비롯한 마케팅 비용 등 진입비용이 드는데 이러한 비용이 바로 시장의 교두보를 확보하는 데 드는 비용인 셈이고 교두보확보비용이 기업의 진입 및 퇴출의 의사결정에 영향을 미치는 것이다.[7]

을 나타내는 계기가 움직이는 경로와 자기장을 다시 연속적으로 감소시킬 경우에 자기장의 양을 나타내는 계기의 경로가 서로 다른 현상을 말한다. 이력효과는 실업률에도 나타난다. 즉 과거의 높은 실업률이 현재의 높은 실업률에 영향을 미쳐 자연실업률이 상승하는 결과를 가져오는데 이것이 이력효과이다.

5) 이력효과에 대한 상론은 Baldwin and Krugman(1989) 참조.

6) 교두보효과 모형에 대한 상론은 Baldwin(1988) 참조.

7) 이력효과의 다른 요인으로는 학습효과를 들 수 있는데 예를 들어 환율이 상승할 경우에 진입한 기업은 이미 시장의 정보를 잘 알고 있기 때문에 환율이 떨어지더라도 유리한 정보를 활용할 수 있기 때문에 시장에서 퇴출하지 않고 더 오래 버틸 수 있으며 따라서 기업이 퇴출하는 환율은 진입 당시의 환율수준보다 더 낮은 환율수준이 된다.

환율변동의 가격전가와 J곡선효과 << 제4절

환율변동의 가격전가(exchange rate pass-through)는 J곡선효과에 영향을 미친다. 이해를 돕기 위해 먼저 환율변동의 가격전가의 개념을 설명하기로 하자.[8] 환율이 변동하면 수입국 현지통화로 표시한 수입품의 가격은 변동한다. 즉 E를 환율, P_f^*를 수출국통화표시 가격, P_f를 수입국 현지통화표시 가격을 각각 나타낸다고 하면 $P_f = EP_f^*$이므로 환율의 변동은 P_f에 영향을 미친다. 이와 같이 환율이 변동함에 따라 수입국 현지통화표시 가격이 변동하는 정도를 환율변동의 가격전가도라 부른다.

환율변동의 가격전가도가 J곡선효과에 영향을 미치는 이유는 다음과 같다. 보통의 경우 명목환율이 상승하면 실질환율($q = \frac{EP^*}{P}$)도 비례적으로 상승하여 총지출전환효과가 나타난다. 이 경우는 환율이 상승하더라도 외화표시 수입가격이 변동하지 않는 경우이다. 이는 환율변동의 가격전가도가 완전한 경우, 즉 "1"인 경우이다. 그 이유는 실질환율의 정의, $q = \frac{EP^*}{P}$를 보면 알 수 있다. 만일 환율변동의 가격전가도가 1이면 환율이 상승해도 P^*(외국통화표시)는 변동하지 않는다. 따라서 국내통화표시 수입가격(EP^*)은 환율상승과 비례적으로 상승한다. 일단 국내물가(P)는 변동하지 않는다고 가정하자. 그러면 이 경우 환율상승은 실질환율의 비례적인 상승을 가져온다.

지금까지 설명한 J곡선효과는 이와 같이 평가절하 후에 가격전가도가 완전한 경우, 즉 전가도가 1인 경우를 상정한 경우이다. 그러나 환율변동의 가격전가도가 불완전하면, 즉 1보다 작으면 J곡선효과는 달라진다. 만일 환율변동의 가격전가도가 불완전하면 평가절하 후에 P^*의 값이 일정하지 않고 하락하게 된다. 그러면 국내통화표시 수입가격(EP^*)은 환율상승과 비례적으로 상승하지 않는다. 즉 $\frac{\Delta(EP^*)}{EP^*} < \frac{\Delta E}{E}$가 된다. 그러므로 평가절하 후 실질환율의 상승 정도는 이 경우 전가도가 완전한 경우에 비해 작고 따라서 J곡선효과도 작아진다.

8) 환율변동의 가격전가에 대한 상론은 제18장 참조.

뿐만 아니라 평가절하 후에 수입품의 가격상승으로 국내인플레이션이 일어날 수도 있는데 이 경우 국내물가, 즉 *P*가 상승할 수 있다. 환율변동의 가격전가도가 불완전하고 동시에 평가절하에 따른 국내인플레이션이 일어날 경우 실질환율의 상승 정도는 더욱더 작아진다. 그러므로 이 경우 J곡선효과는 더 크게 줄어든다.

제5절 >> 실증분석: 개도국 평가절하효과[9)]

평가절하는 실질환율의 변동을 가져와 다양한 경로를 통해 국민경제에 영향을 미친다. 실질환율이 상승하면 외국상품의 가격이 국산품에 대해 상대적으로 상승하므로 수출부문은 가격경쟁력이 상승하여 수출이 촉진되고 반면 수입재부문, 비교역재부문, 가계부문은 수입재의 가격상승으로 불리해진다. 그러나 먼델-플레밍류의 전통적 환율이론에 의하면 실질환율의 상승은 국내생산의 증가를 초래하는 것으로 되어 있다. 즉 실질환율의 상승에 따른 수출부문의 팽창효과가 수입재부문, 비교역재부문 및 가계부문의 위축효과를 능가하는 것으로 가정하고 있다.

따라서 실질환율이 상승하면 외국상품의 실질가격이 국내상품에 비해 상대적으로 상승하여 국내상품과 외국상품 간의 총지출전환효과(expenditure-switching effect)가 일어난다. 또한 수출증대 및 수입감소로 무역수지가 개선되어 경기는 확장된다. 실질환율 상승의 이와 같은 경기팽창적 효과는 케인즈류의 총지출전환효과에 의한 무역수지개선경로에 초점을 맞춘 것이다.

실증연구에 의하면 이러한 전통적 환율이론의 예측은 많은 개도국의 경우 특히 신흥경제국의 경우에는 적용되지 않는 것으로 나타나고 있다. 즉 실질환율이 상승할 경우 국내경기가 상승하는 것이 아니라 반대로 수축하는 것으로 나타나고 있다. 이에 반해서 선진국의 경우는 전통적 예측과

9) 곽태운(2009), 311-313쪽 참조.

같이 평가절하는 경기를 팽창시키는 경우가 많은 것으로 나타나 있다.[10)]

개도국의 경우 평가절하가 경기수축적 효과를 가지는 이유는 다양하게 제시되고 있다. 우선 실질환율이 상승하면 물가수준이 상승하고 이에 따라 실질잔고가 감소하여 총수요가 감소할 수 있다.[11)] 이러한 수요측면 외에 공급측면의 요인도 있을 수 있다. 즉 반 윈버겐(Van Wijnbergen, 1986)에 의하면 중간재 수입비중이 높고 금융시장이 덜 발달된 경우 환율상승이 총공급의 감소를 초래할 수 있다.[12)] 이러한 실물경제부문 외에 금융부문의 경로에 의해서도 실질환율의 상승은 경기수축적 효과를 가질 수 있다. 즉 실질환율이 상승하면 외화표시 부채가 있는 경우 국내상품의 수량으로 표시한 채무의 실질부담이 증가하여 총수요의 감소를 초래할 수 있다. 특히 외화표시 대외부채 비중이 높은 신흥경제국의 경우 실질환율의 상승은 기업의 재무상태표(statement of financial position)에 부정적인 영향을 미칠 수 있다. 재무상태표를 통한 실질환율 상승의 이러한 부정적 영향은 피셔(Fisher)류의 금융경로를 말한다.[13)]

---

10) Krugman(1999), Bebczuk, Galindo and Panizza(2006) 등 참조.

11) 평가절하의 실질잔고효과는 평가절하에 대한 통화론적 접근방법의 핵심요소이다. Frenkel and Johnson(1976) 참조. Edwards(1986)에서 재인용.

12) 이상 총수요와 총공급효과는 Edwards(1986) p. 501에서 인용.

13) 금융경로에 초점을 맞춘 연구로는 Krugman(1999), Bebczuk, Galindo and Panizza(2006), 등을 참조.

요 약

요약
Summary

1. 마샬-러너조건에 의하면 평가절하 후에 경상수지가 개선되는 경우는 두 나라의 수입수요의 탄력성(절대치)의 합이 단순히 1보다 큰 것이 아니라 1보다 훨씬 더 커야 한다. 1940년대에 들어와 외환에 대한 수요와 공급이 매우 비탄력적인 것으로 나타나 환율조정을 국제수지 불균형조정의 유효한 수단으로 보는 데 회의를 일으키게 되었는데 이러한 회의를 탄력성 비관론(elasticity pessimism)이라 부른다.

2. 외환의 수요와 공급의 탄력성은 장기적으로 매우 높게 나타났는데 장기로 갈수록 탄력성이 커지는 이유로는 인식시차(recognition lag), 의사결정시차(decision lag), 인도시차(delivery lag), 대체시차(replacement lag), 생산시차(production lag) 등의 5가지가 있다.

3. J곡선효과란 평가절하를 하고 나면 경상수지가 바로 개선되는 것이 아니라 악화된 후 일정시간이 지난 다음에 개선되는 현상을 말한다. 그 이유는 평가절하 후에 수출수량과 수입수량은 환율상승에 즉각적으로 반응을 하는 것이 아니라 어느 정도 시간이 지난 다음에 반응을 하기 때문이다.

4. 환율이 상승할 때와 하락할 때 경상수지가 서로 다른 반응을 보이는 현상을 이력효과(hysteresis effect)라 부른다. 경상수지가 이력효과를 나타내는 이유로는 기업이 외국시장에 진입하는 데 유통서비스망 구축, 초기광고비, 연구개발비, 시장안전 및 건강규제 준수 등 초기진입비용을 지불해야 하기 때문이다. 이러한 초기진입비용은 일단 지불하고 나면 나중에 다시 퇴출하더라도 회수불가능한 함몰비용(sunk cost)이 된다. 함몰비용의 존재 및 유지비용의 존재가 기업의 진입과 진출에 영향을 미치는 것을 교두보효과(beachhead effect)라 부른다.

5. 이력효과는 시차효과(time lag)와는 다르다. 시차효과는 금기에 일어난 환율변동이 금기에 나타나지 않고 일정시간이 지난 다음에 나타나는 것을 말하는데 이력효과란 금기에 일어난 환율변동이 지속적으로 미래에 영향을 미치는 것을 말한다.

6. 환율변동의 가격전가도는 J곡선효과에 영향을 미친다. 환율변동의 가격전

가도란 환율이 변동함에 따라 수입국 현지통화표시 가격이 변동하는 정도를 말하는데 환율변동의 가격전가도가 완전한 경우, 즉 "1"인 경우에는 명목환율이 상승하면 실질환율($q=\frac{EP^*}{P}$)도 비례적으로 상승하여 총지출전환효과가 나타난다. 이 경우에는 환율이 상승하더라도 수입가격(외화표시)이 변동하지 않으며 국내통화표시 수입가격(EP^*)은 환율상승과 비례적으로 상승한다. 환율변동의 가격전가도가 불완전하면, 즉 1보다 작으면 평가절하 후에 P^*의 값이 하락하므로 국내통화표시 수입가격(EP^*)은 환율상승과 비례적으로 상승하지 않는다. 즉 $\frac{\Delta(EP^*)}{EP^*} < \Delta E$가 된다. 그러므로 평가절하 후 실질환율의 상승 정도는 이 경우 전가도가 완전한 경우에 비해 작고 J곡선효과도 작아진다.

요약
Summary

7. 실증연구에 의하면 평가절하의 경기팽창적 효과는 많은 개도국의 경우 특히 신흥경제국의 경우에는 적용되지 않는 것으로 나타나고 있다. 그 주요 이유로는 실질환율의 상승에 따른 실질잔고의 감소, 수입비용의 상승에 따른 생산비 증가, 외채부담 증가 등을 들 수 있다.

연습문제

1. 탄력성 비관론의 등장배경을 간략히 설명하시오.

2. 수출입 탄력성이 장기로 갈수록 더 커지는 이유를 제시하시오.

3. J곡선효과의 존재이유를 설명하시오.

4. 경상수지에 이력효과가 나타나는 이유를 함몰비용의 개념을 사용하여 설명하시오.

5. 환율변동의 가격전가의 개념을 설명하시오.

6. 환율변동의 가격전가가 불완전하면 왜 J곡선효과가 작아지는지 이유를 설명하시오.

7. 개도국의 경우 평가절하는 경기팽창적인 효과를 갖는 것이 아니라 경기수축적인 효과를 가질 수가 있는데 그 이유를 세 가지만 들어 보시오.

참고문헌

곽태운(2009), "실질환율의 경기변동효과: 한국과 일본의 비교연구," 『국제지역연구』, 제13권 제 3 호, 12월, pp. 309-330.

Artus, J.R. and M.D. Knight(1984), "Issues in the Assessment of Exchange Rates of Industrial Countries," Occasional Paper, No. 29, IMF, July.

Baldwin, Richard E.(1988), "Hysteresis in Import Prices: The Beachhead Effect," *American Economic Review*, No. 78, pp. 773-785.

______ and Paul Krugman(1989), "Persistent Effects of Large Exchange Rate Shocks," *Quarterly Journal of Economics*, No. 104, pp. 635-654.

Bebczuk, Richardo, Arturo J. Galindo and Ugo Panizza(2006), "An Evaluation of the Contractionary Devaluation Hypothesis," Inter-American Development Bank, Working Paper, No. 582, July.

Caves, Richard E., Jeffrey A. Frankel and Ronald W. Jones(2002), *World Trade and Payments: An Introduction*, Ninth Edition, Addison Wesley, New York, Chapter 16, pp. 305-306.

Edwards, Sebastian(1986), "Are Devaluation Contractionary?," *The Review of Economics and Statistics*, Vol. 68, No. 3, August, pp. 501-508.

Frenkel, Jacob and Harry G. Johnson(1976), eds., *The Monetary Approach to the Balance of Payments*, The University of Toronto Press, Toronto.

Junz, H. and R. Rhomberg(1973), "Price Competitiveness in Export Trade Among Industrial Countries," *American Economic Review*, May, pp. 412-418.

Krugman, Paul(1999), "Balance Sheets, the Transfer Problem, and Financial Crises," mimeo.

______(2003), *International Economics: Theory and Policy*, Sixth Edition, Addison-Wesley.

Salvatore, Dominick(2010), *International Economics: Trade and Finance*, Tenth Edition, John Wiley & Sons, Inc., Hoboken, NJ, Chapter 16, pp. 553-588.

Van Wijnbergen, Sweder(1986), "Exchange Rate Management and Stabilization Policies in Developing Countries," in S. Edwards and L. Ahamed eds., *Economic Adjustment and Exchange Rates in Developing Countries*, The University of Chicago Press, Chicago, pp. 17-42.

17 환율변동의 가격전가이론

본 장은 환율변동의 가격전가이론을 설명한다. 환율변동의 가격전가도가 완전한 경우와 불완전한 경우의 상대가격변동 및 총지출전환효과를 분석한다. 그리고 환율변동의 실증분석 결과를 소개한다.

제1절 ≫ 환율변동의 가격전가의 개념

환율이 변동하면 수입국 현지통화로 표시한 수입품의 가격은 변동한다. 즉 E를 환율, P_f^*를 수출국통화표시 가격, P_f를 수입국 현지통화표시 가격을 각각 나타낸다고 하면 $P_f = EP_f^*$이므로 환율의 변동은 P_f에 영향을 미친다. 이와 같이 환율이 변동함에 따라 수입국 현지통화표시 가격이 변동하는 것을 환율변동의 가격전가(exchange rate pass-through)라 부른다.

만일 환율이 변동할 때 수출국통화표시 가격, P_f^*가 일정하면 수입국 현지통화표시 가격, P_f는 환율변동과 비례적으로 변동한다. 즉 이 경우 P_f와 E는 1:1의 정비례 관계에 있으며 이를 완전전가(complete pass-through)라 부른다. 그러나 환율변동과 함께 P_f^*도 변동하면 환율변동이 수입국 현지통화표시 가격에 미치는 영향은 줄어든다. 즉 이 경우 P_f의 변동은 E의 변동보다 작으며 이를 부분전가(partial pass-through) 또는 불완전전가(incomplete pass-through)라 부른다.

환율이 변동할 때 수입국 현지통화표시 가격이 얼마나 변동하는가는 환율변동에 대해 수출기업이 수출가격을 어떻게 조정하느냐에 따라 달라진다. 환율이 변동하더라도 수입가격이 반드시 정비례적으로 변동하는 것은 아니다. 그것은 경쟁상품의 존재, 제품차별화, 수요의 가격 탄력성 등 시장의 특성에 따라 수출기업이 가격을 조정하는 경우가 많기 때문이다. 수입가격이 상승하면 수요가 줄어들 것이고 이는 기업의 이윤을 떨어뜨릴 수 있으므로 수출기업은 수입가격 상승이 그 기업의 수익에 어떤 영향을 미칠지를 충분히 고려하여 수출가격을 설정할 것이다. 이는 환율이 예를 들어 10% 상승하더라도 수입가격의 상승은 10%보다 작을 수 있다는 것을 의미한다.

환율변동의 가격전가도를 τ라 하고 이를 수식으로 나타내면 (17-1)식과 같다.

$$\tau = \frac{dlog(P_f)}{dlog(E)} = (\frac{dP_f}{P_f})/(\frac{dE}{E}) \qquad (17\text{-}1)$$
$$= \frac{dlog(EP_f^*)}{dlog(E)} = (\frac{dP_f^*}{P_f^*})/(\frac{dE}{E}) + 1 = \tau^* + 1$$

(17−1)식에서 $\tau^*[=(\frac{dP_f^*}{P_f^*})/(\frac{dE}{E})]$는 환율변동에 대한 생산자통화표시(예, 달러표시) 가격의 변동률을 나타낸다. 만일 $\tau^*=0$이면 τ의 값은 1, 즉 환율변동의 가격전가도는 1이다. 이 경우 환율이 변동해도 생산자통화표시(예, 달러표시) 수출가격은 전혀 변동하지 않으며 수입국 현지통화표시(예, 원화표시) 수입가격만 정비례해서 변동하게 된다. 즉 환율변동은 수입국 현지통화표시 수입가격에 완전히 전가된다.

반대로 $\tau^*=-1$이면 τ값은 영(0), 즉 환율변동의 가격전가도는 영이다. 이 경우 환율이 변동하면 수출기업은 생산자통화표시(예, 달러표시) 수출가격만 정비례적으로 조정하게 되고 따라서 수입국 현지통화표시(예, 원화표시) 수입가격은 변동하지 않는다. 즉 환율변동의 수입가격 전가는 전혀 없다. 그러나 $-1<\tau^*<0$이면 $0<\tau<1$이다. 이 경우 환율변동은 수입가격에 부분적으로 또는 불완전 전가된다. 이 경우에는 수출기업은 환율변동에 대해 부분적으로 수입가격에 전가하고 나머지는 생산자 통화표시 수출가격을 조정하게 된다.

이와 같이 환율변동의 가격전가도는 수입국 현지통화표시 가격이 환율변동에 대해 어떻게 달라지는가를 나타내는 것인데 이는 또한 외화표시 수출가격이 어떻게 달라지는가를 나타내는 것이다. 즉 환율변동의 가격전가도는 수입가격을 기준으로 보느냐 아니면 수출가격을 기준으로 보느냐의 문제가 있지만 양자는 동전의 양면과 같이 같은 내용을 가지고 있으며 따라서 어느 것을 기준으로 보느냐와 아무런 관계가 없다.

그러면 예를 들어서 환율변동의 가격전가도를 설명해 보기로 하자.

사례

| 국 | 제 | 금 | 융 | 론 |

환율변동 가격전가의 예

현재 환율은 달러당 1,000원이라 하자. 미국의 자동차 수출기업이 한 대당 40,000달러에 한국으로 수출한다고 해 보자. 그러면 미국자동차 한 대의 원화표시 수입가격은 4,000만원이다. 그리고 이 자동차 수출기업의 마크업률은 20%라고 하자. 미국자동차 수출기업은 (B17-1)식에 따라 자동차의 수출가격을 설정할 것이다.

$$P^* = (1 + markup)MC \qquad \text{(B17-1)}$$

(B17-1)식에서 $P^* = 40,000$, $markup = 0.2$이므로 다음 (B17-2)식이 성립한다.

$$40,000\text{달러} = (1 + 0.2)(33,333.33\text{달러}) \qquad \text{(B17-2)}$$

즉 (B17-2)식에서 보는 바와 같이 이 기업의 한계비용은 33,333.33달러이다.

이제 환율이 달러당 1,000원에서 1,100원으로 상승한다고 해보자. 이 경우 미국의 자동차 수출기업이 달러표시 수출가격에 대해 취할 수 있는 방법은 3가지로 나눌 수 있다.

첫째, 달러표시 수출가격을 한 대당 40,000달러로 그대로 계속 유지하는 것이다. 그러면 한국시장에서의 미국자동차의 가격은 4,000만원에서 4,400만원으로 상승한다. 이 경우 미국자동차 수출기업의 마크업률은 변동하지 않는다. 그러나 한국시장에서 자동차 가격이 상승했기 때문에 미국자동차에 대한 수요는 감소한다. 즉 미국자동차의 한국시장점유율은 감소한다. 이 경우는 달러표시 수출가격이 변동하지 않는 대신 우리나라 원화표시 수입가격이 환율상승에 비례적으로 상승한 완전전가의 경우이며 환율변동의 가격전가도는 1이다.

둘째, 이와는 정반대로 환율이 상승한 후에도 우리나라의 원화표시 자동차 수입가격을 종전과 같이 한 대당 4,000만원에 그대로 유지하는 경우이다. 그러면 자동차의 달러표시 수출가격은 40,000달러에서 36,363.64달러 ($\frac{40,000,000}{1,100}$)로 하락한다. 이 경우 환율이 상승한 후에도 우리나라시장에서의 원화표시 자동차 수입가격은 변동하지 않기 때문에 환율변동의 가격전가도는 영(0)이다. 그리고 이 경우 우리나라 시장에서의 미국자동차 가격이 변동하지 않기 때문에 미국자동차에 대한 우리나라의 수요는 변동하지 않으며 따라서 미국자동차의 우리나라 시장점유율은 달라지지 않는다. 다만 미국자동차 수출기업의 마크업률만 20%에서 9.1% ($= \frac{36,363.64 - 33,333.33}{33,333.33}$)로 하락한다.

셋째, 위 첫째와 둘째의 경우는 완전히 극단적인 경우이다. 보다 현실적인 것은 달러표시 수출가격을 미국의 수출기업이 동시에 변동시키는 경우이다. 즉 달러표시 수출가격을 40,000달러에서 그대로 유지하거나 반대로 36,363.64달러로 내리는 것이 아니라 40,000달러보다는 낮고 36,363.64달러보다는 높게 설정하여 부분적으로 마크업률을 올릴 수 있다. 그러나 이 경우 원화표시 자동차 수입가격은 4,000만원보다 더 높으므로 시장점유율은 떨어진다. 이를 부분전가 또는 불완전전가라고 부르며 이 경우 환율변동의 가격전가도는 영(0)보다는 크고 1보다는 작다. 수출기업은 환율변동에 따른 이윤의 증가를 모두 흡수하는 것이 아니라 부분적으로 흡수하여 시장을 지속적으로 유지하는 전략이 더 나은 전략이 될 수 있으며 구체적으로 어떠한 전략을 취할 것인가는 시장지배력, 수요조건, 경쟁의 정도 등 시장조건에 따라 달라질 것이다.

가격표시방법과 가격전가도, 상대가격 및 총지출 전환효과 << 제2절

환율변동의 가격전가도는 상품의 가격표시 통화에 따라 크게 달라진다. 즉 상품의 가격을 어느 통화로 표시하느냐에 따라 환율변동이 수입국 현지에서의 가격에 미치는 영향이 달라지고 따라서 소비자가 직면하는 국산품과 외국상품 간의 상대가격에 미치는 영향도 달라진다. 환율변동의 이러한 영향은 총지출전환효과에 영향을 미치고 자원배분효과도 달라진다. 가격표시 방법은 표시통화에 따라 생산자통화표시 가격(producer currency pricing: *PCP*)과 현지통화표시 가격(local currency pricing: *LCP*)으로 나누어진다.

1 생산자통화표시 가격

생산자통화표시 가격이란 상품의 가격을 생산자의 통화로 표시하는 것을 말한다. 즉 *PCP*는 상품의 가격을 수출국의 통화로 표시한 것이다. 예를 들면 우리나라 자동차 수출의 경우 수출가격을 한 대당 우리나라 생산자의 통화인 2,000만원으로 표시한 경우이다. 이 경우 환율이 만일 달러당 1,000원이면 미국시장에서의 수출가격은 20,000달러이다. 그리고 미국자동차 수출의 경우 가격을 한 대당 미국의 생산자 통화인 40,000달러로 표시해서 한국에 수출하는 경우이다. *PCP*인 경우는 환율이 변동하면 수입국 현지에서의 가격은 항상 달라진다. 예를 들어 환율이 달러당 1,000원에서 1,100원으로 상승했다고 해 보자. 그러면 우리나라 자동차의 달러표시 수출가격은 한 대당 20,000달러에서 18,181달러(20,000,000원/1,100원)로 하락한다. 그러나 미국자동차의 한국시장 원화표시 수입가격은 달러표시 가격이 변동하지 않기 때문에 종전의 4,000만원에서 4,400만원으로 상승한다. 이와 같이 *PCP*인 경우에는 환율변동은 수입가격(수입국현지통화로 표시한)에 완전히(즉, 100%) 전가되며 환율변동의 가격전가도는 1이다. 즉 PCP인 경우는 환율변동의 수입가격 전가는 완전하다.

그리고 *PCP*인 경우 환율변동으로 소비자가 직면하는 국산자동차와 외국자동차 간의 상대가격은 변동하게 된다. 즉 환율이 달러당 1,000원에서 1,100원으로 상승한 경우 우리나라시장에서 국산자동차와 미국자동차의 상대가격은 종전의 $\frac{1}{2}(=\frac{20,000,000}{40,000,000})$에서 $0.45(=\frac{20,000,000}{44,000,000})$로 하락하게 된다. 이와 같이 *PCP*인 경우에는 환율이 변동하면 국산품과 외국상품의 상대가격이 변동하고 그에 따라 총지출전환효과가 일어난다. 즉 환율이 상승하면 국산품의 상대가격은 하락하여 외국상품이 상대적으로 더 비싸진다. 이에 따라 수요는 외국상품에서 국산품으로 전환된다. 반대로 환율이 하락하면 국산품의 상대가격은 상승하여 수요는 국산품에서 외국상품으로 전환된다.

이제 E를 명목환율, P_h를 본국통화로 표시한 국산품의 국내가격, P_h^*를 외국통화로 표시한 국산품의 외국수출가격, P_f를 본국통화로 표시한 외국상품의 국내가격, P_f^*을 외국통화로 표시한 외국상품의 수출가격을 각각 나타낸다고 하면 *PCP*인 경우 다음 (17-2)식과 (17-3)식의 관계가 성립한다.

$$P_h = EP_h^* \tag{17-2}$$

$$P_f = EP_f^* \tag{17-3}$$

PCP인 경우 수출상품의 가격은 모두 자국통화로 표시되어 있으므로 (17-2)식과 (17-3)식에서 P_h와 P_f^*는 일정하다. 따라서 환율이 변동하면

(17−2)식에서는 P_h^*가, (17−3)식에서는 P_f가 각각 변동한다. 이 경우 본국의 상대가격은 $\frac{P_h}{P_f}=\frac{P_h}{EP_f^*}$이다. 따라서 환율이 변동하면 국산품과 외국상품의 상대가격은 변동하고 총지출전환효과가 일어난다. 즉 환율이 상승(하락)하면 국산품은 외국상품에 비해 상대적으로 싸지고(비싸지고) 수요는 외국상품(국산품)에서 국산품(외국상품)으로 전환되는 총지출전환효과가 나타난다.

2 현지통화표시 가격

현지통화표시 가격이란 상품의 가격을 수입국 현지의 통화로 표시하는 것을 말한다. 즉 *LCP*는 상품의 가격을 수입국의 통화로 표시한 것이다. 예를 들면 우리나라 자동차 수출의 경우 가격을 한 대당 20,000달러로 표시해서 미국에 수출하는 경우이다. 이 경우 환율이 만일 달러당 1,000원이면 미국시장에서의 자동차 한 대 수출수입은 2,000만원이다. 그리고 미국자동차 수출의 경우 가격을 한 대당 4,000만원으로 표시해서 한국에 수출하는 경우이다. *LCP*인 경우는 환율이 변동하더라도 수입국 현지에서의 가격은 항상 변동하지 않는다. 이 경우 수입국 현지가격이 이미 현지통화로 표시되어 있기 때문에 환율변동과 현지가격은 아무런 관계가 없다. 이와 같이 *LCP*인 경우에는 환율변동의 가격전가도는 영(0)이다.

그러나 이 경우 수출가격을 수출자의 통화로 환산한 가격은 환율변동에 따라 변동한다. 예를 들어 환율이 달러당 1,000원에서 1,100원으로 상승했다고 해 보자. 그러면 우리나라 자동차의 원화표시 수출가격은 한 대당 2,000만원에서 2,200만원(1,100원×20,000달러)으로 상승한다. 그러나 미국자동차의 달러표시 수출가격은 원화표시 가격이 종전의 4,000만원에서 변동하지 않기 때문에 36,363달러(4,000만원/1,100원)로 하락한다. 이 경우 환율이 변동하면 소비자가 직면하는 국산자동차와 외국자동차 간의 상대가격은 변동하지 않는다. 즉 우리나라의 소비자가 직면하는 국산자동차와 미국자동차의 상대가격은 환율이 상승해도 종전의 $\frac{1}{2}(=\frac{20,000,000}{40,000,000})$에서 변동하지 않는다. 이와 같이 *LCP*인 경우에는 환율이 변동하더라도 국산품과 외국상품의 상대가격은 변동하지 않으며 따라서 환율변동에 따른 총지출전환효과도 없다.

이러한 관계는 위 (17−2)식과 (17−3)식의 관계에서 더욱더 분명하게 드러난다. 즉 *LCP*인 경우 수출상품의 가격은 국산품이든 외국산품이든 모두 수입국 현지통화로 표시되어 있으므로 (17−2)식과 (17−3)식에서 P_h^*와 P_f는 일정하다. 이 경우 본국의 상대가격은 $\frac{P_h}{P_f}$이 되고 환율과는 무관하다. 그러므로 *LCP*인 경우는 환율이 변동하더라도 상대가격은 변동하지 않으며 총지출전환효과도 나타나지 않는다. 이러한 *LCP*는 가격의 경직성을 설명하는 데 아주 유용하게 사용된다.[1)]

제3절 ≫ 가격전가도 실증연구

환율변동의 가격전가에 관한 실증연구는 엄청나게 많다. 실증연구에서 나타난 몇 가지 정형화된 사실과 그 이유 및 시사점들을 요약하면 다음과 같다.

첫째, 불완전전가이다. 즉 거의 모든 연구에서 환율변동은 수입가격에 완전하게 전가되거나 또는 전혀 전가되지 않은 경우는 거의 없고 부분적으로 또는 불완전하게 전가된 것으로 나타나 있다. 메논(Menon, 1995)에 의하면 조사대상 46개 연구 중에서 완전전가의 경우는 6개에 불과하고 나머지는 모두 불완전전가를 나타내고 있다. 예를 들어 한국 71~80%, 일본 80%, 미국 60~74% 등으로 100%보다 낮은 불완전전가도를 나타내고 있다.[2)]

1) 이외에 모든 수출입거래 표시통화를 기축통화인 미국달러로 표시하는 경우가 있는데 이 경우를 달러표시 가격(dollar pricing)이라 부른다. 이 경우 미국은 수출입 가격이 모두 자국통화인 달러로 표시되어 있기 때문에 환율이 변동하더라도 수입가격은 변동하지 않는다. 즉 미국으로의 환율변동의 가격전가도는 영(0)이다. 반면 미국의 상대국(예, 우리나라)은 환율이 변동하면 자국통화표시 수입가격이 그대로 상승하여 환율변동의 가격전가도가 1이 된다. 이와 같이 달러표시 가격인 경우에는 환율변동의 가격전가는 비대칭적이다.

2) 또한 Campa and Goldberg(2002)도 PCP가설과 LCP가설을 모두 기각하는 것으로 나타나 불완전전가 가설을 지지하고 있다. 한편 최창규(2000)에 의하면 우리나라의 수입물가 전가도

이와 같이 환율변동이 수입가격에 부분적으로 또는 불완전하게 전가되는 이유로는 관세, 비관세 등 무역장벽과 수송비의 존재에 따른 일물일가의 법칙의 붕괴, 독점적 경쟁시장에서의 시장중시가격설정(*PTM*) 또는 *LCP* 등에 의한 가격의 경직성 등을 들 수 있다.

환율변동의 수입가격전가가 이와 같이 불완전한 것으로 나타난 것은 예를 들어 환율이 큰 폭으로 상승하더라도 수입가격에 미치는 영향은 그렇게 크지 않을 수 있다는 것을 의미하므로 매우 중요한 정책적 함의를 가진다. 먼저 환율변동의 국내수입가격에 대한 불완전 전가는 환율이 상승하더라도 국내수입가격의 상승효과는 작기 때문에 수입량의 감소폭도 작아진다. 이는 환율상승에 의한 무역수지의 개선효과도 작아진다는 것을 의미한다. 그러므로 환율변동의 수입가격전가가 불완전한 경우에는 일정액의 무역수지를 개선시키기 위해서는 더 큰 폭의 환율상승이 필요하다.

또한 환율변동의 수입가격전가가 불완전한 경우에는 환율상승의 소비자 물가상승효과, 즉 인플레이션 유발효과가 작기 때문에 환율상승으로 인한 인플레이션을 수습하는 데 필요한 통화긴축의 정도도 작아진다.

둘째, 단기전가도가 장기전가도보다 낮다. 즉 장기로 갈수록 전가도는 커진다. 예를 들어 캄파와 골드버그(Campa and Goldberg(2002))에 의하면 1975~1999년 중 OECD 25개국의 평균전가도는 단기 61%, 장기 77%를 각각 나타내고 있다. 특히 이 가운데 미국이 가장 낮은 전가도를 보이고 있는데 단기 26%, 장기 41%를 각각 나타내고 있고 독일의 경우는 단기 59%, 장기 79%를 각각 나타내고 있다.[3] 한편 일본의 가격전가도는 1980~2003년 중 단기 59%, 장기 90%를 각각 나타내고 있다.[4]

이와 같이 환율변동의 수입가격전가도가 단기에는 낮고 장기에는 높아지는 것은 단기에는 가격경직성 또는 LCP 때문에 환율변동에 대해 수입가격의 조정이 느리고 장기에는 이런 문제가 완화되기 때문인 것으로 풀이된다.

셋째, 최근의 전가도가 과거의 전가도에 비해 더 낮다. 캄파와 골드버

는 79%로 나타나 있다.

3) Campa and Goldberg(2002) 참조.

4) Otani, Shiratsuka and Shirota(2006) 참조.

그(Campa and Goldberg, 2002)에 의하면 OECD 25개국의 평균전가도는 1989년과 비교해서 1999년에 단기전가도는 4%포인트 감소하였고 장기전가도는 27%나 감소한 것으로 나타났다. 또한 일본의 경우 1980~1989년 중에 단기전가도는 73%를, 장기전가도는 128%를 각각 나타냈으나 1990~2003년 중에 단기전가도는 53%로, 장기전가도는 67%로 각각 하락한 것으로 나타났다. 미국의 경우도 환율변동의 수입물가전가도는 1970~1980년대의 50%에서 1990년대에 20%로 감소한 것으로 나타났다.[5)]

이와 같은 환율변동의 수입가격전가도의 하락을 가져온 요인으로는 여러 가지가 지적되고 있다.

(i) 인플레이션율의 세계적인 하락추세이다. 프랑켈, 파슬리 그리고 웨이(Frankel, Parsley and Wei, 2005)에 의하면 1990년 이후 인플레이션율은 선진국의 경우 1970년대 후반의 평균 12%에서 1990년대 후반에 2%대로 급격히 감소하였다. 후진국의 경우도 1970년대 후반에는 평균 25%로 아주 높은 수준을 보였으나 1990년대 후반에는 평균 13%로 크게 하락하는 추세를 보였다. 또한 1990~2001년 중에는 세계 76개국의 인플레이션율이 1990년의 22%에서 2001년에 6%로 하락하였다.[6)] 즉 인플레이션율이 낮은 경우에는 높을 때보다 환율이 상승할 경우 수입가격에 전가하기가 상대적으로 어려워질 것이다. 특히 인플레이션율이 낮아지면 예상인플레이션율이 낮아지고 이는 환율변동의 수입가격전가도를 낮추는 데 기여할 것이다. 따라서 인플레이션율의 하락추세는 환율변동의 수입가격전가도의 하락추세와 양립하는 것으로 풀이된다.[7)]

(ii) 무역통합(trade integration)이 증가함에 따라 경쟁이 격화된 것이다. 즉 그동안 관세 및 비관세장벽의 완화, 수송비의 감소 등으로 무역이 크게 증가하고 이에 따라 외국수출기업의 국내시장 진입이 증가하여 국내시장에서의 경쟁이 치열해졌다. 이러한 상황에서 환율

5) Otani, Shiratsuka and Shirota(2006) 및 Marazzi and Sheets(2007) 참조.
6) Frankel, Parsley and Wei(2005) 참조.
7) 즉 고인플레이션 국가군은 높은 가격전가도를, 저인플레이션 국가군은 낮은 가격전가도를 나타낸다. Frankel, Parsley and Wei(2005) 참조.

이 변동할 경우 수출기업은 가격조정보다는 마크업률을 조정하여 대응하는 것이 더 나은 전략일 수 있다. EU의 경우 1988~2000년 중 마크업률은 1.6%하락한 것으로 나타났다.[8] 이와 같이 환율변동에 대해 가격조정보다는 마크업률을 조정하는 경우 수입가격전가도는 줄어든다.

(iii) 수출기업들의 전략적 보완관계(strategic complements)이다.[9] 전략적 보완관계란 같은 독과점시장에서 경쟁을 하고 있는 다른 수출기업이 가격을 인상할 때 가격을 올리는 것이 최적의 선택이 되는 경우를 말한다. 이제 $b_i(\cdot)$, $(i=1, 2)$를 기업 i의 반응함수, s_i를 기업 i의 전략을 각각 나타낸다고 할 경우 전략적 보완관계는 $\frac{db_2(\cdot)}{ds_1}>0$인 경우이다. 즉 이 경우 기업 1의 전략에 대해 기업 2의 반응은 같은 방향으로 가는 것, 즉 기업 1이 가격을 인상하면 기업 2의 최적반응은 가격을 인상하는 것이다. 반대로 $\frac{db_2(\cdot)}{ds_1}<0$인 경우는 전략적 대체관계(strategic substitutes)이다. 이 경우 기업 1의 전략에 대해 기업 2의 반응은 역으로 가는 것, 즉 기업 1이 가격을 인상하면 기업 2의 최적반응은 가격을 인하하는 것이다.

그러면 전략적 보완관계인 경우 왜 환율변동의 수입가격전가도는 낮아지는가? 예를 들어 우리나라의 미국시장 수출기업의 가격설정은 한계비용뿐만 아니라 미국시장에서의 경쟁기업의 가격에 의해서 영향을 받는다. 우리나라 수출기업은 경쟁기업의 가격과 너무 차이가 나는 것을 원하지 않을 것이므로 환율이 상승할 경우 달러표시 대미 수출가격(즉, 미국시장에서의 달러표시 수입가격)을 조정하기보다는 마크업률을 올리는 것이 최적일 수 있다. 따라서 이 경우 환율변동의 가격전가는 불완전하다.

그런데 그동안 미국시장에서의 수출기업들은 경쟁의 증가로 이러한 전략적 보완관계가 늘어나게 되었다. 즉 환율이 상승하여 외국수출기업은 마크업률이 증가할 경우 경쟁사가 수출가격을 어떻

8) Gust, Leduc and Vigfusson(2006) 참조.
9) Mas-Colell, Whinston and Green(1995), pp.414-417 참조.

게 하느냐에 대해 더 민감해지게 되는데 이 경우 환율변동에 대해 수출가격을 조정하는 것보다는 마크업률을 조정하는 것이 최적일 수 있다. 따라서 전략적 보완관계에 있는 경우 비용이 경쟁사에 비해 낮을 때에는 수출기업은 상대적으로 마크업률을 높이고 반대로 비용이 경쟁사에 비해 높을 때에는 상대적으로 마크업률을 낮추는 전략을 취하게 된다. 이러한 가격설정전략은 환율변동의 가격전가도를 낮추는 결과를 초래한다.[10)]

(iv) 미국시장의 경우 중국으로부터의 수입비중이 증가한 것이다(미국의 대중국수입비중, 1994년의 6.6%에서 2004년에 16.3%로 증가).[11)] 즉 중국의 대미수출이 증가함에 따라 미국시장에서의 중국과의 경쟁이 증대되고 따라서 다른 나라들의 수출기업들은 환율변동을 바로 대미수출가격에 반영하는 데 주저할 수밖에 없고 이는 가격전가도의 감소를 초래한다. 특히 1997~98년 동아시아 위기 이후 가격전가도의 감소가 가장 크게 나타났는데 이는 동아시아 위기 이후 중국 이외에 다른 나라 수출기업들의 수출가격 설정행태에 변화가 생겼음을 반영하는 것으로 풀이된다.

(v) 미국시장의 경우 수입품 구성의 변화이다. 즉 수입품의 가격이 환율변동에 덜 민감한 품목의 비중이 증가하여 환율변동에 대한 수입가격의 반응이 줄어든 것이다. 미국의 비석유 공산품, 음식료품 등 가격이 환율에 상대적으로 민감한 품목의 수입비중이 1970년대 이후 40%를 넘는 수준에서 약 25% 수준으로 감소한 반면 소비재, 자본재 등 환율에 상대적으로 덜 민감한 품목의 수입비중이 크게 증가하였다.

넷째, 선진국에 비해 후진국의 전가도가 더 높다. 1979~2001년 중 후진국(12개국)의 평균 전가도는 26%(최대 48%)인데 선진국은 평균 12%(G3: 7%)에 불과 한 것으로 나타났다.[12)]

---

10) Gust, Leduc and Vigfusson(2006) 참조.

11) Marazzi and Sheets(2007) 참조.

12) Choudhri and Hakura(2001) 및 Ho and McCauley(2003) 참조.

이와 같이 후진국의 환율변동의 가격전가도가 선진국에 비해 높은 것은 세 가지로 설명할 수 있다.

첫째, 후진국시장의 경쟁이 선진국에 비해 약하다. 즉 후진국의 경우 선진국에 비해 관세 및 비관세 등 무역장벽이 더 높기 때문에 시장개방도가 낮아 경쟁품목이 적다. 그리고 후진국의 경우 시장이 불완전하여 기업의 독점적 시장지배력이 높아서 환율변동을 시장가격에 선진국에 비해 상대적으로 더 크게 전가시킬 수 있다.

둘째, 후진국의 경우 수송비, 도소매서비스, 마케팅 및 광고비 등 유통비용이 선진국보다 낮기 때문이다. 즉 이러한 유통비용은 서비스에 대한 비용으로 비교역재의 가격에 해당하는데 후진국의 경우 이들 비교역재가 물가에서 차지하는 비중이 선진국에 비해 상대적으로 낮고 교역재의 비중이 더 높다. 그런데 교역재의 가격은 환율변동에 바로 영향을 받기 때문에 환율변동이 가격에 미치는 영향은 선진국에 비해 더 크게 나타나고 따라서 환율변동의 수입가격전가도는 후진국이 선진국에 비해 더 높다.[13)]

마지막으로 인플레이션율의 격차이다. 즉 인플레이션 압력이 높을수록 환율변동의 수입가격전가가 용이하므로 선진국에 비해 인플레이션율이 높은 후진국의 경우 환율변동의 수입가격전가도는 선진국에 비해 더 높게 나타난다.

후진국의 가격전가도가 더 높다는 것은 후진국의 경우 환율변동에 따른 국내물가의 변동이 상대적으로 크다는 것을 의미한다. 이는 후진국의 환율유동화에 대한 두려움(fear of floating)을 설명해 주는 하나의 이유가 된다. 만일 후진국의 가격전가도가 낮다면 변동환율제를 채택하여 환율변동이 크더라도 환율변동의 가격전가도가 낮기 때문에 우려가 크지 않을 것인데 가격전가도가 높기 때문에 환율변동에 의한 국내인플레이션의 악화를 우려하여 가급적이면 환율변동을 억제하는 방향으로 환율정책을 운용해 온 것이라 할 수 있다.

마지막으로 유통단계를 거치면서 전가도는 낮아진다. 즉 어떤 제품이

13) 이는 사뮤엘슨-발라사 가설과 관련이 있다. 이 가설에 의하면 선진국은 후진국에 비해 물가수준이 더 높은데 그것은 교역재부문의 가격상승이 비교역재부문의 가격상승을 초래하여 전반적인 물가상승을 초래하기 때문이다.

수입되면 그것이 원자재인 경우에는 수입업자로부터 생산자에게로 넘겨지고 그것이 생산자단계를 거쳐 최종소비재로 소비자에게 전달되는 유통과정을 거치게 된다. 만일 수입품이 완제품인 경우에는 수입업자로부터 바로 소비자에게 전달된다. 환율이 변동할 경우 이러한 유통단계를 거치면서 가격에 대한 전가도는 떨어진다. 즉 환율변동의 수입물가에 대한 전가도가 가장 높고 그 다음이 생산자물가에 대한 전가도이고 소비자물가에 대한 전가도가 가장 낮다. 골드버그와 캄파(Goldberg and Campa, 2006)에 의하면 1975~2003년 중 OECD 23개국의 평균 수입물가전가도는 64%인 데 비해 소비자물가 전가도는 17%에 불과한 것으로 나타났다. 주요국의 수입물가 전가도와 소비자물가 전가도를 보면 미국 42%, 1%, 일본 113%, 11%, 독일 80%, 7% 등으로 각각 나타났다.

유통단계에 따라 환율변동의 전가도가 낮아지는 이유로는 유통마진의 조절을 들 수 있다. 유통마진이란 소비자가격과 수입가격의 차이를 말한다. 여기에는 수송비, 창고비, 금융 및 보험, 도소매 등의 유통비용이 포함된다. 환율이 변동할 경우 유통단계에 따라 유통업자는 시장을 안정적으로 확보하기 위해서 가격보다는 유통마진을 조절하는 전략을 취할 수 있다. 예를 들어 환율이 상승할 경우 원자재 수입업자가 그것을 생산자에게로 매각하는 과정에서 환율상승분 전액을 그대로 생산자에게 부담하도록 하기 보다는 일부는 흡수하고 생산자에게 넘길 수 있을 것이다. 마찬가지로 생산자도 환율상승으로 인한 비용 상승분을 최종소비자에게 고스란히 그대로 가격인상으로 전가시키는 것보다는 마진을 줄여서 대응할 수 있다. 또는 수입품이 최종소비재인 경우에도 수입업자가 환율상승에 대해 유통마진을 줄이고 소비자가격은 그대로 유지하는 전략을 취할 수 있다.

이와 같이 환율이 변동할 경우 수입단계, 생산단계, 소비단계 등 각 단계별로 환율변동의 충격을 부분적으로 각각 흡수하는 노력이 일어날 것이며 그 흡수력이 얼마인가에 따라 각 단계의 환율변동의 전가도가 달라진다. 즉 유통단계가 수입단계에서 생산자단계, 소비자단계 등으로 내려오면서 환율변동의 소비자가격전가도는 유통마진의 조절로 점점 줄어들게 된다. 실제로 유통마진은 매우 높은 비중을 차지하고 있기 때문에 이러한 유통마진을 조정할 수 있는 여유는 매우 크다고 할 수 있다. 미국의 경우 유통마진은 소비재 소매가격의 40%, 아르헨티나의 경우 60%에 달한 것으로 나타났으며 EU의 경우 유통마진이 소비자 구매가격의 30~50%를 차지하고 있는 것으로 나타났다.[14)]

이와 같이 수입품이 유통단계를 거치면서 환율변동의 전가도가 줄어든다는 것은 바로 환율변동으로 인한 수입재와 국산품 간의 대체효과, 즉 총지출전환효과(expenditure-switching effect)가 크지 않다는 것을 의미한다. 이는 최근 실증적으로 목격되는 환율변동과 실물경제의 변동 간의 관계가 매우 약하다는 것을 의미한다. 이와 같이 환율변동과 실물경제의 변동 간의 관계가 약한 것을 환율변동의 단절수수께끼(exchange rate disconnect puzzle)라고 부른다. 뿐만 아니라 환율변동이 소비자가격에 미치는 영향이 낮다는 것은 국내의 통화정책의 수립에 중요한 시사점을 가지고 있다. 이는 환율변동의 국내인플레이션 효과가 낮다는 것을 의미하므로 통화당국은 환율변동으로 인한 국내인플레이션에 대한 우려를 상대적으로 덜고 국내수요의 증가와 같은 환율 이외의 요인에 의한 인플레이션을 좀 더 용이하게 수습할 수 있다는 것을 의미한다.

14) Burstein, Nerves and Rebelo(2001) 및 Chen, Imbs and Scott(2004) 참조.

요 약

요약
Summary

1. 환율이 변동함에 따라 수입품의 수입국 현지통화표시 가격이 변동하는 것을 환율변동의 가격전가라 부른다. 만일 환율이 변동할 때 수출국통화표시 가격이 일정하면 수입국 현지통화표시 가격은 환율변동과 비례적으로 변동한다. 이를 완전전가(complete pass-through)라 부른다. 그러나 환율변동과 함께 수출국통화표시 가격도 변동하면 환율변동이 수입국 현지통화표시 가격에 미치는 영향은 줄어든다. 이를 부분전가(partial pass-through) 또는 불완전전가(incomplete pass-through)라 부른다.

2. 환율변동의 가격전가도는 상품의 가격표시 통화에 따라 크게 달라진다. 가격표시 방법은 표시통화에 따라 생산자 통화표시 가격(producer currency pricing: *PCP*)과 현지통화표시 가격(local currency pricing: *LCP*)으로 나누어진다. 생산자 통화표시 가격이란 상품의 가격을 생산자의 통화로 표시하는 것을 말한다. 즉 *PCP*는 상품의 가격을 수출국의 통화로 표시한 것이다. *PCP*인 경우에는 환율변동은 수입가격(수입국현지통화로 표시한)에 완전히(즉, 100%) 전가되며 환율변동의 가격전가도는 1이다. 그리고 *PCP*인 경우 환율이 변동하면 소비자가 직면하는 국산자동차와 외국자동차 간의 상대가격은 변동하게 되고 그에 따라 총지출전환효과가 일어난다.

3. 현지통화표시 가격이란 상품의 가격을 수입국 현지의 통화로 표시하는 것을 말한다. 즉 *LCP*는 상품의 가격을 수입국의 통화로 표시한 것이다. *LCP*인 경우는 환율이 변동하더라도 수입국 현지에서의 가격은 항상 변동하지 않는다. 이 경우 수입국 현지가격이 이미 현지통화로 표시되어 있기 때문에 환율변동과 현지가격은 아무런 관계가 없다. *LCP*인 경우에는 환율변동의 가격전가도는 영(0)이다. 그러나 수출가격을 수출자의 통화로 환산한 가격은 환율변동에 따라 변동한다. *LCP*인 경우에는 환율이 변동하더라도 국산품과 외국상품의 상대가격은 변동하지 않으며 따라서 환율변동에 따른 총지출전환효과도 없다.

4. 환율변동의 가격전가에 관한 실증연구에 의하면 첫째, 불완전전가이다. 환율변동이 수입가격에 부분적으로 또는 불완전하게 전가되는 이유로는

관세, 비관세 등 무역장벽과 수송비의 존재에 따른 일물일가의 법칙의 붕괴, 독점적 경쟁시장에서의 PTM 또는 LCP 등에 의한 가격의 경직성 등을 들 수 있다. 환율변동의 국내수입가격에 대한 불완전 전가는 환율이 상승하더라도 국내수입가격의 상승효과는 작기 때문에 수입량의 감소폭도 작아진다. 이는 환율상승에 의한 무역수지의 개선효과도 작아진다는 것을 의미한다. 환율변동의 수입가격전가도가 불완전한 경우에는 환율상승의 소비자 물가상승효과, 즉 인플레이션 유발효과도 작다.

요약
Summary

5. 둘째, 단기전가도가 장기전가도보다 낮다. 즉 장기로 갈수록 전가도는 커진다. 셋째, 최근의 전가도가 과거의 전가도에 비해 더 낮다. 환율변동의 수입가격전가도의 하락을 가져온 요인으로는 (i) 인플레이션율의 세계적인 하락추세, (ii) 무역통합(trade integration)의 증가로 인한 경쟁의 격화, (iii) 수출기업들의 전략적 보완관계(strategic complements), (iv) 미국시장의 경우 중국으로부터의 수입비중 증가 등을 들 수 있다.

6. 넷째, 선진국에 비해 후진국의 전가도가 더 높다. 그 이유로는 (i) 후진국시장의 경쟁이 선진국에 비해 약하다는 점, (ii) 후진국의 경우 수송비, 도소매서비스, 마케팅 및 광고비 등 유통비용이 선진국보다 낮다는 점, (iii) 선진국과 후진국간의 인플레이션율의 격차 등을 들 수 있다.

7. 마지막으로 유통단계를 거치면서 전가도는 낮아진다. 즉 어떤 제품이 수입되면 그것이 생산자를 거쳐서 소비자에게 이르는 과정에서 환율변동의 가격전가도는 낮아진다. 즉 환율변동의 수입물가에 대한 전가도가 가장 높고, 그 다음이 생산자물가에 대한 전가도이고, 소비자물가에 대한 전가도가 가장 낮다. 수입품이 유통단계를 거치면서 환율변동의 전가도가 줄어든다는 것은 환율변동으로 인한 총지출전환효과가 크지 않다는 것을 의미한다. 이는 최근 실증분석에서 나타난 환율변동과 실물경제의 변동 간의 관계가 매우 약하다는 것을 의미하는데 이를 환율변동의 단절수수께끼(exchange rate disconnect puzzle)라고 부른다.

연습문제

1. 명목환율이 상승할 경우 다음 각각에 미치는 효과가 *PCP*인 경우와 *LCP*인 경우 중 어느 경우가 더 큰지 비교하시오.

   (1) 실질환율
   (2) 국내인플레이션
   (3) 수출품과 수입품 간의 상대가격
   (4) J곡선효과
   (5) 총지출전환효과
   (6) 경상수지개선효과

2. 실증연구에 의하면 환율변동의 수입가격전가도는 과거에 비해 최근에 하락한 것으로 나타나 있다. 그 이유를 열거하시오.

3. 실증연구에 의하면 선진국에 비해 후진국의 환율의 가격전가도가 더 높다. 그 이유를 설명하시오.

4. 수출기업이 전략적 보완관계에 있는 경우 환율변동의 가격전가도가 낮아지는 이유를 설명하시오.

5. 수입품의 유통단계에 따라 환율변동의 가격전가도는 달라진다. 수입가격, 생산자가격 및 소비자가격에 대한 전가도가 어떻게 달라지는지 설명하고 차이가 나는 이유를 제시하시오.

참고문헌

곽태운(2004), "환율변동의 수입물가 전가효과: 우리나라 제조업의 4단위분류를 중심으로"『국제통상연구』, 제 9 권 3호, 12월.

최창규(2000), "환율변동의 수입물가 전가효과,"『경제학연구』, 제48집 제 4 호, 12월, 57-81쪽.

Burstein, Ariel T., Joao C. Nerves and Sergio Rebelo(2001), "Distribution Costs and Real Exchange Rate Dynamics During Exchange-Rate-Based-Stabilizations," *Journal of Monetary Economics*, Vol. 50, pp. 1189-1214. Chen, Natalie, Jean

Imbs, and Andrew Scott(2004), "Competition, Globalization, and the Decline of Inflation," Center for Economic Policy Research Discussion Papers, No. 4695.

Campa, Jose Manuel and Linda S. Goldberg(2002), "Exchange Rate Pass-Through into Import Prices: A Macro or Micro Phenomenon?," NBER Working Paper, No. 8934.

Chen, Natalie, Jean Imbs, and Andrew Scott(2004), "Competition, Globalization, and the Decline of Inflation," Center for Economic Policy Research Discussion Papers, No. 4695.

Choudhri, Ehsan U. and Dalia S. Hakura(2001), "Exchange Rate Pass-Through to Domestic Prices: Does the Inflationary Environment Matter?" IMF Working Paper, No. 01-194, IMF.

Frankel, Jeffrey A., David Parsley and Shan-Jin Wei(2005), "Slow Pass-Through around the World: A New Import for Developing Countries?" NBER Working Paper, No. 11199, May.

Goldberg, Linda S. and Jose Manuel Campa(2006), "Distribution Margins, Imported Inputs, and the Insensitivity of CPI to Exchange Rates," CEPR Discussion Paper, No. 5650, Center for Economic Policy Research, UK, April.

Gust, Christopher, Sylvain Leduc and Robert J. Vigfusson(2006), "Trade Integration, Competition, and the Decline in Exchange-Rate Pass-Through," International Finance Discussion Papers No. 864, Board of Governors of the Federal Reserve System, August.

Ho, Corrinne and Robert N. McCauley(2003), "Living with Flexible Exchange Rates: Issues and Recent Experience in Inflation Targeting Emerging Market Economies," BIS Working Paper, No. 130, February.

Marazzi, Mario and Nathan Sheets(2007), "Declining Exchange Rate Pass-Through to U.S. Import Prices: The Potential Role of Global Factors," *Journal of International Money and Finance*, Vol. 26, October, pp. 924-947.

Mas-Colell, Andrew, Michael D. Whinston and Jerry R. Green(1995), *Microeconomic Theory*, Oxford University Press, New York.

Menon, Jayant(1995), "Exchange Rate Pass-Through," *Journal of Economic Surveys*, Vol. 9, No. 2, pp.197-231.

Otani, Akira, Shigenori Shiratsuka andToyoichiro Shirota(2006), "Revisiting the Decline in the Exchange Rate Pass-Through: further Evidence from Japan's Import Prices," Monetary and Economic Studies, Institute for Monetary and Economic Studies, Vol. 24, No. 1, pp. 61-75, Bank of Japan, March.

제Ⅴ부에서는 국제자본이동론 및 외채론을 다룬다. 국제자본이동의 이론과 실제를 설명한다. 특히 자본유입의 급증 및 급정지의 문제점, 실제 국제자본이동의 특성 등을 중점적으로 설명한다. 외채론은 원죄론, 단기차입 등 개도국 외채의 특징을 강조한다. 국제자본이동과 외채의 특성에 대한 분석은 외환·금융위기를 이해하는 데 중요한 기초가 된다.

V 국제자본이동론 · 외채론

18 국제자본이동이론

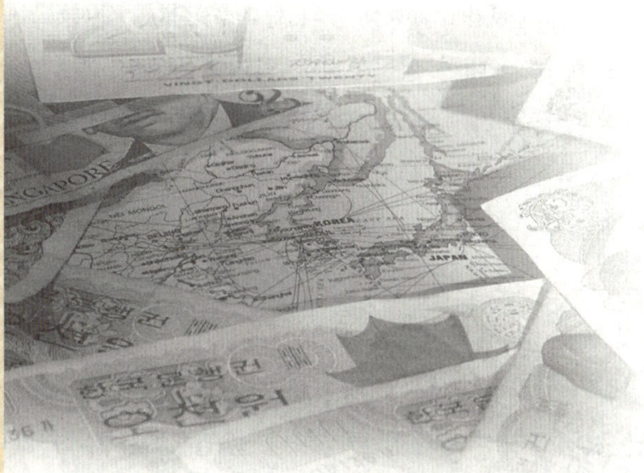

본 장은 국제자본이동의 이론적 측면을 다룬다. 국제자본이동의 동기, 경제적 효과, 자본유입의 거시경제효과 및 급정지의 문제, 자본유입대책 등을 다룬다.

제1절 >> 국제자본이동의 형태

국제자본이동은 주로 직접투자(direct investment), 증권투자(portpolio investment), 파생금융상품투자(financial derivatives) 등의 형태를 띤다. 직접투자란 외국의 공장, 자본재, 토지 등에 대한 실질투자를 의미하는데 이 경우 투자자는 투자기업에 대해 의결권을 가져 경영에 대한 통제 또는 영향력을 갖는다. 이때 직접투자는 지사를 설립하거나 기업의 지분을 소유하여 기업의 경영에 영향을 미친다. 직접투자중에서 신규로 공장을 짓는 등 새로운 시설을 창출하는 것을 그린필드형(green field) 투자라 하고 인수합병과 같이 기존의 시설에 투자하는 것은 브라운필드형(brown field) 투자라 부른다. 직접투자는 기업의 경영에 실질적으로 참여하므로 장기투자인 경우가 많다.

증권투자는 주식, 채권 등 금융자산에 대한 투자이다. 증권투자는 주식, 채권 등 금융자산의 수익률의 변동에 매우 민감한 반응을 보여 급격한 이동을 보이는 특성이 있다. 즉 증권투자에 의한 자본의 이동은 단기적인 경우가 많으며 수익률 변동에 따라 빠른 속도로 이동한다는 특성 때문에 "핫머니(hot money)"라 불린다.

파생금융상품이란 특정금융상품, 지표(주가지수 등) 또는 실물상품(곡물, 원자재 등) 등의 기초자산(underlying assets)에 연결되어 이자율위험, 환위험, 주식 및 상품의 가격위험, 신용위험 등 각종위험들을 거래하는 금융상품으로 선물, 스왑, 옵션 등이 주요 내용으로 되어 있다. 1990년대 후반 이후 국제금융거래의 발달로 파생금융상품에 대한 투자가 급격하게 증가하였으며 이는 또한 국제금융시장의 위험을 증대시켜 2008년 글로벌 금융위기를 가져온 주요 요인의 하나가 되었다. 즉 파생금융상품에 대한 투자 역시 증권투자와 마찬가지로 수익률 변동에 따라 빠르게 이동하여 국제금융시장의 불안정성을 더욱더 증대시키는 요인으로 작용하였다.

해외투자의 동기[1] << 제2절

해외투자의 동기, 즉 국제자본이동의 동기는 더 높은 수익률을 얻는 데 있다. 그러면 자본은 수익률이 낮은 나라에서 높은 나라로 일방적으로 이동해야 하는데 증권투자를 보면 실제로는 한 나라에서 다른 나라로 일방적으로만 이루어지는 것이 아니라 나라와 나라 간에 서로 주고받는 양방향 형태를 띤다. 예를 들면 우리나라 투자자들이 미국의 증권에 투자하는 동시에 미국의 투자자도 우리나라의 증권에 투자하는 것이다. 이러한 양방향의 투자가 일어나는 이유는 투자자들이 위험을 다변화(risk diversification) 하고자 하기 때문이다. 투자자들은 투자의 수익률을 고려하지만 동시에 투자의 위험도 함께 고려한다. 즉 채권투자의 경우 부도 또는 채권의 시장가격의 변동성 등의 위험이 있다. 또한 주식의 경우 기업의 파산, 주가의 변동성, 기대수익률의 변동 등 다양한 위험을 안고 있다. 그러므로 증권투자자들은 주어진 위험수준에서 수익률을 극대화하고자 한다. 즉 위험이 높으면 그만큼 더 높은 수익률을 요구하게 된다.

이해를 돕기 위해 국내증권 A와 외국증권 B가 있다고 하자. A와 B의 평균기대수익률은 동일하지만 위험이 서로 다르다고 하자. 예를 들어 국내증권 A의 수익률은 최저 20%, 최고 40%이고 외국증권 B의 수익률은 최저 10%, 최고 50%라고 하자. 그리고 각각의 확률은 A와 B 모두 50%, 50%라고 하자. 이 경우 A의 기대수익률은 20%×0.5+40%×0.5=30%가 되고 B의 기대수익률은 10%×0.5+50%×0.5=30%가 된다. 그런데 위험은 A보다 B가 더 높다. 그 이유는 A의 수익률 변동폭은 20%포인트(40%−20%)인 데 비해서 B의 수익률 변동폭은 40%포인트(50%−10%)이기 때문이다.

이 경우 국내증권 A가 외국증권 B보다 위험이 더 작기 때문에 투자자는 국내증권 A에 투자할 것이다. 그러나 이 경우 국내증권 A에 100% 투자하는 것은 옳지 않다. 예를 들어 시간이 지남에 따라 증권 A의 수익률은 떨

1) Salvatore(2009), pp.404-407 참조.

어지고 증권 B의 수익률은 역으로 올라가면(즉 국내증권 A와 외국증권 B의 상관관계가 음(−)이면) 100% A에 투자하는 것은 손실을 입게 된다. 그렇지 않고 국내증권 A와 외국증권 B에 분산투자를 하면 국내증권 A의 수익률이 떨어지더라도 외국증권 B의 수익률이 올라가서 전체적으로는 평균 기대수익률 30%를 유지하면서 동시에 위험도 줄일 수 있을 것이다. 따라서 국내증권 A나 외국증권 B 중 어느 한 종목에 전액 투자하는 것보다 두 종목에 동시에 투자하는 것이 더 낫고 또 위험도 줄어든다. 여기서 두 증권의 최적 투자비율, 즉 최적 포트폴리오(portfolio)는 투자자의 수익률과 위험에 대한 기호에 의해서 결정된다.[2)]

이와 같이 증권을 여러 종목에 분산 투자하는 것을 위험다변화라고 부르는데 "계란을 한 바구니에 몽땅 담아두지 말라"는 증권시장의 격언은 바로 이러한 원리를 잘 나타내는 말이라 할 수 있다. 분산투자의 원리는 우리나라 투자자뿐만 아니라 외국의 투자자에게도 적용될 것이므로 외국투자자 역시 위험분산원리에 따라 우리나라 증권과 자국증권의 최적 보유비율을 결정할 것이다. 국제자본의 이동이 양방향으로 일어나는 현상은 이와 같이 위험다변화의 원리로 설명할 수 있다.

직접투자도 증권투자와 마찬가지로 수익률의 격차가 그 원인이다. 즉 더 높은 수익률을 찾아서 자본이 이동하는 것이다. 그런데 현지인이 해외에서 자본을 차입하여 직접 투자하여 그들 스스로 생산하지 못하고 외국투자자가 직접투자를 하는 이유는 무엇인가? 그 이유는 직접투자의 동기에서 찾을 수 있다.

첫째, **수평적 통합(horizontal integration)**이다. 수평적 통합이란 독점적 또는 과점적 경쟁시장인 경우 외국시장에서 본국시장에서의 생산품과 동일한 또는 유사한 제품을 외국에서 직접 생산하는 경우를 말하는데 이러한 투자는 현지시장에서 투자기업의 고유한 경영관리기술 또는 생산능력을 활용하여 투자현지시장의 통제력을 확보하고자 하는 것이다. 예를 들면 우리나라의 LG 또는 삼성이 냉장고나 TV를 인도 등 해외에서 직접 생산하여 판매하는 것이 이러한 수평적 통합에 해당한다.

2) 포트폴리오 기초이론에 대한 상론은 박정식 · 박종원 · 조재호(2006), 제10장 포트폴리오이론, 227-259 쪽 참조.

둘째, 수직적 통합(vertical integration)이다. 수직적 통합이란 해외에서 원료 또는 원자재를 확보하기 위해 투자하는 경우를 말하는데 이러한 직접투자는 주로 자원이 풍부한 개도국에 대한 투자가 대부분을 이룬다. 미국 등 선진국은 물론 우리나라, 중국 등 개도국들의 석유 등 에너지, 철광석 등 각종광물자원 등의 자원확보를 위한 해외개발 투자가 그 예이다.

마지막으로 현지시장 확보를 위한 직접투자이다. 관세 또는 비관세장벽이 높은 경우 현지에서 직접 생산하여 현지시장 또는 제 3 국 시장으로의 우회수출을 목적으로 투자하는 경우이다.

그러면 증권투자와 마찬가지로 직접투자도 왜 양방향으로 이루어지는가? 그것은 제품에 따라서 기술수준이 서로 상이하여 비교우위가 다르기 때문이다. 즉 어떤 나라는 컴퓨터 등 전자제품에 더 비교우위를 가지고 다른 어떤 나라는 소형자동차에 더 비교우위를 갖기 때문에 각각 비교우위가 있는 제품의 생산에 상호 투자하는 것이다.

국제자본이동의 경제적 효과 << 제 3 절

[그림 18-1]은 국제자본이동이 생산과 후생에 미치는 효과를 나타낸다. [그림 18-1]은 세계는 제 1 국과 제 2 국 두 개의 국가로 구성되어 있다고 가정한다. 횡축은 제 1 국과 제 2 국의 자본 부존량을 나타내며 제1국의 원점은 O에서, 제 2 국의 원점은 O'에서 각각 출발한다. 즉 제 1국의 자본의 부존량은 OA이고 제 2 국의 자본의 부존량은 $O'A$이다. 따라서 세계 전체의 자본의 부존량은 제 1 국의 자본량과 제 2 국의 자본량은 합한 $OA+O'A=OO'$이다. 종축은 각국의 자본의 한계생산물(실물의 양)을 나타낸다. 즉 MPK_1은 제 1 국의 자본의 한계생산물을 나타내고 MPK_2는 제 2 국의 자본의 한계생산물을 나타낸다. 한계생산성 체감의 법칙에 따라 자본의 한계생산물은 모두 체감하는 것으로 되어 있다.

[그림 18-1]에서 국제자본이동이 없는 경우 제 1국의 자본의 한계생산

그림 18-1 국제자본이동의 경제적 효과

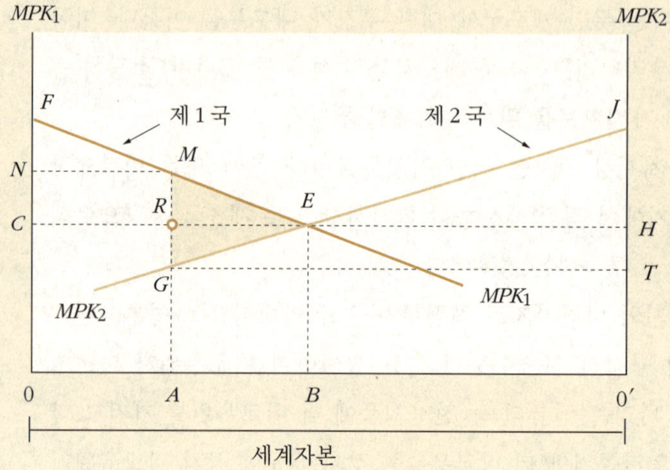

물은 $ON=AM$이고 제 2국의 자본의 한계생산물은 $O'T=AG$이다. $AM>AG$이므로 현재 제 1 국의 자본의 한계생산물이 제 2 국의 자본의 한계생산물보다 더 크다. 그리고 제 1 국의 총생산량은 $OFMA$이고 제 2 국의 총생산량은 $O'JGA$이다.

이제 국제자본이동이 자유로우면(즉 자본시장이 개방되면) 자본은 한계생산성이 낮은 제 2 국에서 한계생산성이 더 높은 제 1 국으로 이동하게 된다. 이러한 자본이동은 두 나라의 자본의 한계생산성이 같아질 때까지 계속될 것이다. 즉 제 2 국의 자본, $O'A$중에서 BA가 제 1 국으로 이동하여 제 2 국의 자본은 $O'A$에서 $O'B$로 줄어들고 제 1 국의 자본량은 OA에서 AB만큼 증가하여 OB가 될 것이다. 그리고 두 나라의 자본의 한계생산물은 동일하게 되어 $BE=OC=O'H$가 될 것이다. 즉 이 경우 국제자본이동으로 제 1 국의 자본의 한계생산물은 AM에서 BE로 감소하고 제 2 국의 자본의 한계생산물은 AG에서 BE로 증가한다.

그러면 이제 자본이동이 일어난 후의 생산량의 변동을 살펴보자. 자본이동 후의 제 1 국의 총생산량은 $OFEB$이다. 그러나 이 중에서 $ABER$은 제 2 국의 자본에 의해 생산된 것이므로 제 2 국의 것이 된다. 즉 자본이동 후 제

1 국의 생산량은 *OFMA*+*ERM*이 되고 자본유입 후 제 1 국의 생산량은 *ERM* 만큼 증가하였다. 그리고 제 2 국의 총생산량은 국내생산량 *O′JEB*와 해외(즉, 제 1 국)생산량 *ABER*을 합한 것이 된다. 그런데 *ABER*중에서 *ABEG*는 자본이동 이전에 제 2 국에서 생산된 것이다. 따라서 자본이동 후 제 2 국의 생산량은 *ERG*만큼 증가하였다. 이와 같이 국제자본이동 후에 세계 전체의 생산량은 (*ERG* + *ERM*)(그림에서 색망 부분)만큼 증가하였다.

다음에는 생산요소의 소득분배의 변동을 살펴보자. 제 1 국의 자본소득은 *ONMA*에서 *OCRA*로 감소하고 노동소득은 *NFM*에서 *CFE*로 증가하였다. 이 중에서 *CNMR*은 자본소득에서 노동소득으로 이전된 것이며 *ERM*은 자본이동에 따른 순증가이다. 또한 제 2 국의 자본소득은 *O′TGA*에서 *O′HRA*로 증가하고 노동소득은 *TJG*에서 *HJE*로 감소하였다. 이 중에서 *THEG*는 노동소득에서 자본소득으로 이전된 것이며 *ERG*는 자본이동에 따른 순증가이다.

이와 같이 국제자본이동은 자본의 생산성이 낮은 나라에서 높은 나라로 자본을 재배치함으로써 세계 전체의 생산을 증대시키지만 생산요소간의 소득의 재분배를 가져와 득을 보는 그룹과 손해를 보는 그룹이 생긴다. 제 2 국, 즉 자본수출국의 자본가는 자본을 더 높은 생산성을 가진 제 1 국으로 이동시킴으로써 소득의 증대를 가져와 득을 본다. 그러나 자본수출국 즉, 제 2 국의 노동소득은 감소하여 노동자는 손해를 보게 된다. 이는 자본수출국의 노동자그룹은 해외투자를 반대하는 이론적 근거를 제공해준다. 제 1 국, 즉 자본수입국의 자본가는 외국자본의 국내유입으로 자본의 한계생산성이 저하되어 소득이 줄어든다. 그러나 자본유입국, 즉 제 1 국의 자본가의 소득감소는 노동자에게로 이전되고 또한 생산의 순증가가 노동자에게로 돌아가 제 1국의 노동자는 자본유입으로 득을 본다.

제4절 >> 자본유입론

1 자본유입의 거시경제효과

자본유입의 증가는 거시경제에 큰 영향을 미친다. 그 주요 영향을 요약하면 다음과 같다.

첫째, 신용 붐(credit boom)이 일어난다. 즉 자본유입은 대부분 은행의 외화표시 단기예금의 형태를 띠는데 이러한 은행을 통한 자본유입은 은행이 그것을 대출 등 국내투자에 활용할 것이기 때문에 바로 신용팽창으로 이어진다. 물론 은행을 통하지 않은 자본유입이라 하더라도 자본유입은 은행의 대출여력을 증대시킴으로써 신용팽창을 가져올 수 있다. 예를 들면 외화자본을 국내에 들여와서 주식이나 채권에 투자할 경우 은행에서 국내통화로 환전을 해야 하는데 이 경우 은행의 외화자산이 증가하여 신용팽창을 초래한다.

둘째, 실질환율은 하락한다. 자본유입이 실질환율에 영향을 미치는 경로는 크게 명목환율의 변동과 국내물가(즉 인플레이션)의 변동 두 가지로 나눌 수 있다. 변동환율제도인 경우 자본유입의 증대는 외환의 공급을 증대시키므로 명목환율이 하락하고 이에 따라 실질환율이 하락한다. 그러나 이 경우 명목환율의 하락은 수입물가의 하락을 가져와 국내인플레이션 압력도 줄어들므로 실질환율의 하락효과는 그만큼 감소한다. 고정환율제도인 경우에는 만일 자본유입에 따른 환율하락효과를 상쇄하기 위해 중앙은행이 불태화개입을 하게 되면 통화량에 변동이 없을 것이므로 인플레이션 압력이 없고 따라서 자본유입의 실질환율하락효과도 없다. 그러나 만일 태화개입을 하면 자본유입으로 통화량이 증가하고 그에 따라 인플레이션이 일어날 것이므로 실질환율은 하락한다.[3)]

이러한 실질환율의 하락은 네덜란드병(Dutch Disease)을 일으킬 수 있

3) 단, 이러한 논리는 화폐수요가 자본유입과 관계없이 항상 일정한 경우에 성립하며 만일 화폐수요의 변동이 있다면 결과는 달라진다. 이에 대한 상론은 Agenor(2004), pp. 257-258 참조.

다(후술하는 자본이동 실증분석 참조). 네덜란드병이란 1960년대 초 네덜란드가 천연가스에너지의 개발로 외화수입이 늘어나면서 환율이 급격하게 하락하자 제조업 등 다른 부문의 국제경쟁력이 악화되어 오히려 경제위기를 겪은 사례에서 유래된 말인데 자본유입이 급증하여 환율이 크게 떨어질 경우 실질환율이 하락하여 국민경제에 부정적인 영향을 줄 수 있다.

셋째, 민간소비의 가속화가 나타난다. 즉 자본유입이 증가함에 따라 신용팽창, 실질환율의 하락 등으로 소비붐이 가속화된다. 그러나 이러한 소비붐은 경상수지의 악화를 가져와 경제적 충격에 대한 취약성을 증대시킬 수 있다.

넷째, 자산가격의 거품(bubble)이 일어난다. 자본유입의 급증으로 포트폴리오 투자가 증가하여 주가 및 부동산가격이 과도하게 상승하고 따라서 자산가격의 거품이 일어난다. 이러한 자산가격의 거품은 금융위기의 주요 원인이 된다.

마지막으로, 금융부문의 취약성이 증대된다. 즉 자본유입에 따라 특히 그것이 은행부문을 통하여 도입된 경우 통화불일치(currency mismatch) 또는 만기불일치(term mismatch)문제를 악화시켜 금융부문의 취약성이 증가할 수 있다. 여기서의 통화불일치란 은행의 채무는 외화표시로 되어 있고 채권(대출)은 국내통화로 표시되어 있는 것을 말하고 만기불일치란 은행의 채무인 예금은 단기인데 은행의 채권인 대출은 장기로 되어 있는 것을 말한다. 두 가지 경우 모두 자본유입이 급정지하거나 자본유출로 반전되는 경우에 위기를 맞을 수 있다.

2 자본유입의 결정요인

자본유입의 결정요인은 국내요인과 해외요인 두 가지로 나누어진다. 국내요인이란 국내경제여건의 개선으로 국내경제에 대한 전망이 좋아져서 외국자본이 들어오게 되는 요인을 말하는데 풀요인(pull factors)이라 부르기도 한다. 해외요인이란 자본유입국 내부가 아닌 해외에서의 충격 또는 환경변화로 자본유입을 일으키는 요인을 말하는데 국내요인과 대조적으로 푸쉬요인(push factors)이라 부른다.

자본유입의 국내요인의 예를 들면 통화안정, 경제개혁, 자본시장 자유화 등을 들 수 있다. 즉 인플레이션을 안정화하기 위해 통화긴축을 실시하여 인플레이션 예상심리가 안정되면 화폐에 대한 수요가 증가하는데 이러한 화폐수요의 증가는 외국자본의 유입으로 충당할 수 있다. 국내경제의 규제완화 또는 철폐, 경제자유화 촉진 등 국내경제의 개혁은 경제의 효율성 증대 등으로 외국자본의 국내시장에서의 사업환경을 개선시켜 자본유입을 촉진한다. 자본시장자유화란 자본이동에 대한 통제를 완화 또는 철폐하여 자본이동을 자유화하는 것을 말하는데 이러한 자본시장자유화는 수익률이 높은 곳으로 자본유입을 촉진한다.

자본유입의 해외요인의 예를 들면 해외이자율, 금융혁신 등을 들 수 있다. 미국을 비롯한 선진국들의 이자율이 하락하면 개도국으로의 자본유입은 증가한다. 선진국의 이자율 하락은 개도국과 선진국의 이자율격차를 확대하여 개도국에 대한 투자의 예상수익률을 증가시키기 때문에 선진국에서 개도국으로 자본유입이 증가한다. 실제로 1990년대 초 미국 등 선진공업국들의 저금리정책으로 투자자들은 국내보다 해외(신흥경제국)에서의 투자수익률에 더 매력을 가지게 되었으며 동시에 저금리 지속에 따른 개도국의 신용도 증가하여 신흥경제국에 대한 투자가 증가하는 데 매우 중요한 역할을 한 것으로 나타났다.[4] 또한 펀드, 파생상품 등의 금융혁신은 투자기회의 확대 및 투자다변화의 촉진 등으로 개도국의 자본유입을 증대시키는 요인으로 작용하였다.

이와 같이 자본유입의 결정요인은 국내요인과 해외요인으로 나눌 수 있지만 어느 요인이 더 중요한 역할을 했는가에 대해서는 연구자에 따라 차이가 많으며 따라서 일의적으로 말하기는 어렵다.

또한 자본유입은 장기자본과 단기자본으로 나누어지는데 전자는 만기가 1년 이상인 경우를 말하고 후자는 만기가 1년 이하인 경우를 말한다. 직접투자는 장기자본, 증권투자는 단기자본으로 분류하는 것이 일반적이다.

4) Agenor, Pierre-Richard(1998) 및 Calvo, Leiderman and Reinhart(1996) 참조.

장기자본의 이동에는 기초경제의 장기추세의 움직임이 중요한 역할을 하고 단기자본의 이동에는 자본시장의 단기금리의 변동이 중요한 역할을 하며 특히 단기자본의 이동은 군집성 또는 전염효과가 크게 작용하는 것으로 알려져 있다.

3 자본유입 급정지의 문제[5)]

개도국의 경우 자본유입이 급격하게 증가하다가도 어느 순간 급격하게 정지되거나 또는 급격한 유출로 반전되는 경우가 많다. 이러한 자본유입의 급반전 또는 급정지(sudden stop)는 개도국경제위기의 주요 원인이 되기도 한다. 예를 들면 1994~95년의 멕시코 데킬라위기(Tequila crisis), 1997~98년의 동아시아 위기 등은 단순한 선진국의 경기변동이론으로 설명하기는 불가능하며 국제자본이동의 급격한 감소, 즉 자본이동의 급정지가 주요 원인으로 지적되고 있다. 여기서는 자본유입의 급반전 또는 급정지의 원리와 그 효과 및 사례를 살펴보기로 한다.

먼저 자본이동급정지의 경제학적 원리를 살펴보자. 국제수지 회계에 의하면 경상수지(CA)와 자본수지(KA) 및 대외지급준비의 변동(ΔIR)은 다음 (18-1)식의 관계를 갖는다(단 여기서 대외지급준비의 변동(ΔIR)은 제 2 장의 경우와 같이 증가는 "−"로 감소는 "+"로 표시한 것이 아니고 증가(+) 또는 감소(−)를 나타내는 것임).

$$CA + KA = \Delta IR \tag{18-1}$$

(18−1)식의 자본수지는 순자본유입(자본유입−자본유출)을 나타낸다. (18−1)식의 관계에 대한 이해를 돕기 위해 예를 들어 경상수지 적자가 100인 경우를 보자. 이 경우 자본수지, 즉 순자본유입이 +100이면 (18−1)식에서 −100+100=0이 되므로 대외지급준비는 변동하지 않는다. 즉 이 경우

---

5) Calvo, Izquierdo and Luis-Fernando(2004) 참조.

경상수지 적자는 전액 자본유입에 의해 보전된다. 만일 자본수지가 +80이면 (18-1)식에서 $-100+80=-20$이 되므로 대외지급준비는 20만큼 감소한다. 이 경우 경상수지 적자 100 중에서 80은 자본유입에 의해서 보전되고 나머지 20은 대외지급준비에 의해서 보전된다. 그러나 만일 자본유입이 중지되어 자본수지가 영(0)이라고 해 보자. 그러면 (18-1)식에서 $-100+0=-100$이 되므로 경상수지 적자는 전액 대외지급준비에 의해서 보전된다. 이상의 논의에서 경상수지적자(CAD), 자본수지(KA) 및 대외지급준비의 변동(ΔIR)과의 관계는 (18-2)식과 같이 나타낼 수 있다.

$$CAD=KA-\Delta IR \tag{18-2}$$

(18-2)식은 (18-1)식의 변형된 모양이다. 즉 (18-1)식에서 $CA=-KA+\Delta IR$이므로 $-CA=KA-\Delta IR$이 된다. $-CA$는 경상수지 적자를 나타내므로 $-CA=CAD$가 되고 (18-2)식의 관계가 된다. 위에 든 예에서 경상수지 적자가 100일 때 자본유입이 80이면 대외지급준비가 20만큼 감소했는데 (18-2)식으로 이를 나타내면 $100=80-(-20)=80+20=100$이 된다. (18-2)식에서 대외지급준비가 증가하면 $\Delta IR>0$이고 대외지급준비가 감소하면 $\Delta IR<0$이다.

자본유입의 급정지란 (18-2)식에서 $KA=0$인 상태를 의미한다. 그러므로 자본유입이 급정지되면 경상수지는 전액 대외지급준비에 의해 보전되어야 한다. 그러면 자본유입이 급정지상태가 되면 국민경제는 어떠한 영향을 받게 될 것인가를 살펴보자. $A(=C+I+G)$를 국민총지출, A_T를 교역재에 대한 국민총지출, GDP_T를 교역재 GDP, $NFTA$를 순해외요소 수취소득이라고 하면 경상수지 적자(CAD)는 다음 (18-3)식으로 나타낼 수 있다.[6]

$$CAD=A-GNP=A_T-GDP_T-NFTA \tag{18-3}$$

자본유입이 급정지될 경우 경상수지 적자의 조정폭은 바로 대외지급준비의 변동크기에 의해 결정된다. 만일 대외지급준비가 충분하여 경상수지

6) (18-3)식의 증명은 〈부록 A18〉을 참조.

적자를 완전히 보전할 수 있으면 자본유입이 완전히 멈추어도 경상수지 적자는 계속 유지할 수 있다. 그러나 대외지급준비가 충분하지 못하면 경상수지 적자를 조정해야 한다. 따라서 대외지급준비가 작을수록 자본유입이 급정지할 경우에 경상수지의 조정폭은 더 커진다. 그러나 대외지급준비를 사용하여 경상수지 적자를 보전하는 것은 언젠가는 대외지급준비가 고갈될 것이므로 한계가 있으며 결국 경상수지 적자는 조정을 해야 한다.

이해를 돕기 위해 대외지급준비가 완전히 고갈된 상태에서 자본유입이 완전히 정지되었다고 해 보자. 이 경우 자본유입도 없고 대외지급준비로 경상수지 적자를 보전할 수도 없기 때문에 바로 경상수지 적자도 급격하게 개선(축소)해야 한다. 이러한 경상수지 적자의 급격한 개선은 (18-3)식에서 보는 바와 같이 교역재에 대한 지출이 대폭 축소되어야 한다는 것을 의미하는데 그것은 경제위기를 가져올 수 있다.

자본유입의 급정지가 실물경제의 위기를 가져오는 경로는 케인즈(Keynes)경로와 피셔(Fisher)경로 두 가지로 나눌 수 있다.

케인즈경로는 케인즈의 소득결정모형에 기초한 것으로 소득경로라고도 할 수 있다. 즉 이 모형은 가격과 임금의 경직성을 가정하여 자본유입이 급정지되면 총지출을 축소하여 경상수지 적자를 조정(개선)해야 하는데 이 경우 산출량과 고용이 감소하여 경제위기를 겪을 수 있다는 것이다.

피셔경로는 신용경로라고도 부를 수 있는데 그 메커니즘은 다음과 같다. 자본유입이 급정지되면 경상수지 적자를 축소해야 하는데 이는 총수요의 축소를 필요로 한다. 총수요의 축소는 교역재 및 비교역재에 대한 수요의 감소를 초래한다. 교역재에 대한 수요의 감소는 교역재의 초과공급을 가져오지만 이는 교역재이기 때문에 해외시장으로의 수출로써 해소할 수 있다. 그러나 비교역재 수요의 감소에 따른 비교역재의 초과공급은 교역이 되지 않기 때문에 해외시장에서 해소할 수가 없고 국내시장에서 해결해야 한다. 이때 비교역재 가격은 하락하고 이 경우 실질환율($\frac{P_T}{P_N}$)은 상승한다. 그 이유는 실질환율은 교역재가격(P_T)을 비교역재 가격(P_N)으로 나눈 것인데 교역재가격은 구매력평가에 의해 $P_T = EP_T^*$로 일정하게 주어져 있는 반면 비교역재의 가격은 비교역재에 대한 지출의 감소로 하락하기 때문이다.

따라서 비교역재부문의 채산성은 악화되고 채무상환능력은 하락한다. 그러므로 금융기관의 회수불능 여신은 증가하고 금융부문은 파산의 증가와 함께 신용을 축소하여 경제는 신용경색에 직면하게 된다. 이러한 신용경색은 실물경기의 침체와 함께 경제위기를 가져올 수 있다.

4 자본유입 급증 및 급정지의 사례

〈표 18-1〉은 최근 자본유입의 급증사례를 보여준다. 〈표 18-1〉에서 비중이 높을수록 급정지에 대한 취약성이 더 높은 것을 나타내는데 아시아 국가 특히 말레이시아와 태국의 비중이 높게 나타나 있다. 즉 말레이시아의 자본유입 급증기간 중 누적유입액의 GDP에 대한 비중은 45.8%로 최대 23.2%를 기록하였으며 태국의 경우도 자본유입 급증기간 중 누적유입액의

표 18-1 자본유입 급증 사례

국 가	자본유입급증기간*1)	자본유입(누적)/GDP(%)*2)	연간최대치(%)*3)
한 국	1991~1994	9.3	3.5
인도네시아	1990~1994	8.3	3.6
말레이시아	1989~1994	45.8	23.2
필 리 핀	1989~1994	23.1	7.9
태 국	1988~1994	51.5	12.3
아르헨티나	1991~1994	9.7	3.8
브 라 질	1992~1994	9.4	4.8
칠 레	1989~1994	25.8	8.6
멕 시 코	1989~1994	27.1	8.5
헝 가 리	1993~1994	41.5	18.4
폴 란 드	1992~1994	22.3	12.0

주: *1) 순민간자본유입이 급증한 기간.
*2) 자본유입이 급증한 기간의 마지막년도 GDP대비 비율.
*3) 기간 중 자본유입이 가장 많았던 년도의 GDP비중.
자료: Calvo and Reinhart(2000), Table 1, pp. 5-6에서 발췌인용.

GDP에 대한 비중은 51.5%로 최대 12.3%를 기록하였다. 우리나라는 자본유입 급증기간(1991~1994) 중 누적유입액의 GDP에 대한 비중은 9.3%, 최대치 3.5%로 상대적으로 낮은 수준을 기록한 것으로 나타나 있다.[7)]

〈표 18-2〉는 자본유입의 반전사례를 요약한 것이다. 즉 자본유입의 급반전규모를 GDP비율로 보면 태국이 26%로 가장 높고, 아르헨티나 20%, 말레이시아 15%, 멕시코 12%, 평균 10.8% 등으로 나타나 있다. 우리나라는 11%로 평균치와 비슷하다. 〈표 18-2〉에 의하면 자본유입이 급증한 나라들 대부분은 급정지를 경험한 것을 알 수 있다. 이는 자본유입의 폭증이 있은 후에는 급정지가 뒤따른다는 사실을 보여주고 있다. 이러한 자본유입의 급반전은 바로 경상수지의 대폭적인 조정을 겪어야 한다는 것을 의미하므로 그만큼 경제적 고통은 커진다. 태국의 경우를 예로 들면 1996년 자본유입의 GDP비율이 18%였으나 1997년에 자본유출의 GDP비율이 8%를 초과하

표 18-2 자본유입 반전 사례

국　가	자본유입 반전기간	GDP대비 비율, %
한　국	1996-97	11
인도네시아	1996-97	5
말레이시아	1993-94	15
필 리 핀	1996-97	7
태　국*1)	1996-97	26
아르헨티나	1982-83	20
브 라 질	1994-95	4
칠　레*1)	1990-91	8
멕 시 코	1981-83	12
헝 가 리	1993-95	6
폴 란 드	1995-96	7
평　균*2)	–	10.8

주: * 1) 자본이동통제에 의한 급반전의 영향이 큼.
* 2) 단순평균임(저자 추가).
자료: Calvo and Reinhart(2000), Table 2, pp. 6-7에서 발췌인용.

7) Calvo and Reinhart(2000) 참조.

여 자본유입반전의 GDP비중이 26%를 기록했다. 이는 경상수지의 조정폭이 컸다는 것을 보여준다. 동아시아 위기 전에는 자본유입의 급정지를 경험한 나라들은 대부분 남미국가들이었는데 남미국가들과 아시아 국가들과의 급정지 경험의 차이는 1990년대에 들어와 크게 축소된 것으로 나타났다.

〈표 18-3〉은 자본유입의 급정지가 일어나기 전에 나타나는 경상수지, 외환보유고의 변동, 실질이자율 등 주요 거시경제변수들의 변동을 요약한 것인데 이는 자본유입의 급정지에 직면한 국가들이 어떻게 대응했는가를 보여주는 지표이다.

자본유입의 급정지 직전에 실질이자율변동이 매우 심한 것으로 나타나 있다. 즉 자본유입 급정지 전에 실질이자율은 전체 3,900bp(basis point: 1bp=1/10000), 신흥경제국 4,670bp 각각 상승하였으며 선진국의 경우는 1,782bp 상승하여 상승폭이 작은 것으로 나타나 있다. 그러나 외환보유고 변동성은 신흥국 36%, 선진국 35%로 모두 비슷한 양상을 보인 것으로 나타나 있다. 이는 모두 급정지가 경상수지 적자에 미칠 영향을 완화하기 위해 외환보유고를 사용하여 시장에 개입했기 때문인 것으로 보인다. 즉 자본유

표 18-3 급정지 전 주요 변수 변동*

	경상수지(GDP비율, %)	외환보유고 변동(%)	실질이자율 변동(%포인트)
한국(1997)	17.15	−41.14	21.49
태국(1996)	5.82	−37.22	17.34
필리핀(1997)	6.85	−31.54	20.20
인도네시아(1997)	7.41	−24.48	102.16
아르헨티나(1994)	1.40	−40.95	20.36
멕시코(1994)	5.25	−85.16	56.07
신흥경제국	6.12	−35.98	46.68
선 진 국	1.09	−34.78	17.82
전 체	4.92	−35.69	39.81

주: *) 급정지 직전 최저점 대비 최고점 비율임.
자료: Calvo, Izquierdo and Luis-Fernando(2004), Appendix Table 3, p. 39에서 발췌인용.

입의 급정지에 직면하여 경상수지의 급격한 조정으로 인한 경제적 충격을 완화하기 위해서 외환보유고를 사용한 것인데 이러한 충격완화 전략은 올바른 전략으로 보기 어렵다. 왜냐하면 외환보유고는 결국 고갈될 것이므로 경상수지적자는 장기적으로 지속가능성이 없기 때문이다.

마지막으로 자본유입이 급정지되기 직전에 국가들이 경상수지를 급격하게 조정한 것이 주목된다. 특히 경상수지의 조정은 신흥국의 경우가 더 큰 것으로 나타나 있다. 즉 선진국의 경우는 경상수지의 조정폭이 GDP의 1.1%에 불과한 데 비해 신흥경제국의 경우는 경상수지의 조정폭이 GDP의 6.1%나 되는 것으로 나타나 있다. 우리나라는 외환보유고 변동 41%, 실질이자율변동 21%, 경상수지조정 17%를 각각 차지하여 주로 외환시장개입에 의해 자본유입의 급정지문제에 대응한 것으로 나타나 있다.

〈표 18-4〉는 자본유입의 급정지와 평가절하의 관계를 보여주고 있다. 신흥경제국의 평가절하를 보면 자본유입의 급정지가 없이 평가절하를 한 경우가 37%인 데 반해서 급정지를 겪으면서 평가절하를 한 경우는 63%로 나타나 있다. 따라서 압도적으로 많은 경우 평가절하는 자본유입의 급정지를 수반한 것을 알 수 있다. 이와는 달리 선진국의 경우는 평가절하가 급정지와 무관한 것이 83%로 압도적으로 많은 것으로 나타나 있다. 그리고 자본유입의 급정지와 평가절하의 순서는 선진국은 모두 9%로 서로 비슷하지만 신흥경제국은 급정지가 먼저 일어나고 평가절하가 있는 경우가 42%로 더 많은 것으로 나타나 있다. 이와 같이 신흥경제국은 선진국과 달리 평가절하가 자본유입의 급정지와 관계가 매우 높고 특히 급정지가 있으면 평가절하가 수반되는 경우가 매우 많은 것을 알 수 있다.

표 18-4 자본유입 급정지와 평가절하 (단위: %)

	신흥경제국	선진국
급정지와 연관된 평가절하	63	17
급정지 후 평가절하	42	9
평가절하 후 급정지	21	9
급정지와 무관한 평가절하	37	83

자료: Calvo, Izquierdo and Luis-Fernando(2004), Table 1, p. 20에서 인용.

제5절 >> 자본유입에 대한 정책대응

자본유입에 직면한 국가들은 자본유입을 조절하기 위해 시장에 개입한다. 그 이유는 시장개입은 인플레이션 압력, 실질환율 하락, 금융위기 초래 등 자본유입으로 인한 거시경제적 부작용을 완화 또는 제거하고자 하는 데 있다. 자본유입에 대한 정부의 주요 정책대응으로는 환율정책, 통화정책, 재정정책, 통제정책, 지급준비율 조정정책 등을 들 수 있다.

1 환율정책

자본유입국의 환율정책은 명목환율의 하락을 허용하는 것이다. 명목환율의 하락은 가격효과(price effect), 부의 효과(wealth effect), 예상효과(expectations effect) 등의 3가지 효과에 의해 인플레이션에 영향을 미친다.

가격효과란 명목환율의 하락으로 수입품의 국내통화표시 가격이 하락하는 효과를 말하는데 이 경우 가격효과의 크기는 총지출 중에서 수입재에 대한 지출 비중의 크기에 달려 있다. 즉 수입재에 대한 지출비중이 클수록 가격효과는 커진다.

부의 효과란 명목환율의 하락으로 국내물가수준이 하락하고 따라서 실질잔고 등 실질부가 증가하여 총수요의 증가를 가져오는 효과를 말한다. 총수요의 증가는 물가상승압박을 증대시키므로 부의 효과는 가격효과와 반대로 인플레이션 증대효과를 가진다.

예상효과란 명목환율의 하락이 향후 환율상승 및 인플레이션에 대한 예상을 완화시키고 따라서 이자율은 하락하고 화폐수요가 증가하는 효과를 말하는데 이 경우 이자율의 하락은 총수요의 증가를 가져와 인플레이션 압력을 증대시킬 수 있다. 이러한 명목환율의 하락은 국내인플레이션 압력을 줄이고 따라서 실질환율도 하락하게 되는데 부의 효과에 의한 인플레이션 상승효과도 있기 때문에 자본유입에 따른 실질환율의 하락은 명목환율의 하락보다 더 작을 것이다.

또한 환율의 변동성을 확대하면 통화정책의 독립성이 증대되는 긍정적인 효과를 기대할 수 있다. 그러나 순수변동환율제를 채택하면 명목환율과 실질환율이 너무 급격하게 하락할 위험이 있다. 환율의 하락폭이 너무 크고 지속적인 경우에는 자본유입국의 수출상품의 국제경쟁력이 떨어지고 무역수지가 악화되는 부작용이 있으므로 환율의 변동성은 매우 신중하게 관리할 필요가 있다.

2 금융정책

자본유입국의 통화정책은 불태화 외환시장 개입정책이 가장 일반적인 정책이다. 불태화 외환시장 개입이란 중앙은행은 자본유입으로 환율이 하락하는 것을 완화하기 위해 외환시장에서 외환을 매입하는데 이 경우 국내통화량이 증가하는 것을 막기 위해 채권을 매각하여 외환매입으로 증가한 통화량을 흡수하여 총통화량은 변동이 없도록 하는 정책을 말한다. 즉 불태화 외환시장의 개입은 자본유입에 따른 외환의 공급을 중앙은행이 채권과 교환하는 정책이다.

이러한 불태화 외환시장 개입은 중앙은행의 대외지급준비의 증가를 가져온다. 어는 다음 식에서 증명된다. 즉 ΔIR을 대외지급준비의 변동, ΔDC를 중앙은행의 국내여신의 변동, ΔH를 통화량(본원통화량)의 변동이라고 하면 $\Delta IR+\Delta DC=\Delta H=0$이 되는데 이 경우 $\Delta IR=-\Delta DC$가 된다. 외환시장의 불태화개입에 의한 중앙은행의 보유채권매각은 $\Delta DC<0$이므로 $\Delta IR>0$이다. 따라서 불태화 외환시장 개입은 대외지급준비의 증가를 가져온다.

이러한 불태화 외환시장 개입은 중앙은행 등 정책당국에 자본유입의 성격과 향후 대책에 대한 판단을 할 수 있는 시간적 여유를 제공해 준다. 즉 일단 불태화 개입을 하여 통화량의 변동을 막은 다음 현재 진행되고 있는 자본유입이 일시적인 것인지 아니면 장기적인 것인지에 대한 판단을 하여 금융시장의 변동에 보다 더 합리적인 대처를 할 수 있도록 하는 이점을 가지고 있다. 뿐만 아니라 대외지급준비의 축적은 향후 위기에 대비하여 전쟁금고(war chest)를 채워두는 긍정적인 효과도 있다.

대외지급준비의 증가는 이러한 긍정적인 측면도 있지만 다른 한편으로는 시장에 오히려 도덕적 해이를 초래할 위험도 있다. 그것은 불태화 외환시장 개입으로 대외지급준비가 계속 축적되면 정책당국자들이 자본유입을 근원적으로 억제할 수 있는 재정금융정책을 취하는 것을 자꾸 지연시키는 요인으로 작용할 수 있기 때문이다.

그러나 불태화 외환시장 개입을 하면 국내외 이자율격차가 해소되지 않고 그대로 존속하기 때문에 해외자본은 계속 유입될 수 있는 문제점을 안고 있다. 이 경우 연속적인 외환시장 개입으로 채권의 공급이 늘어나게 되는데 이러한 채권공급의 증가는 공공채무의 증대를 가져와 정부정책에 대한 신뢰성을 저하시킬 위험이 있다. 만일 공공채무의 상환에 대한 시장신뢰가 떨어지기 시작하면 자기실현적 위기의 발생 가능성이 높아질 수 있다.

물론 불태화 외환시장 개입은 채권을 발행하는 대신에 은행의 지준율 또는 재할인율의 인상과 같은 방식을 택할 수도 있다. 특히 외국자본의 유입이 주로 은행융자의 형태로 이루어질 경우에 이러한 수단이 매우 효과적인 정책이 될 수 있다. 그러나 지준율 또는 재할인율의 인상은 바로 은행의 경영수지를 악화시키는 문제가 있다. 그리고 이러한 조치는 규제를 받지 않는 금융기관의 발달 또는 금융혁신의 증가로 은행기관에 의한 금융중개가 줄어드는 소위 탈금융중개현상(disintermediation)이 확대될 위험이 있다.

그러나 만일 자본유입이 국내경제의 어떤 요인에 의해 화폐에 대한 수요가 증가한 데서 비롯되었다면 태화개입이 바람직할 수 있다. 그것은 통화량이 증가하더라도 화폐수요의 증가로 흡수될 것이므로 인플레이션 우려는 없을 것이기 때문이다. 그러나 이 경우도 통화증발은 자본유입이 급정지하거나 또는 급격한 반전으로 유출되면 금융기관의 취약성이 증가하여 위기를 맞을 위험이 있다.

3 재정정책

재정정책은 자본유입에 따른 국내수요의 팽창을 억제하기 위해 정부지출 삭감, 조세인상 등 긴축정책을 취한다.

이러한 긴축재정정책은 인플레이션 압박을 줄여 실질환율의 하락을 억제하고 또한 예상인플레이션율을 떨어뜨림으로써 이자율의 하락을 가져와 국내외 이자율격차를 줄이고 따라서 외국자본의 국내유입을 완화하는 데 도움을 준다.

그러나 자본유입에 대한 대응으로서의 재정정책은 탄력적으로 실시하기가 어렵다. 즉 재정지출 억제 또는 세금인상 등의 긴축재정정책은 국회의 동의가 필요하고 따라서 자본유입에 대해 즉각적으로 동원할 수 있는 정책이 되기 어렵다. 또한 재정긴축을 취하면 경제활동이 그만큼 축소되므로 세수가 줄어들어 재정적자폭이 줄어들지 않아 국내외 이자율격차의 해소가 어려울 수 있다. 국내외 이자율격차가 줄어들지 않으면 외국자본의 국내유입의 억제는 그만큼 어려워진다.

4 지급준비율 조정정책

지급준비율 조정정책이란 자본유입이 주로 은행부문을 통해서 이루어지고 있는 경우 지급준비율을 인상하여 과도한 자본유입을 억제하는 정책을 말한다.

즉 지급준비율을 인상하면 통화승수가 줄어들기 때문에 자본유입의 결과로 나타나는 신용팽창 또는 통화팽창의 효과를 억제할 수 있고 따라서 인플레이션 압력을 완화할 수 있다.

그러나 이러한 지급준비율의 인상은 은행의 경영수지를 직접적으로 악화시키므로 은행부문의 취약성을 더욱더 증대시킬 위험성을 안고 있다. 또한 이 경우 은행부문을 경유한 자본유입은 불리하므로 지급준비율의 적용을 받지 않는 비은행부문을 통한 자본유입이 증가하여 오히려 금융위험이 증가할 수 있다.

5 통제정책

환율정책, 금융정책, 재정정책 등은 시장의 기능에 대해 제한을 가하지 않고 시장이 원활하게 작동하는 것을 보장하면서 자본유입을 억제하는 정책수단들이다. 이에 반해 자본이동에 대한 통제정책은 시장의 기능에 직접적인 제한을 가하는 정책이다.[8)]

자본이동에 대한 주요 통제정책으로는 수량제한, 2중환율제, 세금 등을 들 수 있다. 수량제한은 국내금융기관의 해외자산 및 부채보유에 대해 통제를 가하는 정책이다. 2중환율제란 상업거래(무역 등)와 금융거래에 대해 다른 환율을 적용하는 것을 말하는데 일반적으로 국제경쟁력을 유지하기 위해 금융거래보다 상업거래에 대해 더 높은 환율을 적용한다. 세금은 자본이동을 억제하기 위해 금융거래에 대해 세금을 부과하는 것을 말하는데 예를 들면 이자균등세, 거래세 등이 있다. 이자균등세란 국내채권과 외국채권의 수익률의 격차를 제거하도록 세금을 부과하는 것을 말하며 거래세란 단기자본의 이동을 억제하기 위해 거래에 과세하는 것을 말한다.

통제의 근거

자본이동을 통제하는 근거로는 다음의 네 가지를 들 수 있다.

첫째, 자본이동 통제는 과도한 단기자본의 이동으로 인한 국제수지의 위기 또는 환율의 불안정을 방지할 수 있다. 즉 단기자본 이동의 과도한 변동성으로 인해 대외지급준비 또는 환율이 과도한 변동성을 나타낼 수 있는데 자본이동을 통제하면 이러한 불안정성을 줄일 수 있다. 특히 과도한 자본이동의 변동성은 기초경제를 넘어선 버블을 초래할 수 있으므로 자본이동을 통제하면 이러한 버블의 형성을 차단할 수 있고 경제가 위기에 빠지는 것을 예방할 수 있다. 그러나 이 경우 어느 정도가 버블인지를 식별하기

8) Agenor(2004), pp.281-284 및 Mathieson and Rojas-Suarez(1992) 참조.

가 쉽지 않다.

둘째, 자본이동 통제는 국내저축이 국내투자를 충당하도록 유도할 수 있고 외국인의 국내자산 취득을 억제하는 데 도움을 줄 수 있다. 즉 일반적으로 개도국의 경우 불확실성이 높고 투자여건이 선진국에 비해 열악하기 때문에 저축자금이 국내에 사용되지 않고 해외로 빠져나가는 경우가 많은데 자본이동을 통제하면 국내저축의 이러한 해외유출을 방지하여 국내투자 및 성장을 촉진할 수 있다.

셋째, 국내세원의 확보이다. 즉 금융활동, 이자소득 등에 과세함으로써 정부수입을 위한 세원을 확보할 수 있다.

마지막으로 자본이동이 국내경제의 안정화정책, 경제개혁정책 등을 추진하는 데 장애요소가 될 수 있으므로 자본이동에 대한 통제정책은 그러한 부작용을 제거할 수 있다. 특히 국내경제정책의 지속성에 대한 신뢰가 부족할 경우 투기공격을 받게 되어 경제개혁이 성공을 거두지 못할 위험성이 높으므로 자본이동을 통제하여 이러한 투기공격을 차단하고 경제개혁의 성과를 올릴 필요가 있다.

문제점

그러나 현실적으로 자본통제정책은 실행하는 데 어려움이 많다.

첫째, 자본이동통제는 국제자본시장과의 연결을 억제하고 국내금융시장의 경쟁을 제한하여 국내금융시장의 발전을 저해하고 위험분산의 기회를 축소한다. 특히 자본이동 통제는 통제회피수단의 개발로 오히려 자본도피를 조장할 수 있다. 자본이동 통제의 회피수단의 예로는 송장가격 하향조작(under-invoicing) 또는 송장가격 상향조작(over-invoicing), 이전가격조작(transfer pricing) 등을 들 수 있다.

송장가격 하향조작이란 수출의 경우 물품의 수출가격을 정상보다 낮게 책정하여 정상가격과의 차액을 외국에 남겨두어 실질적으로 자본을 유출하는 것을 말하고, 송장가격 상향조작이란 수입의 경우 물품의 수입가격을 정상보다 높게 책정하여 정상가격과의 차액을 외국에 남겨두어 실질적으로 자본을 유출하는 것을 말한다. 이와 같이 외국에 남겨둔 자본으로 외국의 자산에 투자할 수 있다. 이전가격조작은 송장가격 상향(하향)조작과 유사한데 다국적기업의 경우 본사와 해외지사 간의 거래에 정상가격보다 낮게 또는 높게 책정하여 자본을 해외지사에 남겨두는 방식으로 자본을 유출하는 것을 말한다.

둘째, 통제정책은 지대추구행위(rent-seeking activities)를 유발하여 경제적 효율성을 떨어뜨릴 수 있다. 즉 자본이동을 통제하면 자본의 공급이 제한되므로 지대가 발생하는 데 따라서 사람들은 이러한 지대수입을 얻기 위해 뇌물, 부패, 또는 권력의 남용 등 여러 가지 수단을 동원하여 지대추구행위를 하게 되고 이러한 지대추구행위는 직접적으로 생산에 기여하지 않으므로 경제적으로 낭비이다.[9)]

셋째, 자본이동에 대한 통제는 거시경제의 근본적 조정을 대신하는 하나의 대안으로 도입된 정책인데 시간이 갈수록 새로운 회피수단의 등장 등으로 그 실효성이 줄어든다. 따라서 시간이 가면서 새로운 통제수단을 도입해야 하고 그러한 새로운 통제정책은 또 다른 경제의 왜곡을 초래하여 문제를 더욱더 악화시킨다.

마지막으로, 자본이동에 대한 통제는 금융자유화 의지에 대한 신뢰를 저하시킬 수 있다. 이러한 정부정책에 대한 국제적 신뢰의 저하는 정부정책이 전진하는 것이 아니라 퇴행하고 있다는 믿음을 심어주게 되어 신뢰회복에 큰 장애요소가 될 수 있다.

실증연구에 의하면 자본이동에 대한 통제정책은 효과가 있었던 경우도 나타나고 있다. 특히 금융위기의 경우 자본통제정책은 효과가 컸던 것으로 나타났는데 최근의 이러한 대표적인 사례로는 말레이시아의 1997년 자본통제정책을 들 수 있다. 1997년 동아시아 위기 당시 말레이시아의 마하티르(Mahathir) 수상은 IMF의 구제금융을 요청하지 않고 자본유출에 대한 통제정책을 실시하여 금융시장의 불안정을 해소하고 위기를 극복한 바 있다. 그러나 이러한 사례는 하나의 특수한 사례에 불과하며 따라서 일반화하기는 어려울 것이다.

---

9) 지대추구행위에 대한 상론은 신봉호(1999), 522쪽 참조.

경상수지 적자 증명 부록A18

$$GNP = GDP + NFTA \qquad \text{(A18-1)}$$

$NFTA$: 순해외요소소득

$$GDP = A + NX \qquad \text{(A18-2)}$$

$(A = C + I + G,\ NX = X - M)$

(A18−2)식에서 무역수지를 구하면,

$$NX = GDP - A \qquad \text{(A18-3)}$$

경상수지(CA)는 무역수지에 순해외요소소득을 합한 것이므로

$$\begin{aligned} CA &= NX + NFTA \qquad \text{(A18-4)} \\ &= GDP - A + NFTA \end{aligned}$$

(A18−4)식에서 경상수지 적자(CAD)는 $-CA$이므로

$$CAD = A - (GDP + NFTA) = A - GNP \qquad \text{(A18-5)}$$

또한 교역재에 대한 지출을 A_T, 비교역재에 대한 지출을 A_{NT}라 하고 교역재 GDP를 GDP_T, 비교역재 GDP를 GDP_{NT}라 하면 총지출과 GDP는 (A18−6)식과 (A18−7)식으로 각각 나타낼 수 있다.

$$A = A_T + A_{NT} \qquad \text{(A18-6)}$$

$$GDP = GDP_T + GDP_{NT} \qquad \text{(A18-7)}$$

$(GDP_{NT} = A_{NT})$

(A18−6)식과 (A18−7)식을 이용하여 (A18−5)식을 정리하면 (A18−8)식이 된다.

$$\begin{aligned} CAD &= A - (GDP_T + GDP_{NT}) - NFTA \qquad \text{(A18-8)} \\ &= A - (GDP_T + A_{NT}) - NFTA \\ &= A - A_{NT} - GDP_T - NFTA \end{aligned}$$

$A - A_{NT} = A_T$이므로 (A18−5)식을 이용하면 (A18−8)식은 (A18−9)식이 된다.

$$CAD = A - GNP = A_T - GDP_T - NFTA \qquad \text{(A18-9)}$$

요 약

요약
Summary

1. 국제자본이동은 주로 직접투자, 증권투자, 파생금융상품투자 등의 형태를 띤다. 직접투자란 외국의 공장, 자본재, 토지 등에 대한 실질투자를 의미하는데 그린필드형(Green Field) 투자라 불리기도 한다. 직접투자는 장기투자인 경우가 많다. 증권투자는 주식, 채권 등 금융자산에 대한 투자로 수익률의 변동에 매우 민감하게 반응을 보여 급격한 이동을 보이는 특성이 있다. 따라서 단기투자인 경우가 많으며 "핫 머니(hot money)"라 불린다. 파생금융상품이란 특정금융상품, 지표(주가지수 등) 또는 실물상품(곡물, 원자재 등) 등의 기초자산에 연결되어 이자율위험, 환위험 등 각종위험들을 거래하는 금융상품으로 선물, 스왑, 옵션 등이 주요 내용으로 되어 있다.

2. 해외투자의 동기, 즉 국제자본이동의 동기는 더 높은 수익률을 얻는 데 있다. 증권투자는 한 나라에서 다른 나라로 일방적으로만 이루어지는 것이 아니라 나라와 나라 간에 서로 주고받는 양방향 형태를 띤다. 이는 투자자들이 위험을 다변화(risk diversification)하고자 하기 때문이다. 각종 증권의 최적 투자비율, 즉 최적 포트폴리오(portfolio)는 투자자의 수익률과 위험에 대한 기호에 의해서 결정된다.

3. 직접투자도 증권투자와 마찬가지로 수익률의 격차가 그 원인이다. 직접투자는 수평적 통합과 수직적 통합으로 나누어진다. 전자는 외국시장에서 본국시장에서의 생산품과 동일한 또는 유사한 제품을 외국에서 직접 생산하는 경우를 말하고 수직적 통합이란 해외에서 원료 또는 원자재를 확보하기 위해 투자하는 경우를 말한다. 수평적 통합은 투자현지시장의 통제력을 확보하고자 하는 데 목적이 있고 수직적 통합은 주로 자원을 확보하는 데 목적이 있다.

4. 국제자본이동의 경제적 효과는 생산과 후생의 증가이다. 그러나 자본이동 후에 생산요소 간의 소득재분배가 일어난다.

5. 자본유입의 거시경제적 효과는 신용 붐, 실질환율의 하락(네덜란드 병), 민간소비의 가속화, 자산가격의 거품, 금융부문의 취약성 증대 등을 들 수 있다.

요약
Summary

6. 자본유입의 결정요인은 국내요인과 해외요인 두 가지로 나누어진다. 국내요인이란 국내경제여건의 개선으로 국내경제에 대한 전망이 좋아져서 외국자본이 들어오게 되는 요인을 말하는데 "풀요인(pull factors)"이라 부르기도 한다. 해외요인이란 자본유입국 내부가 아닌 해외에서의 충격 또는 환경변화로 자본유입을 일으키는 요인을 말하는데 국내요인과 대조적으로 "푸쉬요인(push factors)"이라 부른다. 자본유입의 국내요인의 예로는 통화안정, 경제개혁, 자본시장 자유화 등을 들 수 있으며 해외요인은 해외이자율, 금융혁신 등을 들 수 있다.

7. 자본유입의 급정지가 실물경제의 위기를 가져오는 경로는 케인즈(Keynes) 경로와 피셔(Fisher)경로 두 가지로 나눌 수 있다. 전자는 케인즈의 소득결정모형에 기초한 것으로 소득경로라고 할 수 있는데 자본유입이 급정지되면 경상수지 적자를 조정(개선)하기 위한 총지출의 축소는 산출량과 고용의 축소를 가져는 경로를 말한다. 피셔경로는 신용경로라고도 부를 수 있는데 경상수지 개선을 위한 총수요의 축소로 비교역재의 상대가격이 하락하여 비교역재부문의 채산성은 악화되고 채무상환능력이 하락하여 금융기관의 회수불능 여신이 증가하고 경제는 신용경색에 직면하게 된다. 이러한 신용경색은 실물경기의 침체와 함께 경제위기를 가져올 수 있다.

8. 자본유입에 직면한 국가들은 자본유입을 조절하기 위해 시장에 개입한다. 그 이유는 시장개입은 인플레이션 압력, 실질환율 하락, 금융위기 초래 등 자본유입으로 인한 거시경제적 부작용을 완화 또는 제거하고자 하는 데 있다. 자본유입에 대한 정부의 주요 정책대응으로는 환율정책, 통화정책, 재정정책, 통제정책, 지급준비율 조정정책 등을 들 수 있다.

9. 자본이동에 대한 통제정책은 시장의 기능에 직접적인 제한을 가하는 정책으로 수량제한, 2중 환율제, 세금 등을 들 수 있다. 그러나 이러한 직접적인 통제정책은 다양한 회피수단의 개발 등으로 실효성을 거두기가 어렵다.

연습문제

1. 증권투자의 경우 국가와 국가 간에 양방향으로 이루어지는 이유를 위험의 다변화(risk diversification)의 관점에서 설명하시오.

2. 직접투자의 수직적 통합과 수평적 통합의 차이점을 설명하고 각각의 사례를 3가지만 들어 보시오.

3. 네덜란드병(Dutch Disease)을 설명하고 사례 3가지만 들어 보시오.

4. 자본유입의 pull factors와 push factors를 각각 3가지만 들어 보시오.

5. 자본유입의 급정지가 실물경제 위기를 가져오는 경로를 케인즈경로와 피셔경로로 나누어 설명하시오.

6. 자본유입에 대한 대책을 직접통제를 제외하고 3가지만 들어 보시오.

참고문헌

박정식 · 박종원 · 조재호(2006), 『현대재무관리』, 다산출판사, 제10장, 227-259쪽.

신봉호(1999), 『미시경제학』, 박영사.

Agenor, Pierre-Richard(1998), "The Surge in Capital Flows: Analysis of 'Pull' and 'Push' Factors," *International Journal of Financial Economics*, Vol. 3, pp. 39-57.

Calvo, Guillermo A. and Carmen M. Reinhart(2000), "When Capital Inflows Come to a Sudden Stop: Consequences and Policy Options," in *Reforming the International Monetary and Financial System* eds. by Peter Kenen and Alexandre Swoboda, IMF, pp.175-201.

Calvo, Guillermo, Alejandro Izquierdo and Luis-Fernando(2004), "On the Empirics of Sudden Stops: The Relevance of Balance-Sheet Effects," NBER Working Paper, No. 10520, May.

Calvo, Guillermo A., Leonardo Leiderman and Carmen M. Reinhart(1996), "Inflows of Capital to Developing Countries in the 1990s: Causes and Effects," *Journal of Economic Perspectives*, Vol. 10, Spring, pp. 123-139.

Mathieson, Donald J. and Liliana Rojas-Suarez(1992), "Liberalization of the Capital Account: Experiences and Issues," IMF Working Paper, No. WP/92/46, June.

Salvatore, Dominick(2009), *International Economics: Trade and Finance*, Tenth Edition, John Wiley & Sons, Inc., September, Hoboken, NJ, USA, pp. 404-407.

19 국제자본이동의 실제

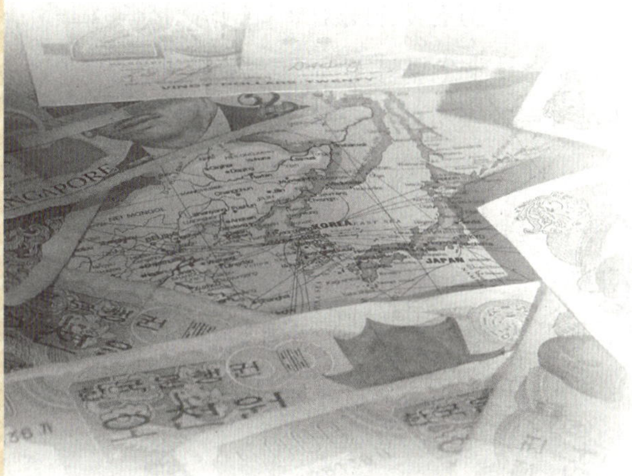

본 장은 국제자본이동의 실제적 특성을 다룬다. 먼저 국제자본이동성의 정도에 대한 측정문제를 설명한다. 이를 위해 저축-투자의 상관관계와 실질이자율평가 두 가지 방식을 설명한다. 다음에 투자의 국내편중현상, 실증분석에서 나타난 국제자본이동의 특성 등을 설명하고 국제자본이동의 현황을 다룬다.

제 1 절 >> 자본이동성의 측정문제

여기서는 국제자본이동의 정도에 대해서 설명하고자 한다. 즉 제 2 차 세계대전 후 1980년대에 이르기까지 선진국을 중심으로 금융시장의 개방 및 자유화로 국제자본이동에 대한 규제가 많이 철폐 또는 완화되었는데 이러한 조치들은 국가간의 자본이동을 촉진하여 국제자본시장의 통합을 더욱더 가속화시켰을 것으로 보인다. 그러나 실제 데이터를 분석해 보면 이러한 기대와는 달리 국제자본시장의 통합은 그렇게 많이 이루어진 것이 아닌 것으로 나타나 이에 대한 많은 논쟁이 일어나고 있다. 즉 국제자본이동이 자유로울수록 국제자본이동의 정도는 더 커지고 그에 따라 국가간의 자본시장의 통합은 더욱더 강하게 나타날 것인데 실증분석의 결과는 이론과는 다르게 나타난 것이다.

국제자본이동의 정도를 측정하는 방식은 크게 저축-투자의 상관관계와 실질이자율평가(real interest rate parity) 두 가지 방식으로 나눌 수 있다. 실질이자율평가는 국제금리재정이론에 기초한 것으로 구매력평가(*PPP*), 피셔 방정식, 커버된 이자율평가(covered interest rate parity: *CIP*), 커버되지 않은 이자율평가(uncovered interest rate parity: *UIP*) 등과 연결되어 있다.

1 저축-투자의 상관관계에 의한 국제자본이동성의 측정

만일 국제자본이동이 완전히 금지되어 있다면 국내저축(민간저축+정부저축)은 모두 국내투자로 나타나게 된다. 그러나 국제자본이동이 완전하면 국내저축은 국내나 외국이나 어느 쪽이든 이자율이 높은 곳에 투자할 수 있으므로 반드시 국내저축은 전액 국내투자로 나타나지 않을 수 있다. 그러므로 자본의 국제간 이동성이 높을수록 국내저축과 국내투자의 상관관계는 더 낮을 것이고 반대로 자본의 국제이동성이 낮을수록 국내저축과 국내투자의 상관관계는 더 높을 것이다. 제 2 차 세계대전 후 선진국을 중심으로 국제자본이동에 대한 통제가 철폐 또는 완화되었으므로 자본의 국제이동성은 높아졌을 것이고 따라서 국내저축과 국내투자의 상관계수는 낮을 것이다.

펠트스타인과 호리오카(Feldstein and Horioka, 1980)는 이러한 가설을 바탕으로 다음 (19−1)식에 의해 1960~1974년의 기간중 16개 OECD국가들을 대상으로 자본의 국제적 이동성을 추정한 바 있다.

$$(\frac{I}{y})_i=\alpha+\beta(\frac{S}{y})_i \qquad (19\text{-}1)$$

(19−1)식에서 α는 상수이며, y는 GDP, I는 국내투자, S는 국내저축을 각각 나타내며 i는 개별국가를 나타낸다. (19−1)식에서 β가 저축과 투자의 상관관계를 나타내며 저축의 국내잔류계수(savings-retention coefficient)라 부른다. 즉 자본의 국제적 이동성이 높을수록 국내저축의 해외투자비율은 높아질 것이므로 β의 값은 작아질 것이다. (19−1)식에 대한 펠트스타인과 호리오카(Feldstein and Horioka, 1980)의 추정결과는 β의 추정값이 0.887로 거의 1에 근접한 것으로 나타났다. 이러한 결과는 국내저축은 해외투자로 유출되지 않고 거의 모두 국내투자로 전환되는 것을 의미하며 국제자본이동이 불완전한 상태에 있음을 보여주는 것으로 펠트스타인-호리오카 수수께끼(Feldstein-Horioka Puzzle)라 부른다. 특히 자본이동에 대한 통제가 거의 없어 자본이동이 거의 완전한 상태에 있는 선진국을 대상으로 한 분석에서 이와 같은 결과가 나온 것은 놀라운 것으로 따라서 이 문제에 대한 많은 연구가 진행되었다.[1]

예를 들면 자본의 국제적 이동성이 높더라도 저축과 투자는 높은 상관관계를 가질 수 있다는 것이다. 그 이유는 두 가지를 들 수 있다.

하나는 내생적 저축(endogenous savings)의 문제이고 다른 하나는 대국문제(large country problem)이다. 내생적 저축이란 저축과 투자가 경제의 변동에 따라 같은 방향으로 함께 움직일 수 있는 성질을 말하는데 예를

1) 이에 대한 상론은 Obstfeld and Rogoff(1996), pp.162-163 참조.

들면 저축과 투자는 둘 다 경기순응적(procyclical)이어서 경기가 좋아지면 저축과 투자가 다 같이 늘어나고 반대로 경기가 나빠지면 저축과 투자가 다 같이 줄어드는 성향을 지니고 있다. 또한 인구가 증가하거나 또는 생산성이 증가할 때에도 저축과 투자는 같은 방향으로 움직일 수 있다. 즉 지속적인 인구의 증가 및 생산성의 증가는 장기저축과 장기투자의 증대를 초래할 수 있다. 그리고 정부가 경상수지의 불균형을 해소하기 위해 민간저축이나 정부저축의 변동을 유도하기 위한 정책을 취할 경우에도 저축과 투자는 같은 방향으로 움직일 수 있다.

다음 대국문제란 한 나라가 국제금융시장에서 대국인 경우에는 세계시장의 이자율 r^*에 영향을 미칠 수 있기 때문에 국내저축과 투자의 상관관계가 높을 수 있다는 것을 말한다. 예를 들어 대국의 저축이 감소하면 대국의 이자율(r)이 상승할 것이고 이에 따라 세계이자율도 상승할 것이다. 이러한 이자율(r^*)의 상승은 투자의 감소를 가져올 것이다. 이와 같이 대국인 경우에도 국내저축과 국내투자는 높은 상관관계를 나타낼 수 있다.[2)]

그러나 이러한 설명 중 어느 하나로 펠트스타인-호리오카 수수께끼를 설명하기는 어려우며 저축-투자의 상관관계를 국제자본이동성의 척도로 사용하는 것이 타당한가에 대한 문제가 있다.[3)]

2 실질이자율 평가에 의한 국제자본이동성의 측정

국제금리재정이론에 의하면 자본이동이 완전한 경우 국내수익률과 해외수익률은 항상 일치하게 된다. 이 경우 외국채권에 대한 투자의 환위험을 선물거래로 커버하느냐 커버하지 않느냐에 따라 균형조건은 커버된 이자율평가와 커버되지 않은 이자율평가로 나누어진다. 그리고 인플레이션율을 감안하면 명목이자율에 대한 이러한 평가는 실질이자율 평가로 바뀐다. 따라서 실질이자율 평가의 성립 여부는 자본이동의 정도를 측정하는

2) Frankel(1991) 참조.

3) 예를 들면 Moosa(1997)의 연구는 저축-투자상관관계보다는 이자율평가를 사용하는 것이 더 나은 접근으로 보고 있다. Agenor(2004), p.302 참조.

하나의 방법이 될 수 있다. 실질환율의 정의($q=\frac{EP^*}{P}$)와 피셔방정식에 의하면 국내실질이자율(r)과 해외실질이자율(r^*)의 격차는 다음 (19-2)식과 같이 나타낼 수 있다.

$$r-r^*=(i-i^*)-(\pi^e-\pi^{*e})=\dot{q}^e \qquad (19\text{-}2)$$

(19-2)식에서 i와 i^*는 국내명목이자율과 해외명목이자율을, π^e와 π^{*e}는 국내예상인플레이션율과 해외예상인플레이션율을 각각 나타내고 $\dot{q}^e$은 예상실질환율의 변동률을 나타낸다. 만일 구매력평가가 성립하면 $\dot{q}^e=0$이므로 (19-2)식에서 $r-r^*=0$이 된다. 즉 구매력평가가 성립하면 국내실질이자율과 해외실질이자율은 같아지고 따라서 실질이자율평가가 성립할 것이다. 만일 국제자본이동이 완전하면 자본은 국내수익률과 해외수익률이 같아질 때까지 이동할 것이므로 실질이자율 평가가 성립할 것이다. 그러므로 실질환율의 변동성을 국제자본이동의 척도로 사용할 수 있을 것이다. 즉 국제자본이동의 정도는 바로 실질환율의 변동성을 분석해 보면 알 수 있을 것이다.

그러나 실증연구에 의하면 실질환율은 그동안 큰 변동성을 보여 왔던 것이 하나의 정형화된 사실로 되고 있는 점에 비추어 실질이자율 평가로 측정한 자본의 국제이동성은 그렇게 높다고 하기 어렵다.

실질이자율 평가의 분해[4)]

(19-2)식의 실질이자율 평가는 (19-3)식과 같이 분해할 수 있다.

$$r-r^*=(i-i^*-fd)+(fd-(\pi^e-\pi^{*e})) \qquad (19\text{-}3)$$

(19-3)식에서 fd는 선물환할인율을 나타낸다. (19-3)식의 첫째 항은 커버되지 않은 국제금리평가(CIP)로부터의 괴리를 나타내며, 두 번째 항은 선물환할인율에 국내인플레이션율을 빼고 외국의 인플레이션율을 더한 것

4) 실질이자율 평가에 대한 상론은 제 5 장을 참조.

이다. 즉 전자는 국가프리미엄(country premium)을, 후자는 통화프리미엄(currency premium) 또는 실질선물환할인율(real forward discount)을 각각 나타낸다.[5] 통화프리미엄에 예상현물환율 상승률($\dot{e}^e$)을 가감하여 정리하면 (19-3)식은 (19-4)식과 같이 나타낼 수 있다.

$$r - r^* = (i - i^* - fd) + (fd - \dot{e}^e) + (\dot{e}^e - \pi^e + \pi^{*e}) \tag{19-4}$$

(19-4)식에서 두 번째 항은 선물환프리미엄과 예상현물환율의 상승률과의 격차이며 환위험프리미엄을 나타낸다. 마지막 항은 상대적 구매력평가로부터의 괴리를 나타낸다.

이상에서 살펴본 바와 같이 실질이자율 평가는 실질환율의 변동률((19-2)식), 커버되지 않은 이자율평가, 즉 국가프리미엄, 통화프리미엄 등으로 나타낼 수 있으며 이들 요인에 대한 실증분석은 국제적 자본이동성의 정도를 측정하는 하나의 방법이 될 수 있다.[6] 그러나 실질이자율평가의 성립 여부는 결국 구매력평가, 커버된 국제금리평형조건, 커버되지 않은 국제금리평형조건 등의 성립 여부에 달려 있다. 따라서 실질이자율평가의 성립 여부를 사용하여 자본의 국제적 이동성을 측정하고자 하는 것은 결국 이들 세 가지 조건의 성립 여부를 검증하는 것과 같다. 이러한 실질이자율평가는 또 외환시장의 효율성가설에 대한 검증과 같은 것이다. 그런데 외환시장의 효율성 가설은 대부분의 실증검증에서 기각되고 있으므로 실질이자율평가에 의한 자본의 국제이동성의 측정도 제한적이라고 할 수 있다.[7]

3 투자의 국내편중현상

국제자본이동이 자유로운 경우 투자자들은 국내자산뿐만 아니라 외국자산에 투자하여 위험을 분산시키는 것이 더 유리하다. 그러나 실제 데이

5) Frankel(1991), p. 247.
6) 실질이자율평가에 의한 국제자본이동성의 측정에 대한 실증연구의 결과는 Frankel(1991) 참조.
7) 실질이자율 평가의 검증에 대한 상론은 Lothian and Wu(2005) 참조.

터에 의하면 주식투자의 경우 내국인의 주식투자비중은 외국주식보다 국내주식이 훨씬 더 높은 비중을 차지하여 국내편중현상(home bias)을 보인 것으로 나타났다. 즉 내국인의 국내주식 투자비중은 1989년 말 기준으로 미국 92.2%, 일본 95.7%, 영국 92.0%, 프랑스 79.0%, 독일 89.4%를 각각 기록하여 국내주식에 대한 투자비중이 아주 높다.[8] 그러나 국제투자의 국내편중현상은 채권의 경우는 훨씬 완화된 것으로 나타났다.[9]

이러한 국제주식투자의 국내편중현상은 금융시장의 개방, 국제자본이동에 대한 통제의 완화 등으로 국제적 주식투자의 다변화를 함으로써 더 높은 이윤을 낼 수 있는 기회가 있는데도 투자자들이 그러한 기회를 활용하지 않고 국내주식에 대한 투자를 선호한 것으로 해석할 수 있다. 이는 포트폴리오이론과는 배치되는 현상으로 국제금융이론의 또 다른 하나의 수수께끼로 되어 있으며 국내편중 수수께끼(home bias puzzle)라 부른다.[10]

주식투자의 국내편중현상이 나타나는 이유는 다음 몇 가지로 요약할 수 있다.

첫째, 국제적 자본이동의 불완전성이다. 즉 국제자본이동이 불완전한 경우 국가간의 수익률의 격차가 존재하더라도 자본이동에 의해 수익률의 격차가 해소되지 않는다. 따라서 외국주식의 수익률이 국내주식의 수익률보다 높아서 외국주식에 투자하는 것이 더 유리한데도 투자자들은 외국주식에 투자하지 않고 국내주식에 투자하여 더 높은 이윤을 낼 수 있는 기회를 선택하지 못하는 현상이 나타날 수 있으며 이러한 경우 주식투자는 국내주식에 편중되는 결과를 초래할 수 있다. 그러나 이러한 설명은 선진국 및 개도국 간의 국제자본이동의 급격한 증가현상에 비추어 볼 때 설득력이 약하다고 할 수 있다.

둘째, 정보의 비대칭성 및 불완전성이다. 국내주식시장에 대한 정보는 내국인 투자자에 비해 외국인 투자자가 불리하고 또 정보는 불완전하다. 그것은 정보가 국제적으로 자유롭게 무제한으로 공급될 수 없고 따라서 투

8) French and Poterba(1991) 참조.

9) Folkerts-Landau and Goldstein(1994)에 의하면 G-7선진국의 경우 공공채무의 외국인 보유비중은 20%를 넘는 것으로 나타났음.

10) Obstfeld and Rogoff(1996), p. 305 참조. 원자료는 Folkerts-Landau and Goldstein(1994) 참조.

자자가 외국주식에 투자하려고 하면 외국주식에 대한 정보를 얻는 데 국내주식보다 더 많은 시간과 노력이 소모되고 그만큼 위험도 더 높기 때문이다. 그러므로 투자자들에게는 국내주식은 이미 정보를 많이 가지고 있어서 눈에 익은 것인 반면에 외국주식은 정보가 부족하여 익숙한 증권이 아니다. 따라서 투자자들은 비록 분산투자하는 것이 훨씬 유리하다 하더라도 정보가 부족한 외국주식보다 정보가 많은 국내주식을 더 선호하여 외국주식보다 국내주식에 더 많이 투자하게 된다.[11)]

셋째, 국제투자의 안전한(safe) 위험분산이다. 즉 투자자들은 다국적기업의 주식에 투자함으로써 주식투자의 안전한 위험분산을 실질적으로 달성할 수 있다. 다시 말해서 투자자들은 외국기업의 주식에 직접 투자하는 것보다 국내에서 이미 정보를 많이 알고 있는 다국적기업의 주식에 투자하는 것이 국제적으로 안전한 위험분산이 될 수 있으며 그러한 투자패턴이 주식투자의 국내편중현상을 가져온 이유가 될 수 있다는 것이다.[12)]

마지막으로 거래비용의 존재이다. 거래비용이란 주식거래에 대한 세금, 외환거래통제, 시장정보에 대한 학습비용 등 외국인의 국내주식투자에 대한 장벽을 말하는데 이러한 거래비용의 존재는 투자의 이윤폭을 줄이기 때문에 외국주식에 대한 투자를 억제하는 효과를 갖는다.[13)]

제2절 ≫ 국제자본이동의 특징: 실증분석

국제자본이동에 대한 실증분석에 의하면 다음과 같은 몇 가지 특징을 발견할 수 있다.

첫째, 자본이동 이론에 의하면 자본의 생산성이 낮은 나라에서 자본의

11) 외국인투자자들은 인접국기업, 대형기업, 잘 알려진 기업 등에 대한 투자를 선호하며 국내주식에 대한 투자자들의 경우도 잘 알려진 기업에 대한 투자를 선호하는 것으로 나타남. 이에 대한 상론은 Chan, Covrig and Ng(2005), Kang and Stulz(1997) 등을 참조.

12) Cai and Warnock(2006) 참조.

13) Tesar and Werner(1995)는 비거주자 주식거래의 회전율이 거주자의 주식거래회전율보다 더 크다는 점을 들어 거래비용의 존재가 국내주식편중현상의 요인으로 보는 데 회의적임.

생산성이 높은 나라로 이동한다. 일반적으로 선진국은 자본이 풍부하고 개도국은 자본이 부족하다. 따라서 한계생산성체감의 법칙에 따라 선진국의 자본의 한계생산성이 개도국의 한계생산성에 비해 더 낮다. 그러므로 자본은 선진국에서 개도국으로 이동하게 된다. 그러나 이론과는 달리 실제 데이터에 의하면 자본이 선진국에서 개도국으로 이동한 것이 아니라 반대로 개도국에서 선진국으로 이동한 것으로 나타났다. 즉 자본은 소득이 높은 나라에서 소득이 낮은 나라로 이동하는 하향흐름(downhill stream)을 보인 것이 아니라 반대로 소득이 낮은 나라에서 소득이 높은 나라로 이동하는 상향흐름(uphill stream)을 보인 것으로 나타났는데 이러한 현상을 루카스 역설(Lucas Paradox)이라 부른다.

[그림 19-1]은 자본수출국과 자본수입국 각각의 상대소득의 변동을 나타낸다. 즉 실선은 소득이 가장 높은 나라의 소득에 대한 자본수출국의 평균소득을 나타내고 점선은 소득이 가장 높은 나라의 소득에 대한 자본수입국의 평균소득을 나타낸다. [그림 19-1]에 의하면 자본수출국의 상대소득은 점점 하락하고 반대로 자본유입국의 상대소득은 점점 증가하고 있으며

그림 19-1 자본수출국과 자본수입국의 상대소득 비교

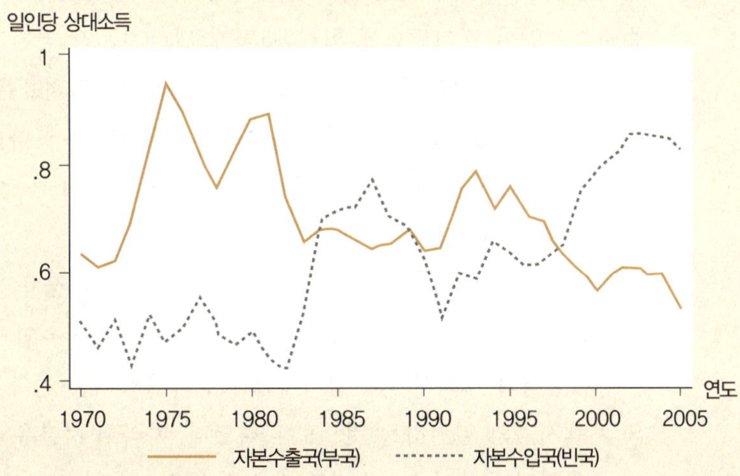

자료: Prasad, Rajan and Subramanian(2006), "Foreign Capital and Economic Growth," Seminar Paper presented at a Conference Organized by the Federal Reserve Bank of Kansas City, Jackson Hole, Wyoming, August 25, p. 39.

1985~1990년 중에는 그것이 서로 역전되기도 한 바 있다.[14] 이와 같이 자본수출국의 상대소득이 점점 줄어든다는 것은 자본수출국그룹에서 소득이 높은 나라들이 점점 줄어들어 자본수입국으로 전락하고 반대로 소득이 낮은 나라들이 자본수입국그룹에서 빠져나와 자본수출국으로 전환되기 때문이다. 이는 바로 소득수준이 낮은 개도국들에 의한 자본수출의 비중이 증가하고 반대로 소득수준이 높은 선진국들의 자본수입비중이 증가한 것을 의미하며 따라서 자본은 개도국에서 선진부국으로 이동하였음을 알 수 있다.

루카스역설의 이유로는 두 가지를 들 수 있다. 하나는 개도국에 대한 투자의 수익률이 개도국이 안고 있는 여러 가지 위험을 감안하고 나면 투자수익률이 이론에서 설명하는 것만큼 높지 않을 수 있다는 점이다. 다른 하나는 특히 빈국의 경우 경제제도의 미비, 금융시스템의 취약성, 금융규제, 물적자본 부족, 정부정책의 불안정 등으로 투자여건이 부국에 비해 훨씬 더 열악하다는 점이다.

둘째, 국제자본이동은 경기순응적(pro-cyclical)이다. 이는 호경기시에는 대외차입이 증가하고 불경기시에는 대외차입이 감소하는 현상을 의미한다. 카민스키, 라인하트와 베이(Kaminsky, Reinhart and Vegh, 2004)는 1960~2003년 중 OECD선진국을 포함한 104개국의 자본이동에 관한 연구에서 국제자본이동의 이와 같은 경기순응적인 사실을 확인하였다. 〈표 19-1〉은 순자본유입이 경기변동에 따라 어떻게 달라지는지 국가그룹별로 나타낸 것인데 모든 국가그룹의 경우 GDP대비 순자본유입비율은 불경기보다 호경기에 더 큰 것으로 나타나 있다. 그러나 경기변동에 따른 순자본유입의 변동폭은 선진국은 0.1%인 데 반해 중소득국은 1.2~1.4%로 중소득국이 더 큰 변동을 보인 것으로 나타났다.

뿐만 아니라 이들 개도국들의 경우 재정정책과 금융정책이 모두 경기순응적이었으며 특히 신흥경제국들의 경우에는 자본유입시기는 확장적 거시경제정책의 채택시기와 일치하고 자본유출시기는 긴축적 거시경제정책의 채택시기와 일치하는 것으로 나타났다. 따라서 자본유입은 "비가 올 때에는 한꺼번에 쏟아 붓는" 것과 같은 양상을 보였다.[15]

14) Prasad, Rajan and Subramanian(2006) 참조.
15) Kaminsky, Reinhart, and Vegh(2004) 참조.

표 19-1 자본이동 사이클 변동

국 가 군	순자본유입 / GDP(%)		
	호경기*(A)	불경기*(B)	변동(A-B)
O E C D	0.5	0.4	0.1
중소득국(상)	4.4	3.0	1.4
중소득국(하)	4.2	3.0	1.2
저 소 득 국	3.9	3.6	0.3

주: *) 호경기(불경기) GDP성장률이 중위수(median)보다 높은(낮은) 경우를 말함.
자료: IMF, *World Economic Outlook*. Kaminsky, Graciela L., Carmen M. Reinhart, and Carlos A. Vegh(2004), "When It rains, It pours: Procyclical Capital Flows and Macroeconomic Policies," NBER Working Paper No. 10780, September. 〈Table 5〉Amplitude of Capital Flow Cycle, p. 21.

셋째, 자본유입의 폭증(bonanza)은 경제위기의 원인이 될 수 있다. 역사적으로 자본이동규제의 완화 등으로 국제자본이동은 크게 증가하였으며 이에 따라 자본유입의 폭증현상도 빈번하게 나타났다. 라인하트와 라인하트(Reinhart and Reinhart, 2008)의 연구에 의하면 1980~2007년 중 대부분의 국가들의 경우 자본유입의 폭증은 2~4년간 지속되었으며 이러한 자본유입에 대해 정책입안자들로 하여금 일시적인 것이 아니라 영구적인 현상으로 착각하게 하는 경향을 보인 것으로 나타났다. 그리고 이들은 자본유입이 폭증하면 대부분 은행위기, 인플레이션 악화, 공공채무 부도사태의 증대 등으로 경제위기에 빠지는 확률이 높아지는 것을 확인하였다.

또한 자본유입의 폭증과 거시경제의 변동성과의 상관계수를 보면 실질 GDP성장률 0.43, 인플레이션율 0.25, 국제수지의 GDP비율 0.39 등으로 자본유입의 폭증은 거시경제변수의 변동성을 증대시키는 경향이 있었던 것으로 나타났다. 특히 자본유입의 폭증은 주식, 주택 등 자산가격의 버블을 초래하여 위기를 증폭시키는 경향을 보였다. 〈표 19-2〉는 자본유입 폭증기간과 외채위기의 연도를 보여주는 것인데 자본유입의 폭증이 외채위기의 전조역할을 하고 있음을 나타내고 있다.

마지막으로 자본유입의 경제적 효과는 긍정적인 효과와 부정적인 효과로 나누어진다. 그러므로 자본유입과 경제성장과의 관계는 불투명하다. 자본유입의 긍정적인 효과는 자본의 국제적인 효율적 배분으로 생산성 및 투

표 19-2 주요국 자본유입 폭증 및 외채위기 연도

국 가	자본유입 폭증년도	외채위기 연도
한 국	1980~1983, 1991, 1996	1998
인도네시아	1982~1983, 1986~1987, 1991, 1995	1998~2000, 2002
필 리 핀	1980, 1982~1983, 1990, 1993, 1997	1983~1992
아르헨티나	1982, 1987, 1994, 1997~1999	1982~1993, 2001~2005
브 라 질	1980~1983, 1999, 2001	1983~1994
칠 레	1980~1982, 1984-1986	1983~1990
멕 시 코	1980~1981, 1991-1994	1982~1990, 1995

자료: Reinhart, Carmen M., and Vincent R. Reinhart(2008), "Capital Flow Bonanzas: An Encompassing View of the Past and Present," NBER Working Paper, No. 14321, September. Appendix Table 4. Dates of Capital Flow Bonanza and External Debt Crises: Extended Sample(1980-2007), pp. 66-68 발췌인용.

자의 증대를 가져와 경제성장이 촉진된다는 것이고 반대로 부정적인 효과는 자본유입은 소비의 증가, 인플레이션, 실질환율의 하락, 수출상품의 국제경쟁력 악화 등으로 거시경제의 불안정성이 높아진다는 것이다. 특히 자본유입에 따른 실질환율의 하락으로 인한 부정적인 효과는 네덜란드병(Dutch Disease)으로 설명할 수 있다.[16)]

네덜란드병이란 1960년대 초 네덜란드가 천연가스에너지의 개발로 외화수입이 늘어나면서 환율이 급격하게 하락하자 제조업 등 다른 부문의 국제경쟁력이 악화되어 오히려 경제위기를 겪은 사례에서 유래된 말인데 자본유입이 급증하여 환율이 크게 떨어질 경우 실질환율이 하락하여 국민경제에 부정적인 영향을 줄 수 있다. 네덜란드병과 유사한 사례는 1970년대의 노르웨이와 영국의 북해유전개발로 두 나라의 제조업이 크게 어려움을 겪은 경우를 들 수 있다. 또한 1970년대, 1980년대 등의 에너지 위기도 네덜란드병의 일종으로 부를 수 있다. 즉 산유국들은 당시 석유가격이 크게 상승하였는데 이에 따라 외국상품에 비해 국내상품(석유)의 가격이 상대적으로 상승하여 실질환율이 하락하여 다른 수출품의 국제경쟁력의 악화를 경험한 바 있다.

네덜란드병은 경제를 교역재와 비교역재로 나누어서도 설명할 수 있다. 즉 이 경우 교역재 부문이 호황을 맞아 팽창하면 그 교역재 부문의 생산

16) 네덜란드병에 대한 상론은 Ellman(1981) 및 Corden(1984) 참조.

요소, 예를 들면 임금이 상승할 것이다. 이러한 임금의 상승은 비교역재부문의 임금상승을 가져오고 따라서 비교역재 부문은 생산비의 증가로 생산이 줄어들게 된다. 이 경우 교역재의 비교역재에 대한 상대가격($\frac{P_T}{P_N}$)은 하락하는데 그것은 교역재가격은 구매력평가에 의해 $P_T = EP_T^*$ 가 성립하여 일정한 데 비해 비교역재가격만 상승하기 때문이다. 물론 이 경우도 교역재의 가격을 비교역재의 수량으로 표시한 실질환율($\frac{P_T}{P_N}$)은 하락한다.

자본유입의 부정적 효과는 특히 개도국의 경우 더 두드러지게 나타나는데 그것은 금융시스템이 미비하고 경제개발단계가 아직 낮아서 외국자본을 효과적으로 이용할 수 있는 능력이 부족한 데 큰 원인이 있다. 특히 개도국의 경우 외국으로부터 유입된 자본이 생산성이 높은 교역재 부문보다 부동산 등 비교역재 부문에 주로 투자되는 경우가 많아 긍정적인 효과보다 부정적인 효과가 더 클 수가 있다. 따라서 금융시장의 발전단계, 제도적 장치, 지배구조, 거시경제정책 등 경제발전단계가 어느 수준을 넘어선 경우와 넘어서지 못한 경우로 나누어 자본유입의 효과를 측정하는 경우도 있다.[17) 따라서 자본유입의 효과에 대한 실증연구는 긍정적 효과를 내는 경우와 부정적 효과를 내는 경우로 나누어져 있다.[18)]

국제자본이동 현황 << 제3절

〈표 19-3〉과 〈표 19-4〉는 국제자본의 현황을 나타낸다. 먼저 자본유입을 보면 선진국의 경우 미국은 2000년대 초반 연평균 1조달러를 기록하였으며 2005년에 1조 2,473억달러, 2006년에 2조 652억달러를 각각 기록하여 크게 증가하였다. 그러나 2007년에는 2조 1,295억달러로 그 증가율이 대폭 줄어들었으며 2008년에는 글로벌 금융위기의 영향으로 5,341억달러 수준으로 대폭 감소하였다. 미국으로의 자본유입은 대부분 증권투자에 의해 이

17) Kose, Prasad, Rogoff and Wei(2006) 참조.
18) 이에 대한 상론은 Saborowski(2009) 참조.

표 19-3 국제자본이동: 유입 (단위: 억달러)

	1998~1999 (평 균)	2000~2004 (평 균)	2005	2006	2007	2008
미 국						
직접투자	2,342	1,565	1,126	2,432	2,758	3,197
증권투자	2,366	5,420	8,320	11,267	11,547	5,277
기 타	1,107	3,031	3,027	6,953	6,990	-3,134
합 계	5,815	10,016	12,473	20,652	21,295	5,341
영 국						
직접투자	820	573	1,774	1,541	1,978	975
증권투자	1,033	1,505	2,370	2,855	4,067	4,560
기 타	988	3,948	9,020	6,663	14,392	-15,541
합 계	2,841	6,026	13,165	11,059	20,436	-10,005
일 본						
직접투자	78	75	32	-68	222	246
증권투자	915	732	1,831	1,986	1,966	-1,030
기 타	-1,792	202	459	-891	489	620
합 계	-800	1,009	2,323	1,026	2,677	-164
유로지역						
직접투자	2,163	2,138	1,941	3,318	5,248	1,625
증권투자	3,052	3,575	6,818	10,320	8,084	6,319
기 타	1,992	2,387	8,017	9,283	12,876	3,036
합 계	7,207	8,100	16,776	22,921	26,209	10,980
개 도 국						
직접투자	1,707	1,894	3,348	4,164	6,100	6,666
증권투자	389	391	1,761	2,876	3,578	-302
기 타	195	417	1,267	2,126	6,984	879
합 계	2,290	2,701	6,375	9,167	16,662	7,243

자료: IMF(2009), *Global Financial Stability Report*, October, Table 1. Global Financial Flows: Inflows and Outflows, pp.180-181.

루어졌다. 즉 미국의 직접투자와 증권투자의 비중을 보면 2000년대 초반에 각각 15%와 54%였으나 직접투자의 비중은 점점 줄어들 2007년에 13%까지 하락한 반면 증권투자의 비중은 계속 증가하여 2005년에 최고치 66.7%를 기록하였으며 2007년에는 54%를 기록하였다. 2008년에도 증권투자가 직접투자의 거의 배에 가까운 수준을 나타내었다.

일본, 유로지역 등 다른 선진국의 경우에도 자본유입은 매우 유사한 패턴을 보였다. 특히 일본의 경우 직접투자보다 증권투자에 의한 자본유입의 비중이 70%를 넘는 높은 수준을 나타내었으며 유로지역의 경우는 증권투자의 비중이 대부분 40%대에 머물렀다. 그러나 영국의 경우는 직접투자와 증권투자의 비중은 상대적으로 낮았으며 자본유입은 은행차입 등을 비롯한 다른 경로로 이루어졌다.

미국을 비롯한 주요선진국들의 자본유입의 증가율은 상대적으로 기복이 심한 것으로 나타났다. 예를 들면 미국의 경우 2000년대 초반에 총자본유입액의 증가율이 연평균 72%에 달했다가 2005년에는 24.5%로 떨어지고 2005년에는 다시 65.6%로 증가한 후 2007년에는 3%, 2008년에는 75%나 감소하였다.

개도국의 경우도 자본유입이 대폭 증가하였다.[19] 2000년대 초반에 연평균 2,700억달러에 불과했으나 계속 증가하여 2007년에 1조 6,662억달러로 3년 만에 무려 5배 이상 증가하였으며 2008년에는 7,243억달러로 전년에 비해 56%나 감소하였다. 개도국의 경우에도 직접투자보다 증권투자의 비중이 크게 증가하였다. 즉 직접투자의 비중은 2000년대 초반에 70%에 달했으나 점점 줄어들어 2006년에는 36.6%로 감소하였으며 반면 증권투자는 동기간중 14.5%에서 21%로 증가하였다.

이상에서 살펴본 바와 같이 자본유입의 경우 선진국과 개도국 모두 2000년대에 들어와 증가하였지만 증가율은 기복을 보여 변동성이 크다는 것을 알 수 있다. 그리고 직접투자보다는 증권투자에 의한 자본유입의 비중이 크게 증가하여 국제자본이동은 증권투자에 의해 주도되고 있는 것으로 나타났다.

이번에는 자본의 유출을 살펴보자. 선진국의 경우 미국은 2000년대 초반 연평균 5,128억달러를 기록한 후 계속 증가하여 2006년에 1조 2,857억달러, 2007년에 1조 4,721억달러까지 증가하였다. 그러나 2008년에는 글로벌

19) 여기서의 개도국은 IMF의 2009년 분류에 의한 것인데 한국, 타이완, 싱가포르, 홍콩 등 아시아 신흥공업국들은 선진국그룹으로 분류되었기 때문에 여기에는 제외되어 있으며 총 149개국임. 국가그룹분류에 대한 상론은 IMF(2009), World Economic Outlook, April, pp.162-164 참조.

표 19-4 국제자본이동: 유출 (단위: 억달러)

	1998~1999 (평 균)	2000~2004 (평 균)	2005	2006	2007	2008
미 국						
직접투자	−1,838	−1,844	−362	−2,449	−3,986	−3,320
증권투자	−1,262	−1,135	−2,575	−4,989	−3,960	1,174
기 타	−1,199	−2,140	−2,670	−5,443	−6,774	2,194
대외지급준비*	10	−9	141	24	−1	−48
합 계	−4,290	−5,128	−5,466	−12,857	−14,721	−1
영 국						
직접투자	−1,627	−1,036	−808	−856	−2,755	−1,393
증권투자	−438	−1,077	−2,734	−2,570	−1,796	2,102
기 타	−458	−3,501	−9,262	−7,083	−14,843	9,334
대외지급준비*	7	4	−17	13	−26	31
합 계	−2,516	−5,610	−12,821	−10,496	−19,419	10,074
일 본						
직접투자	−235	−324	−454	−502	−735	−1,308
증권투자	−1,248	−1,252	−1,964	−710	−1,235	−1,896
기 타	1,521	362	−1,066	−862	−2,608	1,395
대외지급준비*	−351	−967	−223	−320	−365	−309
합 계	−312	−2,182	−3,708	−2,394	−4,942	−2,119
유로지역						
직접투자	−3,487	−2,510	−4,535	−5,425	−6,534	−5,179
증권투자	−3,418	−3,101	−5,146	−6,603	−6,011	−81
기 타	−305	−2,610	−6,999	−9,327	−12,302	−574
대외지급준비*	116	156	229	−26	−57	−57
합 계	−7,094	−8,064	−16,451	−21,381	−24,904	−5,891
개 도 국						
직접투자	−161	−273	−830	−1,620	−1,987	−2,416
증권투자	−270	−677	−1,690	−3,960	−3,369	−1,395
기 타	−855	−779	−1,975	−2,741	−5,218	−3,123
대외지급준비*	−157	−2,108	−5,416	−7,191	−12,273	−6,769
합 계	−1,441	−3,836	−9,911	−15,513	−22,847	−13,703

주: *) 음(−)의 부호는 증가를 나타냄.

자료: IMF(2009), Global Financial Stability Report, October 2009, Table 1. Global Financial Flows: Inflows and Outflows, pp. 180-181.

금융위기의 영향을 받아 1억달러 수준으로 대폭 감소하였다. 자본유출의 경우는 증권투자에 의한 유출이 상대적으로 증가하기는 했지만 직접투자와 큰 차이는 보이지 않았으며 이는 자본유입의 경우와 대조적이다. 일본, 유로지역, 영국 등 다른 주요 선진국들의 경우도 대체로 비슷한 양상을 보인 것으로 나타났다.

개도국의 경우 자본유출액은 2000년대 초반 3,836억달러에서 계속 증가하여 2007년에 2조 2,847억달러로 5배 이상 증가하였다. 그러나 2008년에는 글로벌금융위기로 1조 3,703억달러 수준으로 전년에 비해 40%나 감소하였다. 개도국의 경우는 선진국들과 달리 대외지급준비고가 크게 증가하였다. 즉 이들 국가들의 대외지급준비고의 증가액은 2000년대 초반 연평균 2,108억달러에서 2007년에 1조 2,273억달러로 대폭 증가하였으며 2008년중에는 6,769억달러로 줄어들었다.

이상 살펴본 바와 같이 국제자본이동은 선진국과 개도국 모두 유입액과 유출액이 2000년대에 들어와 증가하는 추세를 보였으며 다만 2008년에는 글로벌금융위기의 영향으로 크게 둔화된 모습을 보였다. 국제자본의 이동형태를 보면 직접투자보다 증권투자의 비중이 점점 더 커지는 양상을 보였으며 그러한 현상은 유입의 경우가 유출에 비해 더 두드러지게 나타났다. 그리고 개도국의 경우에는 자본이동이 대외지급준비고의 대폭적인 증가를 초래한 것으로 나타났다.

우리나라의 국제자본이동 << 제 4 절

〈표 19-5〉는 우리나라의 순자본이동을 나타내는데 순유입액은 1990년대에 연평균 70억달러에서 2000년대 초반에 연평균 84억달러로 증가하였으며 2006년에 211억달러로 대폭 증가한 후 2007년부터 감소하여 2008년에는 502억달러의 순유출로 반전되었다. 그러나 2009년에는 253억달러의 순유입으로 반전되었다. 우리나라의 경우도 직접투자보다 증권투자에 의한

표 19-5 우리나라의 순자본유입

(단위: 억달러)

	1990~1999 (평 균)	2000~2004 (평 균)	2005	2006	2007	2008	2009
직접투자	-8.4	19.5	20.1	-45.4	-138.3	-156.3	-90.6
증권투자	65.5	86.2	-35.1	-232.3	-260.5	-24.0	506.8
파생금융상품	-1.2	5.3	17.8	4.8	54.4	-147.6	-55.3
기타투자	14.5	-27.2	68.1	483.8	439.6	-173.8	-108.1
합 계	70.4	83.8	70.9	210.9	95.2	-501.7	252.8

자료: 한국은행, 경제통계시스템.

자본이동의 비중이 더 컸으며 특히 직접투자는 2006년 이후 2009년까지, 증권투자는 2005년 이후 2008년까지 순유출을 기록한 것으로 나타났다. 그러나 증권투자는 2009년에 507억달러를 기록하여 전년의 24억달러 순유출에서 대폭 반전되었다. 이와 같이 증권투자는 순유출에서 순유입으로 급반전되는 양상을 보여 변동성이 큰 것을 알 수 있다.

요 약

1. 국제자본이동의 정도를 측정하는 방식은 크게 저축-투자의 상관관계와 실질이자율평가(real interest rate parity) 두 가지 방식으로 나눌 수 있다. 실질이자율평가(real interest rate parity)는 국제금리재정이론에 기초한 것으로 구매력평가(*PPP*), 피셔방정식, 커버되지 않은 이자율평가(uncovered interest rate parity : *UIP*), 커버된 이자율평가(covered interest rate parity : *CIP*) 등과 연결되어 있다.

2. 자본의 국제간 이동성이 높을수록 국내저축과 국내투자의 상관관계는 더 낮을 것이고 반대로 자본의 국제이동성이 낮을수록 국내저축과 국내투자의 상관관계는 더 높을 것이다. 펠트스타인과 호리오카(Feldstein and Horioka, 1980)는 이러한 가설을 바탕으로 1960~1974년의 기간 중 16개 OECD국가들을 대상으로 자본의 국제적 이동성을 추정한 결과 국내저축과 국내투자의 상관계수는 0.887로 거의 1에 근접한 것으로 나타났다. 이러한 결과는 국내저축은 해외투자로 유출되지 않고 거의 모두 국내투자로 전환되는 것을 의미하며 국제자본이동이 불완전한 상태에 있음을 보여주는 것으로 펠트스타인-호리오카 수수께끼(Feldstein-Horioka Puzzle)라 부른다.

3. 국제자본이동성이 높은 경우에도 저축과 투자는 높은 상관관계를 가질 수 있다는데 그 이유로는 내생적 저축(endogenous savings)의 문제와 대국문제(large country problem), 두 가지를 들 수 있다. 전자는 저축과 투자의 경기순응적(procyclical) 특징을 말하고 후자는 한 나라가 국제금융시장에서 대국인 경우에는 세계시장의 이자율 r^*에 영향을 미칠 수 있기 때문에 국내저축과 투자의 상관관계가 높을 수 있다는 것을 말한다.

4. 실질이자율평가는 실질환율의 변동률, 커버되지 않은 이자율평가, 즉 국가프리미엄, 통화프리미엄 등으로 나타낼 수 있으며 이들 요인에 대한 실증분석은 국제적 자본이동성의 정도를 측정하는 하나의 방법이 될 수 있다. 그러나 실질이자율평가의 성립 여부는 결국 구매력평가, 커버된 국제금리평형조건, 커버되지 않은 국제금리평형조건 등의 성립 여부에 달려 있으므로 실질이자율평가의 성립 여부를 사용하여 자본의 국제적 이동성을 측정하고자 하는 것은 결국 이들 세 가지 조건의 성립 여부를 검증하는

요약
Summary

것과 같다. 이러한 실질이자율평가는 또 외환시장의 효율성가설에 대한 검증과 같은 것이다.

5. 주식투자의 경우 내국인의 주식투자비중은 외국주식보다 국내주식이 훨씬 더 높은 비중을 차지하여 국내편중현상(home bias)을 보인 것으로 나타났다. 이러한 현상은 포트폴리오이론과는 배치되는 현상으로 국내편중수수께끼(home bias puzzle)라 부른다.

6. 주식투자의 국내편중현상이 나타나는 이유로는 국제적 자본이동의 불완전성, 정보의 비대칭성 및 불완전성, 국제투자의 안전한(safe) 위험분산, 거래비용의 존재 등을 들 수 있다.

7. 국제자본이동에 대한 실증분석에 의하면 첫째, 자본은 소득이 높은 나라에서 소득이 낮은 나라로 이동하는 하향흐름(downhill stream)을 보인 것이 아니라 반대로 소득이 낮은 나라에서 소득이 높은 나라로 이동하는 상향흐름(uphill stream)을 보인 것으로 나타났는데 이러한 현상을 루카스 역설(Lucas Paradox)이라 부른다. 둘째, 국제자본이동은 경기순응적(pro-cyclical)이다. 셋째, 자본유입의 폭증(bonanza)은 경제위기의 원인이 될 수 있다. 넷째, 자본유입의 경제적 효과는 긍정적인 효과와 부정적인 효과로 나누어진다. 그러므로 자본유입과 경제성장과의 관계는 불투명하다.

8. 국제자본이동의 현황을 보면 선진국과 개도국 모두 유입액과 유출액이 2000년대에 들어와 증가하는 추세를 보였으며 다만 2008년에는 글로벌금융위기의 영향으로 크게 둔화된 모습을 보였다. 국제자본의 이동형태를 보면 직접투자보다 증권투자의 비중이 점점 더 커지는 양상을 보였으며 그러한 현상은 유입의 경우가 유출에 비해 더 두드러지게 나타났다. 그리고 개도국의 경우에는 자본이동이 대외지급준비고의 대폭적인 증가를 초래한 것으로 나타났다.

9. 우리나라의 경우 순자본유입액은 1990년대에 연평균 70억달러에서 2000년대 초반에 연평균 84억달러로 증가하였으며 2006년에 211억달러로 대폭 증가한 후 2007년부터 감소하여 2008년에는 순유출로 반전되었다가 2009년에는 순유입으로 다시 반전되는 등 최근 변동성이 증가하였다. 우리나라의 경우도 직접투자보다 증권투자에 의한 자본이동의 비중이 더 컸으며 증권투자는 변동성이 큰 것으로 나타났다.

연습문제

1. Feldstein–Horioka Puzzle을 설명하고 국제자본이동성이 높은 경우에도 저축과 투자는 높은 상관관계를 가질 수 있는 이유를 두 가지만 들어 보시오.

2. Lucas Paradox를 설명하고 그 이유를 제시해 보시오.

3. Home Bias Puzzle을 설명하고 그 이유를 제시해 보시오.

4. 실질이자율 평가가 구매력평가, 커버된 국제금리평형조건, 커버되지 않은 국제금리평형조건 등과 어떤 관계가 있는지 설명하시오.

5. 국제자본이동의 특성을 4가지만 들어 보시오.

참고문헌

Cai, Fang and Francis E. Warnock(2006), "International Diversification at Home and Abroad," NBER Working Paper, No. 12220, May.

Chan, Kalok, Vicentiu Covrig and Lilian Ng(2005), "What Determines the Domestic Bias and Foreign Bias? Evidence from Mutual Fund Equity Allocations Worldwide," *Journal of Finance*, Vol. 60, pp. 1495-1534.

Corden, W. M.(1984), "Booming Sector and Dutch Disease Economics: Survey and Consolidation," *Oxford Economic Papers*, Vol. 36, pp. 359-380 참조.

Ellman, M.(1981), "Nattural Gas, Restructuring and Re-industrialisation: The Dutch Experience of Industrial Policy," in Barker, T. and Brailovsky, V. eds. *Oil or Industry*? Academic Press, London.

Feldstein, Martin and Charles Horioka(1980), "Domestic Savings and International Capital Flows," *Economic Journal*, Vol. 90, June, pp. 314-329.

Folkerts-Landau, David and Morris Goldstein(1994), *International Capital Markets: Developments, Prospects, and Policy Issues*, IMF.

French, Kenneth R. and James M. Poterba(1991), "Investor Diversification and International Equity Markets," *American Economic Review*, Vol. 31, May, pp. 222-226.

Frankel, Jeffrey A.(1991), "Quantifying International Capital Mobility in the 1980s," in Douglas Bernheim and John B. Shoven, eds., *National Saving and Economic Performance*, The University of Chicago Press, Chicago, USA, pp. 227-260.

IMF(2009), *Global Financial Stability Report*, October.

__________(2009), *World Economic Outlook*, April.

Kang, Jun-Koo and Rene Stulz(1997), "Why Is There a Home Bias? An Analysis of Foreign Portfolio Equity Ownership in Japan," *Journal of Financial Economics*, Vol. 46, pp. 3-28.

Kose, Ayhan, Eswar Prasad, Kenneth Rogoff and Shang-Jin Wei(2006), "Financial Globalization: A Reappraisal," Working Paper, No. 06-189.

Reinhart, Carmen M., and Vincent R. Reinhart(2008), "Capital Flow Bonanzas: An Encompassing View of the Past and Present," NBER Working Paper, No. 14321, September.

Kaminsky, Graciela L., Carmen M. Reinhart, and Carlos A. Vegh(2004), "When It

Rains, It Pours: Procyclical Capital Flows and Macroeconomic Policies," NBER Working Paper, No. 10780, September.

Lothian, James R. and Liuren Wu(2005), "Uncovered Interest-Rate Parity over the Past Two Centuries," Frank J. Petrilli Center for Research in International Finance, CRIF Working Paper, No. 05001, Fordham University, June.

McCallum, John T.(1995), "National Borders Matter: Canada-US Regional Trade Patterns," *American Economic Review*, Vol. 85, pp. 615-623.

Moosa, Imad A.(1997), "Resolving the Feldstein-Horioka Puzzle," *Economia Internazionale*, Vol. 50, pp. 437-458.

Obstfeld, Maurice and Kenneth Rogoff(1996), *Foundations of International Macroeconomics*, The MIT Press, Cambridge, MA, USA, p. 305.

Prasad, Eswar, Raghuram Rajan and Arvind Subramanian(2006), "Foreign Capital and Economic Growth," Seminar Paper presented at a Conference Organized by the Federal Reserve Bank of Kansas City, Wyoming, August 25.

Saborowski, Christian(2009), "Capital Inflows and Real Exchange Rate: Can Financial Development Cure the Dutch Disease?" IMF Working Paper, No. 09-20.

20 외채론

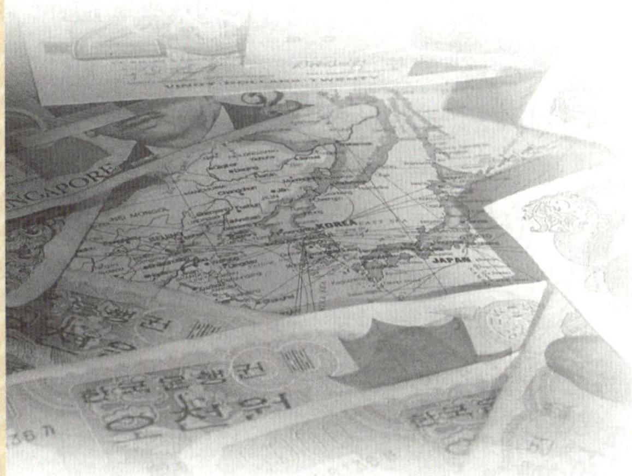

본 장은 외채의 개념, 외채관련 지표, 외채지속성 등의 개념을 정리하고 부채상환결핍증, 원죄론, 단기차입 편중현상 등 개도국의 외채의 특성을 설명한다. 뿐만 아니라 부채 래퍼곡선, 부채과중, 국가부도, 외채해결방식 등을 설명한다. 또한 개도국의 외채현황과 우리나라의 외채현황을 분석한다.

제1절 >> 외채의 의의

외채(foreign debt)란 한 나라의 거주자가 비거주자에 대해 지고 있는 부채를 말한다. 즉 외채는 원리금을 상환할 의무가 있는 차입형태의 외자도입이다. 외채에는 외국은행으로부터의 융자, 즉 뱅크론, 정부차입, 민간차입 등이 있다. 이와 같은 외채의 경우 채무자는 국제경제상황에 관계없이 사전에 약정된 조건에 따라 원금과 이자를 상환해야 하므로 그것이 곧 한 나라의 대외부채를 형성하게 된다. 직접투자도 외자도입의 한 형태지만 외채는 아니다. 왜냐하면 직접투자는 원리금상환이 없고 투자자가 투자의 생산물에 대해 일정 권한을 보유하기 때문이다. 즉 직접투자의 경우는 투자자가 그 투자원금과 투자과실에 대해 소유권을 가지므로 한 나라의 대외채무와는 실제로 관계가 없다. 그리고 투자대상국의 경제상황에 따라 투자과실의 크기가 결정되므로 원리금의 상환이 사전적으로 고정되어 있는 외채의 경우와는 다르다.

외채가 발생하는 이유는 무엇인가? 그것은 다음 (20-1)식의 국민소득 균형식에서 찾을 수 있다.

$$y = C + I + G + X - M \qquad (20\text{-}1)$$

세금(T)을 이용하여 (20-1)식을 정리하면 (20-2)식이 된다.

$$\begin{aligned} X - M &= (Y - T - C) - I + (T - G) \qquad (20\text{-}2) \\ &= (S - I) + (T - G) \end{aligned}$$

이제 단순화를 위해 소득수지와 이전수지가 없다고 가정하면 (20-1)식에서 무역수지($X-M$)는 경상수지(CA)와 같다. 따라서 (20-2)식은 (20-3)식과 같이 경상수지를 나타낼 수 있다.

$$CA = X - M = (S - I) + (T - G) \qquad (20\text{-}3)$$

(20−3)식의 첫째 항은 순민간저축을, 둘째 항은 순정부저축을 각각 나타낸다. 따라서 경상수지는 순민간저축과 순정부저축의 합계와 같다. 다음 국제수지표에 의하면 경상수지가 흑자이면 자본수지는 적자, 즉 자본유출이 되어 대외채권이 증가한다. 반대로 경상수지가 적자이면 자본수지는 흑자, 즉 자본유입이 되어 대외채무가 증가한다. 따라서 외채는 경상수지가 적자일 때 발생한다. (20−3)식에 의하면 투자가 저축을 초과하거나 정부지출이 조세를 초과하면 경상수지 적자가 발생할 수 있다. 이와 같이 외채의 근원은 경상수지 적자, 즉 순민간저축의 감소 또는 순정부저축의 감소에 있다.

외채지표 << 제2절

외채는 국민경제에 미치는 영향이 크기 때문에 외채에 대해서는 적지 않은 경계를 하고 있는 것이 사실이다. 그것은 개도국의 경우 만성적인 국제수지적자, 성장능력, 상환능력 등의 문제를 일으키는 경우가 많기 때문이다. 따라서 한 나라의 외채 상황을 파악하기 위한 지표로는 외채규모지표, 외채상환능력지표, 외채의 지속성 등을 들 수 있다.

1 외채규모지표

외채규모지표에는 총외채규모, 순외채규모지표, 공공외채, 민간외채, 장기외채, 단기외채 등이 있다. 총외채규모란 한 나라 전체의 모든 대외부채를 합한 것을 말하는데 일반적으로 외채란 이를 지칭하는 말이다. 반면 순외채란 한 나라의 총대외부채 중에서 그 나라의 대외채권을 차감한 것을 말하는데 외국에 갚아야 할 부담을 안고 있는 순수한 대외부채가 된다. 일반적으로 대외부채와 대외채권을 동시에 보유하고 있으므로 외채의 총규모가 대외부채의 부담을 그대로 반영할 수는 없으며 따라서 순외채가 한 나라가 대외적으로 상환해야 할 순수한 부담을 나타내는 척도로서 더 정확한 개념이다. 공공외채와 민간외채는 차입주체가 공공기관이냐 민간이냐에 따라 구분한 것인데 개도국의 경우 정부부문의 개발참여의 비중이 높은 만큼 공공외채의 비중이 높은 경우가 많다. 그러나 경제발전과 더불어 민간주도형경제로 전환됨에 따라 공공외채의 비중은 줄고 민간외채의 비중이 확대된다.

장기외채와 단기외채는 차입기간별로 구분한 것이며, 전자는 만기가 1년이 넘는 경우이고 후자는 만기가 1년 이하인 것을 말한다. 장기외채의 비중이 높을수록 채무만기가 장기에 걸쳐 도래하므로 채무국의 입장에서는 상환부담이 상대적으로 적다고 볼 수 있으나 그것은 차입조건에 따라 달라진다. 반면 단기외채는 만기가 짧기 때문에 채무상환기일이 빨리 돌아오고 따라서 채무상환부담이 증가한다. 이 경우 기존채무를 다시 연장하거나 다른 새로운 차입선(대출자, 즉 투자자)을 구해서 상환을 하게 되는데 이를 차환(roll-over)이라 한다. 만일 차환이 제대로 이루어지지 않으면 외채위기에 빠질 위험이 커진다.

2 외채상환지표

외채상환지표란 한 나라의 외채상환능력을 평가하는 지표를 말하는데 원리금상환부담률(debt service ratio: DSR), 국별위험(country risk), 연체위험도(probability of rescheduling) 등이 있다. 원리금상환부담률은 대외거래에서 벌어들인 경상외환수입(상품수출+서비스수출) 중에서 외채원리금 상환부담액이 차지하는 비율을 말하는데 다음 (20-4)식과 같다.

$$DSR = \frac{\text{외채원리금상환부담액}}{\text{상품수출} + \text{서비스수출}} \tag{20-4}$$

그러나 이 비율은 외채상환부담을 추정하는 기준점을 언제로 잡느냐에 따라 달라지게 되므로 획일적으로 사용하는 데 문제가 있다. 특히 외채 중에서 채무위기에 직면하여 순수히 외채상환을 목적으로 도입되는 경우가 있는데 이러한 경우에는 DSR은 정확한 외채상환부담을 평가하는 지표로 사용하는 데 한계가 있다.

국별위험(country risk)이란 채무국의 경제적 지표뿐만 아니라 사회 · 정치적 요소 등 비경제적 요소도 함께 고려하여 채무국의 신용도를 종합적으로 평가하는 지표이다. 즉 국별위험은 채무국 내에서 일어나는 각종의 사태로 인해 대외채무의 상환이 어렵게 될 수 있는 위험의 정도를 의미한다. 여기에는 정치적 · 사회적 리스크 등이 포함된다. 이러한 지표의 산정에는 GDP, 수출입, 경상수지, 실업률, 성장률 등의 경제적 지표뿐만 아니라 정국의 불안정, 인종분규, 국제적 관계, 국방, 종교분쟁, 외국인투자환경, 노사문제 등의 각종 비경제적 요소가 모두 동원된다. 국별위험 가운데 특히 유의해야 할 개념은 국가위험(sovereign risk)이다. 개도국의 경우 외채는 직접적이든 간접적이든 궁극적으로는 그 나라 정부 또는 공공기관의 보증하에서 이루어지고 있는 특성을 지니고 있기 때문에 채무불이행사태는 결국 그 나라 개별국민이 일으키는 것이 아니라 정부 또는 공공기관이 일으키는 것이 된다. 따라서 그러한 위험은 민간의 위험이 아니라 공공위험이 된다.

연체위험도(probability of rescheduling)란 채무국이 외채를 상환하지 못할 위험을 확률적으로 계산한 지표인데 이 지표의 산정에는 수출에 대한 외채잔액비중, 수입에 대한 대외지급 준비자산의 비중, GDP에 대한 수입비중, 수입에 대한 IMF 준비자산비중, GDP에 대한 고정자본 형성비율, 소비자물가상승률 등의 각종 지표가 이용된다.

3 외채의 지속성

외채의 지속성(debt sustainability)이란 매기마다 한 나라가 감당해 낼 수 있는 외채의 규모를 말하는데 그것은 성장률, 무역수지 및 이자율에 의해서 결정된다. 간단한 수식을 사용하여 설명해 보기로 하자.

D_t를 t기 말의 외채잔고, TB_t를 t기 무역수지, r을 이자율이라고 하면 외채와 무역수지는 다음 (20-5)식의 관계를 갖는다.

$$D_{t+1} = (1+r)D_t - TB_{t+1} \tag{20-5}$$

즉 $t+1$기 말의 외채잔고는 t기말의 외채잔고의 원금과 이자를 합한 것에서 $t+1$기중의 무역수지를 뺀 것과 같다. 이제 y_t를 t기의 실질GDP라고 하고 g를 실질경제성장률이라고 하면 (20-6)식을 얻는다.

$$\frac{y_{t+1}}{y_t} = 1+g \tag{20-6}$$

(20-5)식의 양변을 y_t로 나누면 (20-7)식이 된다.

$$\frac{D_{t+1}}{y_t} = (1+r)\frac{D_t}{y_t} - \frac{TB_{t+1}}{y_t} \tag{20-7}$$

(20-7)식을 다시 y_{t+1}로 조정하면 (20-8)식이 된다.

$$\left(\frac{D_{t+1}}{y_{t+1}}\right)\left(\frac{y_{t+1}}{y_t}\right) = (1+r)\left(\frac{D_t}{y_t}\right) - \left(\frac{TB_{t+1}}{y_{t+1}}\right)\left(\frac{y_{t+1}}{y_t}\right) \tag{20-8}$$

$\frac{y_{t+1}}{y_t} = 1+g$이므로(20-8)식은 (20-9)식이 된다.

$$\left(\frac{D_{t+1}}{y_{t+1}}\right)(1+g) = (1+r)\left(\frac{D_t}{y_t}\right) - \left(\frac{TB_{t+1}}{y_{t+1}}\right)(1+g) \tag{20-9}$$

정상상태(steady state)에서는 $\frac{D_{t+1}}{y_{t+1}} = \frac{D_t}{y_t} = \frac{D}{y}$, $\frac{TB_{t+1}}{y_{t+1}} = \frac{TB_t}{y_t} = \frac{TB}{y}$이므로 이를 이용하여 (20-9)식을 정리하면 (20-10)식이 된다.

$$\frac{TB}{y} = \left(\frac{r-g}{1+g}\right)\left(\frac{D}{y}\right) \tag{20-10}$$

즉 (20-10)식은 이자율이 r, 실질경제성장률이 g일 때 외채의 GDP에 대한 비율을 일정수준에 유지하는 데 필요한 무역수지의 GDP에 대한 비율을 나타낸다.

개도국 외채의 특성 << 제3절

1 채무상환결핍증

개도국은 선진국과 달리 외채상환능력이 부족한 것이 일반적이다. 즉 개도국은 선진국과 달리 본질적으로 채무상환능력결핍증(debt intolerance)을 가지고 있다. 채무상환능력결핍증이란 선진국이면 상환가능한 채무수준이라도 개도국은 상환할 수 없는 상태를 말하는데 그 이유는 개도국의 경우 경제시스템, 금융시장 등 여러 가지 제도적 요소가 선진국에 비해 상대적으로 취약하기 때문이다.

라인하트, 로고프 그리고 사바스타노(Reinhart, Rogoff and Savastano, 2003)의 연구에 의하면 개도국의 채무상환능력수준은 가장 안전하게 잡아서 GNP의 15~20%수준으로 선진국에 비해 현저하게 낮은 것으로 나타났다. 이는 채무액이 GNP의 15~20%를 넘어서면 선진국은 상환하는 데 문제가 없지만 개도국은 상환하기 어렵고 부도를 낼 위험이 높다는 것을 의미한다.

이들 연구에 의하면 일국의 대외채무상환능력결핍증은 주로 과거 채무상환 경력, 외채수준, 거시경제의 안정 등의 세 가지 요인의 영향을 받는다. 즉 과거에 외채에 대한 부도경험이 많을수록, 외채수준이 높을수록, 그리고 인플레이션, 금융안정 등 거시경제정책이 불안정할수록 외채상환능력결핍증이 더 심한 것으로 나타났다.

외채부도를 낸 적이 있는 국가들은 반복적으로 부도를 내는 경향을 가지고 있다. 남미국가들의 경우 1820년대, 1870년대, 1930년대 그리고 1980년대 모두 외채문제를 겪은 바 있다. 1824~2001년의 177년 동안 부도횟수를 보면 브라질 7회, 베네수엘라 9회, 아르헨티나 4회 등을 기록하였다. 유럽의 경우도 유사한 패턴을 보이고 있는데 외채부도횟수를 보면 스페인은 16~19세기 중에 13회, 포르투갈, 독일, 오스트리아 등은 19세기 중에 5회, 프랑스는 1550~1800년 중에 8회를 각각 기록하였다. 그리고 외채위기를 겪은 나라들의 1970~2001년 중 평균외채비율은 GNP 대비 70%를 넘어섰으며 수출대비 250%를 초과하였다. 또한 평균적으로 외채부도를 낸 국가들의 인플레이션율은 연 40%를 초과한 반면 외채부도 경험이 없던 개도국들은 인플레이션율이 40%를 초과한 적이 없는 것으로 나타났다.[1)]

그러므로 개도국은 이러한 외채상환능력의 결핍증을 해소하기 위해서는 먼저 국내경제의 제도적 취약성을 해소하는 일이 중요하다. 즉 제도, 부패, 지배구조 등의 성장장애요인을 제거하고 국내금융시스템의 안정 및 인플레이션 안정을 위한 거시경제안정정책을 취해야 한다. 아울러 급격한 자본유입이 급격한 자본유입정지 또는 유출로 반전되는 것을 막도록 자본이동에 대한 경고시스템을 작동시켜야 한다.

그리고 대외채무 특히 정부채무를 지속적으로 낮은 수준에 유지하여 외부경제의 충격에 대한 취약성을 줄이도록 해야 한다. 이와 같은 국내경제의 구조적 개선으로 외채부도경력을 지우고 부도국가그룹에서 졸업하도록 해야 한다. 국제적 신용은 한번 추락하고 나면 다시 회복하는 데 많은 노력이 필요하고 또 장기간이 필요하므로 부도국가그룹으로부터의 졸업은 장기적인 과제이다. 이와 같이 외채상환능력결핍증을 해소하고 나면 개도국의 국제자본시장에서의 차입조건은 개선될 것이고 이는 경제성장에 도움을 줄 것이다.

2 원죄론

원죄론(original sin)이란 개도국은 선진국과 달리 국제금융시장에서 자국통화로 차입할 수 없고 외국통화로만 차입할 수밖에 없는 현실적인 한계를 의미한다. 그 이유는 비록 개도국이 자국통화표시로 차입을 하고 싶어

1) Reinhart, Rogoff and Savastano(2003), Tables 1, 2, 3, 4, pp. 10-17 참조.

도 개도국통화는 국제적인 결제수단으로 사용될 수 없기 때문에 채권자가 개도국의 요구를 받아주지 않기 때문이다. 따라서 개도국의 대외채무는 외화표시가 대부분이며 이러한 원죄 때문에 개도국의 재무상태표는 통화불일치(currency mismatch)의 문제를 안고 있다. 통화불일치란 재무상태표상의 자산은 자국통화로 표시되어 있는데 부채는 외국통화로 표시되어 있는 것을 말한다. 통화불일치가 있으면 환율이 변동할 경우 환위험에 대한 노출이 높아진다.

예를 들어 환율이 상승할 경우 자산은 원화로 표시되어 있기 때문에 환율상승의 영향을 받지 않지만 외화로 표시되어 있는 부채를 자국통화로 환산하면 부채상환액이 증가하여 부채상환부담이 늘어나게 된다. 이러한 환율상승은 기업들의 재무상태표를 악화시켜 금융위기 또는 경제위기를 초래하는 원인이 될 수 있다. 그러므로 원죄는 개도국이 안고 있는 태생적 문제이다. 또한 이러한 원죄는 개도국들이 환율변동을 두려워하는 성향, 즉 환율유동화에 대한 두려움(fear of floating)의 한 원인이 되고 있다.

이제 W는 순자산(net worth), D는 국내상품으로 표시한 부채, q는 실질환율, F는 대외부채를 각각 나타낸다고 하자. 이 경우 기업의 순자산은 (20-11)식과 같이 나타낼 수 있다.

$$W_t = \alpha y_t - D_t - qF_t,\ 0 < \alpha < 1 \tag{20-11}$$

(20-11)식의 첫째 항, αy_t는 자본소득을 나타낸다. 그리고 순자산 W는 국산품의 수량으로 표시한 실질변수이다. 따라서 대외부채가 많은 경우, 즉 (20-11)식에서 F의 값이 큰 경우 실질환율이 상승하면 순자산은 감소하고 이러한 순자산의 감소는 투자위축, 산출량감소 등으로 경제위기를 일으킬 수 있다.[2)]

아이헨그린, 하우즈만 및 파니자(Eichengreen, Hausmann and Panizza, 2002)에 의하면 국제금융시장에서 주로 사용된 통화는 미국달러, 유로, 영국파운드, 일본엔, 스위스프랑 등 5대 통화이며 원죄의 현상이 뚜렷하게 나

2) 대외부채가 많은 경우 실질환율의 상승이 경제위기를 가져올 수 있는 경로는 제21장의 제3세대 모형을 참조.

표 20-1 국제채 발행 국가그룹별, 통화표시별 비중 (단위: %)

	자국통화표시		5대통화표시*	
	1993~1998	1999~2001	1995~1998	1999~2001
주요 국제금융센터	52.6	68.3	77.9	85.2
유로지역	23.2	56.8	90.3	91.9
개 도 국	2.3	2.7	76.2	75.8

주: *) 미국달러, 유로, 일본엔, 영국파운드, 스위스프랑
자료: Bank for International Settlements. Eichengreen(2002), Tables 1, 2, pp.46-48 발췌 인용.

타났다.[3] 총국제채 발행잔고 가운데 자국통화표시 발행비중을 보면 주요 선진국 국제금융센터는 1993~9998년 중에 53%, 1999~2001년 중에 68%를 각각 기록한 반면 개도국은 두 기간 모두 2%대의 아주 낮은 수준을 기록하였다. 이러한 원죄현상은 5대 통화표시인 경우에 더 두드러지게 나타났다. 5대 통화표시 국제채권의 발행비중을 보면 주요 선진국 국제금융센터는 1993~1998년 중에 78%, 1999~2001년 중에 85%를 각각 기록한 반면 개도국은 두 기간 중 모두 76% 수준을 기록하였다(〈표 20-1〉 참조).[4]

3 단기차입

개도국들의 대외차입은 단기차입의 비중이 높다. 개도국들의 이러한 단기차입의존성은 자산-부채 간의 기간 불일치문제(term mismatch)를 안고 있어 위기시에 더 큰 문제를 일으킨다. 즉 단기채를 많이 보유할 경우 자산보다 만기가 빨리 도래하는 부채의 롤오버 리스크가 크고 경제상황이 나빠질 경우 자본유입의 급정지, 롤오버의 중단 등으로 위기를 맞을 수 있다. 그러므로 단기부채의 비중이 과도하게 높은 것은 매우 위험하다.

그런데 현실적으로 개도국들은 이렇게 위험한 단기부채를 많이 보유하

3) Eichengreen, Hausmann and Panizza(2002)은 몇 가지 방식에 따라 개도국의 원죄의 크기를 측정하였는데 그 한 방법을 소개하면 다음 공식과 같다. $OSIN_j = 1 - (j$국 통화표시 국제채무/j국 총 국제채무). $OSIN_j$은 j국의 원죄의 크기를 나타내며 1보다 작다. 원죄의 측정에 관한 상론은 이들 논문을 참조.

4) Eichengreen, Hausmann and Panizza(2002) 참조.

는 이유는 무엇인가? 그 이유는 채무자측 요인과 채권자측 요인으로 나누어 볼 수 있다.

먼저 채무자요인으로는 채무자의 도덕적 해이(moral hazard)를 막는 데 있다. 즉 정부가 차입자인 경우 정부는 가급적이면 인플레이션을 유발하여 채무의 실질가치를 떨어뜨려 채무부담을 줄이려는 노력을 할 것인데 이러한 인센티브는 채무기간이 단기일수록 감소한다. 특히 정부는 채무가 단기일수록 위기에 대한 취약성이 높기 때문에 부도가 나지 않도록 경제정책을 신중하게 취하여 채권자의 신뢰를 높이도록 노력을 더 많이 하게 된다. 즉 단기채무가 많을수록 정부는 채무상환에 대한 확약을 더욱더 확실하게 하여 신용을 높이고자 할 것이다. 그러나 단기채는 더 위험하므로 이러한 장점과 위험 간에 상충관계(trade-off)가 존재한다.

채권자측 요인으로는 채권자들의 위험기피요인을 중시한다. 채권자들은 위험을 싫어하기 때문에 만기가 길수록 더 높은 위험프리미엄을 요구하게 된다. 즉 채권자들은 장기채권인 경우 만기 이전에 유동화해야 하는 일이 발생할 수 있고 그리고 이들 장기채권의 가격은 변동하므로 장기채권에 더 많은 리스크가 있다. 그러므로 채권자들은 장기채권을 보유할 경우 이러한 리스크에 대한 보상으로 더 높은 프리미엄, 즉 기간프리미엄(term premium)을 요구하게 되고 따라서 장기채무는 단기채무에 비해 더 비용이 높다.[5] 차입자 입장에서는 만기가 길수록 롤오버 위기의 확률이 낮기 때문에 장기채무가 더 안전한 차입수단이 되겠지만 상대적으로 비용이 더 높기 때문에 단기로 차입할 수밖에 없다는 것이다.[6]

4 채무과중의 문제

채무과중(debt overhang)이란 한 나라의 채무가 지나치게 많아서 총채무액이 예상상환액을 초과하는 경우를 말한다. 이해를 돕기 위해 D를 총채

5) 기간프리미엄=장기채권(예, 만기 12년 채권) 리스크프리미엄−단기채권(예, 만기 3년 채권) 리스크 프리미엄.

6) Broner, Lorenzoni and Schmukler(2007) 참조.

무액, y를 GDP, C_{min}을 최저소비수준, R을 채무상환액이라 하자. C_{min}이란 채무가 아무리 많더라도 일국의 GDP 중에서 최소한 소비해야 할 수준을 말한다. 그러면 상환할 수 있는 채무액은 GDP 중에서 최저소비수준을 뺀 나머지, 즉 $(y-C_{min})$이 될 것이다. 그러면 경제상태가 좋은 경우와 나쁜 경우 두 가지로 나누고 전자의 GDP를 y_{good}이라 하고, 후자의 GDP를 y_{bad}이라 하자.

경제상태가 좋아서 $D<(y_{good}-C_{min})$이면 채무상환액은 $R=D$가 되어 채무액을 전액 상환할 수 있어서 아무런 문제가 없다. 그러나 경제상태가 나빠서 $D>(y_{bad}-C_{min})$이면 채무상환액은 GDP 중에서 최소한의 소비지출을 뺀 나머지밖에 없을 것이므로 $R=y_{bad}-C_{min}$이 될 것이다. 따라서 $D>(y_{bad}-C_{min})$이면 GDP 중에서 최저소비수준을 충족하고 남은 것이 채무액보다 모자라므로 채무액을 모두 다 상환할 수 없는 상태가 되는데 채무과중이란 이러한 상태를 말한다. 이 경우 채무액 중에서 $[D-(y_{bad}-C_{min})]$은 상환하지 못하는 채무액이 된다. 물론 채무과중이 되면 투자자들은 채무상환이 확실하지 않기 때문에 투자를 기피할 것이고 따라서 투자는 줄어들게 되어 채무과중에 직면한 국가는 어려움을 겪게 된다.

또한 채무과중현상은 [그림 20-1]의 부채래퍼곡선(debt Laffer curve)을 사용하여 설명할 수 있다.[7] 즉 부채래퍼곡선이란 일국의 채무와 그 나라의 채무상환에 대한 시장의 예상액의 관계를 나타내는 것인데 세수와 세율간의 관계를 나타내는 래퍼곡선과 모양이 유사하다. [그림 20-1]의 횡축은 채무총액(D)을, 종축은 채무상환예상액(V)을 각각 나타낸다. 채무가 일정수준까지 증가할 때에는 부도위험이 전혀 없고 채무가 전액 상환될 것으로 예상하기 때문에 채무상환예상액은 채무액과 1:1로 정비례해서 증가한다. 그러나 채무액이 일정수준을 넘어서면 부도위험은 증가하고 투자는 감소하여 채무액이 모두 다 상환될 것으로 예상할 수가 없으므로 예상채무상환액의 증가율은 채무증가율보다 낮아진다. 그리고 채무액이 더욱더 증가하면 이제는 예상채무상환액이 오히려 감소하게 된다.

[그림 20-1]에서 채무액이 D_0일 때까지는 채무액이 증가하면 예상채

7) Krugman(1989) 및 Agenor(2004), pp. 638-642 참조.

그림 20-1 부채 래퍼곡선

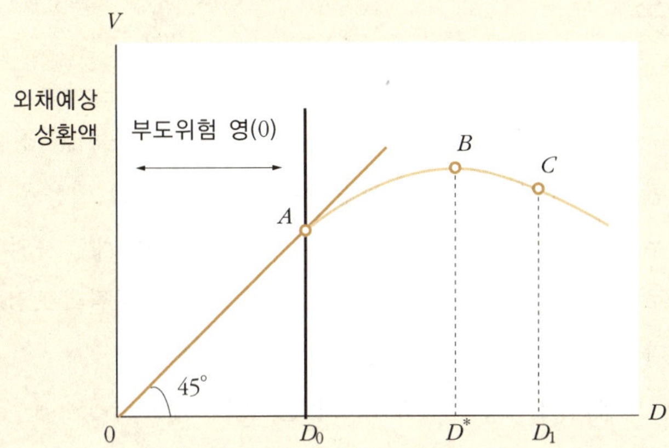

자료: Krugman(1989).

무상환액은 동일한 비율로 증가한다. 즉 OA선의 기울기는 45° 이다. 이제 채무액이 D_0수준을 넘어서면 채무액이 증가할수록 채무에 대한 부도위험이 증가하므로 예상채무상환액의 증가율은 줄어들고 채무액이 D^*를 넘어서면 오히려 예상채무상환액이 감소한다.

예를 들어 C점의 경우 채무수준이 D_1으로 너무 높기 때문에 예상채무상환액은 CD_1으로 줄어든다. 따라서 이 경우 채무는 잘못된 것이며 만일 채무가 이러한 상태에 있다고 한다면 채권자들은 채무를 탕감하여 줄여주는 것이 예상채무상환액을 증가시켜 주므로 더 나은 정책이 될 수 있다.

그러나 채무탕감이 더 나은 정책인데도 실제로 외채의 경우 채권자들의 이러한 채무탕감은 일어나기 어렵다. 그것은 조정실패(coordination failure) 때문이다. 즉 누군가가 나서서 채무과중문제를 해소하기 위해 채권자들의 이해관계를 조정해서 채무탕감을 해 주어야 하는데 대규모 채권자 그룹의 각자의 이해관계를 조정하기 어렵다. 특히 이러한 경우 무임승차의 문제가 내재되어 있기 때문에 문제해결이 더 어렵다.

제 4 절 » 국가부도

국가부도(sovereign default)란 민간부채가 아닌 정부 또는 정부가 보증한 채무에 대해 부도를 내는 것을 말하는데 그 비용은 민간채무와 달리 매우 크다. 민간채무는 한 기업이 부도를 내면 채권자의 채권권리가 법적으로 잘 보장되지만 국가채무의 경우 이러한 채권확보절차가 없으므로 처리가 어렵다.

국가채무의 국제부도비용은 평판비용(reputation cost), 무역제재비용(sanction cost), 국내경제비용, 정치적 비용 등 4가지 유형으로 나눌 수 있다. 평판비용이란 국가가 외채에 대해 부도를 낼 경우 국가의 이미지 및 평판이 나빠지는 것을 말하며, 무역제재비용이란 국가가 외채에 대해 부도를 낼 경우 무역봉쇄, 무역신용의 금지 등 국제적인 제재조치를 말한다. 국내경제비용이란 국제적인 국가의 외채에 대한 부도사태로 금융부문의 채산성 악화, 금융불안, 금융위기 촉발 등 경제성장이 감소하는 것을 말하며 정치적 비용이란 국가의 외채위기로 현정부의 신뢰가 떨어져 정치기반을 잃어버리는 비용을 말한다.

이와 같이 외채에 대한 국가부도는 그 비용이 워낙 크기 때문에 대부분 부도를 피하고 상환하는 것이 보통이다.[8)]

제 5 절 » 외채위기의 해결방식

외채위기는 해당국뿐만 아니라 채권금융기관에까지 매우 중대한 문제를 일으킨다. 즉 외채위기는 채무국의 대외신용을 추락시켜 금융위기를 더욱더 악화시키며 채권금융기관들은 회수불능여신의 증가로 연쇄적인 은행

8) 국가부도의 비용에 대한 실증분석은 Borensztein and Panizza(2008) 참조.

파산 또는 금융위기를 맞을 수 있다. 따라서 외채위기가 발생하면 국제적인 공조체제를 가동하여 문제를 해결하고자 하는 것이 보통이다. 외채위기의 해결방식은 사안에 따라 각양각색으로 다르지만 대체로 3가지 방식으로 나눌 수 있다.

첫째, 채무재조정(debt rescheduling)이다. 채무재조정이란 채무의 만기를 연장하여 매기별 채무상환부담액을 줄여주거나 이자 또는 원리금의 상환을 연기하여 주는 것을 말한다. 채무재조정방식의 예를 들면 채무주식스왑(debt-equity swap), 채무환매(buyback) 등을 들 수 있다. 채무주식스왑이란 채무를 주식으로 교환해 주는 것을 말하는데 채권자(예 채권은행)는 원래의 부채채권을 금융기관 등에 매각하고 그 매각대금으로 다른 기업의 주식을 매입하는 제도이다. 또한 채무환매란 채무국이 원래의 채무를 시장에서 할인된 가격으로 다시 매입하는 제도인데 이 경우 채무국이 직접 외채를 매입함으로써 부채채권의 급락을 막아 외채위기를 완화할 수 있다. 그러나 나중에 환매한 채무를 다시 상환할 때 채무부담이 다시 등장하게 된다.

둘째, 경제개혁이다. 채무국의 외채상환능력을 제고하기 위한 정책으로 평가절하, 규제완화 등을 들 수 있다. 그러나 이러한 경제개혁정책은 일반적으로 국내경제의 침체를 가져와 생산감소, 실업증대 등의 경제적 고통이 수반된다.

마지막으로 채무탕감이다. 채무원금의 일부를 면제하여 상환액을 대폭 줄여주거나 또는 이자율을 대폭 인하해 주어 채무상환을 크게 줄여주는 정책이다.

그러나 채무위기의 경우 실제로 어떤 정책을 취할 것인가는 채무국, 채권국, 채무구조, 경제전망 등 여러 가지 요인들에 따라 다르며 그 접근방식을 획일적으로 정할 수는 없으며 따라서 사안별로 접근할 수밖에 없다.

외채위기 해결을 위한 국제적인 접촉창구로는 파리클럽(Paris Club)과 런던클럽(London Club) 두 가지를 들 수 있는데 파리클럽은 1956년에 출발한 것으로 공공채무의 재조정을 협의하는 창구이고 런던클럽은 1976년에 출발한 것으로 민간채무의 재조정을 협의하는 창구이다.

제6절 >> 외채현황

1 개도국 외채현황

〈표 20-2〉는 개도국의 외채현황을 나타낸다. 개도국 전체의 외채총액은 1990년대의 평균 1조 6,592억달러에서 2000년대 초반에 평균 2조 5,746억달러로 증가한 후 지속적으로 증가하여 2008년 말 현재 4조 5,459억달러를 기록하고 있다. 외채액의 증가율을 보면 2000년대 초반에 1990년대에 비해 55.2%나 증가하였으나 2005년에는 19.7%로 증가율이 하락하였으며 2008년에는 12.4%로 크게 하락하였다.

외채총액의 GDP비중은 1990년대 평균 31.6%, 2000년대 초반 평균 35.9%를 각각 기록하였으나 2005년 이후 계속 하락하여 2008년에는 25.1%로 줄어들었다. 또한 외채총액의 수출에 대한 비중은 1990년대의 145.3%에서 계속 하락하여 2008년에는 66.4%까지 감소하였다.

한편 개도국 전체의 외채상환액은 매년 지속적으로 증가한 것으로 나타나 있다. 즉 1990년대의 평균 2,304억달러에서 2008년에 3배가 넘는 7,063억달러로 증가하였다. 외채상환액의 GDP에 대한 비중도 1990년대 평균 4.3%, 2000년대 초반 평균 6.2%를 각각 기록한 후 계속 하락하여 2008년에는 3.9%까지 떨어졌다. 외채상환액의 수출에 대한 비중도 1990년대의 평균 19.9%에서 지속적으로 하락하여 2008년에는 10.3%를 기록하였다.

이와 같이 개도국의 외채잔고는 크게 증가하였지만 2000년대에 들어와 증가율은 지속적으로 하락하였으며 따라서 GDP에 대한 비중과 수출에 대한 비중도 모두 하락하는 추이를 보였다. 뿐만 아니라 개도국의 외채상환액도 크게 증가하여 GDP 및 수출에 대한 비중도 모두 지속적으로 하락하는 추이를 보였다.

개도국 중 주요 지역별 외채총액을 보면 중동부유럽은 1990년대의 평균 1,751억달러에서 2008년에 1조 618억달러로 증가하였으며 같은 기간 중

표 20-2 **개도국 외채현황(잔액)**

(단위: 억달러, %)

	1990~1999 (평 균)	2000~2004 (평 균)	2005	2006	2007	2008
개도국전체*						
외채총액	16,592.4	25,746.2	30,820.4	33,923.2	40,435.7	45,459.0
GDP비중	31.6	35.9	28.8	27.0	26.6	25.1
수출비중	145.3	113.8	77.3	70.3	70.7	66.4
외채상환액	2,304.0	4,444.8	6,247.8	7,178.4	6,718.3	7,062.6
GDP비중	4.3	6.2	5.8	5.7	4.4	3.9
수출비중	19.9	19.8	15.7	14.9	11.7	10.3
중동부유럽						
외채총액	1,751.0	3,881.3	5,888.3	7,480.0	9,437.8	10,618.3
GDP비중	32.2	48.4	45.1	51.2	51.4	51.0
수출비중	130.3	126.6	111.8	118.8	119.3	112.4
외채상환액	274.9	760.1	1,128.4	1,323.5	1,622.7	1,851.7
GDP비중	4.9	9.6	8.6	9.1	8.8	8.9
수출비중	20.0	25.0	21.4	21.0	20.5	19.6
아시아						
외채총액	4,600.1	6,985.0	8,163.7	8,939.7	9,919.1	11,371.6
GDP비중	28.7	25.5	20.3	19.1	17.3	16.9
수출비중	126.1	83.2	53.8	47.9	44.1	44.0
외채상환액	553.1	1,023.9	1,126.0	1,243.2	1,294.3	1,380.2
GDP비중	3.4	3.8	2.8	2.7	2.3	2.1
수출비중	14.9	12.3	7.4	6.7	5.8	5.3
남미						
외채총액	5,231.7	7,776.2	7,964.9	7,454.2	8,382.3	9,023.2
GDP비중	32.7	40.8	31.4	25.2	24.3	22.2
수출비중	219.5	177.0	122.3	96.7	96.3	89.7
외채상환액	910.0	1,617.0	2,040.4	2,096.4	1,790.8	1,873.5
GDP비중	5.5	8.5	8.0	7.1	5.2	4.6
수출비중	37.1	37.0	31.3	27.2	20.6	18.6

주: *) 중동부유럽, 아시아 및 남미지역과 표에서 생략된 아프리카, 영연방독립국 및 중동지역을 합한 것임.
자료: IMF, *Global Financial Stability Report*, 각호.

아시아는 4,600억달러에서 1조 1,372억달러로, 남미는 5,232억달러에서 9,023억달러로 각각 증가한 것으로 나타났다.

외채총액의 증가율을 보면 중동부유럽이 2000년대 초반 연평균 121.7%의 대폭적인 증가율을 보였으며 2005년에는 51.7%를 기록하였고 그 후 지속적으로 감소하여 2008년에는 12.5%에 그쳤다. 아시아의 경우는 2000년대 초반 연평균 51.8%의 증가율을 보였으나 계속 감소추세를 보여 2008년에는 14.6%로 하락하였다. 남미의 경우도 비슷한 추이를 보였는데 2000년대 초반 연평균 48.6%의 증가율을 보였으나 2008년에는 7.6%의 증가율에 그쳤다.

이와 같이 개도국의 외채는 2000년대 초반에 가장 높은 증가율을 보였으며 2005년 이후 후반에 들어와서는 증가율이 크게 줄어드는 양상을 보였다.

지역별 외채의 비중을 보면 1990년대에는 남미 31.5%, 아시아 27.7%, 중동부유럽 15.1%를 각각 기록하여 남미가 가장 큰 비중을 차지하였으나 중동부유럽이 2000년대 초반에 19.1%로 증가한 후 지속적으로 증가하여 2008년에는 23.4%를 기록하였다. 그러나 아시아와 남미의 비중은 계속 하락하여 2008년에 25%와 19.8%를 각각 기록하였다. 그러나 아시아에 비해 남미의 하락폭이 더 컸다.

외채액의 GDP에 대한 비중을 보면 중동부유럽이 1990년대의 평균 32.2%에서 지속적으로 증가하여 2008년에는 51%를 기록하였으며 같은 기간 중 아시아는 28.7%에서 16.9%로, 남미는 32.7%에서 22.2%로 모두 감소하는 추이를 보였다. 이와 같이 중동부유럽의 경우 외채의 GDP에 대한 비중은 아시아와 남미의 경우에 비해 2008년에 두 배 이상 더 높은 것으로 나타났다.

또한 외채의 수출에 대한 비중도 중동부유럽은 1990년대의 평균 130.3%에서 2008년에 112.4%로 완만한 감소추이를 보인 반면 같은 기간 중 아시아는 126.1%에서 44%로 남미는 219.5%에서 89.7%로 모두 크게 하락하였다.

한편 지역별 외채상환액을 보면 중동부유럽이 1990년대 평균 275억달러에서 2008년에 1,852억달러로 증가하였으며 같은 기간중 아시아는 553억달러에서 1,380억달러로 남미는 910억달러에서 1,873억달러로 각각 증가한 것으로 나타났다. 이와 같이 지역별로는 1990년대에는 남미와 아시아가 외채시장을 주도했으나 2000년대에 들어와서는 중동부유럽이 외채시장을 주도하였다고 할 수 있다.

2 우리나라 외채현황

〈표 20-3〉은 우리나라의 외채현황을 보여주고 있다. 우리나라 외채총액은 1994~1995년 중 평균 1,430억달러에서 2009년 말 현재 4,019억달러로 증가하였다. 외채의 증가율을 보면 1994~1999년 중에 평균 4.6%였으나 2000년대 초반에 연평균 25.6%로 대폭 증가한 후 계속 증가하여 2007년에 47.3%를 기록한 후 2008년에는 1.3%의 감소로 반전되었다가 2009년에 6.3%로 증가로 돌아섰다.

외채의 장단기 구성비를 보면 단기외채의 비중은 1994~1999년 중 36.8%에서 2000년대 초반에 32.8%로 떨어졌다가 2005년에 35.1%, 2006년에 43.7%로 각각 증가하였으나 다시 하락하여 2009년에 37.3%%를 기록하였다. 반면에 장기외채의 비중은 1994~1999년 중 평균 63.2%에서 2000년대 초반에 연평균 67.2%로 증가하였다가 점점 감소하여 2006년에 56.3%까지 하락한 후 2007년부터 점증하기 시작하여 2009년에 62.7%까지 증가하였다.

이와 같이 우리나라의 외채는 전체규모는 증가하는 추세를 보였지만 증가율은 줄어들었다. 장단기외채의 구성을 보면 2000년대 후반에 들어와 단기외채의 비중이 줄고 장기외채의 비중이 증가하여 외채는 장기화되는 추이를 보인 것으로 나타나 있다.

표 20-3 우리나라 외채현황 (단위: 억달러, %)

	1994~1999 (평 균)	2000~2004 (평 균)	2005	2006	2007	2008	2009
1.단기외채							
금 액	525.9	490.5	659.1	1,137.4	1,602.4	1,498.9	1,499.6
비 중	36.8	32.8	35.1	43.7	41.8	39.7	37.3
2.장기외채							
금 액	903.9	1,005.2	1,219.7	1,463.1	2,229.0	2,280.5	2,519.6
비 중	63.2	67.2	64.9	56.3	58.2	60.3	62.7
합 계							
금 액	1,429.8	1,495.7	1,878.8	2,600.5	3,831.4	3,779.4	4,019.2
비 중	100	100	100	100	100	100	100

자료: 한국은행, 경제통계시스템(ECOS).

요 약

요약
Summary

1. 외채(foreign debt)란 한 나라의 거주자가 비거주자에 대해 지고 있는 부채를 말한다. 즉 외채는 원리금을 상환할 의무가 있는 차입형태의 외자도입이다. 외채에는 외국은행으로부터의 융자, 즉 뱅크론, 정부차입, 민간차입 등이 있다.

2. 한 나라의 외채의 상황을 파악하기 위한 지표로는 외채규모지표, 외채상환능력지표, 외채의 지속성 등이 있다.

3. 개도국은 선진국과 달리 외채상환능력이 부족한 것이 일반적이다. 즉 개도국은 선진국과 달리 본질적으로 채무상환능력결핍증(debt intolerance)을 가지고 있다. 채무상환능력결핍증이란 선진국이면 상환가능한 채무수준이라도 개도국은 상환할 수 없는 상태를 말하는데 그 이유는 개도국의 경우 경제시스템, 금융시장 등 여러 가지 제도적 요소가 선진국에 비해 상대적으로 취약하기 때문이다.

4. 원죄론(original sin)이란 개도국은 선진국과 달리 국제금융시장에서 자국통화로 차입할 수 없고 외국통화로만 차입할 수밖에 없는 현실적인 한계를 의미한다. 그 이유는 비록 개도국이 자국통화표시로 차입을 하고 싶어도 개도국통화는 국제적인 결제수단으로 사용될 수 없기 때문에 채권자가 개도국의 요구를 받아주지 않기 때문이다.

5. 개도국들의 대외차입은 단기차입의 비중이 높다. 개도국들의 이러한 단기차입의존성은 자산-부채 간의 기간간 불일치문제를 안고 있어 위기시에 더 큰 문제를 일으킨다. 즉 단기채를 많이 보유할 경우 자산보다 만기가 빨리 도래하는 부채의 롤오버 리스크가 크고 경제상황이 나빠질 경우 자본유입의 급정지, 롤오버의 중단 등으로 위기를 맞을 수 있다.

6. 채무과중(debt overhang)이란 한나라의 채무가 지나치게 많아서 총채무액이 예상상환액을 초과하는 경우를 말한다. 채무과중이 되면 투자자들은 채무상환이 확실하지 않기 때문에 투자를 기피할 것이고 따라서 투자는 줄어들게 되어 채무과중에 직면한 국가는 어려움을 겪게 된다.

7. 부채 래퍼곡선(debt Laffer curve)이란 일국의 채무와 그 나라의 채무상환에 대한 시장의 예상액의 관계를 나타내는 것인데 세수와 세율 간의 관계를 나타내는 래퍼곡선과 모양이 유사하다. 채무액이 일정수준을 넘어서면 부도위험은 증가하고 투자는 감소하여 채무액이 모두 다 상환될 것으로 예상할 수가 없으므로 예상채무상환액의 증가율은 채무증가율보다 낮아지며 채무액이 더욱더 증가하면 예상채무상환액이 오히려 감소하게 된다.

8. 국가부도(sovereign default)란 민간부채가 아닌 정부 또는 정부가 보증한 채무에 대해 부도를 내는 것을 말하는데 그 비용은 평판비용(reputation cost), 무역제재비용(sanction cost), 국내경제비용, 정치적 비용 등 4가지 유형으로 나눌 수 있다.

9. 채무재조정에는 채무주식스왑(debt-equity swap), 채무환매(buyback) 등이 있다. 외채위기 해결을 위한 국제적인 접촉창구로는 파리클럽(Paris Club)과 런던클럽(London Club) 두 가지를 들 수 있다.

연습문제

1. 직접투자는 외채가 아니다. 그 이유를 설명하시오.

2. 다음의 각 외채상환지표를 설명하시오.

   (1) 원리금상환부담률(Debt Service Ratio: DSR)
   (2) 국별위험(country risk)
   (3) 연체위험도(probability of rescheduling)

3. 외채의 지속성(debt sustainability)의 결정요인을 설명하시오.

4. 다음의 외채관련 용어들을 간략히 설명하시오.

   (1) 채무상환능력결핍증(debt intolerance)
   (2) 원죄론(original sin)
   (3) 채무과중(debt overhang)
   (4) 부채 래퍼곡선(debt Laffer curve)

5. 국가부도(sovereign default)의 비용을 약술하시오.

6. 채무재조정(debt rescheduling)의 방식을 열거하고 간략히 설명하시오.

참고문헌

Agenor, Pierre-Richard(2004), *The Economics of Adjustment and Growth*, 2nd edition, Harvard University Press, Cambridge, Massachusetts, Chapter 16, pp. 638-642.

Borensztein, Eduardo and Ugo Panizza(2008), "The Costs of Sovereign Default," IMF Working Paper, No. 238.

Broner, Fernando A., Guido Lorenzoni, and Sergio L. Schmukler(2007), "Why Do Emerging Economies Borrow Short Term?," NBER Working Paper, No. 13076.

Eichengreen, Barry, Ricardo Hausmann and Ugo Panizza(2002), "Original Sin: The Pain, the Mystery, and the Road to Redemption," November. Paper prepared for the conference "Currency and Muturity Matchmaking: Redeeming Debt from Original Sin," Inter-American Development, Washington, D.C., 21-22 November.

IMF, *Global Financial Stability Report* 각호.

Krugman, Paul(1989), "Market-Based Debt Reduction Schemes," NBER Working Paper, No. 2587, 1988, May.

Reinhart, Carmen M., Kenneth S. Rogoff and Miguel A. Savastano(2003), "Debt Intolerance," NBER Working Paper, No. 9908, August.

제Ⅵ부에서는 외환·금융위기를 다룬다. 최근 외환·금융위기는 빈도가 높을 뿐만 아니라 실물경제의 위기까지 직면하는 등 위기의 정도가 점점 커지고 있다. 특히 2008~2009년의 글로벌 금융위기는 1930년대의 대공황 이후 최대의 세계적인 위기로 세계경제에 엄청난 충격을 준 바 있다. 이러한 외환·금융위기의 이론모형을 분석하고 사례, 역사적 패턴 및 그 대책을 살펴본다.

VI 외환 · 금융위기론

- 제 21 장 외환 · 금융위기이론
- 제 22 장 외환 · 금융위기 사례
- 제 23 장 외환 · 금융위기 역사적 패턴 및 대책

외환 · 금융위기이론 21

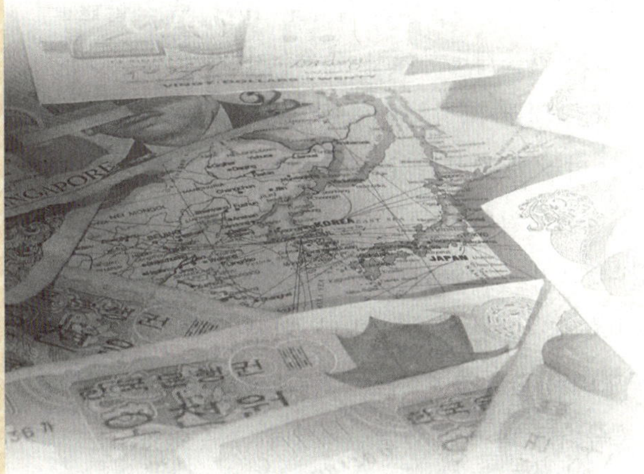

본 장은 외환 · 금융위기의 이론을 다룬다. 먼저 외환 · 금융위기의 이론모형을 소개하고 다음에 외환위기와 금융위기의 관계를 설명한다. 외환위기의 초기모형은 국제수지불균형 또는 고정환율제의 붕괴를 설명하는 데 한정되었으나 1997년 동아시아 위기 이후 금융위기와 실물경제의 위기로 확대되었기 때문에 두 가지 위기를 동시에 다루고자 한다. 본 장에서는 위기에 대한 이론을 다루고 다음 두 장에서는 사례연구와 위기에 대한 대책을 설명한다.

제1절 >> 외환·금융위기의 의의

외환위기란 외환시장에서 환율이 급등하고 따라서 통화의 대외가치가 폭락하는 사태를 말한다. 외환위기는 한편으로 국제수지위기로도 불린다. 그것은 초기의 외환위기가 고정환율제도하에서 국제수지불균형으로 외환시장에서 투기공격이 일어나고 결국 고정환율제도가 붕괴되는 현상을 지칭하는 데서 비롯된 것이다. 따라서 외환위기의 이면에는 외환에 대한 투기공격이 자리잡고 있으며 외환위기의 이론모형은 외환에 대한 투기공격을 그 핵심요소로 하고 있다. 그리고 외환위기는 금융위기의 한 형태라 할 수 있으며 실물경제의 위기를 가져오는 경우가 많다. 외환위기모형은 초기에 고정환율제도의 붕괴모형에서 출발하여 최근에는 고정환율제도의 붕괴를 넘어서서 금융위기로 증폭되고 나아가 실물경제의 침체로 이어지는 보다 광범위한 위기를 가져오는 현상을 설명하는 모형으로 발전하였다.

금융위기란 금융부문의 회수불능여신의 증대 등으로 뱅크런 등 금융공황이 발생하여 신용경색 등 금융시스템 전체가 붕괴되는 현상을 말하는데 예를 들면 주가폭락, 국가부도 등 그 형태는 매우 다양하다.

이하에서는 먼저 외환위기모형을 살펴보고 다음에 금융위기모형을 설명하기로 한다. 그리고 외환위기와 금융위기(은행위기)의 관계를 설명하고자 한다.

제2절 >> 외환 · 금융위기이론모형

1 제 1 세대모형

외환위기 제 1 세대모형은 기초경제현실과 양립할 수 없는 거시경제정책의 수행에 위기의 원인이 있다고 보는 모형으로 크루그만(Krugman, 1979), 플럿과 가버(Flood & Garber, 1984) 등이 그 시초를 이룬다. 제 1 세대모형은 1970년대의 고정환율제도하에서의 외환위기를 설명하는 모형으로 등장한 것이다. 이 모형에 의하면 고정환율제도를 채택하고 있는 정부가 유지하고자 하는 환율수준과는 양립하기 어려운 거시경제정책을 채택하고 있을 경우 외환위기를 맞게 된다. 예를 들면 재정적자를 지속하고 있을 경우 외환시장에서 투기공격이 일어나 외환보유고는 점점 줄어들게 되는데 결국 외환보유고가 어느 최저수준에 가면 고정환율제도가 더 이상 지탱하지 못하고 붕괴된다.

이러한 제 1 세대모형은 주로 1993~94년의 멕시코 위기, 1978~81년의 아르헨티나 위기 등을 설명하는 이론이다. 즉 이들 국가들의 위기는 과도한 재정적자의 지속으로 외환시장에 투기공격이 일어나 결국 정부가 고정환율제도를 포기하게 된 것이다.

기본가정

그러면 제 1세대모형을 간략히 살펴보자. 먼저 기본가정은 다음과 같다.

첫째, 소국모형이다.

둘째, 모든 재화는 교역재이며 생산은 외생적으로 주어진다. 즉 생산함수가 없다.

셋째, 가격은 탄력적이다. 따라서 균형은 완전고용수준에서 이루어진다.

넷째, 환율제도는 고정환율제도이다. 따라서 명목환율은 일정수준에 고정되어 있으며 구매력평가에 의해 국내물가는 명목환율과 같다.

다섯째, 국내채권과 외국채권은 완전대체재이다. 따라서 커버되지 않은 국제금리평형조건이 성립한다.

여섯째, 모든 경제주체의 예상은 완전예상(perfect foresight)이다.

일곱째, 민간은행은 없다. 따라서 통화량은 통화베이스, 즉 통화량은 중앙은행의 국내여신과 외환보유고의 합계액과 일치한다. 그리고 중앙은행은 고정환율을 유지하기 위해 외환시장에 개입하는데 이 경우의 외환시장 개입은 태화개입(non-sterilized intervention)이며 따라서 중앙은행의 외환시장 개입은 통화량에 영향을 미친다.

마지막으로 중앙은행은 재정적자를 보전하기 위해 국내여신을 일정한 비율로 증가시킨다. 그러나 이 경우 국내여신의 증가는 그대로 외환보유고의 감소를 가져와 총통화량은 변동하지 않는다.

모형구축

이상의 가정을 바탕으로 제 1 세대모형을 구축하여 외환위기의 발생경로를 설명해 보기로 하자.

(21−1)식은 화폐시장의 균형식을 나타낸다.

$$\frac{M_t^s}{P_t} = a_0 - a_1 i_t, \quad a_{1>0} \tag{21-1}$$

(21−1)식에서 M^S는 명목화폐공급량, P는 물가수준, i는 이자율을 각각 나타낸다. 그리고 t는 시간, 즉 기를 나타낸다. (21−1)식의 좌변은 실질화폐공급량을 나타내고 우변은 화폐에 대한 수요를 나타낸다. 여기서 화폐수요는 이자율의 감소함수이다. 즉 이자율이 상승하면 화폐수요는 감소하고 반대로 하락하면 화폐수요는 증가한다.

국내채권과 외국채권이 완전대체재이면 커버되지 않은 국제금리평형조건에 의해 (21−2)식이 성립한다. 여기서 외국의 이자율이 일정하다고 가정하면 $i_t^* = i^*$가 된다.

$$i_t = i^* + \frac{E_{t+1}^e - E_t}{E_t} \tag{21-2}$$

(21−2)식에서 E_{t+1}^e는 t기에 예상한 $t+1$기의 예상환율을 나타낸다. 여기서 예상메커니즘은 가정에 의해 완전예상이므로 예상환율과 실제환율은 같다. 즉 $E_{t+1}^e = E_{t+1}$이 성립한다. 이제 $\dot{E}_t = \frac{E_{t+1} - E_t}{E_t}$라 하면 (21−2)식의 커버되지 않은 국제금리평형조건은 (21−2)′식과 같이 나타낼 수 있다.

$$i_t = i^* + \dot{E}_t \tag{21-2$'$}$$

가정에 의해 민간은행이 없으므로 통화량은 바로 통화베이스와 일치한다. M^S를 통화량, 즉 통화베이스, DC를 국내여신, IR을 외환보유고라고 하면 통화량은 (21-3)식과 같이 국내여신과 외환보유고의 합계와 같다.

$$M_t^s = DC_t + IR_t \tag{21-3}$$

가정에 의해 정부의 재정적자는 중앙은행의 통화증발로 보전된다. 재정적자 보전을 위한 중앙은행의 국내여신의 증가율을 μ라 하고 이를 수식으로 나타내면 (21-4)식과 같다.

$$\frac{DC_t - DC_{t-1}}{DC_{t-1}} = \mu \tag{21-4}$$

해외물가수준(P^*)이 일정한 것으로 가정하면 $P_t^* = P^*$가 된다. 가정에 의해 구매력평가가 성립하므로 국내물가수준(P)과 해외물가수준 및 환율의 관계는 (21-5)식과 같다.

$$P_t = E_t P^* \tag{21-5}$$

(21-5)식에 의하면 해외물가수준이 일정하므로 환율과 국내물가수준은 1:1의 대응관계에 있다. 그러나 고정환율제도이므로 환율은 일정수준에 고정되어 있고 따라서 국내물가수준도 항상 일정하다.

(21-2)′식과 (21-5)식을 (21-1)식에 대입하여 정리하면 (21-6)식이 된다.

$$M_t^s = \beta E_t - \alpha \dot{E}_t \tag{21-6}$$

(21-6)식에서 $\alpha = a_1 P^* > 0$이고 $\beta = a_0 P^* - a_1 P^* i^*$이며 $\beta > 0$로 가정한다. 고정환율제도이므로 환율은 변동하지 않는다. 따라서 환율이 $E = \overline{E}$ 수준에서 고정되어 있다고 하면 (21-6)식에서 $\dot{E}_t = 0$이다. 즉 (21-6)식은 (21-7)식과 같이 나타낼 수 있다.

$$M_t^s = \beta\overline{E} \quad (21\text{-}7)$$

(21-7)식을 (21-3)식에 대입하여 정리하면 (21-8)식이 된다.

$$IR_t = \beta\overline{E} - DC_t \quad (21\text{-}8)$$

(21-8)식에서 환율($\overline{E}$)이 일정하므로 증가율은 영(0)이다. $\dot{x}(x=IR, DC)$을 증가율이라고 하고 (21-8)식을 증가율로 나타내면 (21-9)식이 된다.

$$\dot{IR}_t = -\dot{DC}_t = -\mu \quad (21\text{-}9)$$

(21-9)식이 의미하는 바는 고정환율제도하에서 환율을 일정수준, 즉 $E=\overline{E}$ 수준에서 유지하면서 재정적자를 보전하기 위해 통화량을 지속적으로 μ의 비율로 증가시킬 경우 외환보유고가 μ의 비율로 감소하게 된다는 것이다. 이러한 지속적인 외환보유고의 감소는 결국 외환보유고의 고갈상태를 초래하여 더 이상 고정환율제도를 지탱할 수 없는 외환위기에 봉착하게 된다. 그런데 고정환율제도가 붕괴되는 것은 외환시장에 투기적 공격이 일어나기 때문이다. 즉 외환시장의 참가자들은 외환보유고가 지속적으로 감소하고 있는 것을 알게 되면 고정된 환율수준을 정부가 방어할 수 없을 것이며 결국은 고정환율제도는 붕괴되어 환율이 올라갈 것으로 예상할 것이다. 따라서 이 경우 외환을 보유하는 것이 유리하기 때문에 외환을 매입하는 투기적 공격이 일어나게 된다.

외환위기 발생시점

여기서 고정환율제도가 붕괴되는 시점이 매우 중요하다. 그 시점을 찾아내는 데 잠재 변동환율(shadow floating exchange rate)의 개념이 필요하다. 잠재변동환율이란 외환보유고가 최저수준으로 떨어지고 환율이 완전히 자유변동환율로 바뀌었을 때의 환율을 말한다. 투기적 공격으로 고정환율제도가 붕괴되는 시점은 바로 이 잠재변동환율과 고정된 환율수준이 일치하는 시점이다. 그 이유는 다음과 같다.

지금 현재 고정된 환율 수준은 $\overline{E}$이다. 잠재변동환율을 $\widetilde{E}$라 하자. 만일 투기자들이 고정환율제도가 붕괴되기 직전에 외환을 매입하면 붕괴된 직후에 시장에 다시 매각하여 이득을 볼 수 있다. 그것은 고정환율제도 붕괴 이전에는 $\overline{E}$의 가격으로 매입하였으나 붕괴된 직후에는 그보다 더 높은 잠재변동환율 $\widetilde{E}$의 가격으로 매각할 수 있기 때문이다.

먼저 고정된 환율수준이 잠재변동환율수준보다 더 높은 경우, 즉 $\overline{E} > \widetilde{E}$인 경우를 보자. 이 경우에는 투기공격을 하면 외환을 $\overline{E}$의 가격으로 매입하여 그 보다 더 낮은 $\widetilde{E}$의 가격으로 매각하기 때문에 손실을 보게 된다. 따라서 $\overline{E} > \widetilde{E}$인 경우에는 투기적 공격이 일어나지 않는다. 즉 이 경우에는 고정환율제도가 살아남는다. 반대로 이번에는 고정된 환율수준이 잠재변동환율수준보다 더 낮은 경우, 즉 $\overline{E} < \widetilde{E}$인 경우를 보자. 이 경우에는 투기공격을 하면 외환을 $\overline{E}$의 가격으로 매입하여 그보다 더 높은 $\widetilde{E}$의 가격으로 매각하기 때문에 이득을 보게 된다. 이 경우 투기적 공격을 하면 득을 본다. 그러나 이런 일은 일어나지 않는다. 그것은 완전예상인 경우에는 모든 투기자들의 예상이 완전하기 때문에 어느 누구도 다른 투기자보다 나은 위치에 있을 수가 없고 이윤을 낼 수 있는 기회는 항상 완전경쟁에 의해 다 소멸되기 때문이다.[1] 따라서 투기공격이 일어나는 정확한 시점은 바로 그 누구도 이윤이나 손실을 낼 수 없는 시점이다. 그것은 고정환율과 잠재변동환율이 일치할 때, 즉 $\overline{E} = \widetilde{E}$일 때이다.

이해를 돕기 위해 [그림 21-1]을 이용해서 설명해 보기로 하자.

[그림 21−1]에서 횡축은 시간을 나타낸다. [그림 21−1]의 위쪽 그림의 종축은 국내여신, 외환보유고 및 통화공급량을 나타낸다. 초기($t=0$) 국내여신과 외환보유고는 각각 DC_0와 IR_0이며 총통화공급량은 이 둘을 합한 $M_0^s(=DC_0+IR_0)$이다. 국내여신은 매기마다 μ의 비율로 증가하고 외환보유고는 μ의 비율로 감소한다. 따라서 국내여신을 나타내는 DC선의 기울기는 μ이고 외환보유고를 나타내는 IR선(JA선)의 기울기는 $-\mu$이다. 총통화공급량은 국내여신과 외환보유고를 합한 것이므로 $M_t^s = DC_t + IR_t$이다. 국내여

1) Gandolfo, Giancarlo(2000), p. 260 참조.

그림 21-1 제1세대모형

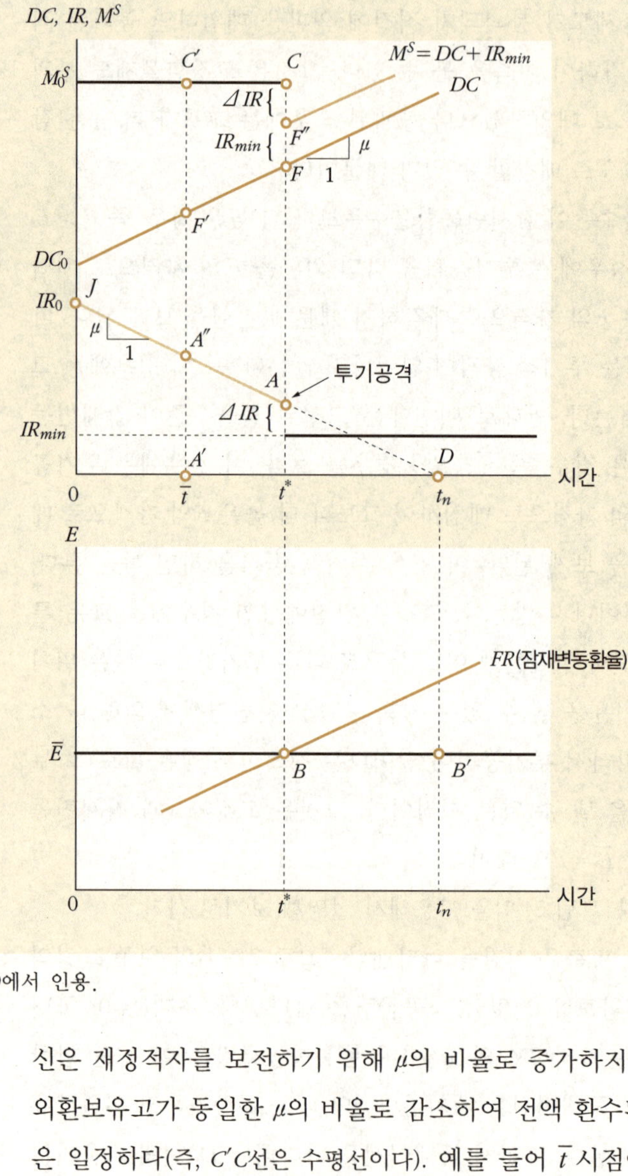

자료: Agenor(2004), p. 299에서 인용.

신은 재정적자를 보전하기 위해 μ의 비율로 증가하지만 증가한 통화량은 외환보유고가 동일한 μ의 비율로 감소하여 전액 환수된다. 따라서 통화량은 일정하다(즉, $C'C$선은 수평선이다). 예를 들어 $\bar{t}$ 시점에서 국내여신은 $A'F'$이고 외환보유고는 $A'A''$이므로 통화량은 이 둘을 합한 $A'A''+A'F'$이다. 즉 $\bar{t}$ 시점에서 $M^s = A'C'(=A'A''+A'F')$이다. [그림 21-1]의 아래쪽 그림의 종축은 환율을 나타낸다. 환율은 $\bar{E}$ 수준에서 고정되어 있으며 FR선은 잠재변동환율을 나타낸다. 즉 시간이 지남에 따라 외환보유고의 감소로 잠재변동환율은 점점 상승하는 것으로 나타나 있다.

위에서 설명한 대로 이 모형에서 고정환율제도는 외환보유고가 최저수준(R_{min})으로 감소하는 t^*시점에 투기공격을 받아 붕괴한다. 외환보유고의 최저수준(R_{min})은 시장에서 고정환율제도가 더 이상 지탱할 수 없을 것이라고 보는 최저수준의 외환보유고이다. $t<t^*$이면 아직 외환보유고가 최저수준보다 더 높으므로 고정환율제도가 계속 유지될 수 있다. 즉 이 경우 환율은 여전히 잠재변동환율보다 더 높은 $\overline{E}$이므로 투기공격을 하면 손실을 본다. 반대로 $t>t^*$이면 잠재변동환율이 고정환율보다 더 높으므로 투기공격을 할 경우 이득을 볼 수 있지만 완전예상에 의한 경쟁때문에 이러한 외환투기의 이윤기회는 완전히 소멸된다. 따라서 투기공격이 일어나는 시점은 외환보유고가 최저수준이 되는 t^*시점이고 이때 잠재변동환율은 고정환율과 같다. 즉 $\overline{E}=\widetilde{E}$이다.

고정환율제도가 붕괴되기 전에는 국내여신의 증가와 외환보유고의 감소가 일치하므로 통화량은 일정하다(즉 [그림 21-1]에서 $C'C$의 수평선). 고정환율제도가 붕괴되고 나면 외환보유고는 최저수준으로 줄어들었으므로 통화공급량은 국내여신과 최저수준의 외환보유고와 같다. 즉 $M^s=DC+IR_{min}$이고 국내여신의 증가율(μ)로 증가한다. 따라서 t^*시점 이후의 통화공급선은 F점부터 시작하는 DC선과 일치한다. 그리고 환율은 t^*시점부터 잠재변동환율을 나타내는 FR선이 된다.

즉 고정환율제도가 붕괴되고 난 후에는 외환시장의 개입은 없으며 환율제도는 완전한 자유변동환율제도로 이행하고 통화량은 국내여신의 증가속도로 증가한다. 그리고 [그림 21-1]에서 t_n시점은 투기공격이 없더라도 외환보유고가 완전히 고갈되어 고정환율제도가 저절로 붕괴되는 시점이다. 이러한 고정환율제도의 붕괴를 자연붕괴(natural collapse)라 부른다.

위의 모형에서는 정부가 고정환율제도를 유지하면서 지속적인 재정적자를 통화팽창으로 보전하고자 함으로써 외환보유고가 최저수준으로 줄어들어 결국 외환투기와 함께 고정환율제도가 붕괴되는 경우를 예로 든 것이다. 즉 이 경우 지속적인 통화팽창에 의한 재정적자의 보전은 고정환율제도와 서로 양립할 수 없는 정책임에도 불구하고 정부가 통화팽창정책을 강행한 데 외환위기의 원인이 있다.

이와 같이 제 1 세대 외환위기모형은 재정정책, 금융정책, 환율정책 등의 거시경제정책이 서로 양립할 수 없는 데 위기의 원인을 찾고 있다. 이는 재정수지, 국제수지 등 기초경제여건이 악화될 경우 투기공격을 받아 고정환율제도가 더 이상 지탱할 수 없고 결국 붕괴되는 과정을 밟게 된다는 것을 의미한다.

모형의 특징

제 1 세대모형의 특징을 요약하면 다음과 같다.

첫째, 위기의 근본원인은 잘못된 정부정책에 있다. 제 1 세대모형에서 잠재변동환율이 상승추세를 가지는 것은 통화팽창에 의한 지속적인 재원조달 때문이다. 만일 재정문제만 해결되면 위기는 없다. 그리고 투기공격이 일어나는 것은 정부정책의 비일관성 때문이다. 즉 고정환율을 유지하면서 동시에 재정적자를 지속하는 정책은 일관성이 없고 그것이 투기의 원천이 된다. 그러므로 제 1 세대모형은 정부가 위기를 자초하고 있음을 보여주는 모형이다.

둘째, 위기가 발생하는 것은 확정적이며 피해갈 수 없다. 즉 양립할 수 없는 거시경제정책을 정부가 추진하고 있는 한 위기는 반드시 나타나게 되어 있으며 위기의 시점도 예측가능하다.

마지막으로 정부당국에 대한 민간의 신임문제를 제외하면 제 1 세대모형은 해로운 것이 없다. 오로지 잘못된 정부정책에 내재된 문제가 표면화될 뿐이다. 제 1 세대모형은 구조상 위기 후의 불경기는 없다. 즉 실물경제의 침체문제는 제 1 세대모형에 나타나지 않는다.[2)]

문제점

제 1 세대모형은 국내경제정책의 근본적인 비일관성, 즉 재정적자 보전

2) Krugman, Paul(2002), p. 17 참조.

을 위한 지속적인 통화팽창정책과 고정환율제도의 유지와 같은 정책적인 비일관성이 외환위기의 근원이 되고 있음을 잘 설명하고 있다는 점에서 의의가 크다. 이러한 양립할 수 없는 정책은 외환보유고가 아주 충분한 경우에는 일시적으로 지속할 수 있겠지만 외환보유고가 점점 줄어들어 시장참여자들이 고정환율제도가 결국에는 지탱할 수 없을 것이라는 판단을 하게 되면 투기적인 공격을 받아 위기에 직면하게 된다. 제 1 세대모형의 주요 문제점은 다음과 같다.

첫째, 실제로 외환위기의 정확한 시점은 예측하기 어렵다. 예를 들어 재정정책이나 환율정책이 투기공격의 발생 여부에 따라 달라질 수 있다면 언제 고정환율제도가 붕괴될지 정확한 시점을 알 수가 없다.

둘째, 이 모형에서는 고정환율이 유지되고 있는 동안 외환보유고가 감소하여 통화량이 줄더라도 아무런 개입을 하지 않기 때문에 통화량의 감소율은 외환보유고의 감소율과 일치한다. 따라서 [그림 21-1]에서 고정환율제도가 붕괴되는 시점, 즉 $t=t^*$일 때 통화량은 C에서 F''로 ΔIR만큼 수직으로 떨어진다. 그러나 통화당국이 외환보유고 감소에 대해 이와 같이 태화개입(non-sterilized intervention)을 하는 것이 아니라 외환보유고의 감소가 통화량에 영향을 주지 못하도록 불태화개입(sterilized intervention)을 하면 외환보유고가 최저수준이 되는 시점, 즉 고정환율제도 붕괴시점에서 통화량이 [그림 21-1]의 경우처럼 수직으로 떨어지는 것이 아니라 보다 완만한 감소를 나타낼 수 있을 것이다.

마지막으로 제 1 세대모형은 경제상황이 어떻게 되든 상관없이 정부는 고정환율제도를 고수하고 있고 또 통화팽창에 의해 재정적자를 보전하는 정책을 지속하고 있다는 전제하에 성립하는 이론이다. 그러나 이러한 가정은 정부정책을 너무 기계적으로 파악하고 있다. 즉 중앙은행이 경제상황과 관계없이 눈을 감고 재정적자를 보전하기 위해 외환보유고가 바닥이 날 때까지 통화를 계속 찍어내고 있을 것이라는 것은 무리가 많다. 현실적으로는 중앙은행은 고정환율제도를 방어하기 위해 외환시장 개입 이외에도 통화긴축 등 다른 수단을 동원할 수 있을 것이다.

또한 정부당국이 통화증발에 의한 재정적자의 보전이 결국 투기공격을 받아 외환위기에 직면할 것을 알면서도 태연히 재정적자정책을 지속한다는 것은 매우 비현실적인 가정이다. 즉 앞으로 위기가 닥칠 것이 예상되면 적자재정정책을 고수하는 것이 아니라 재정적자를 해소하여 위기를 피하도록 하는 정책을 취할 수 있다.

2 제 2 세대모형: 자기실현적 외환위기모형

제 2 세대모형은 제 1 세대모형과는 달리 기초경제의 여건과는 관계없이 외환위기가 올 수 있음을 보여주는 모형이다. 다시 말해서 제 2 세대모형은 기초경제에 아무런 문제가 없는 경우에도 외환위기가 올 수 있다는 것을 보여준다. 즉 제 2 세대모형은 외환위기의 원인을 정부정책의 오류가 아니라 국제금융시장의 불안정성에서 찾고 있다.

제 1 세대모형에서는 정책이 외생적으로 주어져 있어서 외환위기가 일어날 때까지 정책은 변동하지 않지만 제 2 세대모형에서는 정책이 상황에 따라 변동하는 내생적 정책이다. 예를 들면 제 1 세대모형에서는 고정된 환율수준, 통화팽창 등 정책목표가 고정된 채로 주어져 있다. 그러나 제 2 세대모형에서는 환율수준, 통화정책 등의 정책목표는 정부가 상황에 따라 변경할 수 있다. 다시 말해서 환율정책의 경우 평가절하, 평가절상 또는 변동환율제도로의 이행 등 모두 가능하다. 그것은 상황이 결정한다.

제 2 세대모형에서는 제 1 세대모형과 달리 위기가 반드시 나타나는 것이 아니라 나타날 수도 있고 나타나지 않을 수도 있다. 즉 제 2 세대모형은 복수균형이 가능한 모형으로 투기공격이 없으면 외환위기를 겪지 않고 그냥 조용히 넘어가고 투기공격이 일어나면 외환위기가 발생하는 **자기실현적 외환위기(self-fulfilling crisis)모형**이다. 이와 같은 제 2 세대모형에서의 균형은 **태양흑점(sunspot) 균형**이라 부르기도 한다. 태양흑점은 발생하는 장소가 항상 일정한 곳으로 고정되어 있거나 일어나는 시기가 일정하게 정해져 있는 것이 아니라 어느 곳, 어느 때에 일어날지 모르는 특성을 가지고 있다. 제 2 세대모형도 위기가 태양흑점과 마찬가지로 이러한 특성을 가지고 있어서 위기의 발생이 확정적이 아니라 일어날 수도 있고 일어나지 않을 수도 있는 복수균형이라는 의미를 가지고 있기 때문이다. 그러나 제 2 세대모형도 제 1 세대모형과 마찬가지로 외환위기는 외환위기에 그치고 산출량과 고용 등 실물경제의 침체는 없다. 이 점이 다음에 설명하는 제 3 세대모형과 크게 구별된다.

제 2 세대모형은 1992~1993년의 유럽외환위기를 설명하는 이론으로 등장하였는데 여기서는 옵스트펠트(Obstfeld, 1996)모형을 소개하고자 한다.[3] 먼저 옵스트펠트모형의 기본가정은 다음과 같다.

첫째, 외환시장 참여자는 정부, 민간거래자 1, 민간거래자 2 등 3자이다. 정부는 외환을 보유하고 고정환율을 유지하기 위해 외환시장에 개입한다. 거래자 1과 2는 외환시장의 매매거래자들이다.

둘째, 정부의 외환보유고는 IR이며 이는 환율을 방어하는 데 사용된다. 그리고 IR은 일정하다.

셋째, 두 민간거래자의 게임은 비협조적 게임(non-cooperative game)이다. 따라서 각자 상대방의 행동이 정해질 때 자기의 최적선택을 하는 전략을 구사한다.

넷째, 각 거래자는 각각 6만큼의 국내통화를 보유하고 있으며 외환을 "매입"하거나 아니면 국내통화를 계속 "보유"하는 2가지 전략을 구사한다.

다섯째, 환율은 1이며 거래비용도 1이다.

마지막으로 정부는 외환보유고를 다 소진하고 나면 평가절하를 한다. 이때 평가절하의 폭은 50%이다.

이제 가정을 바탕으로 정부가 보유하고 있는 외환보유고가 높은 경우, 낮은 경우, 중간인 경우 등 3가지로 나누어 게임의 보수표(pay-off table)를 이용하여 어떠한 경우에 투기공격이 외환위기를 일으키는가를 살펴보기로 하자.

(i) 외환보유고가 높은 수준, 즉 $IR=20$인 경우

〈표 21-1〉은 외환보유고가 20일 때의 거래자 1과 거래자 2의 보수를

3) 제 2 세대모형은 복잡한 수식을 요하므로 여기서는 간략한 게임이론을 적용한 Obstfeld (1996)모형을 소개한다. 제 2 세대모형에 대한 상론은 Agenor(2004), 제 8 장 pp.301-311, Gandolfo(2002), 제16장, pp. 260-263 등을 참조.

표 21-1 *IR*=20인 경우 보수

[거래자 2]

[거래자 1]		보유	매입
	보유	0, 0	0, −1
	매입	−1, 0	−1, −1

나타낸다. 〈표 21-1〉의 행(行)은 거래자 1의 전략을 열(列)은 거래자 2의 전략을 각각 나타낸다. 그리고 보수를 나타내는 두 개의 숫자 중에서 첫 번째는 거래자 1의 보수를, 두 번째는 거래자 2의 보수를 각각 나타낸다. 이 경우 거래자 1과 거래자 2의 게임은 4가지가 있다.

첫째, 거래자 1과 거래자 2 둘 다 외환을 사지 않고, 즉 투기공격을 하지 않고 국내통화를 그냥 보유하고 있는 경우이다. 그러면 거래자 1과 거래자 2의 국내통화보유고는 모두 6에서 변동하지 않고 정부의 외환보유고도 20에서 변동이 없다. 이 경우 환율도 변동이 없고 투기에 의한 수익도 없다. 따라서 이 경우 거래자 1과 거래자 2의 보수는 〈표 21-1〉의 둘째 줄, 둘째 칸과 같이 (0, 0)이다.

둘째, 거래자 1은 외환을 사지 않지만 거래자 2는 외환을 사는 경우이다. 이 경우 거래자 1은 외환투기를 하지 않기 때문에 이익도 없고 손실도 없다. 즉 거래자 1의 보수는 〈표 21-1〉의 둘째 줄, 셋째 칸의 영(0)이다. 거래자 2는 국내통화 6을 정부에 주고 대신 외환을 6만큼 매입하였는데 정부의 외환보유고는 아직 14이므로 평가절하를 하지 않는다. 거래자 2는 외환을 6만큼 매입했지만 평가절하가 없으므로 이익이 없다. 그런데 거래자 2는 외환매입에 거래비용 1을 지출했기 때문에 손실이 1만큼 발생한다. 즉 거래자 2의 보수는 −1이 된다. 이 경우 거래자 1과 거래자 2의 보수는 〈표 21-1〉의 둘째 줄, 셋째 칸의 (0, −1)이다.

셋째, 이번에는 거래자 1이 외환을 사고 거래자 2가 외환을 사지 않는 경우이다. 이는 투기공격자만 바뀌었을 뿐 위의 둘째 경우와 같다. 이 경우 거래자 2는 외환투기를 하지 않기 때문에 이익도 없고 손실도 없다. 즉 거래자 2의 보수는 〈표 21-1〉의 셋째 줄, 둘째 칸의 영(0)이다. 거래자 1은 국내통화 6을 정부에 주고 대신 외환을 6만큼 매입하였는데 정부의 외환보유고는 아직 14이므로 평가절하를 하지 않는다. 거래자 1은 외환을 6만큼 매입했지만 평가절하가 없으므로 이익이 없다. 그런데 거래자 1은 외환매입에 거래비용 1을 지출했기 때문에 손실이 1만큼 발생한다. 즉 거래자 1의 보수는 −1이 된다. 이 경우 거래자 1과 거래자 2의 보수는 〈표 21−1〉의 셋째 줄, 둘째 칸의 (−1, 0)이다.

마지막으로 거래자 1과 거래자 2가 모두 외환을 사는 경우이다. 이 경우 거래자 1과 거래자 2의 외환보유고는 각각 6이다. 정부의 외환보유고는 20에서 8로 줄어든다. 그러나 이 경우 외환보유고가 아직 남아 있으므로 평가절하는 일어나지 않는다. 따라서 거래자 1과 거래자 2는 외환매입으로 얻는 이익이 없다. 그런데 거래자 1과 거래자 2는 외환매입에 각각 1을 지출했기 때문에 이익은 없고 손실만 발생하게 된다. 즉 이 경우의 거래자 1과 거래자 2의 보수는 〈표 21−1〉의 셋째 줄, 셋째 칸의 (−1, −1)이다.

이와 같이 거래자 1의 입장에서 보면 거래자 2가 "보유"의 경우에도 "보유", "매입"의 경우에도 "보유"가 더 나으므로 "보유"를 선택할 것이다. 마찬가지로 거래자 2의 입장에서 보면 거래자 1이 "보유"의 경우에도 "보유", "매입"의 경우에도 "보유"가 더 나으므로 "보유"를 선택하게 된다. 따라서 이 경우 거래자 1과 거래자 2의 최적선택은 모두 "보유", 즉 외환을 사지 않는 것이다. 그러므로 외환보유고가 충분한 경우에는 외환에 대한 투기공격은 일어나지 않는다. 즉 이 경우 외환위기는 없다.

(ii) **외환보유고가 낮은 수준, 즉 $IR=6$인 경우**

〈표 21−2〉는 외환보유고가 6일 때의 거래자 1과 거래자 2의 보수를 나타낸다.

표 21−2 ***IR*=6인 경우 보수**

		[거래자 2] 보유	[거래자 2] 매입
[거래자 1]	보유	0, 0	0, 2
	매입	2, 0	0.5, 0.5

첫째, 거래자 1과 거래자 2 둘 다 외환을 사지 않고, 즉 투기공격을 하지 않고 국내통화를 그냥 보유하고 있는 경우이다. 그러면 거래자 1과 거래자 2의 국내통화보유고는 모두 6에서 변동하지 않고 정부의 외환보유고도 6에서 변동이 없다. 이 경우 환율도 변동이 없고 투기에 의한 수익도 없다. 따라서 이 경우 거래자 1과 거래자 2의 보수는 〈표 21-2〉의 둘째 줄, 둘째 칸과 같이 (0, 0)이다.

둘째, 거래자 1은 외환을 사지 않지만 거래자 2는 외환을 사는 경우이다. 이 경우 거래자 1은 외환투기를 하지 않기 때문에 이익도 없고 손실도 없다. 즉 거래자 1의 보수는 〈표 21-2〉의 둘째 줄, 셋째 칸의 영(0)이다. 거래자 2는 국내통화 6을 정부에 주고 대신 정부가 보유하고 있는 외환 6을 모두 매입하였으므로 정부의 외환보유고는 영(0)이다. 따라서 이 경우 정부는 50%의 평가절하를 하게 된다. 그러므로 거래자 2는 매입한 외환 6이 50% 평가절하된 결과 3만큼(6의 50%)의 수익을 얻는데 여기서 거래비용 1을 빼고 나면 +2만큼의 순수익을 얻는다. 이 경우 거래자 1과 거래자 2의 보수는 〈표 21-2〉의 둘째 줄, 셋째 칸의 (0, 2)이다.

셋째, 이번에는 거래자 1이 외환을 사고 거래자 2가 외환을 사지 않는 경우이다. 이는 투기공격자만 바뀌었을 뿐 위의 둘째 경우와 같다. 이 경우 거래자 2는 외환투기를 하지 않기 때문에 이익도 없고 손실도 없다. 즉 거래자 2의 보수는 〈표 21-2〉의 셋째 줄, 둘째 칸의 영(0)이다. 거래자 1은 국내통화 6을 정부에 주고 대신 정부가 보유하고 있는 외환 6을 모두 매입하였으므로 정부의 외환보유고는 영(0)이다. 따라서 이 경우 정부는 50%의 평가절하를 하게 된다. 그러므로 거래자 1은 매입한 외환 6이 50% 평가절하된 결과 3만큼(6의 50%)의 수익을 얻는데 여기서 거래비용 1을 빼고 나면 +2만큼의 순수익을 얻는다. 이 경우 거래자 1과 거래자 2의 보수는 〈표 21-2〉의 셋째 줄, 둘째 칸의 (2, 0)이다.

마지막으로 거래자 1과 거래자 2가 모두 외환을 사는 경우이다. 이 경우 거래자 1과 거래자 2의 외환보유고는 각각 정부의 외환보유고의 절반인 3이다. 정부의 외환보유고는 영이 되고 50%의 평가절하가 이루어진다. 따라서 거래자 1과 거래자 2는 각각 매입한 외환 3이 50% 평가절하된 결과 1.5

만큼(3의 50%)의 수익을 얻는데 여기서 거래비용 1을 빼고 나면 +0.5(= 1/2)만큼의 순수익을 얻는다. 즉 이 경우의 거래자 1과 거래자 2의 보수는 〈표 21-2〉의 셋째 줄, 셋째 칸의 (0.5, 0.5)이다.

이와 같이 거래자 1의 입장에서 보면 거래자 2가 "보유"의 경우에도 "매입", "매입"의 경우에도 "매입"이 더 나으므로 "매입"를 선택할 것이다. 마찬가지로 거래자 2의 입장에서 보면 거래자 1이 "보유"의 경우에도 "매입", "매입"의 경우에도 "매입"이 더 나으므로 "매입"을 선택하게 된다. 따라서 이 경우 거래자 1과 거래자 2의 최적선택은 모두 "매입", 즉 외환을 사는 것이다. 그러므로 외환보유고가 부족한 경우에는 외환에 대한 투기공격이 일어난다. 즉 이 경우에는 외환위기가 발생한다.

(iii) 외환보유고가 중간인 수준, 즉 IR=10인 경우

〈표 21-3〉은 외환보유고가 10일 때의 거래자 1과 거래자 2의 보수를 나타낸다.

첫째, 거래자 1과 거래자 2 둘 다 외환을 사지 않고, 즉 투기공격을 하지 않고 국내통화를 그냥 보유하고 있는 경우이다. 그러면 거래자 1과 거래자 2의 국내통화보유고는 모두 6에서 변동하지 않고 정부의 외환보유고도 10에서 변동이 없다. 이 경우 환율도 변동이 없고 투기에 의한 수익도 없다. 따라서 이 경우 거래자 1과 거래자 2의 보수는 〈표 21-3〉의 둘째 줄, 둘째 칸과 같이 (0, 0)이다.

둘째, 거래자 1은 외환을 사지 않지만 거래자 2는 외환을 사는 경우이다. 이 경우 거래자 1은 외환투기를 하지 않기 때문에 이익도 없고 손실도 없다. 즉 거래자 1의 보수는 〈표 21-3〉의 둘째 줄, 셋째 칸의 영(0)이다. 거

표 21-3 IR=10인 경우 보수

		[거래자 2]	
		보유	매입
[거래자 1]	보유	0, 0	0, −1
	매입	−1, 0	1.5, 1.5

래자 2는 국내통화 6을 정부에 주고 대신 정부가 보유하고 있는 외환 6을 매입하였으므로 정부의 외환보유고는 10에서 4로 줄어든다. 정부의 외환보유고가 아직 남아 있기 때문에 이 경우 평가절하는 없다. 그러므로 거래자 2는 이익은 없고 거래비용 1만큼의 손실만 보게 된다. 이 경우 거래자 1과 거래자 2의 보수는 〈표 21-3〉의 둘째 줄, 셋째 칸의 (0, −1)이다.

셋째, 이번에는 거래자 1이 외환을 사고 거래자 2가 외환을 사지 않는 경우이다. 이는 투기공격자만 바뀌었을 뿐 위의 둘째 경우와 같다. 이 경우 거래자 2는 외환투기를 하지 않기 때문에 이익도 없고 손실도 없다. 즉 거래자 2의 보수는 〈표 21-3〉의 셋째 줄, 둘째 칸의 영(0)이다. 거래자 1은 국내통화 6을 정부에 주고 대신 정부가 보유하고 있는 외환 6을 매입하였으므로 정부의 외환보유고는 10에서 4로 줄어든다. 정부의 외환보유고가 아직 남아 있기 때문에 이 경우 평가절하는 없다. 그러므로 거래자 1은 이익은 없고 거래비용 1만큼의 손실만 보게 된다. 이 경우 거래자 1과 거래자 2의 보수는 〈표 21-3〉의 셋째 줄, 둘째 칸의 (−1, 0)이다.

마지막으로 거래자 1과 거래자 2가 모두 외환을 사는 경우이다. 이 경우 거래자 1과 거래자 2의 외환보유고는 각각 정부의 외환보유고의 절반인 5이다. 정부의 외환보유고는 영이 되고 50%의 평가절하가 이루어진다. 따라서 거래자 1과 거래자 2는 각각 매입한 외환 5가 50% 평가절하된 결과 2.5만큼(5의 50%)의 수익을 얻는데 여기서 거래비용 1을 빼고 나면 +1.5만큼의 순수익을 얻는다. 즉 이 경우의 거래자 1과 거래자 2의 보수는 〈표 21-3〉의 셋째 줄, 셋째 칸의 (1.5, 1.5)이다.

이와 같이 거래자 1의 입장에서 보면 거래자 2가 "보유"의 경우에는 "보유", "매입"인 경우에는 "매입"이 더 낫다. 마찬가지로 거래자 2의 입장에서 보면 거래자 1이 "보유"의 경우에는 "보유", "매입"의 경우에는 "매입"이 더 낫다. 따라서 이 경우 거래자 1과 거래자 2의 최적선택은 상대방이 보유이면 보유가 더 낫고 매입이면 매입이 더 나은 2가지가 된다. 그러므로 외환보유고가 충분한 것도 아니고 완전히 부족한 것도 아닌 애매한 수준인 경우에는 상대방 거래자가 투기공격을 하지 않고 조용히 있으면 같이 조용히 있는 것이 더 나아 외환위기가 일어나지 않는다. 반대로 상대방

그림 21-2 외환보유고와 자기실현적 위기

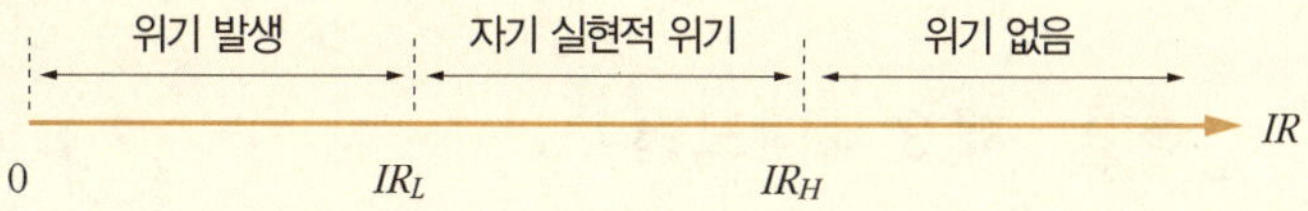

이 투기공격을 하면 함께 투기공격을 하는 것이 더 나아 외환위기가 발생하게 된다. 즉 이러한 외환위기는 투기공격 자체가 외환위기를 일으키는 특징적인 면을 가지고 있어 자기실현적 위기(self-fulfilling crisis)라 부른다.

제 2 세대모형의 특징을 그림으로 요약하면 [그림 21-2]와 같이 나타낼 수 있다.

[그림 21-2]에서 외환보유고가 충분하면, 즉 $IR > IR_H$이면 투기공격을 받아도 외환위기가 없다. 반대로 외환보유고가 부족하면, 즉 $IR < IR_L$이면 투기공격을 받아 외환위기가 발생한다. 그러나 외환보유고가 애매한 수준이면, 즉 $IR_L < IR < IR_H$이면 투기공격이 없으면 외환위기가 없고 투기공격이 있으면 외환위기가 발생하는 자기실현적 외환위기가 일어난다. 즉 이 경우 외환위기가 없는 경우와 외환위기가 있는 경우의 두 개의 복수균형이 존재한다.

제 2 세대모형은 외환위기의 자기실현적 성격을 잘 설명하지만 위기가 발생할 때 투기공격의 실제 시작은 설명하지 못한다. 예를 들면 1992~1993년의 유럽통화위기의 경우 약 2년 전에 이미 투기공격이 무르익고 있었는데도 그 동안 위기가 일어나지 않고 왜 1992~1993년에 위기가 일어났는지를 설명하지 못한다. 다시 말해서 1992년 이전에 투기공격이 있었더라면 유럽통화위기가 일어났을 것인데 왜 1992년에 와서 위기가 발생하였는지를 설명하지 못한다.

또한 제 2 세대모형은 투기공격을 억제하는 정책을 다루지 못하고 있다. 예를 들면 과도한 자본유입이 외환위기의 원인이 되고 있을 때 자본유입억제책이 투기공격을 막는 데 매우 중요한 역할을 할 것이지만 제 2 세대모형은 자기실현적 투기공격이 결정되는 메커니즘을 설명하지 못하기 때

문에 그러한 정책적인 요소를 설명하지 못한다.[4)]

3 제 3 세대모형

제 1 세대모형이나 제 2 세대모형은 1990년 후반의 동아시아 위기를 설명할 수 없다. 즉 동아시아 위기국들은 위기 이전 1997년 초에 재정수지는 양호한 상태에 있었으며 1996년에 성장률은 둔화되고 초과설비가 나타나곤 했지만 고용, 인플레이션 등 거시경제변수들도 모두 심각한 상황에 직면하지 않았기 때문에 제 1 세대 또는 제 2 세대모형으로는 설명이 불가능한 위기였다.

제 3 세대모형은 이와 같이 기존의 모형으로는 설명이 불가능한 동아시아 위기를 설명하고자 개발된 모형이다. 제 3 세대모형이 위기의 공통적인 요인을 하나로 묶는 데 합의가 이루어진 통합된 모형으로 발전한 것은 아니지만 그 핵심은 통화위기를 은행(금융)위기와 분리해서 설명할 수 없다는 것이다. 즉 제 3 세대모형은 금융의 취약성을 위기의 중요한 원인으로 파악하고 있다.

제 3 세대모형은 제 1 세대모형 및 제 2 세대모형과 달리 외환위기는 산출량과 고용 등 실물경제의 침체를 가져오는 모형이다.

제 3 세대모형은 위기의 원인에 따라 재무상태표(statement of financial position)모형, 도덕적 해이(moral hazard)모형, 금융공황(financial panic)모형, 전염효과모형(contagion model) 등 네 가지로 요약할 수 있다.

재무상태표모형[5)]

재무상태표모형은 위기의 원인을 평가절하 또는 환율상승으로 인한 기업의 재무상태표 악화, 즉 채산성 악화에서 찾고 있는 모형이다. 환율이 상승하면 외화표시 채무가 많은 기업은 환율상승에 따른 채무부담의 증가로

4) Morris and Shin(1998) 참조.
5) Krugman(1999)을 주로 참조하였음.

채산성이 악화된다.

환율상승으로 기업의 재무상태표가 악화되는 것은 주로 통화불일치(currency mismatch)와 만기불일치(maturity mismatch)때문이다.[6] 통화불일치란 기업의 자산은 국내통화로 표시되어 있는데 부채는 외국통화로 표시되어 있는 것을 말한다. 통화불일치가 있는 경우 환율이 상승하면 기업의 자산가치는 환율의 영향을 받지 않기 때문에 변동하지 않는데 부채만 증가하게 되어 기업의 채산성이 악화된다. 이러한 통화불일치 위험은 후진국의 경우 국제금융시장에서 자국통화로는 차입할 수 없고 외국통화로 차입할 수밖에 없는 현실 때문에 더욱더 위험성이 크다.[7]

만기불일치란 기업의 자산의 만기는 장기인데 부채의 만기는 단기로 되어 있는 것을 말한다. 만기 불일치가 있으면 두 가지 위험이 있다. 하나는 차환위험(rollover risk)이고, 다른 하나는 이자율위험(interest rate risk)이다.

차환이란 만기가 도래한 부채를 상환하지 않고 다시 연장하거나 다른 곳에서 차입하여 상환하는 것을 말하는데 차환이 이루어지면 부채규모는 그대로 남는다. 그런데 만기불일치가 있으면 부채의 만기가 자산의 만기보다 빨리 도래하기 때문에 차환위험이 있다. 환율이 상승하면 이러한 차환부담이 증가하고 상황이 나빠지면 차환 자체가 불가능해져서 현금으로 부채를 상환해야 하는 위험이 존재한다. 그것은 자산의 만기는 장기로 되어 있어서 자산을 처분해서 부채를 상환하기가 어렵기 때문이다.

이자율위험이란 이자율상승으로 부채상환부담이 증가할 위험을 말한다. 단기이자율이 어떤 요인으로 상승하면 자산은 장기로 되어 있기 때문에 이자율상승효과가 당장에 나타나지 않는 데 반해서 부채는 단기로 되어 있기 때문에 단기적으로 부채상환부담이 증가하게 된다.

이와 같이 만기불일치가 있는 경우 환율 또는 이자율이 상승하면 자산에서 얻는 이득은 오랜 기간이 지난 후에 나타나지만 부채는 즉각 증가하여 기업의 채산성이 악화된다.

이와 같은 통화 또는 만기 불일치가 있는 경우에 환율이 상승하면 기업의 채산성은 악화되는데 이러한 채산성의 악화는 기업의 순자산의 감소를

6) 금융위기에 대한 재무상태표 접근은 Allen, Rosenberg, Keller, Sester and Roubini(2002) 참조.
7) 이러한 후진국의 현실을 Eichengreen(2002)은 원죄(original sin)라 부르고 있다.

초래하고 순자산의 감소는 기업의 신용을 떨어뜨려 담보능력을 축소시킨다. 담보능력의 저하는 신용의 축소를 가져오고 이는 다시 기업의 투자감소를 초래하여 국민경제의 위축을 초래한다. 국민경제의 위축은 금융기관의 부실대출을 증가시켜 신용을 더욱더 축소시킨다. 이는 다시 기업의 투자를 축소시켜 경제의 위기를 더욱더 가속화시키는 악순환에 직면하게 된다.[8)]

(1) 실질환율 변동의 재무상태표효과

그러면 실질환율의 상승이 재무상태표에 미치는 효과를 통하여 위기가 발생하는 메커니즘을 간단한 모형을 사용하여 설명해 보기로 하자.

먼저 t기의 GDP를 y_t, 자본을 K_t, 노동을 L_t이라 하면 생산함수는 (21-10)식과 같이 나타낼 수 있다.

$$y_t = K_t^{\alpha} L_t^{(1-\alpha)} \tag{21-10}$$

(21-10)식의 생산함수는 1차동차 생산함수이므로 α는 생산요소의 소득의 배분비중을 나타낸다. 즉 자본가 소득은 αy이고 근로자 소득은 $(1-\alpha)y$이다.[9)] 수입품에 대한 투자지출과 소비지출의 비중을 δ라 하면 국내상품에 대한 투자지출과 소비지출은 각각 $(1-\delta)I_t$와 $(1-\delta)C_t$로 나타낼 수 있다. 설명의 단순화를 위해 정부지출은 없는 것으로 가정한다. 그리고 소규모 개방경제를 가정하면 수출은 외국의 산출량 등 해외요인에 의해 결정되므로 실질환율과 관계없이 외생적으로 주어진다. 즉 실질환율($\frac{EP^*}{P}$)을 q, 수출량을 X라 하자. 그리고 수출량 X를 외국상품의 수량으로 표시하기로 하자. 이 경우 X는 예를 들면 현대자동차 수출량, 1,000대를 미국산자동차

8) 통화불일치와 만기불일치 이외에 재무상태표 위험에는 자본구조 불일치(capital structure mismatch)와 지불능력 위험(solvency risk)이 있다. 전자는 주식발행에 의한 자본보다 차입자본의 구성비중이 과도하게 높은 경우를 말하는데 이 경우 차입조건이 악화되면 재무상태표가 악화될 위험성이 높다. 지불능력위험이란 기업의 자산가치가 부채보다 낮은 경우, 즉 기업의 순자산이 음(−)인 경우를 말하는데 이 경우 시장조건이 악화되면 재무상태표의 악화와 함께 부도위험이 높아진다. 그러나 자본구조불일치와 지불능력위험은 모두 통화불일치와 만기불일치와 연관된 위험이므로 여기서는 제외한다. 이에 대한 상론은 Allen, Rosenberg, Keller, Sester and Roubini(2002) 참조.

9) 생산요소의 소득배분은 한계생산력에 의해서 결정되므로 자본의 한계생산력 $\alpha K^{(\alpha-1)}L^{(1-\alpha)}$이고 노동의 한계생산력은 $(1-\alpha)K^{\alpha}L^{(-\alpha)}$이다. 따라서 자본가 소득은 $K[\alpha K^{(\alpha-1)}L^{(1-\alpha)}] = \alpha K^{\alpha} L^{(1-\alpha)} = \alpha y$의 근로자 소득은 $L[(1-\alpha)K^{\alpha}L^{(-\alpha)}] = (1-\alpha)K^{\alpha}L^{(1-\alpha)} = (1-\alpha)y$이다.

500대로 나타낸 것과 같다. 이제 재화시장의 균형식은 (21-11)식과 같다. 여기서 수출량 X는 외국상품의 수량으로 표시했기 때문에 국산품의 수량으로 환산하기 위해서는 q와 X를 곱해야 한다. 그리고 X는 소규모개방경제의 가정에 의해 외생적으로 주어져 있기 때문에 기간을 나타내는 t없이 바로 X로 표시한 것에 유의할 필요가 있다.

$$y_t=(1-\delta)I_t+(1-\delta)C_t+qX \tag{21-11}$$

(21-10)식의 생산함수에서 근로소득은 $(1-\alpha)y_t$이므로 저축을 영(0)이라고 가정하면 $C_t=(1-\alpha)y_t$가 된다. 이를 (21-11)식의 소비, C_t 대신에 대입하면 (21-12)식이 된다.

$$y_t=(1-\delta)I_t+(1-\alpha)(1-\delta)y_t+qX \tag{21-12}$$

(21-12)식에서 실질환율 q를 구하면 (21-13)식과 같다.

$$q_t=\frac{[1-(1-\alpha)(1-\delta)]y_t-(1-\delta)I_t}{X} \tag{21-13}$$

기업의 투자는 순자산의 크기에 의해서 결정된다. W를 순자산(net worth), D를 국내상품으로 표시한 부채, F를 외국상품으로 표시한 채무, 즉 대외부채를 각각 나타낸다고 하면 기업의 순자산은 (21-14)식과 같이 나타낼 수 있다.

$$W_t=\alpha y_t-D_t-qF_t \tag{21-14}$$

(21-14)식의 첫째 항, αy_t는 자본소득을 나타낸다. 그리고 순자산 W는 국산품의 수량으로 표시한 실질변수이다.

그러나 기업은 투자자본을 차입할 수 있으므로 투자의 크기는 순자산과 차입에 의해 결정된다. λ를 차입비중이라고 하면 기업의 투자 제약식은 (21-15)식과 같다.

$$I_t \leq (1+\lambda) W_t \qquad (21\text{-}15)$$

(21–15)식에서 λ의 값이 클수록 차입에 의한 투자자본의 조달비중이 크다.

이제 어떤 요인에 의해 해외로부터의 자본유입이 줄어든다고 해 보자. 그러면 투자(I)가 줄어들 것이다. 이 경우 투자의 감소는 (21–13)식에 의해 실질환율(q)의 상승을 가져온다. 실질환율의 상승은 (21–14)식에 의해 기업의 순자산(W)의 감소를 초래하여 재무상태표를 악화시킨다. 이는 (21–15)식에 의해 다시 기업의 차입여력을 감소시키고 투자는 다시 줄어든다. 뿐만 아니라 투자의 감소는 (21–12)식에 의해 다시 산출량의 감소를 초래하여 기업의 순자산의 감소를 가져온다((21–14)식). 이와 같이 일단 투자여건이 악화되면 실질환율의 상승, 차입능력의 감소, 투자감소, 산출량 축소 등의 연쇄적인 악순환이 일어나 위기에 봉착하게 된다.

(2) 재무상태표모형의 그림에 의한 설명

기존의 먼델-플레밍모형에 의하면 재화시장의 균형조건은 (21–16)식과 같다.

$$y = A(y,\ I) + NX(\frac{EP^*}{P},\ y,\ y^*) \qquad (21\text{-}16)$$

(21–16)식에서 A는 국민총지출을, NX는 순수출을 각각 나타낸다. 그러나 위에 설명한 환율변동의 재무상태표효과를 고려하면 먼델–플레밍모형의 재화시장균형조건은 (21–17)식과 같이 나타낼 수 있다.

$$y = A(y,\ I,\ \frac{EP^*}{P}) + NX(\frac{EP^*}{P},\ y,\ y^*) \qquad (21\text{-}17)$$

(21–17)식은 실질환율의 변동이 두 가지 경로를 통해서 총수요에 영향을 미치고 있음을 나타내고 있다. 하나는 실질환율의 변동이 국민총지출(A)에 미치는 영향이고, 다른 하나는 순수출(NX)에 미치는 영향이다.

실질환율이 순수출에 미치는 효과는 기존의 먼델–플레밍모형에서 보아온 것과 같이 정(+)의 효과를 가진다. 즉 실질환율이 상승하면 순수출은 증가하고 하락하면 순수출은 감소한다. 그러나 실질환율의 변동이 국민총지출(A)에 미치는 효과는 기존의 모형과 다르다. 즉 실질환율이 상승하면 재무상태표효과에 의해 국민총지출은 감소한다. 반대로 실질환율이 하락하면 국민총지출은 증가한다. 이와 같이 실질환율과 국민총지출은 역의 관계에 있다.

그러므로 실질환율이 변동할 경우 국내상품에 대한 총지출이 증가할지 아니면 감소할지는 국민총지출에 미치는 효과와 순수출에 미치는 효과 중에서 어느 효과가 더 큰가에 달려 있다. 실질환율의 변동이 국민총지출에 미치는 효과가 순수출에 미치는 효과보다 더 크면 실질환율이 상승(하락)할 경우 국내상품에 대한 총지출은 감소(증가)할 것이고 반대로 실질환율의 변동이 국민총지출에 미치는 효과가 순수출에 미치는 효과보다 더 작으면 실질환율이 상승(하락)할 경우 국내상품에 대한 총지출은 증가(감소)할 것이다.

위의 실질환율변동의 재무상태표효과에서 살펴본 바와 같이 기업의 외화표시 대외부채가 많은 경우 실질환율의 상승은 국내상품에 대한 총지출의 감소를 가져와 위기를 초래할 수 있다.

이와 같은 관계를 나타낸 것이 [그림 21-3]이다. [그림 21-3]의 횡축은 산출량을, 종축은 명목환율을 각각 나타낸다. 여기서 국내외 물가는 모두 일정한 것으로 가정하고 있으므로 명목환율은 실질환율과 같다. [그림 21-3]에서 GG곡선은 재화시장의 균형을 나타낸다. GG곡선은 처음에는 우상향하지만 환율이 더 올라가면 우하향하는 기울기를 가지고 환율이 아주 높아지면 다시 우상향하는 기울기를 가지고 있다.

GG곡선 기울기의 이러한 변화는 환율변동의 재무상태표효과를 반영한 것이다. 환율수준이 낮은 경우, 즉 $E<E_2$인 경우에는 환율이 상승하면 기업의 재무상태표가 악화되지만 아직 그 효과가 미미하여 순수출의 증가효과가 더 크다. 따라서 $E<E_2$인 경우에는 GG곡선은 우상향하는 기울기를 가진다. 그러나 환율이 더 올라가면, 즉 $E>E_2$이면 이제 재무상태표의 악화효과가 순수출의 증가효과를 초과하여 국내상품에 대한 지출이 줄어들게 된다. 따라서 이 경우에는 재화시장의 균형을 나타내는 GG곡선은 우하향

그림 21-3 재무상태표 위기모형

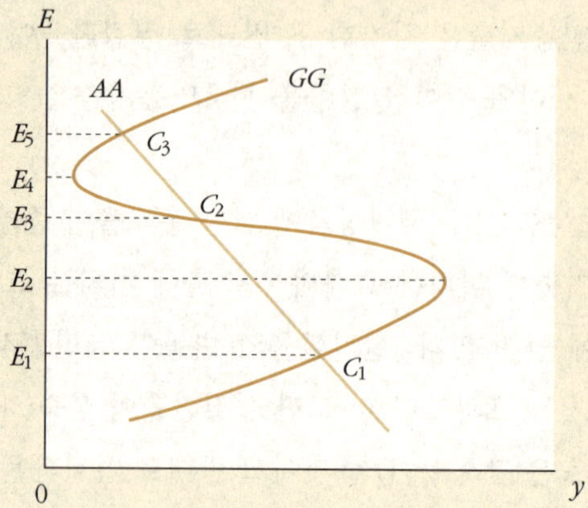

하는 기울기를 가진다. 그러나 환율수준이 더욱더 상승하여 아주 높은 수준으로 올라가면, 즉 $E>E_4$이면 이제 재무상태표의 악화 정도가 너무 심해서 기업이 도산하고 시장에서 퇴출되기 때문에 환율상승의 재무상태표효과는 사라지고 오로지 순수출 증가효과만 남는다. 따라서 $E>E_4$인 경우에는 GG곡선은 우상향하는 기울기를 가진다.

다음은 자산시장의 균형을 살펴보자. 자산시장의 균형은 화폐시장의 균형조건과 국제금리평형조건이 성립하는 것을 의미한다. 먼저 화폐시장의 균형조건은 (21-18)식과 같다.

$$\frac{M^s}{P}=L(y,\ i) \tag{21-18}$$

(21-18)식의 좌변은 실질화폐공급량을, 우변은 실질화폐수요를 각각 나타낸다.

국내채권과 외국채권이 서로 완전대체재로 가정하면 (21-19)식의 커버되지 않은 국제금리평형조건이 성립한다.

$$i=i^*+\frac{E^e-E}{E} \tag{21-19}$$

(21−19)식에서 i^*는 외국이자율을, E^e는 예상환율을 각각 나타낸다.

[그림 21−3]의 *AA*곡선은 자산시장의 균형을 나타낸다. 즉 *AA*곡선은 우하향하는 기울기를 갖는다. 예를 들어 화폐공급량, 화폐수요량, 외국의 이자율, 예상환율 등 여타의 조건이 일정한데 환율이 상승하면 외국채권의 수익률이 하락한다. 따라서 자산시장이 균형이 되는 경우는 낮아진 해외수익률수준으로 국내이자율이 하락해야 한다. 국내이자율이 떨어지는 것은 산출량이 줄어든 경우이다. 그러므로 자산시장의 균형을 나타내는 *AA*곡선은 우하향하는 기울기를 가진다.[10)]

[그림 21−3]에서 균형은 복수균형이다. 즉 균형점은 C_1, C_2, C_3 등 3개이고 균형환율은 E_1, E_3, E_5 등 3개이다. 이들 중 C_1과 C_3는 모두 안정적인 균형점이지만 C_2는 불안정적인 균형점이다. 즉 일단 C_2의 균형점를 벗어나면 균형점으로 되돌아오는 것이 아니라 균형점으로부터 점점 더 멀어져 돌아오지 않는다. 이것이 위기국면이다. 즉 기업들의 외화부채가 너무 높은 상황에 있을 경우 불안정적인 C_2점에서 균형을 이룰 수 있다. 이 경우 어떤 요인에 의해 환율이 상승하면 환율은 더욱더 상승하고 산출량은 줄어드는 위기에 봉착하게 된다. 1990년대 말의 동아시아 위기가 기업들의 과도한 외채차입이 위기의 원인으로 지적되고 있는데 이 재무상태표 악화모형은 이러한 동아시아 위기를 설명해 주는 유력한 하나의 모형이 되고 있다.

그러면 이러한 위기를 벗어나는 방법은 무엇인가? 재무상태표 위기모형의 문제점은 나쁜 균형, 즉 불안정한 균형 C_2점이 존재한다는 것이다. 따라서 C_2점을 제거하는 것이 해결책이다. 먼저 재정긴축정책을 보자. 예를 들어 정부지출을 줄이면 [그림 21−4]에서 *GG*선이 *GG′*로 좌측으로 이동할 것이다. 그러나 이 경우 불안정한 균형점은 C_2에서 C_2'로 이동할 뿐이며 완전히 제거되지 않는다. 따라서 재정정책은 이 경우 위기에 대한 유효한 정책이 될 수 없다.

그러면 금융긴축정책은 어떠한가? 예를 들어 통화량을 축소하면 [그림 21−5]에서 *AA*선은 *AA′*로 좌하향 이동할 것이다. 이 경우 새로운 균형점은 C_1'가 되고 균형환율과 산출량은 각각 E_0와 y_2'가 된다. 이 경우 균형은 안정

10) *AA*곡선에 대한 상론은 제14장 *DD*−*AA*모형을 참조.

그림 21-4 재정정책의 효과

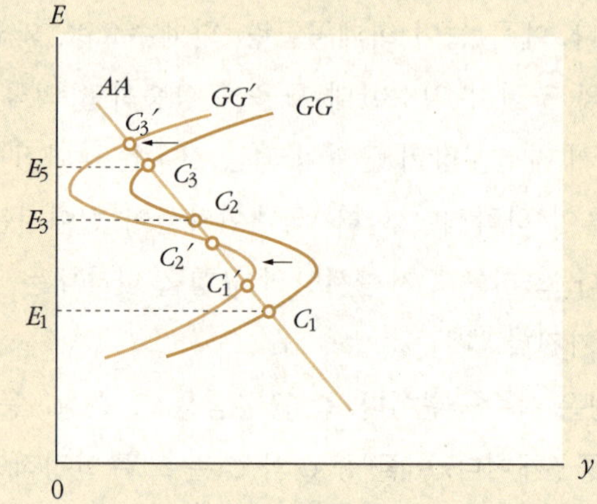

그림 21-5 금융정책의 효과

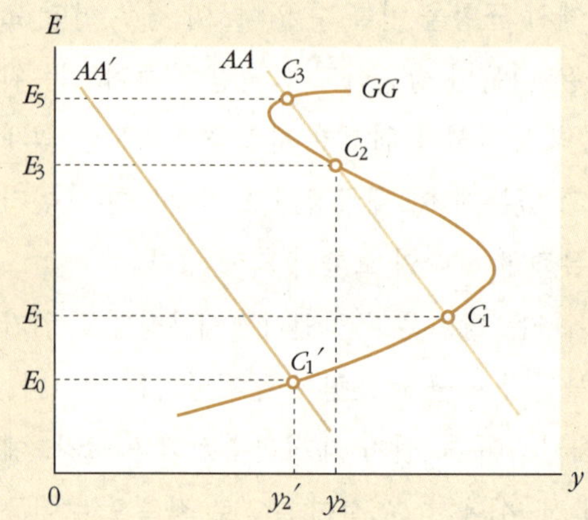

적인 균형점이며 불안정한 균형점 C_2는 완전히 벗어날 수 있다. 이와 같이 금융긴축정책은 재무상태표 위기를 해소할 수 있다. 그러나 이 경우 환율의 안정은 회복할 수 있지만 산출량이 y_2에서 y_2'로 너무 크게 줄어들어 경기침체가 심각할 수 있다.

그러므로 재정금융긴축정책은 재무상태표 위기를 해결하는 데 한계가 있다. 그런데 재무상태표 위기는 외화표시 대외부채가 너무 높기 때문에 발생한 것이므로 강제적인 수단을 사용해서 위기를 탈출하는 방법을 고려해 볼 수 있다.

예를 들면 자본이동을 통제하는 것이다. 실제로 자본이동 통제정책은 1997년 동아시아 위기 때 말레이시아의 마하티르 수상이 전격적으로 도입하여 위기를 벗어난 사례가 있다. 이러한 사례는 바로 재무상태표 위기모형의 해법을 설명해 주는 유력한 사례라 할 수 있다. 그러나 자본이동에 대한 직접적인 통제정책은 시장기능을 강제적으로 제한하는 정책이기 때문에 위기에 대한 한시적인 정책으로서만 유효할 것이며 장기적인 정책으로 도입하기는 어렵다.

도덕적 해이모형[11)]

도덕적 해이모형은 외환위기의 원인을 도덕적 해이에서 찾고 있는 모형이다. 도덕적 해이란 예를 들면 금융기관의 경우 대출심사를 철저히 하지 않아 부실채권이 늘어나 채산성이 악화되고 금융기관이 부실화되는 것을 들 수 있다. 이때 금융기관들이 도덕적 해이를 하게 되는 것은 비록 부실금융기관이 되더라도 정부가 구제해 줄 것이라는 암묵적 기대가 깔려 있기 때문이다.

후진국의 경우 금융기관들이 파산하게 되면 국민경제에 미치는 파급효과가 워낙 크기 때문에 문제가 생기면 정부가 뒤에서 구제해 주는 식의 암묵적인 보증하에서 경영해 온 것이 허다하고 그것이 통화위기 또는 금융위기를 가져온 주요 원인이 된 것은 사실이다. 이러한 부실경영은 과도한 대출을 일으키게 되고 과도한 대출은 다시 기업의 과도한 차입과 과도한 투자를 가져와 리스크가 증대되는 결과를 초래하게 된다. 금융기관의 도덕적 해이에 의한 과도한 대출은 자산가격의 폭등과 거품을 유발하여 금융리스크를 확대하는 주요 원인이 된다. 뿐만 아니라 도덕적 해이가 금융기관, 기업, 정부부문의 감독기관 등 경제전반으로 만연하게 퍼져 있을 경우 리스크는 더욱더 커지고 위기시에 국민경제가 겪는 고통은 더 커지게 된다.

이러한 도덕적 해이모형은 아시아적 천민자본주의(crony capitalism)

11) 도덕적 해이모형에 대한 상론은 Corsetti, Pesenti, and Roubini(1999) 참조.

요소를 강조하고 있다.[12] 천민자본주의란 아시아적 금융구조의 결함을 지적한 것으로 예를 들면 한국의 족벌경영에 의한 재벌체제, 일본의 대형기업집단(keiretsu), 인도네시아 등의 정경유착 등 경영, 투자 및 금융, 사업 등이 인적네트워크에 결정적인 영향을 받는 행태를 말한다. 이런 형태의 천민자본주의 행태에서는 암묵적 보증, 과잉차입, 과잉투자 등 도덕적 해이에 따른 위기발생의 위험이 더 높다.

특히 이러한 도덕적 해이로 외화표시 해외차입이 급증하여 외채규모가 크게 늘어날 경우 통화위기의 위험성은 더욱더 커진다. 즉 외채가 누적될 경우 만일 어떠한 요인으로 국제적 신용이 떨어져 차입선이 정지되면 자본유출의 급증 및 환율의 급등으로 외환위기와 금융시스템의 붕괴 등으로 실물경제의 위축을 가져오는 총체적 경제 위기에 빠지게 된다.

금융공황모형[13]

금융공황론은 킨들버거(Kindleberger, 1978)가 대표적이며 군중심리(mob psychology)에 기초한 것으로 자기실현적 복수균형의 형태를 띤다. 즉 사람마다 공황이 없을 것이라고 믿으면 뱅크런 없이 좋은 균형(good equilibrium)이 달성되고 반대로 사람마다 공황이 있을 것으로 믿으면 뱅크런이 일어나 나쁜 균형(bad equilibrium)이 달성된다. 이와 같이 금융공황론의 위기는 군중심리, 즉 공황심리 때문에 나타나는 것이며 일어날 수도 있고 일어나지 않을 수도 있는 자기실현적 위기이다.

금융공황(financial panic)모형은 위기의 원인을 유동성 경색에서 찾고 있는 모형이다. 즉 이 모형은 어떤 요인으로 금융불안이 예견될 경우 금융기관에 대한 채권자들은 다른 사람이 먼저 채권을 회수해 가기 전에 먼저 자기의 채권을 회수하고자 금융기관으로 달려가는 뱅크런(bank run)의 발생과 함께 금융공황(financial panic)상태가 발생하여 위기가 도래하는 것을 설명하고자 하는 모형이다.

뱅크런이 발생하는 원리는 다음과 같다. 은행은 예금인출에 대해 부분

12) 아시아의 천민자본주의에 대한 상론은 Krugman(1998) 또는 Dooly(1997)를 참조.
13) 금융공황모형에 대한 상론은 Chang and Velasco(1998) 참조.

지불준비금제도를 채택하고 있기 때문에 예금잔고 전액에 대해 100%의 지불준비금을 보유하고 있지 않다. 그리고 은행은 먼저 인출하러 오는 고객에게 먼저 예금을 인출해 주는 소위 선착순(first-come first-served) 인출방식을 채택하고 있다. 따라서 예금자들이 은행이 파산할지도 모른다고 예상하게 되면 남이 예금을 찾아가고 난 뒤에는 자기가 찾을 예금이 은행에 없을 것이므로 예금을 인출하지 못할지도 모른다는 공황에 빠지게 된다. 따라서 예금자들은 남보다 먼저 예금을 인출하기 위해 은행으로 달려가는 뱅크런이 일어나게 된다. 은행은 공황에 빠진 예금자들이 일시에 동시적으로 예금인출을 하러 오면 100% 지불준비금을 보유하고 있지 않기 때문에 현금이 모자라 예금인출을 해 줄 수가 없는 유동성 부족에 빠지게 된다. 따라서 은행은 보유자산을 매각하여 유동성을 확보하려 할 것인데 그렇게 되면 자산가격이 하락하여 은행의 수익성은 더욱더 악화되고 이것이 전 금융기관에 영향을 미쳐 금융위기가 일어나게 된다.

뱅크런은 시장실패 때문에 일어나는 현상이다. 즉 뱅크런은 조정문제(coordination problem)가 해결되지 않기 때문에 발생한다. 예를 들어 설명해 보자. 먼저 기간은 1기와 2기 두 기간이라고 하자. 그리고 어떤 한 은행에 E형의 예금자그룹과 L형의 예금자 그룹 두 가지형태의 예금자 그룹들이 있다고 하자. E형의 예금자 그룹은 제 1 기에 예금을 인출하는 것을 선호하는 그룹이고 L형의 예금자 그룹은 제 2 기에 예금을 인출하는 것을 선호하는 그룹이라고 하자. 그리고 은행은 부분 지불준비금만 보유하고 있고 예금은 선착순으로 인출할 수 있다고 하자. 이 경우 균형은 2개로 복수균형이다. 먼저 제 1 기에 E형의 예금자 그룹만 예금을 인출하러 은행에 나타나는 경우에는 은행은 예금지불에 아무런 문제가 없다. 이 경우 은행은 뱅크런을 당하지 않고 은행위기는 일어나지 않는다.

이와는 대조적으로 제 2 기에 예금을 인출하는 것을 선호하는 L형의 예금자 그룹이 다른 예금자가 자기들보다 먼저 예금을 인출하여 은행에 자기들이 인출할 자금이 없을 것을 우려하여 제 1 기에, 즉 조기에 예금을 인출하러 은행에 몰려들면 뱅크런이 발생한다. 이 경우 은행은 예금에 대해 100% 지불준비금을 보유하고 있는 것이 아니라 100%보다 작은 부분 지불준비금만 보유하고 있기 때문에 예금자들의 예금인출요구를 모두 다 충족시킬 수는 없다. 따라서 이 경우 은행은 위기에 직면한다.

이와 같이 뱅크런이 없으면 은행위기는 없고 반대로 뱅크런이 있으면 은행위기가 발생하므로 균형은 2개, 즉 복수균형이고 은행의 위기는 자기실현적 위기이다. 이러한 자기실현적 위기는 조정문제 때문에 발생한다. 만일 제 1 기 인출자와 제 2 기인출자를 잘 설득하여 양자의 예금인출시기를 잘 조정할 수 있으면 뱅크런은 없고 은행위기는 일어나지 않을 것이다. 그러나 시장은 그러한 조정을 할 수 있는 능력이 없다. 그러므로 조정문제는 시장실패에 해당한다. 현실적으로 이러한 조정문제의 해결을 위해 예금보험제도를 도입하고 있다. 이는 은행이 파산할 경우 예금지급을 보험으로 담보해 주어 시장 스스로 해결하지 못하는 조정문제를 해결하여 은행위기의 발생을 방지하고자 하는 정책이다.

금융공황상태에 직면하면 금융기관들은 유동성위기에 봉착하게 되고 이는 외환위기 또는 금융위기로 악화될 수 있다. 금융공황이 발생하면 비록 일시적 유동성부족(illiquidity)에 불과한 금융기관도 지급불능(insolvency)에 빠질 수 있는 위험을 안고 있다. 지급불능이란 차입자의 순자산이 채무보다 작아서 채무상환능력이 없는 것을 말하고, 유동성부족이란 장기적으로는 순자산이 채무상환보다 더 크지만 당장에 채무를 상환할 유동성을 확보하지 못하여 채무를 상환하지 못하고는 있는 경우를 말한다. 유동성위기는 장기적으로 채무를 상환할 능력이 있기 때문에 당장에 만기가 돌아온 채무를 상환할 유동성을 누군가가 빌려주면 문제가 되지 않는다. 그러나 이 경우 누군가가 유동성을 공급해 주지 않으면 바로 위기로 비화되어 버리는데 문제가 있다. 이러한 문제는 바로 채권자들이 집단으로 움직이는 행태 때문에 발생한다. 즉 이러한 행태는 시장의 실패에 해당한다.

예를 들어 개별채권자의 유동성 공급만으로는 어떤 채무자의 유동성부족을 모두 충당하지는 못한다고 해 보자. 만일 다른 채권자들이 이 채무자에게 유동성을 공급해 줄 것이라고 믿으면 이 채권자도 유동성을 공급해 줄 것이므로 위기는 일어나지 않는다. 반대로 다른 채권자들이 아무도 이 채무자에게 유동성을 공급해 주지 않을 것이라고 이 채권자가 믿으면 유동성을 공급하지 않을 것이고 이 채무자는 유동성부족문제를 극복하지 못하고 위기를 맞을 것이다.

이와 같이 유동성위기는 위에 설명한 뱅크런과 마찬가지로 채권자들이 다른 사람들은 어떻게 행동하는가를 보고 따라서 하는 군집행태(herd behavior) 때문에 위기가 발생할 수 있다. 그리고 이러한 위기는 자기실현적 위기로 복수의 균형이 존재한다. 즉 채권자들이 채무자의 유동성부족을 문제 삼지 않고 계속 유동성을 공급해 주면 위기없이 넘어가고 반대로 유동성부족을 문제 삼으면 장래에 지급불능문제가 없는 채무자도 당장의 유동성을 확보하지 못하고 파산하는 위기로 비화되는 것이다. 만일 이 경우 누군가가 나서서 채권자들의 행동을 조정할 수 있다면 위기는 피할 수 있을 것이다. 그러나 금융시장에 이러한 조정을 할 수 있는 자체적인 기구는 없다. 그러므로 금융시장 스스로는 이러한 문제를 해결할 수 없으며 이것 역시 뱅크런과 마찬가지로 조정문제이며 일종의 시장의 실패에 해당한다.

이와 같이 금융공황 모형은 금융기관에 대한 채권자들의 신뢰가 추락할 경우 함께 몰려가는 군중심리가 위기의 원인이 되고 있음을 강조한 모형으로 군집이론(herds theory)은 금융공황모형의 중요한 요소의 하나이다.[14)]

금융위기이론은 크게 금융공황론(panics)과 기초경제론(fundamentals) 두 가지로 나눌 수 있는데 이러한 금융공황론은 금융위기의 원인을 기초경제의 취약성에서 찾고자 하는 기초경제론(fundamentals)과 대조를 이룬다. 기초경제론은 위기를 경기순환의 본질적인 한 부분으로 보고 따라서 기초경제에 대한 충격 때문에 나타난다고 주장한다.[15)] 즉 경제가 불황 또는 경기침체에 빠지면 자산수익률이 떨어진다. 이렇게 되면 부도위험이 증가하고 부실여신이 늘어나 차입자들은 채무상환이 어렵게 된다. 이 경우 예금자들은 자산을 확보하기 위해 미래에 지급불능에 빠질지도 모를 것으로 예상하여 은행으로 달려가는 예금인출사태가 일어나게 된다. 은행은 일반적으로 자산(대출)은 유동성이 낮고 부채(예금)는 유동성이 높기 때문에 자산

14) 사람들의 군집행태(herds behavior)는 반드시 비합리적라고 할 수는 없다. 예를 들면 어떤 투자자가 시장정보가 불완전한 경우 독자적으로 행동하는 것보다는 다른 투자자들을 따라서 함께 행동하는 것이 자기의 평판을 유지하거나 비판을 면하는 합리적 방법이 될 수 있다.

15) Mitchell(1941) 참조.

과 부채 간에 유동성불일치(liquidity mismatch)문제를 안고 있는데 이러한 뱅크런은 바로 은행을 지급불능사태에 빠지게 만들고 금융위기를 초래한다. 경제기초론도 결과는 공황론과 같지만 위기의 원인이 다르다.[16)]

전염효과모형(contagion model)

전염효과모형은 한 나라에서 일어난 투기공격이 마치 전염병처럼 다른 나라로 번져 나가는 현상에 주목하여 외환위기를 설명하는 모형이다. 전염병은 몸이 약한 사람도 걸리지만 건강한 사람도 걸릴 수가 있듯이 투기공격은 환율이 잘못된 통화도 받을 수 있고 환율이 잘못되지 않은 통화도 받을 수 있다는 것이 전염효과모형의 핵심 논리이다. 만일 전염효과모형의 논리가 타당하다면 이는 정책적으로 매우 중요한 시사점을 갖는다. 즉 전염효과에 의한 외환위기가 있으면 위기의 건전한 국가들로의 확산을 막기 위해 IMF와 같은 국제기구 또는 G-7 등의 국가그룹의 적극적인 구제책을 마련해야 한다는 것을 의미한다.

외환위기의 전염사례로는 1994년의 멕시코위기의 데킬라효과(Tequila Effect), 1997~1998년의 동아시아위기, 1998년의 러시아위기, 1999년의 브라질위기 등을 들 수 있다.

외환위기의 전염경로는 무역경로와 금융경로 두 가지로 나눌 수 있다. 전자는 무역비중이 높은 경우 위기의 전염이 더 쉽게 이루어진다는 것이다. 예를 들어 A국과 B국 두 나라가 아주 긴밀한 무역관계를 맺고 있고 모두 투기공격에 아주 취약한 구조(예를 들면 외환보유고 부족, 지속적 통화팽창 등)를 가지고 있다고 하자.

이 경우 A국의 통화가 투기공격을 받아 환율이 크게 상승하면 B국도 투기공격을 받아 위기에 봉착할 수 있다. 즉 A국의 환율급등은 B국의 환율의 급격한 하락을 의미하므로 이는 B국의 소득과 물가의 하락을 가져올 것이다. 이러한 소득과 물가의 하락은 다시 B국의 화폐에 대한 수요의 감소를 가져올 것이고 이에 따라 B국에서는 자본유출이 일어나게 된다. 자본이 유출됨에 따라 B국의 외환보유고는 줄어들고 결국 B국의 통화는 투기공격

16) Allen and Gale(2008), p. 6 참조.

을 받아 위기에 봉착하게 된다.

이와 같이 한 나라의 외환위기는 평가절하를 일으키고 이는 무역상대국의 국제경쟁력의 저하를 가져와 거시경제의 펀더멘탈의 변화를 초래하여 상대교역국이 위기에 빠지는 국제적 전염효과가 나타나게 된다.[17)]

전염효과에 의한 외환위기는 건전한 통화로도 전염될 수 있다. 즉 위기의 전염이 없으면 투기공격을 받지 않고 조용히 넘어갈 수 있었는데도 인접국의 통화에 대한 투기공격이 건전한 통화로 전염되어 함께 외환위기를 겪는 사례는 많다. 예를 들면 1992~93년의 영국파운드화 위기의 아일랜드 전염, 1992년의 핀란드의 평가절하의 스웨덴 전염, 1992~93년의 스페인 페세타 위기의 포르투갈 전염 등이 그 좋은 예이다. 이들 예의 경우 위기국 통화의 평가절하 또는 환율급등이 인접국의 무역경쟁력을 악화시켜 위기를 초래한 것이다. 무역관계에 의한 이러한 전염효과는 국가간 경제의 상호의존성에 기인하는 것으로 스필오버(spillover)효과의 성격이 강하다.

금융경로에 의한 전염이란 통화 또는 경제전망에 대한 국제 투자자들의 신인도(confidence)의 추락으로 대규모 자본유출이 일어나 위기를 겪는 경우를 말한다. 즉 한 나라에 대한 신인도가 추락할 경우 결국은 환율체제가 붕괴될 것을 예상하여 외환에 대한 투기공격과 급격한 자본유출이 일어나 위기에 봉착하게 된다.

금융경로에 의한 전염효과는 데킬라효과(Tequila effect), 동아시아위기, 러시아위기 등이 그 좋은 예이다. 데킬라는 멕시코산 위스키의 일종인데 데킬라효과란 1994년 12월의 멕시코 페소화위기가 아르헨티나, 브라질 등 남미국가들로 파급된 것을 지칭하는 말이다. 이는 과음은 멕시코인들이 했는데 다른 나라 사람들이 함께 과음한 것처럼 된 형국이라는 뜻을 내포하고 있다. 이들 남미의 위기는 당시 아르헨티나, 브라질 등과의 맥시코의 무역은 그렇게 큰 비중을 차지하지 않고 있었기 때문에 무역관계로 설명하기 어렵다.

또한 1997~1998년의 동아시아위기도 무역보다는 금융경로에 의한 전염효과의 성격이 더 강하다. 1997년 여름에 일어난 태국의 바트화에 대한

---

17) 이에 대한 상론은 Gerlach and Smets(1995) 참조.

투기공격은 홍콩, 한국, 말레이시아, 필리핀, 인도네시아 등 아시아 각국으로 파급되어 이들 국가들은 환율의 급등, 경기침체 등 심각한 위기를 경험하였다. 러시아는 1998년 8월 투기공격을 받아 외채위기에 직면하여 채무불이행을 선언하고 루블화의 평가절하를 단행하였는데 그것이 브라질 등 남미까지 전염되는 양상을 보였다.

이와 같이 외환위기의 전염효과는 인접국에 국한되는 것이 아니라 거리와 상관없이 아주 멀리 동떨어진 지구촌으로 확산되어 가는 양상을 띠는 특징을 가지고 있다.

무역경로에 의한 위기의 전염효과는 한 나라의 위기가 다른 나라의 거시경제의 펀더멘탈에 근본적인 변화가 위기전염에 핵심적인 역할을 한다. 즉 위기국의 평가절하가 무역상대국의 경쟁력의 저하를 가져오고 그것이 위기를 일으키는 도화선이 된다. 이에 반해서 금융경로에 의한 위기의 전염효과는 투자자들의 해당국에 대한 예상의 변화가 위기를 일으키는 데 핵심적인 역할을 한다. 즉 한 나라가 위기에 봉착한 후에 투자자들은 다른 나라에 대한 예상을 수정하게 되고 그것이 신인도의 추락을 가져올 경우에는 다른 나라도 투기공격을 받게 되는 국제적인 파급현상이 나타나게 된다.[18)]

제 3 절 >> 외환위기와 은행위기[19)]

외환위기와 은행위기(banking crisis)는 서로 밀접한 관계를 가지고 있다. 두 가지 위기의 발생 선후는 여러 경우가 있다. 외환위기가 먼저 오고 다음에 은행위기가 오는 경우, 반대로 은행위기가 먼저 오고 다음에 외환위기가 오는 경우가 있는가 하면 두 가지 위기가 동시적으로 발생하는 경우도 있다. 외환위기와 은행위기가 동시에 발생하는 것을 쌍둥이 위기(twin

18) 스필오버효과(spillover effect) 외에 몬순효과(monsoonal effect)를 들 수 있다. 몬순효과란 선진국의 정책변화가 후진국의 위기를 초래하는 경우를 말하는데 예를 들면 1980년대 미국의 이자율상승이 과도한 외채차입을 한 개도국의 위기를 초래한 바 있다. Masson(1999) 참조.

19) Agenor(2004), pp. 327-328 참조.

crises)라 부른다.

은행위기는 아주 다양한 양상을 띠기 때문에 일의적으로 정의하기는 어려우며 연구자에 따라 상당한 차이를 보인다. 예를 들어 카프리오와 클린쥐비엘(Caprio and Klingebiel, 1996)에 의하면 은행위기란 첫째, 은행시스템 전체의 자본금이 완전히 잠식되어 있거나, 둘째, 회수불능 여신(non-performing loans)의 비중이 총은행여신의 15~20%를 초과하거나, 셋째, 자본잠식, 회수불능 여신 등 은행의 문제를 해결하는 비용(예 자본확충 비용)이 GDP의 적어도 3~5%에 달하는 경우를 말한다.

다른 한편 카민스키와 라인하트(Kaminsky and Reinhart, 1999)는 공공부문에 의한 적어도 한 개의 대형금융기관의 폐쇄, 합병, 또는 인수와 관련하여 예금인출사태(bank run)가 일어나거나 그러한 사태가 없더라도 적어도 한 개의 대형금융기관에 대한 공공부문의 폐쇄, 합병 또는 인수가 있는 경우를 은행위기로 정의하고 있다. 그러면 은행위기의 원인을 먼저 살펴보고 외환위기와 은행위기의 연결경로 및 실증연구를 살펴보기로 하자.

1 은행위기의 원인

은행위기의 주요 원인은 다음과 같다.[20]

(1) 대외 및 국내 거시경제의 불안정이다. 구체적으로 교역조건의 급격한 악화, 세계이자율, 실질환율, 인플레이션율 등의 급격한 변동에 따른 국내외 거시경제의 불안정을 들 수 있다.

(2) 여신 붐이다. 즉 호황기 중에 민간무분에 대한 은행여신의 증가율이 급격히 상승하여 여신이 과도하게 누적된 경우를 말한다.

(3) 은행 부채의 급증이다. 즉 유동성, 만기 및 통화표시의 불일치를 지닌 은행부채가 급증한 경우이다.

(4) 은행 감독 및 규제의 부실이다. 즉 은행감독기구의 감독 및 규제의 부실로 은행들이 위험자산에 과도하게 투자하는 것을 사전에 예방

20) Goldstein and Turner(1996) 참조.

하지 못한 경우를 말한다.

(5) 금융시장에 대한 과도한 정부개입 및 정실주의 여신에 대한 통제의 부족이다. 이는 부실여신의 증대를 초래한다.

(6) 투명성의 부족이다. 즉 금융에 대한 투명성의 결여로 시장의 규율이 작동하기 어려우며 따라서 은행감독의 유효성이 떨어진다.

(7) 금융기관의 금융활동에 대한 유인책의 부족이다. 즉 은행소유자 및 관리자들이 위험회피를 위한 노력을 할 수 있도록 하고 또한 여신활동에 대한 감시를 할 수 있도록 하는 유인책이 부족하여 은행경영의 위험성이 내재적으로 증대되는 현상이 발생한다.

(8) 경직적 환율체제이다. 즉 통화위원회제도(currency board system)와 같이 환율체제가 너무 경직적이면 중앙은행의 자금의 최종대여자 기능을 약화시켜 유동성 방출로 뱅크런을 정지시킬 수 있도록 신속하게 대응할 수 있는 여지가 없어진다. 즉 이 경우 위기발생시 늑장대응으로 위기가 더욱더 증폭될 가능성이 높다.

2 외환위기와 은행위기의 연결경로

외환위기가 은행위기를 초래하는지 반대로 은행위기가 외환위기를 초래하는지 양자간의 인과관계는 일률적으로 단정할 수 없지만 양자는 매우 밀접한 관계를 가지고 있다. 하나의 위기가 다른 위기를 초래하는 경로는 다음과 같다.

먼저 외환위기가 은행위기를 초래하는 경로는 외환보유고의 고갈과 환율의 급격한 상승에 따른 은행위기의 경로를 들 수 있다. 첫째, 외환위기의 발생으로 외환보유고가 줄어들 경우 불태화 개입이 없으면 투기공격 때문에 외환보유고가 대폭적으로 감소하고 따라서 통화베이스는 급격하게 감소한다. 통화베이스의 감소는 시중의 통화량의 감소를 초래하고 이에 따라 여신은 대폭 줄어들고 신용경색과 산출량의 축소로 부실여신이 크게 증가하여 은행의 수익성악화와 함께 은행위기가 발생한다. 둘째, 외환위기로 환율이 급격하게 상승하면 환위험 노출이 높은 은행의 경우 지불능력 부족사태를 맞을 수 있다. 비록 은행의 환노출이 낮은 경우에도 차입자들의 외화부채가 높을 경우 여신회수가 어려워질 수 있다. 이와 같이 외환위기로 환율이 급격하게 상승하면 은행의 부실여신이 증가하여 은행위기가 발생할 수 있다.

다음은 은행위기가 외환위기를 초래하는 경로를 보자. 은행위기는 문제은행 또는 예금자를 구제하기 위한 유동성을 공급하는 과정에서 외환위기를 초래할 수 있다. 중앙은행은 은행위기가 발생하면 예금자보험 제도에 따라 유동성을 공급해야 할 의무를 가지고 있는데 이것이 외환위기를 일으키는 도화선이 될 수 있다.

첫째, 은행위기의 경우 중앙은행의 과도한 국내여신 팽창이 외환위기를 초래할 수 있다. 은행위기가 발생하면 중앙은행은 과도한 여신팽창을 시도하게 될 수 있는데 이러한 과도한 여신팽창은 통화가치의 하락을 예상한 시장참여자들의 투기적 공격을 유발하여 외환위기를 초래할 수 있다.

둘째, 중앙은행의 구제금융 조달이 외환위기를 초래할 수 있다. 은행위기의 경우 회수불능여신의 일부를 중앙은행이 인수하는 과정에 국내채권을 발행하여 자금을 조달할 수 있는데 이러한 중앙은행의 행태를 시장참여자들이 인플레이션 또는 평가절하에 의한 채무부담을 경감하는 수단으로 판단하게 되면 투기공격을 일으켜 자기실현적 외환위기를 유발할 수 있다.

또한 외환위기와 은행위기는 공통의 거시경제적 충격에 의해 동시적으로 발생할 수도 있다. 예를 들어 세계이자율이 상승하면 급격한 자본유출이 일어날 수 있는데 이러한 급격한 자본유출로 은행예금이 급격히 감소할 수 있다. 그 결과 은행의 수지가 악화되어 은행위기가 일어나고 동시에 외환보유고의 대폭적인 감소와 환율의 급격한 상승으로 외환위기가 일어날 수 있다. 이러한 위기는 통화위원회제도와 같이 상황변화에 대응하여 신속한 유동성공급이 어려운 경우에 일어날 가능성이 높다.

또한 환율안정에 의한 인플레이션 안정을 추구할 경우에도 외환위기와 은행위기, 즉 쌍둥이 위기를 초래할 수 있다. 이러한 인플레이션 안정화정책은 인플레이션율이 점진적으로 떨어지기 때문에 소비증가와 실질환율의 누적적 하락으로 경상수지가 악화된다. 경상수지의 악화는 어느 정도까지는 해외차입으로 보전할 수 있지만 결국 시장참여자들의 투기공격으로 외환위기를 겪게 된다.

그리고 소비증가는 대부분 해외차입에 의한 은행여신의 급격한 증가에 의해 이루어진 것인데 자본유입이 급격히 줄어들고 오히려 자본유출로 급격한 반전이 일어날 경우 자산가격의 폭락과 함께 부실여신의 증가로 은행위기를 맞게 된다. 특히 이러한 외환위기와 은행위기의 동시적 발생은 금융자유화가 중요한 원인으로 지적되고 있다. 즉 금융자유화에 따른 규제완화 또는 철폐로 은행의 대외차입이 크게 늘어나고 이에 따라 해외자본의 급격한 유입과 함께 과도한 신용팽창과 소비붐으로 주식, 부동산 등 자산가격의 버블초래로 소위 붐-버스트(boom-bust) 위기에 직면하게 된다.[21)]

3 외환위기와 은행위기의 관계: 실증분석

외환위기와 은행위기의 관계에 관한 대표적인 실증연구는 카민스키와 라인하트(Kaminsky and Reinhart, 1996)를 들 수 있다. 이들 연구는 선진국과 개도국 20개국을 대상으로 한 연구인데 주요 특징은 다음과 같다(〈표 21-4〉 참조).

첫째, 1970~1995년 기간 중에 외환위기는 71건(연평균 2.73건), 은행위기는 25건(연평균 0.96건)을 기록하여 외환위기가 74%로 압도적으로 많은 것

표 21-4 외환위기 · 은행위기 건수 (단위: 건수)

	1970~1995		1970~1979		1980~1995	
	총 계	연평균	총 계	연평균	총 계	연평균
외환위기	71	2.73	25	2.5	46	2.88
은행위기	25	0.96	3	0.3	22	1.38

자료: Kaminsky and Reinhart(1996), "The Twin Crises: The Causes of Banking and Balance-of-Payments Problems," Board of Governors of the Federal Reserve System, International Finance Discussion Papers, No. 544, March, p. 23.

21) Kaminsky and Reinhart(1996) 참조.

으로 나타났다.

둘째, 시대별로 특징을 가지고 있다. 1970년대에는 외환위기는 25건을 기록하였으나 은행위기는 3건에 불과하여 은행위기가 거의 없었다. 이 기간 중에 은행위기가 없었던 것은 1970년대에 금융시장에 대한 규제가 아주 심했기 때문이다. 그러나 1980년대와 1990년대에 들어와서 외환위기는 46건(연평균 2.88건)으로 크게 증가하지 않았는데 은행위기는 22건, 연평균 1.38건으로 크게 증가하였다. 이러한 은행위기의 증가는 1980년대 후부터 금융시장에 대한 규제가 완화된 데 기인한 것으로 풀이되고 있다.

셋째, 은행위기 후에 외환위기가 나타날 가능성이 외환위기 후에 은행위기가 나타날 가능성보다 훨씬 더 높은 것으로 나타났다. 즉 은행위기 중 56%가 3년 이내에 외환위기를 경험하였으나 외환위기 중 3년 이내에 은행위기가 나타난 것은 12%에 불과했다. 이는 은행위기가 있으면 다음에 외환위기를 겪을 가능성이 높은 것을 의미한다. 그 이유는 은행위기를 해결하기 위해 구제금융을 확대하는 과정에서 신용이 크게 증가하게 되는데 이러한 신용팽창이 통화가치에 대한 신인도 저하와 함께 투기공격을 초래하기 때문이다. 물론 구제금융이 없다 하더라도 위기에 빠져 취약해진 금융시스템 때문에 중앙은행은 통화가치를 방어할 여력을 갖지 못하여 투기공격을 쉽게 받을 수 있다.

넷째, 25건의 은행위기 중에서 18건은 금융자유화 후에 일어난 것으로 나타났는데 이는 금융시장에 대한 규제완화가 은행위기와 외환위기의 쌍둥이 위기를 초래하는 중요한 공통요인이 되고 있음을 시사하고 있다. 즉 금융자유화는 신용붐과 소비팽창 및 자산시장 버블을 일으켜 경상수지의 악화와 은행의 부실여신 증가 등으로 쌍둥이 위기를 초래하게 된 것이다. 이러한 결과는 금융자유화는 적절한 규제와 감독체계의 구축을 병행하여 신중하게 추진해야 할 것임을 알려주고 있다.

다섯째, 외환위기의 강도는 선진국에 비해 개도국이 훨씬 더 높은 것으로 나타나 있다.

마지막으로 위기 전에는 반드시 정형화된 양상이 나타난다. 즉 외환위기와 은행위기의 근본적인 원인은 국내와 해외의 충격에 있다. 위기 전에는 반드시 경기침체가 일어나는데 이에 따라 수출은 축소되고 실질이자율은 급격하게 상승한다. 그 결과 주식시장은 붕괴되고 국제수지는 악화되며 외환보유고는 줄어든다. 또한 은행의 부실여신은 늘어나고 환율상승에 따른 외채부담은 급증한다. 특히 해외이자율의 상승은 이러한 외채위기를 더욱더 증폭시킨다.

요 약

1. 외환위기란 외환시장에서 환율이 급등하고 따라서 통화의 대외가치가 폭락하는 사태를 말한다. 외환위기의 이면에는 외환에 대한 투기공격이 자리잡고 있으며 외환위기의 이론모형은 외환에 대한 투기공격을 그 핵심요소로 하고 있다. 그리고 외환위기는 금융위기의 한 형태라 할 수 있으며 실물경제의 위기를 가져오는 경우가 많다. 금융위기란 금융부문의 회수불능여신의 증대 등으로 뱅크런 등 금융공황이 발생하여 신용경색 등 금융시스템 전체가 붕괴되는 현상을 말하는데 예를 들면 주가폭락, 국가부도 등 그 형태는 매우 다양하다.

2. 외환위기 제 1 세대모형은 기초경제현실과 양립할 수 없는 거시경제정책의 수행에 위기의 원인이 있다고 보는 모형으로 1970년대의 투기공격에 의한 고정환율제도의 붕괴를 설명하는 모형이다. 제 1 세대모형의 투기공격시점은 외환보유고가 최저수준으로 감소하는 시점, 즉 고정환율수준과 잠재변동환율수준(shadow floating exchange rate)이 일치하는 시점이다. 제 1 세대 외환위기모형은 재정정책, 금융정책, 환율정책 등의 거시경제정책이 서로 양립할 수 없는 데 위기의 원인을 찾고 있다.

3. 제 2 세대모형은 제 1 세대모형과는 달리 기초경제에 아무런 문제가 없는 경우에도 외환위기가 올 수 있다는 것을 보여주는 모형이다. 제 2 세대 모형은 복수균형이 가능한 모형으로 투기공격이 없으면 외환위기를 겪지 않고 그냥 조용히 넘어가고 투기공격이 일어나면 외환위기가 발생하는 자기실현적 외환위기(self-fulfilling crisis)모형이다. 이와 같은 제 2 세대모형에서의 복수균형은 태양흑점의 발생이 불확실하다는 점과 유사하다 하여 태양흑점(sunspot) 균형이라 부르기도 한다. 제 2 세대모형은 1992~1993년의 유럽외환위기를 설명하는 이론으로 등장하였다.

4. 제 3 세대모형은 이와 같이 기존의 모형으로는 설명이 불가능한 동아시아 위기를 설명하고자 개발된 모형인데 그 핵심은 통화위기를 은행(금융)위기와 분리해서 설명할 수는 없다는 것이다. 즉 제 3 세대모형은 금융의 취약성을 위기의 중요한 원인으로 파악하고 있다. 제 3 세대모형은 제 1 세대모형 및 제 2 세대모형과 달리 외환위기는 산출량과 고용 등 실물경제의

요약
Summary

침체를 가져오는 모형이다. 제 3 세대 모형은 위기의 원인에 따라 재무상태표(statement of financial position)모형, 도덕적 해이(moral hazard)모형, 금융공황(financial panic)모형 등 세 가지로 요약할 수 있다.

5. 재무상태표모형은 위기의 원인을 평가절하 또는 환율상승으로 인한 기업의 재무상태표 악화, 즉 채산성 악화에서 찾고 있는 모형이다. 환율상승으로 기업의 재무상태표가 악화되는 것은 주로 통화불일치(currency mismatch)와 만기불일치(maturity mismatch) 때문이다. 통화불일치란 기업의 자산은 국내통화로 표시되어 있는데 부채는 외국통화로 표시되어 있는 것을 말한다. 만기불일치란 기업의 자산의 만기는 장기인데 부채의 만기는 단기로 되어 있는 것을 말한다. 만기불일치가 있으면 차환위험(rollover risk), 이자율위험(interest rate risk) 등의 위험이 있다.

6. 재무상태표모형의 위기의 진행은 다음과 같다. 예를 들어 해외로부터의 자본유입이 줄어들면 투자가 줄고 이에 따라 실질환율은 상승한다. 실질환율의 상승은 기업의 순자산의 감소를 초래하여 재무상태표를 악화시킨다. 그러면 기업의 차입여력이 줄어들고 투자는 다시 줄어든다. 투자의 감소는 다시 산출량의 감소를 초래하여 기업의 순자산은 감소한다. 이와 같이 일단 투자여건이 악화되면 실질환율의 상승, 차입능력의 감소, 투자감소, 산출량 축소 등의 연쇄적인 악순환이 일어나 위기에 봉착하게 된다.

7. 도덕적 해이모형은 외환위기의 원인을 도덕적 해이에서 찾고 있는 모형이다. 예를 들면 금융기관의 경우 대출심사를 철저히 하지 않아 부실채권이 늘어나 채산성이 악화되고 금융기관이 부실화되는 것을 들 수 있다. 금융기관들이 정부의 암묵적 보증을 배경으로 경영을 함에 따라 부실경영과 과도한 대출 및 신용리스크의 증대를 초래하여 금융위기를 일으키게 되는데 이러한 도덕적 해이모형은 한국의 재벌경영체제, 일본의 대형기업집단(keiretsu), 인도네시아의 정경유착 등 아시아적 "천민자본주의(crony capitalism)" 요소를 강조하고 있다.

8. 금융공황론은 군중심리(mob psychology)에 기초한 것으로 현대적으로는 자기실현적 복수균형의 형태를 띤다. 즉 사람마다 공황이 없을 것이라고 믿으면 뱅크런 없이 좋은 균형(good equilibrium)이 달성되고 반대로 사람마다 공황이 있을 것으로 믿으면 뱅크런이 일어나 나쁜 균형(bad

equilibrium)이 달성된다. 이와 같이 금융공황론의 위기는 군중심리, 즉 공황심리 때문에 나타나는 것이며 일어날 수도 있고 일어나지 않을 수도 있는 자기실현적 위기이다.

요약
Summary

9. 뱅크런의 발생원인은 부분지불준비금제도와 선착순(first-come first-served) 인출방식에 있다. 예금자들이 은행이 파산할지도 모른다고 예상하게 되면 남이 예금을 찾아가고 난 뒤에는 자기가 찾을 예금이 은행에 없을 것이므로 예금을 인출하지 못할지도 모른다는 공황에 빠지게 되기 때문에 예금자들은 남보다 먼저 예금을 인출하기 위해 은행으로 달려가는 뱅크런이 일어난다. 뱅크런은 시장실패의 한 예이다. 즉 뱅크런은 조정문제(coordination problem)가 해결되지 않기 때문에 발생한다. 예금보험제도는 이러한 시장실패를 해결하는 하나의 방법이다.

10. 전염효과모형은 한 나라에서 일어난 투기공격이 마치 전염병처럼 다른 나라로 번져 나가는 현상에 주목하여 외환위기를 설명하는 모형이다. 외환위기의 전염사례로는 1994년의 멕시코위기의 데킬라효과(Tequila Effect), 1997~1998년의 동아시아위기, 1998년의 러시아위기, 1999년의 브라질위기 등을 들 수 있다. 외환위기의 전염경로는 무역경로와 금융경로 두 가지가 있다.

11. 외환위기와 은행위기의 발생 선후는 여러 경우가 있다. 외환위기가 먼저 오고 다음에 은행위기가 오는 경우, 반대로 은행위기가 먼저 오고 다음에 외환위기가 오는 경우가 있는가 하면 두 가지 위기가 동시적으로 발생하는 경우도 있다. 외환위기와 은행위기가 동시에 발생하는 것을 쌍둥이 위기(twin crises)라 부른다.

12. 시간이 지남에 따라 은행위기의 발생빈도가 외환위기에 비해 현저하게 증가하였으며 은행위기 후에 외환위기가 나타날 가능성이 외환위기 후에 은행위기가 나타날 가능성보다 훨씬 더 높은 것으로 나타났다. 위기 전에는 경기침체, 수출감소, 실질이자율의 상승, 주식시장 붕괴, 국제수지 악화, 외환보유고 감소, 은행의 부실여신 증가, 환율 급상승, 외채부담 증대 등 반드시 정형화된 양상이 나타난다.

연습문제

1. 제 1 세대 외환위기모형에서 투기공격이 일어나는 시점이 고정환율과 잠재변동환율이 일치할 때가 되는 이유를 설명하시오.

2. 제 1 세대 외환위기모형에서 통화량 증가율은 μ이다. 이 경우 다음 각각의 물음에 답하시오.
   (1) 잠재변동환율 상승률은 얼마인가?
   (2) 해외투자수익률을 수식으로 나타내 보시오(힌트: *UIP*를 상기하시오).
   (3) 위 (1)과 (2)의 답을 사용하여 시간이 지남에 따라 잠재변동환율, 해외수익률 및 고정환율수준과의 관계를 그림으로 나타내 보시오(투기공격 시점을 정확히 표시할 것).

3. 제 1 세대 외환위기모형의 문제점 3가지만 열거하시오.

4. 고정환율제도를 채택하고 있는 "올레"라는 가상의 나라를 상정하자. 올레의 정부는 재정팽창정책을 위해 국채를 매월 500만달러씩 발행한다. 이때 정부는 국채를 전액 중앙은행이 매입하도록 한다. 현재 외환보유고는 4,000만달러이고 해외이자율은 5%이다. 다음 각각의 물음에 답하시오.
   (1) 현재 올레의 명목이자율은 얼마인가?(*UIP*를 상기하시오)
   (2) 외환보유고는 언제까지 지속될 것인가? 그 시점을 t_n이라 하고 t_n의 값을 구하시오.
   (3) 이제 외환위기가 발생한다고 하자. 중앙은행은 정부의 지시에 따라 매월 500만달러씩 국채를 매입하고 이것 때문에 통화량이 매월 3%씩 증가한다. 그러나 외환위기 직후에도 실질화폐 수요는 변동하지 않는다고 가정하자. 외환위기 이후에 올레의 인플레이션율, 환율상승율 및 명목이자율을 구하시오.
   (4) 위 (3)번의 답을 근거로 고정환율제도가 외환보유고가 완전히 고갈되는 t_n시점까지 유지될 수 없는 이유를 제시하시오(힌트: 외환위기 이후에 명목이자율이 상승하여 실질화폐수요가 변동하고 외환에 대한 투기가 촉발되는 점을 상기하시오).

5. 제 2 세대 외환위기모형이 자기실현적 위기 모형인 이유를 설명하시오.

6. 재무상태표모형의 위기의 진행 메커니즘을 약술하시오.

7. Krugman(1999)에 의하면 1997년 동아시아 위기는 이전지출의 문제를 안고 있다. 그 논거를 제시하시오.

8. Krugman의 재무상태표모형에 대한 다음 각각의 물음에 답하시오.
   (1) 재화시장의 균형을 나타내는 *GG*곡선이 후방굴절하는 이유를 설명하시오.
   (2) *AA*−*GG*모형을 사용하여 복수균형의 존재 가능성을 설명하시오.
   (3) *AA*−*GG*모형을 사용하여 위기의 해결을 위한 다음 각각의 정책의 효과를 설명하시오.

   (i) 재정정책
   (ii) 금융정책

9. 다음의 각 용어를 간략히 설명하시오.
   (1) 통화불일치(currency mismatch)와 만기불일치(maturity mismatch)
   (2) 차환위험(rollover risk)
   (3) 뱅크런(bank run)
   (4) 데킬라효과(Tequila effect)

참고문헌

Agenor, Pierre-Richard(2004), *The Economics of Adjustment and Growth*, 2nd edition, Harvard University Press, Cambridge, Massachusetts, Chapter 8, pp. 292-358.

Allen, Franklin and Douglas Gale(2008), "An Introduction to Financial Crises," in *Financial Crises* ed. by Franklin Allen and Douglas Gale, Edward Elgar, Northhampton, MA, USA, April.

Allen, Mark, Christoph Rosenberg, Christian Keller, Brad Sester, and Nouriel Roubini(2002), "A Balance Sheet Approach to Financial Crisis," IMF Working Paper, No. WP-02-210, IMF.

Caprio, Gerad, Jr. and Daniela Klingebiel(1996), "Bank Insolvencies: Cross Country Experience," Policy Research Working Paper, No. 1620, World Bank, July.

Chang, Roberto and Andres Velasco(1998), "Financial Crises in Emerging Markets: A Canonical Model," NBER Working Paper, No. 6606, June.

Corsetti, Giancarlo, Paolo Pesenti and Nouriel Roubini(1998), "Paper Tigers? A Model of the Asian Crisis," NBER Working Paper, No. 6783.

Dooly, Michael P.(1997), "A Model of Crises in Emerging Markets," NBER Working Paper, No. 6300, December.

Ehengreen, Barry, Ricardo Hausmann and Ugo Panizza(2002), "Original Sin: The Pain, the Mystery, and the Road to Redemption," November. Paper prepared for the conference "Currency and Muturity Matchmaking: Redeeming Debt from Original Sin," Inter-American Development, Washington, D.C., 21-22 November.

Flood, Robert P. and Peter M. Garber(1984), "Collapsing Exchange-Rate Regimes: Some Linear Examples," *Journal of International Economics*, No. 17, pp.1-13.

Gandolfo, Giancarlo(2000), *International Finance and Open Economy Macroeconomics*, Springer-Verlag, New York, Chapter 16, pp. 249-276.

Gerlach, Stephen and Frank Smets(1995), "Contagious Speculative Attacks," *European Journal of Political Economy*, No. 11, pp. 45-63.

Goldstein, Morris and Philip Turner(1996), "Banking Crises in Emerging Economies: Origins and Policy Options," Economic Paper, No. 46, BIS, October.

Kaminsky, Graciela L. and Carmen M. Reinhart(1996), "The Twin Crises: The Causes of Banking and Balance-of-Payments Problems," Board of Governors of the Federal Reserve System, International Finance Discussion Papers, No. 544, March.

Kindleberger, Charles(1978), *Manias, Panics, and Crashes: A History of Financial Crises*, New York, Basic Books.

Krugman, Paul(1979), "A Model of Balance of Payments Crises," *Journal of Money, Credit and Banking*, No. 11, pp. 311-325.

Krugman, Paul(1998), "What Happened to Asia?" unpublished paper, MIT, January.

Krugman, Paul(1999), "Balance sheets, the Transfer Problem and Financial Crises," in *International Finance and International Crises*, ed. by Peter Isard, Assaf Razin and Andrew K. Rose, IMF, pp. 31-44.

__________(2002), "Crises: The Next Generation," in Elhanan Helpman, Efraim Sadka eds. *Economic Policy in the International Economy: Essays in Honor of Assaf Razin*, Cambridge University Press, Cambridge, UK, and New York, NY, 2003, pp. 15-32.

Masson, Paul(1999), "Contagion: Monsoonal Effects, Spillovers, and Jumps Between Multiple Equilibria," IMF Working Paper, No. WP/98/142.

Mitchell, Wesley C.(1941), *Business Cycles and Their Causes*, University of California Press, Berkley, CA.

Morris, Stephen and Hyun Song Shin(1998), "Unique Equilibrium in a Model of Self-Fulfilling Attacks," *American Economic Review*, Vol. 88, No. 3, June, pp. 587-597.

Obstfeld, Maurice(1996), "Models of Currency Crises with Self-Fulfilling Features," *European Economic Review*, No. 40, April, pp. 1037-1047.

22 외환 · 금융위기 사례

본 장은 외환 및 금융위기의 사례를 다룬다. 역사적으로 수많은 외환 · 금융위기가 있었지만 여기서는 1990년대에 경험한 주요위기를 대표적으로 골라서 발생년도에 따라 다루기로 한다. 즉 1992~1993년 유럽통화(ERM) 위기, 1994년 멕시코 위기, 1997~1998년 동아시아 위기, 1998년과 1999년의 러시아 및 브라질 위기 등을 다룬다. 동아시아 위기는 우리나라를 포함하여 태국, 인도네시아, 말레이시아, 필리핀 등 5개국이 포함되지만 위기가 가장 먼저 시작된 태국과 그 다음 전파된 인도네시아와 우리나라를 다루기로 한다. 즉 말레이시아는 위기에 대해 다른 나라와 달리 당시 수상 마하티르가 자본통제정책을 채택하여 독특하게 대처하였기 때문에 여기서는 제외하고 또한 필리핀은 인도네시아와 유사한 측면이 강하여 제외하기로 한다. 마지막으로 2008~2009년의 글로벌 금융위기를 다루기로 한다. 우리나라의 1998년 외환위기는 동아시아 위기의 공통적인 특성을 강조하기 위해 태국, 인도네시아 등과 함께 동아시아 위기의 틀 속에서 다루기로 한다.

제1절 » 유럽ERM 위기(1992~1993)

유럽ERM 위기란 1992년 9월에 일어난 유럽통화제도(EMS: European Monetary System)의 환율조정메커니즘(ERM: exchange rate mechanism)의 붕괴위기를 말한다. ERM은 유로화 창출 이전에 EU의 주요 결제 및 회계단위였던 유럽통화단위(ECU: European Currency Unit)와 함께 EMS의 핵심내용을 이루고 있었는데 1979년 3월 출범당시 8개국(독일, 프랑스, 이탈리아, 베네룩스 3국, 덴마크, 아일랜드) 통화간의 환율 변동폭을 중심율 기준으로 2%로 제한하여 EU회원국 통화간의 환율안정을 도모한 제도이다. 즉 ERM은 EU 가맹국 상호간에 환율의 상한과 하한(parity grid)을 설정한 고정환율제도이다.[1)]

영국은 1990년 10월에 파운드당 2.95마르크의 기준율로 ERM에 가입하였는데 영국파운드화의 이러한 대 마르크 환율은 과도하게 파운화가 고평가된 것으로 시장에서 인식되었고 따라서 영국정부의 ERM환율유지에 대한 시장의 신뢰는 처음부터 크게 떨어졌다. 더구나 영국정부가 ERM가입과 동시에 당시 경기침체(실업률 9.8%)를 회복하기 위해 이자율을 인하하였으나 이는 파운드화의 약세를 더욱더 부채질하였다.[2)] 특히 당시 조지 소로스(George Soros)는 영국 파운드화의 과도한 고평가를 보고 파운드화가 이러한 과도한 평가를 지탱하지 못할 것이라는 예상을 하고 150억달러에 달하는 파운드를 미리 매각하여 막대한 차익을 올린 것으로 알려져 있다.[3)]

ERM위기는 스칸디나비아 반도의 국가들에서 시작되었다. 1992년 9월 8일 핀란드는 마르카(Markka)화의 대 ECU고정환율제를 포기하였으며 이에 따라 마르카는 15%나 하락하였다. 이는 스웨덴 크로네화에 대한 투기공격을 일으켰으며 스웨덴 정부는 투기공격을 막기 위해 대출금리를 16%에서 24%로 그리고 다시 75%로 인상하는 조치를 취하였다. 스칸디나반도국들은 ERM가맹국이 아닌데도 이들 통화의 위기는 ERM 위기를 촉발하는 계기가

1) EMS에 대한 상론은 제27장의 유럽통화동맹을 참조.
2) 1990년 말까지 영국은 1930년대 초 대공황 이래 최장기간의 경기침체에 빠져 있었음. Sevilla(1995), p. 21 참조.
3) Krugman(2000), p.11 참조.

되었다. 9월 14일 이탈리아 리라화가 독일 중앙은행과 이탈리아 중앙은행의 공동방어에도 불구하고 하한선인 마르크당 765.4리라에 거의 근접하는 폭락을 거듭하자 결국 7%의 평가절하를 단행하였다.

한편 영국파운드화는 그동안 지속적인 투기공격을 받았으며 파운드화를 방어하기 위해 영국은 외환시장에 적극 개입하였다. 8월 한 달 동안에만 적어도 13억달러의 외환보유고를 매각하였고 9월 첫 주에는 영국중앙은행이 145억달러를 차입하여 외환시장에 개입하였다. 그러나 9월 16일 영국중앙은행은 이자율을 10%에서 15%로 인상하고 총외환보유고의 거의 절반에 해당하는 200억달러를 매각하였지만 투기공격을 막는 데 실패하였고 이날 결국 "검은 수요일(Black Wednesday)"를 맞아 ERM을 탈퇴하였다.[4] 이날 이탈리아리라와 스페인페세타도 각각 7%와 5%의 평가절하와 함께 ERM을 탈퇴하였다. 그 후 ERM 위기는 지속되어 1992년 후반 덴마크, 노르웨이 등이 투기공격을 받았으며 1993년에도 벨기에, 아일랜드, 스페인, 포르투갈 등의 연쇄적인 평가절하가 이어졌다.

한편 프랑스프랑 역시 ERM 위기 중에 강력한 투기공격을 받았다. 프랑스는 당시 다른 나라들에 비해 기초경제력이 더 건전하여 이자율인상(9월 23일 단기이자율 10.5%에서 13%로 인상)과 외환시장개입으로 적극 대응하였다(1993년 7월 마지막 주 320억달러, 7월 29일 하루 동안 외환보유고 80% 소진).

또한 독일의 경우는 마르크가 강세를 보여 ERM 위기 중심적 역할을 하였다. 즉 독일은 1990년 10월 통일 이후 경제재건에 따른 인플레이션 억제를 위해 2년 동안에 4회에 걸쳐 이자율을 인상하였다(1992년 여름 재할인율 8.75%). 이러한 이자율의 상승은 독일마르크화에 대한 투기를 촉발시킨 주요요인의 하나가 되었다. 이것은 바로 영국이 ERM 위기의 원인이 독일에 있다고 비난한 근거가 되었다. ERM 위기 중에 독일은 마르크화에 대한 투기가 가속화되자 이자율을 인하하는 한편 외환시장개입을 대폭 확대하였다.

그러나 이러한 외환시장 개입에도 불구하고 ERM 위기는 진정되지 않았으며 결국 1993년 8월 ERM은 상하한 변동폭을 ±2.25%에서 ±15%로 대폭 확대하여 사실상의 변동환율제로 이행하였다.

4) Eichengreen and Wyplosz(1993), p. 59 참조.

ERM 위기는 제 1 세대모형으로는 설명할 수 없다. 즉 ERM 위기국들은 모두 자본시장에서 자금차입이 가능했기 때문에 재정적자를 통화증발로 보전해야 할 필요가 없었다. 뿐만 아니라 이들 국가들은 경기가 과열되어 있었던 것도 아니다. 더욱이 ERM 위기국들은 국제자본시장에서 언제나 차입하여 환율을 안정시키는 데 사용할 수 있었기 때문에 외환보유고의 부족 문제도 없었다. 이는 국제자본유입을 촉진하기 위한 이자율 인상조치를 취할 필요성이 없었다는 것을 의미한다. 뿐만 아니라 ERM 위기국들은 인플레이션의 문제도 없었다. ERM 위기는 제 2 세대모형의 자기실현적 위기 모형으로 설명된다.

그러나 ERM 위기가 발생한 근본적인 배경으로는 실업문제를 들지 않을 수 없다. 즉 ERM가맹국들은 국내경기 침체에 따른 실업의 증가로 경기부양을 위한 통화팽창정책과 ERM고정환율을 방어해야 하는 갈등에 빠지게 된 것이다. 즉 ERM환율 수준을 방어하기 위해서는 통화긴축을 해야 하는데 그러면 국내실업문제를 해결할 수 없게 되고 따라서 ERM 위기국들은 과연 국내실업문제를 희생하면서까지 ERM에 계속 남아 있어야 하는가 아니면 ERM을 포기하고 탈퇴할 것인가의 선택의 문제에 봉착한 것이다. 특히 이러한 갈등은 독일의 통일비용 증대에 따른 이자율의 인상이 그 직접적인 원인이라는 주장이 강하게 제기되었다. 즉 영국 등 ERM 위기의 피해국들은 독일이자율의 상승이 마르크화의 강세 및 영국파운드, 이탈리아리라 등 약세통화들에 대한 투기공격을 유발한 것으로 보고 문제해결의 책임은 독일에 있다고 공격하였다.

ERM 위기에는 조지 소로스(George Soros) 등과 같은 대형투기자의 역할이 매우 컸다. 즉 소로스는 영국이 ERM에 가입할 당시 이미 파운드화의 대마르크 환율이 과도하게 고평가되었다고 보고 영국이 그러한 파운드환율 수준을 방어하지 못할 것이라는 판단하에 파운드를 매도하는 투기공격을 단행하여 막대한 차익을 낸 것으로 알려져 있다. 이와 같이 ERM 위기는 투기공격의 자기실현적위기 성격의 특성을 지니고 있다. 영국과 같이 환율방어에 실패하여 ERM을 탈퇴한 나라는 위기 후 실업이 급격히 줄어들고 빠른 경기회복을 나타내었다. 이에 반해 환율방어에 성공하여 ERM에 잔류한

표 22-1 ERM 위기 주요국의 주요 경제지표

	1991	1992	1993	1994	1995
독 일					
실질GDP증가율(%)	3.22	2.23	−0.80	2.66	1.89
실업률(%)	4.20	6.30	7.60	8.20	8.00
주가지수	34.25	32.65	35.01	39.69	38.65
소비자물가상승률(%)	3.64	5.08	4.44	2.74	1.72
이자율(%)	8.84	9.42	7.49	5.35	4.50
재정수지(GDP비중 %)	3.3	2.9	3.3	2.5	2.3
환율(마르크/달러)	1.66	1.56	1.65	1.62	1.43
경상수지(억달러)	−241	−225.8	−186.6	−307.8	−297.5
순자본유입(억달러)	−27.8	−12.6	−11.5	−16.7	−27.3
외환보유고(억달러)	630.0	909.6	776.3	773.6	850.0
영 국					
실질GDP증가율(%)	−1.36	0.22	2.28	4.31	2.93
실업률(%)	7.70	9.30	9.90	9.00	7.70
주가지수	74.53	77.87	89.38	96.08	100
소비자물가상승률(%)	5.85	3.73	1.56	2.48	3.41
이자율(%)	11.58	9.37	5.91	4.88	6.08
재정수지(GDP비중 %)	2.6	6.1	7.9	6.5	4.2
환율(달러/파운드)	1.77	1.77	1.50	1.53	1.58
경상수지(억달러)	−190.2	−232.0	−177.2	−100.3	−134.4
순자본유입(억달러)	5.0	7.5	4.6	0.5	8.4
외환보유고(억달러)	418.2	366.4	367.7	410.1	420.1
이탈리아					
실질GDP증가율(%)	1.39	3.57	−0.89	2.15	2.83
실업률(%)	10.90	11.40	9.60	11.08	11.65
주가지수	27.84	23.16	27.44	34.21	31.35
소비자물가상승률(%)	6.30	5.08	4.48	4.03	5.24
이자율(%)	12.21	14.02	10.20	8.51	10.46
재정수지(GDP비중 %)	10.2	9.5	9.6	9.0	7.8
환율(리라/달러)	1,240.61	1,232.41	1,573.67	1,612.44	1,628.93
경상수지(억달러)	−244.6	−292.1	78.0	132.0	250.7
순자본유입(억달러)	5.8	8.0	165.8	102.5	167.1
외환보유고(억달러)	486.7	276.4	275.4	322.6	349.0
프 랑 스					
실질GDP증가율(%)	1.21	1.94	−0.99	2.08	2.34
실업률(%)	9.40	10.10	11.10	12.40	11.56
주가지수	28.50	29.71	32.70	32.65	29.64
소비자물가상승률(%)	3.22	2.37	2.11	1.66	1.78
이자율(%)	9.49	10.35	8.75	5.69	6.35
재정수지(GDP비중 %)	2.2	4.0	6.1	6.0	5.0
환율(프랑/달러)	5.64	5.29	5.66	5.55	4.99
경상수지(억달러)	−65.2	38.9	89.9	74.2	108.4
순자본유입(억달러)	−0.3	6.6	0.3	−41.8	5.1
외환보유고(억달러)	312.8	270.2	226.4	262.5	268.5

자료: IMF, International Financial Statistics, 각호. 재정수지는 Eichengreen, Barry(2000), "The EMS Crisis in Retrospect," NBER Working Paper, No. 8035, December, p.51 인용.

나라 특히 프랑스의 경우는 위기 후에 실업의 증가 및 경기후퇴를 겪었다. 영국의 경우 경제성장률은 1993년의 2.28%에서 1994년에 4.31%로 증가하였으며 실업률은 9.90%에서 9.0%로 하락하였다. 프랑스의 경우 경제성장률은 1993년의 −0.99%에서 1994년에 2.08%로 증가하였고 실업률은 11.10%에서 12.40%로 증가하였다(〈표 22-1〉 참조).

제2절 >> 멕시코 페소화 위기(1994)[5)]

1 위기의 진행

멕시코의 외환위기는 1980년대로 거슬러 올라간다. 즉 멕시코는 1982년의 외채위기를 시발점으로 하여 1980년대 후반까지 줄곧 외채상환의 유예 및 외채삭감(1989년 브래디플랜(Brady Plan)) 등 끊임없는 경제위기에 직면해 왔다. 여기서 다루고자 하는 것은 이들 1980년대의 외채문제가 아니고 1994년에 있었던 외환위기이다.

1994년은 멕시코로서는 엄청난 사회경제적 혼란을 겪은 해이다. 즉 연초에 북미자유무역협정(NAFTA)가입을 반대하는 치아빠스(Chiapas)주의 폭동으로 사회가 혼란에 빠졌으며 이는 외국투자자들에게 멕시코의 잠재적 정치불안을 일깨워 주는 계기가 되었다. 뿐만 아니라 3월에는 8월 총선을 앞두고 대통령후보 콜로시오(Donaldo Colosio)가 피살되고 9월에는 집권당 PRI(Partido Revolucionario Inatitucional)당수가 암살되는 2건의 암살사건이 일어나자 외국자본이 급격히 유출되었다. 그 결과 멕시코의 외환보유고는 1994년 2월의 280억 달러수준에서 4월에는 170억 달러수준으로, 12월초에 약 100억 달러, 12월 중순에 60억 달러 수준으로 격감하였다. 이와 같은 자본 유출은 페소화의 급락을 가져왔으며 12월 20일 페소화는 15% 평가절하를 하고 22일 변동환율제로 이행하였다. 그리고 멕시코는 국가신인도 하락

5) 멕시코 및 동아시이아 위기의 사례는 곽태운(2001)을 수정보완한 것임.

표 22-2 멕시코 주요 경제지표

	1993	1994	1995	1996	1997
실질GDP 증가율(%)	2.0	4.4	-6.2	5.2	6.8
주가지수(1995년 기준)	2,323	3,157	2,779	3,361	5,229
소비자 물가지수 상승률(%)	9.7	7.0	35.0	34.4	20.6
경상수지(억 달러)	-234.0	-296.6	-15.8	-23.3	-74.5
경상수지(GDP 대비 %)	-5.8	-11.1	-0.7	-0.7	-1.9
이자율(%)	17.4	16.5	60.9	33.6	21.9
환율(페소/달러)	3.11	5.33	7.64	7.85	8.08
총외채(억 달러)	1,315	1,421	1,696	1,636	1,528
자본의 순유입(억 달러)	337.6	157.9	-104.9	61.3	192.5
국내여신 증가율(%)	11.9	24.1	5.4	-17.4	-
재정수지(GDP 대비 %)	0.7	-0.3	-0.2	-0.1	-0.6
외환보유고(억 달러)	251.1	62.8	168.5	194.3	288.0

자료: IMF, International Financial Statistics, 각호.

으로 외자차입능력을 상실하고 외환수급이 마비되어 12월 결국 심각한 외환위기에 직면하게 되었다.

2 국제적 지원

멕시코 외환위기를 지원하기 위한 국제적 지원은 다각적으로 추진되었다. 1995년 2월 G-7재무장관 및 중앙은행총재들은 캐나다 토론토회의에서 멕시코지원을 위해 총 528억 달러의 금융지원을 약속하였다. 특히 미국의 클린턴정부는 1995년 1월 400억 달러의 신용공여를 의회에 요청하였으나 의회의 승인을 받는 데 실패하였다. 그러나 클린턴은 1월 30일 미국의 환율안정기금(Exchange Stabilization Fund)으로부터 200억 달러의 구제금융을 제공하기로 하였다.

한편 IMF는 이날 178억 달러의 신용공여(Standby Credit)를 약속하였으며 BIS 100억 달러, 국제민간은행 30억 달러, 캐나다 10억 달러를 각각 제공하기로 하는 등 장 · 단기 총 528억 달러의 대멕시코 국제금융지원패키지를 발표하였다.

이와 같이 멕시코의 경우에는 IMF, BIS 등과 같은 국제금융기구뿐만 아니라 미국, 캐나다 등 개별국으로부터의 지원이 가세하여 한 나라의 외환위기의 극복을 위해 다각적으로 접근한 것이 주목을 끈다.

IMF는 멕시코에 대해 구제금융지원 조건으로 경상수지 적자를 1년내 GDP대비 4% 이내로 축소하고, 물가상승률을 3분기 내에 9%로 억제하며, 임금상승률을 7% 이내로 억제하는 한편 변동환율제를 실시하여 중앙은행의 외환시장 개입을 자제하도록 하며 국영기업의 민영화를 촉진할 것을 요구하였다.[6]

3 정부의 대응

외환위기에 처한 멕시코정부는 1994년 12월 페소화의 평가절하 및 자유변동환율제로의 전환조치를 발표하여 위기를 극복하고자 노력하였으나 실효를 거두지 못하였으며 1995년 들어 보다 강력한 경제안정화조치를 발표하였다. 즉 1995년 1월 3일 비상경제극복을 위한 노-사-정 공동합의(Acuerdo de Unidad para Superar la Emergencia Economica: AUSEE)를 도출하였는데 주요내용은 국영기업민영화로 재정수입 확대, 1995년도 재정지출 삭감(GDP대비 1.3%), 경상수지 적자축소, 물가억제(16%), 경제성장률목표 축소조정(4%에서 1.5~5%로 하향조정), 임금인상폭 억제(7%) 등이다.

이러한 조치에도 불구하고 위기는 계속되고 경제는 안정을 찾지 못하자 정부는 같은 해 3월 국제적 지원을 요청함과 동시에 추가 조치를 발표하였다. 즉 멕시코정부는 1995년 3월 9일 1.3조치(AUSEE) 강화를 위한 행동계획(Programa de Accion para Reforzar AUSEE: PARAUSEE)을 발표하였는데 동 정책은 국제적 금융지원을 얻기 위해 내부적으로 우선 취해야 할 조치들로서 1.3조치를 더욱 강화한 것이며, 그 주요 내용은 재정수지 개선(GDP 대비4%), 금융부문 강화(은행 자기자본비율 강화, 부실여신 정리 등), 국내여신 축소, 사회정책 강화(사회복지출 확대, 의료보험 확대 등) 등으로 되어 있다.

6) 김원호 · 이경희(1997), 27-28쪽 참조.

멕시코정부는 이와 같은 단기적 위기처방을 제시함과 아울러 1995년 5월 말에는 국가발전을 위한 장기계획을 발표하였는데 2000년까지 연평균 5%의 성장을 달성함과 동시에 법치주의 강화, 사회발전, 민주주의 발전 등을 궁극의 목표로 설정하였다.

뿐만 아니라 1995년 10월에는 노-사-정 간에 멕시코의 장기사회 안정을 위한 이른바 사회협약(PACTO)을 체결하는 데 성공하였다. 이 협약은 지속적인 경제성장, 물가안정, 자유변동환율제 지속, 고용창출, 공공 및 민간 투자 촉진 등을 그 주요 내용으로 하였다.

4 위기의 배경

1994년 멕시코 외환위기는 위에 설명한 정치 사회적 혼란이 그 직접적인 도화선이 되었지만 근본적으로는 멕시코경제에 내재한 불균형에 기인한 것이다. 즉 페소화의 고평가, 경상수지 적자누적, 미국금리의 상승, 자본유출, 통화정책 실패, 재정수지악화 등을 들 수 있다.

먼저 환율을 보면 1988년 이후 인플레이션 억제의 일환으로 고정환율제도에 의한 페소화의 고평가 지속으로 1994년까지 페소화는 실질적으로 26% 정도 과대 평가되었다(페소화 대미달러 실질환율 1988년의 3.37에서 1994년 2.48로 절상).

경상수지는 수입개방 확대조치, 환율고평가 등으로 계속 악화되어 GDP대비 1993년에 5.8%의 적자를 기록한 데 이어 1994년에는 11.1%의 적자로 대폭 증가하였다. 한편 미국금리는 1993년 4/4분기와 1995년 1/4분기 사이에 거의 두 배로 상승하였는데 이에 따라 1994년 1월과 1994년 12월 첫째 주 사이에 달러표시 멕시코 테소보노스(Tesobonos: 멕시코국채)와 페소화표시 세테스(Cetes)의 금리도 급상승하였다. 이러한 금리상승은 정부부채의 상환비용부담을 크게 증대시키는 역할을 하였다.[7)]

멕시코 위기의 결정적인 요인은 자본유입과 자본유출의 급반전이라 할

---

7) Worldbank(1995) 참조.

수 있다. 멕시코는 다른 나라들에 비해 자본시장을 조기에 개방하여 1989년에 이미 자본이동에 대한 통제를 거의 완전히 철폐하였는데 이에 따라 1990년대 초반 자본유입이 급증하였다. 즉 멕시코 순자본유입의 GDP비율은 1993년 8.37%, 1994년 3.74%를 기록하였다. 그런데 유입된 자본의 대부분은 단기자본으로 주식, 민간의 증권 및 국채에 투자되었다.

이러한 급격한 자본유입은 멕시코의 총지출의 확대를 가져오고 특히 실질환율의 절상을 초래하여 경상수지의 악화 등 경제에 부작용을 야기하였다. 즉 급격한 자본유입의 결과 민간저축이 크게 하락하였다.[8] 그러나 정치불안, 국내외금리격차 등으로 외국자본의 유출은 1994년 12월 25일 이후 연말까지 약 100억 달러를 기록하여 급격히 증가하였다.[9] 즉 1995년 중 멕시코 자본유출 GDP비율은 3.66%를 기록하였다.[10]

또한 멕시코의 재정수지를 보면 GDP대비로 1993년의 0.5% 흑자에서 1994년에는 27.2%의 적자로 대폭 악화되었다. 국내여신증가율도 1993년의 11.9%에서 1994년에는 24.1%로 대폭 증가하였다.

5 위기의 영향

외환위기 당시 1995년 멕시코의 경제는 엄청난 시련을 겪었다. 경제성장률은 1994년의 4.4%에서 −6.2%를 기록하였으며 실업률도 1994년의 3.5%에서 1995년에 6.3%로 대폭 증가하였다. 인플레이션율도 1994년의 7%에서 1995년에는 35%로 크게 상승하였다. 경상수지 적자는 국내경기의 침체를 반영하여 대폭 개선되었다. 반면 금융부문의 경우는 외환위기에 대한 국제적 지원이 이루어지고 이에 수반된 정부의 개혁조치에 힘입어 크게 개선되는 양상을 보였다. 즉 1995년 중에 환율은 안정되었으며 주가도 다시 회복되었다.

특히 외환위기 직후 급격하게 빠져나갔던 외국자본은 빠른 속도로 멕

8) Edwards(1997), pp. 10-11 참조.
9) 예금보험공사(2001), 275쪽 참조.
10) Radelet and Sachs(1998), p. 13 참조.

시코로 유입되었다. 멕시코로의 자본의 순유입을 보면 1994년의 152억 달러에서 1995년에는 −105억 달러를 기록하여 1995년 중에 자본유출이 크게 늘어났음을 알 수 있으며 1996년에는 61억 달러로 다시 유입되는 양상을 보였다. 이들 자본이동 가운데 직접투자보다는 특히 증권투자를 위한 단기자본의 이동이 컸다. 즉 단기자본이동은 1995년 중 자본순유출 105억 달러 중 104억 달러를 차지하였다. 실물부문의 악화는 1996년에 들어와 다시 호전되었다. 즉 성장률은 플러스로 돌아섰으며 실업률도 줄어들고 물가도 안정되었다.

6 평 가

멕시코 위기는 고정환율제에 의한 멕시코 페소화의 환율이 장기간 과도하게 고평가된 채 유지되면서 1990년대의 급격한 자본유입과 시장개방에 따른 멕시코경제의 취약성이 누적되어 온 것이 그 주요 원인으로 볼 수 있다. 특히 그동안의 급격한 자본유입은 페소화의 실질환율의 저하를 가져와 멕시코경제에 부정적인 영향을 미쳤으며 더구나 1994년 국내의 정정불안이 겹치면서 국제투자자들의 멕시코 경제에 대한 신뢰가 급격히 떨어진 것이 위기를 증폭시킨 것이다. 그 중에서도 멕시코의 경우 테소보노스(Tesobonos) 등 달러표시 대외 단기채의 급증(1994년 6월 외환보유고 대비 1.7배)으로 금융시장의 변동에 대한 취약성이 크게 증가한 것이 국제신용추락과 급격한 자본유출을 가져온 주요 원인으로 들 수 있다.

멕시코 페소화 위기는 브라질, 아르헨티나 등 남미 주변국으로 전염되는 소위 데킬라효과(Tequila effect)를 일으켰다. 즉 브라질과 아르헨티나 두 나라는 멕시코 위기 후 두 나라 금융시장에 대한 신인도의 추락으로 급격한 자본유출을 겪었으며 이에 따라 외환보유고는 급격하게 감소하고 주가는 폭락하였다(1994년 12월~1995년 2월, 브라질 22.6%, 아르헨티나 24.8% 각각 하락).

1994~1994년 멕시코 위기는 IMF, 세계은행, 선진국들은 물론 개도국들에게 경제위기에 대한 교훈을 주었을 것임에도 위기에 대한 경고시스템을 가동하지 않은 채 불과 몇 년 뒤, 1997년 동아시아 국가들이 위기에 빠진 것

은 얼마나 위기예고를 얼마나 소홀히 했는가를 잘 보여주는 사례라 할 수 있다.

제3절 >> 동아시아 위기(1997~1998)

동아시아 위기는 1997년 7월 태국 바트화에 대한 투기공격을 시작으로 인도네시아, 필리핀, 우리나라, 말레이시아 등에서 연쇄적으로 일어난 위기이다. 본 절에서는 말레이시아는 당시 자본통제정책을 실시하여 다른 위기국가들과 다른 방법으로 위기에 대응했기 때문에 여기서는 제외하기로 하고 필리핀은 인도네시아의 경우와 유사하므로 생략하고자 한다.

1 태국 위기(1997)

외환위기의 진행

태국의 외환위기는 1997년 7월에 표면화되었으나 실제로 위기의 시작은 태국금융회사들의 부실이 노출되기 시작한 1997년 3월과 5월로 거슬러 올라간다. 즉 태국바트화에 대한 투기공격은 1997년 3월 태국의 파이낸스원(Finance One)사의 파산으로 촉발되었으며 환율은 미달러당 24바트에서 25.985바트로 크게 상승하고 주가지수(Stock Exchange of Thailand: SET)도 1992년 이래 최저수준(682.5)으로 급락하는 추이를 보였다. 그리고 1997년 5월에 들어와서는 내추럴파크(Natural Park)사 등 부동산회사들의 부도로 태국 주식시장은 폭락하여 SET지수는 626.57을 기록하기에 이르렀다.

반면 환율은 복수통화바스켓제도의 고수를 위한 태국 정부당국의 강력한 의지표명과 시장개입 및 외환통제조치로 달러당 26.425~25.82바트 수준에서 대체로 안정되는 추이를 지속하였다. 그러나 1997년 7월 2일 태국정부는 그동안 유지해 오던 복수통화 바스켓제도를 포기하고 관리변동환율

표 22-3 태국의 주요 경제지표

	1996	1997	1998	1999
실질GDP 증가율(%)	5.5	−0.4	−10.2	3.3
소비자 물가지수 상승률(%)	5.8	5.6	8.1	0.3
경상수지(억 달러)	−146.9	−30.2	142.4	124.3
경상수지(GDP 대비 %)	−8.2	−3.0	11.3	9.9
이자율(%)	9.2	14.6	13.0	1.8
환율(바트/달러)	25.6	47.3	36.7	37.5
총외채(억 달러)	908	937	862	901
자본의 순유입(억 달러)	194.9	−120.6	−141.1	−110.7
국내여신 증가율(%)	14.0	34.5	−1.4	−4.3
재정수지(GDP 대비 %)	0.9	−0.3	−2.8	−3.3
외환보유고(억 달러)	377.3	261.8	288.3	340.6

자료 : IMF, International Financial Statistics, 각호.

제도를 도입하기로 전격 발표하자 바트화는 하루 동안에 16%나 폭락하고 1주일 동안에 무려 20% 이상 폭락하여 결국 외환위기를 맞고 말았다. 태국 바트화의 폭락은 필리핀, 말레이시아, 인도네시아 등 주변국통화의 급격한 하락을 초래하여 동남아 전체의 외환위기를 촉발하는 사태를 몰고 오고 말았다.

국제적 지원

태국은 1997년 8월 14일 IMF에 구제금융을 요청하여 20일 총 172억 달러의 국제금융지원을 받는 데 합의하였다. 그 내역을 보면 IMF 40억 달러, 세계은행 15억 달러, ADB 12억 달러 등으로 국제금융기구를 통한 지원이 67억 달러이고 나머지는 일본이 가장 많은 40억 달러를 지원하고 오스트레일리아, 홍콩, 한국, 싱가포르 등 8개국이 공동 참여하였다.

한편 IMF구제금융 지원의 조건은 경제구조 조정(부실금융기관 정리, 금융부문 개혁 및 건전성 확보, 국영기업 지원 중단, 인프라부문의 민영화), 재정수지 흑자실현(1997년 GDP −1.1%, 1998년 +1%), 통화긴축, 물가상승 억제(1997년 9.5%, 98년 5%), 경상수지 적자폭 축소(1997년 GDP의 5%, 1998년 3%), 외환보유고 확충(1997년 230억 달러, 1998년 245억 달러) 등으로 되어 있다.[11]

11) 대외경제정책 연구원(1997), 46-47쪽 참조.

정부의 대응

(1) 금융시장안정화조치

태국정부는 1997년 3월 태국최대 금융회사인 파이낸스 원(Finance One)사가 파산하자 금융시장안정을 위해 동사를 태국 다누은행(Thai Danu Bank)에 합병시키기로 하는 한편 금융기관의 부실채권 정리를 위해 플라모(PLAMO)사를 설립하여 1000억 바트의 부실채권정리기금을 정부보증하에 마련하기로 하였다. 또한 4월에는 금융회사들의 합병을 촉진하는 방안을 발표하였다. 그리고 6월에는 16개 부실금융회사의 업무를 정지하였으며 외국인의 국내금융기관에 대한 투자를 촉진하기 위한 조치를 단행하였다.

그러나 태국정부의 이러한 일련의 초기대응은 매우 임기응변적인 것이어서 시장의 신뢰를 회복하기는커녕 오히려 경제악화를 심화시켰다. 그것은 정치기반이 취약하여 강력한 구조조정정책을 추진할 힘을 갖추지 못한데 큰 원인이 있었던 것으로 지적된다.[12)]

(2) 관리변동환율제의 도입

태국정부는 1997년 7월 2일 바트화에 대한 투기공격을 더 이상 버틸 수 없다고 판단하고 복수통화바스켓제도를 포기하고 관리변동환율제도를 도입하기로 하였다. 관리변동환율제도란 기본적으로 환율을 외환시장의 수급에 따라 결정되도록 하지만 필요에 따라서는 중앙은행이 외환시장에 개입하여 환율을 적정수준에서 관리하는 제도인데 이 제도의 도입과 동시에 바트화는 미달러에 대해 하루에 무려 16%나 하락하는 움직임을 보였다.

(3) 금융안정화대책 발표

이러한 일련의 조치에도 불구하고 외환위기가 더욱더 악화되자 태국정부는 1997년 10월 14일 경제위기의 핵심이 금융시장의 안정에 있다고 판단하고 부실금융기관 처리, 외국인의 국내금융기관 소유제한철폐, 금융기관의 건전성규제 강화 등을 주요 골자로 하는 강력한 금융시장안정화대책을 발표하였다.

---

12) 대외경제정책연구원(1997), 48쪽 참조.

즉 태국정부는 부실금융기관대책으로 금융재건청(Financial Restructuring Agency: FRA)과 자산관리공사(Asset Management Corporation: AMC)를 설립하였는데 전자는 부실금융기관의 합병을, 후자는 금융기관의 부실채권정리를 각각 담당하도록 하였다. 또한 예금자보호를 위해 기존의 중앙은행산하 금융기관개발기금(Financial Institutions Development Fund: FIDF)의 기능을 강화하였다.

또한 외국인 국내금융기관에 대한 투자한도를 25%에서 10년간 100%까지 확대하여 외국인의 국내투자를 촉진하였으며 금융기관의 자기자본비율을 상향조정하여 건전성규제를 강화하였다.

태국정부는 이와 같은 금융시장안정화대책에 따라 1997년 12월 영업정지중인 58개 금융회사 중 56개 사를 폐쇄하였으며 이들 폐쇄된 금융회사들은 신설된 금융재건청이 정리하도록 하였다.[13)]

외환위기의 배경

태국의 외환위기 배경으로는 경기침체, 경상수지 적자폭 확대, 외채 누적, 경직적 환율정책, 금융기관 부실 등을 들 수 있다.

1990년대에 들어 고도성장을 지속해 왔으나 1996년 이후 성장이 크게 둔화되었으며 1997년에는 마이너스 성장을 기록하였다. 이러한 경기침체는 기업의 도산 특히 부동산가격의 하락을 촉진하였다. 뿐만 아니라 1996년 이후 연이은 수출부진으로 경상수지는 크게 악화되어 1996년중에는 GDP대비 8%가 넘는 적자규모를 나타내었다. 경상수지의 악화는 태국의 대외채무의 누적적인 증가를 초래하였으며 그 규모는 GDP대비 1996년에 49.1%, 1997년에 62.9%를 각각 기록하였다. 이러한 수준은 IMF권고수준인 30% 수준을 훨씬 초과하는 것으로 외환위기의 위험을 예고해 주는 것이다. 이 중 단기외채비중도 1996년에 41.4%, 1997년에 37.1%를 각각 기록하여 높은 수준을 나타내었다.

또한 태국정부는 1984년 이후 바트화를 미달러화에 연동시키는 복수통화바스켓제도를 시행해 왔는데 이 제도하에서는 환율의 변동폭이 극히 제

13) 태국정부의 금융구조 조정에 대한 상론은 예금보험공사(2001) 참조.

한되어 있고 외환시장의 수급을 제대로 반영하지 못하게 되어 있었다. 따라서 환율정책은 지나치게 경직되어 있었으며 더구나 해외자본의 유출입이 크게 늘어난 상태에서 외환관리를 미숙하게 하여 통화정책의 오류를 초래하고 결국은 바트화가 외환시장의 투기공격의 대상이 되는 사태를 맞이하게 되었다. 그리고 금융회사들의 부실이 크게 늘어나게 됨에 따라 금융시스템에 대한 문제를 야기하고 나아가 그것은 대외신뢰도를 저하시키는 중요한 계기가 되었다.

위기의 영향

외환위기 이후 태국경제는 극심한 불황에 직면하였다. 즉 태국의 경제성장률은 1996년의 5.5%에서 1997년에는 −0.4%로 떨어진 데 이어 1998년에는 −10.2%의 대폭적인 성장률 하락을 경험하였으며 1998년 3/4분기 이후 경기는 회복되기 시작하여 1999년에는 3.3%의 성장률을 기록하였다. 태국경제의 이러한 침체는 투자와 소비의 격감에 따른 수요감퇴에 연유하였다.[14)]

실물경제의 침체와는 달리 경상수지, 환율, 금리 등은 모두 크게 호전되는 양상을 보였다. 즉 경상수지는 1997년의 30억 달러 적자에서 1998년에 142억 달러, 1999년에 124억 달러의 흑자를 각각 기록하였으며 환율은 1997년의 달러당 47.3바트에서 1998년에 36.7바트, 1999년에 37.5바트로 하락하여 안정되는 모습을 보였다. 이자율도 1997년의 14.6%에서 1998년에 13.0%, 1999년에 10.8%로 하락하였다.

또한 외환보유고도 1997년의 262억 달러에서 1998년에 288억 달러, 1999년에 340억 달러로 각각 증가하였다. 그러나 태국의 외채는 GDP대비 1997년에 62.9%, 1998년에 77.4%, 1999년에 71.6%를 각각 기록하여 계속 높은 수준을 나타내었다.

14) IMF(2000), p.10. 참조.

2 인도네시아 위기

위기의 진행

인도네시아는 1986년 이후 관리변동환율제를 채택하여 환율을 탄력적으로 운용해왔으나 1997년 7월 인접국 태국바트화의 폭락으로 8월부터 루피아화의 가치가 급락하기 시작하였다. 이에 인도네시아는 외환시장에 적극 개입하여 루피아화의 하락을 방지하고자 하였으나 결국 실패하고 1997년 8월 19일 환율제도를 완전자유변동환율제로 전환하였다. 이와 동시에 인도네시아 정부는 8월 22일 환투기금지, 8월 31일 외국인 선물거래 제한 등 루피아화에 대한 투기방지책을 거듭 발표하였다. 그럼에도 불구하고 태국바트화 등 동남아국가들의 통화가 계속 폭락세를 이어가자 루피아화도 10월까지 동반하락하는 추세를 보였으며 이러한 통화불안은 주가 폭락, 기업의 채무부담 증대, 고금리 등을 유발하여 경제에 대한 불안은 가중되었다. 즉 주가지수는 7월까지 700대를 넘어선 수준을 유지했으나 그 후 폭락하여 12월에는 300선으로 붕괴하는 모습을 보였다.[15)]

국제적 지원

인도네시아의 외환위기에 대한 국제적 구제금융은 1997년 10월 총규모 430억 달러로 결정되었다. 그 내역을 보면 IMF 100억 달러, 세계은행 45억 달러, ADB 35억 달러로 국제금융기구에 의한 지원이 180억 달러였으며 주요 개별지원국으로서는 일본과 싱가포르 각각 50억 달러, 미국 30억 달러 등이었다. 이번 국제적 구제금융에는 태국과는 달리 미국이 직접 참여한 것이 특징이다.

국제적 구제금융 지원조건의 주요 내용은 다음과 같다.

거시경제정책으로 통화긴축에 의한 환율 안정, 경상수지 적자 GDP의 2% 이내로 축소, 물가 억제 등을 제시하고 세출 삭감 및 부가세 인상 등에 의한 세수 확대로 재정수지 개선, 금융구조 조정, 규제 완화 등으로 되어 있

15) 대외경제정책연구원(1997), 61쪽 및 예금보험공사(2001), 363쪽 참조.

표 22-4 인도네시아의 주요 경제지표

	1996	1997	1998	1999
실질GDP 증가율(%)	8.0	4.5	−13.2	0.1
소비자 물가지수 상승률(%)	8.0	6.7	57.6	20.5
경상수지(억 달러)	−76.6	−48.9	41.0	57.9
경상수지(GDP 대비 %)	−3.4	−3.6	3.5	3.8
이자율(%)	14.0	27.8	62.8	23.6
환율(루피아/달러)	2,383	4,650	8,025	7,085
총외채(억 달러)	1,289	1,362	1,509	1,412
자본의 순유입(억 달러)	108.5	−6.0	−96.4	−59.4
국내여신 증가율(%)	22.7	25.7	53.7	21.4
재정수지(GDP 대비 %)	1.2	−0.7	−2.8	−1.1
외환보유고(억 달러)	182.5	165.9	227.1	264.5

자료: IMF, International Financial Statistics, 각호.

다. 특히 금융구조조정의 경우 지급불능상태인 16개 은행의 폐쇄, 금융시스템의 건전성 강화, 은행의 합병추진 등을 중점내용으로 하고 있다.

정부의 대응

인도네시아정부는 1997년 8월 환율변동폭 폐지, 재정지출 삭감 등 외환위기수습책을 발표하였으나 시장안정에 실패하였으며 위에 설명한 IMF구제금융조건의 이행도 수하르토퇴진운동에 휘말린 정치 · 사회적 소요사태로 효력을 나타내지 못하였다. 그리하여 인도네시아의 본격적인 경제개혁조치는 1998년에 들어와서야 이루어졌다. 즉 1998년 1월 인도네시아정부는 부실금융기관의 정리를 위해 은행재건청(Indonesian Bank Restructuring Agency: IBRA)과 자산관리청(Asset management Unit: AMU)을 신설하였다. 또한 7월에는 은행을 건전은행, 회생가능은행, 청산대상은행으로 분류하고 은행구조조정을 단행하였다. 이에 따라 인도네시아는 17개 은행을 청산하고, 21개는 폐쇄, 7개는 정부인수, 9개는 자본재구성으로 조치하고 73개 은행은 독자생존가능은행으로 처리하였다.[16)]

16) 차백인(2000), 96-98쪽 참조.

위기의 배경

인도네시아의 외환위기는 경기침체, 경상수지 적자, 외채누적, 금융부문 부실, 태국 등 주변국 통화위기 등을 그 배경으로 하고 있다.

인도네시아경제는 1980년대 후반 이후 지속적인 성장세를 유지해 왔으나 1996년에 들어와 성장률이 떨어지기 시작하여 침체기로 접어들었다. 경기침체의 주된 원인은 베트남 등이 수출시장에서 급부상하여 인도네시아의 수출이 크게 둔화된 데 있다. 수출둔화는 결국 경상수지의 악화를 초래하였으며 이는 다시 인도네시아의 대외채무의 누적을 초래하였다. 즉 인도네시아의 경상수지 적자는 GDP대비 1996년에 3.4%, 1997년에 3.6%를 각각 나타내었으며, 대외채무 역시 GDP대비 1996년에 56.7%, 1997년에 63.1%를 각각 기록하였다.

또한 인도네시아의 금융부문은 과도한 위험노출, 부실채권 과다, 부동산대출 과다, 건전성규제 미흡 등으로 매우 부실하였으며 이는 통화불안이 금융불안으로 연결되는 고리를 형성하였다. 특히 자본시장을 조기에 개방함으로써 대외자본이 과도하게 유입되고 이들 유입자본이 부동산대출에 집중됨으로써 부실채권의 양산을 초래하였던 것이다. 이외에 태국 등 인접국들의 통화불안은 인도네시아 루피아화에 대한 투기공격을 유발하는 계기가 되었다.

위기의 영향

외환위기 이후 인도네시아경제는 극심한 불황에 직면하였다. 즉 인도네시아의 경제성장률은 1996년의 8.0%에서 1997년에는 4.5%로 떨어졌으며 1998년에는 13.2%에 달하는 대폭적인 마이너스 성장을 기록하였다. 1999년에 들어와서도 인도네시아 경제는 겨우 플러스성장으로 돌아서는 데 그쳤다. 특히 인도네시아의 인플레이션율은 1997년에 6.7%, 1998년에 57.65%를 기록하여 크게 불안정한 모습을 보였다.

실물경제의 회복과 함께 경상수지, 환율 등 금융지표들도 다소 호전되는 양상을 보였다. 즉 경상수지는 1997년의 49억 달러 적자에서 1998년에

41억 달러, 1999년에 58억 달러의 흑자를 각각 기록하였으며 환율은 1997년의 달러당 4,650루피아에서 1998년에 8,025루피아로 상승하였으나 1999년에 7,085루피아로 하락하여 안정되는 모습을 보였다.

또한 외환보유고도 1997년의 166억 달러에서 1998년에 227억 달러, 1999년에 264억 달러로 각각 증가하였다. 그러나 인도네시아의 외채는 GDP대비 1997년에 63.1%, 1998년에 120.5%, 1999년에 100.2%를 각각 기록하여 계속 높은 수준을 나타내었다.

그러나 인도네시아 경제가 이와 같이 1999년 이후 호전되는 양상을 보였지만 한국, 태국 등 다른 동아시아 위기국들과는 달리 매우 어려운 시련을 겪었다. 그것은 금융기관 등의 부실문제가 이들 나라에 비해 상대적으로 해결이 부진하고 특히 정치적 상황이 불투명하여 사회경제적 불안요소가 컸기 때문이다.[17]

3 우리나라 위기

외환위기의 진행

우리나라는 1997년 10월부터 대미달러환율이 급등하기 시작하면서 11월에는 한국은행의 외환보유고가 거의 바닥을 드러내는 등 외환위기에 직면하였으며 급기야 11월 21일 IMF구제금융을 신청하여 12월 4일 IMF와의 최종협상을 마무리하고 583.5억 달러규모의 사상 최대 IMF구제금융을 받게 되었다.

우리나라의 대미달러환율은 1996년 말에 844.20원이었으나 1997년에 들어와 지속적으로 상승하는 추세를 보여 왔으며 특히 하반기부터 상승폭이 확대되는 양상을 보였다. 즉 1997년 7월 말에는 892원으로 상승하였으며 9월 말에는 914.80원을 기록한 후 10월 말에는 965.10원으로 상승행진을 계속하였고 11월중에는 외환투기까지 가세하여 외환시장의 불안은 더욱더 가중되었다.

17) IMF(2000), p. 61 참조.

중앙은행은 외환시장의 안정을 위해 달러의 매각을 시도하는 한편 정부당국은 11월 20일 급기야 일일 환율변동폭을 종전의 상하 각각 2.25%에서 10%로 확대하였으나 11월 21일에는 환율이 1,139.00원까지 치솟고 외환시장은 마비상태에 직면하였으며 외환보유고도 거의 고갈되고 말았다. 즉 우리나라의 가용외환보유고(외환보유고-금융기관해외점포예치금)는 1996년 말에 294억달러 수준이었으나 1997년 7월 말에 256억 달러로 줄어들었으며 그 후 줄곧 감소하여 10월 말에는 223억 달러로 떨어졌고 11월 말에는 72억 달러로 격감하였다.

결국 우리나라는 1997년 여름부터 인도네시아, 태국 등의 동남아 통화위기와 함께 외국채권단의 신규여신 및 기존여신에 대한 만기연장이 중단되는 사태를 맞게 되었다. 그것은 1997년에 들어와 우리나라기업들의 연쇄부도가 일어나고 특히 한보철강과 기아사태로 인하여 금융기관들의 부실채권이 급격하게 늘어나면서 우리나라의 금융기관들의 부실화가 가속화됨에 따라 국제신용도가 추락한 데 있다.

우리나라에 대한 국제신용등급은 1997년 7월 이후 줄곧 하향 조정되어 왔으며 특히 11월말부터 12월 22일까지 무려 4~5등급이나 하향 조정되어 급기야는 우리나라의 외화표시채권이 정크본드(Junk bond: 고위험채권) 또는 투자부적격채권으로 분류되기에 이르렀다. 무디스(Moody's)사는 11월 말 A3에서 12월 11일 Baa2, 12월 22일 Ba1(투자부적격)으로 각각 하향 조정하였으며, S&P(Standard & Poors)사는 같은 기간 A－에서 BBB, B＋(투자부적격)로 각각 하향 조정하였다.

국제적 지원

우리나라의 외환위기에 대한 국제적 구제금융은 IMF 210억 달러, 세계은행 100억 달러, ADB 40억 달러 등 350억 달러였으며 이외에 개별국가의 지원은 일본 100억 달러, 미국 50억 달러, 프랑스, 독일, 이탈리아 3개국 합계 50억 달러, 캐나다 10억 달러 등 모두 13개국 233.5억 달러로 총규모 583.5억 달러의 사상최대규모에 달하였다.

IMF는 구제금융지원과 동시에 우리나라에 엄격한 경제조정프로그램을

표 22-5 우리나라의 주요 경제지표

	1996	1997	1998	1999
실질GDP 증가율(%)	6.8	5.0	-6.7	10.7
주가지수(1995년 기준)	90.3	70.9	44.4	87.0
소비자 물가지수 상승률(%)	4.9	4.4	7.5	0.8
경상수지(억 달러)	-230.0	-81.7	403.7	244.8
경상수지(GDP 대비 %)	-4.6	-3.1	10.9	5.8
이자율(%)	12.4	13.2	15.0	5.0
환율(원/달러)	844	1,695	1,204	1,138
총외채(억 달러)	1,635	1,592	1,487	1,364
자본의 순유입(억 달러)	233.3	13.1	-32.0	20.4
국내여신 증가율(%)	19.4	23.2	11.6	17.4
재정수지(GDP 대비 %)	0.1	-1.3	-3.8	-4.6
외환보유고(억 달러)	340.4	203.7	519.7	739.9

자료: IMF, International Financial Statistics, 각호.

이행조건으로 제시하였다. IMF이행조건은 한마디로 우리나라의 거시경제를 초긴축으로 운용할 것과 금융산업의 개혁, 자본시장의 개방 및 노동시장을 포함한 구조조정 등을 그 핵심내용으로 하고 있었다. 즉 거시경제운용 조정내용을 보면 1998년도 경제성장률 3.0%, 실업률 3.9%, 소비자물가상승률 5.0%(후에 9%로 상향조정), 경상수지 적자 43억 달러 등으로 되어 있었다.

금융산업은 금융개혁법의 통과와 함께 부실금융기관의 정리를 그 골자로 하고 있는데, 금융개혁법은 우리나라은행의 독립성 유지 및 금융산업감독 체계의 강화 등을 그 내용으로 하고 있었다. 금융산업의 경우는 1996년 이후 계속되어 온 대기업의 부도사태(한보철강, 기아자동차 등의 부도) 등으로 부실채권이 급증함에 따라 극도로 부실화되어 왔으며, IMF는 이러한 부실금융기관의 건전성 확보와 회생불능기관의 정리를 요구하였다(은행(특수은행 포함)의 부실채권은 1996년 말 14조 8천억 원에서 1997년 9월 말에 28조 5천억 원으로 증가하였으며, 종합금융회사의 부실채권도 1996년 말의 1조 2천억 원에서 3조 8천억 원으로 증가하였다).

자본시장의 경우는 외국인 주식투자한도의 확대(50%에서 55%), 채권시장 완전개방(투자한도제한 철폐) 등으로 국내자본시장을 외국인에게 완전개방하여 외국인에 의한 국내기업의 인수가 가능하도록 하였다. 노동시장의 경우는 정리해고(후에 고용조정으로 개칭함), 파견근로제 등의 도입으로 노동시장의 유연성을 제고하는 데 초점을 맞추고 있었다. 기업의 구조조정은 재벌구조의 개혁, 기업의 투명성 제고, 소유지배구조의 개혁 등을 그 주요 골자로 하고 있었다. 이와 같이 IMF구제금융의 이행조건은 우리나라경제의 일대 변혁을 요구한 것이며 우리나라경제는 그러한 변혁과정에서 엄청난 고통을 겪었다.

정부의 대응

외환위기에 대한 우리나라정부의 초기대응은 매우 미흡하였다. 우리나라경제는 기아사태, 한보사태 등 1997년 초부터 이미 악화일로에 있었음에도 불구하고 정부당국은 계속 기초경제는 튼튼하다는 논리로 시장을 안심시키는 데 급급하였다. 이러한 낙관론은 시장의 신뢰를 더욱 추락시켰으며 환율의 급등, 외환보유고의 고갈 등 외환위기로 치닫게 하였다.

IMF구제금융 이후 정부의 대응은 매우 광범위하게 추진되었다. 우리나라정부의 개혁프로그램은 금융개혁, 기업개혁, 정부개혁, 노사개혁 등 4대 부문개혁으로 축약된다. 이 중에서 가장 급진적으로 추진된 것이 금융부문 개혁이다. 1998년에 들어와 비은행권으로는 10개종금사, 2개 증권사, 4개 생보사, 4개 투신사 등을 각각 퇴출하고 은행권으로서는 5개 은행을 퇴출시켰으며 나머지 금융기관에 대해서는 BIS자기자본비율 10% 이상 준수, 경영개선명령, 인수합병 등 강력한 개혁을 단행하였다. 특히 서울은행과 제일은행은 모두 해외에 매각하여 외국인의 국내금융기관 매입을 적극 유도하였다.

기업부문에 있어서는 재벌개혁에 초점을 두었는데 빅딜과 기업부채비율축소 등이 핵심내용이 되었다. 빅딜은 대표적으로 현대전자가 LG전자를 인수한 것이 대표적인 사례이며 기업의 채무는 자기자본의 200% 이하로 내리는 것을 강력하게 권고하였다. 공공부문의 경우는 정부조직의 개편, 공기업경영의 합리화 등에 초점을 맞추었다. 노동시장의 경우에는 노동시장의 유연성 제고(정리해고, 파견근로제 등)에 초점을 맞추고 한편으로 늘어나는 실업에 대한 대책으로 실업보험의 확대 및 공공근로사업을 확대 실시하였다. 이러한 실업대책은 구조조정과정에서 필연적으로 대두되는 실업의 사회문제화를 방지하는 데 역점을 둔 것이었다.

외환위기의 배경

우리나라가 외환위기를 맞게 된 배경은 경상수지 악화, 외채누적, 외환보유고 부족, 기업의 과잉채무, 금융기관 부실화, 금융감독 부실 등에서 찾을 수 있다.

우리나라의 경상수지는 1995년 이후 지속적으로 악화되어 1996년 중에 230억 달러, 1997년 중에 82억 달러의 적자를 각각 기록하여 GDP의 4.6% 및 3.1%에 달하였다. 이러한 경상수지의 적자는 결국 외채의 누적적 증가를 가져왔다. 우리나라의 외채는 1993년도에 439억 달러에 불과하였으나 1995년에는 784억 달러, 1996년에는 1,635억 달러로 대폭 증가하였으며 1997년 말 1,592억 달러를 기록하였다. 외채의 구성을 보면 단기채의 비중이 1996년에 57.1%, 1997년에 39.9%로 높은 비중을 차지하고 있어 구조가 악화되어 있었다.

그런데 문제는 우리나라의 경우 그동안 경상수지의 적자폭이 확대되어 왔다는 데 있다. 경상수지 적자는 외국으로부터 민간자본유입으로 보전되어야 하는데 그것이 되지 않으면 부득불 기존외채의 만기를 연장하여 지탱할 수밖에 없다. 따라서 채권단으로부터 우리나라에 대한 외채상환 독촉이 있을 때에는 언제나 외환위기를 맞을 수 있는 상황에 처해 있었던 것이다.

경상수지의 악화와 외채누적은 외환보유고의 부족과 함께 외환시장의 투기공격을 받아 외환위기를 가속화시켰다. 즉 우리나라의 외환보유고는 1997년 중에 외환시장의 투기공격에 대한 정부당국의 환율방어정책으로 급격히 줄어들어 1996년 말의 294억 달러에서 1997년 11월 말에 72억 달러로 격감하였다.

기업부문에서는 과도한 차입에 의한 과도한 투자로 위기를 가속화시켰다. 기업의 부채비율은 300%를 넘었으며 이는 과잉투자를 초래하여 경영부실을 초래하였다. 대표적으로 1997년 들어 한보철강이 부도로 무너지고 기아자동차의 경영악화와 부실로 우리나라경제의 대규모기업집단이 부실로 나타남에 따라 우리나라경제에 대한 신뢰가 크게 떨어졌다. 특히 이러한 대규모 기업들의 도산은 재무구조악화와 함께 우리나라경제에 대한 신뢰도의 저하를 더욱 가속화시켜 자본유출 및 해외차입선의 정지 등으로 위기를 확산시켰다. 뿐만 아니라 기업의 연쇄적인 도산은 막대한 채권을 가진 금융기관들의 부실여신의 증가를 가져왔으며 결국 금융기관의 경영악화를 초래하게 되었다. 이러한 금융기관의 부실은 감독기관들의 감독소홀도 크게 작용하였다. 특히 금융기관의 부실은 우리나라의 경우 당시 외자조달창구가 거의 금융기관으로 집중되어 있었다는 점에서 국제금융시장에서의 차입을 어렵게 만드는 결정적인 요소가 되었다.

위기의 영향

우리나라의 경우 외환위기에 대한 초기대응은 아주 미흡했지만 IMF구제금융 이후 정부의 강력한 경제개혁추진으로 시장은 아주 빠른 속도로 회복되는 추이를 보였다.

환율은 1997년 중 달러당 1,695원까지 치솟았지만 IMF구제금융 이후 안정세를 보이기 시작하여 1998년 중에는 1,204원까지 떨어졌으며 1999년 중에는 1,138원까지 하락하여 원화가치는 크게 상승하는 모습을 보였다. 그러나 주식시장은 1998년 중 급격히 침체하여 대폭 떨어졌으며 11월이 넘어서야 다시 회복하는 추세를 보여 1999년 중에는 전례 없는 호황을 누리기도 하였다. 경상수지 역시 1998년 중에 400억 달러가 넘는 흑자를 기록하여 대폭 개선되었다.

그러나 경제성장률은 1998년 중에 −6.7%를 기록하여 경기는 크게 침체되었고 실업자도 대폭 늘어나 IMF의 한파가 엄청난 규모로 나타났다. 이러한 경기침체는 정부의 금리인하조치 등 경기부양책의 영향으로 1998년 말부터 호전되기 시작하여 1999년 중에는 10%가 넘는 고성장을 기록하였다.

한편 외국자본은 정부의 적극적인 외자유치정책에 힘입어 급속히 유입되었으며 이는 외국인의 대우리나라 직접투자 및 증권투자의 증가로 나타났다. 경상수지의 흑자폭 확대와 외국자본유입의 증가는 우리나라의 외환사정을 크게 호전시켰으며 이는 우리나라의 외환보유고의 대폭적인 증가로 나타났다. 외국자본의 우리나라로의 유입은 외환위기 당시 크게 추락했던 외국의 우리나라에 대한 신뢰가 급속히 개선된 것을 반영하는 것으로 우리나라의 외환위기를 극복하는 데 결정적인 역할을 하였다.

또한 우리나라는 IMF구제금융을 조기에 상환하여 국제적인 신뢰를 보다 일찍 회복하는 데 성공하였다. 즉 우리나라는 외환위기 이후 IMF로부터 차입한도 총 210억 달러 중에서 총 195억 달러를 차입하여 당초 2004년 5월까지 상환하도록 되어 있었으나 2001년 8월 23일 이 중에서 마지막 잔액 1억 4천만 달러를 상환하여 IMF관리체제를 조기 졸업하였다.

4 동아시아 위기에 대한 평가

동아시아 위기는 이상 살펴본 바와 같이 태국에서 출발하여 인접국들로 전염된 대표적 사례이다. 그리고 동아시아 위기는 유럽의 ERM 위기와는 달리 외환위기에 그치지 않고 금융과 실물경제에 큰 타격을 준 위기이다. 그것은 환율의 불안정뿐만 아니라 부실여신의 증가로 은행을 비롯한 많은 금융기관들이 퇴출되고 깊은 경기침체를 겪은 데서 알 수 있다.

이러한 위기의 특성은 종전의 제 1 세대 위기모형이나 제 2세대 위기모형으로는 설명이 불가능하였으며 제 3 세대 위기모형을 등장시키는 중요한 근거가 되었다. 즉 제 3 대 위기모형은 환율의 급격한 상승으로 인한 재무상태표의 악화가 금융 및 실물경제의 위기를 초래하는 특성을 강조한 것이다.

또한 이러한 위기는 종전의 경상수지 불균형을 강조한 종전의 모형과는 달리 자본이동에 의한 위기의 발발을 강조한 모형으로 동아시아 위기국들이 겪은 급격한 자본유출 또는 자본유입의 급정지현상을 잘 설명하는 이론 모형이다. 다시 말해서 1970년의 위기는 경상수지의 불균형이 위기의 원인이 되었던 것에 반해 동아시아 위기, 즉 1990년대의 위기는 자본수지가 위기의 근원이 된 것이다.

동아시아 위기는 1990년대의 성장기 동안 축적된 여러 가지 위기요인을 배경으로 하고 있는 것으로 풀이되고 있다.

첫째, 자본유입의 급증이다. 위기 5개국(한국, 인도네시아, 태국, 말레이시아, 필리핀)의 1990년과 1996년 중에 자본유입은 연평균 GDP의 6%를 넘어섰다. 특히 태국의 경우는 1990년대 자본유입이 GDP의 연평균 10%를 초과하였으며 1995년에는 13%로 급증하였다. 말레이시아의 경우도 자본유입은 1990년과 1996년 사이에 GDP의 연평균 9%에 달하였으며 1992년과 1993년 2년 동안에는 GDP의 15%를 넘어섰다.

둘째, 동아시아 위기국들은 환율변동을 억제하여 환율의 안정을 도모하였다. 이러한 환율안정화 정책은 환리스크를 줄여 자본유입을 촉진하고 과도한 외화차입을 초래하였다.

셋째, 이러한 환율안정은 실질환율($\frac{EP^*}{P}$)의 하락(실질절하)을 초래하였다. 자본유입이 증가함에 따라 비교역재가격이 상승하여 국내물가(P)가 상승하고 이는 안정된 환율 수준(E)에서 실질환율의 하락을 가져온 것이다. 예를 들면 인도네시아, 말레이시아, 태국, 필리핀 등에서는 1990년과 1997년 초 사이에 실질환율이 25% 이상 하락하였으며 우리나라의 경우도 같은 기간에 실질환율이 12%나 하락하였다.

넷째, 수출성장의 둔화이다. 즉 위기국들의 수출은 1990년 중반에 둔화되기 시작하여 1996년 초에 급격히 감소하였다. 그 주요 이유로는 통화의 고평가, 일본엔화의 절상(1994), 중국위안화의 평가절하(1994), 멕시코의 NAFTA 가입 등을 들 수 있다.

다섯째, 국내은행들의 과도한 융자 증가이다. 태국, 말레이시아, 우리나라 등에서 은행대출이 50% 이상 증가하여 1996년에 GDP의 140%에 달하였다. 이러한 대출의 증가는 많은 경우에 해외차입에 의해 이루어져 은행의 대외채무가 크게 증가하였다. 우리나라의 경우 은행의 대외채무는 1993년의 GDP대비 4.5%에서 1997년 중반에 GDP대비 9.5%로 증가하여 배로 늘어났다. 태국의 경우 은행의 대외채무는 1995년에 GDP의 28%까지 증가하여 가장 높은 수준을 나타내었다. 이러한 대출증가는 대부분 부동산, 증권 등 자산에 대한 투자 증가를 가져와 자산가격의 버블을 초래하였다.

마지막으로 단기 외채의 증가이다. 즉 1996년 말까지 은행의 단기 외채잔고는 우리나라 680억 달러, 태국 460억 달러, 인도네시아 340억 달러를 각각 기록하였다. 이러한 단기 외채의 증가는 1994년부터 외환보유고를 초과하여 외국자본의 유입정지 또는 차환(roll-over)정지 등 금융위기에 대한 취약성을 증대시켰다.

동아시아 위기의 근본적인 원인을 규명하는 접근방식은 세계시장조건의 변화, 동아시아적 천민자본주의, 국제자본시장의 내재적 불안정성 등 세 가지로 나눌 수 있다.

첫째, 세계시장조건의 변화가 동아시아 위기의 원인이라고 보는 것은 1990년대 들어와 중국의 세계시장 점유율 확대, NAFT에 따른 멕시코의 수출시장 잠식 등으로 세계시장여건이 위기국들에게 불리하게 된 점을 강조한다. 즉 이러한 접근은 위기국들의 수출은 1990년 중반에 둔화되기 시작하여 1996년 초에 급격히 감소하였는데 그것이 수출수입의 감소를 가져와 대외채무상환의 능력에 대한 불신을 초래하여 위기를 가져왔다는 것이다.

둘째, 동아시아적 천민자본주의란 내부거래, 부패, 정실주의, 기업지배구조문제, 도덕적 해이 등이 금융거래 및 경제거래의 관행으로 자리잡고 있는 것을 말하는데 이러한 천민자본주의가 위기에 대한 취약성을 키워온 것이라고 강조하는 것이다.[18)]

마지막으로 금융시장의 내재적인 불안정성이란 채권자들의 신뢰 또는 예상이 돌변하면 금융공황이 일어나는 금융시장의 본질적인 요소를 강조하여 위기의 발생을 설명하고자 하는 접근이다. 이러한 접근은 기초경제는 문제가 심각하지 않은데 1997년의 금융시장의 반응이 너무 민감하여 공황상태로 비화된 것이 동아시아 위기의 근원으로 보고 있다. 이 경우 개별 신용채권자는 합리적으로 행동을 하더라도 시장의 단체적인 결과는 공황상태를 일으켜 값비싼 비용을 지불하는 위기를 초래하게 된다. 따라서 이 경우 유동성부족(illiquidity)과 지급불능(insolvency)은 구별되어야 한다.

지급불능이란 차입자의 순자산이 채무보다 작아서 채무상환능력이 없는 것을 말하고, 유동성부족이란 장기적으로는 순자산이 채무상환보다 더 크지만 당장에 채무를 상환할 유동성을 확보하지 못하여 채무를 상환하지

18) 동아시아에 천민자본주의에 대한 상론은 Krugman(1998) 또는 Dooly(1997)를 참조.

못하고는 있는 경우를 말한다. 유동성 위기는 장기적으로 채무를 상환할 능력이 있기 때문에 당장에 만기가 돌아온 채무를 상환할 유동성을 누군가가 빌려주면 문제가 되지 않는다. 그러나 이 경우 누군가가 유동성을 공급해주지 않으면 바로 위기로 비화되어 버리는 데 문제가 있다.

동아시아 위기에 대한 IMF 등 국제기구들과 선진국들의 대응에 대한 비판론자들에 의하면 동아시아 위기의 경우 위기국들의 기초경제는 크게 문제가 없었는데도 초기 대응이 잘못되어 국제금융시장에 군집행태, 즉 공황상태를 일으킴으로써 위기가 악화되었다는 점을 강조하고 있다.[19] 즉 금융공황에 의해 동아시아 위기국들의 경우 자본유입은 급격한 반전을 이루었다. 우리나라, 인도네시아, 태국, 말레이시아, 필리핀 등 5개국의 자본 유입은 1994년의 405억 달러에서 1996년에 930억 달러로 증가하였으나 1997년에는 장기간의 자본유입이 자본유출로 반전되어 121억 달러의 순유출을 기록하였다. 이러한 자본유입의 반전은 1,050억 달러로 5개국의 위기 전 총 GDP의 11%에 달하는 큰 규모였다.

기타 위기 사례: 러시아(1998)와 브라질(1999) << 제4절

1 러시아 위기(1998)

태국 바트화 위기 이후 13개월 후인 1998년 8월 러시아는 루블화의 크롤링페그(crawing peg)를 포기하였다.

1998년 초부터 계속 러시아 경제는 악화일로를 걸었다. 러시아경제는 외환수입의 격감 및 외채누적으로 실질환율의 상승과 석유수입의 감소로 경제위기에 빠지게 되었다.

러시아는 동아시아의 무역거래와 자본이동이 미미했기 때문에 러시아의 위기는 1997년 아시아위기와 직접적인 관련은 없다고 할 수 있다. 투기

19) Radelet and Sachs(1998) 참조.

▌표 22-6 ▌러시아의 주요 경제지표

	1996	1997	1998	1999	2000
실질GDP 증가율(%)	−3.6	1.4	−5.3	6.4	10.0
주가지수(2000년 기준)	−	−	24.26	47.86	100
소비자 물가지수 상승률(%)	48	15	28	86	21
경상수지(억 달러)	108.4	−0.8	2.1	246.1	468.3
이자율(%)	47.65	20.97	50.06	14.79	7.14
환율(루블/달러)	5.12	5.78	9.71	24.62	28.13
총외채(억 달러)	1,530	1,828	1,884	1,782	1,600
순자본유입(억 달러)	−4.6	−7.9	−3.8	−3.2	106.7
국내여신 증가율(%)	5	30	21	58	62
재정수지(GDP 대비 %)	0.1	−1.3	−3.8	−4.6	−5.3
외환보유고(억 달러)	112.7	128.9	78.0	84.5	242.6

자료: IMF, International Financial Statistics, 각호 및 The Central Bank of The Russian Federation 통계.

자들이 루불화가 결국은 현재의 환율을 지탱할 수 없을 것이라고 예상하여 투기공격을 했기 때문에 위기에 빠진 것으로 볼 수 있다. 러시아에 대한 예상이 이렇게 악화된 원인은 러시아 최대 수출품목인 석유와 비철금속의 수출이 크게 위축된 데 있다. 즉 러시아 석유가격은 1998년 상반기 중에 31.2%나 감소하였으며 따라서 석유 수출량이 6.4%나 증가했는데도 석유수출수입은 25.5%나 감소하였다. 러시아 위기는 거시경제 기초의 악화, 동아시아 위기, 석유가격 하락, 통화긴축정책 등의 복합적인 작용에 의해 일어난 것이다.

러시아 중앙은행은 1998년 5월 말 이자율을 150%포인트나 인상하여 투기공격을 억제하고자 하였다. 러시아는 1998년 7월 13일 IMF로부터 226억 달러의 구제금융을 지원받았는데 사용기한은 1999년 말까지로 되어 있었다. 이 중에서 처음으로 인출한 48억달러는 외환시장 개입으로 2주만에 완전히 소진되었다. IMF는 러시아의 재정수지 개선을 촉구하였으며 주로 단기정부채권의 유통을 원활하게 하는 데 개혁의 초점을 두었다. 8월 초에 러시아의 상업은행들의 외화채무는 160억달러에 달하여 채무상환에 문제가 생기자 채권자들은 더 이상 러시아에 대해 차환을 허용하지 않았으며 따라서 러시아는 유동성 부족에 처하게 되었다.

특히 당시 러시아 중앙은행은 IMF가 통화발행에 의한 재정적자 보전을 허용하지 않았기 때문에 더 이상 시중에 자금을 공급할 수 없었다. 이제 시장참여자들은 러시아 당국이 금융기관의 유동성문제를 풀지 못할 것이라는 강한 믿음을 갖게 되고 그 결과 투기공격은 더욱더 격화되었다. 1998년 8월 17일 러시아 정부는 드디어 90일간의 모라토리엄을 선언하고 국제적으로 채무에 대해 부도를 냈다.

2 브라질 위기(1999)

동아시아 위기와 러시아 위기는 남미, 즉 브라질로 전파되었다. 1997년 10월 브라질 주식시장은 대폭 하락하였으며 그것은 자본의 급격한 유출이 급격히 증가한 데 주로 기인하였다. 즉 1997년 10월 말에 80억 달러가 유출되었으며 이를 방지하고자 브라질 중앙은행은 이자율을 연 21.6%에서 43.4%로 대폭 인상하였다. 그러나 이러한 이자율 인상은 기업의 채산성을 크게 악화시키고 공공채무의 상환부담을 가중시켜 경제를 더욱더 악화시켰다. 이러한 조치로 브라질 금융시장은 일시적으로 진정되었지만 1998년 8월 러시아 위기가 발생하자 당시 크롤링페그제를 채택한 브라질레알화에 대한 투기공격이 다시 재연되고 9월 한달 동안에 해외자본유출은 170억 달러를 넘어섰다.

투기공격을 받은 브라질은 결국 1998년 10월 445억 달러의 IMF 구제금융을 받게 되었다.[20] 이러한 구제금융에도 불구하고 외환시장에 대한 압박은 더욱더 증가하여 1999년 1월 첫주에만 외환보유고가 5억 달러 감소하여 380억 달러로 줄어들었다. 이는 1998년 7월 말의 700억 달러에 비하면 현저하게 감소한 수준이다. 그리고 이 때 자본유출은 계속 증가하였는데 1999년 1월 12일 12억 달러, 13일 7~8억 달러가 유출되었다.

그러나 브라질은 1999년 1월 외채에 대한 모라토리엄(moratorium), 즉 외채상환유예를 선언하였다.[21] 그 후 브라질은 수차례에 걸쳐 레알화의 평

20) Fourcans and Frank(2004), pp. 202-203 참조.
21) 브라질의 경우 정부지출의 상당부분을 주정부가 책임을 지기 때문에 모라토리엄은 중앙정부가 아닌 주정부가 선언하는데 최초 모라토리엄선언은 1999년 1월 초 Franco, Minas Gerais주 지사가 선언하였다. Agenor(2004), p. 325 주 20 참조.

표 22-7 브라질의 주요 경제지표

	1996	1997	1998	1999	2000
실질GDP 증가율(%)	−2.15	3.37	0.04	0.25	4.31
주가지수(2000년 기준)	36.97	64.29	57.05	71.02	100
소비자 물가지수 상승률(%)	15.76	6.93	3.20	4.86	7.04
경상수지(억 달러)	−23.25	−30.49	−33.83	−25.40	−24.22
이자율(%)	27.45	25.00	29.50	26.26	17.59
환율(레알/달러)	1.01	1.08	1.16	1.81	1.83
순자본유입(억 달러)	0.49	0.48	0.38	0.34	0.27
국내여신 증가율(%)	5.58	27.04	6.33	7.77	3.28
외환보유고(억 달러)	58.32	50.82	42.57	34.80	32.48

자료 : IMF, International Financial Statistics, 각호.

가절하를 단행하였지만 투기공격을 견디지 못하고 1월 15일 레알화의 완전한 자유변동환율제로 이행하였다. 그 후 두 달 동안 레알화환율은 약 40% 상승하였다. 이러한 레알화환율의 상승은 수출을 촉진하는 데 기여하였지만 브라질은 레알화위기 후에 상당기간 경기침체를 벗어나지 못하였다.

이와 같은 브라질의 위기는 크롤링페그제로 레알화환율이 고정되어 있는데다 재정수지적자 누적(GDP비율 1994년의 6%에서 1998년 10%로 증가), 과도한 공공채무 및 외채비중(1998년 말 총채무의 28% 차지) 등으로 시장의 신뢰를 잃게 되어 지속적인 투기공격을 받았던 데 주요 원인이 있었다고 할 수 있다.[22)]

제5절 >> 글로벌 금융위기

글로벌 금융위기는 2007~2008년 미국의 서브프라임 위기에서 출발하여 주택가격의 폭락, 주식시장의 붕괴, 신용경색, 대형 금융기관들의 연쇄적인 파산, 금융손실 급증, 마이너스 성장 등 세계적 경기침체를 가져온 1930년대 대공황 이후 최대의 위기이다

22) Agenor(2004), pp. 324-326 참조.

글로벌 위기에 앞서 세계는 이미 위기를 알리는 서막을 열고 있었다. 즉 세계경제는 21세기에 들어와 수년 동안 전례없는 호황을 누려왔다. 지속적인 성장, 물가의 안정, 고용의 안정, 생산성의 증가 등 경제의 변동성이 크게 떨어지는 이른바 대안정기(Great Moderation)를 누리고 있었다. 구체적으로 미국, 유럽, 일본, 중국, 인도 등을 주축으로 세계경제는 기록적인 장기성장세를 지속하였으며 이들 나라의 물가는 전례없이 안정되는 모습을 보여 왔다. 물론 이러한 경제의 안정을 바탕으로 금리는 계속 하락하여 저금리시대를 구가하였다.

한편 이러한 경제안정의 이면에는 미래에 대한 위험을 경시하는 풍조를 일으키게 하는 부작용을 초래하고 있었다. 경제안정이 지속됨에 따라 미래에 대한 예측력이 증가하고 이는 다시 기업들이 자본을 적게 보유하며 유동성문제에 대해서도 덜 신경을 쓰게 만드는 계기가 되었다. 그 결과 부채규모는 증가하고 투자자들의 리스크 프리미엄(위험에 대한 보상료)은 감소하였다. 그러나 2007~2008년 글로벌 금융위기로 말미암아 대안정기론은 도전을 받게 되었다.

또한 대안정기론을 기반으로 세계금융시장은 호황을 구가하였다. 주택가격과 주식가격은 급등하였으며, 차입(leverage) 증가, 금융혁신 등으로 새로운 위험자산이 크게 증가하였다.

1 위기의 촉발: 서브프라임 모기지에서

글로벌 금융위기는 미국의 서브프라임 모기지(sub-prime mortgage) 부실대출에서 출발하여 전 금융기관으로 확산된 것이다. 서브프라임 모기지대출이란 주택매입자금대출 중에서 신용도가 최하위인 그룹에 대한 대출을 말하며, 왜 이것이 문제가 되었는지를 알기 위해서는 미국의 서브프라임 모기지 시장을 이해할 필요가 있다.

주택구입자금을 금융기관에서 대출을 받기 위해서는 주택을 담보로 제공하고 그 담보를 대가로 대출을 받는데 신용등급에 따라서 프라임(prime),

그림 22-1 미국의 모기지시장구조

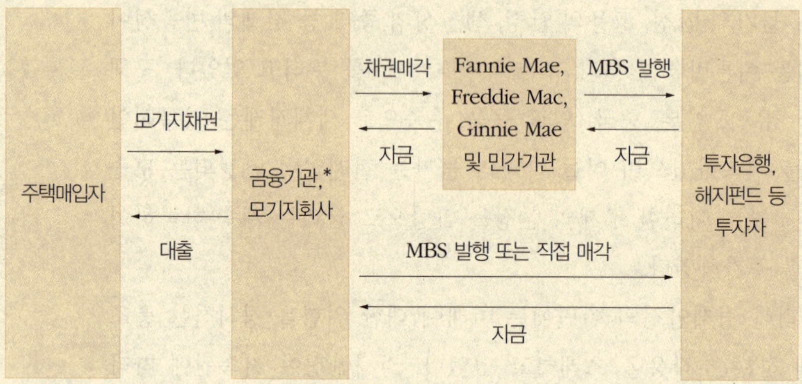

주: *) S&L, 상호저축은행, 상업은행 등.

알트에이(Alt-A), 서브프라임(sub-prime) 등 3등급으로 나누어진다. 프라임은 가장 신용도가 높은 그룹이고, 알트에이는 중간단계의 신용도 그룹이다. 서브프라임은 3등급 중에서 신용도가 가장 낮은 그룹이다. 보통의 경우에는 알트에이 정도까지는 대출을 비교적 쉽게 받을 수 있지만 신용도가 최하위 그룹인 서브프라임의 경우는 대출받기가 매우 어렵고 받는다 하더라도 그 조건이 아주 까다롭다. 그러나 최근 몇 년 동안 세계경기의 호황으로 이들 서브프라임그룹도 상당히 쉽게 대출을 받을 수 있게 되었던 것이다. 이는 주택경기의 버블로 이어졌고 나아가서는 주식 등 자산가격의 버블을 일으키는 계기가 되었다.

〈그림 22-1〉은 미국의 모기지 시장구조를 개관한 것이다. 애초에 주택매입자와 금융기관(모기지 대출기관) 간에 대출이 일어나면 그것은 곧 금융기관의 대출채권이 되는데 대출을 해 준 금융기관은 그 대출채권을 만기까지(예를 들면 20년 또는 30년) 보유하게 되면 여신잔고가 재무상태표(statement of financial position)상에 남아 있어서 자산관리에 항상 걸림돌이 될 수 있다. 따라서 이러한 대출채권을 보유하고 있는 금융기관은 그 대출채권을 제3의 기관 또는 투자자에게 매각하여 장부상에서 그 여신을 떨어버릴 수 있다. 이 경우 이들 채권은 패니 매(Fannie Mae), 프레디 맥(Freddie Mac), 기니

맥(Ginnie Mac) 등과 같은 정부지원을 받는 주택금융전담기관(우리나라로 말하면 일종의 공사기관과 같음)이나 투자은행이나, 헤지펀드 등과 같은 투자자에게 직접 매각할 수 있다.

주택매입자와 주택금융기관 간에 이루어진 초기의 대출을 1차 모기지 시장이라 하고 이 1차 시장에서 창출된 모기지채권을 제 3 의 기관 또는 투자자에게 매각되는 시장을 제 2 차 모기지시장이라 한다. 제 2 차 시장에서는 초기의 주택금융채권을 기초로 다시 새로운 형태의 채권이 창출되는데 이를 모기지담보부 채권(mortgage-backed securities: MBS)이라 부른다. 여기서 주목할 것은 이러한 제 2 차 시장은 다시 제 3 의 시장을 창출하고 제 3 의 시장은 다시 제 4 의 시장, 그리고 제 5 의 시장 등으로 무한대로 그 시장이 확대 재창출된다는 사실이다. 물론 모기지만을 담보로 하지 않고 보유채권을 담보로 자금을 조달하는 채권을 발행할 수 있으며 이 경우는 자산담보부 채권(asset-backed securities: ABS)이라 부른다.

2 위기사태의 진행

이와 같이 급증한 모기지 대출은 주택시장의 악화와 함께 글로벌 금융위기를 초래하였다. 2006년 1분기에 주택시장이 반전되면서 주택가격의 하락과 주택대출금리의 상승으로 서브프라임대출의 부도가 급증하게 된다. 2006년 말 미국의 유력 모기지대출 금융기관, 오닛 모기지사(Ownit Mortgage Solutions)의 파산을 필두로 2007년 4월 뉴 센츄리 파이낸셜(New Century Financial)(서브프라임 대출 제 2 위 업체) 파산 등 연이은 서브프라임 모기지 파산이 일어나고 결국 시스템위기에 직면하게 되었다. 시스템위기란 위기가 어떤 개별기업이나 특정부문에 그치는 것이 아니라 개별기업 또는 특정부문의 위기가 도미노현상을 일으켜 경제의 각 부문으로 확산되고 경제 전체의 위기로 확산되는 사태를 말한다. 서브프라임대출 위기가 시스템위기로 확산되면서 수많은 크고 작은 금융기관들이 파산사태를 맞이하였다.

주요 사건으로는 베어 스턴스(Bear Stearns)(2007년 6월), 리먼 브라더스

(Leman Brothers)(2008년 9월), 메릴 린치(Merrill Lynch)(2008년 9월) 등의 파산, 패니 매(Fannaie Mae)와 프레디 맥(Freddie Mac) 등 정부보증 모기지대출 전문기관에 대한 정부지원(2008년 9월), 에아이 지(American International Group: AIG)에 대한 구제금융지원(2008년 9월 850억 달러 지원, 10월 370억 달러, 11월 400억 달러 각각 추가지원) 등을 들 수 있다. 이로써 세계 5대 투자금융회사 중 골드만 삭스(Goldman Sachs)와 제이피 모건(J. P. Morgan) 등 2개사만 생존하고 있다. 이와 같이 대형 금융기관 또는 정부보증 금융기관들이 파산하거나 금융지원을 받게 된 것은 위험자산에 대한 과도한 투자, 자산가격의 버블붕괴 등으로 인한 손실이 엄청난 규모로 늘어났기 때문이다.

3 위기의 원인

그러면 서브프라임대출에서 촉발된 위기가 시스템위기로 확산된 원인은 무엇인가? 글로벌 금융위기의 가장 근본적인 이유는 신용붐과 주택가격 버블의 혼합에서 찾을 수 있다. 신용팽창을 반영하여 2006년 6월까지 금리(채권수익률)는 급격히 하락하였으며 주택시장의 버블로 주택가격은 사상최고치를 기록하였다.

이러한 자산시장의 버블형성은 금융위기 발생의 초기조건을 제공하고 서브프라임 대출시장에서 촉발하여 글로벌 금융위기로 확산된 것이다. 그러므로 금융위기의 원인을 찾아내기 위해서는 먼저 금융위기의 초기상황을 먼저 분석할 필요가 있다.[23)]

첫째, 위험의 저평가이다. 매매된 신종 금융상품의 위험이 외관상으로는 실제보다 훨씬 더 낮은 것처럼 보인 것이다. 서브프라임 대출의 경우 담보대출가액이 주택가격에 비해 상대적으로 높을 수도 있지만 앞으로 주택가격이 상승함에 따라 대출가액은 상대적으로 하락할 것으로 판단하고 있었다. 즉 향후 주택가격의 하락은 없다는 것을 전제로 하고 있었기 때문에 대부분의 서브프라임 모기지대출은 상대적으로 위험이 없는 것처럼 보였

23) Blanchard(2008) 참조.

던 것이다. 그러나 실제로는 예상과 정반대로 주택가격의 하락으로 담보대출가액이 주택가격을 초과하게 되고 이는 채무불이행과 대출손실처리로 이어지게 되었다.

금융시장에서 이러한 위험을 과소평가하게 된 것은 2000년대의 미국의 장기성장의 지속과 저금리정책, 중국 등의 대규모 저축자금의 미국 내로의 유입에 따른 유동성 증대, 안전자산(미국국채 등)에 대한 세계적인 수요의 급증, 금융혁신에 의한 새로운 금융자산의 확대 보급 등을 그 이유로 들 수 있다. 특히 CDSs(Credit Default Swaps: 신용이 부도가 날 경우를 대비해서 보험을 드는 상품인데 매입자는 정기적으로 보험료를 납부하고 판매자는 부도발생시 보험금을 지급해주는 신종 금융상품) 등 새로운 자산담보부 증권의 등장으로 신용등급이 낮은 기업과 기관들도 그 부도위험(default risk)이 기업의 것이든 금융기관이나 국가의 것이든 상관없이 CDSs발행으로 보험을 들 수 있게 되었다. 또 CDSs발행자들은 보험액을 지급해야 할 확률이 거의 무시할 만한 수준이라고 가정하고 이들 신용등급이 낮은 기관들의 위험을 떠안게 되어 금융시장 전체의 실질적 리스크는 겉으로 보기보다 훨씬 더 높았다고 할 수 있다.

둘째, 증권화(securitization)의 급증이다. 증권화란 은행 등 금융기관으로부터 차입하는 대신 주식이나 채권을 발행하여 자금을 조달하는 형태의 금융을 말하는데 증권화 규모는 지난 10년 동안 대폭 증가하였다(2008년 중반 미국 모기지의 60% 이상이 증권화됨). 위의 서브프라임 모기지 시장에서 설명한 것을 다시 예를 들어서 설명하면 최초 주택매입자금 대출을 해 준 기관(예, 은행)이 그 대출채권을 다른 투자자(예, 투자은행, 펀드회사 등)에게 다시 판매하여 대출채권을 회수할 수 있는데 이것이 주택을 담보로 한 채권발행으로 모기지담보부채권(MBSs)이 된다. 이러한 과정을 증권화라 하고 이렇게 생산된 금융상품을 파생금융상품(financial derivatives)이라 한다. 이때 이 MBSs를 매입한 투자자는 다시 이 MBSs를 담보로 채권을 추가로 발행하여 자금을 회수할 수 있게 되는데 이 또한 증권화이다. 이러한 과정은 연속적으로 일어날 수 있으며 따라서 증권화는 기하급수적으로 늘어날 수 있다. 그런데 이러한 증권화 과정에서 각 단계마다(즉, 파생상품마다) 신용에 대한 위험이 깔려 있다.

예를 들어 위에 든 예에서 초기의 주택매입자가 대출자금을 상환하지 못할 경우 그것은 다음단계의 MBSs의 부도를 야기할 수 있는 원천이 되고 그것은 증권화의 단계마다 누적적으로 영향을 미치게 된다. 따라서 증권화는 자금수요자들의 유동성 증대, 투자자들의 투자기회 증대 등 자금배분의 효율성을 증대시키는 이점도 있지만 리스크의 평가가 어렵다는 점에서 큰 문제가 있다. 즉 초기(또는 일차) 모기지(또는 MBSs)수준에서의 리스크 평가는 어렵지 않지만, 2차, 3차 … 등으로 파생상품의 개발로 증권화가 진화함에 따라 리스크 평가는 기하급수적으로 어려워지고 따라서 파생금융상품에 대한 불확실성은 아주 커지게 된다.

이와 같은 증권화는 두 가지 특징을 가지고 있다. 그 하나는 여신 후 판매(originate-to-distribute: OTD)이고 다른 하나는 부채와 채무의 기간간 불일치(term mismatch) 위험의 증대이다. OTD란 금융기관이 보유하고 있는 대출채권을 만기까지 보유하는 것(originate-to-hold: OTH)이 아니라 그러한 채권을 작게(즉, 소규모로) 쪼개거나(slice or tranche) 여러 가지를 하나로 묶어서 새로운 금융상품을 개발하여 다시 제 3 의 투자자에게 판매하는 것을 말한다. 이러한 금융상품을 구조화된(structured) 금융상품이라 하는데 투자자들의 다양한 욕구에 맞추어 개발이 가능하다. 또 신용위험을 다른 기관으로 이전시키는 매우 효과적인 수단으로 인기가 높았기 때문에 시장에 널리 확산된 것이다. 그러나 이들 상품은 여러 금융기관이 복잡하게 얽혀서 정확한 리스크의 평가가 불가능하고 따라서 시스템리스크를 증대시키는 위험을 안고 있다. 특히 이들 상품은 위험을 제 3 자에게 이전할 수 있기 때문에 개발자들은 리스크에 대한 심사를 덜 까다롭게 하고, 점검도 등한시하게 되어 리스크가 높은 상품이 많이 늘어나는 결과를 초래하였다.

또한 금융기관들은 자금시장에서 자금을 구하기 위해 만기를 점점 짧게하는 경향을 가지게 되었다. 대부분의 투자자들은 자금이 필요할 때 짧은 기간의 통지로 인출이 가능한 단기자산을 선호함에 따라 단기(환매채시장, 상업어음 시장 등)로 차입하고 반면 대부분의 투자는 장기로 하여 기간간 불일치문제에 직면하게 되었다. 따라서 금융기관들은 지나치게 단기차입에 의존하여 채무의 롤오버 부담이 가중되고, 투자자들이 갑자기 자금공급을 중단할 경우 바로 신용경색에 직면하는 유동성 확보의 불안정성을 안고 있었다.

셋째, 증권화와 세계화로 금융기관들간의 국내 및 국제적인 연계성이 증대된 것이다. 따라서 금융기관들은 국내뿐만 아니라 국제적으로 서로 얽혀 있어서 한 금융기관의 위기는 국내의 다른 금융기관들과 외국의 금융기관들에게 즉각적으로 그리고 거의 동시적으로 영향을 미치게 되었다.

마지막으로 레버리지(leverage)의 증가이다. 레버리지란 기업의 차입비중을 말한다. 이것이 증가했다는 것은 금융기관들이 차입을 확대하여(즉 자본의 상대적인 비율저하) 투자자산의 항목을 구성했다는 것을 말하는데 그 이면에는 낙관주의와 리스크의 과소평가가 존재하고 있다. 그러나 이 경우 자산가격이 하락할 때 레버리지가 높을수록 자본잠식의 확률이 높고 해당 금융기관의 지급불능사태의 가능성이 높아지는 위험성을 안고 있다.

이런 초기상태의 진전에는 소위 그림자은행부문(shadow banking sector)의 팽창이 자리잡고 있다. 이는 겉으론 은행기관처럼 보이지만 전통적 은행과는 다른 금융기관이다. 이들은 금융시장에서 만기도래한 차입금융을 단기로 재차입(또는 롤오버(roll-over))하여 자금을 운용하는 기관으로 주로 차입비중이 아주 높고 장기대출 및 비유동자산에 투자하는 특징을 가지고 있다. 따라서 이들 그림자은행들은 채무는 단기인 데 반해 자산은 장기인 이른바 채무 · 자산 간의 기간불일치(term mismatch)문제를 구조적으로 안고 있다. 또 이들 기관은 은행과는 달리 예금보험도 없고 자금의 최종대부자인 중앙은행의 감독범위를 벗어나 있기 때문에 위기 발생시 그것을 방지할 아무런 사전적 장치가 보장되어 있지 않다. 이와 같은 취약성을 가진 이들 기관의 급속한 팽창은 글로벌 금융위기를 가속화시키는 주요 요인으로 지목되고 있다.

4 위기증폭 메커니즘[24)]

2006년 말경에 주택가격의 상승은 정지하고 하락을 시작하였다. 서브프라임 모기지를 비롯하여 하급 주택대출의 부도조짐을 보이기 시작하여 2007년 10월 모기지 부도액은 2,500억달러로 증가하였다. 그러나 이 정도의 규모는 금융기관들이 감내할 수 있을 것으로 믿고 대부분 금융위기로 확산될 것으로는 예상하지 않았다. 현실은 정반대로 움직여 위기는 증폭과정을 거치면서 확대되고 전 세계적으로 확산되어 글로벌 금융위기를 맞게 되었다. 글로벌 금융위기의 증폭과정은 크게 두 단계로 요약할 수 있다. 그 첫단계는 뱅크런(bank run)이고 다음 단계는 금융기관의 자본확충(recapitalization)이다.

먼저 뱅크런을 설명하기 위해 재무상태표의 기본원리를 설명하기로 한다. 금융기관의 재무상태표는 차변에 자산, 대변에 부채를 각각 나타내고 양자의 차이는 자본이다. 자본이 플러스이면 그 금융기관은 지불이 가능하고 마이너스이면 지불불능인 상태를 나타낸다. 어떤 자산에 대한 부도확률이 증가하면 재무상태표상의 자산사이드에 예상손실이 증가하고 따라서 자본가치는 줄어들어 지불능력에 대한 불확성은 증가하게 된다.

뱅크런이란 예금자와 투자자들이 다른 사람들이 해당 금융기관으로부터 자금을 인출하기 전에 먼저 자금을 인출하기 위해 은행으로 몰려가는 현상을 말한다. 간단히 말해 느긋하게 버티다가 당하지 않겠다는 심리이다. 일단 금융시장에서 위험에 직면한 기관으로 인식이 되면 이러한 뱅크런은 더 심해지고 다른 기관들로 파급되어 다시 투자자들에게 영향을 미치는 시스템적인 현상을 띠게 된다. 이 경우 더 이상 자산에 대한 투자자는 나타나지 않게 되고 자본가치 하락에 직면한 기관들은 급기야 자산을 급히 처분해야 하는 이른바 자산투매현상(fire sale)이 나타나게 된다. 이 역시 한 기관에서 시작하여 다른 기관으로 영향을 미쳐 연쇄적인 자산투매가 일어나고 위기로 증폭된다. 증권화가 높을수록 그리고 레버리지가 클수록 위험이 높기 때문에 이러한 뱅크런과 자산투매는 더 심해지게 된다.

24) Blanchard(2008) 참조.

증폭의 다음 단계는 금융기관의 자본확충이다. 즉 금융기관들은 자산가치 하락으로 자본비율이 떨어지면 자본비율을 개선시켜야 한다. 여기에는 외부 투자자들로부터 자본을 추가로 조달하거나 보유자산을 매각하거나 또는 대출을 줄이는 방법, 즉 디레버리지(deleverage)가 있는데 전자는 불경기인 경우 특히 불확실이 높은 경우 투자자들은 투자를 기피할 것이므로 선택하기 어렵고 따라서 후자의 방법, 즉 디레버리지 방법을 사용할 수밖에 없다. 금융기관은 결국 보유자산의 투매에 나서게 되고 이는 다시 다른 금융기관의 자산투매를 촉발하여 연쇄적인 자산투매현상을 초래하게 된다. 이러한 과정은 일개 기관의 신용축소가 전 금융기관으로 확산되는 시스템 전체의 연쇄적인 자산투매현상을 일으키게 되고 위기는 증폭된다.

글로벌 금융위기는 이러한 위기 전에 조성된 위기유발 여건과 위기의 증폭메커니즘을 통하여 미국의 서브프라임 모기지에서 촉발된 위기가 미국은 물론 유럽, 일본 등 선진국과 한국을 비롯한 신흥시장 등 개도국의 위기로 번지면서 글로벌 금융위기로 악화된 것이다. 신흥개도국을 비롯한 개도국의 경우 위기를 예상치 못했으나 선진국 금융기관들의 디레버리지과정에서 개도국에 대한 신용의 급격한 축소와 본국 송금 등의 급증으로 위기의 전염과 자본유입의 급정지(sudden-stops)에 직면하여 국제금융리스크의 확대와 환율의 급격한 상승 등 글로벌 금융위기에 휩싸이게 되었다.

5 글로벌 금융위기의 특징

금융위기는 역사적으로 유사점과 다른 점을 가지고 있다. 즉 글로벌 금융위기도 과거의 선례를 그대로 닮고 있으며 특히 선진국과 개도국 모두 은행위기의 과거 경험이나 후유증이 모두 놀라울 정도로 유사한 것으로 평가되고 있다.[25)]

글로벌 금융위기는 두 가지 고유한 특징을 가지고 있다.[26)] 하나는 구조

25) Reinhart and Rogoff(2008) 참조.
26) Borio(2008) 참조.

화금융상품(credit structured product: CSPs)이고, 다른 하나는 여신 후 판매(originate-to-distribute: OTD)전략이다.

구조화금융상품은 금융혁신에 의한 새로운 금융상품으로 MBS, CDS 등을 말한다. 이들 상품은 새로운 신용위험 이전상품(credit risk transfer instruments)으로 금융시장의 교란요인으로 작용하였다.

첫째, 수익구조가 비대칭적이다. 즉 시장이 호황일 때는 수익이 일정하게 꾸준히 들어오지만 시장이 나빠지면 갑자기 큰 손실을 입는 경향이 있다. 또 이들 상품은 자산가격과 소득 등과 같은 경기변동을 나타내는 요소들에 대단히 민감한 반응을 보인다.

둘째, 이들 상품은 기존의 신용등급으로는 내재된 실제 리스크를 반영하지 못하기 때문에 투자위험을 정확히 투자자들이 인지할 수 없고 따라서 미래의 부도위험에 대한 평가가 어렵다. 즉 투자자들을 안전한 자산으로 착각하게 하여 시장으로 유혹하는 경향이 있다.

여신 후 판매 전략은 앞에서 설명한 바와 같이 기존의 자산담보부 증권을 여러 개로 쪼개서 다시 새로운 증권을 창출하여 판매하는 것으로 이 전략은 리스크 증대 및 시장불안의 조성에 기여하였다. 즉 이미 나간 신용(즉, 기존의 투자)을 팔아넘길 때 판매자들은 팔기만 하면 되므로 그들 스스로 리스크를 점검할 인센티브가 줄어들어 판매자들로부터 최종투자자들(판매자, 브로커-딜러, 구조화회사, 보증기관, 신용평가기관, 유동성제공 보증기관, 자산관리자 등)에 이르는 과정에서 리스크 평가가 제대로 이루어지지 않는다. 결국 이러한 전략은 리스크를 과소평가하게 되고 심지어 신용평가회사들도 이를 제대로 파악하지 못하는 결과를 가져왔다.

그러나 위기가 현실화되자 이러한 여신 후 판매전략은 신뢰를 추락시켰다. 즉 금융시장 리스크에 대한 노출의 정도가 모호해짐에 따라 상대방 신용위험과 투자상품에 대한 불확실성이 증폭되고 이는 다시 안전한 자산에 대한 탐색의 확산과 상대방에 대한 불신을 더욱더 가중시키는 결과를 초래하여 금융위기는 증폭된 것이다. 이와 같이 증권화는 단순히 위험을 이전시키는 도구에서 위기를 확산시키는 창구 역할을 하게 되었다.

6 글로벌 금융위기의 세계적 확산경로[27)]

과거 선진국의 금융위기는 신흥경제국으로 아주 강력하게 그리고 빠르게 전파된 것으로 나타났다. 글로벌 금융위기도 2008년 3/4분기에 최고점에 도달한 선진국의 금융스트레스가 신흥경제국에 큰 영향을 미쳤다. 즉 2008년 4/4분기에 들어와서는 신흥경제국 모든 금융분야에 영향을 미쳤으며 그 정도는 1990년대 후반 아시아 위기수준을 넘어서는 큰 충격으로 나타났다.

금융위기의 전파정도는 선진국과 신흥경제국간의 금융연결의 정도와 깊은 관계가 있으며 글로벌 금융위기의 경우 특히 은행대출의 경로가 과거에 비해 더 큰 영향을 미친 것으로 나타났다. 전체적으로 신흥경제국들의 금융위기는 선진국의 위기와 1:1의 대응관계를 보였으며 은행대출, 포트폴리오투자, 직접투자 등의 선진국과의 금융연결이 강할수록 금융위기의 전파는 더 크게 나타났다. 결국 최근 위기의 경우 은행대출 연결이 위기 전파

표 22-8 선진공업국 경기변동주기 개요

	지속기간(분기)			진폭(실질GDP변동률, %)		
	불황	회복*1)	호황	불황	회복*2)	호황
전　체	3.64	3.22	21.75	−2.71	4.05	19.56
불황요인별						
금융위기	5.67	5.64	26.40	−3.39	2.21	19.47
기타위기*3)	3.36	2.95	21.09	−2.62	4.29	19.58
국제적 동시성 정도별						
고동시성불황	4.54	4.19	19.97	−3.45	3.66	16.24
기타 불황*4)	3.25	2.82	22.52	−2.39	4.21	21.01
고동시성금융위기로 인한 불황	7.33	6.75	24.33	−4.82	2.82	18.83

주: * 1) 위기 전 정점수준까지 걸리는 기간
* 2) 일년 후 실질GDP증가율(%)
* 3) 금융위기가 아닌 다른 요인으로 생긴 불황
* 4) 국제적 동시성(synchronization)이 높지 않은 불황

자료: IMF, *World Economic Outlook*, April, 2009.

27) IMF(2009), 제 4 장 참조.

의 가장 큰 창구역할을 하였다. 특히 신흥경제국의 경우 금융시장개방 정도, 무역개방 정도, 경상수지, 재정수지, 외환보유고 등 국내요인보다 선진국의 금융스트레스 등과 같은 해외요인이 위기전파에 훨씬 더 큰 영향을 미친 것으로 분석되었다. 뿐만 아니라 신흥개도국의 경우 미국의 위기에 크게 영향을 받은 것으로 나타났다.

글로벌 금융위기에서 은행부문이 주된 역할을 했다는 것은 앞으로 신흥경제국들에 대한 자본이동이 크게 감소할 것임을 예고하는 것이다. 즉 과거 선진국 위기 경험(1980년대 초 남미외채 위기, 1990년대 일본 은행위기)에 의하면 자본이동의 급격한 축소가 있었는데 이에 비추어 특히 신흥유럽경제국(폴란드, 체코, 헝가리 등)들의 타격이 가장 클 것으로 예상된다.

이러한 위기패턴이 시사하는 바는 개별국가의 위기방지책만으로는 선진국의 금융위기로부터 신흥경제국들을 격리시킬 수는 없으며 따라서 금융위기의 악화와 확산을 방지하기 위해서는 선진국과 신흥경제국들과의 긴밀한 정책협조가 요구된다는 것이다. 특히 이와 같은 금융위기에는 경상수지와 재정수지의 개선은 선진국의 금융위기의 전파를 막는 데 한계가 있다. 그러나 경상수지와 재정수지가 양호할수록 신흥경제국 경제의 실물부문에 대한 위기의 영향을 완화하고 금융위기가 해소된 후에 금융을 안정시키고 외국자본의 유입을 다시 복원하는 데 도움을 줄 수 있다.

7 글로벌 금융위기에 대한 대응[28)]

글로벌 금융위기를 맞아 미국, 일본, EU 등 선진국은 물론 한국, 중국 등 신흥경제국들 모두 위기의 영향을 극소화하기 위해 적극적으로 대응하였다. 그 주요내용은 정책금리의 인하, 금융시장에의 유동성공급, 부실금융기관에 대한 공적자금투입, 경기부양책 등이다.

먼저 정책금리를 보면 주요국 중앙은행들은 리먼 브라더스(Leman Brothers) 사태 이후 정책금리를 큰 폭으로 인하하면서 저금리 정책기조로

28) 이윤석(2009) 참조.

전환하였다. 주요국 정책금리는 미국 0.25%, 일본 0.1%, 영국 0.5%, 유로 1.0% 등 초저금리 상태를 유지하였으며 2008년 10월 이후 정책금리 인하폭은 미국 1.75%포인트, 영국 4.5%포인트, 유로 3.25%포인트, 일본 0.4%포인트 등을 기록하였다. 우리나라는 2008년 10월 이후 3.25포인트(6차례 인하)를 인하하여, 2010년 6월 말 사상 최저수준인 2.0%를 유지하고 있다.

또한 서브프라임 모기지 사태 이후 중앙은행들은 금융기관에 대한 유동성 지원을 크게 확대하였다. 2008년 9월부터 2009년 3월까지 미국과 영국 중앙은행의 지불준비금자금(중앙은행 자산)의 공급이 2배 이상 급증하였으며, 유로존의 경우도 20% 이상 증가하였다. 우리나라도 한국은행의 지불준비금자금의 공급이 10% 증가하였다. 뿐만 아니라 각 중앙은행들은 미국 연방준비은행(FRB)과 통화스왑(currency swap)을 체결하여 달러화 유동성을 확보하여 외환보유고를 더욱더 확충하였다.

여기서 통화스왑이란 미국연방준비은행과 해당 중앙은행 간에 달러와 해당국 통화를 서로 맞교환하는 것을 말한다. 유럽중앙은행의 경우를 예로 들면 미국연방준비은행은 200억 달러, 유럽중앙은행은 200억 달러에 해당하는 유로를 서로 맞교환하는 계약을 하고, 필요한 경우 유럽중앙은행이 200억 달러의 한도 내에서 미국연방준비은행으로부터 달러를 인출할 수 있다. 반대로 미국연방준비은행도 200억 달러에 상당하는 유로의 한도 내에서 유럽중앙은행으로부터 인출할 수 있다.

미국연방준비은행은 2007년 12월 12일 처음으로 유럽중앙은행(ECB) 및 스위스중앙은행과 각각 200억 달러와 40억 달러 규모의 통화스왑계약을 체결하여 달러 유동성공급의 확충에 나섰으며 그 후 2008년 10월 30일까지 영국, 캐나다, 일본, 호주, 덴마크, 노르웨이, 스웨덴, 뉴질랜드 등 선진국뿐만 아니라 우리나라를 비롯한 브라질, 멕시코, 싱가포르 등 신흥경제국들의 중앙은행들과도 통화스왑계약을 체결하여 글로벌 금융위기의 유동성 위기를 적극적으로 차단하고자 노력하였다. 특히 ECB, 스위스, 영국, 일본 등의 중앙은행에 대해서는 통화스왑의 한도를 폐지하여 유동성을 무제한 공급하는 데 합의하였다. 이러한 미국연방준비은행의 통화스왑계약은 2010년 2월 1일자로 모두 종료되었다.

표 22-9 미국연방준비은행과 주요국 중앙은행간 통화스왑 추이

2007.12.12.:	유럽중앙은행(ECB) 및 스위스중앙은행과 처음 실시(총 240) 달러, 각각 200억 달러, 40억 달러)
2008. 9.18.:	영국, 캐나다, 일본 등 3개국 중앙은행과 추가 실시(총 2,470억 달러)
9.24.:	호주, 덴마크, 노르웨이, 스웨덴 등 4개국 중앙은행과 추가 실시(총 2,770억 달러)
9.29.:	9개국 중앙은행과의 스왑한도를 총 6,200억 달러로 대폭 확대
10.13.:	ECB, 스위스, 영국 등 3개국 중앙은행, 한도폐지, 미달러화 무제한 공급 조치실시
10.14.:	일본은행에 대한 한도폐지, 미달러화 무제한 공급 조치 실시
10.28.:	뉴질랜드 중앙은행과 추가 실시(150억 달러, 총 10개국으로 확대)
10.30.:	한국, 브라질, 멕시코, 싱가포르 등 4개국 중앙은행과 추가 실시(총 14개국으로 확대)

자료: 한국은행, "한국은행, 미 연준과 통화스왑계약 체결," 보도자료, 2008년 10월 30일.

표 22-10 한국은행 통화스왑계약

2008.10.30.	미국 연방준비은행과 300억 달러 통화스왑 계약 체결, 계약기간은 2009년 4월 30일까지 임.
2008.12.12.	중국인민은행과 1,800억 위안(38조 원) 원/위안 통화스왑협정 신규체결 및 일본 중앙은행과 원/엔 통화스왑 계약 30억 달러 상당액에서 200억 달러 상당액으로 확대
2009. 2. 4.	미연준과의 계약기간을 2009년 10월 30일까지로 1차 6개월 연장
2009. 6.26.	미연준과의 계약기간을 계약기간 2010년 2월 1일까지로 2차 3개월 연장
2009.12.17.	미연준 통화스왑 대출자금 전액 회수, 미연준 통화스왑 완전 종료

자료: 한국은행, 보도자료, 2009년 3월 31일.

우리나라의 한국은행은 2008년 10월 30일 미국 연방준비은행과 300억 달러의 통화스왑계약을 체결하여 달러유동성을 확충하였다. 이 통화스왑계약은 2009년 2월 4일과 6월 26일 2차에 걸쳐 계약기간을 연장한 바 있으며 2008년 12월 4일부터 2009년 1월 22일까지 5차례에 걸쳐 163.5억 달러를 공급하여 우리나라의 외환유동성을 확대하였다. 그러나 한국은행은 2009년 3월 19일부터 이를 상환하기 시작하여 2009년 12월 17일 전액상환하고 미국연방준비은행과의 통화스왑계약은 완전 종료되었다. 그리고 우리나라는 미국연방준비은행뿐만 아니라 중국인민은행 및 일본중앙은행과도 통화스왑계약을 체결하여 주변국들과의 유동성 확대를 위한 공조를 더욱더 강화하였다. 이러한 통화스왑계약은 기존의 우리나라 외환보유고에 추가로 유동성을 확보하는 것이므로 외환시장에서 외환에 대한 투기압력을 완화하는 데 크게 기여하게 되었다.

표 22-11 주요국 구제금융 및 경기부양 규모

국 가	구 제 금 융	
	규 모	GDP 비중(%)
미 국	16,351억 달러	14.97%
영 국	3,450억 파운드(6,389억 달러)	24.60%
독 일	5,000억 유로(7,354억 달러)	20.64%
프랑스	3,630억 유로(5,339억 달러)	19.18%
일 본	12조엔(1,161억 달러)	2.33%
한 국	33.9조원(308억 달러)	3.77%
국 가	**경 기 부 양 책**	
	규 모	**GDP 비중(%)**
미 국	10,120억 달러	7.33%
영 국	200억 파운드(370억 달러)	1.43%
독 일	500억 유로(735억 달러)	2.06%
프랑스	260억 유로(382억 달러)	1.37%
E U	2,000억 유로(2,941억 달러)	2.24%
일 본	31조 엔(3,000억 달러)	6.01%
한 국	51.3조 원(566억 달러)	5.70%

자료: 이윤석(2009), "글로벌 금융위기의 추이와 전망," 한국금융연구원, 9월.

셋째, 구제금융자금투입이다. 글로벌 금융위기가 실물경제로 급속히 파급됨에 따라 주요 선진국 정부는 구제금융자금을 투입하였다. 주요 선진국의 구제금융자금 투입규모를 보면 미국 1조 6,351억 달러(GDP의 15%), 영국 6,389억 달러(GDP의 24.6%), 독일 7,354억 달러(GDP의 20.64%), 프랑스 5,339억 달러(GDP의 19.2%)를 각각 기록하였으며 일본과 우리나라는 각각 1,161억 달러(GDP의 2.3%)와 308억 달러(GDP의 3.7%)를 기록하여 선진국들에 비해 상대적으로 낮은 규모를 투입하였다.

마지막으로 경기부양책이다. 주요국의 경기부양책 규모는 미국 1조 달러(GDP의 7.3%), 영국 370억 달러(GDP의 1.4%), 독일 735억 달러(GDP의 2.1%), 프랑스 382억 달러(GDP의 1.4%), EU 2,941억 달러(GDP의 2.2%), 일본 3,000억 달러(GDP의 6.0%) 등을 기록하였다. 우리나라는 566억 달러(GDP의 5.7%)를 투입하였다(〈표 22-11〉 참조).

8 글로벌 금융위기와 경기침체

글로벌 금융위기의 피해는 엄청나다. 세계는 선진국, 개도국을 막론하고 모두가 경기침체에 빠져들어 마이너스 성장을 기록하였다. IMF의 추정에 의하면(2010년 1월) 세계경제는 2008년에 2007년의 5.2%에서 3.0%로 성장이 둔화된 데 이어 2009년에는 마이너스 0.8%의 성장률을 기록하여 크게 경기가 침체한 것으로 나타났다.

주요국별로 보면 2009년 중에 미국 −2.5%, 유로지역 −4.2%, 영국 −4.8%, 독일 −4.8%, 일본 −5.3% 등의 마이너스 성장을 각각 기록하여 선진국 그룹 전체 −3.2%로 심각한 경기침체를 겪은 것으로 나타났다. 개도국 가운데 중국은 2008년의 7.9%에서 2009년에 6.5%로 급격히 성장률이 떨어졌으며 우리나라도 2008년에 성장률이 2007년의 5.1%에서 2.2%로 하락한 데 이어 2009년에는 결국 1.0%의 마이너스 성장률을 기록하였다(〈표 22-12〉 참조).

경기침체의 여파로 물가는 안정정인 추이를 보였다. 즉 인플레이션율은 2009년 중에 선진국은 2008년의 3.4%에서 0.1%로, 개도국 2008년의 9.2%에서 5.2%로 각각 하락하였다.

이러한 경기침체에 따라 세계무역은 2009년에 12.3%의 마이너스 증가율을 기록하였다. 국별로 보면 2009년 중에 선진국의 수출과 수입 모두 각각 14%의 감소를 보였으며 개도국의 수출은 7%, 수입은 9%의 감소율을 보였다.

경기침체에 대한 재정지출의 확대로 세계 주요국의 재정수지는 크게 악화되었다. 즉 2009년 중 재정수지 적자의 GDP비율은 미국 12.5%, 유로지역 6.2%, 일본 10.5%, 영국 11.6%를 각각 기록하여 2007년과 2008년에 비해 현저하게 증가하였다.

한편 경상수지는 선진국은 2009년 중에 2008년의 5,331억 달러의 적자에서 2,617억 달러의 적자로 개선된 반면 개도국은 2009년 중에 2008년의 7,246억 달러의 흑자에서 3,556억 달러의 흑자로 대폭 축소되었다. 우리나라의 경상수지는 2008년의 7억 달러의 적자에서 2009년에 34억 달러의 흑

표 22-12 세계경제 주요 지표

	2007	2008	2009
경제성장률(%)			
세계전체	5.2	3.0	-0.8
선 진 국	2.7	0.5	-3.2
미 국	2.0	0.4	-2.5
유로지역	2.7	0.7	-4.2
일 본	2.4	-1.2	-5.3
영 국	3.0	0.5	-4.8
개도국(신흥국포함)	8.3	6.0	1.7
한 국	5.1	2.2	-1.0
중 국	8.3	7.9	6.5
인플레이션율(%)			
선 진 국	2.2	3.4	0.1
미 국	2.9	3.8	-0.4
유로지역	2.1	3.3	0.3
일 본	0.0	1.4	-1.1
영 국	2.3	3.6	1.9
개 도 국	6.4	9.3	5.5
한 국	2.5	4.7	2.6
중 국	4.8	5.9	-0.1
재정수지(GDP비중, %)			
선 진 국	-2.2	-4.6	-10.1
미 국	-2.8	-5.9	-12.5
유로지역	-0.6	-1.8	-6.2
일 본	-2.5	-5.8	-10.5
영 국	-2.6	-5.1	-11.6
무역증가율(%)			
세계전체	7.3	3.0	-11.9
수 출			
선 진 국	6.3	1.9	-13.6
개 도 국	9.8	4.6	-7.2
수 입			
선 진 국	4.7	0.5	-13.7
개 도 국	13.8	9.4	-9.5
경상수지(십억달러)			
선 진 국	-365.3	-533.1	-261.7
미 국	-726.6	-706.1	-369.8
유로지역	34.4	-92.7	-82.1
일 본	211.0	157.1	96.9
영 국	-2.7	-1.7	-2.0
개 도 국	664.5	724.6	355.6
한 국	0.6	-0.7	3.4
중 국	11.0	9.8	7.8

자료: IMF, *World Economic Outlook*, January 2010.

자로 크게 개선되었다.

이와 같이 글로벌 금융위기로 세계적인 경기침체를 겪었지만 미국의 경우 과거 1930년대의 대공황에 비교하면 경기침체의 정도가 훨씬 약하다는 평가가 지배적이다. 두 위기의 주요 차이점을 요약하면 다음과 같다.[29)]

첫째, 글로벌 금융위기의 경우 재정금융정책의 대응이 대공황때보다 훨씬 더 신속하고 강력했다. 1935년에 미국의 재정적자폭은 전년도의 증가분만큼 줄어들었으며 대공황기간 내내 금본위제를 고수하여 통화량의 증가는 매우 제한적이었다. 그러나 글로벌 금융위기에는 변동환율제를 실시하여 통화량 확대에 대한 제한은 없다.

둘째, 대공황 당시의 연방재정은 대부분 균형이었으나 글로벌 금융위기에는 재정적자가 GDP의 6~12%에 달했다. 그리고 대공황기간 초기 3년은 통화량이 대폭 감소하였는데 글로벌 금융위기의 2008년 중에는 통화베이스가 2배로 증가하였다.

셋째, 대공황기 1930년에 실업률은 25%였으나 글로벌 금융위기 2009년 5월 실업률은 9.4%에 불과하였다. 대공황기 1929~1933년에 생산은 25%하락하였는데 글로벌 금융위기 2009년 중에 경제성장률은 2.7% 감소에 그쳤다. 한편 물가변동을 보면 대공황기, 1929~1934년 중에 디플레이션을 겪었으나 글로벌 금융위기, 2008~2009년 중에는 낮은 인플레이션율(2008년 3.3%, 2009년 0.3%)을 경험하였다.

넷째, 대공황기에는 미국, 영국 및 독일의 중앙은행들은 금의 해외유출을 막기 위해 재할인율을 인상하였는데 글로벌 금융위기에는 저금리정책을 고수하였다.

마지막으로 대공황기에는 관세율인상, 경쟁적 평가절하 등 근린궁핍화 전략을 추진하였으나 글로벌 금융위기에서는 오히려 국제적 공조체제가 가동되어 미국, EU, 일본 등을 포함한 G-20의 정책협조가 적극 추진되었다.

이와 같은 글로벌 금융위기에 대한 국제적인 적극적 정책협조로 위기의 심화를 막을 수 있었던 것으로 풀이된다. 이러한 정책협조는 과거 대공황위기의 교훈이 크게 작용한 것으로 보인다. 그러나 무엇보다 중요한 것

---

29) Razin(2009) 참조.

은 경제위기는 언젠가는 반드시 회복된다는 역사적 교훈이다. 위기를 맞아 황색잡초(yellow weeds)가 도처에 깔려 있어도 경제는 다시 회생하는 것이 일반적인 과거의 위기패턴이었으며, 이러한 경험에 비추어 보면 황색잡초는 사라지고 그 자리에 푸른 새싹(green shoots)이 돋아나 녹색으로 뒤덮이게 되는 순환적 패턴을 가지고 있다고 할 수 있다.[30)] 칼보, 이즈퀴에르도 그리고 탈비(Calvo, Izquierdo and Talvi, 2006)는 경제위기국의 경우 경기회복의 매우 유사한 패턴을 발견하였는데 그것은 생산이 금융부문의 신용팽창이 있기 이전에 먼저 자력적인 생산성회복 등의 노력에 의해 다시 살아나기 시작한다는 것이다. 이들은 이러한 패턴을 마치 불사조가 불에 타 죽은 다음 남은 재에서 다시 살아나는 것에 비유하여 불사조 기적(Phoenix Miracle)이라 부르고 있다. 위기는 "경제는 불사조처럼 반드시 회복된다"는 하나의 불변의 진리를 가지고 있다고 볼 수 있다. 그러나 그 기간이 얼마나 오래 걸리고 그 과정에서 누가 얼마나 많은 고통을 겪느냐의 문제가 남는다.

30) Roubini(2009) 참조.

요 약

요약
Summary

1. 유럽ERM 위기란 1992년 9월에 일어난 유럽통화제도(EMS: European Monetary System)의 환율조정메커니즘(ERM: exchange rate mechanism)의 붕괴위기를 말한다. ERM은 유로화 창출 이전에 EU의 주요 결제 및 회계단위였던 유럽통화단위(ECU: European Currency Unit)와 함께 EMS의 핵심내용을 이루고 있었는데 EU 가맹국상호간에 환율의 상한과 하한(parity grid)을 설정한 고정환율제도이다. 1993년 8월 ERM은 상하한 변동폭을 ±2.25%에서 ±15%를 대폭 확대하여 사실상의 변동환율제로 이행하였다.

2. ERM 위기는 투기공격 제1세대모형으로는 설명할 수 없으며 이에 대한 설명으로 등장한 것이 투기공격 제2세대모형의 자기실현적 위기모형이다.

3. 동아시아 위기는 태국에서 출발하여 인접국들로 전염된 대표적 사례이다. 동아시아 위기는 유럽의 ERM 위기와는 달리 외환위기에 그치지 않고 금융과 실물경제에 큰 타격을 준 위기이다. 제3세대 위기모형은 동아시아 위기에 대한 설명을 시도한 모형으로 환율의 급격한 상승으로 인한 재무상태표의 악화가 금융 및 실물경제의 위기를 초래하는 특성을 강조한다.

4. 글로벌 금융위기의 원인으로는 위험의 저평가, 증권화 증대, 국제금융기관간의 연계성 증대, 레버리지(leverage)의 증가 등을 들 수 있다.

5. 글로벌 금융위기를 맞아 세계 각국은 위기의 영향을 극소화하기 위해 정책금리의 인하, 금융시장에의 유동성공급, 부실금융기관에 대한 공적자금 투입, 경기부양책 등으로 적극적으로 대응하였다.

6. 경제위기국의 경우 생산이 금융부문의 신용팽창이 있기 이전에 먼저 자력적인 생산성회복 등의 노력에 의해 다시 살아나기 시작하는 하나의 정형화된 경기회복 패턴이 있는 것으로 나타났는데 이러한 패턴은 마치 불사조가 불에 타 죽은 다음 남은 재에서 다시 살아나는 것처럼 불사조 기적(Phoenix Miracle)과도 같다고 할 수 있다.

연습문제

1. ERM 위기의 특징을 두 가지만 들어 보시오.

2. 테소보노스(Tesobonos)와 세테스(Cetes)의 차이점은 무엇인가?

3. 데킬라효과(Tequila effect)를 설명하시오.

4. 동아시아 위기의 특징을 요약하고 위기의 요인을 5가지만 들어 보시오.

5. 글로벌 금융위기와 대공황의 유사점과 차이점을 설명하시오.

6. 다음의 각 용어를 간략히 설명하시오.

   (1) MBS
   (2) ABS
   (3) Securitization
   (4) originate-to-distribute vs. originate-to-hold
   (5) shadow banking sector
   (6) CDS

참고문헌

곽태운(2001), "주요국의 외환위기의 비교분석," 『산경논집』, 제16권, 39-63쪽, 서울시립대학교.

김원호 · 이경희(1997),"멕시코 금융위기 사례연구," IMF후원경제구조조정사례 및 교훈, 긴급 토론회자료, 대외경제정책연구원, 1997년, 12월.

대외경제정책연구원(1997), 『IMF후원경제구조조정사례 및 교훈』, 긴급토론회 자료, 12월.

예금보험공사(2001), 『금융구조조정의 방법과 실례』, 연구총서 2001-1, 1월.

원용걸 · 김완중(1997), "멕시코 금융위기 사례연구," 『IMF후원경제구조조정사례 및 교훈』, 긴급토론회자료, 대외경제정책연구원, 1997년, 12월, 57-78쪽.

이윤석(2009), "글로벌 금융위기의 추이와 전망," 서울시립대학교 2009년 특강 자료, 한국금융연구원.

차백인(2000), "동아시아 금융구조조정의 현황과 전망," 『금융위기이후 한 · 동아시아의 새로운 협력방안』, 한국수출입은행, 10월, 73-118쪽.

Agenor, Pierre-Richard(2004), *The Economics of Adjustment and Growth*, 2nd edition, Harvard University Press, Cambridge, Massachusetts, Chapter 8, pp. 292-358.

Blanchard(2008), Olivier, "The Crisis: Basic Mechanism, and Appropriate Policies," MIT Working Paper #09-01.

Borio, Claudio(2008): "The Financial Turmoil of 2007-2008: A Preliminary Assessment and Some Policy Considerations," BIS Working Paper, No.252, March.

Calvo, Guillermo A., Alejandro Izquierdo and Ernesto Talvi(2006), "Phoenix Miracles in Emerging Markets: Recovering Without Credit From Systemic Financial Crises," Inter-American Development Bank, Research Department Working Paper, No. 570, August.

Dooly, Michael P.(1997), "A Model of Crises in Emerging Markets," NBER Working Paper, No. 6300, December.

Edwards, Sebastian(1997), "The Mexican Peso Crisis: How Much Did We Know? When Did Know It?", NBER Working Paper, No. 6334, December.

Eichengreen, Barry(2000), "The EMS Crisis in Retrospect," NBER Working Paper, No. 8035, December.

Eichengreen, Barry and Charles Wyplosz(1993), "The Unstable EMS," *Brookings*

Papers on Economic Activity, Vol. 1, pp.1-124.

Fourcans, Andre and Raphael Frank(2004), "The Spread of Currency Crises in Emerging Countries from 1997 to 1999: A Case Study," *Currency Crises: A Theoretical and Empirical Perspective*, Edward Elgar, Northampton, MA.

IMF(2000), *Country Report: Indonesia.*

IMF(2009), *World Economic Outlook*, April.

IMF(2010), *World Economic Outlook*, January.

Krugman, Paul(1998), "What Happened to Asia?" unpublished paper, MIT, January.

Krugman, Paul(2000), "Currency Crises: Synopsis: Macroeconomic Models and Currency Models Extending Current Crises," mimeo.

Radelet, Steven and Jeffrey Sachs(1998), "The East Asian Financial Crisis: Diagnosis, Remedies, Prospects," *Brookings Papers on Economic Activity*, Vol. 1, pp.1-90.

Razin, Assaf(2009), "The Global Fianacial Crisis: Is It Like The Great Depression?" EBA Public Lecture, July 16(http://www.arts.cornell.deu/econ/arazin).

Reinhart, Carmen and Kenneth Rogoff(2008), "This Time is Different: A Panoramic View of Eight Centuries of Financial Crises," NBER Working Paper, No.13882.

Roubini, Nouriel(2009), "Green Shoots or Yellow Weeds? Latest Project Syndicate Op-Ed," RGE Monitor, June 8(http://www.roubini.com).

Sevilla, Christina R.(1995), "Explaining the September 1992 ERM Crisis: The Maastricht Bargain and Domestic Politics in Germany, France, and Britain," presented at the European Community Studies Association, Fourth Biennial International Conference, May 11-14, Charleston, SC.

Worldbank(1995), "Causes and Consequences of the Mexican Peso Crisis," Summary of Remarks of John Williamson to the Institute for International Economics, Worldbank Economic Policy Forums: Mexican Economic Crisis, March 14.

23 외환 · 금융위기 역사적 패턴 및 대책

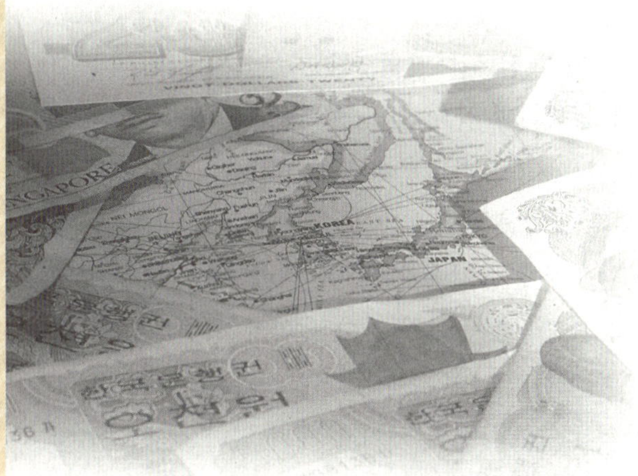

본 장은 금융위기의 역사에서 나타난 정형화된 패턴을 설명하고 위기의 영향을 정리한다. 그리고 금융위기를 예방하기 위한 경고시스템을 고찰한다. 본 장은 금융위기의 패턴은 역사적으로 유사하고 그것이 반복적이라는 점을 강조한다.

제 1 절 >> 외환 · 금융위기의 역사적 패턴

역사적 경험에 의하면 외환 · 금융위기는 다음과 같은 공통점을 가지고 있다.

첫째, 금융위기가 현실화되기 전에 대량의 외국자본이 유입되는데 그 후에 기초경제에 어떤 변화가 생기면 국내 및 국외의 투자자들은 즉시 위기를 맞은 나라에 대한 자산보유고를 축소하게 된다. 이는 자본유입의 급정지 또는 기존투자분의 회수에 따른 자본유출 등의 형태를 띠게 된다. 주요 원인으로는 그 나라의 환율체제의 지속가능성에 대한 회의, 대규모 재정적자에 대한 우려, 대폭적인 경상수지 적자에 대한 우려, 자본부족 및 감독부실 등으로 만성적으로 취약한 금융부문에 대한 불신 등을 들 수 있다. 다시 말해서 국제금융시장의 대출자들은 무언가 문제가 있다는 낌새를 알아차리고 이 나라에 대한 대출에서 발을 빼기 시작하는 것이다.

둘째, 개도국에서는 이런 과정이 얼마 동안 지속되고 나면 투자자들이 어떻게 반응하는가를 평가하는 형태로 바뀌게 된다. 즉 뱅크런 심리가 작동하면서 예금인출이 급증하게 되고 투자자들은 외환보유고가 고갈된 후에 더 이상 빠져나오지 못하는 최후의 희생자가 되지 않기 위해 투자회수를 서두르게 된다. 이런 과정에서 모라토리엄(moratorium: 채무상환 유예)에 대한 루머도 확산되면서 금융시장은 패닉상태에 빠지게 된다. 특히 이런 현상은 멕시코(1995), 한국(1997) 등 개도국의 위기에서 전형적으로 나타난 현상이다.

셋째, 뿐만 아니라 자본철수(유출)와 그와 연관된 실질환율의 대폭적인 변동, 국제자본시장에 대한 접근성의 단절 등으로 경제의 펀더멘탈의 취약성은 악화되어 개도국의 위기는 더욱더 증폭되는 양상을 보인다. 즉 금융위기에 따른 실질환율의 상승은 실질소득의 감소를 가져오고, 미래 환차손 위험에 따른 자본유출의 급증, 외화표시 채무의 국내통화표시 채무증가 및 신용추락 등으로 이미 병든 국내금융시스템의 병세를 더욱더 악화시키는

데 이는 다시 대출축소와 기초경제의 여건을 악화시키는 악순환을 초래한다.

넷째, 금융위기는 국제적으로 전염된다. 즉 한나라의 금융위기는 그 나라에 그치지 않고 다른 나라로 전파되어 전세계적으로 확산된다. 국제적 전염효과는 1990년대 위기의 경우에 더 두드러지게 나타나는 경향을 보였다. 즉 1992~1993년의 유럽ERM 위기, 1994~1995년 멕시코 페소화 위기(데킬라(Tequila)효과), 1997~1998년의 동아시아 위기, 1998년 러시아 위기, 1999년 브라질 위기 등의 사례가 그것이다.

다섯째, 이러한 금융위기는 결국 금융기관의 대출축소와 신용경색으로 실물경제의 위축을 가져온다. 금융위기가 실물경제 위기를 가져오는 경로는 케인즈의 소득결정 경로와 피셔(Fisher)의 신용경로, 두 가지로 설명할 수 있다. 전자는 금융위기에 직면한 나라에 대한 국제자본유입의 중단 또는 기존 투자금의 회수 등에 따른 명목환율의 상승에 따른 실질환율(외국제품 가격/국산제품가격)이 상승하여 소비 및 투자지출이 감소함에 따라 총수요가 감소하여 생산감소, 실업증대 등의 경제불황에 빠지는 것을 말한다. 후자, 즉 피셔경로는 금융위기에 직면하여 금융기관들의 부실채권 증대 등에 따른 채산성 악화로 대출축소, 투자회수 등 유동성 부족으로 신용경색이 일어나 실물경제가 위기에 빠지는 경로를 말한다. 즉 실질환율의 상승으로 비교역재부문(내수부문)은 경영수지의 악화에 직면하고 그에 따라 대출상환능력이 감소하게 된다. 따라서 금융부문의 회수불능 대출이 증가하여 금융부문의 신용이 축소되어 실물경제의 위기가 일어나는 것을 말한다. 이러한 위기는 특히 외화표시 부채가 많은 경우 실질환율 상승에 따른 외화표시 부채 상환부담이 증가하여 더욱더 심화되는 양상을 보인다.

한편 라인하트와 로고프(Reinhart and Rogoff, 2008)의 800년간의 장기분석에 의하면 채무부도(default)사태는 주기적으로 나타났으며 나폴레옹 전쟁기(1799~1815), 1820년대~1840년대, 1870년대 초반~1890년대, 1930년대 대공황~1950년대 초반, 1980년대~1990년대 신흥개도국 위기 등 5대주기가 있었다. 따라서 어느 정도 안정기간이 지나면 반드시 위기가 발생하였으며 연속적인(반복적인) 부도사태가 아시아 및 유럽을 포함한 세계 전 지역에서 하나의 규범화(norm) 또는 정례화(regularity)되는 양상을 보였다.

특히 제 2 차 세계대전 후에는 역사상 가장 많은 부도사태를 기록하였으며(세계GDP 약 40%를 차지) 그것은 일부 국가들이 전쟁으로 인한 부도와 1930년대의 대공황위기에서 완전히 회복하지 못한 데 기인한 것으로 알려졌다. 뿐만 아니라 국제자본이동이 높은 시기에는 반드시 반복적인 국제적 은행위기를 경험한 것으로 나타났는데 국제적 은행위기는 1990년대에 더 많이 경험하였다.[1] 이와 같이 금융위기는 킨들버거(Kindleberger(2006))의 말처럼 "계속 피어오르는 질긴 다생화"와 같은 일상화된 사태가 되었다.[2]

마지막으로 국가채무(대내 및 대외)의 비중이 높을수록 부도위기 확률도 더 높게 나타났다. 따라서 국가채무는 대외채무(비거주자에 대한 외화표시 채무)뿐만 아니라 국내채무(거주자에 대한 국내통화표시 채무)를 포함한 전체규모가 국가부도의 위험성을 판단하는 중요한 지표가 된다. 국가부도 위험과 관련하여 하나의 중요한 사실은 부도의 역사적 경험, 즉 선례이다. 즉 과거 일련의 부도경력을 가지고 있으면 국제차입이 그만큼 어렵고 시장의 접근성을 확보하기 어렵다. 따라서 과거 부도경력을 가진 나라는 빨리 부도경력으로부터 졸업하는 것이 급선무이다. 그 방법은 국내기관의 개혁 등 투자환경을 개선함과 동시에 국가채무의 수준을 현저하게 떨어뜨리는 것이다.

제 2 절 » 외환 · 금융위기의 영향

역사적 경험에 의하면 외환 · 금융위기의 영향은 선진국이나 개도국 모두 아주 유사한 측면을 지니고 있다.[3] 〈표 23-1〉은 라인하트와 로고프(Reinhart and Rogoff, 2008)가 제 2 차 세계대전 후 금융위기를 겪은 총 27개국(선진국 20개국, 개도국 7개국)을 대상으로 한 금융위기의 영향에 대한 연구결과를 요약한 것이다.

1) Kindleberger(1993), p. 264 참조.
2) 김홍식(2006), 23쪽 참조. 원저(Kindleberger and Aliber(2006)).
3) Reinhart and Rogoff(2009) 참조.

표 23-1 금융위기의 영향

	변동률(%)	위기지속기간(년)
주택가격	−35.5	6.0
주식가격	−55.9	3.4
실 업 률	+7.0	4.8
일인당 실질GDP	−9.3	1.9
정부채무	+86.3	−

* 제 2 차 세계대전 후 금융위기 총27개국(선진국 20개국, 개도국 7개국)을 대상으로 한 것이며, 변동률은 위기 전 정점대비 최저점수준 비율임.
자료: Reinhart and Rogoff(2008), "The Aftermath of Financial Crises"에서 발췌 인용.

첫째, 자산시장의 붕괴는 깊고 그리고 오래 지속된다. 주택가격의 하락은 6년 동안 지속되었으며 평균 35% 하락하였다. 주식가격의 하락은 약 3년 반 동안 지속되었으며 56%나 대폭 하락하였다.

둘째, 생산과 고용이 대폭 감소한다. 생산감소는 약 2년 동안 지속되었으며 정점대비 저점기준으로 평균 9% 이상 감소하였다. 실업증가는 4.8년이나 지속되었으며 실업률은 약 7%에 달하였다.

셋째, 일인당 실질GDP가 감소한다. 일인당 실질GDP의 감소폭은 9.3%였으며 감소기간은 약 2년 정도였다. 그러나 개도국의 실질GDP의 감소가 선진국에 비해 더 큰 것으로 나타났다. 그 이유는 개도국의 경우 금융위기 발생 후에 해외신용조달의 급격한 감소, 즉 자본유입의 급반전 또는 급정지현상이 실물경제의 악화를 더욱더 심화시킨 데 있다.

마지막으로, 정부의 실질채무가 폭증한다. 제 2 차 세계대전 후 주요 금융위기 때 정부의 실질채무는 평균 86%로 크게 증가하였다. 정부채무의 폭증은 은행시스템에 대한 구제금융과 자본확충에 기인한 바가 크다. 특히 불황의 심화와 장기화에 따른 조세수입의 격감 및 경기 방어적 정부지출의 확대가 정부채무 증대의 주요 원인으로 지적되고 있다.[4]

또한 IMF(2009)의 선진공업국(21개국)의 경기변동분석에 의하면 불황은 짧고 회복은 아주 강력한 것으로 나타났다.[5] 즉 불황의 지속기간은 3.6분

4) 스페인(1977), 노르웨이(1987), 핀란드(1991), 스웨덴(1991), 일본(1992) 등 5대위기국 및 기타 13개 선진국, 콜롬비아(1998), 아르헨티나(2001), 멕시코 및 홍콩, 인도네시아, 말레이시아, 필리핀, 태국 등 1997-1998 동아시아 위기국 등을 대상으로 한 결과임. Reinhart and Rogoff(2009) 참조.
5) IMF(2009) 제 3 장 참조.

기, 즉 약 1년 정도인데 호황(경기확장기)은 21.7분기로 5년 이상으로 나타났다. 불황기의 실질GDP는 2.7% 정도 감소하는데 호황기에는 19.6%나 증가하는 것으로 분석되었다. 금융위기가 경기불황의 원인인 경우에는 지속기간이 5.7분기로 다른 요인에 의한 경기불황의 경우의 3.4분기에 비해 더 오래 지속된다. 특히 위기가 국제적으로 동시에 닥칠 경우에는 불황의 지속기간이 4.5분기로 동시성이 없는 경우의 3.3분기에 비해 더 길고 실질GDP의 감소폭도 3.5%로 그렇지 않은 경우의 2.5%에 비해 불황의 정도도 더 깊은 것으로 나타났다. 특히 불황이 금융위기로 촉발되고 그것이 전세계적으로 동시적으로 진행될 경우에는 불황은 훨씬 더 오래 가고 불황의 정도도 훨씬 더 큰 것으로 분석되었다(불황지속기간 7.3분기, 실질GDP 감소폭 4.8%).[6)]

제3절 >> 외환 · 금융위기 대책[7)]

외환 · 금융위기를 완전히 없애는 것은 현실적으로 불가능하다. 즉 광기, 투기, 공황 등은 현행 자본주의체제에서는 피할 수 없는 요소이며 금융위기는 역사적으로 반복되는 양상을 띤다. 일단 한번 금융위기에 휘말리고 나면 좋은 대책이 별로 없는 것이 일반적이다. 금융위기의 경제적 · 사회적 손실은 매우 크며 성장회복도 어렵다. 그러므로 기초경제를 튼튼하게 하여 투기적 공격을 방지하는 것이 최선의 방책이다. 그러나 전통적으로 부국과 IMF는 빈국의 금융이 붕괴가 된 다음에 구제에 나섰는데 그것은 가옥이 전소된 다음에 소방대가 도착한 것이나 마찬가지이다. 그러므로 이러한 금융위기의 빈도와 위기의 정도를 최소화하도록 금융시스템을 구축하는 것이 최선의 방법이라 할 수 있다.

금융위기에 대한 대책은 개별국가적 대책과 국제적 대책으로 나눌 수

6) Bordo and Murshid(2000)에 의하면 지난 120년 동안 위기 후의 경제침체 기간은 2~3년 동안 지속하고, GDP는 5~10% 감소하였으며 위기로 인한 경기침체는 위기가 없는 경기침체에 비해 훨씬 더 심각한 것으로 나타났음.

7) Blinder(1999) 참조.

있다. 개별국가적 대책으로는 다음의 몇 가지를 들 수 있다.

첫째, 고정환율제도를 지양하고 환율의 탄력성을 확대해야 한다. 1970년대, 1980년대 및 1990년대의 금융위기는 모두 투기적 공격의 표적이 된 고정환율이라는 공통적인 요인을 가지고 있었다. 즉 멕시코(1994), 동아시아(1998), 러시아(1998), 브라질(1999) 등의 위기의 경우 지킬 수 없는 수준에 환율을 고정한 것이 투기공격을 불러온 위기의 핵심요인이 되었다. 순수한 변동환율제도가 아니더라도 관리변동환율제도 또는 더티플로팅(dirty floating)을 채택하여 환율의 탄력성을 확대하면 투기적 공격자들의 공격목표가 사라지기 때문에 금융위기의 발생 위험은 줄어든다.

둘째, 외국통화표시 차입을 줄여야 한다. 외국통화표시로 차입을 하면 환율이 상승할 경우 즉각적으로 외화표시 부채의 상환부담이 증가하기 때문에 금융위기를 가져올 수 있다. 특히 외화표시 차입이 단기부채인 경우 환율상승에 따른 위험은 더욱더 커진다.

그러나 실질적으로 개도국은 미국 등 선진국의 이자율이 국내이자율보다 낮은 경우 해외에서 낮은 이자율로 차입하여 국내에서 높은 이자율로 다시 대출 또는 투자하고자 하는 유혹에 빠질 수 있다. 그 대표적 사례로는 1994년 멕시코의 위기, 1990년대 동아시아 위기 등을 들 수 있다. 이들 위기의 경우 고정환율이 붕괴되자 외국통화표시 차입자들은 외채상환불능사태에 직면하였다.

그러나 개도국의 경우 자국통화표시로 해외차입이 거의 불가능하고 따라서 외국통화 표시로 해외차입을 해야 하는 소위 원죄(original sin)론의 입장에서 보면 외국통화표시 해외차입을 줄이는 것은 한계가 있다. 그러므로 개도국이라 하더라도 경제기초가 튼튼하고 금융시장이 잘 발달되어 있다면 그리고 환율제도가 언젠가는 붕괴될 것이라는 기대를 시장참여자들에게 주지 않는다면 반드시 외국통화표시 해외차입이 그렇게 위험하지 않을 수 있으므로 국내경제의 기초를 튼튼하게 하는 일이 매우 중요하다.

셋째, 자본시장 개방은 서두르지 말고 점진적으로 추진해야 한다. 고삐가 풀린 채로 물밀 듯이 들어오는 국제자본은 자본유입국에 악영향을 주는 경우가 많으므로 각 나라의 상황에 맞는 적절한 자본시장개방정책을 채택하여 자본이동의 속도를 조절할 필요가 있다. 즉 각 나라에 맞게 분야별로 자본시장 개방의 적절한 순서를 정하고 그 순서에 따라서 자본시장을 개방하되 아울러 적절한 감독장치를 마련하여 유입된 해외자본이 부동산 등 자산시장의 버블을 일으키는 수단으로 동원되지 않고 생산력을 확대하는 데 투입될 수 있도록 해야 한다.

마지막으로 건전한 거시경제정책과 금융정책을 수립해야 한다. 이에 대한 구체적인 내용으로는 건전한 재정금융정책, 대규모 경상수지 적자 방지, 강력하고 유능한 금융규제 및 감독체계 구축, 투명성, 회계기준, 파산법 등 윤리강령(codes of good conduct)의 채택 등을 들 수 있다. 이들 가운데 최우선으로 채택해야 할 것은 은행감독 및 회계기준의 설정이다.

국제적 대책으로서는 다음의 몇 가지를 들 수 있다.

첫째, IMF의 긴축정책은 신중하게 도입해야 한다. 금융위기에 대한 IMF 처방에는 항상 긴축이 포함되어 있었는데 그것이 항상 올바른 정책이었다고 할 수는 없다. 1980년대 남미 위기의 경우에는 대규모 재정적자로 인한 통화팽창이 인플레이션을 가속화시켰기 때문에 긴축재정금융정책이 올바른 정책이었다고 할 수 있다. 그러나 1977년의 동아시아 위기의 경우는 재정적자나 인플레이션이 문제가 되지 않았기 때문에 그 당시 처방한 IMF의 긴축정책은 잘못된 것으로 볼 수 있다.

금융위기에 대해 긴축정책을 처방하는 것은 고정환율제도를 방어해야 한다는 논리에서 비롯된 것인데 저금리정책으로도 통화를 투기공격으로부터 방어할 수 있다. 즉 금리를 인하하면 경기의 활성화로 성장이 촉진되고 이는 나아가 통화가치의 안정을 가져올 수 있다. 또한 변동환율제도로 이행하여 환율이 자유로이 변동하면 투기공격의 대상이 사라지므로 통화를 방어할 필요가 없으며 따라서 가혹할 정도의 고금리정책도 필요하지 않게 된다.

실제로 1997년의 동아시아 위기의 경우 고금리정책을 채택하게 함으로써 경기침체를 더욱더 가속화시키고 경제위기를 심화시킨 사례가 있다. 특히 우리나라의 경우 1998년 외환위기 당시 처음에 IMF가 고금리정책을 처방한 바 있는데 이는 당시 기업들의 채무비율이 엄청나게 높았기 때문에 오히려 기업의 도산을 가속화시켜 위기를 더욱더 악화시킨 바 있다(후에 고금리정책은 철폐하고 저금리정책으로 전환하였음).

뿐만 아니라 우리나라의 경우 당시 위기는 일시적인 유동성의 부족문제(illiquidity problem)의 성격이 강했는데도 IMF는 지급불능(insolvency)의 문제로 접근하여 오히려 우리나라에 대한 국제적인 신인도를 더 떨어뜨리고 자본의 해외유출을 더욱더 조장한 측면이 있음을 부인하기 어렵다.[8)]

특히 세계경제는 과거와는 다른 상황에 놓여 있다는 사실에 주목할 필요가 있다. 1970년대와 1980년대에는 인플레이션이 문제가 되었으나 1990년대에는 인플레이션이 문제가 아니었으며 오히려 세계적인 총수요의 부족이 문제가 되고 있었다. 이러한 상황에 고금리정책, 즉 긴축정책을 쓰게 되면 문제를 해결하는 것이 아니라 오히려 더 악화시키는 결과를 초래하게 된다. 그러므로 변동환율제도와 저인플레이션이 공존하는 시대에는 과거와 같은 IMF의 습관적 재정금융 긴축정책은 훨씬 더 신중하게 사용해야 할 것이다.

둘째, IMF 등 국제적 금융지원은 도덕적 해이(moral hazard)문제를 일으킬 수 있으므로 보완책이 필요하다. 금융위기가 발생하면 관성적으로 IMF 등이 나서서 구제금융을 지원하는 것은 문제가 있다. 왜냐하면 그것은 채권자들이 비록 채권회수가 잘 안되더라도 결국은 IMF 등의 국제적 지원에 의해 채권을 회수할 수 있을 것이라는 담보를 제공해 주기 때문에 채권자들은 채무자의 신용에 대한 검증을 소홀히 하게 되는 도덕적 해이를 만연하게 하는 부작용이 있다. 이러한 문제를 해결하기 위해서는 채권자도 손실을 보도록 국제적 지원이 더욱더 엄격하게 이루어지도록 해야 할 것이다. 그것은 채권자도 사전적으로 채무자의 신용에 대한 심사를 게을리하여 위기를 유발한 책임이 있기 때문에 그에 상당한 페널티를 지급하는 것이 합리적이기 때문이다. 그러나 현실적으로 채권자에 대한 페널티의 산정은 매우 어려운 과제이다.

마지막으로 국제적으로 질서 있는 채무정리 절차를 마련해야 한다. 금융위기란 정부나 민간기업들이 그들의 채무를 상환하지 못하는 사태를 말

8) Radelet and Sachs(1998), p. 7 참조.

하는데 이 경우 누가 채무를 얼마나 돌려받을 것인가 라는 문제가 제기된다. 채권자들은 채무탕감을 원하지 않고 어쨌든 모든 채권을 회수하려 할 것이므로 채무탕감은 실질적으로 매우 어렵다. 그러나 현재위기의 극복을 위해서는 채무양보를 포함한 적절한 채무정리방안에 합의하는 것이 채권자와 채무자 양자를 위해서 더 나은 방안이 될 것이므로 채무재조정(rescheduling) 등을 포함한 합리적인 채무정리방안을 마련하여 채무자와 채권자가 상호 합의하도록 해야 할 것이다. 실무적으로는 공공채무인 경우에는 파리클럽(Paris Club, 1956년 출발)을 통해서 민간채무인 경우에는 런던클럽(London Club, 1976년 출발)을 통해서 채무재조정을 협의하고 있다.

그러면 이하에서는 금융위기에 대처하는 구체적인 방법으로 거론되고 있는 토빈세를 살펴보고 다음에 위기의 경고시스템의 구축을 살펴보기로 하자.

1 토빈세의 도입

많은 경우 국제자본이동이 외환 · 금융위기의 중요한 원인이 되어 왔으므로 자본이동을 억제하는 직접통제정책의 도입을 고려해 볼 수 있다. 그 대표적인 예로 토빈세(Tobin Tax)의 도입을 들 수 있다.[9)]

토빈세란 외환거래에 대해 일정률의 세금을 부과하는 것을 말하는데 이는 마치 달리는 마차의 바퀴에 모래를 끼얹어서(throwing sands in the wheels) 마차의 속도를 줄이는 정책과 같은 것으로 외환에 대한 투기공격을 억제하여 금융위기를 막고자 하는 것이다. 토빈세의 원리는 외환매매에 대해 세금을 부과하면 외환거래의 비용이 증가하여 외환투기가 줄어들고 따라서 투기적 단기자본의 이동을 억제하여 금융위기를 막을 수 있다는 것이다. 이는 외환거래가 보다 더 기초경제의 움직임에 의해 이루어질 수 있도록 함으로써 직접적인 자본통제정책보다 더 나은 정책이 될 수 있다.

토빈이 제안한 원래의 토빈세는 현실적으로 적용이 어려워 그 후 여러

9) Tobin(1978).

가지 수정안이 제시되었으며 대표적인 것으로 2중과세(two-tier tax)제도를 들 수 있다. 이는 외환거래의 성격에 따라 두 가지 서로 다른 세율을 적용하는 것인데 정상적인 시장인 경우에는 최소거래세(예 0.02%)를 부과하고 투기적인 시장인 경우에는 일정률의 초과세를 부과하는 제도이다.

그러나 토빈세의 현실 적용에는 다음과 같은 문제점을 안고 있다.

첫째, 과세표준(tax base)의 설정이 어렵다. 금융거래에 대해 무차별적으로 과세를 하면 금융기관의 유동성거래 등 시장의 효율성을 제고하는 거래 또는 시장의 안정성을 회복시키는 거래 등 정상적인 거래를 위축시켜 시장의 효율성을 오히려 떨어뜨릴 수 있다.

둘째, 과세대상 거래의 식별이 어렵다. 만일 현물거래만 과세를 하면 선물거래, 스왑 등 파생상품은 제외되어 파생상품에 대한 투기거래에 따른 위기를 막기 어렵다.

셋째, 세율설정이 어렵다. 외환거래의 이윤율이 아주 낮은 점을 감안하면 0.02%의 낮은 세율도 실질적으로 아주 높은 세율이 될 수 있다. 더구나 외환거래는 금융기관들의 연쇄적인 거래인 경우가 많은데 거래마다 과세를 할 경우 연쇄적인 다단계 과세효과(cascading effect)를 일으켜 중복과세에 의한 세율의 누적적인 상승을 일으킬 수 있다.

마지막으로 국제거래에 대한 과세가 어렵다. 즉 과세가 전세계적으로 도입되지 않으면 국제 자본이동에 대한 과세는 탈세가 가능하다.

2 위기경고시스템의 구축

위기를 미리 예측할 수 있으면 위기에 대한 대책을 마련하여 위기를 사전에 막거나 피해를 최소화할 수 있다. 위기경고시스템(crisis warning system)이란 위기의 도래를 미리 알려주는 시스템을 말한다. 위기 경고시스템을 구축하기 위해서는 위기에 관련된 여러 가지 지표를 사용해야 한다. 즉 위기관련 지표들의 움직임을 관찰하여 문제가 있을 경우 경고신호를 보내도록 하는 것인데 이를 위기신호접근법(crisis signal approach)이라 부른다.

위기경고시스템을 구축하기 위해서는 먼저 위기지표를 선택해야 한다. 위기경고시스템에 주로 많이 사용되는 위기관련 지표는 다음과 같다.[10)]

(i) 금융자유화관련 지표: M2승수, 명목GDP에 대한 국내여신비율, 실질예금이자율, 예금이자율과 대출이자율의 비율

(ii) 기타금융지표: 초과 실질M1잔고, 상업은행의 실질예금, 외환보유고 대비 M2 비율

(iii) 경상수지관련 지표: 실질환율의 추세선 이탈비율, 수출입금액, 교역조건

(iv) 자본수지관련 지표: 외환보유고, 국내외 실질이자율 격차

(v) 실물부문관련 지표: 산업생산, 주가지수

(vi) 재정수지관련 지표: GDP대비 재정적자비율

다음으로 위기경고시스템을 구축하기 위해서 위기에 대한 기준을 설정해야 한다. 즉 위기지표들이 어느 수준일 때 위기로 판정할 것인가의 문제이다. 외환위기란 외환에 대한 투기공격으로 환율이 급격하게 상승하거나 또는 외환보유고가 급격히 감소하는 경우를 말하는 것으로 볼 수 있는데 외환위기의 측정은 주로 외환시장 압력지수(exchange market pressure: EMP)가 사용된다. 카민스키, 리존도 그리고 라인하트(Kaminsky, Lizondo and Reinhart, 1998)에 의하면 외환시장 압력지수를 환율과 외환보유고의 월간 변동률로 가중평균한 것으로 나타내는데 지수의 증가는 위기가능성의 증가를 나타낸다. 즉 이들은 EMP지수가 평균보다 표준편차의 3배 이상 높은 경우를 위기로 정의하고 있다.[11)] 은행위기의 측정에는 주로 뱅크런에 의한 은행의 폐쇄, 합병 또는 정부에 의한 인수의 여부, 회수불능 부실여신의 정도, 자본잠식의 정도, 문제은행에 대한 구제비용 등이 사용된다.

마지막으로 신호체계의 설계이다. 즉 각 위기지표에 대해 위기를 나타내는 기준을 정해 두고 위기지표의 값이 그 위험수준을 넘어서면 위기신호를 나타내도록 하는 것이다. 이 경우 각 지표에 따라 위험수준을 나타내는

10) Gandolfo(2002), Chap.16, pp. 270-271 참조.
11) 즉 EMP지수-평균 > 3s.d.(standard deviation)이면 위기로 규정하고 있다.

값의 크기는 달라진다.

위기 경고에 대한 실증연구의 예로 카민스키와 라인하트(Kaminsky and Reinhart, 1999)를 들 수 있는데 그 주요 결과는 다음과 같다.[12)]

(i) 은행위기 이전에 반드시 금융시장 자유화가 선행되었다. 즉 은행위기가 일어나기 전에 이자율규제를 포함한 금융규제가 철폐되었다.

(ii) 은행위기와 외환위기는 공통의 요인을 가지고 있다. 즉 위기가 일어나기 오래 전에 여러 가지 지표들이 금융불안(financial stress)의 신호를 보낸다.

(iii) 외환위기의 가장 좋은 예측지표는 실질환율의 과대평가(하락), 수출악화, 대외지급준비 대비 통화량비율의 증가, 주가하락, 산출량 감소 등이다.

(iv) 은행위기의 가장 좋은 예측지표는 실질환율의 과대평가(하락), 통화승수, 주식시장, 산출량, 실질이자율 등이다. 즉 실질환율의 하락은 수출수익성을 떨어뜨리고 왕왕 통화불일치를 초래하며, 주가하락은 기업의 순가치를 저하시켜 담보력을 떨어뜨림으로써 대출기회가 줄어들게 된다. 그리고 통화승수의 상승은 지준율 하락의 결과이며 이는 주로 금융자유화에서 기인한다. 국내이자율의 상승, 생산악화 등은 흔히 은행의 대출회수율의 저하를 초래하여 위기를 초래한다.

(v) 외환위기의 경우 위기가 가장 일찍 예고되는 것은 평균적으로 17개월~1년이고 은행위기의 경우는 6~18개월이다.

(vi) 외환위기와 은행위기 모두 대부분의 위기예고지표들의 위기 전과 위기 후의 움직임은 지역에 따라 매우 유사한 패턴을 보인다.

---

12) Agenor(2004), Chap. 8, pp. 336-337 참조.

요 약

요약
Summary

1. 금융위기는 역사적으로 공통점을 가지고 있다. 첫째, 금융위기가 현실화되기 전에 대량의 외국자본이 유입되는데 그 후에 기초경제에 어떤 변화가 생기면 국내 및 국외의 투자자들은 즉시 위기를 맞은 나라에 대한 자산보유고를 축소하게 된다. 이는 자본유입의 급정지 또는 기존투자분에 대한 회수에 따른 자본유출 등의 형태를 띠게 된다. 둘째, 개도국에서는 자본유입이 급정지되면 뱅크런 등으로 금융공황에 빠진다. 셋째, 자본유입 정지, 금융공황 등 실질환율의 폭등 등으로 금융부문의 취약성이 증대된다. 넷째, 금융위기는 국제적으로 전염된다. 마지막으로 이러한 금융위기는 결국 금융기관의 대출축소와 신용경색으로 실물경제의 위축을 가져온다. 금융위기가 실물경제 위기를 가져오는 경로는 케인즈의 소득결정 경로와 피셔(Fisher)의 신용경로 두 가지가 있다.

2. 라인하트와 로고프(Reinhart and Rogoff, 2008)의 800년간의 장기분석에 의하면 채무부도(default)사태는 주기적으로 나타났으며 나폴레옹 전쟁기, 1820년대~1840년대, 1870년대 초반~1890년대, 1930년대 대공황~1950년대 초반, 1980년대~1990년대 신흥개도국 위기 등 5대주기가 있었다. 따라서 어느 정도 안정기간이 지나면 반드시 위기가 발생하였으며 연속적인(반복적인) 부도상태가 아시아 및 유럽을 포함한 세계 전 지역에서 하나의 규범화(norm) 또는 정례화(regularity)되는 양상을 보였다.

3. 역사적 경험에 의하면 금융위기의 영향은 선진국이나 개도국 모두 아주 유사한 측면을 지니고 있다. 첫째, 자산시장의 붕괴는 깊고 그리고 오래 지속된다. 둘째, 생산과 고용이 대폭 감소한다. 셋째, 일인당 실질GDP가 감소한다. 마지막으로 정부의 실질채무가 폭증한다.

4. 금융위기의 개별국가적 대책으로는 고정환율제도 지양 및 환율의 변동성 확대허용, 외화표시차입 축소, 점진적 자본시장 개방, 건전한 거시경제정책과 금융정책의 수립 등을 들 수 있다. 한편 국제적 대책으로는 긴축정책의 신중한 도입(IMF), 국제적 지원의 도덕적 해이 방지, 국제적 채무정리 절차의 마련 등을 들 수 있다.

5. 토빈세란 외환거래에 대해 일정률의 세금을 부과하는 것을 말하는데 이는 마치 달리는 마차의 바퀴에 모래를 끼얹어서(throwing sands in the wheels) 마차의 속도를 줄이는 정책으로 외환에 대한 투기공격을 억제하여 금융위기를 막고자 하는 것이다. 즉 토빈세의 원리는 외환매매에 대해 세금을 부과하면 외환거래의 비용이 증가하여 외환투기가 줄어들고 따라서 투기적 단기자본의 이동을 억제하여 금융위기를 막을 수 있다는 것이지만 현실적으로 적용이 어렵다.

6. 위기경고시스템(crisis warning system)이란 위기의 도래를 미리 알려 주는 시스템을 말하는데 위기 경고시스템을 구축하기 위해서는 위기에 관련된 여러 가지 지표를 사용해야 한다. 즉 위기관련 지표들의 움직임을 관찰하여 문제가 있을 경우 경고신호를 보내도록 하는 것인데 이를 위기신호접근법(crisis signal approach)이라 부른다. 위기경고시스템을 구축하기 위해서는 먼저 위기지표의 선별이 필요하다.

연습문제

1. 금융위기의 역사적 공통점을 4가지만 들어 보시오.

2. 금융위기가 실물경제 위기를 가져오는 케인즈의 소득결정경로와 피셔(Fisher)의 신용경로를 비교설명하시오.

3. 금융위기에 대한 개별국가적 대책 3가지만 들어보시오.

4. 금융위기에 대한 IMF의 긴축정책의 문제점을 설명하시오.

5. 토빈세의 문제점을 열거하시오.

6. 위기경고시스템의 주요 지표를 열거하시오.

참고문헌

김홍식(2006) 역, 『광기, 패닉, 붕괴: 금융위기의 역사』, 굿모닝북스.

Blinder, Alan S.(1999), "Eight Steps to a New Financial Order," *Foreign Affairs*, September/October, pp. 53-63.

Bordo, Michael and Antu Panini Murshid(2000), "Are Financial Crises Becoming Increasingly More Contagious? What is the Historical Evidence on Contagion?," NBER Working Paper, No. 7900, September.

Gandolfo, Giancarlo(2002), *International Finance and Open-Economy Macroeconomics*, Springer, New York, August.

Kaminsky, Graciela, Saul Lizondo and Carmen M. Reinhart(1998), "Leading Indicators of Currency Crises," *IMF Staff Papers*, No. 45, March, pp. 1-48.

Kaminsky, Graciela and Carmen M. Reinhart(1999), "The Twin Crises: The Causes of Banking and Balance-of-payments Problems," *American Economic Review*, Vol. 89, pp. 473-500.

Kindleberger(1993), *A Financial History of Western Europe*, George Allen and Unwin(Publishers) Ltd., London, UK, p.264.

Kindleberger, Charles P. and Robert Z. Aliber(2006), *Manias, Panics and Crashes: A History of Financial Crises*, 5th ed., John Wiley and Sons, New York.

Radelet, Steven and Jeffrey Sachs(1998), "The East Asian Financial Crisis: Diagnosis, Remedies, Prospects," *Brookings Papers on Economic Activity*, Vol. 1, pp. 1-90

Reinhart, Carmen M. and kenneth S. Rogoff(2008), "This Time is Different: A Panoramic View of Eight Centuries of Financial Crises," NBER Working Paper 13882.

Reinhart, Carmen M., and Kenneth S. Rogoff(2009), "The Aftermath of Financial Crises," paper presented at the AEA Meeting, Sanfransisco, January 3.

Tobin, James(1978), "A Proposal for International Monetary Reform," Cowles Foundation Discussion Paper, No. 506, Yale University, October.

제Ⅶ부에서는 환율제도론, 국제통화체제론 및 국제금융시장론을 다룬다. 환율제도론에서는 환율제도의 선택론, 최적통화이론, 세계환율제도 현황 등을 분석하고 국제통화체제론에서는 국제통화체제의 변천, 유럽통화통합 등을 고찰한다. 마지막으로 국제금융시장론에서는 국제금융시장의 생성발전요건, 구조, 현황 등을 설명한다.

VII 환율제도론 · 국제통화체제론 · 국제금융시장론

24 환율제도론

제1절 환율제도의 종류
제2절 경제적 충격과 환율제도의 선택
제3절 최적통화지역
제4절 세계환율제도 현황
제5절 개도국들의 환율 유동화에 대한 두려움
제6절 우리나라 환율제도의 변천

본 장은 먼저 환율제도의 종류를 설명하고 고정환율제도와 변동환율제도의 장단점 및 환율제도의 선택문제를 다룬다. 다음에 최적통화지역문제를 다루고 세계환율제도의 현황을 소개한다. 특히 개도국의 환율유동화에 대한 두려움을 강조한다. 마지막으로 우리나라의 환율제도의 변천을 설명한다.

제 1 절 >> 환율제도의 종류

환율제도는 크게 고정환율제도(fixed exchange rate system)와 변동환율제도(floating exchange rate system)로 나누어진다. 양자는 각각 장점과 단점을 가지고 있는데 한 제도의 장점은 다른 제도의 단점이 되고, 반대로 한 제도의 단점은 다른 제도의 장점이 되는 양면성을 가지고 있다. 어떤 환율제도를 채택할 것인가는 어려운 문제이다. 즉 한 제도가 다른 제도보다 절대적으로 좋다고 단정할 수는 없으며 그것은 경제여건의 상태, 경제적 충격의 내용 등 다양한 요인에 따라 달라지기 때문이다.

1 고정환율제도

고정환율제도는 환율이 일정한 수준에 고정되어 있는 제도이다. 실제로는 환율이 하나의 수준에 고정되는 것이 아니고 일정수준의 기준율을 중심으로 상하 몇 %(예를 들면 2%)의 변동폭을 허용하는 것이 보통이다. 따라서 고정환율제도란 정책당국은 시장의 환율이 이러한 변동폭을 벗어나면 시장에 개입하여 환율이 미리 설정된 변동폭 안에서 움직이도록 하겠다는 의지를 대내외에 공표하여 고정환율제도를 방어할 것을 확약한 제도이다.

고정환율제도의 구체적 형태로는 조정가능 고정환율제도(adjustable peg system)와 크롤링페그/밴드제도(crawling peg/band system), 통화위원회제도(currency board system) 등을 들 수 있다.

조정가능 고정환율제도는 경제상황의 변동에 따라 고정된 기준율의 변경을 허용하는 제도인데 제 2 차 세계대전 후에 도입된 브레튼우즈(Bretton Woods)체제의 고정환율제도가 여기에 해당한다. 이 경우 기준율의 변경은 IMF의 동의를 받도록 되어 있었다.

크롤링페그/밴드제도는 기준율 또는 변동폭, 즉 밴드를 일시에 변경하는 것이 아니라 경제상황에 따라 수시로 소폭으로 조정하여 환율변동의 충격을 최소화하는 제도이다.

통화위원회제도는 특정국의 통화(예 달러화), SDR 또는 복합통화바스켓(복수의 통화가치를 가중평균한 것임)에 대해 기준율을 설정해 두고 본국통화량의 공급에 대해서 100% 외환을 보유하는 제도이다. 즉 통화위원회제도는 기준율을 설정한 통화의 보유량에 비례해서 본국통화량이 공급된다. 이는 통화량의 공급이 금의 보유량에 비례하는 금본위제도와 유사하다. 따라서 통화위원회제도에서는 중앙은행은 통화공급에 대해 아무런 재량권이 없다. 그러므로 통화공급은 완전히 비탄력적이며 중앙은행은 자금의 최종대부자 기능을 할 수가 없다.

통화위원회제도의 예로는 홍콩달러(1983년 이후)를 들 수 있다. 즉 2010년 3월 말 현재 홍콩달러는 미국달러화에 환율이 달러당 7.75~7.85홍콩달러로 고정되어 있는데 미국달러화의 보유량에 따라 홍콩달러의 공급이 결정된다. 이외에 아르헨티나(1991~2001), 에스토니아(1992년 이후), 리투아니아(1994년 이후), 불가리아(1997년 이후) 등을 들 수 있다.

통화위원회제도의 주요 장점은 경제정책에 대한 신뢰를 얻을 수 있다는 점이다. 그러나 문제점으로는 통화정책에 대한 독립성의 상실, 자금의 최종 대부자 기능의 상실, 통화발행 수익(seigniorage)의 창출불가 등을 들 수 있다.

통화위원회제도와 유사한 제도로 달러유통제도(dollarization)가 있는데 이는 자국통화를 발행하지 않고 미국달러화 등 외국의 통화를 법정통화로 지정하여 본국통화로 그대로 사용하는 제도를 말한다. 달러유통제도를 채택한 나라로는 파나마, 에쿠아도르, 엘살바도르, 코소보, 바티칸 등을 들 수 있으며, 사용통화도 미국달러뿐만 아니라 유로, 뉴질랜드달러, 스위스프랑, 인도루피 등 매우 다양하다.

고정환율제도의 장단점을 요약하면 다음과 같다.

먼저 장점을 보면 고정환율제도에서는 환율이 일정수준에 고정되어 있기 때문에 환율이 안정되어 있고 환율변동에 대한 위험이 거의 없다. 환율이 안정되어 있기 때문에 무역거래, 자본거래 등 대외거래의 환위험에 대한 노출이 적고 따라서 대외거래의 안정적 성장이 가능하다. 또한 고정환율제도하에서는 통화량공급이 국제수지의 불균형에 의해 영향을 받기 때문에 자동적으로 본국통화의 과도한 공급이 제한되는 이점이 있다. 즉 고정환율제도 자체가 통화공급을 억제하는 효과를 가져 인플레이션을 억제하는 효과를 가지고 있다.

고정환율제도의 단점으로는 먼저 환율, 즉 외환의 가격의 자유로운 변동이 제한되어 있으므로 환율변동에 의한 국제수지조정기능이 차단되어 있어 국제수지의 불균형시정이 지연되고 국제수지의 불균형이 지속적으로 나타날 수 있다. 특히 국제수지의 불균형이 누적될 경우 일시에 환율조정으로 그것을 해소하려고 하면 대폭적인 환율의 조정이 필요하게 되는데 그러한 대폭적인 환율조정은 경제에 주는 충격도 커진다.

또한 고정환율제도인 경우에는 수입인플레이션(imported inflation)의 문제가 있다. 수입인플레이션이란 인플레이션의 원인이 본국요인이 아니라 해외요인인 것으로 외국에서 일어난 인플레이션이 본국으로 파급되어 인플레이션을 일으키는 것을 말한다. 즉 P_m을 수입품의 본국통화표시 가격이라 하고, P_m^*를 수입품의 외국통화표시 가격이라고 하면 $P_m = EP_m^*$가 된다. 이때 외국에서 인플레이션이 일어나 P_m^*가 상승할 경우 고정환율제도이면 환율, 즉 E가 고정되어 있으므로 본국통화표시 수입가격, 즉 P_m은 그대로 상승하여 수입인플레이션이 일어난다.

예를 들어 미국이 통화량을 증가시켜 미국에서 인플레이션이 일어났는데 고정환율제도이면 미국의 인플레이션이 다른 나라로 파급될 수 있다. 실제로 고정환율제도를 채택한 브레튼우즈체제의 경우 미국의 인플레이션이 독일 등 유럽으로 전파된 사례가 있으며 이러한 수입인플레이션의 존재가 브레튼우즈체제의 고정환율제도의 붕괴를 가져온 주요 원인의 하나가 되었다.

2 변동환율제도

변동환율제도란 환율이 외환시장의 수요와 공급에 의해서 결정되는 제도이다. 즉 변동환율제도하에서는 환율을 일정수준에 유지하고자 하는 정책당국의 확약은 없다. 따라서 외환의 공급이 증가하면 환율은 하락하고 반대로 외환에 대한 수요가 증가하면 환율은 상승한다. 그러므로 변동환율제도하에서는 환율의 변동에 의해 수요와 공급이 일치하는 균형이 달성된다.

이와 같이 정부의 시장개입 없이 완전히 외환의 수요와 공급에 의해 환율이 결정되는 경우를 깨끗한 변동환율제도(clean floating)라 부른다. 그러나 현실적으로 이러한 깨끗한 변동환율제도는 찾기 어려우며 변동환율제도라 하더라도 정부의 시장개입에 의해 환율이 관리되는 경우가 많은데 이러한 경우를 더티 플로우팅(dirty floating) 또는 관리변동환율제도(managed floating)라 부른다. 변동환율제도하에서의 정부의 외환시장 개입은 고정환율제도하에서의 정부의 시장개입과 성격이 완전히 다르다. 즉 고정환율제도하에서의 외환시장 개입은 정부가 대내외에 공표한 환율수준을 방어하겠다고 한 약속을 지키기 위해 의무적으로 개입하는 것인 데 반해서 변동환율제도하에서의 시장개입은 경제상황에 대한 판단에 따라 행해지는 자율적 개입이다.

변동환율제도의 장단점을 요약하면 다음과 같다.

먼저 장점을 보면 변동환율제도하에서는 환율의 조정에 의해 외환의 수요와 공급은 항상 일치하며 따라서 국제수지의 불균형은 원칙적으로 있을 수 없다. 또한 변동환율제도하에서는 통화정책의 독립성이 보장된다. 즉 변동환율제도하에서는 통화당국이 환율을 일정수준에 유지하기 위해 시장에 개입할 필요가 없으므로 국제수지 때문에 제약을 받는 일이 없이(즉 국제수지와 독립적으로) 통화정책을 수행할 수 있다. 이러한 통화정책의 독립성문제는 1973년 브레튼우즈체제의 고정환율제도에서 변동환율제도로 이행한 중요한 이유 중의 하나가 되었다.

뿐만 아니라 변동환율제도하에서는 수입인플레이션의 문제가 없다. 즉 고정환율제도에서 사용한 수입품의 본국통화표시 가격과 환율과의 관계를 다시 사용하면 $P_m = EP_m^*$인데 이때 외국에서 인플레이션이 일어나 P_m^*가 상승할 경우 고정환율제도이면 환율, 즉 E가 고정되어 있지만 변동환율제도인 경우에는 환율, 즉 E가 하락하여 본국통화표시 수입가격, 즉 P_m은 변동하지 않는다. 그 이유는 수입상품의 가격이 상승하면 수입이 줄고 수출이 증가하여 경상수지가 개선되고 그에 따라 환율이 하락하기 때문이다. 따라서 변동환율제도인 경우는 수입인플레이션의 문제는 없다.

이와 같이 변동환율제도는 환율의 변동이 외국경제의 충격으로부터 본국경제(이 경우 인플레이션)를 차단해 주는 효과를 가지고 있는데 이를 변동환율제도의 차단효과(insulation property)라 부른다. 이러한 관점에서 보면 국가간의 인플레이션율의 격차는 고정환율제도인 경우보다 변동환율제도인 경우가 더 클 수 있다. 그것은 고정환율제도하에서는 한 나라의 인플레이션이 다른 나라로 수입되어 파급되는 데 반해서 변동환율제도인 경우에는 이러한 수입인플레이션이 일어나지 않기 때문이다.

변동환율제도의 단점을 보면 먼저 환위험의 증대를 들 수 있다. 즉 고정환율제도와 달리 변동환율제도하에서는 환율수준이 외환시장의 수요와 공급의 변동에 따라 수시로 변동하기 때문에 환율의 변동성이 크다. 그러므로 환위험이 증가하여 대외거래의 불확실성이 커지고 국제무역의 불안정성은 증가한다. 또한 변동환율제도하에서는 통화당국이 통화정책의 독립성을 갖는 장점이 있지만 한편으로 이러한 통화정책의 독립성 그 자체가 잘못 활용될 경우 오히려 독이 될 수 있다. 즉 통화정책의 독립성 때문에 통화당국은 통화관리를 방만하게 할 가능성이 있다. 즉 통화정책의 자율적 견제(discipline)가 없어질 수 있다.

뿐만 아니라 변동환율제도하에서는 국가간의 정책협조가 잘 안 될 경우 세계경제의 불안정성이 증대될 수 있다. 즉 변동환율제도하에서는 환율안정을 위한 제도적 장치가 없기 때문에 각국이 독자적인 경제정책을 수행하여 다른 나라에 피해를 줄 수 있다.

이와 같이 환율제도는 고정환율제도이든 변동환율제도이든 각자 모두 장단점을 지니고 있으며 어느 제도가 다른 제도보다 절대적으로 더 좋다고 말할 수는 없다. 따라서 환율제도의 선택은 각국의 경제적 여건에 따라 결정될 문제이다.

경제적 충격과 환율제도의 선택[1] << 제2절

그러나 환율제도를 일의적으로 선택할 수는 없지만 경제적 충격의 내용에 따라서 환율제도를 평가할 수는 있다. 이를 화폐수요 충격, 총수요 충격, 총공급 충격 등으로 나누어 살펴보기로 하자. 여기서 분석의 편의를 위해 자본이동이 완전한 경우를 가정하고 먼델-플레밍모형을 상정하기로 한다. 그리고 예상변수의 도입에 따른 모형의 복잡성을 피하기 위해 충격은 모두 예상하지 못한 충격으로 가정한다. 또한 초기상태의 균형에서 산출량은 완전고용수준이라고 가정한다.

1 화폐수요 충격

예를 들어 예상하지 못한 화폐수요의 증가가 있다고 하자. 이 경우 화폐시장은 초과수요가 발생하여 본국이자율은 세계이자율보다 높아진다. 따라서 자본은 해외에서 본국으로 유입되고 환율은 하락한다.

(i) 고정환율제도인 경우

고정환율제도하에서는 환율하락을 막기 위해 외환시장에서 외환의 매입개입을 하게 되고 통화량공급은 증가한다. 그러므로 이 경우 화폐시장의 초과수요상태는 해소되고 산출량과 물가수준은 변동하지 않는다.

(ii) 변동환율제도인 경우

변동환율제도하에서는 환율하락으로 경상수지가 악화되고 본국상품에 대한 총지출이 줄어든다. 따라서 산출량은 감소하고 물가는 하락한다.

이와 같이 화폐수요의 충격인 경우에는 변동환율제도의 경우가 고정환율제도인 경우보다 산출량과 물가의 변동이 더 크다. 즉 경제에 주는 충격의 크기관점에서 이 경우 고정환율제도가 변동환율제도보다 더 낫다고 할 수 있다.

1) Gandolfo(2002), pp. 280-282 참조.

2 총수요 충격

예를 들어 예상하지 못한 총수요의 감소가 있다고 하자. 이 경우 재화시장은 초과수요가 발생하여 산출량은 감소하고 물가는 하락한다. 이에 따라 화폐시장에서 화폐수요가 감소하여 초과공급이 발생하고 본국이자율은 세계이자율보다 낮아진다. 따라서 자본은 본국에서 해외로 유출되고 환율은 상승한다.

(i) **고정환율제도인 경우**

고정환율제도하에서는 환율상승을 막기 위해 외환시장에서 외환의 매각개입을 하게 되고 통화량공급은 감소한다. 따라서 산출량은 감소하고 물가는 하락한다.

(ii) **변동환율제도인 경우**

변동환율제도하에서는 환율상승으로 경상수지가 개선되어 본국상품에 대한 총지출이 증가한다. 따라서 초기의 총수요의 감소는 다시 회복되고 산출량은 증가하고 물가는 상승한다.

이와 같이 총수요의 충격인 경우에는 변동환율제도의 경우가 고정환율제도인 경우보다 산출량과 물가의 변동이 더 작다. 즉 경제에 주는 충격의 크기관점에서 이 경우 변동환율제도가 고정환율제도보다 더 낫다고 할 수 있다.

3 총공급 충격

예를 들어 예상하지 못한 총공급의 감소가 있다고 하자. 총공급이 감소하면 산출량이 줄어들고 이는 총지출의 감소를 초래한다. 그러면 화폐에 대한 수요가 감소하여 화폐시장은 초과공급상태가 된다.[2] 이 경우 본국의

---

2) 그러나 총공급이 감소하여 재화시장은 초과수요인 상태가 되고 이는 산출량의 증가와 물가의 상승을 가져올 수 있다. 이 경우 실질잔고는 줄어들고 화폐시장은 초과수요인 상태로 바뀔 수가 있는데 이 경우는 복잡성을 피하기 위해 여기서 제외하기로 한다.

이자율은 세계이자율보다 낮아지고 자본은 본국에서 해외로 유출된다. 따라서 환율은 상승한다.

(i) 고정환율제도인 경우

고정환율제도하에서는 환율상승을 막기 위해 외환시장에서 외환의 매각개입을 하게 되고 통화공급은 감소한다. 따라서 산출량은 감소한다. 그러나 총공급이 줄어들었으므로 이 경우 물가는 상승한다.

(ii) 변동환율제도인 경우

변동환율제도하에서는 환율상승으로 경상수지가 개선되어 본국상품에 대한 총지출이 증가한다. 따라서 산출량은 증가하고 물가는 상승한다. 이 때 물가의 상승폭은 고정환율제도인 경우보다 더 크다.

이와 같이 총공급의 감소가 화폐시장의 초과공급을 초래하는 경우에는 산출량의 안정 측면에서는 변동환율제도의 경우가 고정환율제도인 경우보다 더 낫고 물가안정 측면에서는 고정환율제도의 경우가 변동환율제도인 경우보다 더 낫다.

이상에서 살펴본 바와 같이 어떤 환율제도가 더 나은 것인가는 경제의 여건 또는 충격의 성격에 따라 달라진다. 그러므로 어떤 환율제도를 선택할 것인가는 각 나라의 주어진 조건에 따라 결정될 문제이다.

최적통화지역 << 제 3 절

최적통화지역(optimum currency area)이란 여러 나라로 구성된 통화지역의 일종인데 그 지역 내에서 공통의 통화를 사용하거나 서로 다른 통화를 사용하더라도 각통화 간에 고정환율을 유지하고 동시에 교환성을 완전히 보장해 주면서 여타 지역에 대해서는 환율을 유동화시킴으로써 순익(net benefit)이 극대화되는 지역을 말한다. 최적통화지역에 대한 논의가 등장하는 것은 앞에서 설명한 대로 고정환율제도와 변동환율제도 중에서 어느 것이 일방적으로 더 낫다고 결론을 낼 수 없기 때문이다. 만일 변동환율제도가 고정환율제도보다 더 월등하다고 한다면 모든 나라가 변동환율제도를 채택하여 세계는 변동환율체제가 될 것이고 이 경우 최적통화지역은 존재하지 않게 된다. 반대로 고정환율제도가 변동환율제도보다 더 낫다고 한다면 세계 전체가 최적통화지역과 일치한다. 그러나 두 제도 중에서 어느 것이 더 낫다고 결론을 낼 수 없기 때문에 최적통화지역을 어떻게 설정할 것인가의 문제가 등장하고 이는 곧 변동환율제도를 채택할 지역과 고정환율제도를 채택할 지역을 어떻게 나눌 것인가의 문제와 같다.

최적통화지역을 설정의 설정기준은 전통적 접근(traditional approach)과 비용-편익접근(cost-benefit approach)접근 두 가지로 나누어진다.[3)]

1 전통적 접근[4)]

전통적 접근은 최적통화지역의 설정 여부, 즉 편입 여부를 결정하는 기준을 찾아내고자 하는 것으로 그 주요 내용을 요약하면 다음과 같다.

첫째, 생산요소의 국제적 이동성이다. 즉 생산요소의 국제적 이동성이 높을수록 통화지역을 설정하는 것이 더 유리하고 반대로 생산요소의 국제적 이동성이 낮을수록 변동환율제도를 채택하는 것이 더 유리하다. 노동의 국제적 이동성을 예로 들어 그 이유를 살펴보자. 어떤 충격이 있을 때 노동의 이동이 쉬울수록 환율의 조정을 거치지 않고(즉 환율을 일정수준에 고정시킨 채) 노동의 이동에 의한 생산의 조정으로 그것을 흡수하기가 쉽다.

예를 들어 A국과 B국이 있다고 하고 A국에서는 의류를 생산하고 B국에서는 컴퓨터를 생산한다고 가정하자. 그런데 A국의 의류에 대한 수요는 감소하고 B국의 컴퓨터에 대한 수요는 증가했다고 해 보자. 이 경우 A국은 의류에 대한 수요의 감소로 의류산업이 수축할 것이고 실업이 증가할 것이다. 반면 B국은 컴퓨터에 대한 수요의 팽창으로 컴퓨터산업이 팽창할 것이다. 만일 A국과 B국 간에 노동의 이동이 없다면 A국은 평가절하를 하여 실업문제를 해소할 수 있을 것이다. 즉 A국은 이 경우 환율조정에 의해 실업

3) Gandolfo(2002), pp. 331-338 참조.
4) Mundell(1961) 참조.

문제를 해결하는 셈이다. 그러나 만일 두 나라 간에 노동의 이동이 완전하면 A국의 유휴노동이 B국으로 이동하여 실업문제가 해결될 수 있을 것이다. 즉 노동의 국제적 이동이 자유로우면 환율을 조정(평가절하)하지 않더라도 경제적 충격의 문제(즉 A국의 실업)를 해결할 수 있다. 그러므로 생산요소의 국제적 이동이 자유로울수록 경제적 충격이 있을 경우 환율조정(평가절하) 없이 문제를 해결할 수 있고 최적통화지역의 유지도 쉬워진다.

둘째, 경제의 개방 정도란 교역재부문의 생산의 비교역재부문의 생산에 대한 비중을 말하는데 그 비중이 높을수록 개방의 정도는 높다. 즉 경제의 개방정도가 높을수록 통화지역을 설정하는 것이 더 유리하고 반대로 개방의 정도가 낮을수록 변동환율제도를 채택하는 것이 더 유리하다. 그 이유는 다음과 같다. 예를 들어 개방의 정도가 높은 나라인데 경상수지가 적자라고 해 보자. 이때 환율조정, 즉 평가절하로 경상수지의 적자를 시정하고자 한다면 자원은 비교역재부문에서 교역재부문으로 이동할 것이고 이는 비교역재부문의 임금상승 등으로 인플레이션을 유발할 것이다. 그러므로 경제의 개방 정도가 높을수록 환율조정에 의한 문제해결(평가절하)은 비용이 많이 들며 따라서 최적통화지역의 설정이 더 용이하다.

셋째, 제품의 다양성이다. 제품의 다양성이란 한 나라의 경제가 얼마나 다양한 품종을 생산하느냐를 의미하는데 다양성이 높을수록 다양한 품종을 수출할 것이다. 그리고 다양한 품종을 수출할 경우가 그렇지 않은 경우에 비해 수출의 안정성이 더 높을 것이다. 예를 들어 커피 등 단일품종을 수출하는 경우에는 커피가격이 하락하면 즉시 그 나라의 수출수입 전체가 감소하여 문제가 된다. 따라서 생산품목이 다양할수록 국제수지의 불균형 때문에 환율조정압력이 증가하더라도 환율조정을 하지 않고 버틸 수 있을 것이다. 그러므로 생산품목이 다양할수록 최적통화지역의 설정이 더 용이하다.

넷째, 금융통합의 정도이다. 금융통합의 정도가 높을수록 자본이동에 의해 국제수지의 균형이 쉽게 달성될 수 있다. 따라서 금융통합이 높을수록 환율의 조정의 필요성이 줄어들고 최적통화지역의 설정이 더 용이하다.

다섯째, 인플레이션율의 격차이다. 즉 인플레이션율의 격차가 작을수록 경상수지불균형이 작을 것이며 그만큼 환율조정의 압력도 더 작아질 것이다. 그러므로 인플레이션율의 격차가 작을수록 최적통화지역의 설정이 더 용이하다.

마지막으로 경제정책의 통합의 정도이다. 경제정책의 통합이란 국가간의 경제정책의 공조 또는 단일정책의 채택 등을 말하는데 그 통합정도가 높을수록 경제적 충격에 대한 환율조정의 부담이 줄 것이므로 최적통화지역의 설정이 용이하다.

그러나 최적통화지역의 설정에 대한 이상의 기준은 어디까지나 여타의 조건을 일정하게 둔 상태에서 분석한 부분균형접근에 불과하다는 비판을 면할 수 없다. 즉 어느 한 조건이 충족되더라도 다른 문제를 야기할 수 있기 때문에 적용에 한계가 있다. 예를 들어 자본시장통합의 정도의 기준은 자본이동에 따른 이자율의 변동 등을 고려하지 않고 있다.

그러나 최적통화지역 설정기준은 외생적인 것이 아니라 내생적인 것일 수 있다는 비판이 있다. 즉 프랑켈과 로즈(Frankel and Rose, 1997)에 의하면 무역의 연계성은 내생적인 것으로 최적통화지역에 가입하고 나면 상호 무역이 증가하여 무역의 연계성이 크게 확대될 수 있으며 무역의 연계성이 커짐에 따라 가맹국간의 경기의 동조성도 증대될 수 있다.[5] 이 경우 무역연계성은 최적통화지역 설정의 기준으로 사용하기 어렵다.

2 편익-비용 접근

최적통화지역의 설정은 비용과 편익이 따른다. 그러므로 비용과 편익을 고려하여 최적통화지역에의 참여 여부를 신중히 결정해야 한다.

편 익

먼저 편익을 살펴보면 다음과 같다.

첫째, 환율이 고정됨으로써 참여국들간의 투기적 자본이동이 없어진다. 즉 최적통화지역 내에서는 환율이 완전히 일정수준에 고정되기 때문에

5) Frankel and Rose(1997) 참조.

외환에 대한 투기로 이득을 볼 수 있는 기회가 완전히 사라지는데 이러한 투기의 근절은 고정환율의 유지에 대한 시장의 신뢰가 잘 형성될 경우에 가능하다.

둘째, 외환보유고를 유지할 필요가 없다. 최적통화지역 내에서는 환율이 일정수준에 고정되어 있고 투기가 존재하지 않기 때문에 외환시장에 개입할 필요가 없다. 따라서 외환보유고가 필요없다.

셋째, 통화통합으로 경제정책의 통합을 촉진할 수 있다. 즉 최적통화지역의 설정으로 역내회원국들은 공통적인 경제정책(예를 들면 인플레이션정책)을 채택하여 경제문제를 공동으로 대처할 수 있다.

마지막으로, 국제적으로 정치적 협상력이 증가한다. 즉 최적통화지역 역 내 국가들이 통화문제 등 경제문제들에 대해 역외국가들에 대해 공동정책을 수립함으로써 협상력이 증대된다.

비 용

그러면 최적통화지역의 비용은 어떠한 것들이 있는가?

첫째, 통화정책 및 환율정책의 자주권이 없어진다. 즉 최적통화지역을 설정하면 개별국가들은 임금, 생산성, 가격 등 역외에서 일어나는 경제적 충격에 대해 아무런 정책수단이 없으므로 독자적인 대응을 할 수 없다.

둘째, 개별국가의 재정정책이 제한된다. 즉 최적통화지역 내에서는 재정정책의 목표가 공동체 전체에 초점을 맞추기 때문에 개별국의 특정목표를 달성할 수가 없다.

셋째, 실업이 증가할 수 있다. 최적통화지역 내의 개별국가간에 경제적 성과의 차이가 심한 경우 이런 문제가 발생할 수 있다. 예를 들면 한 나라는 물가가 안정되어 있고 국제수지가 흑자라고 하면 역내의 적자국이 긴축을 해야 하는 조정부담을 안을 수 있다. 이 경우 적자국은 최적통화지역에 가입함으로써 실업이 증가할 수 있다.

마지막으로 역내의 지역간 불균형이 심화될 수 있다. 예를 들어 최적통화지역 내에서 자본의 이동성이 노동의 이동성에 비해 더 높을 수가 있는데 이런 경우 자본은 수익률이 더 높은 지역으로 이동하는데 노동의 이동은 제대로 이루어지지 않아 저개발지역의 발전이 더욱더 지연될 수 있다.

이상에서 살펴본 바와 같이 최적통화지역의 설정은 편익과 비용이 함께 수반된다. 따라서 최적통화지역의 설정은 편익과 비용에 대한 평가를 기준으로 해야 할 것이나 그러한 평가는 사회후생함수를 필요로 하는 데 현실적으로 매우 어려운 문제이다.

3 최적통화지역과 통화정책

최적통화지역은 근본적으로 고정환율제도 지역이다. 따라서 불가능의 삼각정리가 적용된다. 즉 자본이동의 자유화, 환율의 안정, 통화정책의 독립성 등 세 가지 목표 중에서 적어도 어느 한 가지는 포기해야 한다. 즉 최적통화지역 내에서 자본이동이 완전한 경우 고정환율제도를 채택하면 통화정책의 독립성은 상실된다. 이를 본국과 외국 2국모형을 상정하여 수식을 통해서 살펴보자.

먼저 자본이동이 완전하면 국제금리평형조건에 의해 (24−1)식이 성립한다.

$$i = i^* + \left(\frac{E^e - E}{E}\right) \qquad (24\text{-}1)$$

(24−1)식에서 i는 본국이자율, i^*는 외국이자율, E는 환율, E^e는 예상환율을 각각 나타낸다. 그런데 최적통화지역 내에서는 환율이 고정되어 있으므로 $\frac{E^e - E}{E} = 0$이 성립한다. 따라서 (24−1)식은 (24−2)식이 된다.

$$i = i^* \qquad (24\text{-}2)$$

본국과 외국의 화폐시장의 균형조건은 (24−3)식 및 (24−4)식과 같다.

$$PL(y,\ i) = M^s \qquad (24\text{-}3)$$

$$P^* L^*(y^*,\ i^*) = M^{s*} \qquad (24\text{-}4)$$

(24−3)식과 (24−4)식에서 $P(P^*)$는 본국(외국)물가, $L(L^*)$는 본국(외국)의 실질화폐수요, $M^s(M^{s*})$는 본국(외국)의 명목화폐공급량, $y(y^*)$는 본국(외국)산출량을 각각 나타낸다. 이제 본국과 외국의 물가수준이 변동이 없고 산출량이 주어져 있다고 가정하면 (24−2)~(24−4)식의 3개의 방정식에서 통화량(M^s, M^{s*}), 이자율(i, i^*) 등 4개의 미지수가 있으므로 해가 없다. 따라서 본국과 외국 두 나라는 통화정책에 대해 합의를 해야 한다.

예를 들어 외국이 경제력이 더 커서 본국경제에 영향력을 더 크게 영향을 미칠 수 있다고 한다면 본국경제는 외국의 통화정책을 따라갈 수밖에 없다. 즉 이 경우 외국의 통화정책에 의해 결정된 외국의 이자율이 본국의 이자율을 결정할 것이고 동시에 본국의 통화량도 결정될 것이다.

이와 같이 최적통화지역을 설정하면 회원국들은 통화정책에 대해 합의를 하든지 아니면 어느 한 나라의 통화정책을 그대로 수용해야 하는데 이는 통화정책에 대한 독립성의 상실을 의미한다. 그렇지 않으면 최적통화지역은 존속할 수 없다. 예를 들어 본국이 통화공급을 늘린다고 해 보자. 이 경우 본국의 이자율은 외국의 이자율보다 낮은 수준으로 하락할 것이며 자본은 본국에서 외국으로 유출될 것이다. 이러한 자본유출은 예상환율의 상승을 초래하여 고정환율제도가 붕괴될 수 있다.

세계환율제도 현황 << 제4절

〈표 24−1〉은 2008년 8월 말 현재 실행중인 IMF의 공식 환율제도 통계이다. 즉 총 188개국 가운데 고정환율제도 채택국이 104개국으로 전체의 55%를 차지하고 있고 나머지(45%)는 변동환율제도를 채택하고 있는 것으로 나타나 있다.

표 24-1 세계 환율제도 현황 (2008년 8월말 현재)

환율제도	국가수
고정환율제도	104
법정화폐 없는 경우	10
통화위원회제도	13
크롤링페그/밴드제도	10
기타고정환율제도	71
변동환율제도	84
관리변동환율제도	44
완전자유변동환율제도	40
합 계*	188

*) 185개 회원국, 홍콩, 네덜란드령 아루바(Aruba) 및 앤틸레스제도(Antilles)의 합계임.
자료: IMF, *Annual Report on Exchange Rate Arrangements and Exchange Rate Restrictions,* 2008, Table 1, pp. xiv-xv.

고정환율제도를 채택한 국가들 중에는 아예 자국통화가 없는 나라가 10개국이나 되고 통화위원회제도를 채택한 나라도 13개국이다. 그리고 크롤링페그 또는 밴드제도를 채택한 나라들은 10개국으로 나타나 있다. 여기서 클롤링페그 또는 밴드제도는 환율을 수시로 조정해 준다는 점에서는 변동환율제도와 유사하나 기준율 또는 기준변동폭의 범위, 즉 밴드를 설정하고 있다는 점에서는 고정환율제도의 성격을 지니고 있으므로 고정환율제도의 일종으로 분류하였다.

한편 변동환율제도의 경우는 관리변동환율제도를 채택한 국가가 52%로 절반을 넘어섰으며 완전한 자유변동환율제도를 채택한 나라들은 48%로 나타나 있다. 우리나라는 물론 완전한 자유변동환율제도를 채택한 국가이다.

제5절 >> 개도국들의 환율 유동화에 대한 두려움

〈표 24-1〉에서 본 바와 같이 변동환율제도의 채택국가의 비율은 2008년 8월 말 현재 45%나 되어 거의 절반에 육박하고 있다. 그러나 이러한 공

식적(de jure)인 통계는 사실을 과대평가하고 있다는 지적이다. 즉 환율제도의 실질적(de facto)인 운용을 보면 공식적인 통계와는 달리 환율의 유동화는 매우 제한적으로 이루어지고 있으며 특히 이러한 제한적인 환율의 유동화는 개도국들의 경우에 두드러진 현상인 것으로 드러나 있다. 다시 말해서 변동환율제도로 분류된 국가들 중에서 많은 경우 실제로는 기준통화(대부분 미국달러)에 대해 아주 좁은 범위 안에서 변동하도록 환율을 적극적으로 관리하고 있다는 것이다. 이는 개도국들이 환율의 유동화를 두려워하고 있는 데서 비롯된 것으로 풀이되고 있는데 이러한 현상을 환율유동화에 대한 두려움(fear of floating)이라 부른다. 칼보와 라인하트(Calvo and Reinhart, 2000)는 환율유동화를 두려워하는 것을 나타내는 지표로 환율변동성, 외환보유고 변동성, 이자율 변동성, 통화량 변동성, 상품가격 변동성 등을 사용하여 1970~1999년 기간 중 39개국의 154개 환율제도를 분석한 바 있는데 개도국의 경우 환율유동화를 두려워하고 있는 것을 확인하고 있다.[6)]

그러면 개도국들은 왜 이러한 두려움을 가지고 있는가? 그 근본적인 이유는 개도국은 선진국과 달리 환율의 변동성이 증가할 경우 경제적 충격이 크기 때문이다. 예를 들어 환율이 급격하게 상승할 경우 통화위기로 통화가치가 붕괴되고 그에 따라 자본유입의 급정지 등 국제자본시장에 대한 접근성이 차단되어 위기가 악화될 수 있다. 특히 개도국으로의 국제자본의 이동은 급격하게 증가했다가 급격하게 반전되는 등 변동성이 크므로 불안정성이 높으며 이러한 내재적 불안정성이 존재하는데 환율의 변동성까지 증대될 경우 위기에 직면할 위험이 더 높아지기 때문에 환율의 변동성을 가급적 제한하고자 하는 것이다.

6) Calvo and Reinhart(2000) 참조.

제6절 ›› 우리나라 환율제도의 변천

우리나라의 환율제도는 고정환율제도에서 변동환율제도로 점진적으로 이행하였다. 즉 환율제도를 역사적으로 나누어 보면 고정환율제도기(1945.10.~1964. 5.), 단일변동환율제도기(1964. 5.~1980. 2.), 복수통화바스켓제도기(1980. 3.~1990. 2.), 시장평균환율제도기(1990. 3.~1997. 12. 15) 등을 거쳐 1997년 12월 15일 이후 현재까지 완전한 자유변동환율제도를 채택하고 있다. 1980년 2월의 단일변동환율제도기까지는 실질적으로 고정환율제도였다고 할 수 있으며 환율변동폭이 확대된 것은 1980년 3월의 복수통화바스켓제도 이후부터이다. 복수통화바스켓제도의 환율은 다음 (24-5)식의 공식에 따라 미국달러화 환율을 산정하고 기타통화에 대해서는 미달러와 기타통화 간의 뉴욕시장에서의 환율을 기준으로 하여 간접적으로 산출하였다.

$$ER = \alpha(SDR) + (1-\alpha)(\text{독자바스켓}) + P \qquad (24\text{-}5)$$

(24-5)식에서 α는 가중치이며 $0<\alpha<1$이다. 그리고 ER은 대미달러 환율을 나타내며 P는 정책변수이다. SDR은 당시 미국, 일본, 독일, 영국, 프랑스 등 세계 5대 교역국의 무역비중을 반영하여 가치를 설정하였으며 독자바스켓은 미국, 일본, 영국, 독일, 캐나다 등 우리나라 5대 교역국 통화의 가치를 반영한 것이었다. SDR과 독자바스켓의 반영비율은 α에 의해 결정되었다. 정책변수란 우리나라 외환당국이 국내외 이자율 등을 기준으로 정책적으로 판단한 원화가치를 고려하여 환율을 조정한 것인데 이는 미국 등 다른 나라들로부터 환율조작국이라는 비판을 받는 단서를 제공하였다.

복수통화바스켓제도는 1990년 3월에 폐지되고 시장평균환율제도를 도입하였는데 시장평균환율제도에서는 환율을 매일 매일 외환시장의 수요와 공급에 의해 결정되도록 하였다. 그러므로 정책변수와 같은 환율조작의 비판을 받을 변수는 없어졌다. 시장평균환율제도하에서의 환율결정은 다음과 같았다. 즉 매일매일 거래량을 감안한 대미달러 평균환율을 산정하고 그 평균환율을 다음 영업일의 기준율로 설정한 다음 그 기준율의 상하 일정폭의 변동폭을 설정하였다.

이와 같이 시장평균환율제도는 근본적으로는 환율이 외환시장의 수요와 공급을 반영하여 움직이도록 하되 환율변동의 일일 상한과 하한을 설정해 두어 환율의 과도한 변동을 막고자 하였다. 환율의 일일 변동폭은 처음에 ±0.4%였으나 ±2.25%로 확대된 다음 1997년 11월 20일 외환위기를 맞아 ±10% 수준까지 대폭 확대되었다. 그러나 환율변동폭 확대에도 불구하고 외환시장은 진정되지 않았으며 결국 정부는 1997년 12월 16일 환율의 제한폭을 철폐하여 완전한 자유변동환율제도로 이행하여 오늘에 이르고 있다.

요 약

요약
Summary

1. 고정환율제도란 정책당국은 시장의 환율이 목표수준을 벗어나면 시장에 개입하여 환율이 미리 설정된 변동폭 안에서 움직이도록 하겠다는 의지를 대내외에 공표하여 고정환율제도를 방어할 것을 확약한 제도이다. 고정환율제도의 구체적 형태로는 조정가능 고정환율제도(adjustable peg system)와 크롤링페그/밴드제도(crawling peg/band system), 통화위원회제도(currency board system) 등을 들 수 있다.

2. 통화위원회제도는 특정국의 통화(예 달러화), SDR 또는 복합통화바스켓에 대해 기준율을 설정해 두고 본국통화량의 공급은 100% 외환보유고를 보유하는 제도이다. 즉 통화위원회제도는 기준율을 설정한 통화의 보유량에 비례해서 본국통화량이 공급된다.

3. 달러유통제도(dollarization)가 있는데 이는 자국통화를 발행하지 않고 미국달러화 등 외국의 통화를 법정통화로 지정하여 본국통화로 그대로 사용하는 제도를 말한다. 달러유통제도를 채택한 나라로는 파나마, 에콰도르, 엘살바도르, 코소보, 바티칸 등을 들 수 있다.

4. 고정환율제도의 장점으로는 환율의 안정, 통화공급 억제효과 등을 들 수 있다. 단점으로는 통화정책의 독립성 상실, 국제수지 불균형의 누적, 수입인플레이션의 문제 등을 들 수 있다.

5. 변동환율제도란 환율이 외환시장의 수요와 공급에 의해서 결정되는 제도이다. 변동환율제도의 종류로는 깨끗한 변동환율제도(clean floating), 더티 플로우팅(dirty floating) 또는 관리변동환율제도(managed floating) 등이 있다.

6. 변동환율제도의 장점으로는 국제수지의 균형, 통화정책의 독립성 보장, 차단효과 등을 들 수 있다. 단점으로는 환율변동성 증대, 통화정책의 견제부족 등을 들 수 있다.

7. 환율제도를 일의적으로 선택할 수는 없지만 화폐수요 충격, 총수요 충격, 총공급 충격 등 경제적 충격의 내용에 따라서 환율제도를 평가할 수는 있다.

요약
Summary

8. 최적통화지역(optimum currency area)이란 여러 나라로 구성된 통화지역의 일종인데 그 지역 내에서 공통의 통화를 사용하거나 서로 다른 통화를 사용하더라도 각 통화간에 고정환율을 유지하고 동시에 교환성을 완전히 보장해 주면서 여타 지역에 대해서는 환율을 유동화시킴으로써 순익(net benefit)이 극대화되는 지역을 말한다.

9. 최적통화지역의 결정요인으로는 생산요소의 국제적 이동성, 경제의 개방정도, 제품의 다양성, 인플레이션율의 격차, 금융통합의 정도, 경제정책의 통합의 정도 등을 들 수 있다. 그러나 최적통화지역의 설정은 비용과 편익을 고려하여 신중히 결정해야 한다.

10. 최적통화지역은 근본적으로 고정환율제도 지역이다. 따라서 불가능의 삼각정리가 적용된다. 즉 자본이동의 자유화, 환율의 안정, 통화정책의 독립성 등 세 가지 목표 중에서 적어도 어느 한 가지는 포기해야 한다. 즉 최적통화지역 내에서 자본이동이 완전한 경우 고정환율제도를 채택하면 통화정책의 독립성은 상실된다.

11. 개도국들의 환율의 유동화는 매우 제한적으로 이루어지고 있는데 이러한 현상을 "환율유동화에 대한 두려움(fear of floating)"이라 부른다. 그 근본적인 이유는 개도국은 선진국과 달리 환율의 변동성이 증가할 경우 경제적 충격이 크기 때문이다. 우리나라는 1997년 12월 외환위기 이후 완전한 자유변동환율제도를 채택하고 있다.

연습문제

1. 고정환율제도하에서 수입인플레이션이 일어나는 이유를 설명하시오.

2. 최적통화지역 내에서는 통화정책의 독립성이 상실된다. *UIP*조건과 화폐시장의 균형조건을 사용하여 이를 증명하시오.

3. 한국, 일본, 중국 3국이 최적통화지역을 설정한다고 해 보자. 다음의 3국경제의 각 요소를 사용하여 그 가능성을 평가해보시오(정답이 있는 것은 아님. 논리적 추론에 대한 연습문제임).

   (1) 생산요소의 3국간 이동성
   (2) 경제의 개방 정도
   (3) 제품의 다양성
   (4) 인플레이션율의 격차
   (5) 금융통합의 정도
   (6) 경제정책의 통합의 정도

4. 최적통화지역의 편익과 비용을 열거하시오.

5. 개도국의 fear of floating현상이 무엇을 의미하는지 설명하고 그 이유를 제시해 보시오.

6. 다음의 각 용어를 간략히 설명하시오.

   (1) Currency Board
   (2) Dollarization
   (3) Crawling peg

참고문헌

국제금융연구회(2008), 『글로벌시대의 국제금융론』, 제 4 판, 경문사, 제13장, 506-539쪽.

김인준 · 이영섭(2004), 『국제금융론』, 율곡출판사, 제19장, 510-544쪽.

이환호(2007), 『글로벌시대의 외환론: 이론과 실제』, 경문사, 제13-14장, 317-365쪽.

Calvo, Guillermo A. and Carmen M. Reinhart(2000), "Fear of Floating," NBER Working Paper, No. 7993, November.

Frankel, Jeffrey A. and Andrew K. Rose(1997), "The Endogeneity of the Optimum Currency Area Criteria," *The Economic Journal*, Vol. 108, pp. 1009-1025.

Gandolfo, Giancarlo(2002), *International Finance and Open-Economy Macroeconomics*, Springer, New York, August, Chapter 17, pp. 277-292, Chapter 20, pp. 331-350.

IMF(2008), *Annual Report on Exchange Rate Arrangements and Exchange Rate Restrictions.*

Mundell, Robert A.(1961), "The Theory of Optimum Currency Area," *American Economic Review*, No. 51, pp. 509-517.

25 국제통화체제론

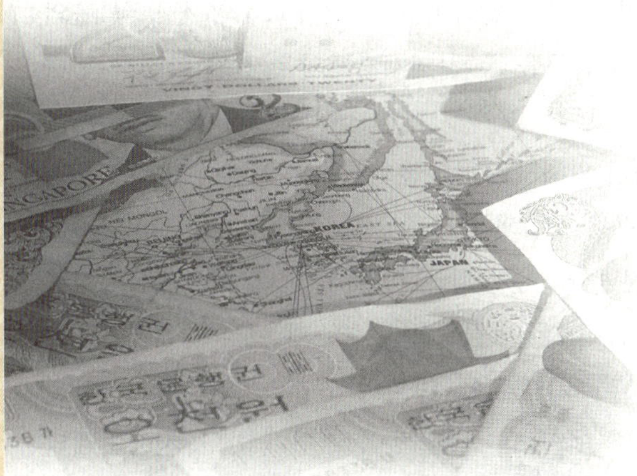

본 장은 국제통화체제의 변천과정과 유럽통화통합을 다룬다. 국제금본위제도의 기본 성격과 문제점, 브레튼우즈체제의 특성과 문제점 등을 분석하고 고정환율제도에서 변동환율제도로의 이행과정을 설명한다. 나아가 통화통합의 대표적 사례라 할 수 있는 유럽통화통합을 설명한다.

제 1 절 » 국제통화체제의 의의

국제통화체제란 국제거래, 즉 상품무역과 자본거래를 원활하게 할 수 있는 환율제도, 지급결제제도 등을 말하며 이는 국제교역의 신장, 환율의 안정, 국제수지불균형의 시정 등을 통해 세계경제의 발전을 촉진하는 데 그 목적이 있다.

이러한 목적을 달성하기 위해서는 국제통화체제는 일정한 요건을 충족시켜야 하는데 그 주요 내용은 다음과 같다.

첫째, 국제유동성을 원활하게 공급할 수 있어야 한다. 국제유동성이란 국제거래의 결제에 사용되는 자금의 공급을 말하는데 이러한 결제자금이 원활하게 공급되어야 국제거래가 촉진될 수 있다.

둘째, 국제수지의 불균형에 대한 조정기능을 가져야 한다. 국제거래의 결과로 나타나는 적자국과 흑자국 간의 국제수지의 불균형을 시정할 수 있어야 하는데 이는 국제수지 불균형의 조정을 위한 적절한 환율제도의 도입을 필요로 한다.

마지막으로 국제통화의 가치가 안정되어야 한다. 국제통화란 국제적 지급수단, 가치저장수단, 회계단위 등의 기능을 가진 통화를 말하는데 국제통화의 가치안정은 신인(confidence)이 절대적 조건이다. 한 나라의 국민통화가 국제통화의 기능을 할 때에는 그 통화에 대한 국제적인 신인이 필요한데 이는 그 나라의 경제에 대한 신인이 유지될 때 가능하다. 그러한 신인이 떨어지면 그 나라의 통화는 국제통화로서의 기능을 수행하기 어렵다. 이러한 사실은 과거 제 2 차 세계대전 전 영국의 파운드화가 국제통화기능을 했지만 전후 영국경제의 상대적인 추락으로 영국파운드 대신 미국의 달러화가 국제통화의 기능을 대체한 것에서 잘 나타나 있다.

국제통화체제의 변천[1)] << 제2절

국제통화체제는 역사적으로 다양하게 변천을 거듭해 왔다. 이를 역사적으로 대별하면 국제금본위제도(1870~1913, 1919~1939), 브레튼우즈체제(1945~1973), 변동환율제도(1973~현재) 등 3가지 형태로 변천해 왔다.

1 국제금본위제도

운용메커니즘

국제금본위제도는 1870~1913년과 1919~1939년의 두 번에 걸쳐서 채택된 바 있다. 국제금본위제도는 금이 화폐의 기능을 하는 데 그 근원이 있다. 영국에서 금이 화폐의 기능을 하게 된 것은 1819년의 태환법(Resumption Act) 이후부터인데 영국 이외에 독일, 일본, 미국 등의 주요국들이 금본위제도를 채택하여 금본위제도가 국제통화제도로 완전히 정착된 것은 1870년부터이다.

금본위제도는 3가지 중요한 운용준칙이 있다.

첫째, 금본위제도를 채택한 나라의 통화당국은 자국의 화폐가치를 반드시 금의 일정량으로 표시해야 한다. 예를 들어 우리나라와 미국이 모두 금본위제도를 채택하고 있다면 우리나라의 통화당국은 금 1온스당 x원(예, 40,000원), 미국의 통화당국은 금 1온스당 y달러(예, 40달러)로 각각 자국통화의 가치를 설정해야 한다. 이때 우리나라 원화와 미국달러 간의 환율은 달러당 $\frac{x}{y}$원(예, 1,000원/달러)이 되는데 이 $\frac{x}{y}$를 법정비가(mint parity)라 부른다. 뿐만 아니라 통화당국은 언제나 금의 태환성(convertibility)을 보장해야 한다. 금의 태환성이란 누구든지 금을 화폐로 교환하고자 하거나 반대로 화폐를 금으로 교환하고자 할 경우 통화당국은 그 요구에 응해야 하는

1) 본 절의 내용은 곽태운 · 김영용(1995년), 제17장, 252-273쪽을 참조하였음.

것을 말한다.

둘째, 금본위제도하에서는 항상 금의 자유로운 국제적인 유출입이 가능해야 한다.

마지막으로, 금본위제도를 채택한 나라의 통화량의 공급은 금보유고에 비례한다. 즉 금보유고가 증가하면 통화량은 증가하고 반대로 금보유고가 줄면 통화공급량도 줄어든다.

금본위제도의 형태로는 금화본위제도(gold-specie standard), 금괴본위제도(gold-bullion standard), 금환본위제도(gold-exchange standard) 등 3가지가 있다. 금화본위제도하에서는 일정량의 금을 함유한 금화가 실제로 유통되고 금태환도 가능하다. 금괴본위제도하에서는 각국의 통화의 가치는 금의 일정량을 기준으로 결정되지만 실제 통용되는 통화는 금화가 아니고 은행권(bank notes)이다. 금괴본위제도하에서도 금의 태환성이 보장된다. 금환본위제도는 금본위제도 중 가장 나중에 발달된 제도인데 자국의 화폐를 금화본위제도나 금괴본위제도를 채택하고 있는 나라의 화폐와 일정 비율로 언제든지 교환해 주는 제도이다. 즉 통화당국의 대외지급준비는 금과 외환 두 가지가 된다. 따라서 자국화폐의 가치는 직접적으로 금의 양으로 설정되지 않고 금의 양으로 가치를 설정한 다른 나라의 통화에 연결시켜 연결화폐로 가치를 설정하여 간접적으로 금의 가치와 연결시키는 제도이다.

국제금본위제도의 기능

국제 금본위제도는 환율의 안정과 국제수지 불균형의 자동조정이라는 2가지 중요한 기능을 가지고 있다.

먼저 환율의 안정기능이란 환율이 항상 자동적으로 일정한 범위 내에서 안정화되는 메커니즘을 말한다. 그 이유는 금본위제도를 채택한 나라들의 환율은 항상 금의 일정량, 즉 금평가를 중심으로 고정되어 있고 금의 자유로운 유출입에 의해 환율이 자동적으로 안정되기 때문이다.

예를 들어 보기로 하자. 우리나라와 미국이 모두 금본위제도를 채택하고 있다고 하자. 우리나라의 금평가는 금 1온스당 40,000원이고 미국의 금평가는 금 1온스당 40달러라고 하자. 그러면 미국달러화의 환율은 달러당 1,000원이 된다. 이 경우 우리나라와 미국의 통화당국은 언제든지 금의 태환성을 보장해 주어야 한다. 다시 말해서 우리나라의 경우 40,000원을 가지고 한국은행에 금으로 교환해 줄 것을 요구하면 한국은행은 언제든지 그 요구에 응하여 40,000원을 받고 대신 금 1온스를 교환(즉 태환)해 주게 되고 미국의 경우도 마찬가지이다.

이제 환율이 자동적으로 안정되는 메커니즘을 설명해 보기로 하자. 여기서 금의 자유로운 국제적 유출입이 핵심적 역할을 한다. 금의 국제적 운송에는 운송비(보험료 포함)가 드는데 이를 1온스당 1,000원이라고 가정하자.

이제 한국의 어떤 수입업자가 미국에 40달러를 지급해야 할 채무가 있다고 해 보자. 이 수입업자가 미국에 40달러를 결제하기 위해서는 외환시장에서 40달러를 매입하여 그것을 송금해 주어야 한다. 그런데 외환시장의 환율이 달러당 1,100원이라고 해 보자. 이 수입업자가 만일 외환시장에서 달러를 매입하여 40달러를 결제하고자 하면 44,000원의 비용이 든다. 그런데 이 수입업자는 달러를 매입하는 대신 금 1온스를 사서 미국의 채권자에게 운송해 주어도 된다. 미국의 채권자 입장에서는 40달러를 받으나 금 1온스를 받으나 마찬가지이기 때문이다. 만일 금 1온스를 매입해서 결제하고자 하면 비용은 금 1온스 매입비용 40,000원과 금의 운송비용 1,000원을 합한 41,000원이 된다. 따라서 이 경우 수입업자는 달러로 결제하는 것보다 금으로 결제하는 것이 더 유리하다.

그러므로 환율이 이와 같이 너무 높으면 외국에 결제하고자 할 때 달러 대신에 금으로 결제하는 비중이 더 늘어날 것이고 금의 유출이 증가하게 될 것이다. 그러면 금의 유출을 일으키는 기준이 되는 환율수준이 있을 것인데 그것을 금수출점(gold exporting point)이라 부른다. 즉 환율이 금수출점보다 더 높으면 금이 외국으로 유출된다. 금수출점은 법정비가에 금운송비를 합한 것이 된다.

여기서 든 예에서 금수출점은 법정비가 1,000원에 운송비(달러당 25원 $=\frac{1,000\text{원}}{40\text{달러}}$)를 합한 1,025원이다. 그런데 환율이 금수출점보다 더 높으면 금이 외국으로 유출되므로 금보유량이 줄어든다. 금보유량이 줄면 통화량공급(준칙 3에 의해)이 감소하므로 국내물가수준이 하락하고 이에 따라 수출은 증가하고 수입은 감소하여 국제수지는 개선되고 환율도 금수출점 이하로 떨어지게 된다. 예를 들어 국제수지 적자로 환율이 금수출점보다 더 높은 수준으로 상승하면 금수출로 국제수지는 다시 자동적으로 개선되고 환율은 안정화된다.

이번에는 반대로 환율이 너무 낮은 경우 예를 들어 달러당 700원이라고 해 보자. 이 경우 우리나라의 수출업자가 미국의 수입업자에게 40달러의 채권을 가지고 있다고 해 보자. 만일 이 수출업자가 달러로 결제를 받으면 수입은 모두 28,000원이 된다. 달러 대신 금으로 결제를 받으면 1온스를 받는데 수송비를 대신 부담해야 한다. 즉 이 경우 수출업자의 수입은 금 1온스 값 40,000원에서 금수송비 1,000원을 제외한 39,000원이 된다. 그러므로 이 수출업자에게는 수송비를 부담하더라도 금1온스로 결제받는 것이 더 유리하다.

이와 같이 환율이 너무 하락하면 달러 대신 금으로 결제를 받는 것이 유리하므로 금의 유입이 생긴다. 이 경우 금이 유입되는 기준이 되는 환율을 금수입점(gold importing point)이라고 부른다. 금수입점은 법정비가에 금운송비를 뺀 것이 된다.

여기서 든 예에서 금수입점은 법정비가 1,000원에 운송비(달러당 25원$=\frac{1,000\text{원}}{40\text{달러}}$)를 뺀 975원이다. 그런데 환율이 금수입점보다 더 낮으면 금이 외국에서 국내로 유입되므로 금보유량이 증가한다. 금보유량이 증가하면 통화량공급(준칙 3에 의해)이 증가하므로 국내물가수준이 상승하고 이에 따라 수출은 감소하고 수입은 증가하여 국제수지는 악화되고 환율도 금수입점 이상으로 상승하게 된다. 예를 들어 국제수지 흑자로 환율이 금수입점보다 더 낮은 수준으로 하락하면 금의 수입에 의해 국제수지는 다시 자동적으로 악화되고 환율은 안정화된다.

이와 같이 금본위제도하에서는 금의 자유로운 유출입에 의해 금수출점과 금수입점 사이에서 환율은 자동으로 안정되고 동시에 국제수지불균형도 자동적으로 조정된다.

이와 같은 관계를 그림으로 나타낸 것이 [그림 25-1]이다. 즉 [그림 25-

그림 25-1 금수출 · 금수입점

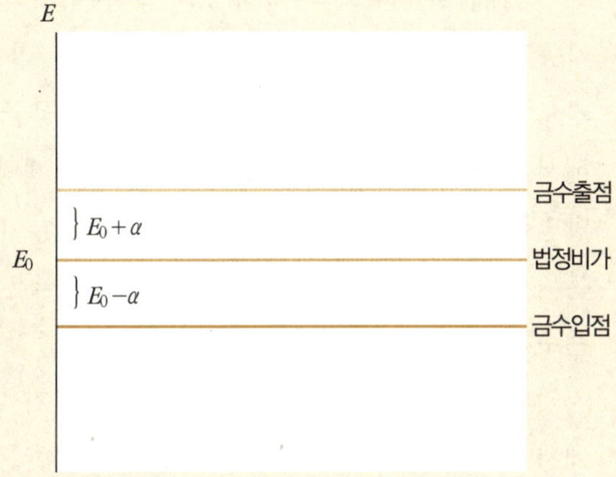

1]에서 E_0는 법정비가, α는 금수송비(외국통화 1단위당, 예, 달러당)를 각각 나타낸다. 즉 금수출점은 $(E_0+\alpha)$, 금수입점은 $(E_0-\alpha)$로 되어 있고 각각 환율의 상한과 하한을 나타내고 있다. 즉 금본위제도하에서는 환율은 이 금수출점과 금수입점의 범위 내에서 변동한다. 금본위제도의 이러한 자동안정 메커니즘을 흄(D. Hume)의 가격–정화–플로우 메커니즘(price–specie–flow mechanism)이라 부른다.

이와 같이 국제금본위제도하에서는 국제수지의 불균형이 언제나 금의 유출입과 물가의 변동을 통해 자동적으로 균형화되어 환율도 반드시 금수출점과 금수입점 사이에서 안정화된다. 따라서 국제금본위제도하에서는 대외균형이 언제나 자동적으로 달성되므로 정책당국자는 대외균형을 염려할 필요가 없으며 다만 완전고용이나 물가안정과 같은 대내균형의 달성에만 전념하면 된다. 그러나 국제금본위제도의 자동조절기능은 금의 자유로운 유출입, 금의 태환성보장, 임금 · 물가의 완전탄력성 등을 전제로 하고 있는데 이러한 전제조건이 완화될 경우에는 그만큼 자동조절기능은 떨어진다.

국제금본위제도의 평가

국제금본위제도의 핵심적인 특징은 대외균형, 즉 국제수지의 균형이 자동적으로 달성된다는 점이다. 뿐만 아니라 국제금본위제도하에서는 물가도 안정된다. 그 이유는 국내통화량의 공급은 항상 금의 보유고에 비례해서 변동하기 때문이다. 즉 중앙은행의 재량적 통화공급이 없기 때문에 방만한 통화팽창에 따른 인플레이션의 유발이 억제된다. 그러나 이러한 금본위제도의 대외균형 달성은 통화당국이 금본위제도의 운영준칙을 엄격히 준수하는 경우에만 가능한 일이다. 만일 중앙은행이 금본위제도의 준칙을 지키지 않으면 국제수지의 균형은 달성하기 어렵다. 실제로 금본위제도하에서 중앙은행은 수동적인 통화정책을 취한 것이 아니라 적극적인 통화정책을 취하여 시장에 개입한 바 있다. 즉 국내에 금의 유입이 증가하면 통화량증가를 상쇄시키기 위해 보유자산을 매각하고 반대로 금유출이 늘어나면 통화량 감소를 상쇄하기 위해 금융자산을 매입하여 금의 유출입에 따른 통화량의 변동을 억제하고자 하였다.

국제금본위제도하에서 대외균형은 자동적으로 달성되지만 완전고용 등 대내균형은 희생이 되는 문제를 안고 있다. 즉 국제수지의 균형이 금의 유출입 및 통화량의 변동을 통해 달성되는 과정에서 경기는 호황 또는 불황을 겪게 되고 이에 따라 완전고용, 즉 대내균형의 달성이 어려워지게 되는 문제를 가지고 있다. 실제로 미국의 데이터를 보면 금본위제도를 채택한 1890년과 1913년 사이에 실업률은 평균 6.8%에 달했으며 이는 1946년과 1992년간의 평균 5.7%에 비하면 현저하게 높은 수준이다.[2)]

또한 국제금본위제도하에서의 국제수지 균형은 경상수지의 균형에만 국한하여 자본수지의 존재를 도외시하고 있다. 금의 자유로운 유출입에 의한 경상수지 불균형의 조정이 이루어진다 하더라도 경상수지와 자본수지를 합한 국제수지 전체의 균형을 고려해야 한다.

마지막으로 국제금본위제도하에서는 탄력적인 통화량의 공급을 할 수가 없다. 통화량공급이 금보유고에 비례하기 때문에 통화량공급이 제한되어 있어 인플레이션 위험이 줄어드는 장점도 있지만 경제여건에 따라 통화

2) Krugman and Obstfeld(2003), p. 541.

량을 탄력적으로 공급할 수 없기 때문에 경기조절을 위한 통화정책이 불가능하다. 만일 금의 공급량이 충분하면 이런 문제는 없겠지만 현실적으로 금의 생산은 제한되어 있기 때문에 통화량을 탄력적으로 공급하기가 어렵다.

국제금본위제도의 붕괴

역사적으로 국제금본위제도는 제 1 기와 제 2 기로 나눌 수 있는데 전자는 1870년에서 1914년의 제 1 차 세계대전의 발발까지를 말하고 후자는 1919년부터 제 2 차 세계대전의 발발까지를 말한다. 제 1 기의 국제금본위제도는 비교적 원만하게 작동하였다고 할 수 있으나 제 1 차 세계대전의 발발과 함께 붕괴되었다. 즉 전쟁의 발발로 전비지출에 필요한 통화증발로 금본위제도는 유지가 불가능하였으며 통화증발은 세계적인 인플레이션을 유발하였다. 그 후유증으로 제 1 차 세계대전 후 독일, 헝가리, 프랑스 등 유럽 주요국들이 모두 초인플레이션(hyperinflation)을 경험한 바 있다.[3]

제 1 차 세계대전 후 미국은 1919년에, 유럽은 1922년에 금본위제도로 복귀하여 제 2 기의 국제금본위제도를 맞이하였다. 제 2 기의 국제금본위제도는 대외지급 준비자산으로 금뿐만 아니라 외국통화(달러 등)의 보유를 허용하는 금환본위제도를 채택하였다. 즉 금준비가 부족한 나라들은 금준비가 풍부한 강대국들의 통화(달러 등)에 그들 통화의 평가를 설정하는 것을 허용하였다. 그러나 제 2 기의 국제금본위제도는 제 1 기와 달리 매우 불안정한 양상을 보였다.

그 주요 이유로는 제 1 차 세계대전 전과 전후의 각국의 경제환경이 크게 달라진 것을 들 수 있다. 즉 제 1 차 세계대전 전에는 노동조합 등 이해집단이 덜 발달하여 비록 대외균형을 달성하는 과정에 실업 등 대내균형의 희생이 있더라도 사회적인 저항이 적었다. 그러나 제 1 차 세계대전 후에는 노동조합 등 이해집단이 양산되어 대내균형의 희생에 대한 정치적 저항이 더 커졌기 때문에 제 1 차 세계대전 전처럼 대내균형의 희생을 외면하기 어려웠다. 특히 제 1 차 세계대전 후에 영국경제의 약화로 파운드화의 준비통

3) 독일의 경우를 보면 물가지수가 1919년 1월에 262였던 것이 1923년 12월에는 126,160,000,000까지 상승하여 불과 5년만에 천문학적인 4조 815억 배나 상승하였다.

화로서의 기능이 크게 약화되어 외환시장은 더욱더 불안정한 모습을 보였다. 또한 1929년의 세계대공황의 발발로 세계각국의 경쟁적인 평가절하, 보호무역주의 등으로 세계경제는 큰 혼란을 겪었으며 1939년 제 2 차 세계대전의 발발과 함께 국제금본위제도는 붕괴되었다.

2 브레튼우즈체제

성립배경

이와 같이 국제금본위제도는 양차 세계대전, 대공황 등의 시련을 겪으면서 국제금본위제도는 붕괴되고 세계경제는 보호무역의 확산, 환율의 불안정, 경쟁적인 평가절하 등으로 심각한 위기를 경험하게 되었다. 따라서 제 2 차 세계대전 중에 미국, 영국 등 주요국들은 자유무역과 환율의 안정, 국제수지의 불균형해소 등을 위한 국제적인 협력이 필요하다는 인식을 바탕으로 새로운 국제통화질서를 수립하기 위한 노력을 하였으며 그것이 브레튼우즈(Bretton Woods)체제이다.

브레튼우즈체제는 1943년 4월 영국이 제안한 국제청산동맹안(Proposal for International Clearing Union: 케인즈(Keynes) 안)과 1943년 7월 미국이 제안한 국제안정기금 예비초안(Preliminary Draft Outline of Proposal for International Stabilization Fund of the United and Associated Nations: 화이트(White) 안)을 혼합한 체제이다. 즉 케인즈 안과 화이트 안 둘 다 자유무역을 촉진하고 외환거래에 대한 각국 정부의 규제를 제한하는 것을 주요 목적으로 하고 있지만 그 목적을 달성하는 세부적인 사항에 대해서는 차이가 있다.

케인즈 안은 국세청산동맹의 창설을 제안하고 있다. 이는 세계중앙은행의 성격을 가지는 기구로 금의 일정량과 동일한 가치를 지니는 방코르(Bancor)라는 국제통화를 창출하도록 하는데 방코르는 가맹국의 출자액과 상관없이 발행하도록 하여 회원국들은 국제수지의 흑자나 적자를 이 방코르계정을 통해 결제하도록 한다는 것이다.

이에 반해 화이트 안은 가맹국의 출자에 의한 국제환 안정기금을 창설하고 이를 통해 단기융자를 공여할 수 있게 하며 동기금과의 거래는 금의 일정량과 동일한 가치를 가지는 유니타스(Unitas)라는 새로운 국제통화계정을 통해 결제하도록 하였다. 그리고 회원국통화의 평가는 국제수지의 기초적 불균형(fundamental disequilibrium)이 있을 경우에 한해서만 변경할 수 있도록 하는 고정환율제도를 제안하였다.

케인즈 안과 화이트 안을 종합적으로 비교해 보면 케인즈 안은 전후 청산문제 해결과 국제신용조건의 완화에 초점을 두어 채무국인 영국의 당시 입장을 주로 대변하였다. 반면 화이트 안은 환율의 안정, 국제수지 불균형의 시정, 무역 및 외환에 대한 제한철폐 등에 목적을 두어 당시 채권국인 미국의 입장을 주로 대변하였다고 볼 수 있다.

케인즈 안과 화이트 안에 대한 논의 끝에 1944년 4월 화이트 안을 기본으로 하고 케이즈 안을 가미하여 국제통화기금(International Monetary Fund: IMF)의 설립에 합의하였으며 1944년 7월 미국 뉴햄프셔주의 브레튼우즈에서 44개 연합국의 국제통화금융회의에서 IMF 협정문이 채택되었으며 1945년부터 브레튼우즈체제가 정식 발족하였다. 이리하여 제 2 차 세계대전 후 미국, 영국 등 주요국들은 전후 세계경제의 새로운 질서를 구축하기 위해 IMF, GATT, 세계은행(World Bank) 등 3대 핵심국제기구를 설립하였다. GATT는 무역자유화, 세계은행은 경제개발을 각각 목표로 하고, IMF는 국제수지의 불균형조정 및 국제통화체제의 안정을 목표로 하였다.

브레튼우즈체제의 기본내용

이와 같이 출범한 브레튼우즈체제는 국제유동성의 공급, 환율의 안정, 국제수지의 불균형 조정 등을 근본목적으로 하고 있으며 그 주요 내용은 다음과 같다.

첫째, 브레튼우즈체제는 금환본위제(gold-exchange system)이다. 당시 회원국 중 미국만이 유일하게 1달러당 순금 0.888671g(1온스=35달러)으로 금 평가(par value)를 설정하고 다른 회원국들은 그들 통화를 미국의 달러화에 대해 평가를 설정하여 간접적으로 금의 가치와 연결시켰다. 그것은 전후 당시 금태환이 가능했던 나라는 미국밖에 없었고 따라서 미국 달러화에 대한 신뢰가 높았기 때문이다.

브레튼우즈체제하에서 준비자산은 금과 미국의 달러화로 구성되었으며 금과 달러의 공급이 국제유동성을 좌우하게 되었다. 그러나 금의 생산은 세계적으로 제한되어 있어서 공급이 매우 비탄력적이었으며 따라서 국제유동성을 충족하는 데 한계가 있었다. 따라서 미국달러화가 국제유동성 공급의 압도적인 비중을 차지하게 되었다.

이와 같이 브레튼우즈체제는 실질적으로 달러본위제(dollar standard)의 성격을 지니고 있다. 그리고 브레튼우즈체제하에서 미국달러화는 국제유동성의 주요 공급원이 되었으며 또한 국제통화(international currency) 및 기축통화(vehicle currency)의 기능을 하게 되었다.

국제통화란 국제적으로 지급수단 또는 교환의 매개수단, 회계단위, 가치정장 등의 기능을 가지는 것을 말하며, 기축통화란 국제통화의 기능 중에서 지급수단(교환의 매개수단)의 기능을 지칭하는 말이다. 예를 들어 외환시장에서 미국달러 이외의 통화간의 거래 예를 들면 영국파운드와 일본엔간의 거래에서 직접적으로 파운드와 엔이 거래되는 것이 아니라 파운드와 달러, 엔과 달러의 거래를 통해서 이루어지는데 이 경우 미국달러는 교환의 매개수단의 기능을 하는 것이다. 이러한 교환의 매개수단의 기능을 하는 통화를 기축통화라 부른다.

역사적으로 16~17세기에는 네덜란드길더, 제 1 차 세계대전 전에는 영국파운드, 제 1 차 세계대전과 제 2 차 세계대전 사이에는 영국파운드와 미국달러, 제 2 차 세계대전 후에는 미국달러화가 각각 국제통화기능을 하였다. 또한 브레튼우즈체제 출범 당시에는 미국달러만이 유일하게 교환성(convertibility)을 가지고 있었는데 영국파운드, 독일마르크, 프랑스프랑 등 주요국 통화의 교환성 회복을 IMF의 주요 목표 중의 하나가 되었다. 여기서 통화의 교환성이란 비거주자가 일국의 통화를 국제결제에 사용할 수 있는 상태를 의미한다.

예를 들어 우리나라의 수출업자가 영국파운드를 수출대금으로 지급받았을 경우에 만일 파운드화를 영국 이외의 예를 들면 미국과의 거래에 사용할 수 없다고 한다면 파운드는 영국과의 거래에만 사용할 수밖에 없다.

그렇지 않고 만일 영국파운드화가 교환성이 있으면 우리나라의 수출업자는 영국에 수출하여 받은 파운드를 미국과의 거래에 사용할 수 있다. 이와 같이 통화의 교환성이 없으면 우리나라와 영국간의 거래, 즉 2국간 지급결제(bilateral payments)에만 사용할 수 있고, 다국간 지급결제(multilateral payments)에는 사용이 불가능하다. 이 경우 국제무역의 성장은 그만큼 제한된다. 그러므로 세계무역의 성장을 위해서는 통화의 교환성 회복이 필수적이다.

둘째, 브레튼우즈체제는 고정환율제도이다. 즉 가맹국들은 금 1온스 당 35달러로 금의 가치에 통화가치를 설정한 미국달러화에 대해 그들 통화의 평가(par value)를 설정하고 그 평가를 기준으로 상하 각각 1% 범위 내에서 환율을 유지하도록 하였는데 국제수지 등 경제의 기초적 불균형(fundamental disequilibrium)이 있을 경우에는 평가를 변경할 수 있도록 하였다. 이러한 제도를 조정가능한 고정환율제도(adjustable pegged exchange rate system)라 부른다. 그러나 기초적 불균형이 무엇을 의미하는지에 대한 명시적은 규정은 없다.

마지막으로 가맹국의 국제수지불균형 조정에 대한 IMF의 지원이다. 즉 IMF는 일반신용공여제도(General Arrangements to Borrow: GAB)를 통해 회원국의 국제수지조정을 지원하는데 이는 리저브 트란쉐(reserve tranche)와 크레디트 트란쉐(credit tranche)로 나누어진다. 전자는 가맹국의 출자액범위 내에서 아무런 조건 없이 인출할 수 있으며, 후자는 출자액범위를 100% 넘어서는 금액까지 인출할 수 있는데 엄격한 조건이 수반된다. 그 조건은 주로 국내긴축, 물가안정 등 대내정책에 관한 IMF의 엄격한 준수사항을 내용으로 하고 있으며 IMF는 그러한 조건의 준수 및 이행 여부를 철저히 감독하게 된다.

문제점

브레튼우즈체제는 GATT, 세계은행 등과 함께 전후 세계경제의 성장의 촉진 및 국제통화질서의 유지에 핵심적인 역할을 하였지만 1960년대부터 문제점을 드러내기 시작하였다. 주요 문제점을 요약하면 다음과 같다.

첫째, 국제유동성 공급의 문제이다. 앞에서 설명한대로 브레튼우즈체제하에서는 국제유동성 공급은 금과 미국달러에 의해 이루어지는데 금의 생산공급은 제한적이므로 결국 미국달러의 공급이 국제유동성 공급의 주요 원천이 되었다. 그런데 국제유동성 공급이 증가한다는 것은 바로 미국의 국제수지의 적자가 확대된다는 것을 의미한다. 즉 국제유동성의 공급은 미국국제수지의 만성적인 적자를 전제조건으로 한다. 이는 다음 식에서 확인이 된다. 즉 BOP_j를 j국의 국제수지라고 하면 각국의 국제수지의 합계는 영이 되므로 $\sum_{j=1}^{n} BOP_j = 0$이 성립한다. 그런데 다른 나라들이 달러를 보유하기 위해서는 미국은 국제수지 적자를 나타내야 한다. 즉 미국을 n번째 국가라고 하면 $BOP_n < 0$ 및 $\sum_{j=1}^{n-1} BOP_j > 0$이 되어야 한다.

다른 한편 미국달러가 국제통화의 기능을 수행하기 위해서는 국제적인 신인이 높아야 한다. 달러에 대한 신인이 높아지기 위해서는 미국의 국제수지가 개선이 되어야 한다. 이와 같이 국제유동성의 공급이라는 측면에서는 미국의 국제수지가 악화되는 것이 더 낫고 반면 달러화의 가치안정이라는 측면에서는 미국의 국제수지가 개선되는 것이 더 낫다. 따라서 국제유동성의 공급과 국제통화의 가치안정과는 서로 상충관계에 있다. 이러한 상충관계를 국제유동성 딜레마(international liquidity dilemma)라 부른다.[4] 이와 같은 함정이 발생하는 이유는 바로 미국의 국민통화인 달러가 국제통화의 기능을 하기 때문이다. 이러한 딜레마는 미국달러가 아닌 예를 들면 유로화가 국제통화의 기능을 하더라도 마찬가지로 발생하는 문제이다. 유로화가 하나의 국민통화이기 때문이다.

이러한 국제유동성 부족문제를 해결하기 위한 하나의 방법으로 1968년 IMF는 특별인출권(Special Drawing Right: SDR)을 창출한 바 있다. SDR은 실제로 통용되는 것이 아니라 하나의 회계단위로 사용되고 있는데 IMF가 총발행액을 설정하고 쿼터(회원국 출자액)에 따라 그것을 배분해 준다. SDR의 가치는 발행초기에 미국 1달러(=순금 0.888671그램)의 가치와 같았으나 1974년 7월 이후 미국달러, 일본엔 등 주요국 통화의 가중치로 구성된 바스켓에 의해 그 가치가 설정되며 5년마다 주기적으로 구성통화와 통화별가중

4) Triffin(1960) 참조.

치를 조정하고 있다. 2006~2010년 중의 바스켓 구성통화는 미국달러, 유로, 일본엔, 영국파운드 등 4개 통화로 되어 있다.

둘째, 비대칭적 환율조정부담이다. 브레튼우즈체제하에서는 미국은 달러화가 기축통화이기 때문에 다른 나라들과는 달리 환율안정에 대한 부담이 없다.

예를 들어 브레튼우즈체제하에서 n개의 통화가 있는데 기축통화인 미국달러가 n번째 통화이면 $(n-1)$개국의 통화는 미국달러에 가치를 설정하여 $(n-1)$개의 환율이 존재하게 된다. 이때 미국은 달러의 금에 대한 평가(1온스당 35달러)의 유지에만 신경을 쓰면 되고 다른 나라들, 즉 $(n-1)$개국들은 대미달러 평가의 유지에 신경을 써야 한다. 이를 n번째 통화문제라 부른다.

이 경우 기축통화국인 미국은 화폐주조세(seigniorage)를 징수하는 특권을 가진 것과 같다. 화폐주조세란 정부가 통화발행을 통해 실질수입을 확보하는 것을 말하는데 M^s를 통화공급량, P를 물가수준이라고 하면 화폐주조세는 다음과 같이 나타낼 수 있다. 즉 화폐주조세$=\frac{M_t^s - M_{t-1}^s}{P_t}$.[5] 즉 미국은 다른 나라들과 달리 환율안정목표가 없으며 따라서 통화정책의 독립성을 가지는 특권을 누릴 수 있는 반면 여타국들은 대미달러 평가, 즉 고정환율을 유지해야 하는 문제를 가지고 있다. 예를 들어 미국이 통화량을 증가시켜 인플레이션을 유발하면 다른 나라들은 그 인플레이션 때문에 피해를 입게 된다.

셋째, 국제수지의 만성적인 불균형이 존재한다. 즉 브레튼우즈체제는 고정환율제도이기 때문에 환율의 조정에 의한 국제수지의 불균형이 시정되지 않고 만성적으로 나타날 수 있다. 더욱이 브레튼우즈체제에서 환율의 조정은 반드시 기초적 불균형인 경우로만 한정하여 환율의 신축적 조정을 기대하기 어렵다.

---

5) 화폐주조세는 인플레이션세(inflation tax)와 구별된다. 인플레이션세란 물가상승으로 실질잔고가 감소하는 것을 말하는데 다음과 같이 나타낼 수 있다.

인플레이션세$=\frac{M_{t-1}^s}{P_{t-1}} - \frac{M_{t-1}^s}{P_t}$.

화폐주조세를 다시 쓰면, $\frac{M_t^s - M_{t-1}^s}{P_t} = \left(\frac{M_t^s}{P_t} - \frac{M_{t-1}^s}{P_{t-1}}\right) + \left(\frac{M_{t-1}^s}{P_{t-1}} - \frac{M_{t-1}^s}{P_t}\right)$.

첫째 항은 실질잔고의 변동을 나타내고, 둘째 항은 인플레이션세를 나타낸다.

넷째, 환투기에 의한 국제통화불안이 증대된다. 즉 브레튼우즈체제는 고정환율제도이기 때문에 만성적 국제수지의 불균형으로 투기공격을 받아 외환시장의 불안을 야기할 수 있다. 특히 자본시장개방 및 자본이동의 자유화 등으로 단기성 투기자금, 즉 핫머니(hot money)에 의한 투기가 크게 증가하는 양상을 보였다.

끝으로 인플레이션의 국제적 파급, 즉 수입인플레이션의 문제이다. 앞에서 고정환율제도의 단점의 하나로 설명한 바와 같이 고정환율제도하에서는 일국의 인플레이션은 타국으로 전파된다. 브레튼우즈체제하에서는 기축통화국인 미국이 통화증발로 인플레이션을 유발하면 그것은 다른 나라로 파급되어 세계적인 인플레이션을 유발하게 되는데 다른 나라에서 볼 때에 이것은 미국의 인플레이션을 수입한 것이다.

이 경우 미국은 기축통화국이므로 앞에서 설명한 바와 같이 환율문제가 없으므로 환율안정을 위한 시장개입을 할 필요가 없다. 이에 반해 다른 나라들은 언제나 미국의 인플레이션을 강제적으로 수입해야 하는 불리한 위치에 있고 인플레이션을 수습해야 하는 비대칭적인 구조하에 있는 것이다. 이러한 비대칭적인 구조 및 수입인플레이션의 문제는 1971년 브레튼우즈체제의 붕괴를 가져오는 주요 원인의 하나가 되었다.

브레튼우즈체제의 붕괴

1960년대 중반 이후 미국의 만성적인 국제수지 적자, 달러화에 대한 신인도의 저하, 국제유동성 공급문제 등으로 국제통화체제의 불안이 심화되는 양상을 보였다. 즉 환투기의 증가 등으로 불안정한 양상을 보여 온 브레튼우즈체제는 1971년 8월 미국의 닉슨 대통령의 수입과징금 부과 및 달러화의 금태환정지 발표로 사실상 붕괴하였다. 닉슨 대통령의 금태환 정지조치로 이제 지구상에 금의 가치와 연결된 통화는 존재하지 않게 되었다.

미달러화의 금태환정지 후 1971년 12월 주요 선진국들은 워싱턴의 스미소니언 박물관에서 스미소니언협정(Smithsonian Agreement)을 체결하여 국제통화체제의 회복에 노력하였다. 스미소니언협정의 주요 내용은 다음과 같다.

첫째, 고정환율제도를 유지하되 각국이 미국달러화에 대한 기준율(central rate)을 설정하였다. 이 경우 미달러화는 이제 더 이상 금의 가치와 연결되어 있지 않기 때문에(즉, 금태환이 정지되었기 때문에) 달러에 대해 평가(par)라는 표현은 사용하지 않고 대신 기준율이라는 용어를 사용하게 되었다. 둘째, 미달러화의 금평가를 1온스당 35달러에서 38달러로 설정하여 달러화를 평가절하하였다. 마지막으로 각국의 환율변동폭을 대미달러 기준율의 상하 각각 1.0%에서 2.25%로 확대하여 와이더 밴드(wider band)를 채택하였다.

3 변동환율제도

그러나 스미소니언협정 역시 고정환율제도의 구조적 문제점을 해결하지 못한 채 다만 환율의 변동폭을 확대(wider band)한 것에 지나지 않았기 때문에 국제통화의 불안은 지속되었으며 영국, 독일, 프랑스, 일본 등 주요 선진국들은 결국 1973년 3월 변동환율제도로 이행하였다. 그리고 IMF는 1976년 4월 자메이카의 수도 킹스턴(Kingston)에서 가맹국들의 변동환율제도를 정식으로 공인하여 킹스턴체제를 출범시킴으로써 변동환율제도시대를 맞이하게 되었다.

이상에서 살펴본 바와 같이 브레튼우즈체제는 미국달러화를 기축통화로 하는 고정환율제도의 구조적 문제점 때문에 결국 붕괴하였는데 학자들에 따라서는 브레튼우즈체제 I 과 브레튼우즈체제 II (또는 신브레튼우즈체제(New Bretton Woods))로 구분하기도 한다. 즉 전자는 1945년 브레튼우즈체제의 출발부터 1971년의 닉슨조치에 의한 금태환정지까지의 고정환율제도를 지칭하고, 후자는 1973년 주요 선진국들이 변동환율제도로 이행한 이후의 브레튼우즈체제를 지칭한다.

브레튼우즈체제 I 의 특징은 제 2 차 세계대전 후에 미국이 중심국이 되고 독일을 비롯한 유럽국가들과 일본이 주변국이 되어 통화가치를 미국달러화에 연결시킨 사실상의 달러본위제도였는데 여기서는 미국은 무역 적자를 내는 대신 이들 주변국들이 무역수지 흑자를 내어 대외지급준비를 축적했다는 점이다.

반면 브레튼우즈체제 Ⅱ에서는 중국을 비롯한 아시아 국가들, 인도, 중동 등의 국가들이 주변국이 되어 무역수지의 흑자를 지속적으로 나타내는 양상을 보이고 있다는 것이다. 이들 국가들은 브레튼우즈체제 Ⅰ에서 독일, 일본 등이 그랬던 것처럼 미국달러에 자국통화의 환율을 고정시켜 수출주도형 성장전략을 채택하여 경제성장을 촉진해 왔는데 그것이 글로벌 불균형의 양상을 초래한 것으로 보고 있다.

과연 이러한 브레튼우즈체제Ⅱ가 지속 가능한가에 대해서는 논란이 많다. 즉 15~20년 더 지속될 것으로 보는 견해가 있는가 하면[6] 브레튼우즈체제Ⅱ의 종말이 임박했다는 비관적인 전망을 내고 있는 경우도 있다.[7] 비관적인 전망의 근거로는 국제자본의 이동성이 강하고 현재의 글로벌 불균형이 더 이상 지탱하기 어려운 점을 들고 있다. 이러한 비관론은 향후 머지않은 장래에 중국 등 브레튼우즈체제Ⅱ를 뒷받침해 주었던 국가들이 더 이상 고정환율제도를 유지하지 못하고 통화를 절상해야 할 것으로 보는 데 근거를 두고 있다.[8]

제3절 >> 유럽통화동맹

통화동맹(currency union)이란 가맹국들이 단일통화를 사용하고 동시에 동일한 통화정책을 수행하는 것을 말한다. 여기서 단일통화의 사용은 지급결제수단, 회계단위, 가치저장수단 등 화폐의 기본기능을 수행하는 것을 말한다. EU의 유로화는 통화동맹의 대표적인 사례이다.

유럽통화동맹은 전후 유럽공동체의 발전의 산물이다. 즉 1958년 로마

6) Dooley, Folkerts-Landau and Garber(2003) 참조.
7) Roubini(2008) 참조.
8) 브레튼우즈체제Ⅱ에 대한 상론은 Dooley, Folkerts-Landau and Garber(2003), Roubini(2008), 참조.

조약에 의거 발족한 유럽공동체(EC)는 1987년 7월에는 단일유럽의정서(Single European Act: SEA)를 채택하여 유럽단일시장의 창설을 목표로 확대발전하였는데 1991년 12월에는 마스트리히트조약(Maastricht Treaty)에 의거 유럽 12개국이 정치경제통합체인 유럽연합(European Union: EU)이 창설되었다.

이러한 정치경제의 통합은 통화통합에 박차를 가하게 되었으며 이는 유럽공동체의 역내국가들간의 환율을 안정시켜 역내발전을 촉진하는 데 목적을 둔 것이다. 이러한 환율안정화 노력은 EC의 발족과 함께 지속적으로 추구되어 온 과제로 초기에는 베네룩스(벨기에, 네덜란드, 룩셈부르크) 3국의 공통통화제도에서 출발하여 1970년대 초에는 역내공동환율제도를 도입한 바 있다.

역내공동환율제도는 1971년 후반 브레튼우즈체제의 붕괴 후에 등장한 스미소니언체제에서 대미달러환율의 변동폭이 기준율의 상하 각각 1.0%에서 상하 각각 2.25%로 확대되자 EC역내통화간 환율의 변동폭이 대폭(최대 9%) 확대되는 것을 막기 위하여 도입된 것이다. 즉 역내통화간에도 환율의 변동폭을 상하 각각 2.25%로 제한하기로 하였는데 그것은 마치 일정한 변동폭의 범위 내에서, 즉 하나의 굴 속에서 뱀이 기어가는 모양과 유사하다 하여 일명 스네이크제도(snake system)라 불리기도 하였다. 그러나 스네이크제도는 그 당시 석유파동과 국제수지불균형의 심화, 1973년 주요 선진국의 변동환율제도 채택 등으로 역내통화간의 환율변동성의 증대, 외환시장의 불안 등 위기에 직면하여 어려움을 겪은 바 있다.

이러한 어려움에 직면한 EC는 1979년 3월에 유럽통화제도(European Monetary System: EMS)의 창설에 합의하였으며 그 주요 내용은 유럽통화단위(European Currency Unit: ECU)의 창출, 환율조정메커니즘(Exchange Rate Mechanism: ERM)의 도입, 유럽통화협력기금(European Monetary Cooperation Fund: EMCF)의 설치 등으로 되어 있다.

유럽통화단위는 역내통화가치의 가중치로써 그 가치를 설정하고 역내 회원국간의 교환의 가치척도 및 중앙은행간 결제의 기준으로 사용되며 단일통화창출을 목표로 한 것이다. 환율조정메커니즘은 역내통화간의 중심

환율을 설정하고 그것을 기준으로 상하 각각 2.25%로 변동폭을 제한하였으며 각국 중앙은행이 환율의 안정을 위해 외환시장에 개입하도록 하였다. 유럽통화제도는 외환시장 개입과 국제수지 적자 보전을 지원하기 위해 유럽통화협력기금을 통한 신용공여제도를 마련하였는데 외환시장 개입을 위해서는 단기지원을 해 주고 국제수지적자 보전을 위해서는 중기금융을 지원해 주는 것으로 되어 있다.

그러나 유럽통화제도는 1992년 9월에 일어난 영국파운드, 이탈리아리라, 스페인페소, 프랑스프랑 등의 불안에 따른 ERM통화위기로 1993년 8월 ERM밴드가 붕괴하는 등 위기를 경험하였다. 이러한 ERM의 불안은 회원국간의 경제력 격차를 환율이 조정하는 데 실패함으로써 약세통화권(영국파운드, 이탈리아리라, 프랑스프랑)과 강세통화권(독일 마르크)으로 회원국들의 통화가 양분되고 환율안정에 대한 정책협조가 부진했던 때문인 것으로 풀이된다.

유럽통화통합은 마스트리히트조약의 경제통화동맹의 추진계획에 따라 이루어진 것이다. 동 조약에 따라 유럽통화통합은 3단계의 통화통합과정을 거쳐 유로화를 창출하기에 이르렀다.

제 1 단계(1990~1993년)는 통화통합을 위한 사전적인 준비단계로 자본이동에 대한 제한의 폐지, 물가 및 재정안정조건의 충족 등을 주요 골자로 하고 있다.

제 2 단계(1994~1998년)는 재정적자 및 정부채무의 축소(각각 GDP의 3%와 60% 이내로), 유럽통화기구(European Monetary Institute : EMI)의 설립 등을 주요 내용으로 하고 있다. 여기서 EMI는 유럽통화협력기금(EMCF)을 대체한 것이며, 유럽중앙은행(ECB)의 전신으로 회원국의 통화정책의 조정을 주요 임무로 하고 있다. 그리고 1995년 12월 마드리드 EU정상회의(Madrid EUsummit)에서 단일통화의 명칭을 유로(EURO)로 하기로 결정하였다. 또한 1998년 6월에 유럽중앙은행이 정식으로 출범하였으며 EMI는 자동으로 해체되었다.

마지막으로 제 3 단계(1999~2001년 이후)는 통화통합의 마지막 단계로 실제로 단일통화인 유로화를 창출하고 유럽중앙은행제도(European System of Central Banks: ESCB)를 창설하였다. 즉 1999~2001년간을 통화전환기간으로 설정하고 1999년 1월 1일부터 유로화를 도입하여 참가국통화와 병행사용하기로 하였으며 금융시장거래, 국가간 거래, 기업간 거래, 개인간 거래 등에 유로화표시를 허용하였다.

뿐만 아니라 유로화에 의한 지급결제시스템(Trans-European Automated Real-time Gross Settlement Express Transfer System: TARGET)을 가동하는 한편 유럽중앙은행의 업무도 개시되었으며 EURIBOR(EURO Interbank-Offered Rate)를 도입하였다. EURIBOR는 1999년 1월 1일부터 EU역내금융기관들이 적용하기로 한 각종 금융거래의 기준금리인데 자국통화기준 은행간 대출금리(예: Frankfurt Interbank Offered Rate 또는 Paris Interbank Offered Rate) 대신에 유로화기준 은행간 대출금리를 기준금리로 사용하기로 한 것이다. EURIBOR는 유로시장의 LIBOR(Interbank Offered Rate)와 구별된다. 전자는 유럽은행연합회(European Banking Federation)가 단일통화참가국 및 EU역내에서 활동하고 있는 금융기관을 대상으로 브뤼셀시간 오전 11:00시를 기준으로 산정하여 발표한다. 후자는 유로시장의 기준금리로 런던시간 오전 11:00시를 기준으로 영국은행연합회(British Bankers' Association)가 런던의 주요 은행을 대상으로 산정해서 발표한다.

2010년 5월 말 현재 유럽통화동맹에 가입한 나라는 오스트리아, 벨기에, 핀란드, 프랑스, 독일, 아일랜드, 이탈리아, 룩셈부르크, 네덜란드, 포르투갈, 스페인 등 1999년 초기출범 당시 가입국 11개국과, 그리스(2001년), 슬로베니아(2007년), 키프러스(2008년), 말타(2008년), 슬로바키아(2009년), 에스토니아(2011년) 등 나중에 가입한 6개국을 합하여 모두 17개국이다. 그리고 유로존(Euro-Zone)이란 이와 같이 유로화를 사용하는 지역을 말한다. 따라서 유럽연합, 즉 EU는 2013년 8월 말 현재 총 28개국인데 유로화사용국 17개국과 유로화 비사용국 11개국으로 나누어져 있다.[9]

9) 2013년 8월 말 현재 유로화 비사용국은 영국, 스웨덴, 덴마크, 불가리아, 체코, 크로아티아, 헝가리, 라트비아, 리투아니아, 루마니아, 폴란드 등 11개국임.

요 약

요약
Summary

1. 국제통화체제란 국제거래, 즉 상품무역과 자본거래를 원활하게 할 수 있는 환율제도, 지급결제제도 등을 말하며, 이는 국제교역의 신장, 환율의 안정, 국제수지불균형의 시정 등을 통해 세계경제의 발전을 촉진하는 데 그 목적이 있다.

2. 국제통화란 국제적 지급수단, 가치저장수단, 회계단위 등의 기능을 가진 통화를 말하는데 국제통화의 가치안정은 신인(confidence)이 절대적 조건이다.

3. 국제통화체제는 역사적으로 국제금본위제도(1870~1913, 1919~1939), 브레튼우즈체제(1945~1973), 변동환율제도(1973~현재) 등 3가지 형태로 변천해 왔다.

4. 금본위제도는 3가지 중요한 운용준칙이 있다. 첫째, 금본위제도를 채택한 나라의 통화당국은 자국의 화폐가치를 반드시 금의 일정량으로 표시해야 한다. 통화당국은 언제나 금의 태환성(convertibility)을 보장해야 한다. 둘째, 금본위제도하에서는 항상 금의 자유로운 국제적인 유출입이 가능해야 한다. 셋째, 금본위제도를 채택한 나라의 통화량의 공급은 금보유고에 비례한다. 즉 금보유고가 증가하면 통화량은 증가하고 반대로 금보유고가 줄면 통화공급량도 줄어든다. 따라서 재량적 통화정책은 없다.

5. 국제 금본위제도는 환율의 안정과 국제수지 불균형의 자동조정이라는 2가지 중요한 기능을 가지고 있다. 환율은 항상 금수출점과 금수입점 사이에서 변동하고 그 과정에 국제수지의 불균형은 조정된다. 이러한 자동조절메커니즘을 가격-정화-플로우(price-specie-flow) 메커니즘이라 부른다.

6. 국제금본위제도의 핵심적인 특징은 대외균형, 즉 국제수지의 균형이 자동적으로 달성된다는 점이다. 뿐만 아니라 국제금본위제도하에서는 물가도 안정된다. 그 이유는 국내통화량의 공급은 항상 금의 보유고에 비례해서 변동하기 때문이다. 즉 중앙은행의 재량적 통화공급이 없기 때문에 방만한 통화팽창에 따른 인플레이션의 유발이 억제된다. 그러나 이러한 대외

균형의 달성은 산출량의 변동 등 대내균형의 희생을 가져온다.

7. 브레튼우즈체제는 미국 달러화를 기축통화로 한 금환본위제도로서 대달러평가를 기준으로 상하 각각 1%의 변동폭을 허용한 고정환율제도이다. 기초적 불균형이 심화될 경우 조정이 가능하며 따라서 전후의 IMF체제는 조정가능 고정환율제도이다.

요약
Summary

8. 브레튼우즈체제는 국제유동성 공급의 문제, 비대칭적 환율조정부담, 국제수지의 만성적인 불균형, 환투기에 의한 국제통화 불안, 수입인플레이션의 문제 등의 문제점을 안고 있다.

9. 국제유통성 딜레마(international liquidity dilemma)란 국제유동성의 공급과 국제통화의 가치안정과의 상충관계를 말한다. 즉 국제유동성의 공급이라는 측면에서는 미국의 국제수지가 악화되는 것이 더 낫고, 반면 달러화의 가치안정이라는 측면에서는 미국의 국제수지가 개선되는 것이 더 낫다.

10. 기축통화국인 미국은 화폐주조세(seigniorage)를 징수하는 특권을 가진 것과 같다. 화폐주조세란 정부가 통화발행을 통해 실질수입을 확보하는 것을 말한다. 미국은 다른 나라들과 달리 환율안정목표가 없으며 따라서 통화정책의 독립성을 가지는 특권을 누릴 수 있는 반면 여타국들은 대미달러 평가, 즉 고정환율을 유지해야 하는 문제를 가지고 있다.

11. 브레튼우즈체제는 1971년 8월 미국의 닉슨 대통령의 수입과징금 부과 및 달러화의 금태환정지 발표로 사실상 붕괴하였다.

12. 스미소니언협정(Smithsonian Agreement)은 미국달러화에 대한 기준율(central rate) 설정, 달러화 평가절하, 와이더 밴드(wider band) 채택(환율변동폭을 대미달러 기준율의 상하 각각 1.0%에서 2.25%로 확대) 등을 주요 내용으로 하고 있다.

13. 영국, 독일, 프랑스, 일본 등 주요 선진국들은 1973년 3월 변동환율제도로 이행하였으며 IMF는 1976년 4월 자메이카의 수도 킹스턴(Kingston)에서 가맹국들의 변동환율제도를 정식으로 공인하여 킹스턴체제를 출범시킴으로써 변동환율제도의 시대를 맞이하게 되었다.

요약
Summary

14. 브레튼우즈체제는 브레튼우즈체제 I과 브레튼우즈체제 II(또는 신브레튼우즈체제: New Bretton Woods)로 나누어진다. 전자는 1945년 브레튼우즈체제의 출발부터 1971년의 닉슨조치에 의한 금태환정지까지의 고정환율제도를 지칭하고, 후자는 1973년 주요 선진국들이 변동환율제도로 이행한 이후의 브레튼우즈체제를 지칭한다.

15. 유럽통화동맹은 전후 유럽공동체의 발전의 산물이다. 즉 1958년 로마조약에 의거 발족한 유럽공동체(EC)는 1987년 7월에는 단일유럽의정서(Single European Act: SEA)를 채택하여 유럽단일시장의 창설을 목표로 확대발전하였는데 1991년 12월에는 마스트리히트조약(Maastricht Treaty)에 의거 유럽 12개국이 정치경제통합체인 유럽연합(European Union: EU)이 창설되었다.

16. 유럽통화동맹은 스네이크제도(snake system), EMS, ERM 등을 거쳐 1999년 1월 1일부터 유로화를 도입하여 2001년부터 단일통화를 사용하고 있다.

연습문제

1. 다음의 주장이 맞는지 틀리는지 아니면 불확실한지 설명하시오.

> "브레튼우즈체제하에서 기축통화국인 미국은 통화정책의 독립성을 갖지만 다른 나라들은 통화정책의 독립성을 갖지 못한다."

2. 한국과 미국이 금본위제를 채택한다고 해 보자. 한국은 금 1온스에 40,000원으로 미국은 금 1온스에 40달러로 각각 통화가치를 설정한다고 가정하자. 그리고 달러당 원으로 나타낸 시장의 환율을 E(달러당 원으로 표시)라 하자. 이 가정에 입각하여 다음 각 물음에 답하시오.

(1) 미국 달러와 한국 원화 간의 법정비가를 E_{min}이라 하고 그 값을 구하시오(단, 미국 달러당 원화로 표시하시오).

(2) 한국과 미국 간의 금 1온스의 수송비가 T라고 하자. 한국의 금수출점($\bar{E}$)과 금수입점($\underline{E}$)을 구하시오.

(3) 만일 금수송비가 1온스당 2,000원이면 위 (2)번의 금수출점과 금수입점은 얼마가 되는가?

(4) 한국의 명목금리를 i, 미국의 명목금리를 i^*라 하자. 커버되지 않은 국제금리평형조건을 이용하여 국내금리 i의 상한은 $(1+i^*)(\frac{\bar{E}-E}{E})$이고 하한은 $(1+i^*)(\frac{\underline{E}-E}{E})$이 되는 이유를 설명하시오.

(5) 이제 시장의 환율이 달러당 1,060원이라고 하자. 이 경우 가격-정화-플로우 메커니즘을 이용하여 다음 각각의 변수가 어떻게 변동할지 설명하시오(증가/감소/불변).

> (ⅰ) 금보유고 (ⅱ) 통화량 (ⅲ) 물가 (ⅳ) 환율

3. 브레튼우즈체제의 붕괴를 가져온 주요 원인 중의 하나는 수입인플레이션의 문제이다. 고정환율제도인 경우 수입인플레이션이 일어나는 경로를 설명하시오.

4. 브레튼우즈체제 I과 브레튼우즈체제 II를 비교설명하시오.

참고문헌

곽태운 · 김영용(1995), 『국제금융론』, 한국 방송통신대학교 출판부, 제17장, 252-273쪽.

김세원(2004), 『EU의 경제학』, 박영사, 제10장, 349-388쪽.

김인준 · 이영섭(2004), 『국제금융론』, 율곡출판사, 제19장, 510-544쪽.

이환호(2007), 『글로벌시대의 외환론: 이론과 실제』, 경문사, 제13-14장, 317-365쪽.

Dooley, Michael P., David Folkerts-Landau and Peter Garber(2003), "An Essay on the Revived Bretton Woods System," NBER Working Paper, No. 9971.

Gandolfo, Giancarlo(2002), *International Finance and Open-Economy Macroeconomics*, Springer, New York, August, Chapter 21, pp. 351-370.

Krugman, Paul and Maurice Obstfeld(2003), *International Economics: Theory and Policy*, Sixth Edition, Addison Wesley, New York, Chapters 18, pp. 532-567.

Roubini, Nouriel(2008), "Will the Bretton Woods Ⅱ(BW Ⅱ) Regime Collapse like the Original Bretton Woods Regime Did? The Coming End Game of BW Ⅱ," Nouriel Roubini' s Global EconMonitor: http://www.roubini.com/ 참조.

Triffin, Robert(1960), *Gold and the Dollar*, Yale University Press, New Haven and London.

국제금융시장론 26

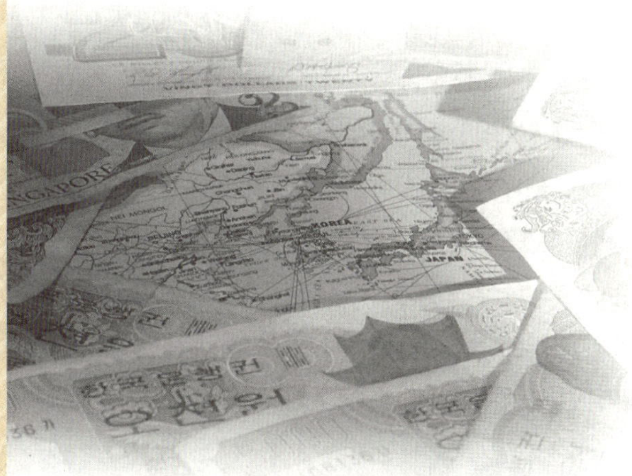

본 장은 국제금융시장에 대한 실무적 접근이다. 국제금융시장의 형성 · 발전, 국제금융시장의 구성 등을 중점적으로 설명한다. 유로시장의 금리결정, 유로자금시장, 유로크레디트시장, 유로본드시장, 역외금융시장, 유로시장의 문제점, 유로금융시장의 동향 등을 분석한다.

제1절 >> 국제금융시장의 의의, 기능 및 생성 · 발전요건[1)]

1 의 의

국제금융시장(international financial market)이란 차입자나 대부자(즉, 투자자) 중에서 어느 일방이나 또는 쌍방이 비거주자에 의해서 금융이 일어나는 시장을 말한다. 그러므로 금융거래 당사자가 모두 거주자인 국내금융시장(domestic financial market)과는 구별된다. 특히 차입자와 투자자가 모두 비거주자인 경우의 금융거래를 역외금융거래(offshore financial transactions)라 부른다. 역외금융시장은 런던 등과 같이 전통적인 국제금융센터처럼 자생적으로 발달한 경우도 있지만 정부의 인위적인 발전전략에 의해 개발된 것도 있다.

주요 역외금융센터의 예를 들면 미국의 IBF(International Banking Facilities), 바하마, 버뮤다, 케이만군도, 파나마, 동경 IBF, 싱가포르, 홍콩, 바레인 등을 들 수 있다. 국제금융시장은 원래 영국 런던을 중심으로 발달하였으나 오늘날에는 뉴욕, 파리, 프랑크푸르트, 취리히, 동경, 싱가포르, 홍콩, 바레인, 케이만군도 등 범세계적으로 확산되어 있다.

2 기 능

국제금융시장의 주요 기능을 요약하면 다음과 같다.

첫째, 국제대차의 결제이다. 상품무역 등의 경상거래와 투자 등 자본거래의 국제대차의 결제가 이루어지는 시장이다.

둘째, 무역금융 등 국제결제를 원활하게 함으로써 국제무역을 촉진한다.

---

1) 제 1 절과 제 2 절의 내용은 곽태운 · 김영용(1995), 제21장, 314-341쪽을 참조하였음.

셋째, 국제유동성이 특정 지역으로 쏠리는 국제유동성의 편재현상을 시정해 준다. 즉 국제수지불균형이 심화될 경우 미국달러 등 국제유동성이 일부지역에 편재될 수 있는데 국제금융시장이 존재함으로써 수급조절기능을 통해 적자국에게는 국제수지 적자의 보전을 가능하게 하고 흑자국에게는 효과적인 국제유동성의 운용기회를 제공해 준다.

마지막으로 국제자금관리의 효율성이 제고된다. 자본이동의 증대, 환율변동성에 따른 환위험노출의 증대 등 국제투자의 위험에 대해 국제금융시장은 다양한 리스크관리 수단을 제공함으로써 국제자금관리의 효율성을 높여준다. 즉 선물, 옵션 등 파생상품의 개발 및 금융혁신은 이러한 금융시장의 효율성을 증대시키는 데 기여한다.

3 생성 · 발전요건

국제금융시장의 생성 · 발전요건은 다음과 같다.

첫째, 국제경제거래의 중심지가 되어야 한다. 즉 국제경제거래의 중심지가 되어 국제적 자본력과 경제력의 뒷받침이 있어야 거래규모도 커지고 다양한 금융수요와 공급이 일어날 수 있다. 자본력과 경제력은 금융거래의 기초가 되는 신뢰를 얻는 데 필수적이다.

둘째, 통화의 교환성이 보장되어야 한다. 통화의 교환성이 보장되어야만 다국간 지급결제가 가능하고 금융거래도 촉진된다.

셋째, 정치 · 사회적 안정이다. 국제금융거래는 비거주자를 포함하는 국제거래이기 때문에 위험이 시장형성의 중요한 요소 중의 하나가 된다. 따라서 정치 · 사회적 안정을 바탕으로 위험을 최소한으로 축소하는 일이 중요하다.

넷째, 외환, 금융 등에 대한 규제의 완화 또는 철폐가 이루어져야 한다. 즉 외환 및 자본자유화를 실시해야 국제금융거래가 원활하게 이루어질 수 있다. 예를 들면 지불준비금 또는 예금보험의 면제, 세금우대 등은 금융활동을 촉진하는 매우 유용한 제도이다.

마지막으로 영업시간대의 중복이다. 즉 영업시간대가 다른 국제금융시장과 중복되는 지리적 여건이 충족되어야 한다. 그것은 같은 영업시간 내에 외환 및 자금의 포지션을 조정하여 자금관리의 효율성을 제고할 수 있어야 하기 때문이다.

제 2 절 >> 국제금융시장의 구성

국제금융시장은 은행금융시장, 증권시장, 자금시장, 파생금융상품시장 등으로 나눌 수 있다. 은행금융시장은 은행을 통한 예금과 대출시장을 말하는데 이는 간접금융시장이다. 증권시장은 증권발행에 의한 금융을 말하는데 금융기관을 경우하지 않은 직접금융에 해당하며 여기에는 국제채(international bond), CP, CD 등의 시장이 있다.

국제채는 유로채(eurobond)와 외국채(foreign bond)를 통칭하여 부르는 말이다. 자금시장은 유로시장 등 단기자금시장을 말한다. 파생금융상품시장은 외환, 채권, 주식, 이자율 등 전통적인 금융상품의 미래가치를 사고파는 금융시장으로 기초자산을 근거로 파생된 금융상품이 존재하는데 선물, 옵션, 스왑 등이 주요 내용을 이루고 있다.

유로시장(euro-market)은 국제금융시장의 중요한 한 형태인데 이는 유로통화 또는 유로채권이 거래되는 시장을 말한다. 여기서 "유로"라는 의미는 두 가지 중요한 핵심내용을 가지고 있다. 하나는 금융거래가 일어나는 현지의 통화가 아닌 제 3 의 통화로 금융이 일어나는 것이고, 다른 하나는 거래에 대한 규제가 없다는 점이다. 예를 들면 유로예금에 대해서는 지불준비율, 예금보험 등이 면제된다. 또한 유로채도 마찬가지로 채권발행 현지의 통화가 아닌 제 3 의 통화로 표시된 채권이며 아무런 규제가 없다. 그러나 외국채는 발행현지 통화로 표시된 채권이며 다만 비거주가 발행한다는 점에서만 국내채(domestic bond)와 차이가 난다. 그리고 채권에 대한 규제가 외국채에는 모두 적용된다.

유로시장은 유로자금시장과 유로크레디트(eurocredit)시장으로 나누어진다. 전자는 단기시장이고, 후자는 중장기시장이다. 유로자금시장의 예를 들면 유로달러 예금시장을 들 수 있는데 이는 비거주자의 달러표시 예금이다. 예를 들어 우리나라의 어떤 금융기관이 런던의 은행에 100만달러 예금을 하면 이것이 바로 유로달러예금이 된다. 왜냐하면 런던의 현지통화는 파운드인데 현지통화가 아닌 달러로 예금을 했기 때문이다.

유로자금시장의 금리는 국내금융시장의 금리에 의해 결정된다. 유로달러의 금리를 예로 들면 유로달러금리는 미국국내의 예금금리보다는 낮을 수가 없고 미국국내의 대출금리보다는 높을 수가 없다. 만일 유로달러금리가 미국국내 예금금리보다 낮으면 모두 유로시장 대신에 미국국내시장에 예금을 하려할 것이고 유로달러 예금공급은 없을 것이기 때문이다. 마찬가지로 만일 유로달러 대출금리가 미국국내 대출금리보다 높으면 모두 미국국내시장에서 대출을 받고 유로달러에 대한 대출수요는 없을 것이기 때문이다.

유로크레디트의 예를 들면 우리나라의 어떤 금융기관이 런던의 은행으로부터 100만달러의 대출을 받았다고 한다면 이것이 바로 유로크레디트가 된다. 이 경우 런던 현지에서 파운드화가 아닌 달러화로 대출을 받았기 때문이다.

유로크레디트는 신디케이션론(syndication loan)이 일반적이다. 신디케이션론이란 차주(즉, 대부은행)가 한 개 은행이 아니라 수개의 은행이 공동으로 참여하여 대출을 해 주는 것을 말한다. 그것은 신디케이션론의 경우 담보가 없는 신용대출이기 때문에 한 개 은행이 참여하지 않고 수개의 은행이 참여하여 위험을 공동으로 분담하는 데 주요 목적이 있기 때문이다.

그리고 유로시장에 적용되는 금리는 일반적으로 고정금리보다 변동금리가 적용되는 것이 보통인데 주로 LIBOR 또는 SIBOR 등의 지표금리에 일정율의 스프레드(spread)를 가산하여 적용한다. LIBOR은 런던시장의 은행간 대출금리를 말하고, SIBOR은 싱가포르시장의 은행간 대출금리를 말한다. 스프레드는 차입자의 신용도를 나타내는데 신용도가 낮을수록 커진다.

제3절 ≫ 국제금융시장의 최근 동향

1 은행금융

〈표 26-1〉은 은행을 통한 국제금융의 현황을 나타낸다. 즉 은행의 총자산은 1990년대에 연평균 9조 달러를 기록하였으나 2000년대 초반에 16조

표 26-1 은행금융(자산 잔액) (단위: 십억 달러, %)

	평 균 (90~99)	평 균 (00~04)	2005	2006	2007	2008	2009
총금액	9,177.1	16,145.6	23,917.0	29,372.8	37,384.9	35,202.6	34,291.1
비 중	100.0	100.0	100.0	100.0	100.0	100.0	100.0
대외자산	7,788.9	14,185.4	21,133.9	26,093.1	33,440.6	31,129.9	30,575.1
비 중	84.9	87.9	88.4	88.8	89.4	88.4	89.2
국내외화자산	1,388.2	1,960.2	2,783.1	3,279.7	3,944.3	4,072.7	3,715.9
비 중	15.1	12.1	11.6	11.2	10.6	11.6	10.8

자료: BIS, Financial Market Trends, 각호.

표 26-2 신디케이션론 (단위: 십억 달러, %)

	평 균 (92~99)	평 균 (00~04)	2005	2006	2007	2008	2009
총 액	692.8	1,169.5	1,725.1	2,064.0	2,770.0	1,537.8	1,031.5
비 중	100.0	100.0	100.0	100.0	100.0	100.0	100.0
선진국	611.6	1,045.9	1,490.0	1,722.3	2,256.6	1,173.7	807.7
비 중	88.3	89.4	86.4	83.4	81.5	76.3	78.3
역외금융센터	15.1	32.4	40.5	58.6	70.8	53.4	33.5
비 중	2.2	2.8	2.3	2.8	2.6	3.5	3.2
개도국	65.6	90.8	194.0	282.9	442.2	309.6	190.3
비 중	9.5	7.8	11.2	13.7	16.0	20.1	18.4
기 타	0.5	0.4	0.5	0.2	0.4	1.1	0.0
비 중	0.1	0.0	0.0	0.0	0.0	0.1	0.0

자료: BIS, Financial Market Trends, 각호.

달러로 증가하였으며 2006년에는 29조 달러로 최대치를 기록한 후 2009년 말 현재 34조 달러를 기록하고 있다. 이 가운데 국내외화자산을 뺀 총대외자산의 비중은 2000년대에 들어와 88%를 넘고 있다.

〈표 26-2〉는 신디케이션론에 의한 국제금융 현황을 나타낸다. 즉 신디케이션론은 1990년대에 연평균 6,920억 달러에 불과하였으나 2000년대 초반에 11억 7,000만 달러 수준으로 증가한 후 계속 증가하여 2007년에는 27억 7,000만 달러로 가장 높은 수준을 기록한 후 2009년에는 10억 달러 수준으로 감소하는 추이를 보이고 있다. 신디케이션론은 선진국이 압도적인 비중을 차지하고 있으나 점점 줄어드는 추세를 보이고 있다. 즉 총신디케이션론 중에서 선진국의 비중은 1990년대에 연평균 88%였으나 2000년대 초반에 연평균 89% 수준으로 증가한 후에 점차 감소하여 2009년에는 78%까지 떨어졌다. 이에 반해 역외금융센터와 개도국의 비중은 점점 증가하는 추세를 보였다.

2 증권발행

〈표 26-3〉은 증권발행을 통한 국제금융 현황을 나타낸다. 즉 증권발행잔액은 1990년대에 연평균 2조 9,600억 달러에 불과하였으나 2000년대에 들어와 대폭 증가하여 2009년말 현재 27조 달러로 9배나 증가한 것으로 나타나 있다. 이 가운데 선진국의 비중이 85%를 넘어서고 있으며 개도국의 비중은 1990년대에 연평균 10%였으나 점점 줄어들어 2009년 말 현재 4%에도 미치지 못하고 있다.

〈표 26-4〉는 국제채 발행잔액을 나타낸다. 즉 총국제채 발행잔액을 보면 1993~1999년 중에 연평균 3조 2,700억 달러였으나 2000년대에 지속적으로 증가하여 2009년 말 현재 26조 782억 달러를 기록하고 있다. 이 가운데 고정금리채권이 17조 2,733억 달러로 66.2%를 차지하고 있으며 변동금리채권은 8조 3,576억 달러로 32%를 차지하고 있다.

국제채의 표시통화를 보면 1990년대에는 달러표시채가 43.8%를 차지

표 26-3 증권발행(잔액)

(단위: 십억달러, %)

	평 균 (90~99)	평 균 (00~04)	2005	2006	2007	2008	2009
총 액	2,967.3	9,799.4	14,602.3	18,418.1	22,705.1	23,853.5	27,010.3
비 중	100.0	100.0	100.0	100.0	100.0	100.0	100.0
선진국	2,172.5	8,085.1	12,514.8	15,825.8	19,568.7	20,783.5	23,674.3
비 중	73.2	82.5	85.7	85.9	86.2	87.1	87.6
역외금융센터	215.0	672.0	838.9	1,196.9	1,551.2	1,501.8	1,504.0
비 중	7.2	6.9	5.7	6.5	6.8	6.3	5.6
개도국	295.7	590.4	705.4	808.8	925.9	910.7	1,029.9
비 중	10.0	6.0	4.8	4.4	4.1	3.8	3.8
기 타	284.0	452.0	543.2	586.6	659.2	657.5	802.0
비 중	9.6	4.6	3.7	3.2	2.9	2.8	3.0

자료: BIS, Financial Market Trends 각호.

표 26-4 국제채 발행(잔액)

(단위: 십억달러, %)

	평 균 (93~99)	평 균 (00~04)	2005	2006	2007	2008	2009
총 금 액	3,270.3	9,286.9	13,951.9	17,543.1	21,568.3	22,721.8	26,078.2
변동금리채권	626.4	2,388.2	3,952.8	5,576.2	7,169.7	7,894.3	8,357.6
고정금리채권	2,453.0	6,587.6	9,676.9	11,627.6	14,007.2	14,430.6	17,273.3
주식연계채권	190.9	311.1	322.3	339.3	391.5	397.0	447.3
표시통화별 구성비							
달 러	43.8	43.7	38.6	36.4	34.9	36.2	36.2
유 로	26.9	39.6	45.2	47.3	48.9	47.9	47.5
일본엔	12.9	5.0	3.4	2.8	2.7	3.3	2.6
파운드	7.4	7.2	7.6	8.3	7.9	7.5	8.2
스위스프랑	4.6	1.8	1.5	1.4	1.4	1.5	1.4
기 타	4.3	2.7	3.7	3.8	4.3	3.7	4.1

자료: BIS, Financial Market Trends 각호.

하고 유로화가 26.9%에 그쳤으나 2005년 이후 그것이 역전되어 2007년에 유로화표시채는 48.9%로 증가한 데 반해 달러표시채는 34.9%로 줄어들었으며 2009년에는 각각 47.5%와 36.2%를 나타내고 있다.

3 자금시장금융

〈표 26-5〉는 자금시장을 통한 국제금융 차입현황을 나타낸다. 즉 자금시장을 통한 차입잔액은 1990년대의 연평균 1,431억 달러 수준에서 2000년대 초반에 연평균 5,125억 달러로 증가한 후 지속적으로 증가하여 2008년에 1조 1,317억 달러로 급증하였으며 2009년말 현재 9,321억 달러를 기록하고 있다. 자금시장의 차입 중에서 선진국의 비중이 2009년 말 현재 96%를 넘어서 압도적인 비중을 차지하고 있으며 개도국과 역외금융센터의 비중은 2009년 말 현재 각각 1.6%와 1.2%로 아주 낮은 비중을 차지하고 있다.

표 26-5 자금시장 차입(잔액) (단위: 십억 달러, %)

	평 균 (90~99)	평 균 (00~04)	2005	2006	2007	2008	2009
총 액	143.1	512.5	650.4	875.0	1,136.8	1,131.7	932.1
비 중	100.0	100.0	100.0	100.0	100.0	100.0	100.0
선 진 국	129.6	497.0	625.5	837.6	1,085.4	1,086.7	898.1
비 중	90.6	97.0	96.2	95.7	95.5	96.0	96.3
역외금융센터	3.0	3.3	8.1	10.8	14.2	11.7	11.1
비 중	2.1	0.6	1.2	1.2	1.2	1.0	1.2
개 도 국	6.5	6.4	7.2	14.7	19.2	13.9	14.9
비 중	4.6	1.3	1.1	1.7	1.7	1.2	1.6
기 타	4.0	5.7	9.7	11.9	18.0	19.4	8.0
비 중	2.8	1.1	1.5	1.4	1.6	1.7	0.9

자료: BIS, Financial Market Trends, 각호.

4 파생금융상품

마지막으로 〈표 26-6〉은 파생금융상품시장을 통한 국제금융 현황을 나타낸다. 즉 파생금융시장의 잔액은 1998~99년 중에 연평균 84조 달러에 불과했으나 2000년대에 들어와 급격하게 증가하여 2009년 말 현재 604조 6,217억 달러를 기록하고 있다. 이 가운데 이자율 파생금융상품의 비중이 65~72%로 가장 높은 비중을 차지하고 있으며 그 다음에는 외환 파생금융상품의 비중이 8%를 약간 상회하는 추이를 보이고 있다.

표 26-6 파생금융상품시장(잔액) (단위: 십억 달러, %)

	평 균 (98~99)	평 균 (00~04)	2005	2006	2007	2008	2009
총금액	84,255.4	160,767.5	299,260.9	418,131.4	595,738.4	547,370.9	604,621.7
비 중	100.0	100.0	100.0	100.0	100.0	100.0	100.0
외 환	16,177.8	20,925.1	31,360.4	40,270.9	56,238.2	44,199.6	48,774.6
비 중	19.2	13.0	10.5	9.6	9.4	8.1	8.1
이자율	55,052.8	115,277.1	211,970.5	291,581.5	393,138.1	385,895.8	437,197.6
비 중	65.3	71.7	70.8	69.7	66.0	70.5	72.3
주식연계	1,648.8	2,850.5	5,793.2	7,488.0	8,469.3	6,159.1	6,618.9
비 중	2.0	1.8	1.9	1.8	1.4	1.1	1.1
상 품	478.2	1,006.6	5,434.5	7,115.0	8,455.5	3,820.3	3,729.3
비 중	0.6	0.6	1.8	1.7	1.4	0.7	0.6
기 타	10,897.9	20,708.3	44,702.3	71,676.0	129,437.3	107,296.1	108,301.4
비 중	12.9	12.9	14.9	17.1	21.7	19.6	17.9

요 약

요약
Summary

1. 국제금융시장은 은행금융시장, 증권시장, 자금시장, 파생금융상품시장 등으로 나눌 수 있다. 은행금융시장은 은행을 통한 예금과 대출시장을 말하고 증권시장은 증권발행에 의한 금융을 말한다. 증권시장에는 국제채(international bond), CP, CD 등의 시장이 있다. 국제채는 유로채(eurobond)와 외국채(foreign bond)를 통칭하여 부르는 말이다. 자금시장은 유로시장 등 단기자금시장을 말한다. 파생금융상품시장은 외환, 채권, 주식, 이자율 등 전통적인 금융상품의 미래가치를 사고파는 금융시장으로 선물, 옵션, 스왑 등이 주요 내용을 이루고 있다.

2. 유로시장(euro-market)은 국제금융시장의 중요한 한 형태인데 이는 유로통화 또는 유로채권이 거래되는 시장을 말한다. 여기서 "유로"라는 의미는 두 가지 중요한 핵심내용을 가지고 있다. 하나는 금융거래가 일어나는 현지의 통화가 아닌 제3의 통화로 금융이 일어나는 것이고 다른 하나는 거래에 대한 규제가 없다는 점이다.

3. 유로시장은 유로자금시장과 유로크레디트(eurocredit)시장으로 나누어진다. 전자는 단기시장이고 후자는 중장기시장이다. 유로크레디트는 신디케이션론(syndication loan)이 일반적이다. 신디케이션론이란 차주(즉, 대부은행)가 한 개 은행이 아니라 수개의 은행이 공동으로 참여하여 대출을 해주는 것을 말한다.

4. 유로시장에 적용되는 금리는 일반적으로 고정금리보다 변동금리가 적용되는 것이 보통인데 주로 LIBOR 또는 SIBOR 등의 지표금리에 일정률의 스프레드(spread)를 가산하여 적용한다. LIBOR은 런던시장의 은행간 대출금리를 말하고 SIBOR은 싱가포르시장의 은행간 대출금리를 말한다. 그런데 스프레드는 차입자의 신용도를 나타내는데 신용도가 낮을수록 스프레드는 커진다.

연습문제

1. 국제금융시장의 생성요건을 열거하시오.

2. 유로시장의 개념을 설명하고 유로달러예금과 유로달러대출이 일어나는 가상적 사례를 만들어 보시오.

3. 유로자금시장의 이자율은 해당통화의 국내이자율에 의해 제한을 받는다. 유로달러시장을 예로 들어서 유로달러의 이자율이 미국국내금융시장의 이자율에 어떻게 영향을 받는지 설명해 보시오.

4. 다음 각 용어를 간략히 설명하시오.

(1) Euro Bond, Foreign Bond, International Bond

(2) Syndication Loan

(3) LIBOR, SIBOR, EURIBOR

참고문헌

곽태운 · 김영용(1995), 『국제금융론』, 한국 방송통신대학교 출판부, 제21장, 314-341쪽.

장홍범(2001), 『국제금융기초』, 제 3 판, 한국금융연수원.

민상기 · 정창영(2001),『글로벌재무전략』, 개정판, 제10장, 288-310쪽.

Caves, Richard E., Jeffrey A. Frankel and Ronald W. Jones(2002), *World Trade and Payments: An Introduction*, Addison Wesley, New York, Chapter 21, pp. 423-426.

Salvatore, Dominick(2010), *International Economics: Trade and Finance*, Tenth Edition, John Wiley & Sons, Inc., Hoboken, NJ, Chapter 14, pp. 491-496.

영문색인

[J]

[L]

[M]

[N]

[O]

[P]

국문색인

[ㅎ]

저자약력

서울대학교 상과대학 무역학과(상학사)
미국 Ohio주립대학교(Ohio State University) 경제학과(경제학 석사)
미국 Ohio주립대학교(Ohio State University) 경제학과(경제학 박사)
한국외환은행 조사부
현재, 서울시립대학교 경제학부 교수

논문 및 저서

International Transmission of Economic Disturbances under Floating Exchange Rates with Imperfect Asset Substitutability(Ph.D.논문, 1985)
환율변동의 수입물가 전가효과(국제통상연구, 2004)
실질환율변동과 우리나라 제조업의 수익률변동(무역학회지, 2003)
우리나라 환율변동의 가격전가도 결정요인에 관한 연구(무역학회지, 1997(공동연구))
국제금융론, 한국방송통신대학교 출판부, 1995(공저: 김영용)

개정판
현대국제금융론

2010년 8월 25일 초판발행
2013년 8월 25일 개정판 인쇄
2013년 8월 30일 개정판 발행

지은이 곽태운
발행인 안종만

편 집 우석진
기획/마케팅 박광서
표지디자인 최은정
제 작 우인도 · 고철민

펴낸곳 (주) 박영사
서울특별시 종로구 평동 13-31번지
등록 1959. 3. 11. 제300-1959-1호(倫)
전 화 02)733-6771
f a x 02)736-4818
e-mail pys@pybook.co.kr
homepage www.pybook.co.kr
ISBN 979-11-303-0029-0 93320

정 가 34,000원